V&R Academic

Franz Walter

REBELLEN, PROPHETEN UND TABUBRECHER

Politische Aufbrüche und Ernüchterungen im 20. und 21. Jahrhundert

Vandenhoeck & Ruprecht

Bibliografische Information der Deutschen Nationalbibliothek

Die Deutsche Nationalbibliothek verzeichnet diese Publikation in der Deutschen Nationalbibliografie; detaillierte bibliografische Daten sind im Internet über http://dnb.d-nb.de abrufbar.

ISBN 978-3-525-30185-2

Weitere Ausgaben und Online-Angebote sind erhältlich unter: www.v-r.de

Umschlagabbildung: Proteste gegen die Verleihung des Friedenspreises des Deutschen Buchhandels an den Präsidenten des Senegal, Leopold Senghor: Studentenführer Daniel Cohn-Bendit überwindet eine Polizeiabsperrung an der Paulskirche (22.9.1968) © Institut für Stadtgeschichte Frankfurt a.M., Signatur: S7Wei_2021_20, Foto: Kurt Weiner

Satz: textformart, Göttingen | www.text-form-art.de
Druck und Bindung: ⊕ Hubert & Co GmbH & Co. KG,
Robert-Bosch-Breite 6, D-37079 Göttingen

Gedruckt auf alterungsbeständigem Papier.

Inhalt

AUFSTIEG UND BRUCH DES DEMOKRATISCHEN SOZIALISMUS

WEICHENSTELLENDE ZEITEN

Der historische Moment
Zur Einleitung

Für dieses Buch sind weite Strecken zurückgelegt worden. Historisch beginnt einiges ab Ende des 19. Jahrhunderts. Vieles klingt in der unmittelbaren Gegenwart aus. Und in langen Aufenthalten werden Schauplätze des 20. Jahrhunderts besichtigt und ausgemessen. Auch thematisch ist das Feld eher weit angelegt, da es um soziale Bewegungen und politische Ideen geht, um die langen Entwicklungen im Sozialismus, Liberalismus, Konservatismus gleichermaßen. Der Blick richtet sich auf einzelne Figuren und Repräsentanten, ebenso auf kollektive gesellschaftliche Strukturen und immer wieder auf Sinnhorizonte, Einstellungen, geistige Klimata im Wandel der Zeit und ihre zähe Beharrungskraft über alle Wechsel von spektakulären Ereignissen und institutionellen Transformationen hinweg.

So allerdings präsentiert sich der Publikationskorpus nicht aus einem Zuschnitt. Über die sehr privaten Gründe für den Mosaik- und Bausteincharakter des vorliegenden Buches wird zum Schluss dieser Einleitung noch etwas gesagt werden. Zunächst aber schauen wir auf das, was die folgenden Geschichten, Porträts und Analysen verbindet, worin die öffnenden Fragen und Erkenntnisbedürfnisse liegen, welche Landkarte für die lange Route existiert, was am Ende an Einsichten stehen mag.

Beginnen wir mit den zentralen Begriffen und Perspektiven. Immer wieder stoßen wir bei der historischen Betrachtung von Momenten, einzelnen Jahren oder Dekaden auf verblüffend heterogene Zeitschichten, die miteinander koexistieren, sich überlappen, auch konfrontativ gegenüberstehen. Selbst Zeitabschnitte, denen man weithin eindeutige Wesenszüge attestiert – entweder als Weichenjahre gesellschaftlicher Progressivität oder als Wendepunkte einer politisch-kulturellen Gegenreform charakterisiert –, bieten immer dazu Gegenläufiges. Kurzum: Wir haben es in diesem Buch vielfach mit einer »Gleichzeitigkeit des Ungleichzeitigen«[1] zu tun. Vor vier Jahrzehnten hatte dieser Begriff in intellektuellen bundesdeutschen Diskussionen noch Konjunktur. Aber er blieb doch vorwiegend Metapher und Aperçu, war Schlagwort und kein theoretisches Paradigma. Die damals an den Universitäten tonangebenden Sozialhistoriker der Bielefelder Schule bezogen die Formel von der

»Gleichzeitigkeit des Ungleichzeitigen« zwar zuweilen auch in Essays oder Akademieansprachen ein; doch als anspruchsvolles und taugliches Analysekonzept erkannten die meisten es nicht an.[2] Zu kryptisch, zu unscharf, lautete das Monitum. Im Übrigen dürfte ihnen, die ganz überwiegend Protagonisten der Modernitäts- und Fortschrittsüberzeugungen waren,[3] einfach zu viel Rückwärtsgewandtheit und Vergangenheitsverständnis in der Philosophie der Ungleichzeitigkeit mitgeschwungen haben.

Der Philosoph der »Gleichzeitigkeit des Ungleichzeitigen« war natürlich Ernst Bloch, der die Formel in seinem 1935 in der Emigration erschienenen Werk »Erbschaft dieser Zeit« bekannt zu machen versucht hatte. Zu dieser erhofften Publizität kam es indes erst, als Bloch 1961 aus Leipzig floh, in Tübingen eine Gastprofessur erhielt und sein Buch im Frankfurter Suhrkamp-Verlag neu veröffentlichen konnte.[4] In den 1920er Jahren, als einige Aufsätze später aus der »Erbschaft dieser Zeit« bereits veröffentlicht worden waren, hatten ebenso der Kunsthistoriker Wilhelm Pinder und der Soziologe Karl Mannheim am Beispiel der unterschiedlichen Generationserfahrungen, die in einer formal gleichen Zeit zur Koexistenz heterogener, ja disparater Bewusstseinslagen, Identitäten und Rationalitätsvorstellungen führten, mit Überlegungen zur Ungleichzeitigkeit des Gleichzeitigen auf das Problem aufmerksam gemacht.[5] Ungleichzeitigkeiten waren in der Weltgeschichte nichts Neues, aber über lange Zeit bestanden singulare und abweichende Kulturen, Religionen, Erfahrungen überwiegend regional getrennt voneinander, begegneten sich nicht im selben Raum, lebten nicht im unmittelbaren Nebeneinander. Das änderte sich fulminant erst durch demografische Mobilitäten, Migrationsschübe, Flüchtlingswellen.

Jugend als Trägerin von Ungleichzeitigkeitsdeutungen aufgrund neuer Erfahrungen spielte ebenso bei Bloch eine wesentliche Rolle – neben den Bauern und dem alten Mittelstand, auf welche er als Zeitgenosse der großen Demokratiekrise in den 1920er/30er Jahren besonders achtete, um die Affinität dieser Schichten zu solchen Bewegungen erklären zu können, die mit Vergangenheitsversprechen ihre Anhängerschaften elektoral dynamisch erweiterten. Dass vier Jahrzehnte später, in den 1960er/70er Jahren, die tiefe Differenz in den Generationserfahrungen abermals eine gewichtige Ursache für die extreme gesellschaftliche Unruhe und Polarisierung bedeutete, ist sicher mit dem Hinweis zu illustrieren, dass in diesem Jahrzehnt in voller Wucht die ökonomisch, politisch, auch kulturell nach wie vor stark dominierende Kriegsgeneration (oder, allerdings sehr viel weniger, die der Emigration) herrschte, nun aber ein geburtenstarker Jahrgang mit Nachkriegssozialisation und gänzlich verändertem Wertehimmel nach vorne drängte.[6]

Bloch selbst war keineswegs ein purer Parteigänger der Zukunft und Verächter rückwärtsgewandter Mentalitäten. In der Vergangenheit entdeckte er vielmehr noch nicht »Abgegoltenes«, was für Befreiungsbewegungen nutzbar und motivierend sein mochte.[7] Vergangenheiten sah Bloch nicht simpel als Barriere oder Bremse für eine gesellschaftliche Höherentwicklung, sondern als ein viel zu wenig beachtetes Depot bislang unterdrückter oder nicht wahrgenommener historischer Möglichkeiten.[8]

Einer der wenigen Historiker, der – ohne expliziten Bezug auf Bloch – die Ungleichzeitigkeitsperspektive fruchtbar machte, war Reinhart Koselleck, zwar ebenfalls in der Geschichtswissenschaft an der Bielefelder Universität tätig, aber doch mit ganz originären Positionen. In seiner Aufsatzsammlung »Zeitschichten« hatte er dargelegt, dass historische Zeiten sich aus mehreren qualitativen Temporalschichten zusammensetzten, die aufeinander verweisen können, aber nicht vollständig voneinander abhängig sein müssen. Diese Zeitschichten konnten unterschiedlich weit zurückreichen, eine differente Tiefe ausweisen und sich in abweichenden Geschwindigkeitsausmaßen transformieren. »Das Angebot verschiedener Zeitschichten erlaubt es, verschiedene Wandlungsgeschwindigkeiten zu thematisieren, ohne in die Scheinalternative linearer oder kreisläufiger Zeitverläufe zu verfallen.«[9] In der Neuzeit kam dem Phänomen besondere Bedeutung zu, da hier die chronologische (und man möchte hinzufügen: chronische) Gleichzeitigkeit des politischen und sozial Ungleichzeitigen Konfliktlagen zuhauf produzierte. Moderne Gesellschaften geraten so nachgerade ständig in Krisensituationen.

Beim Topos »Krise« pflegen nicht ganz wenige aufgeklärt-skeptische Sozialwissenschaftler und Historiker genervt oder gelangweilt abzuwinken. Denn der »Krisen«-Begriff ist durch allzu großzügigen Gebrauch unscharf geworden,[10] dient als Etikett für allerlei Ungemütlichkeiten und Schwierigkeiten, die in großer historischer Perspektive allerdings kaum der Rede wert sind. Doch gilt das nicht für die von elementaren Spannungen, aushandlungsresistenten Klassenkonflikten und antagonistischen Normen durchdrungenen

»Ungleichzeitigkeitsjahre«; hier gibt es gute und ernsthafte Gründe, den Krisencharakter nicht herunterzuspielen. In solchen Jahren oder Phasen lassen sich mit Begriffen geringerer Dramatikweite wie »Probleme« oder »Störungen« reale Krisenlagen nicht hinreichend kennzeichnen. Viel spricht durchaus dafür, dass wir es etwa auch gegenwärtig und in naher Zukunft mit einer gravierenden Krise der Art zu tun haben könnten, wie sie uns bereits während der Trendperioden 1873 ff. und 1923 ff., abgeschwächt dann in den Jahren 1973 ff. begegnet ist. Ökonomische Einbrüche waren in allen Fällen primär. Aber ihre Wirkungen reichten weiter, strahlten in die politischen und kulturellen Bereiche der Gesellschaft aus. Erst das konstituierte die Wahrnehmung von Krisen, produzierte – wie man heute zu sagen pflegt – das Krisennarrativ. In diesem Zusammenhang wurden lange aufgebaute Erwartungen an die Zukunft enttäuscht; überlieferte Normen trugen nicht mehr zur plausiblen Deutung von Umwelt und Ereignissen bei. Allgemein gefasst: Die Wertemuster, die Handlungen zugrunde liegen, verlieren im Akt der Krise an Überzeugungskraft und Rationalität, was Unsicherheit, zunächst auch Lähmung erzeugt, dann die Erosion bisheriger Legitimationen zur Folge haben kann.

Krisen in diesem Sinne kann man als »große Transformationen« (Karl Polanyi) bezeichnen. Sie eröffnen Möglichkeitspforten für neue Ideen und Handlungsmotivationen, bieten hierdurch Gelegenheiten für gelingende Neuformierungen.[11] Aber sie können auch Wertedeformationen, gesellschaftliche Paranoia fördern. Diese Interpretations- und Normenschicht, also die Wertefolie im Gewebe von Krise und Transformation, soll uns hier interessieren. Hans Rosenberg, der Historiker der »Großen Depression« 1873 bis 1896,[12] hat seine Analyse nicht allein oder auch nur in der Hauptsache auf den *wirtschaftlichen* Zyklus konzentriert, sondern ebenso auf das »psychische Phänomen« dieser Jahre, auf die »Wahnvorstellungen«, die »ideologische Gärung«, die komplette »Gesinnungs-, Glaubens- und Ideenverlagerung«, die schließlich zum über Jahrzehnte andauernden Ansehens- und Bedeutungsverlust des Liberalismus beigetragen haben. Dergleichen Umwertungen bis dahin gültiger Werte lassen sich ebenfalls während und im Gefolge der Hyperinflation 1923[13], dann im Zuge der vielfach traumatisch erlebten Deflation in den frühen 1930er Jahren beobachten – mit den bekannt schwergewichtigen Folgen für politische Mentalitäten und das politische System.[14] Die Monate des ersten

Ölpreisschocks 1973/74, der zeitgleich mit inflationären Entwicklungen und Vorboten einer Rezession aufkam, hatten ein für die weiteren 1970er Jahre dann typisches kollektives »Gefühl der Ungewissheit«[15] erzeugt. Inspiriert von Rosenberg haben Historiker[16] überdies häufig darauf hingewiesen, dass solche Transformationsprozesse nur schwer konstruktiv zu steuern sind, wenn die großen gesellschaftlich-politischen Herausforderungen sich in einem engen Zeitraum überschneiden oder »verschürzen«[17].

Über diese Konstellation geht es häufig im vorliegenden Buch. Denn das ist der Moment, den Anführer fundamental orientierter sozialer Bewegungen brauchen – die Schöpfer und Apostel eines neuen Denkens, die Idole einer aufgewühlten Jugend, die Prediger revolutionärer Ideen, die Magier des großen Wortes, die Feuerköpfe der befreienden Tat, aber auch die Frontideologen der Gegenrevolte.[18] Dieser Typus hat uns interessiert. Er war nie Held von Geburt aus. Seine Ausstrahlung hielt kaum ein Leben lang. Er war angewiesen auf den richtigen Moment, wenn die bisherigen Legitimationsgrundlagen zerbrachen, traditionelle Deutungsmuster nicht mehr überzeugten, überkommene Institutionen nicht mehr trugen, bewährte Alltagsroutinen bedrohlich ins Rutschen gerieten. Dann kamen die neuen Heilande mit ihren Erlösungsversprechen zum Zuge. Zuvor hatte man sie, soweit überhaupt wahrgenommen, oft als schräge Sonderlinge abgetan. Und war der historische Moment vorbei, erlosch auch wieder ihre Strahlkraft; es wurde einsam um sie. Späteren Generationen war kaum noch verständlich zu machen, warum diese Figuren eine begrenzte Zeit so begeistern konnten, was so faszinierend an ihren Reden und geistigen Ergüssen gewesen sein sollte. Nach Jahren wirkte das meiste nicht selten lediglich skurril und exaltiert.

In der Tat: Charismatische Führungskraft ist höchst labil und zeitlich eng befristet; als Ressource in der Politik besitzt sie wenig Stabilität und Dauer. Vor allem obliegt es nicht der Person selbst, jederzeit aus freiem Willen ihre rhetorischen und inszenierenden Stärken einsetzen zu können. Die Aura, die temporär da ist, wird der Person von den Zuhörern, Schülern, Anhängern und jubelnden Massen zugesprochen. Insofern sagt die besondere Wirkung des politischen Tribuns oder spirituellen Messias in erster Linie etwas über Ängste, Sorgen, Hoffnungen und Träume in der jeweiligen Zeit einer Gesellschaft, die ihre Erwartungen in den Heilskünder hineinprojiziert.

Solche Heilspropheten begaben sich – wie im Folgenden oft zu sehen sein wird – bevorzugt auf die Suche nach jungen Anhängern. Denn Erwachsene mit geronnenen Weltbildern waren kein fruchtbarer Acker für Demiurgen eines neuen Glaubens, einer radikalen Abkehr vom Alten. Daher priesen die Ideenstifter der neuen Wege den »gärenden »Most« der Jugend, welche noch formbar und tief zu imprägnieren war. Mit dem Anschluss an ihre Meister durften sich die jugendlichen Jünger zu den Auserwählten, zu einer exklusiven Elite und Avantgarde rechnen. Bezahlen mussten sie das mit absoluter Hingabe, ja Unterwerfung gegenüber der jeweiligen Kultfigur.[19] Dass ein solches Verhältnis zu mindestens seelischem Missbrauch einlud, wird an einigen Stellen des Buches, die den Binnenraum von lebensreformerischen Kleingemeinschaften und erzieherisch-politischen Kaderzirkeln ausleuchten, deutlich.

Daher überwiegt in der Literatur nicht zu Unrecht die Kritik an den pathologischen, unzweifelhaft gefährlichen Zügen von Meister-Jünger-Gesellungsformen. Und fraglos sind Beispiele und Belege dafür, wie herrschsüchtige Gurus ihre Anhänger seelisch gebrochen, zum Instrument gar oft schnöder kommerzieller Interessen gemacht haben, nicht gering. Andererseits hat man zuletzt weder publizistisch noch wissenschaftlich allzu sehr auf positive Möglichkeiten kleiner Kadergruppen und geistig homogener Zirkel auch nur geschaut. Die Kategorien für die Analyse von Wahrnehmungsdefiziten, Binnenzentriertheit, von autodestruktiven Kräften und Deformationen solcher autoritär-hierarchisch geführten Gruppen sind im Methodenkasten der Sozialwissenschaft üppiger präsent als Begriffe, welche den Blick auf Vorzüge einer solchen Assoziationsform zu schärfen vermögen. Doch nicht alles aus deren Normendepot geriet unweigerlich und stets in das trübe Gewässer von Manipulationen und Pervertierung des ursprünglichen Anliegens. Die Energie, die in diesen Zirkeln freigesetzt wurde, die Werteverbindlichkeit, die Überzeugung von einer spezifischen Mission, dann das Ethos, Botschaft und Handlungsweise zusammenzubringen und für den eigenen Alltag zur Regel zu machen, haben gerade in besonderen historischen Situationen ungewöhnliche Leistungen hervorgebracht. Auch das soll hier gezeigt werden.

Zwiespältig fiel ebenfalls häufig die Rolle der unmittelbar politischen Intellektuellen und Theoretiker aus. Sie gaben sozialen Protesten und Bewegungen, die nach amorphem und oft spontanem Aufbruchsbeginn um konzeptionelle Ideen und Verbindlichkeiten rangen, eine spezifische Semantik und in die weite Zukunft reichende Sinnzusammenhänge. Ihnen kam die Aufgabe zu, aus Erfahrungsfragmenten eine kohärente Erzählung über den Ausgang, die Entwicklung und das große Finale der sozialen und politischen Strömung, der sie sich als Kreateure und Wächter des Überzeugungskanons anempfahlen, zu konstruieren. Das verlieh Bewegungen, wie jener der um bessere soziale Bedingungen kämpfenden Arbeiter, erst spezifische Gestalt, eindeutigen Inhalt und prononciertes Selbstbewusstsein[20], das stellte die Partei, die sich hierauf sattelte, auf eine beträchtliche Dauer, die narrationslosen Zusammenschlüssen regelmäßig abging. Aber nicht selten kam zudem ein ordentlicher Schuss Dogmatismus, programmatische Verbohrtheit und chiliastischer Endzielwahn über die Intellektuellen und Theoretiker in die ursprünglich ideologisch ungenauen und elastischen Sozialbewegungen wie Parteien hinein.

Die Bedeutung solcher Intellektueller war in der deutschen Politik- und Kulturgeschichte vor 1933 beträchtlich, hat nach 1945 wohl an Gewicht verloren, ist aber bis in die 1970er Jahre noch gut erkennbar. In diesem Jahrzehnt der sozialliberalen Regierungszeit sahen Professoren, die sich ins konservative Abseits gedrängt fühlten, die Epoche einer »neuen Priesterherrschaft«[21], wie es der Soziologe Helmut Schelsky ausdrückte, anbrechen. Damit waren weder katholische Jesuiten noch protestantische Pastoren gemeint. Schelsky hatte eine neue Priesterklasse von »Sinnproduzenten«, »Reflexionseliten«, »Meinungsherrschern«, von »Lehrenden« und »Sozialbetreuern« im Visier, die sich im Zuge der 68er-Revolte und der sozialdemokratischen Reformrhetorik auf den langen Marsch zur Unterminierung der freiheitlichen Gesellschaft aufgemacht hätten und kaum mehr zu bremsen seien.

Schaute man auf die linken Kadergruppen jener Jahre, auch auf Jusos oder Jungdemokraten, auf Protestinitiativen und oppositionelle Kampagnen, dann musste man Schelskys apodiktisches Orakel wohl nicht gleich teilen, aber in einem schien er recht zu haben: Bei den sozialen Bewegungen seiner Zeit bestimmten tatsächlich häufig Studenten der Soziologie und Politologie, Studienräte für Sozial- oder Gemeinschaftskunde, Professoren der Sozialwissenschaft, Sozialarbeiter, Theatermacher, Stückeschreiber das Bild. Nur: Gut vierzig Jahre nach der düsteren Prognostik Schelskys ist der bürgerliche Staat immer noch nicht durch klandestin operierende Sozialpriester zerschlagen worden. An K-Gruppen erinnert sich auch kaum noch jemand. Und der Typus des Sozialkundereferendars mit gesellschaftstranszendierendem Furor hat sich ebenfalls nicht expansiv vermehrt, ist erst recht nicht zum Hegemon der deutschen Gesellschaft avanciert.

Und auch die Zuschreibung »Intellektueller« hat mittlerweile ihre frühere Aura eingebüßt. Besonders erregt jedenfalls zeigt sich das Publikum nicht mehr, wenn in einer Veranstaltung oder Sendung ein Diskutant als Intellektueller, Querdenker, kritischer Mahner angekündigt wird. Die Pose des »J'accuse«, welche die Intellektuellen seit den Zeiten Émile Zolas bevorzugt einnahmen,[22] war irgendwann in den 1980er Jahren, spätestens mit der Installation von Internetforen abgenutzt. Im Netz stieß man schließlich Tag für Tag millionenhaft auf zornige, chronisch anklagende *User*. Die kritische, mindestens misstrauische Haltung, die einst couragierten Außenseitern vorbehalten war, wurde seither zur vorherrschenden Attitüde, zum rhetorischen Alltagsreflex des Mainstreams. Der anonyme Blogger ersetzte die früheren Stars der Gruppe 47.

Die klassischen Intellektuellen reüssierten demgegenüber in Zeiten, als sie denjenigen mit Erfolg ihre Stimme anbieten konnten, die sich zur eigenen wirksamen gesellschaftlichen Artikulation nicht befähigt hielten. Die Intellektuellen lebten in der Rolle des Sprechers der Sprachlosen auf. Sie waren somit angewiesen auf den Bedarf an Repräsentation. Und daher ist es sicher kein Zufall, dass die Intellektuellen zeitgleich mit der Idee und den Institutionen (demokratischer) Repräsentation in die Krise gerieten. Beide Seiten, die intellektuellen Vordenker und die aushandlungsfähige parlamentarische Repräsentativität, gedeihen auf einem Sockel an Unmündigkeit, auch an geringer Komplexität. Je deutlicher und in sich homogener die Interessengegensätze organisiert waren, je klarer der Gegensatz von links und rechts, von konservativ und progressiv ausfiel, desto einfacher hatten es parlamentarische Vertretungen, gesellschaftliche Konfliktklagen zu bündeln und zu repräsentieren. Umso leichter fiel es intellektuellen Kadern, sozial benachteiligten Gruppen die Ursachen für ihr Übel zu deuten, große Ziele vorzugeben, eine leuchtende Zukunft in prallen Wortschöpfungen auszumalen.

Doch für die einfachen Erklärungen und Zuspitzungen sind nun die dramatisierenden Lautsprecher von rechts zuständig. Und zur Ausdeutung der vorherrschenden gesellschaftlichen Unübersichtlichkeiten sind nicht mehr die klassischen Intellektuellen gefragt, sondern je nach Problemaktualität die jeweils dafür ausgewiesenen Experten. Insofern war es gewiss auch nicht zufällig, dass im Zentrum der Bürgerproteste zu Beginn des zweiten Jahrzehnts im 21. Jahrhundert gegen großstädtische Bahnhofsbauten und Startbahnerweiterungen auf Flughäfen sowie kleinstädtischer Initiativen gegen Windräder und Stromtrassen nicht die »Reflexionseliten« aus Kultur- und Geisteswissenschaften standen, sondern vielmehr Ingenieure, Techniker, Informatiker, Geografen, Biologen, Chemiker, kurz: Experten, die sich zur Avantgarde des Vetos aufgeschwungen hatten.[23] Hier eröffnet sich ihnen ein thematisch klar begrenztes Feld, dem sie ihre spezifischen Kenntnisse und Fertigkeiten zuführen können. Mit ihrem fachlich eingehegten Kohärenzdenken passen die Technikexperten bestens in Initiativen, die aus einem Punkt entstanden sind und sich darauf strategisch konzentrieren.[24]

Bemerkenswert ist, mit welcher Distanz, ja schroffen Ablehnung viele aus dieser Gruppe, wie wir aus empirischen Befragungen wissen, dabei intermediären Strukturen und Einrichtungen gegenüberstehen, die doch für die Funktionsfähigkeit einer hochkomplexen Gesellschaft in einem demokratischen Verfassungsstaat schwerlich entbehrlich sind. Die institutionellen Vermittlungs- und Zwischenebenen wirken auf die *Professionals* von Technik und Technokratie lediglich als Fremdkörper für fachgeleitete Entscheidungen. Das ist keine neue Erscheinung, sondern gehörte bereits nach 1918 zu den belastenden Mentalitätsfaktoren für die damals neuen parlamentarischen Demokratien in Europa, die einhergingen mit dem »Aufstieg einer neuen bestimmenden Sozialfigur – des Experten«, der ganz davon überzeugt war, »mit seinem Wissen das Leben der Menschen optimieren und die Gesellschaft ordnen zu können«.[25]

Politik hatte diesem Denken zufolge in weiser Voraussicht Probleme zu lösen, bevor solche überhaupt erst entstehen konnten. Politik sollte sich nicht mit Reparaturtätigkeiten begnügen, sondern sich zur rationalen Gestalterin einer widerspruchsfreien Zukunft aufschwingen. Politik müsse bewusst und aktiv antizipieren, nicht erst nach langer Passivität und nur auf Druck verspätet reagieren. Doch solche Antizipierungs- und Expertenfixierungen warfen und werfen erhebliche Selbstbegründungsprobleme der Demokratie auf. Denn recht besehen geht es dabei um eine vermeintlich wissenschaftlich fundierte und daher dem

Meinungs- oder Interessenstreit enthobene Herrschaftstechnik im Verfassungsstaat. Der wissenschaftliche Erkenntnisgewinn und die demokratische Willensbildung aber gehen nicht unbedingt zusammen. Die rationale Expertise müsste in der »wissenschaftlichen Demokratie« – dem »postideologischen Bevormundungsstaat«[26], wie Tony Judt ein solches System abschätzig qualifizierte – den Primat zwingend vor der oft irrationalen Willensäußerung des Volkes bekommen. Im Konzeptionalismus der Fachleute hat der Zufall, das Unvorhergesehene, das Überraschende, gebannt zu sein; insofern dürfen im Grunde unvorhergesehene subjektive Dissidenz, Autonomie, Eigensinn, die Freiheit zum Nein nicht zugelassen werden. Zudem sorgt die negative Dialektik etatistischer Zukunftsplanung regelmäßig dafür, dass in Problemlösungen lange ignorierte Folgeprobleme keimen.

Denn das ist die Tücke der Moderne: Ihr Rationalisierungs- und Optimierungsanspruch gebärt stets nicht-intendierte Problemlagen.[27] Auch und gerade streng berechnete Problemlösungen produzieren neue Konstellationen und dadurch auch neue Schwierigkeiten, die in der jeweiligen Gegenwart nicht absehbar sind. Bedürfnisse, Werte, Lebensziele der Individuen ändern sich – nicht zuletzt eben durch die Resultate ehrgeiziger Modernisierungsprojekte – und stehen dann quer zu den ambitiös gesteuerten Entwürfen, da »die Bedingungen unserer bisherigen Erfahrung seit der Industrialisierung und seit der Technifizierung nie hinreichen, um kommende Überraschungen und Neuerungen vorauszusehen. Der Fortschritt produziert seit dem 18. Jahrhundert zwar eine Nötigung zur Planung, deren Zielbestimmungen aber infolge ständig neu hinzutretender Faktoren dauernd umdefiniert werden müssen. Der Fortschrittsbegriff erfaßt genau jene Erfahrung unserer eigenen, unserer Neuzeit, die immer wieder unvorhersehbare Neuheiten gezeitigt hat, die gemessen an aller Vergangenheit schwer oder gar nicht vergleichbar sind.«[28] Und je pluralistischer sich eine Gesellschaft entwickelt, desto weniger passt die Konsistenz einer in sich stimmig gezeichneten Zukunftsblaupause auf die Vielfältigkeit der Einzelnen. Dies ist bekanntlich die Ambivalenz des Fortschritts schlechthin und ein ständiger Nährboden für keineswegs unplausible konservative Skepsis und Einreden, wie zu zeigen sein wird.

An den Bruchstellen der Fortschrittserfahrungen in der Moderne entzündeten sich soziale Bewegungen, entwickelten sich Biografien und Ideen, von denen im Weiteren ausführlich die Rede sein wird. Die sozialistische Arbeiterbewegung war – und darin lagen in ihrer Geschichte Licht und Schatten zugleich – Zögling der Fortschrittserwartungen, ja des Fortschrittsdeterminismus der damaligen Zeit und ihrer maßgeblichen theoretischen Stichwortgeber. Allerdings war der spätere sozialdemokratische Besitzanspruch auf die progressive Idee historisch unangemessen, da der Fortschritt die nachgerade klassische Kampfparole des frühen Liberalismus bereits seit den Jahren der Aufklärung gebildet hatte. Reinhart Koselleck hat präzise dargelegt, dass es sich bei der Philosophie des Fortschritts, jenem »linearen Achsenbegriff« des 19. Jahrhunderts, um die »Ideologie des aufsteigenden Bürgertums« handelte.[29] Aber er weist ebenso darauf hin, dass die Eigentümerschaft über das Fortschrittsversprechen zu wechseln pflegt, nämlich von avancierten früheren Aufsteigern zu neuen, jetzt ambitioniert nach vorn preschenden Schichten. Insofern lässt sich die Geschichte der Fortschrittsbewegungen stets auch als Historie des »Sich-Verzehrens« erzählen. Im dem Maße, wie die Fortschrittsforderungen und das Aufstiegsbegehren Erfolge zeitigen, verlieren ihre ursprünglichen Trägergruppen an Antrieb. Sie kommen an, sind saturiert, taugen demzufolge nicht mehr als Motoren kraftvoller Fortschrittlichkeit.

Uns wird einiges davon begegnen, ganz besonders in der Geschichte des deutschen Bildungsbürgertums, gewissermaßen als Sinn- und Positionskrise sowie Entstehungsort jugendlicher Bewegtheiten gegen überlieferte Konventionen, die keinen befriedigenden Ausdruck für neue Sozialisations- und Orientierungsbedürfnisse mehr boten.[30] Unzweifelhaft waren jedenfalls etwa der »Wandervogel« und die Lebensreformbewegungen[31] um die Wende vom 19. zum 20. Jahrhundert Produkt einer ihrer selbst nicht mehr sicheren Bildungsbürgerlichkeit. Die humanistisch gebildeten Bürger, die noch bis in die 1860er Jahre unbestritten den das Selbstverständnis prägenden Nukleus der bürgerlichen Klasse insgesamt ausgemacht hatten, litten am wachsenden Bedeutungsverlust gegenüber den gewerblichen Bürgern aus der Industrieproduktion.

Bei den deutschen Mandarins verstärkten sich infolgedessen die Distanz gegenüber der Moderne, der Argwohn gegen den Kapitalismus, die Urbanität, die Technik, den arbeitsteiligen Fortschritt insgesamt. Lebensphilosophische Traktate zirkulierten, reformpädagogische Experimente kamen auf, eine jugendbewegte Kultur jenseits der großstädtischen Lebensformen entwickelte sich.

Man klagte über die Mechanisierung, die Rationalisierung, die seelische Entleerung durch den alles beherrschenden Ökonomismus. Man fürchtete die Auflösung der Halt stiftenden Ordnungen, die Zerstückelung von Zusammenhängen, die Entbindung aus sozialen Zusammengehörigkeiten. Die Lebensreformer jener Jahre wollten wieder verknüpfen, was zerrissen worden war, wollten zur Symbiose bringen, was die neue Zeit atomisiert hatte. »Ganzheitlichkeit« lautete die Zauberformel der Lebensphilosophen des bildungsbürgerlichen Reformalltags. Gemeinschaften zu gründen, galt als integrales Projekt auf dem Weg dorthin. Die Eigenschaften und Fähigkeiten der in der Moderne von sich selbst entfremdeten Menschen sollten wieder zusammengefügt und ausbalanciert werden wie in den guten Zeiten, vor dem industriegesellschaftlichen Sündenfall.[32] Das entlud sich allerdings nicht in einen aggressiven Generationen- oder gar Klassenkonflikt. In der Freideutschen Jugend sammelten sich keine frustrierten, gesellschaftlich blockierten Gruppen mit militanten kämpferischen Oppositionsneigungen. Auffällig war vielmehr, wie harmonisch die frühen »Wandervogel«-Zugehörigen mit Eltern und Lehrern ihres Milieus kooperierten, diese auch als Paten für die rechtsförmige Vereinsbildung brauchten. Das Gros der »Wandervögel« kam aus liberal geführten Häusern und Oberschulen, hatte nicht unter Kadavergehorsam oder Drill zu leiden. Dergleichen biografische Hintergründe finden wir ebenso vielfach bei Aktivisten der 68er-Emeuten.

Anders lagen die Verhältnisse in der Zeit der bündischen Jugendbewegung in den 1920er und frühen 1930er Jahren, deren Aktivisten sich schon rein äußerlich von der Vorgängergeneration des »Wandervogels« unterschieden.[33] Der romantische Lebensreform-*Look* war verschwunden; Uniformen, martialische Marschgebärden, kriegerische Radikalität in Sprache, Kleidung und Auftritt hatten die tagträumerische Naturschwärmerei und dilettierende Poesie verdrängt. Die Krise des protestantischen Bürgertums war durch den Sturz der Monarchie und die horrenden Sparverluste während der Hyperinflation elementar. Der im Wilhelminismus groß gewordene Teil des deutschen Bürgertums hatte wohl seine Selbstdeutung und seine exklusive Erwartung, auch die nationalistische Hybris, hatte das Sonderbewusstsein von der deutschen Sendung aus den Kaiserreichsjahren in die neue Republik mit hinüberzunehmen versucht, ohne aber die Risse und Ungereimtheiten des eigenen elitären Anspruchs auch nur einigermaßen glaubwürdig übertünchen zu können. Je stärker die Grundlagen der einst hochrangigen Position ins Rutschen gerieten, desto starrer hielt der Großteil der Bildungsbürger an den überlieferten Attitüden und Regeln fest, die damit jedoch ihrer Überzeugungskraft mehr und mehr verlustig gingen.

Die Jugend dieses Bildungsbürgertums, der keinesfalls mehr die beruflich und sozial rosigen Perspektiven der Wandervogelkohorte winkten, empfand die Leere der Rhetorik der älteren Generation ihrer Klasse klar und illusionslos. Ihr fehlte jetzt ganz der pausbäckige Glaube des 19. Jahrhunderts an die Unvermeidlichkeit des unentwegten Fortschritts, den sinnhaften Verlauf der Geschichte, die wissenschaftlichen Gesetzmäßigkeiten. Wie oft in solchen historischen Momenten – auch davon handelt dieses Buch an mehreren Stellen – wächst aus diesem Stimmungshumus das dezisionistische Verlangen. Nicht schwatzen, sondern handeln, hieß es jetzt in der bürgerlichen Jugend: Nicht debattieren, nicht finassieren, nicht diplomatisieren, sondern die zugespitzte Entscheidung, das Alles oder Nichts erzwingen.

Gute Zeiten für einen dezenten, reflektierten Liberalismus waren solche historischen Momente nicht. Der Liberalismus war zwar, gerade in Deutschland in seiner Entstehungszeit, eng mit dem Bildungsbürgertum verknüpft.[34] Doch für die Vermutung, dass akademische Bildung die probate Voraussetzung schlechthin für nüchterne politische Klugheit und liberal-tolerante Gesinnung ist, liefert die Geschichte deutscher Jungbildungsbürgerlichkeit kaum überzeugende Belege. Im jugendlichen Bildungsbürgertum machte sich im 19. und 20 Jahrhundert, als die sozialen Gefüge ins Wanken gerieten, überkommene Normen und Maßstäbe nicht mehr einleuchteten und nicht mehr wie zuvor Richtungen des Verhaltens vorgaben, ein entschiedener Anti-Liberalismus breit, im Gestus oft dazu als provokativ schmähende Anti-Bürgerlichkeit gekleidet. Dem nun verachteten Liberalismus im engen geistesgeschichtlichen Sinne hatten das Verfassungswerk, der Rechtsstaat, die Gewaltenteilung, die Garantie und der Schutz von Eigentum und freien Märkten genügt. Alles andere war ihm Sache der Bürger, des Einzelnen selbst. Im offenen Diskurs hatte sich zu entscheiden, was die Individuen für gut und richtig hielten. Liberale kannten selbst keine letzten Ziele, mochten keine holistischen Entwürfe für wertfixierte Lebensformen, lehnten Pläne für ein Utopia strikt ab. Daher ging es dem Liberalismus stets schlecht, wenn es in der

Gesellschaft gärte, die kollektiven Suchbewegungen ihre Märsche antraten, die Sehnsucht nach dem Kanaan begann.

Gerade in der jungen Generation, die zu den berühmten neuen Ufern aufbrechen wollte, aber nicht wusste, wo sie lagen, daher nach Pfadfindern neuer Façon heischte, gerade in dieser Altersgruppe stieß der Liberalismus dann regelmäßig auf offene Ablehnung. In solchen historischen Momenten wird dem Relativismus, der Unbestimmtheit, der Entscheidungsschwäche, der Indifferenz, ja der Toleranz, dieser »immer wieder übelmachende[n] Wirkung des Lauen«[35], der ideologische Krieg erklärt. Politiker und Denker von Maß und Mitte finden kein Gehör. Es sind andere Figuren, die sich des Zulaufs und Zuspruchs erfreuen.

Und das galt ebenfalls wieder für diejenigen Liberalen in der Politik, die sich in Gestalt der Freien Demokraten in bundesrepublikanischen Zeiten gerne als die Partei von Maß und Mitte etikettierten, nicht zuletzt, um im Zentrum der parlamentarischen Regierungsbildung zu stehen. Doch zugleich haben sie im ersten Jahrzehnt des 21. Jahrhunderts die politische Technik des Tabubruchs am stärksten in der bundesdeutschen Politik kultiviert, gewissermaßen mit Jürgen W. Möllemann und Guido Westerwelle mit Aplomb in das Parteienspektrum hineingeführt. Das wird in diesem Buch ausführlich beschrieben.

Mittlerweile ist der kalkulierte Verstoß von Reglements und Codes durch Formationen weit rechts von der Mitte bekanntermaßen geradezu Usus der politischen Praxis geworden; aber auch Parteien der Linken setzen von Fall zu Fall den demonstrativen Bruch, die überrumpelnde und provokative Aktion als sicheres Medium der Aufmerksamkeitsakquise ein. Historisch war der Tabubruch in der Tat primär Angelegenheit linksbürgerlicher Gesellschaftskritiker, radikaler Demokraten, Nihilisten, Bohemiens, Literaten, subversiver Aktionisten – schließlich der 68er. Und oft genug durften sie für ihre konventionskritische Verve einiges Recht beanspruchen. Je mehr Tabus in einer Gesellschaft existierten, desto enger wäre diese, klagte etwa der linksliberale Jungordinarius Ralf Dahrendorf im Jahr 1961, als er seinen Missmut über die »Provinzialität« und »dumpfe Enge« der Bonner Republik in der Zeitschrift *magnum* freien Lauf ließ: »Tabus machen unfrei, denn sie beschneiden das elementare Recht, Fragen zu stellen.« Auf diese Weise aber, so der Soziologe, werde das gesellschaftliche Selbstverständnis über kurz oder lang zur Lüge, mit der Folge, dass das Tabu von heute »die Ursache der Revolution von morgen sein« werde. Dahrendorf hielt Tabus schlechthin für »Achillesfersen der Gesellschaft«[36].

Ein Soziologe der vorangegangenen Generation, Max Scheler, hatte eine andere Perspektive auf das Phänomen. Er fürchtete vielmehr das Ressentiment, die Aggression der Ohnmächtigen, die wider den Stachel von Autoritäten und Normen zu löcken versuchten. Willkür ersetze am Ende Ehrfurcht, die Grenzüberschreitung entbinde die Gemeinschaft, heble die Regeln aus – unterminiere die christliche Nächstenliebe.[37] Das mochte eine übertrieben pessimistische Sichtweise gewesen sein, während Dahrendorf für seine vehementen Attacken auf die Allgegenwärtigkeit konfliktunterdrückender und herrschaftssichernder Tabus seinerzeit nachvollziehbare Argumente vorzubringen vermochte. Und dennoch war gerade zum Ende des Jahrzehnts, an dessen Beginn Dahrendorf das Regime der Tabus linksliberal herausgefordert hatte, historisch ebenfalls wieder zu beobachten, dass statt der verkündeten neuen diskursiven Offenheit eine schroff dogmatische Alternativmetaphysik folgen konnte – ungeduldig, herrisch Zustimmung verlangend, nicht minder einseitig und apodiktisch.

Zugleich wurde durch den Bruch zivilisierender Tabus – auch solche existierten schließlich – fortgenommen, was zuvor unterschwellige Aggressionen, Ressentiments, Destruktionstriebe einigermaßen im Zaum gehalten hatte, was auch heterogene Gruppen zusammenleben ließ, was Gesellschaften entlastete. Nicht zufällig folgen auf kulturrevolutionäre Zeiten der fortwährenden Traditionsbrüche verlässlich Phasen des Ruhebedarfs, des konservativen Stabilitätsverlangens. Fortwährend muss der Tabubruch allerdings schon in Gang gesetzt und weitergetrieben werden. Das macht ihn als politisches Instrument zwar anfangs rasch erfolgreich, im weiteren Verlauf aber hochgefährlich. Der Trieb zur Eskalation, die nicht mehr beherrschbare Verschärfung des Regelbruchs und der Attacken, ist dieser Strategie inhärent. Denn die Politik der Provokation erfordert kompromisslose Konsequenz. Der jeweils nächste Regelverstoß muss noch um eine zusätzliche Volte unverschämter und maßloser ausfallen, sonst verpufft er.[38]

Ebendas aber entgrenzt Politik, enthemmt und radikalisiert sie, wirkt nach innen wie außen zerstörerisch. Will man nicht bis zur explosiven Endstufe fortschreiten, wird man jedoch unweigerlich erkennen, dass der Köcher mit politischen Rezepten leer ist.

Ernüchterung, Genierlichkeiten über den eigenen vorangegangenen Rausch, pure Ratlosigkeit sind die Folgen. Das ist in dieser Schrift ein großes Thema. Für die Politik ist es ein riesiges Problem. Denn der überraschende Coup, der Akt der provozierenden Überrumpelung, garantiert das jähe Interesse von Medien und elektrisiert das Publikum. Aber was folgt dann? Wie erhält man die Aufmerksamkeit, ohne der (auto-)destruktiven Dynamik des Eskalationszwangs bzw. einer Trivialisierung der Methode durch einfallslosen Dauergebrauch zu verfallen? Bislang sind Antworten darauf nicht bekannt.

*

So in etwa spannt sich der Bogen dieser Publikation. Vieles hiervon ist in ersten Fassungen bereits erschienen, besonders in der *INDES. Zeitschrift für Politik und Gesellschaft* des Göttinger Instituts für Demokratieforschung. Das meiste ist für das Buch überarbeitet, modifiziert, ergänzt und aktualisiert worden, wobei mir Robert Lorenz und Katharina Rahlf sehr geholfen haben. Der eine oder andere Leser mag sich fragen, warum es der Autor bei einer solchen Bündelung belassen hat. Auch dürfte es Leser geben, die sich seit einiger Zeit schon darüber wundern, dass es vom Verfasser seit bald drei Jahren kaum noch etwas, wie doch zuvor so vielfältig, an Essays und Kommentaren in Tages- oder Wochenmedien zu lesen gibt. Nun: Es ist der Krebs, der mich wieder und wieder zu langen Krankenhausaufenthalten, zahlreichen Operationen und Chemotherapien genötigt hat. Dies, was hier vorliegt, ließ sich der Krankheit abtrotzen. Das noch zu können, war wichtig für mich, um der Resignation zu widerstehen.

Göttingen, im März 2017

REBELLISCHE JUGEND UND IHRE VORDENKER

1. Der große Aufbruch im Jahr 1913

Das patriotische Deutschland rüstete sich seit dem Sommer 1913 für ein monströses Denkmalsfest im westlichen Sachsen. Aber einige wollten partout nicht hingehen. Dabei waren sie keineswegs weniger vaterländisch gesinnt, nicht minder der Heimat und der Nation zugetan. Auch opponierten sie nicht gegen den Kaiser, trotzten weder Volks- noch Preußentum. Nur am Spektakel im Südosten von Leipzig wollten sie nicht teilnehmen. Dort hatte man bereits seit 1897, 15 lange Jahre also, an einem massigen Denkmal gebaut, das an die Völkerschlacht hier gegen Napoleon Bonaparte erinnern sollte. Die Einweihung des 91 Meter hohen Monuments wurde auf dem 18. Oktober platziert. Natürlich war seine Majestät, Kaiser Wilhelm II., zugegen nebst mehreren anderen Fürsten und Königen. Der akademische Nachwuchs marschierte in den organisierten Reihen von studentischen Korporationen und Verbindungen farbenkräftig auf.

Doch, nochmals, einige fehlten, gerade aus dieser Schicht und Kohorte der Studentenschaft. Sie obstruierten nicht den Anlass der Leipziger Festivität, standen nicht im Gegensatz zum Hause Hohenzollern. Aber sie störten sich an der konventionellen Kultur der nationalen Feste, an den Kommersen uniformierter Studenten, am Alkohol, der dort floss, am Tabakdunst, der allgegenwärtig war, am Gegröle, das zum Ende der Veranstaltungen regelmäßig aufkam. Für die Leipziger Denkmaleinweihung war mit all dem wieder zu rechnen. Daher zog es diejenigen, die das nicht goutierten und von denen viele in Göttingen, Marburg und Jena studierten, in die Lebensreform und Natur, im Oktober 1913: zu einem alternativen Ort der Erinnerung an die Befreiungskriege. Man traf sich auf einem 753 Meter hohen Berg in der deutschen Mitte, vierzig Kilometer östlich von Kassel, fünfzig Kilometer südlich von Göttingen gelegen, mit einem weiten Hochplateau, das sich daher bestens für eine größere Anzahl von Teilnehmern und Darbietungen eignete. Wir reden vom Meißner im Fulda-Werra-Bergland, der Heimat, wie erzählt wird, von Frau Holle, die hier ihre berühmt gewordenen Betten ausschüttelte.[1] Die juvenilen Initiatoren der Gegenveranstaltung zum großposigen Leipziger Denkmalsakt strebten auf dem Meißner eine Begegnung ganz im »Geiste der Jugendbewegung« an.

Die Jugendbewegung war seit der Jahrhundertwende der Dernier Cri im gebildeten Bürgertum. Überhaupt herrschte kein Mangel an Jugend im Deutschen Reich um 1900. Deutschland zählte damals 56,4 Millionen Einwohner; davon waren gut 25 Millionen jünger als zwanzig Jahre.[2] Deutschland war jung – als Nation, als Staat, als Industriegesellschaft. Doch war die Kategorie der Jugend nicht in erster Linie biologisch gefasst, war nicht der bloße Sammelbegriff für 14- bis 21-jährige junge Menschen. Neu war, dass sich diejenigen, die sich nun selbst zur Jugend zählten, als etwas Eigenes verstanden, das sich abhob von der Lebensart der Älteren und das sich in der Erfahrungswelt von Gleichaltrigen überlokal, gleichsam reichsweit, wiederfand. In der Jugend des späten Wilhelminismus drückten sich die Resultate und Wirkungen der jähen sozialen, ökonomischen und kulturellen Transformationsschübe während des letzten Drittels des 19. Jahrhunderts aus. In der Gesellschaft dominierten weiterhin noch Verhaltensmuster, Einstellungen und Wertmaßstäbe, die aus den Zeiten des ersten Wilhelm und des großen Bismarck stammten, aber im frühen 20. Jahrhundert nicht mehr recht passten. In solchen Momenten pflegen die Sozialisationsmotoren zu stottern, da junge Leute in der Zeit ihrer Orientierungsfindung Widersprüchlichkeiten zwischen realen Lebensformen und rhetorischer Ausdeutung höchst sensibel bemerken. Das ist oft genug der Ausgangspunkt für einen Konflikt der Generationen, letztlich: für eine Anpassung der Sozialisationsnormen an veränderte Gegebenheiten.

Doch darf man nicht zu schnell zu pauschal werden. Im Grunde vereinnahmt allein der Begriff Jugend mehr, als er historisch wirklich erfasst hat. Zumindest die Jugendbewegung des frühen 20. Jahrhunderts setzte sich nur aus einer Minorität der damals heranwachsenden Deutschen zusammen. Die Akteure dieser Jugendbewegung verstanden sich auch als Avantgarde, nannten sich stolz selbst Elite, fühlten sich als besondere Auslese. Man musste schon über Zeit und Muße, über eine spezielle kulturelle Ausstattung verfügen, um Jugendkultur konstituieren und ausfüllen zu können. Arbeiterjugendliche konnten daran zunächst nicht teilhaben, auch nicht Bauernkinder, nicht einmal die Zöglinge von Angestellten, Krämern oder Wirtschaftsbürgern. Die Jugendbewegung der Jahrhundertwende war Produkt der Bildungsbürgerlichkeit; ihr Entstehungsort war das Gymnasium. Diese Geschichte ist oft erzählt worden, daher kann man sich knapp halten. Alles begann in Steglitz, so um das Jahr 1896, mit einem Studenten der Rechtswissenschaft und Liebhaber der Stenografie. In seinen Kursen zur Kurzschrift animierte er Schüler aus den oberen Klassen des Steglitzer Gymnasiums zum gemeinschaftlichen Wandern. Erst nahm man sich den Grunewald zum Ziel, dann marschierte man ins Nuthetal, südlich von Berlin.[3] Und so dehnte man die Wanderungen und Fahrten Jahr für Jahr aus, bis es an den Rhein ging.

Als der Stenograf, Hermann Hoffmann, die Stadt und das Reich aus beruflichen Gründen verließ, folgte ihm ein Gymnasiast aus seiner Wandergruppe, Karl Fischer. Die jugendbewegte Geschichtsschreibung machte Fischer in den folgenden Jahrzehnten zur Kultfigur, zur Ikone eines autonomen Jugendprotests gegen Eltern und Schule. Er, nicht Hoffmann, galt fortan als Gründer der Bewegung.[4] Dabei war Fischer ein rechter Sonderling, wie man ihn häufig in den Anfangsjahren sozialer Bewegungen und Generationskulturen findet. In der Schulzeit, während des Studiums, im Beruf gelang ihm wenig. Salopp könnte man ihn als eine gescheiterte Existenz bezeichnen. Dafür ging er ganz in der Organisation der Steglitzer Gymnasialwanderer auf. Er machte aus der losen Gruppe 1901 einen stabilen Verein, den »Wandervogel. Ausschuss für Schülerfahrten«, zog feste Strukturen ein und begründete eine Art Autokratie.[5] Er, Fischer, stand an der Spitze, alle hatten ihm, Fischer, zu huldigen, seinen, Fischers, Weisungen Folge zu leisten. Mit Fischer wanderte man nicht – man marschierte. Er legte Wert auf militärische Disziplin, ermunterte seine Adepten zu Kriegsspielen in freier Natur. Gerade die Jüngeren im Wandervogel verehrten ihn, liebten ihn für sein Soldatentheater. Doch je älter die Wandervögel wurden, desto stärker störten sie sich an der eitlen Egozentrik Fischers. Die Gefolgschaft bröckelte, der Prophet des Jugendreiches war zutiefst verletzt, verließ seine Gemeinschaft, die ihm bis dahin doch alles bedeutet hatte. Er ging 1906 nach China, kehrte erst 1920 zurück, nach Steglitz. Dort verharrte er einsam, kontaktlos, ohne Engagement und Erwerb in der Wohnung seiner Mutter. Bis zu seinem Tod 1941 brach der frühere Aktivist der ersten Stunde nicht mehr aus seiner Apathie und Erstarrung aus. Nochmals: Auf dergleichen Skurrilitäten und tragische Lebensgeschichten stößt man oft, wenn man sich mit den Pionieren anspruchsreicher Bewegungen beschäftigt.

Aber in seiner Zeit als Aktivist bewegte dieser Typus, wenn die Konstellationen dafür günstig waren, doch einiges. Dann setzten sich Ehrgeiz, Unbedingtheit, Messianismus, auch rauschhafte Betriebsamkeit in beträchtliche Organisationsenergien und Führungskraft um. Man wird wohl nicht die Metapher des »Flächenbrandes« bemühen dürfen, um die Ausbreitung des Wandervogels von Steglitz in das Reich hinein zu charakterisieren. Doch beeindruckend war schon, wie sehr in den Landschaften mit prägenden protestantischen Bildungseinrichtungen die neue Jugendkultur binnen eines Jahrzehnts um sich griff. In etlichen Städten konnte man in den Vorkriegsjahren, wenn man Frühaufsteher auch an Wochenenden war, auf Trupps jugendlicher Wanderer stoßen, die sich in ihrem typischen Erscheinungsbild Richtung Wald, Wiesen, Schloss und Burgruinen außerhalb der Urbanität aufmachten. Die Jungs trugen kurze Hosen, führten einen Hordentopf und einen Spirituskocher für die frugalen Mahlzeiten mit. Übernachtet wurde im Heuschober. Und man hörte sie ständig singen, begleitet von der »Zupfgeige«, wie man in diesen Kreisen die Gitarre bezeichnete – in spöttischer Abhebung von den im bürgerlichen Milieu weit höher geschätzten Musikinstrumenten kultivierter Hausmusik. Ein Student der Medizin, der aus dem Wandervogel kam, sammelte das Liedgut seiner Jugendkumpanen und kompilierte es zu einem Buch, dem »Zupfgeigenhansel«, das 1910 erschien und zu einem erstaunlichen Bestseller avancierte, da sich innerhalb der folgenden 15 Jahre rund 750.000 Exemplare dieser Liedersammlung verkaufen ließen.[6]

Man mag das als Indikator für Einfluss und Wirkung dieser Jugendkultur nehmen. Als Organisation erreichte der Wandervogel nicht die gleichen imposanten Werte. 1913, dem Jahr der Feste in Leipzig und auf dem Meißner, gehörten dem Wandervogel rund 25.000 Mitglieder in knapp 800 Ortsgruppen an.[7] In der Dekade zuvor hatte es, wie in den Kinderjahren von sozialen Bewegungen üblich, mehrere Spaltungen, Wiederannäherungen, neuerliche

Schismen und Querelen gegeben. Die Protagonisten in diesen Vorgängen bemühten – auch hier: wie gewohnt – einige ideologische Versatzstücke für ihr Treiben, was in erster Linie aber auf persönliche Ambitionen und Eifersüchteleien zurückzuführen war. Die Jugendbewegung jener Anfangsjahre war keineswegs programmatisch inspiriert, war nicht durch eine dezidierte politische Absicht in Gang gesetzt worden. Man hat den Wandervogel später gerne als oppositionellen Jugendprotest zu veredeln versucht, als Reformkraft gegen wilhelminischen Pomp, kleinbürgerliche Lebensweisen, den Vormarsch naturwissenschaftlicher Professionen, tönernen Patriotismus, auch als Widerstand gegen autoritäre Lehr- und Erziehungsmethoden in Schule und Elternhaus. Doch weit markanter fällt ins Auge, wie harmonisch der frühe Wandervogel mit Eltern und Lehrern seines Milieus kooperierte, diese auch brauchte als Paten für die Vereinsbildung.[8]

Ihre Eltern, auch selbst ein wenig zumindest vom Esprit der Lebensreform affiziert, animierten die Kinder regelrecht, bei den gesunden Wanderungen in der frischen Luft mitzumachen. Den 13- bis 17-Jährigen, die zu Beginn in der Jugendbewegung dominierten, war das recht. Ein Wochenende mit Gleichaltrigen auf Wanderung oder Fahrt bedeutete zwei Tage keinen Klavierunterricht, keine Geigenstunde, keine Nachhilfe in Latein oder Griechisch. Stattdessen war man unbeaufsichtigt, konnte seine eigenen Lieder singen, sich etwas exzentrisch kleiden, exzessiv Sport treiben, ein paar Abenteuer erleben, nicht zuletzt: mit anderen rund um die Uhr zusammen sein. Das brachte ihnen, im Vergleich zu früheren Jahrzehnten und im Vergleich zur Lebenswelt der allermeisten anderen Menschen, einen Zuwachs an Freiheitsraum, ein Mehr an Erlebnissen im unmittelbaren Sinn.[9] Das genoss die Jugend des Bildungsbürgertums, die in sicheren sozialen Verhältnissen lebte und deren berufliche Aussichten seinerzeit denkbar günstig erschienen. Im Wandervogel findet man keine frustrierten, gesellschaftlich blockierten Gruppen mit aggressiver Oppositionsneigung. In der klassischen Bildungsbürgerlichkeit der Werktage und dem jugendkulturellen Überschwang am Wochenende lagen Befriedigung und Genuss, sie waren kein Herd von Enttäuschungen und Bitterkeiten gegen die obwaltenden Verhältnisse.

Doch blieben die Wandervögel nicht auf ewig Pennäler. Sie wuchsen weiter heran, machten Abitur, verließen also das Gymnasium, schrieben sich an Universitäten ein. Das war für nicht ganz wenige der Zeitpunkt, dass sie dem Gemeinschaftswandern adé sagten. Individuelle Liebeleien in intimer Zweisamkeit nahmen nun einen höheren Rang ein als kommunitärer Volkstanz. Andere aber mochten sich auch als Studenten von ihren Jugenderlebnissen im Wandervogel nicht verabschieden.[10] Nur benötigten sie jetzt, als junge Männer und (weniger) Frauen, einen höheren Sinn, eine Art philosophisch-programmatische Begründung für ihr Tun, die Wanderung, die Naturschwärmerei, die Passion für Volkslieder und mittelalterliches Brauchtum. Mit der Studentisierung des Wandervogels zog das Weltanschauliche in die Bewegung, kamen Fraktionsstreitigkeiten auf. Auch die Initiative für das große Jugendfest auf dem Meißner im Herbst 1913 kam nicht mehrheitlich aus den Reihen des genuinen Wandervogels, sondern aus den Gruppen der Deutschen Akademischen Freischar, einer studentischen Korporation, zu der sich erstmals 1906 in Göttingen Ex-Gymnasiasten mit Wandervogelvergangenheit zusammengeschlossen hatten. Das war die eine, die endogene Entwicklung, die zur spirituellen Aufladung der jugendbewegten Szenerie führte.[11] Die andere kam von außen. Denn natürlich lockte der neue manifeste Jugendaktivismus allerlei Propheten, Verkünder und Missionare unterschiedlicher Provenienz an, die ihre Proselyten zu machen versuchten.[12] Die Kundgebung auf dem Meißner ging nicht allein, aber doch in guten Teilen auf diesen Typus zurück: Lebensreformer und Schulrevolutionäre im mittleren, zuweilen auch höheren Alter, als Jugendliche jedenfalls nur schwerlich noch zu qualifizieren.

Die 1913/14 wohl bedeutendste, einflussreichste, von den einen angehimmelte, bei anderen aber die umstrittenste, am heftigsten abgelehnte Person dieser Fasson war Gustav Wyneken. Er befand sich bereits in seinem 39. Lebensjahr, als er für einen Teil der Jugendbewegung zur Führungs- und Lichtgestalt wurde. Der Sohn eines Pfarrers aus Stade hatte in Philosophie promoviert, dann aber seine Lebensaufgabe als Erzieher einer neuen Jugend gefunden. Er hatte die Formel und das ideologische Gerüst von der »autonomen Jugendkultur« kreiert. In diesem Kontext siedelte auch seine Idee zu einer neuen, freien Schulgesellschaft. 1906 gründete er ein Landschulheim dieser Observanz im südlichen Thüringer Wald, in Wickersdorf, von vielen noch über Jahrzehnte verklärt, von anderen oft bitter als Sektenorden oder abgeschottetes Kloster gegeißelt, in dem die Schülerinnen und Schüler – die Koedukation war dort eingeführt – zu einer Clique von selbstgefälligen, hochnäsigen, litären Alternativgurus herangezogen und den Bedenklichkeiten eines »pädagogischen Eros« ausgesetzt würden.[13] Missionarismus und Führungshybris waren im Auftreten und Schrifttum von Wyneken in der Tat zuhauf zu finden. Wyneken war ein glänzender Rhetoriker, der stundenlang frei, dabei suggestiv und einfordernd vortragen konnte. Als Hegelianer verstand er es, jederzeit dialektisch zu argumentieren, den »objektiven Geist« als Zielvorgabe für sein Erziehungssystem, das natürlich an Ganzheitlichkeit der Lebensführung ausgerichtet war, vorzugeben. Wer ihm folgte und dabei Stärke bewies, sich dennoch unterwarf – »Hingabe« gehörte zu den Postulaten des Landschulheims –, fand die intime Zuwendung des »Meisters«, wie ihn seine Lieblingsschüler gerne nannten. Wen er allerdings für schwach oder medioker hielt, wen er gar als Zweifler an seiner Lehre ausgemacht hatte, den strafte er mit Nichtbeachtung, den konnte er, schlimmer noch, mit Häme, Spott und Zynismus vernichten. Schon Lehrer in seinem Kollegium taten sich mit dem sarkastischen Auftritt schwer, unter den Schülern gab es einige, die daran zu zerbrechen drohten. Das Individuum galt Wyneken nicht viel, die Gemeinschaft besaß allen Primat. Auch das war eine Brücke zwischen den Wickersdorfer Schulideologen und der assoziativ geführten neuen Jugendkultur, die sich im Oktober 1913 damit öffentlich auf dem Bergmassiv an der Werra präsentieren wollte.[14]

Der Aufruf, mit dem dorthin mobilisiert wurde, war wesentlich von Wyneken verfasst worden, in der ihm eigenen Mischung aus Pathos, Distanz zum phrasenhaften Patriotismus und Appell zur juvenilen Runderneuerung von Volkstum, der Nation und dem Weltbürgertum zugleich:

»Die Deutsche Jugend steht an einem entscheidenden Wendepunkt. Die Jugend bisher nur ein Anhängsel der älteren Generation, aus dem öffentlichen Leben ausgeschaltet und auf eine passive Rolle angewiesen, beginnt sich auf sich selbst zu besinnen. Sie versucht, unabhängig von den Geboten der Konventionen sich selbst ihr Leben zu gestalten. Sie strebt nach einer Lebensführung, die jugendlichem Wesen entspricht, die es ihr aber zugleich auch ermöglicht, sich selbst und ihr Tun ernst zu nehmen, und sich als einen besonderen Faktor in die allgemeine Kulturarbeit einzugliedern. Sie möchte das, was in ihr an reiner Begeisterung für höchste Menschheitsaufgaben, an ungebrochenem Glauben und Mut zu einem adligen Dasein lebt, als einen erfrischenden, verjüngenden Strom dem Geistesleben des Volkes zuführen. Sie, die im Notfall jederzeit bereit ist, für die Rechte ihres Volkes mit dem Leben einzutreten, möchte auch im Kampf und Frieden des Werktags ihr frisches reines Blut dem Vaterlande weihen.

Sie wendet sich aber von jenem billigen Patriotismus ab, der sich die Heldentaten der Väter in großen Worten aneignet, ohne sich zu eigenen Taten verpflichtet zu fühlen, dem vaterländische Gesinnung sich erschöpft in der Zustimmung zu bestimmten politischen Formeln, in der Bekundung des Willens zu äußerer Machterweiterung und in der Zerreißung der Nation durch politische Streitigkeiten.«[15]

Anfangs schien das erste nationale Treffen der Jugendbewegten in Deutschland indes auf ein Fiasko hinauszulaufen. Das hatte schon mit den widrigen Wetterbedingungen zu tun. Große Jugendaktivitäten im Freien bleiben in der Regel freundlich in Erinnerung, wenn an diesen Tagen die Sonne scheint und eine angenehme Wärme die Teilnehmer lockert. Aber als rund zwei- bis dreitausend junge Leute Richtung Meißner strömten, war es kalt. Und es regnete in Strömen. Zunächst, am 10. Oktober 1913, begann das Treffen noch nicht als Vollversammlung, nicht auf dem Meißner selbst, sondern als eine Art Delegiertenkonferenz auf einer benachbarten Anhöhe, dem Hanstein, bereits in Thüringen gelegen.[16] Dort stand eine imposante Burgruine mit einem keineswegs kleinen Rittersaal. Aber er mochte die 500 Abgesandten nicht fassen; es drohte Einsturzgefahr. Man musste im Hof die Vorträge hören und die Debatten führen. Allein diese Umstände waren schwerlich geeignet, eine rationale, responsive Erörterung zu gewährleisten.

Aber das war auch gar nicht die Absicht der meisten Redner. Auf dem Hanstein hatten sich Vertreter – nicht wenige davon schon über vierzig Jahre alt – aller möglichen Bünde und Konventikel aus den diversen Reform-, Bildungs-, Abstinenz-, Siedlungs- und Menschheitswerdungsbewegungen des Deutschen Reichs eingefunden. Alle ritten ihr spezifisches Steckenpferd, jeder versuchte neue Jünger zu rekrutieren. Ein Klärungsprozess, den man doch ursprünglich angestrebt hatte, kam erst gar nicht zustande. Gustav Wyneken immerhin hatte Gespür für die Depressionen und Enttäuschungen, die sich unter den Jugendlichen breitmachten, und warnte vor den egozentrischen Instrumentalisierungsbemühungen der anderen Redner, stempelte sie verächtlich als »Reformphilister« ab, um ihnen gegenüber die Eigenständigkeit und Selbsterziehung der Jugend in ihrer Kultur hervorzuheben. Im Übrigen blieb der

Tag ohne Ergebnisse. Kurz vor Mitternacht begann der Abstieg in die Schlafquartiere der Dörfer am Fuß des Meißners. Zwei Stunden dauerte etwa der Fußmarsch durch den Regen, der nicht nachgelassen hatte. Erschöpft, völlig durchnässt und reichlich frustriert legten sich die Avantgardisten der Jugendbewegung in der Nacht vom 9. auf den 10. Oktober ins Heu.

Der frühe Morgen des nächsten Tages verhieß ebenfalls keine Besserung. Der Regen hielt an, der Tag begann trüb, über Tal und Berg hing dichter Nebel. Die jungen Leute froren, als sie den Aufstieg zum Meißner zu bewältigen hatten. Aber dann brach kurz vor Mittag die Sonne durch. Es wurde schlagartig freundlicher und auch milder. Etliche Zeitzeugenberichte dokumentieren es: Die Laune hob sich unmittelbar. Man wird die Bedeutung des Wetters für die Konstruktion von Erinnerungsorten und mythenbildender Zusammenkünfte sozialer Bewegungen nicht unterschätzen dürfen. Jedenfalls: Die Übellaunigkeit des Vortages schwand. Auch fanden an diesem Samstagnachmittag keine Reden der Reformautoritäten fortgeschrittenen Alters statt. Körper und Bewegung ersetzten in diesen Stunden Kopf und Diskurs. An der einen Stelle der Festwiese tanzten junge Leute, an der anderen musizierten und sangen sie. Andernorts hatte man sich zu sportlichen Wettkämpfen eingefunden, lief um die Wette, maß sich im Speerwurf. Die nächsten führten Possenspiele auf.[17]

Reigen, Spiel, Musik, gewiss auch Flirts – das machte den 11. Oktober 1913 wohl für die meisten jugendlichen Anwesenden, darunter rund ein Viertel weiblichen Geschlechts, zum rauschhaften Erlebnis, zu einem einzigartigen Ereignis emotionaler Verbundenheit in einer Großgruppe, da dergleichen überlokale oder gar überregionale Jugendtreffen zu tausenden in freier Natur ein bis dahin exklusives Phänomen gewesen waren. Die schwärmerische Erinnerung an den »Meißner-Geist«, die noch über Jahrzehnte wieder und wieder auf Jubiläumsveranstaltungen und Veteranenzusammenkünften beschworen wurde, hatte hier, im barfüßigen Tanz und ausgelassenem Gruppengesang, ihren Ursprung.[18]

Aber für die Historiker zählt mehr, was sie an schriftlichen Dokumenten vorfinden. Die Geschichtsschreiber – ob aus dem Umfeld der Jugendbewegung oder im universitären Sektor beheimatet – hielten sich in ihren Interpretationen an nachgelassene Zeugnisse der akademischen Autoritäten, deren Reden und Artikel als Broschüren oder Bücher erschienen und durch allerlei Neuauflagen und Nachdrucke gut zugänglich blieben. Man inspizierte die Festschrift zur Meißnerfeier, um durch akribische Textanalyse der Beiträge von Eugen Diederichs, Ludwig Gurlitt, Alfred Weber, Paul Natorp, Leonard Nelson, vor allem Ludwig Klages und etlichen anderen dem »Geist« der Kultstätte der Jugendbewegungen in den spätwilhelminischen Jahren auf die Spur zu kommen.

Aber mit dem Ablauf der Tage auf dem Meißner selbst hatte das alles, was in den Studierzimmern vorab durch einzelne Geistesgrößen schriftlich verfasst worden war, wenig zu tun. Mehr Bedeutung fiel gewiss den vier zentralen Rednern auf dem Meißner zu: Gottfried Traub, Knut Ahlborn, Gustav Wyneken und Ferdinand Avenarius. Das war schon ein wunderliches Quartett. Gottfried Traub setzte noch am Samstagabend den Beginn. Traub, ein soeben suspendierter protestantischer Pfarrer, zählte bereits 44 Jahre. Politisch gehörte er 1913 dem sozialliberalen Zirkel um Friedrich Naumann an, aber nach Kriegsbeginn im April 1914 wechselte er ins alldeutsche, dann scharf deutschnationale Lager des Alfred Hugenberg. Auch aus seiner Ansprache auf dem Meißner trieften das nationale Pathos und die Staatsapotheose. Die Abschlussrede hielt einen Tag später Ferdinand Avenarius, Redakteur der im gebildeten Bürgertum einflussreichen Zeitschrift *Kunstwart* und Leiter des Dürerbundes – mit knapp 57 Jahren gar noch 13 Jahre älter als der Eröffnungssprecher dieses jugendkulturellen Höhepunktes von 1913.

Eine nachhaltigere Wirkung als diese beiden erzielten die Vorträge der Redner dazwischen. Knut Ahlborn, damals 23 Jahre alt, Medizinstudent und als Alt-Wandervogel und Gründer der Akademischen Freischar in Göttingen der einzige genuine Vertreter der Jugendbewegung unter den Vieren, hielt am Abend die »Feuerrede«. Dabei trug er einige Sätze programmatischer Selbstbeschreibung jugendbewegten Wollens vor, die er mit zwei weiteren Studenten der Medizin tags zuvor ausformuliert hatte und nun durch Akklamation der Anwesenden verabschieden ließ.[19] Fortan sprach man von der »Meißnerformel«, die seither als einzige allgemein akzeptierte Selbstverständniserklärung der Jugendbewegung im 20. Jahrhundert gilt:

»Die Freideutsche Jugend will nach eigener Bestimmung, vor eigener Verantwortung in innerer Wahrhaftigkeit ihr Leben gestalten. Für diese innere Freiheit tritt sie unter allen Umständen geschlossen ein. Zur gegenseitigen Verständigung werden Freideutsche Jugendtage abgehalten. Alle gemeinsamen Veranstaltungen der Freideutschen Jugend sind alkohol- und nikotinfrei.«

Schon auf dem Meißner wurde kolportiert, dass der eigentliche Inspirator dieser Zeilen Gustav Wyneken sei. Wyneken, der noch im Jahr zuvor von dem Wandervogel keine Kenntnisse besessen hatte, war unzweifelhaft der Star der Meißner-Tage. Rhetorisch war er allen anderen weit überlegen. Auch hatte er rund einhundert seiner Schüler aus dem Landschulheim in Wickersdorf mitgebracht, die in leuchtend weißen Mützen für jedermann gut erkennbar und identifizierbar waren. Sie trugen durch disziplinierten Applaus ihren Meister. Andere bestärkte das in ihrem Argwohn gegen Wyneken, dem sie Geltungsdrang und Machtstreben unterstellten. Immerhin war Wyneken in politischen Fragen ein doch hellerer Kopf als die meisten anderen der protestantisch-väterlichen Freunde der Jugendbewegung. Auch Wyneken intonierte vaterländische Strophen. Aber den deutschnationalen Wandervögeln insbesondere aus Österreich schleuderte er die Bemerkung entgegen:

»Es ist mir auch unmöglich, im Zeitraum weniger Minuten einmal demjenigen zuzujubeln, der ruft: ›Die Waffen hoch‹ und der euch zum Waffengange mit einem Nachbarvolke anspornen will, und dann gleich darauf zu singen: ›Seit umschlungen, Millionen, diesen Kuss der ganzen Welt‹. Wenn ich die leuchtenden Täler unseres Vaterlandes hier zu unseren Füßen ausgebreitet sehe, so kann ich nichts anders als wünschen: Möge nie der Tag erscheinen, wo des Krieges Horden sie durchtoben. Und möge auch nie der Tag erscheinen, wo wir gezwungen sind, den Krieg in die Täler eines fremden Volkes zu tragen.«[20]

Andere Passagen blieben aber ebenfalls bei ihm diffus, wenn auch im Ton weniger altbacken, appellatorisch schärfer und zugespitzter. Den zuhörenden Jugendlichen gab er zu verstehen, dass sie in einem historischen Moment des Übergangs lebten, in einem gärenden Chaos von Gewalt und Not hier, von Vernunft und Güte dort. Eine glückliche und schöne Zeit würde niemand der Anwesenden mehr erleben. Doch das Höchste sei nicht Glück, sondern ein »heroischer Lebenslauf«, zu dem Wyneken die Jugendbewegten emphatisch ermunterte.

Man hat den Auftritt Wynekens danach häufig als unbestrittenen Höhepunkt des Meißner Jugendtreffens bezeichnet. Doch dürfte nur eine Minderheit den Worten des Alternativpädagogen gefolgt haben können. Um den Redner, der am Waldrand stand und sprach, hatten sich ca. 400 Zuhörer versammelt; die Übrigen widmeten sich anderen Aktivitäten.[21] Aber selbst die 400 Interessierten werden Wynekens Ausführungen nicht vollständig verstanden haben. Der starke Wind auf der Bergkuppe beeinträchtigte die Akustik; Mikrofone und Lausprecher existierten nicht. Aber schlimmer noch, für den empfindsamen Wyneken nahezu peinigend, waren die Nebengeräusche, die vom Festplatz kamen, von den singenden und tanzenden Wandervögeln, denen nicht nach theoretischer Belehrung war.[22] Wyneken beklagte sich in den Wochen danach bitter darüber, dass bei seinem Vortrag keine absolute Ruhe und Konzentration geherrscht hatte. Stattdessen tönte, so ein Zeitgenosse, der immer gleiche Refrain der fröhlich umherhopsenden Wandervögel: »Tanzen sieben Zwerge, simserimsimsim! Bummsfallera, bummsfallera!«

Noch tagelang lag dem armen Wyneken das nie enden wollende »Bummsfallera, bummsfallera!« in den Ohren und brachte ihn um den erquickenden Schlaf.[23]

Man weiß also nicht, wie wichtig den Jugendbewegten all die großen Reden und verbalisierten Räsonnements, die Ideologen ihrer selbst von außen an sie herantrugen, wirklich nahmen. Die knappe Meißner-Formel immerhin blieb noch etliche Jahrzehnte Referenzpunkt für Denkart und Grundsätze der Jugendbewegung – viel zitiert, über Generationen weitergegeben, auch häufig kritisiert, aber ebenfalls dadurch zu einer festen Manifestation dieser Jugendkultur perpetuiert. Die Formel enthielt, sieht man vom Bekenntnis zu Nikotin- und Alkoholabstinenz ab, keine präzisen Forderungen, Zielsetzungen oder gar Aktionsvorschläge, sondern war – vermutlich bewusst – vage gefasst. Nur so konnte sie integrative Wirkung entfalten, was nötig war angesichts der vielen Fragmentierungen und Streitereien im Umfeld der Wandervögel und studentischen Jugend. Im Übrigen atmete die Meißner-Formel die Bildungsbürgerlichkeit des 19. Jahrhunderts – nach wie vor die Selbstdeutung des frühen Liberalismus. Alle Ansprüche zielten nach innen, auf das Individuum, dass in Autonomie und Selbstverantwortung das Richtige finden und dementsprechend handeln musste. Kollektive Solidaritätsmuster waren ganz ausgeblendet. Von Politik wurde nicht geredet, Institutionen tauchten nicht auf, Gesellschaft und Öffentlichkeit schienen kein Thema von Gewicht zu sein. Der Einzelne, er allein, war gefordert, in souveräner Freiheit und Selbstständigkeit.[24]

Da das Prinzip der Organisation seit den 1890er Jahren zur angewandten Zauberformel in Gesellschaft, Politik, Ökonomie und Verbandswesen des wilhelminischen Deutschland avanciert war, beklagte die Kleingruppe der Jugendbewegten die Schattenseiten davon: die Größe, die Anonymität, die bloße Nutzenorientierung und Kälte der durch Organisationen verursachten funktionellen Ausdifferenzierungen und Arbeitsteilungen. Und sie stilisierte sich selbst zur Alternative dazu, als Individuen, die in ursprünglicher Gemeinschaft aufgingen, ganzheitlich lebten, in Symbiose mit Natur und Heimat verschmolzen. Bemerkenswert blieb, wie gerade in solchen Gruppen von Organisationsverächtern die Hörigkeit gegenüber selbstberufenen »Führern« und »Lehrern« der Bewegung dominierte, hier die Bereitschaft zur »Hingabe« und »Gefolgschaft« durch den lebensphilosophischen Vitalismus stärker, drängender, ja radikaler ausfiel als in hochformalisierten Organisationszusammenschlüssen.

Das »Meißner-Erlebnis« wurde zum Kult. Das begann schon damit, dass dem Berg im Nordhessischen fortan die Bezeichnung »Hoher Meißner« gegeben wurde, die sich dann allgemein, auch bei den alteingesessenen Bewohnern der umliegenden Dörfer einbürgerte. Zur Verbreitung des Meißner-Kults trug dann erheblich eine Postkarte des Alternativapostels und Malers Fidus bei, mit dem weithin bekannten Motiv des »Lichtgebets«: Ein nackter junger Mensch steht, die Arme weit ausgebreitet, auf einem Felsen, zieht Licht und Sonne mit aller Emphase auf die Vorderseite seines Körpers. Und als 1945 vieles in Deutschland in Schutt und Asche lag, kam in den Kreisen der Alt-Meißnerianer der Vorschlag auf, eine neue deutsche Hauptstadt doch hier, auf dem heiligen Boden der Jugendbewegung, zu errichten, unter dem Namen: Hohenmeissner. Aber natürlich kümmerte das niemanden in der realen Politik, in den sachlich operierenden Organisationen, welche sich von all den Überschwänglichkeiten, Skurrilitäten und pittoresken Symbolisierereien transitorischer Jugendkulturen in ihrem realen Lauf nicht irritieren ließen.

Über die Jugendbewegung ist in der Folge ein opulentes Schrifttum entstanden. Schließlich besaß diese Bewegung all das, was pralle Geschichten erzeugen kann: einen Mythos und ein Epos, Erinnerungsorte und Ikonen, Heilande und Verräter, Gescheiterte und Lichtgestalten. Nur: Einen Politiker von Format, der aus der Jugendbewegung des späten Wilhelminismus hervorgegangene wäre, findet man nicht. Auch kaum einen Theoretiker, den zu kennen und lesen heute noch lohnen würde. Wir stoßen auch nicht auf gewichtige Autoren von Romanen und Gedichten mit jugendbewegter Vorprägung. Wirft man einen Blick in Zeitungen und Zeitschriften der Wandervögel und Freideutschen jener Jahre, dann erschließt sich rasch, was der Grund für diese Begrenzung war. Stets wird das »Innere«, das »Nicht-Rationale«, das »Gefühlte« und »Eigentliche« und »Unaussprechliche« zu einer bonbonfarbenen Emotionsgirlande gewunden. Kaum einmal stoßen wir auf nüchterne Analysen von Strukturen und sozialen Verhältnissen, auf hellsichtige politische Ausdeutungen, auf präzise Definitionen dessen, worüber man denn nun genau redet und schreibt. Schwülstiges Pathos und kitschig dilettierende Poesie überwogen ganz.

Die Jugendbewegten hatten gehofft, den Schwung vom Meißner mit in die lokalen Gruppen zu nehmen und von dort einen reichsweit einheitlichen Jugendbund rekonstituieren zu können. Aber nach dem Meißner war vor dem Meißner. Die Wandervögel sträubten sich auch jetzt, mit den Älteren zusammenzugehen. Insbesondere an der Person Wynekens entzündete sich ein steter Streit, der etliche Tagungen beschwerte und die Energien der Aktivisten band. Vor allem: Zehn Monate nach dem Fest auf dem Meißner befanden sich über 10.000 Wandervögel und Jugendbewegte im Krieg, an der Front. Begeistert hatten sie sich unmittelbar nach der Kriegserklärung freiwillig zum Militär gemeldet. Kaum jemand engagierte sich in der Anti-Kriegs-Bewegung. Am Ende waren rund 7.000 tote Soldaten mit Wandervogel-Vergangenheit zu verzeichnen.[25] Alles in allem war die Jugendbewegung des frühen 20. Jahrhunderts politisch weitgehend naiv, war ein keineswegs oppositioneller Teil in der Bildungsbürgerlichkeit des spätwilhelminischen Deutschland.

Ausschließlich nach rechts führten die politischen Biografien derjenigen, die den Krieg überlebt hatten, allerdings nicht; wenngleich ein deprimierend großer Teil der Jugendbewegten sich dem völkisch-antisemitischen Lager zuschlug und allein aus der überlieferten elitär-bildungsbürgerlichen Selbstüberhöhung nach 1918 Demokratie und Republik zutiefst verachtete. Einige Meißnerianer schlossen sich indes den Kommunisten an, darunter etwa Alfred Kurella, der sich 1914 zwar ebenfalls als Freiwilliger für den Fronteinsatz gemeldet hatte, wenige Jahre später aber ein junger, doch bald schon leitender Funktionär der KPD wurde und dann in der DDR als Leiter der Kulturkommission des Politbüros beim Zentralkomitee der SED amtierte. Eher selten findet man den Weg vom Meißner zur Sozialdemokratie; in Gestalt von Adolf Grimme, zum Ende der Weimarer Republik Kultusminister in Preußen, zwischen 1946 und 1948 in Niedersachsen, stößt man jedoch auch auf ihn.

Im Vergleich zur ersten Jugendbewegung im späten Wilhelminismus suchte die Nachfolgekohorte, die in der Weimarer Republik die Bühne betrat, einen anderen, sehr viel härteren, enorm rigiden kollektivistischen Ausdruck. Während die Wandervögel noch die »innere Freiheit« postulierten und unbeaufsichtigten Räumen der Autonomie zustrebten, drängten jetzt diejenigen, die zwischen 1902 und 1913 geboren worden waren, in den 1920er Jahren nach stärkerer Bindung, nach einem uniformen Habitus, nach disziplinierter Gefolgschaft dem jeweiligen Führer gegenüber, nach straffer Ordnung und männlichen Kampftugenden in oft parasoldatischen Zusammenschlüssen – als gleichsam totalitäre Übereinkunft von weit links bis weit rechts, ohne indes die Mitte in Form und Mentalität dieser neoautoritäten Attitüden unberührt zu lassen.

2. Die verlorene Generation und ihr heroisches Idol

Zum Repräsentanten dieser Kultur und der »verlorenen Generation« wurde in den späten Jahren der Weimarer Republik der im Jahr 1907 geborene Eberhard Koebel, tusk.[1] Doch war er gerade deshalb und besonders in dieser Zeit der republikanischen Agonie nicht nur nicht verloren. Er war vielmehr ein Held, blieb über Jahrzehnte in der Geschichte der Jugendbewegung ein Mythos. Die »verlorenen Jahre« waren für Jugendliche und junge Leute wie tusk die besten Jahre. Aus der Verzweiflung und Zukunftstristesse der späten 1920er und frühen 1930er Jahre formten sie ihre eigene Rolle als Anführer, Fahnenträger des Aufstands, Missionare eines leuchtenden Morgens. Diese Jahre waren für sie nicht leer und nicht dumpf. Von Apathie oder Resignation kann bei ihnen keine Rede sein. Die verlorene Generation lechzte nach Aktion. Sie suchte nach Bewegung, wohin auch immer, verfiel nicht in Erstarrung. Allein die militante Unruhe der »verlorenen Generation« trug Gestalten wie tusk für einen historischen Moment nach oben, bot ihnen das Fundament und den Resonanzraum für gesellschaftliche Erweckungsträume und persönliche Führungsambitionen. Erst mit dem hermetisch fixierten politischen System, mit der despotischen Kalmierung und Unterdrückung von innergesellschaftlichen Spannungen, mit der Zwangsintegration oder Eliminierung von Grenzkulturen, erlosch die Kraft der verlorenen Generation als eigenständige, eigensinnige soziale Strömung. Und ihr legendärer Zugführer, der Schwabe Eberhard Koebel, verlor alle Aura. Er klammerte sich an seine alte Rolle, wollte sie um nichts in der Welt verlieren. Doch jetzt und dadurch verlor er alles. Einsam, ohne Einfluss, nahezu mittelos, mehr herablassend belächelt als noch bewundert, starb er 1955 in Ost-Berlin mit 48 Jahren.

Sein Mythos war schon zu Lebzeiten groß, sein Scheitern schien eher trivial. In tusk spiegelte sich einiges dieser »verlorenen Generation«: Radikalismus als Kompensation für Perspektivlosigkeit, der Drang nach vollständiger Transzendenz, ein nahezu fanatisierter Anti-Liberalismus, wütende Betriebsamkeit, der Hunger nach Sinn. Die Antriebskräfte, die aus einer solch brisanten Melange der Gefühle und Sehnsüchte erwuchsen, waren beträchtlich. An kollektiven Energien übertraf die »verlorene Generation« andere Kohorten um Längen. Aber sie war doch mehr Objekt, ließ sich von anderen in Bewegung setzen und treiben, lief den lautesten und schillerndsten Kündern des Neuen nach, ohne Erfahrung, ohne politische Klugheit und abwägende Distanz. Die »verlorene Generation« wurde so zum Instrument kühl kalkulierender Ideologen. Sie machte ihre beträchtlichen Energien den kalten Architekten des Totalitarismus verfügbar. Die »verlorene Generation« war das Spiel- und Baumaterial der Politingenieure neuer Reiche, neuer Menschen und neuer Gesellschaften. Insofern war diese Generation wirklich verloren. Und das galt auch, ja besonders für ihren großen Charismatiker, den Antreiber einer neuen männlichen, bündischen Jugendbewegung: tusk. In der Retrospektive zumindest bleibt daher nicht viel vom Mythos. Man steht mehr vor einer traurigen, letztlich bitteren, sinnlos endenden Biografie.

Eher unglücklich verliefen bereits die ersten Abschnitte in der Lebensgeschichte des Eberhard Koebel. Dabei entstammte er einem sozial durchaus privilegierten Milieu.[2] Sein Vater war Oberlandesgerichtsrat, seine Mutter die Tochter eines vermögenden Nudelfabrikanten. Man wohnte in einer klassizistischen Villa am Stuttgarter Stadtrand. Aber es war eben nicht mehr die heile, die stolze Welt des deutschen Bürgertums, in der Eberhard Koebel seine sekundäre, politisch-kulturelle Sozialisation erfuhr.

So auch im Hause Koebel: Man lebte die alte Bildungsbürgerlichkeit, war aber tief verunsichert. Der Kaiser war weg, der Krieg war verloren, Rote und Schwarze, die alten Reichsfeinde und natürlichen Antipoden der Gebildeten, hatten anfangs das Sagen im Staat. Dann vernichtete noch die Hyperinflation große Teile der finanziellen Ersparnisse, auch bei den Koebels. Je stärker die Grundlagen der einst hochrangigen Position ins Rutschen gerieten, desto starrer hielt der Großteil der Bildungsbürger an den überlieferten Attitüden und Regeln fest, die damit jedoch ihrer Überzeugungskraft mehr und mehr verlustig gingen. So jedenfalls nahm es Eberhard Koebel in der ersten Hälfte der 1920er Jahre wahr, während seine beiden Brüder, fünf bzw. sechs Jahre älter als er, offenkundig weniger mit der Welt der Väter und Großväter gefremdelt hatten. Als Jüngster in einer solchen Generationenfolge mochte es für Sohn Eberhard besonders erschwert gewesen sein, im fragilen Biotop der aus dem Tritt geratenen Bürgerlichkeit in Deutschland einen angemessenen Platz zu finden. Eberhard Koebel war der »Kleine«, wurde in der Familie nie ganz für voll genommen. Schließlich kränkelte er in seiner Kindheit, plagte sich mit Rachitis und Asthma.[3] Auch die Schule fiel ihm, dem blassen und schmächtigen Jungen, nie leicht. Im Unterschied zu seinen Brüdern konnte er nicht auf dem humanistischen Gymnasium bleiben, vermochte nicht das Studium der Rechtswissenschaft zu beginnen, wie es die männliche Tradition der Familie nahezu verlangte. Freunde besaß er anfangs ebenfalls keine. Er ging für sich, einsam und verschlossen, durch die Welt.[4] Auch eine Berufsausbildung brachte er nicht zum Abschluss. Das alles war gewiss nicht das zwingende Resultat einer unvermeidlichen Biografie der Zugehörigen zur »verlorenen Generation«. Hier lagen vielmehr individuell Beschränkungen, Enttäuschungen, Gesundheitsprobleme, emotionale Defizite, ein Mangel an Anerkennung vor. Aber zugleich wird man wohl annehmen dürfen, dass ein in Glück und Harmonie groß gewordener Sohn einer intakt-selbstbewussten bürgerlichen Familie in Zeiten großer gesellschaftlicher Ausgeglichenheit mit besten beruflichen Aussichten für den jugendlichen Nachwuchs zu einer Karriere, wie sie Eberhard Koebel im postinflationären Deutschland antrat, nie fähig und willens hätte sein können.

Die Schmach selbst empfundener Inferiorität bohrte sich wie ein spitzer Stachel in die Seele des jugendlichen Koebels. Er heischte daher regelrecht nach Zuneigung, ja Bewunderung, was er in seiner biologischen Familien nicht bekommen konnte. Seine neue soziale Familie lag woanders. Er fand sie in den Bünden der Jugendbewegung. Als 15-Jähriger trat er der Stuttgarter Ortsgruppe des Deutsch-Wandervogels bei. Diese Entscheidung veränderte und formte fortan sein Leben. Ein weiterer Katalysator für die Transformation der Biografie Koebels, seine Mutation vom kaum beachteten blassen Sonderling zur kühn agierenden Kraftnatur jugendlicher Militanz, waren seine Lapplandreisen, die er über mehrere Monate in den Jahren 1926 und 1927 durchführte. Die Fahrten zum Eismeer zeigten unmissverständlich das Ansinnen Koebels, den Bruch mit den bisherigen Konventionen seines Herkunftsmilieus zu vollziehen, somit aus aller bürgerlichen Saturiertheit und eingeschliffenen Routine von Sicherheit gewährenden Alltagsordnungen und Regeln auszusteigen – komplett, kompromisslos, kämpferisch. Die Monate in Lappland verlangten dem Reisenden Härte ab.[5] Er musste Hunger, Kälte, Gefahren ertragen, als einsamer Heroe, ohne kommode Rückzugsräume. Koebel, der sich auf seine Fahrten denkbar akkurat vorbereitet hatte, wusste, dass nur wenige seiner

Mitbürger den Mumm aufgebracht hätten, den er bei seinen Fahrten durch Finnland bewiesen hatte. Das schien ihm Beleg für seine eigene Berufung zu sein, die deutsche Jugend zu neuen Ufern zu führen.

In der Tat: Auf seinen Nordmeerreisen baute sich jetzt der Mythos auf, der sich bald um tusk – diesen Namen brachte er von seiner ersten Lapplandexkursion mit – spannte. Tusk berichtete auf Versammlungen der Bünde über seine Erlebnisse, veröffentlichte Artikel mit vielen Fotos dazu. Dadurch war er nicht mehr einer unter vielen, gehörte nicht zum Durchschnitt lokaler bündischer Gruppenführer. Er stand für das große Abenteuer, für die ungewöhnliche Tat, für pure Konsequenz. Das verschaffte ihm Anhänger, die ihn glühend verehrten. Das aber heizte auch seinen Ehrgeiz an. Nun strebte er die ganze Macht im Jugendreich an. Er wollte Schluss machen mit der Spaltung der Jugendbewegung, zielte auf den großen, einheitlichen geschlossenen Bund, der dem einen, unbestrittenen Führer diszipliniert und unbedingt loyal folgen würde: ihm also, tusk. Im April 1928 gliederte er seine Gruppe der Deutschen Freischar an, dem größten der damaligen Bünde. Ein halbes Jahr später putschte sich tusk in der ihm eigenen Art an die Spitze des schwäbischen Gaus. Auf einem Regionaltreffen sprang er plötzlich auf einen Tisch und schrie in den Raum hinein: »Ab heute bin ich euer Gauführer. Wer nicht einverstanden ist, kann gehen.«[6] Seine Jünger johlten und feierten ihn. Das war tusks Vorstellung von Führung und Aktion. Mit diesem kraftmeierischen Voluntarismus und dem Trieb zur akklamativ legitimierten Selbstermächtigung traf er den Nerv zahlreicher Zugehöriger aus der »verlorenen Generation«. Aber er multiplizierte damit auch seine Gegner, die weniger draufgängerisch, dafür komplexer sondierten, umsichtiger vorgingen. Im Mai 1930 schlossen sie tusk aus der »Freischar« aus, die ihm als Wirkungsstätte somit abhandenkam.[7]

Doch das hatte tusk frühzeitig antizipiert, hatte Monate zuvor schon rasch und ziemlich unvermittelt seine Taktik geändert. Wir finden ein typisches Muster im Leben des Eberhard Koebel: Er gerierte sich subversiv, tauchte gleichsam in den Untergrund ab, gab seinen Manövern etwas dunkel Verschwörerisches. Alles erinnerte an die geheimbündlerische Existenz revolutionärer Zirkel im 19. Jahrhundert. Auf ebendiese Weise gründete Koebel subkutan die »Deutsche Jungenschaft vom 1. November 1929 (dj.1.11)«, die als Elitegruppe verdeckt in der Deutschen Freischar agierte, um die tüchtigsten und entschlossensten Jungkader zu sammeln, mit denen dann die finale Schlacht um die Hegemonie in der deutschen Jugend geführt werden konnte. Da dergleichen natürlich nicht vollständig geheim blieb, da darüber getuschelt und gemutmaßt wurde, stieg tusk im Ansehen von ehrgeizig vorwärtsdrängenden Jugendlichen noch ein ganzes Stück weiter. Und wer zum erlauchten Kreis der mythenumwitterten dj.1.11 – mehr als 2.000 Mitglieder dürften sich dort nie getummelt haben – gehörte, fühlte sich nicht mehr verloren oder überflüssig, sondern im Gegenteil ausgewählt und für eine große Aufgabe gebraucht.

Die Jugend jener Jahre der tiefen ökonomischen Depression und hohen Arbeitslosigkeit suchte nach Zusammenschluss, Ordnung und Aktivität, eben nach dem Bund, um nicht als ratlose, atomisierter Einzelne hilflos in der großen Krise der Gesellschaft dazustehen. Diese Jugend suchte nach schlüssigen Erklärungen, nach sichtbaren Leitplanken, die Wege aus der Misere wiesen. Kurz: In dieser Situation kam es auf Sinnstiftung, propagandistisches Geschick und auf Formengeber an, die den verunsicherten Individuen kollektive Zusammengehörigkeiten und Potenzgefühle zu bieten hatten.

Eberhard Koebel war der Mann für eine solche Situation. Er war ein Naturtalent, wenn es darum ging, einer Bewegung den kulturell exakt passenden Stil zu geben. Koebel verstand nicht viel von der praktischen Politik. Er dilettierte lediglich in Fragen der politischen Theorie. Als Stratege versagte er chronisch. Aber er brillierte als Gestalter von Habitus und Zeichen gemeinschaftsbezogenen Wirkens.[8] Was in seinem Kopf während der späten 1920er Jahre entstand, traf ganz die Gefühlslage der männlichen Jugend dieser Zeit. In diesem charismatischen Moment nahm Eberhard Koebel als tusk, der Held der Lapplandfahrten, die Erlösungssehnsüchte seiner Generationszugehörigen auf und gab ihnen kongeniale Formen für Organisation und Aktion im Alltag. Daraus entstand der Stoff, der Koebel zur legendären Figur der Jugendbewegung in ihrer bündischen Phase machte.[9]

Koebel hatte bereits 1927/28 die blaue Jungenschaftsjacke entworfen, die zum Ausklang der Weimarer Republik zum uniformierten Ausdruck nahezu sämtlicher Bünde wurde, daher zu einem seriellen Produkt des Textilgewerbes avancierte. Aus Lappland hatte tusk die »Kohte« in die deutsche Jugendbewegung hineingebracht, ein Zelt, in dessen Mitte ein Feuer entfacht und in Gang gehalten werden konnte, ein probater Ort mithin für Jugendlager während kalter Herbst- und Wintermonate. Koebel entwarf, zeichnete, komponierte fortwährend, nachgerade rastlos. Er schuf Rangabzeichen für die Gruppenhierarchie, er komponierte Lieder und verfasste Losungen für Sprechchöre Er gründete Zeitschriften: *Das Lagerfeuer* für bündische Jugendliche insgesamt, den *tyker* für die Gruppenführer, die *Rakete* für den eiligen Informationsaustausch. Tusk lieferte das Design, steuerte Artikel bei, sorgte für Zeichnungen und Fotos. Und immer wieder tauchte er urplötzlich in Ortsgruppen auf mit seiner schweren BMW, mit der er kreuz und quer durchs Land raste.[10] Tusk, das war ein anderer Typus als die früheren Leiter in der Wandervogelbewegung: unromantisch, unsentimental, im ständigen aufopferungsvollen Dienst für die Bewegung, dabei die moderne Technik nutzend, stets in zielstrebiger Vorbereitung auf die große Schlacht.

Wie die Schlacht durchgeführt würde, wofür, weshalb, wohin das martialische Treiben gemacht bzw. gehen sollte, das alles spielte im Denken von Koebel keine wichtige Rolle. Darüber machte er sich kaum Gedanken. Für ihn stand, wie für so viele seiner Generation, allein fest, dass der Kampf kommen musste und dass er bis zum bitteren Ende durchgefochten zu werden hatte. Seit Ende 1918 wurde im deutschen Bürgertum kolportiert, dass die Nation, die abendländische Kultur sich im Nieder-, wenn nicht gar Untergang befinde. Ein morbider Krisendiskurs war in bürgerlichen Kreisen der 1920er Jahre allgegenwärtig. In dieser Atmosphäre des »Grand Hotel Abgrund« (Georg Lukácz) war Eberhard Koebel so wie etliche andere in diesem Milieu aufgewachsen – und konnte sich Rettung nur durch den fundamentalen Umsturz des Alten, des Systems insgesamt, der ganzen verweichlichten bürgerlich-liberalen Gesellschaft vorstellen.[11] Die Jugendkultur veränderte sich dadurch ab 1926/27 radikal. Niemand tanzte dort mehr barfuß romantische Reigen; man zog sich nun schwere, eisenbeschlagene Stiefel an, marschierte im Gleichschritt, straff, diszipliniert, mit kaltem und kämpferischem Blick durch die Straßen. Der todesmutige Soldat war das Vorbild, nicht mehr der mittelalterliche Scholar. Man besaß auch keine Zeit mehr für Problemgrübeleien, wie man es jetzt abschätzig nannte, nicht für das Philosophische, nicht für kontroverse Debatten. Es kam einzig auf Aktivität, Einsatz, Präsenz, Tempo, Entscheidung an. Und alles musste sich pausenlos steigern: die Organisationskraft, die Militanz, die Wehrertüchtigung, der Hass auf den Gegner. Die atemlose Eskalation entwickelte sich zum inneren Gesetz dieser politischen Jugendkultur; und tusk war ihr zeitgemäßer Propagandist, der unaufhörlich Initiativen startete, experimentierte, antrieb. 1930/31 agierte er wie im Rausch, mit der festen Überzeugung, dass ihm, ihm allein, die Zukunft gehörte, dass er als großer Führer der riesigen jugendlichen Kohorten irgendwann siegreich durchs Brandenburger Tor werde schreiten oder reiten können.

Doch stieß er schon in diesen frühen 1930er Jahren, noch vor den Nationalsozialisten an der Macht, ständig an Grenzen seiner Wirksamkeit. Etliche Vorstöße liefen ins Leere. In der »Freischar« büßte er nach seinem Rauswurf an Einfluss ein. Um nicht in der schwäbischen Provinzialität zu versauern, zog er 1931 nach Berlin, wo er allerdings beruflich ebenfalls nicht recht reüssierte. Dafür kokettierte er nun noch mehr mit der Rolle und Funktion des Berufsrevolutionärs, für den kein Unterschied zwischen Profession, Leben, Politik, Organisation, Freizeit mehr existierte. In diesem Sinne mietete er in der Kreuzberger Ritterstraße neun Räume an, gründete eine der ersten Jungmännerwohngemeinschaften Berlins.[12] Die Wohngemeinschaft firmierte als »Rotgraue Garnison«, war gewissermaßen der Sitz des Generalstabs der dj.1.11. Doch schon nach wenigen Wochen gingen sich die Akteure des kommunitären Versuchs gehörig auf die Nerven. Koebel selbst reagierte gereizt auf die vielen Störungen, klagte, dass er nicht mehr konzentriert arbeiten könne. Auch fiel – wie in Wohngemeinschaften bekanntlich nicht unüblich – die Mitwirkung an den Haushaltspflichten unter den Bewohnern ungleich aus, was die Missstimmung forcierte. Koebel sah keinen anderen Ausweg, als für sich auch dieses Projekt aufzukündigen. An Stelle der von ihm postulierten radikalen Gemeinschaftlichkeit von Gleichgesinnten zog er sich auf das klassische Terrain der Kleinfamilie zurück. Anfang 1932 heirate er, kehrte der Kreuzberger Wohngemeinschaft den Rücken und siedelte mit seiner Ehefrau im unzweifelhaft feineren und ruhigeren Zehlendorf, in der dortigen neuen Waldsiedlung.

Doch verstand er sich deshalb keineswegs als Spießer. Im Gegenteil: An Radikalität wollte er sich 1932 von niemandem übertreffen lassen. Eine politische Irrlichterei begann, bei der ihm mehr und mehr der früheren Weggefährten und Anhänger nicht mehr folgen mochten. Den Sprung vom Jugendführer zum politischen Strategen hatte tusk schon zum Jahreswechsel 1931/32 auf einem Reichshortentreffen versucht. Er rief seine Jungenschaft zum Eintritt in die drei sozialistischen Parteien auf, womit die KPD, die SPD und die NSDAP gemeint waren. Seine Sympathie für die Linksparteien überraschte, während er schon Mitte der 1920er Jahre eine Nähe zu den Nationalsozialisten offen gezeigt hatte. Im Mai 1925 war er mit einem Freund nach München gereist, um Adolf Hitler in dessen Privatwohnung zu besuchen. Koebel war tief beeindruckt und forderte die bündische Jugend in einem Artikel für den *Völkischen Beobachter* auf: »So trefft euch denn Deutsche Jungen unter den Fahnen jenes Mannes, der uns Ziel und Weg wies, unter dem reinen und klaren Banner Adolf Hitlers.«[13] Damals fungierte Koebel als eine Art nationalsozialistischer Brückenkopf im Lager der späten Wandervögel und frühen Bünde.

Mit seiner Vorliebe für Daten und Symbole wählte Koebel den Geburtstag Hitlers, über dessen Kleinbürgerlichkeit er seit den späten 1920er Jahren zu spotten begann, um am 20. April 1932 seinen Beitritt zur KPD zur verkünden. Freund und Feind zeigten sich konsterniert, da auffällige Affinitäten Koebels zur kommunistischen Ideologie, überhaupt zum Marxismus bis dahin nicht ruchbar geworden waren. Für tusk war das sehr viel weniger ein Problem, da es ihm nicht um Weltanschauungen ging, sondern um die Haltung zur Radikalität, zur unversöhnlichen Systemfeindschaft, zur Bereitschaft für die konsequente Attacke. In diesen Eigenschaften schienen ihm im Frühjahr 1932 die Kommunisten die Nase vorn zu haben. Er erwartete zu diesem Zeitpunkt den Durchmarsch der proletarischen Revolution, nicht den Beginn des Dritten Reiches. Daher investierte Koebel, der schließlich vorn dabei sein wollte, wenn es um das Ganze ging, in die Kommunisten und ihre Organisationen. Dorthin solle man, forderte er seine Gefolgsleute von der dj.1.11 auf, fortan die Tätigkeiten verlagern. Wie immer hoffte er, dass seine Truppe, die Elite der bündischen Jungenschaften, alsbald die Schalthebel im kommunistischen Organisationskosmos bedienen würde und die Träume von tusk zur Realität werden ließe. Aber diesmal fand der Appell kein Gehör. Nur noch 300 Mitglieder blieben der dj.1.11 erhalten;[14] die anderen wandten sich ab, begleiteten ihren bisherigen Führer nicht auf seine ihnen unplausibele Stippvisite in den Kommunismus.

Mehr als eine knappe Episode war das zunächst in der Tat nicht. Nicht die Kommunisten setzten sich bekanntermaßen durch, sondern die Partei Hitlers. Tusk schlug die nächste Pirouette. Im

Mai 1933 informierte er seine Epigonen, dass er den Eintritt in die NSDAP und die SS anstrebe. Koebel dürfte dies kaum als einen gravierenden, unnachvollziehbaren politischen Positionswechsel betrachtet haben. Er handelte so, wie er immer gehandelt hatte, dies auch im Weiteren ebenso tat. Tusk mochte nicht bei den Schwachen, bei den Verlierern sein, den Kranken, den Weichen, den Rührseligen und Femininen.[15] Der starke, todesmutige Mann war das Bild, das ihn leitete und motivierte. In den Organisationen der kraftvollen und energischen Siegertypen sah er sein Feld, in dem allein seine Ambitionen auf Führung der gesamten deutschen Jugend gelingen konnten. Die politische Begründung, mit der das Tun legitimiert wurde, war ihm einerlei. Ein kämpferischer Mann brauchte keine wohlklingenden Sprüche, keine erhabenen Programmsätze. Das verabscheute tusk als Stubengelehrtentum verblasener Liberaler. Jetzt, im Frühjahr und Sommer 1933, sang er Elogen auf Hitler und machte den Kotau vor Baldur von Schirach.

Im Mai 1933 wies tusk in einem Rundbrief die Mitglieder von dj.1.11 an: »Wir wollen uns mit all den kultivierten Kräften, die in dj.1.11 gewachsen sind, dem neuen Deutschland zur Verfügung stellen. So untrennbar, wie wir Kinder der Wirklichkeit sind, sind wir Kinder Deutschlands. Reist euch weg vom Spintisieren, ob es erfreulich ist, oder nicht – der nächste Kampf ist ein außenpolitischer und er muss uns auf der Seite Hitler-Deutschlands sehen. Der ›Krieg ist der Vater aller Dinge‹ und die Voraussetzung zum Krieg ist das Vorhandensein ebenbürtiger Krieger. […] dj.1.11 an die Gewehre!«[16]

Wiederum war Koebel fest davon überzeugt, mit seiner Organisation auserlesener junger Männer Nukleus und Ferment der neuen Staatsorganisation sein zu können. Und wieder hoffte er für sich auf eine zentrale Führungsposition. Im November 1933 erschien seine »Heldenfibel«, über Jahre ein Kultbuch für seine Anhänger.[17] Fraglich war und blieb, zu welchem Zwecke Koebel dieses Epos, eine Mischung aus Apokalypse und Erlösung, diesen Choral auf Heroismus, Heldentum, Märtyrertum und den Tod der Jugendlichen im Krieg – diese »ewige Krone eines jungen Lebens«[18] –, verfasst hatte. Verstand er seine Fibel als Anleitung für soldatische Tapferkeit im künftigen Krieg der Nazis? Oder sollte das Pamphlet den Partisanen in der dj.1.11 Mut für konspirativen Widerstand gegen die faschistischen Machthaber machen?[19] Darüber wurde unter »Tuskologen« noch Jahrzehnte später erbittert gestritten. Hätte

Koebel selbst eine unmissverständliche Auskunft zum Ende des Jahres 1933 geben können, für welche Werte, Ziele, gesellschaftlichen Zusammenhänge seine Heroismusprosa gedacht war? Das Todesopfer, das er für sich und seine Jungen forderte, implizierte schließlich die explizite Verachtung der Trivialitäten des Lebens. Insofern ging es nicht darum, für ein »gutes Leben« zu kämpfen. Mehr noch: Tapferkeit bis in den Tod bedeutete den Gipfelpunkt eines lohnenden, bedeutungsschweren Lebens.

Den Nazis war dies alles zu unberechenbar, zu egozentrisch, zu hybrid. Anfang 1934 verhaftete die Gestapo tusk – nicht wegen seiner kommunistischen Vergangenheit, sondern wegen seiner bündischen Eigenwilligkeiten. Man transportierte ihn in das berüchtigte Columbia-Haus. In derselben Nacht versuchte Koebel seinem Leben ein Ende zu setzen, indem er sich die Pulsadern aufschnitt. Das misslang. Man brachte ihn ins Staatskrankenhaus, wo Koebel einen zweiten Suizidversuch unternahm: Er sprang aus dem zweiten Stock des Krankenhauses, überlebte wieder, allerdings mit gebrochenen Knochen, einem Schädelbasisbruch und einer lädierten Wirbelsäule. Die politischen Systeme, die Koebel im Gegensatz zum liberalen Parlamentarismus aufgrund ihrer eisernen Entschlossenheit und ihres absoluten Dezisionismus schätzte, ließen dem Jugendführer tusk nicht den geringsten Raum, der ihm nur so lange vergönnt war, wie der demokratische Rechtsstaat existierte, den er von Grund auf verabscheute. Tusk brauchte, was er radikal ablehnte. Setzte sich durch, was er begehrte, war die Basis zerschlagen, auf der seine Projekte gediehen. Das war die Paradoxie, ja: die Tragödie im Leben dieses Helden der »verlorenen Generation«.

Mithilfe seiner Mutter, die bereits seit 1929 der NSDAP angehörte, kam Koebel frei.[20] Anfang Juni entschloss er sich zur Emigration.[21] Über Schweden gelangte er schließlich nach England. Dort lernte er etliche Sprachen, befasste sich mit Sinologie und Japanologie. Anfang der 1940er Jahre streckte er seine Fühler wieder verstärkt nach links aus, zu den Kommunisten, insbesondere zur Auslandsvertretung der Freien Deutschen Jugend, ohne dabei eine erneute Mitgliedschaft in der KP zu beantragen.

Aber auf den Kommunismus setzte er, als Deutschland und der Nationalsozialismus 1945 in Trümmern lagen. Koebel ging auf die vierzig zu, aber seine Gedanken kreisten wie schon beim 16-Jährigen nach wie vor um Jugend, Bünde, seine Rolle als Führer junger Männer. Wie eh und je witterte er, der erwachsen partout nicht werden mochte, auch nach Ende des Krieges die Chance auf eine einheitliche Jugendorganisation, die seiner exklusiven Erfahrungen bedurfte, die seinen Ideenreichtum und seinen besonderen Nimbus probat verwenden konnte. Kurz: Tusk richtete seine Hoffnungen auf die sowjetisch besetzte Zone, auf die Kommunisten, auf Erich Honecker, mit dem er eifrig korrespondierte, auf die FDJ. Seine früheren Eleven, die nun im Westen lebten, reagierten tief enttäuscht. Wieder und wieder hatten sie ihn um die Rückkehr in eine der westlichen Zonen gebeten, ihn zum Wiederaufbau der dj.1.11 ermuntert.[22] Aber Koebel wollte nichts von parlamentarischen Demokratien, liberalen Konstitutionen und Marktgesellschaften wissen. Er ignorierte bis zum Schluss, dass er nur dort, wo die großen gesellschaftlichen und sozialen Spannungen ausgelebt, nicht totalitär erstickt wurden, einen Platz für seine Ambitionen zu finden vermochte. In den beiden Diktaturen nahm man ihm hingegen dafür jede Luft.

Immer verstand sich tusk als Avantgardist. Aber auch nach 1945 hinkte er hinterher, verlor das Rennen abermals. Drei Jahre drängte er danach, aus London ausreisen zu dürfen, um am Aufbau in Deutschland an vorderster Stelle mitzuwirken. Die Engländer ließen ihn anfangs nicht, die Kader der SED riefen ihn nicht. So konnte er sich erst 1948 in Ost-Berlin niederlassen, als die Weichen in vielerlei Hinsicht bereits gestellt waren. Er strebte in die FDJ, aber man blockte ihn ab. Anfangs gab man ihm eine Stelle als Jungredakteur beim *Berliner Rundfunk*, setzte ihn allerdings schon bald wieder vor die Tür. Danach kam er bei der Nationalen Front unter. Doch hatte sich an der inneren Unruhe und dem Aktionsdrang Koebels nichts geändert. Aber seine Tatenfreudigkeit war nicht gefragt, war erkennbar unerwünscht. Sein Handlungstrieb fand nun lediglich ein Ventil in einem maßlosen Schreibfuror.[23] Er verfasste tausende von Seiten an Buchmanuskripten, Artikeln, Aufsätzen, Dramen. Aber mit Ausnahme von Zeitungsartikeln wurde davon kaum etwas publiziert. Insbesondere seine Bücherangebote kamen abgelehnt – mit denkbar vernichtenden Wertungen und Urteilen versehen – zurück. Sein Jugendbuch »Pinx der Buchfink« erschien 1950 im Atlantis-Verlag in Zürich.

Das alles war gewiss deprimierend genug. Dann schloss ihn überdies noch die SED, der er 1949 beigetreten war, im Februar 1951 als »parteifeindliches Element« und »zersetzendes« Subjekt aus. Im Mai 1953 geriet er zusammen mit seiner Frau in den gänzlich abwegigen Verdacht der Spionage und dann für Wochen in Haft. Seine Rente und der Status als »Opfer des Faschismus« wurden ihm aberkannt. Während Koebel in der Folge noch doktrinärer den Kurs »der Partei« vertrat und verteidigte, setzte sich seine Frau mit den Söhnen in den Westen ab. Alle Anträge auf Wiederanerkennung der Rente für Verfolgte des Naziregimes wurden abgelehnt. Zum Schluss war tusk, der Prophet des kämpferischen Kollektivs, gänzlich allein, vollkommen isoliert, als er mit nur 48 Jahren in Ost-Berlin starb.

Tusk hatte seinen großen historischen Moment, der in den Jahren zwischen 1922 und 1932 lag. In dieser Zeit konnte er zum Charismatiker eines Teils der bündischen Jugend in Deutschland heranwachsen. Auch in seinem Fall benötigte das Charisma den krisenreichen Hintergrund der Weimarer Gesellschaft, den Bruch mit alten Legitimationsnormen, die Erschütterung vormals fixer Orientierungspunkte. Am stärksten verunsichert reagierte darauf die Jugend, nicht zuletzt bürgerlicher Herkunft, deren Zukunftsaussichten finster schienen, da Karrierewege verstopft, biografische Planungssicherheit nicht mehr erkennbar waren. Das öffnete das Gelegenheitsfenster für Eberhard Koebel, der in einer politisch ersichtlich irritierten bürgerlichen Familie groß geworden war, dort die klassischen Erwartungen nicht mehr erfüllen konnte, daher zu unbürgerlichen Methoden griff, um Rang und Reputation zu erringen. Die außeralltägliche Situation, der mächtige Erlösungsdurst der außergewöhnlich großen Jugendkohorte in der zweiten Hälfte der Weimarer Republik offerierten ihm ideale Möglichkeitsräume für seine Begabung, Symbole zu kreieren, Bedürfnisse zu stimulieren, eine permanente Aktivität zu entfalten, wodurch Struktur in den sonst ungegliederten Alltag der sozial entbundenen jungen Leute jener Jahre hineinkam. Wo sonst alles darniederlag oder erlosch, schuf tusk in seinen Zeltlagern etwas Neues, inszenierte ein Fest nach dem anderen, als lichten Kontrast zum grauen Alltag. Mit den durchinstitutionalisierten Diktaturen und ihren ideologischen Heilsverkündungen in zentral straff orchestrierten Erregungszuständen einer dauermobilisierten Öffentlichkeit endete der charismatische Moment des Eberhard Koebel. Der Mythos des tusk verblasste. Die Wunder blieben aus, die Anhänger blieben weg. Der Legende ging ihr Held verloren.

3. Abschied von den Gurus?

Im 20. Jahrhundert schienen die Jugendbewegungen solche Helden, Großlehrer, ja Gurus zu benötigen. Mysterium, Erleuchtung, Wunder, Licht, Klarheit, Befreiung, Heilung, Erlösung: Das alles waren und sind noch Begriffe, die stets zu fallen pflegen, wenn Menschen bei ihrer Suche nach dem großen Sinn, nach tiefer innerer Ruhe, nach einem neuen Jerusalem auf einen großen Meister stoßen. Niemand vergisst diese erste Begegnung, auch wenn er sich vom Guru irgendwann enttäuscht abgewandt haben mochte oder einfach nur seinen eigenen Weg ohne das Patronat des charismatischen Führers gefunden haben sollte. Jünger und Meister: Dieses Verhältnis ist um mehrere Volten stärker aufgeladen als das zwischen Schülern und Lehrern, zwischen Freunden, Genossen, Kameraden untereinander.[1] Der Meister ist der Heiland, zumindest der berufene Prophet, aus dem das Göttliche spricht und der zu Gott führt. Er verkörpert das Einzigartige, strahlt eine besondere Weisheit aus. Er hat tiefer gesehen als alle anderen. Er nimmt seine Sendung an, offenbart, verkündet – und braucht dazu Jünger, welche die Botschaft aufnehmen und die dem Weg, den der Meister weist, folgen. Der Meister vermittelt nicht einfach Wissen, lehrt nicht pure Fakten; er greift in das Innere seiner Epigonen, die doch Auserwählte zu sein meinen. Der religiöse, spirituelle und ideologische Führer fordert von seinen Anhängern alles, verlangt ihre gesamte Existenz, was Privatheit, gegenläufige Aktivitäten, eigenen Raum nicht mehr gestattet. Denn dem Meister geht es nicht um Kompetenz oder Meinungsherrschaft in einem »Teilsystem«, sein Anspruch ist universell, sein Ansatz ist, wie man lange sagte, »ganzheitlich«.

Ein solcher Gestus zieht diejenigen an, die nicht lediglich folgenlos parlieren, sondern, *coûte que coûte,* handeln wollen, die den kompletten Neuanfang suchen, in ihrem quälenden Leid den Ausweg nur in einer Fundamentalveränderung, ja: Reinigung ihrer selbst zu finden glauben. Haben wir es hier mit schwachen, innerlich unsicheren Menschen zu tun, wie gewöhnlich unterstellt wird? Oder handelt es sich am Ende vielmehr um starke und entschlossene Personen, welche gleichsam im nietzscheanischen Sinne der Banalität und Trivialität einer bürokratisch geordneten, sozialstaatlich gesicherten, aber aller höheren Aufgaben und Zielsetzungen baren Gesellschaft entkommen wollen? Die dann, da sie die großen Alternativen nicht aus sich selbst begründen können, wie elektrisiert reagieren, alles aufgeben, sich fortan dem großen Weisen hingeben, der erkennt, was sie zu schauen nicht vermögen, der Gebote lehrt, die strikt zu befolgen sind, der sie auf den langen, mühseligen Marsch mitnimmt durch die Wüste, um anzukommen im Heiligen Land. Und um all das baut ein sich überlieferndes Mysterium auf, Kulthandlungen, Symbole und Rituale als Exklusivgut für die Eingeweihten.

Darin lag gewiss mehr Rausch als Rationalität; und die Zeit des spirituellen oder gar politisch-weltanschaulichen Rausches scheint auch vorbei, ist zumindest im Deutschland der letzten Jahre einer kühlen Reserviertheit, mehr wohl: der puren Gleichgültigkeit gewichen. Der redende, predigende, wandernde, reisende Meister, der zwischen den späten 1890er und frühen 1930er Jahren ein keineswegs seltener, durchaus auf neugierige Resonanz stoßender Typus war, gilt heute weithin als demagogischer Rattenfänger, dem mit Argwohn und Distanz zu begegnen ist. Zuweilen wird, kommt die Rede auf die Kultur der Gurus, an die bizarre Sekte der Volkstempler des Jim Jones erinnert, die auf Befehl ihres Anführers im Urwald von Guyana 1978 einen grässlichen Massensuizid beging.[2] Und nicht wohlgefälliger sind die Erinnerungen an die politischen Großführer des 20. Jahrhunderts, an die Lenins, Mussolinis und Hitlers, auch an die Mao Tse-tungs. Selbst Meistergestalten, denen ethnische oder politisch begründete Massenvernichtung nicht vorgeworfen werden kann, die eher in kleinen Konventikeln den elitären Status eines intellektuellen Mandarins, einer Avantgarde der Poesie, der bildenden Kunst, der Erziehungs- und Lebensgemeinschaft, auch der politischen Theorie zu konstituieren versuchten, auch diese Propheten einer sich und alles andere ebenfalls erneuernden Elite stehen im Rückblick unter Generalverdacht undemokratischen Gruppenhandelns und manipulativer Verführung – heißen sie nun Stefan George, Leonard Nelson, Gustav Wyneken oder Rudolf Steiner.

Die Existenz einer »Krise« wird in der Regel zur Deutung des Meister-Jünger-Phänomens herangezogen.[3] Nun ist irgendwie immer irgendwo in der Gesellschaft Krise, jedenfalls hier wie dort und überhaupt. Und so wird man mit leichter Hand mannigfaltige Krisenfaktoren finden, die rasch in einen kausalen Nexus mit dem Aufkommen der Bünde, Kreise oder Orden von großen Meistern und folgsamen Schülern zu bringen sind. Bedeutsamer scheint hingegen der Zusammenhang von massenhafter Juvenilität und prätentiöser, auch radikalisierter Sinnsuche. Gestoßen wird man auf das Phänomen schließlich ganz besonders im ersten Drittel des 20. Jahrhunderts, dann wieder während der 1960er, vor allem der 1970er Jahre. In diesen Jahrzehnten waren die Gesellschaft, die Alltagskultur, auch das Bild der Straßen von den drängenden Zukunftsansprüchen der jungen Kohorten dominiert. Ein weiteres Phänomen kam hinzu: Der Liberalismus bot den sich ihrer selbst nicht sicheren Jugendmassen keinen Anker der befriedigenden Orientierung. Er zog aufgrund seiner ideellen Defizite sogar die Aggression, die Verachtung auf sich.

Denn immer geht es in solchen historischen Situationen unruhigen Teilgruppen um das Ganze. Die Negation ist total. Und die ersehnte Transformation hat ebenfalls das Hier und Jetzt komplett hinter sich zu lassen, grundlegend zu überwinden. Es geht um Transzendenz, nicht um immanente Besserungen. Da aber die Älteren in einer Gesellschaft schon zu sehr verquickt sind mit der Überkommenheit, korrumpiert durch die überholten Strukturen, zumindest träge geworden oder resigniert, kann die ganzheitliche Erneuerung nur von den Jüngeren, deren Elan noch nicht gebrochen, deren Geistesart noch nicht vernebelt ist, ausgehen. In der Regel also suchten sich die Meister des 20. Jahrhunderts – ob nun in politischen, künstlerischen oder spirituellen Kleingruppen unterwegs – junge Menschen im Alter von 15 bis 30 Jahren aus; kaum einer war anfangs älter. Nie sollten es zu viele sein, denen das Manna der Auserwähltheit zufiel; denn das hätte der Substanz geschadet, Anliegen und Qualität verwässert. Nur eine Auslese konnte begreifen, was ein großer Meister ihr beizubringen versuchte, nur eine Elite hatte das Zeug, im Kairos der historischen Möglichkeiten gegen alle Widerstände die einzigartige Mission zu erfüllen – oft erbittert von den Gegnern attackiert, stigmatisiert, verfolgt, vom Tode bedroht. Das war der große Traum von Meistern und Jüngern gleichermaßen: Dass ihre erlesene und verschworene Gemeinschaft zum richtigen Zeitpunkt vorbereitet zur Stelle ist, vorne steht, auch anfänglich Ungläubige und Indifferente durch das Feuer der inneren Überzeugung und die Flamme des großen Ziels mitzureißen vermag, wenn die finale Schlacht gegen das Böse oder Schlechte endlich ausgefochten wird.

Ohne Jünger kein Meister. Der große Weise und Künder des Neuen wird zum Meister erst dann, wenn er Anhänger findet, die seinen Ruf »Glaubet und folget mir« erhören. Bis dahin haben es Meister, so erzählen es uns die Narrative und Mythen der Meisterschilderungen, über die Maßen schwer. Leid, Qual und die schiere Isolation durchherrschen den Alltag der künftigen Meister in den Jahren, die sie mit dem Erkennen, dem visionären Sehen verbringen.[4] Das alles geschieht in einsamen Höhen, weit weg von den Strömen des Gewöhnlichen, der Nichtigkeiten von Zerstreuung und Geselligkeiten. Weniger schummrig formuliert und auf die realen Lebensgeschichten etlicher Meister bezogen: Die meisten von ihnen hatten keine leichte Kindheit, waren geplagt von Krankheiten, litten oft an Schlaflosigkeit, verbrachten zuweilen über Monate in Spitälern, waren also deshalb schon in trauriger Verlassenheit groß geworden und galten den Gleichaltrigen ihrer Umgebung als zu meidende oder zu verspottende Sonderlinge. Solche Erfahrungen können zu außergewöhnlichen Leistungen antreiben, zum unbändigen Willen, mehr zu wissen, höheren Aufgaben zuzustreben als der mediokre Durchschnitt, welcher die Zeit mit belanglosen Spielereien totschlägt. Oft gelang auch die zunächst durchaus angestrebte bildungsbürgerliche Karriere nicht, da die Exzentrik der eigenen Elaborate und der apodiktischen Rechthaberei der notgedrungenen Individualisten sich den konventionellen Protektionen an den Universitäten verweigerte. Die, deren Laufbahn nach Plan verlief, sprachen dann von gescheiterten Existenzen, was indes die Sendungsenergie derjenigen, die sich ein weiteres Mal an den Rand gedrängt fühlten, nur noch zusätzlich auflud.

Ein fester Ort, eine fixe Lebensstation, ja eine lebenslange Heimat stehen einem dann meist nicht zur Verfügung. So gehen die Meisteranwärter auf Wanderschaft, müssen es auch, um Anhänger um sich zu scharen, die ihnen erst die erstrebte Bedeutung verschaffen. In der einen Woche wohnen sie hier, in der nächsten dort, in oft denkbar bescheidenen Kämmerchen ihrer Freunde und Jünger. Zwei Drittel des Jahres war etwa Rudolf Steiner, so eine Biografin, im ersten Jahrzehnt des 20. Jahrhunderts unterwegs, um insgesamt 1.300 Veranstaltungen vor Publikum durchzuführen.[5] Auch der Meister der Reformpädagogik, Gustav Wyneken, hielt ohne einen festen Wohnsitz im Jahrzehnt später »rastlos zahlreiche Vorträge« und rochierte zwischen München, Frankfurt, dem Thüringer Wald und Berlin.[6] Und über den Dichtermeister Stefan George schreibt Ulrich Raulff: »Wie die Wanderkaiser und Reisekönige des Mittelalters, wie ein Bewohner der Steppe ist der Dichter ständig unterwegs. All seine Aufenthalte sind vorübergehend, hier ein paar Tage, dort ein paar Monate, dann geht es weiter.«[7]

Die Mittel für ihr Leben bezogen sie vielfach aus Erbschaften, auch aus den Zuwendungen ihrer Bewunderer. Meister waren nur selten – wenngleich, siehe Stefan George, natürlich auch das vorkam – große Schriftsteller. Ihre Faszinationskraft entsprang vielmehr der Rede, dem mündlichen Vortrag, ihrer Gabe, durch Gleichnisse und Bilder die Zuhörer zu bezaubern und zu fesseln, wie Rudolf Steiner, oder auch ihr junges, akademisch ambitioniertes Publikum durch eine strenge, fast kalte Rationalität der Gedankenführung zu beeindrucken, wie Leonard Nelson.[8] Meister wie Leonard Nelson, der Göttinger Philosoph und Leiter einer kleinen, aber ganz ungewöhnlich wirksamen sozialistischen Sekte, oder Rudolf Steiner wirkten nach ihrem Tod durch die mitstenografierten, auf diese Weise in Büchern verschriftlichten Reden. Aber die suggestive Kraft lag in den Momenten der unmittelbaren Mitteilung selbst. Die Zeitzeugenbekundungen sind zahlreich, die von der hinreißenden Wirkung des Anthroposophen Steiner bei seinen öffentlichen Auftritten Zeugnis ablegen. Aber über die Qualität von Rhetorik haben unterschiedliche Adressaten abweichende Auffassungen. Kurt Tucholsky etwa, der Steiner, den »Jesus Christus des kleinen Mannes«, in Paris erlebte, war entsetzt und berichtete mit galligem Spott:

> »Im Ganzen sieht Steiner aus wie ein aus den Werken Wilhelm Busch entlaufener Jesuit: Bauernschädel, gefalteter Komödiantenmund, Augen, die sich beim Sprechen nervös schließen und nur manchmal – in ff. Dämonie – die Zuschauer ansehen. Man hatte mir gesagt, dass ganze Nationen diesem Zauber unterliegen. […] Wenn's mulmig wurde, rettete sich Steiner in diese unendliche Kopula, über die schon Schoppenhauer so wettern konnte: das Fühlen, das Denken, das Wollen – das ›Seelisch-Geistige‹, das Sein. Je größer der Begriff, desto kleiner bekanntlich sein Inhalt – und er hantierte mit riesen Begriffen. […] Ein Kerl etwa wie ein armer Schauspieler, der Sommerabends zu Warnemünde, wenn's regnet eine ›Réunion‹ gibt, alles aus zweiter Hand, ärmlich, schlecht stilisiert – und das hat Anhänger! Wie groß muss die Sehnsucht in den Massen sein, die verloren gegangene Religion zu ersetzen! Welche Zeit!«[9]

Auch Erich Mühsam spottete gerne über die »hohl dröhnende Stimme des hohlen dröhnenden Steiners«, welcher mit seinen »von unten ausholenden unendlich langen Gesten seine leeren Worte über die Menge«[10] auszugießen pflege. Wer von Rudolf Steiner Heil, Gesundheit, Erlösung erwartete, nahm dessen Reden natürlich ganz anders wahr. Er glaubte, bewunderte, liebte – den Meister. Und wenn der Meister ihn in seiner Umgebung zuließ, dann war das der erhebende Moment schlechthin. Dann war man auserwählt, vom Meister auserkoren, in die Exklusivität der Eingeweihten hineingenommen. Doch hing das so gesteigerte Selbstwertgefühl einzig und allein von der Gunst des Meisters ab. Ihm saßen die Jünger zu Füßen, zu ihm schauten sie hinauf. Es war eine eindeutige Machtbeziehung.[11] Nur der Meister legte fest, wie die Doktrin des Kreises begründet und auszulegen war, welche Regeln galten, wer zum inneren Zirkel gehörte, wer sich Chancen auf Zugang zum Thron ausrechnen durfte, wer Ausschluss und Verbannung fürchten musste. Die Strukturen in dieser Gemeinschaftsform, oft als Orden bezeichnet, mit klösterlichen und jesuitischen Metaphern charakterisiert, waren unzweifelhaft autoritär, ja diktatorisch. Der Zugriff des Meisters auf Alltag, Sinnesart und Biografie seiner Jünger war total – gerade weil es sich um eine Kleingruppe, nicht um eine sonst notwendigerweise doch fragmentierte und fortdifferenzierte Großgesellschaft handelte. In den kleinen Gemeinden ließ sich realisieren, was in modernen Staaten nur schwer vollständig umzusetzen war. Der Meister verlangte Treue durch Gelübde, führte fixe Rituale und Regeln ein, deren Befolgung er mit strengem Blick überprüfte und mit scharfen Sanktionen im Falle von Nachlässigkeit ahndete.[12] Leonard Nelson etwa achtete in seiner sozialistischen Sekte, dem Internationalen Jugendbund, dass jeder hier zu jeder Zeit laut und deutlich sprach, über jede Sitzung, jedes Treffen ein Protokoll anfertigte, in dem Sprachverhunzungen – was dazu gehörte, legte nur der »Meister« fest – nicht vorkommen durften. Man musste Vegetarier sein, durfte auch nicht rauchen. Unpünktlichkeit wurde bestraft, ebenso Schweigsamkeit bei den Mahlzeiten. Wer Schwächen zeigte, den traf unerbittlich die Verachtung des Meisters. Gegner überzog Nelson mit apodiktischer, vernichtender Kritik und erbarmungslosem Spott. Von Kompromissen wollte er nichts wissen.[13] Gustav Wyneken, der Reformpädagoge, trug ganz ähnliche Züge, auch Stefan George und Rudolf Steiner.

Das Gros der Meister schätzte und gebrauchte die Methode der sokratischen Diskussion[14], dieses »erotisch aufgeladene Spiel von Frage und Antwort, mit dem Sokrates in den Platonischen Dialogen die *Jeunesse dorée* von Athen in Verwirrung stürzte«[15]. Durchweg verlangten die Meister »Hingabe« von ihren Schülern. Immer war vom besonderen »pädagogischen Eros« die Rede, der zwischen ihnen, die mehrheitlich das Zölibat von ihren Epigonen forderten, und ihren Jüngern herrschte.[16] Beispiele für den praktizierten Eros von Meister zu oft noch sehr jungen Aposteln sind bekannt.[17] »Die gefährliche Verbindung von Jugendbewegung und sexueller Befreiung, die die Väter im Zeichen von George und Platon erprobt hatten, setzten die Söhne im Zeichen von Freud und Coca-Cola fort. Die Resultate waren die gleichen, in Wickersdorf wie im Odenwald, und sie waren desaströs.«[18]

Bereits in den 1920er Jahren hatte sich eine Garde linksliberaler Publizisten und Aktivisten verblüffend affirmativ hinter Idee und Praxis des »pädagogischen Eros« gestellt, die in den reformerischen Landerziehungsheimen verbreitet waren.[19] Als der Leiter der Freien Schulgemeinde im thüringischen Wickersdorf, Gustav Wyneken, 1921 wegen sexuellen Missbrauchs von Schülern zu einer Gefängnisstrafe verurteilt wurde, gab es einen empörten Aufschrei in der radikaldemokratischen Szenerie der Weimarer Republik. Wyneken reklamierte für sich und seine Handlungen, vom edlen, selbstlosen und gestaltenden Eros beflügelt, nicht von einem egoistischen und rohen Sexualtrieb geleitet worden zu sein.[20] Seine Anhänger im libertären Bürgertum, die sich zu »Wyneken-Kampfausschüssen« und »Kampfgruppen« zusammentaten, glaubten ihm unbesehen, hielten den verehrten Erziehungsrevolutionär für ein Opfer der perfiden Kriminalisierung durch die Schulreaktion und einen autoritären Staat. Eine Fülle von Presseberichten aus diesem Milieu dokumentiert, wie schon damals die Vorwürfe des Missbrauchs – schließlich an einem als progressiv geltenden Ort der Erziehung »neuer Menschen« – nicht ernst genommen, der sexuelle Verkehr des bewunderten Lehrers mit seinen Schülern reflexhaft bagatellisiert oder gar zu einer neuen Kultur der Zärtlichkeit und Offenheit stilisiert wurden.[21] Unter diesem Schutz des hier gänzlich unkritischen »kritisch-fortschrittlichen Bürgertums« konnte sich der sexuelle Übergriff in den Reformschulen, von Wickersdorf bis zum Odenwald, über nahezu ein Jahrhundert, ohne Aufmerksamkeit zu erregen oder gar Einsprüche zu provozieren, fest- und fortsetzen.

In solchen sozialen Gemeinschaften wuchsen nicht nur, wohl nicht einmal primär die Solidarität und das Vertrauen untereinander, sondern es wurden Eifersucht, Neid und erbarmungslose, wenn auch in der Regel versteckt betriebene Konkurrenzkämpfe genährt.[22] Denn schließlich dürstete jeder Einzelne nach der besonderen Gunst des Meisters, nach der bevorzugten Liebe. Und alle fürchteten die Zurückweisung.[23] Wer würde am Ende der Johannes, wer der Judas sein? Diese ständig virulente Frage schürte Rivalitäten und speiste boshafte Intrigen. Am Ende konnte tiefe Enttäuschung stehen, die im Verrat am Meister ein bitteres Ende fand. Der Vatermord ist wohl das Äquivalent zur tiefen Intimität und den Liebesbeziehungen von Jüngern und Meistern in Kleingruppen. Oft erlosch auch einfach der charismatische Zauber des Meisters durch Gewöhnung und Gewöhnlichkeit. Begabte Jüngere wuchsen über einen solchen erschlafften Charismatiker hinaus, begründeten ihre eigene Aura und Anhängerschaft; der Phänomenologe Edmund Husserl erlebte das vor dem Ersten Weltkrieg in Göttingen, eine Dekade später in Freiburg.[24] Noch schlimmer traf es derartige Gemeinschaften, wenn die Mehrheitsgesellschaft sich einige deren Überzeugungen und Handlungsweisen aneignete. Derlei Teil-Integrationen bedeuteten stets das Aus für die auf ihre Sonderheit zuvor so stolzen Konventikel.

Der Psychologe und frühere Director of the East/West psychology program at the California Institute of Integral Studies in San Francisco, John Wellwood, hat Anspruch und Wirksamkeit spiritueller Meister-Jünger-Bünde der dominanten Ich-Zentriertheit in den Mehrheitsgesellschaften der Moderne synoptisch gegenübergestellt:[25]

Ich-Zentriertheit	**Neues Sein einer Nicht-Dinglichkeit**
Sorge um die Aufrechterhaltung des »schönen Scheins«	Engagement für die Entdeckung der Wahrheit
Sorge um die Aufrechterhaltung und Bestätigung des Selbstbildes	Interesse an der Welt und Wertschätzung derselben unabhängig davon, ob diese irgendwelche bestehenden Selbstbilder bestätigt oder negiert
Kontraktion um »Ich-Heit«	Expansion nach, zum Leben und zur Welt der Phänomene hin
Gefühl der Unsicherheit und Unzulänglichkeit	Grundlegendes Gefühl der Ganzheit, der Positivität des eigenen Daseins, der Lebendigkeit und der Intelligenz

Nun erscheint diese Gegenüberstellung einerseits recht schematisch und andererseits, bezogen auf die Alternative zur »Ich-Zentriertheit«, rundum normativ. Aber in der Tat standen diese Normen als Selbst-Postulate am Anfang der meisten politischen, spirituellen, weltanschaulichen Meister-Jünger-Zusammenschlüsse. Nicht alles davon deformierte sich im Zuge der Hingebungs- und Abhängigkeitsbeziehungen zwischen Schülern und Meistern. Manchmal im Gegenteil.

Die Zugehörigen zum Internationalen Jugendbund des Göttinger Philosophen Leonard Nelson – mehr als 300 Mitglieder besaß der Bund nie – etwa gehörten vor 1933 zu den entschiedensten Mahnern vor der nationalsozialistischen Barbarei; 1933 gingen ihre Kader sofort in den aktiven Widertand, mutig, entschlossen, wenn auch ohne Erfolg.[26] Die große, wirksame Zeit der Nelson-Jünger begann indes erst nach 1945, als sie der wiederbegründeten Sozialdemokratie beitraten, Bürgermeister, Stadtdirektoren, Parlamentarier stellten und stärker als jede andere Kraft in der Partei eine programmatische Revision betrieben, die am Ende zum Godesberger Programm 1959 führte. Die Nelsonianer revidierten sich dabei auch selbst, indem sie ihre frühe aggressive Kirchengegnerschaft ablegten, auch die geheimnisumwobene Ordenstätigkeit nicht mehr zelebrierten; und sie haben der Sozialdemokratischen Partei zur Entledigung der Fesseln eines starren, simplifizierenden und engen Marxismus verholfen. Im Grunde bedeuteten die Erfolge der Nelsonianer das Optimum für einen politischen Kaderzirkel im Bemühen um die Veränderung von Großorganisationen. Vermutlich gelang ihnen das allerdings nur deshalb, weil der Meister längst schon nicht mehr mit von der Partie war – er starb 1927 – und daher mit seiner Person und Autorität nicht mehr herrisch, pedantisch und doktrinär auf die Unantastbarkeit seiner ureigenen Prinzipien zu beharren vermochte. Nach den Nelsonianern existierte keine Gruppe mehr in der SPD, die vergleichsweise ernsthaft und kohärent Wertediskussionen führte. Nach dem biologisch verursachten Schwund der Nelsonianer aus der Nachkriegs-SPD entleerte sich das programmatische Depot der Sozialdemokratie in Deutschland rapide und gravierend.[27]

Rudolf Steiners Esoterik und pädagogischer Allmachtsanspruch innerhalb seines Systems wirkten – siehe Tucholsky – schon auf kritische Zeitgenossen, wirkten erst recht aus retrospektiver Sicht, nach den bösen Erfahrungen mit den dunklen Schatten absolutistischer Ideologien in der ersten Hälfte des 20. Jahrhunderts, befremdlich und gefährlich.[28] Da die anthroposophische Ideologie, alle vor Jahrzehnten oft rein intuitiv geäußerten Sentenzen Steiners für die Waldorf-Pädagogik noch heute als verbindlich gelten, werden Bedenklichkeiten gegen diesen alternativen Schul- und Erziehungszweig mit manchen Dogmen, starren Sichtweisen auf die Natur des Menschen und des Lebens nicht ohne Recht in die bildungspolitische Diskussion geworfen. Auf der anderen Seite scheinen neuere und gründliche wissenschaftliche Analysen von Bildungsforschern doch allerlei Vorzüge der Waldorfschulen zu belegen, da hier offenkundig Lernmotivation und Sozialverhalten, auch die Konzentrationsfähigkeit der Eleven in einem Klima höherer Kreativitätsmöglichkeiten über dem Durchschnittslevel staatlicher Schulen liegen.[29] Die Waldorfschüler – insgesamt ca. 85.800 waren es 2016 in Deutschland[30] – identifizieren sich stärker mit ihrer Lerneinrichtung, leiden weniger an somatischen Beschwerden, fühlen sich besser gefördert und klagen in geringerem Umfang als Gleichaltrige des öffentlichen Bildungssektors über Langeweile im Unterricht. Eine kohärente Idee von Schule, Bildung und Erziehung kann doktrinären Ursprungs sein und zum seelischen Missbrauch und zur Gehirnwäsche von Schutzbefohlenen führen, sie kann aber auch Kreativität entfalten, Interessen stärken, zur Lernfreude beitragen – stärker als eine Pädagogik ohne jedes Ethos, ohne Traditionswissen und ideellen Kern. Licht und Schatten scheinen zusammenzugehören. Ansätze aus der reformpädagogischen Frühlingszeit haben sich, so der Befund des Würzburger Emeritus Winfried Böhm, »auf Dauer und international nur jene wenigen durchgesetzt und auf dem Bildungsmarkt behauptet, die sich relativ esoterisch abgeschottet und ideologisch eingeigelt haben und denen es gelang, ihre Anhänger – besser wäre wohl zu sagen: ihre Parteigänger und ihre Gläubigen – straff zu organisieren«.[31]

Der Literaturwissenschaftler und Philosoph Georg Steiner, selbst jüdischer Herkunft, hat in seiner brillanten Schrift »Der Meister und seine Schüler« deutlich gemacht, dass das Judentum ohne die ihr inhärente Meisterschaft kontinuierlicher Vermittlung von Traditionsbeständen und Wissen nicht überlebt hätte. »Die Lehrsituation wohnt dem jüdischen Monotheismus inne.« Mythologien, Geschichten, Episoden bilden jüdisches Heimatland. Die Einübung, Pflege, Examinierung und fortwährende Weitergabe der eigenen Geschichte und des religiösen Kanons bilden den roten Faden des bedrängten, verfolgten Volkes. Der jüdische Rabbi gilt als Künstler der in Gleichnissen gehaltenen Narrative. Sein Lob auf die »Muskeln des Gedächtnisses« durch Lehren der Meister und Verkündungsarbeiten der Jünger bringt Georg Steiner zu einer interessanten Kritik des Defizits an Gedächtnistrainings in der gegenwärtigen Moderne:

> »Weder Zensor noch Staatspolizei können das erinnerte Gedicht aus dem Gedächtnis reißen (man denke daran, wie Mandelstams Gedichte dort, wo keine geschriebene Fassung denkbar war, bewahrt wurden, indem sie von Mund zu Mund gingen). In den Todeslagern waren bestimmte Rabbiner und Talmudgelehrte als ›lebende Bücher‹ bekannt, deren Seiten von absoluter Erinnerung die anderen Häftlinge ›durchblättern‹ konnten, wenn sie Urteil oder Trost suchten. Große epische Literatur und die Gründungsmythen beginnen zu verfallen, wenn man zum Schreiben ›fortschreitet‹. Unter all diesen Gesichtspunkten ist die Austreibung des Gedächtnisses in der heutigen Schulbildung eine schreckliche Dummheit. Das Bewusstsein wirft seinen lebensnotwendigen Ballast über Bord.«[32]

Insgesamt scheint es gesellschaftlich in Deutschland vorbei zu sein, mit den großen »Meistern«. Wer würde sich – was vor hundert Jahren keine Rarität war – zur Anhänglichkeit an einen bewunderten »Meister« bekennen? Seit den späten 1960er Jahren hat ganz allgemein der Exodus aus den normativ verbindlichen kollektiven Groß- und Kleingemeinschaften stattgefunden, haben Autonomie, Individualität, Eigensinn als Bürger- und sicher auch Konsumententugenden die früheren Pflichtgebote der Ein- und Unterordnung, des Gehorsams, der Opferbereitschaft oder der Ehrfurcht vor dem Höheren abgelöst. Zwar flackern spirituelle Bedürfnisse immer mal wieder auf; aber auch hier in einem sehr individualisierten Sinne als jederzeit austauschbare Angebote von den Regalen für Lebenshilfeprodukte, mit deren Hilfe man sich erhofft, besser mit Stress umzugehen, ein ganz persönliches Optimum an Ruhe in der Hektik zu finden, sich insgesamt gesund und gut zu fühlen, einfach super drauf zu sein. Tief gehen die temporären religiösen Wallungen und Neigungen jedenfalls hierzulande zumeist nicht. Meister, die wie einst die Apokalypse beschwören und radikale Umkehr predigen, haben es auf den neuen Religionsmärkten fraglos schwer.[33]

Schließlich ist auch in der Politik der Bedarf an Charismatikern im Weber'schen Sinne zurückgegangen – wenngleich er passagenweise, modern-medial angefeuert, immer wieder aufflackert. In der Ökonomie hingegen konnte man in den letzten Jahren bemerkenswerterweise ein vitales Interesse an charismatischer Wirtschaftsführung erkennen, was sich bei der Themensetzung von Managerseminaren – wo auch wieder sogenannte Gurus wie M. S. Rao oder Tom Peters agieren – deutlich niederschlug. Heute seien die Unternehmer »overmanaged«, aber »underled«, heißt es zur Begründung.[34] Während früher die politische Linke bevorzugt von »Visionen« schwärmte, ist dies nun zu einem gern verwendeten Zielbegriff der ökonomischen Eliten geworden. Nur mit erreichbaren Visionen könne man, so der Duktus, die Leistungsbereitschaft des Personals anspornen und Kreativitätspotenziale ausschöpfen.[35] Aber auch bei den neuen Visionären – bei den Mark Zuckerbergs, Jeff Bezos', Steve Jobs', Erich Schmidts, Larry Pages – liegen innovationssteigernde Faszinationskraft und vereinnahmungssüchtige Allmachthybris beunruhigend nahe beieinander.

4. Hermann Heller – der gute Lehrmeister?

Aus der normativen Retrospektive eines sozialen Rechtsstaats war er der gute Guru Weimarer Jugendlicher, genauer: des sozialdemokratischen Nachwuchses in dieser Zeit. Hermann Heller.[1] Er war einer der wenigen (sozial-)demokratischen Staatsrechtler der Weimarer Republik und trotz des lauten Unmuts und entschiedenen Vetos einer konservativen Professorenmehrheit in seinem Fach für einige Jahre Hochschullehrer in Berlin und Frankfurt am Main.[2] Der Historiker Hans Mommsen hat ihn 1962 in einem Aufsatz zum »Vater der modernen Politischen Wissenschaft in Deutschland«[3] nobilitiert. Aber das war es nicht, weshalb er, der durchaus kein sonderlich umgänglicher oder pflegleichter Mann war, zum Lehrmeister sozialistischer Jugendlicher wurde. Das Feld, auf dem Meister und Jünger in diesem Fall zusammenkamen, waren Heime der Volkshochschulbewegung, die sehr angesagt war nach der Revolution 1918/19.

Die frühen Jahre der Weimarer Republik bedeuteten überhaupt wahrscheinlich die beste, zumindest euphorischste Zeit der Volkshochschulbewegung in Deutschland. Jedenfalls dürfte die Zuversicht, mit der Volksbildung den originären Hebel schlechthin für eine Gesellschaftsreform von unten und vom Einzelnen her in den Händen zu halten, niemals zuvor oder danach so dominant präsent gewesen sein wie im knappen Zeitabschnitt vom Kriegsende bis zum Beginn der Hyperinflation. Dabei war die Volkshochschulbewegung jener Zeit eher Produkt von Enttäuschungen, eine Reaktion auf die politische Ernüchterung, ja Niederlage der Wintermonate 1918/19. Denn die Novemberrevolution hatte nicht in das Reich des Neuen und Befreienden geführt, wie von jungen Idealisten und Sozialisten zunächst erhofft. Hernach richteten sich die Aktivitäten nicht mehr auf die Sphären von Politik und Ökonomie, nicht auf Parteien und Staat, sondern eben auf Erziehung, die zu einer Art Erlösungssurrogat wurde.[4] Erst musste der Mensch durchbildet und reif gemacht werden, erst dann machte es Sinn, an die Transformation der Gesellschaft, an den Wandel der Institutionen zu gehen. So in etwa setzte sich die Losung der Bildungsreformer in den frühen Weimarer Jahren zusammen.

Dazu vagabundierte allerhand Gemeinschaftsromantik in der Volkshochschulbewegung der Anfangszeit der Weimarer Republik.

Hermann Heller war ebenfalls nicht ganz frei davon. Auch seine Schriften der frühen 1920er Jahre transportierten den Kult der »Gemeinschaft«; auch er wetterte gegen das »Stückdenken« der modernen Individuen; und auch ihm war die Wiederherstellung des »ganzen Menschen« eine Herzenssache. Schließlich war Heller gleichermaßen durch das Erlebnis und die Begriffswelt der Jugendbewegung – in seinem Fall in Österreich – gegangen. Heller war ein Sprössling der habsburgischen Monarchie. Geboren wurde er im Juli 1891 als Sohn eines jüdischen Advokaten im polnisch-schlesischen Städtchen Teschen an der Olga.[5] Seine Glaubenszugehörigkeit zur jüdischen Gemeinde kündigte Heller im Jahr 1925 auf.[6] Heller nahm im Jahr 1909 ein Studium der Rechts- und Staatswissenschaften auf, mit universitären Stationen in Innsbruck, Wien und Graz. Im August 1914 meldete er sich gleich als Kriegsfreiwilliger für die Österreichische Armee. An der russischen Front holte er sich in den Kampfhandlungen ein gravierendes Herzleiden, das ihm auch in den folgenden Jahren das Leben schwer machte. Immerhin: Seine Krankheit beendete den aktiven Dienst in den Schützengräben und ermöglichte ihm im Dezember 1915, eine zügige Promotion an der Universität in Graz abzulegen.

Nach dem Krieg verschlug es Heller zunächst nach Leipzig, dann nach Kiel, wo er in engere Berührungen mit dem sozialdemokratischen Staatsrechtler Gustav Radbruch, dem Soziologen Ferdinand Tönnies und dem Rechtswissenschaftler Walter Jellinek kam. Die Begegnung mit Tönnies war gewiss wichtig für die anthropologische und politische Weltsicht Hellers. Schon gut dreißig Jahre vor ihrem Zusammentreffen hatte Tönnies sein großes Werk »Gemeinschaft und Gesellschaft« publiziert, das nun, nach Krieg und Revolution, insbesondere im intellektuellen Teil der jungen Generation auf beträchtliche Beachtung und Zustimmung stieß. Das traf auch auf Heller zu. Auch ihm gefiel, wie Tönnies vor einer Überreizung des Individualismus auf Kosten gemeinschaftlicher Bindungen warnte. Ebenfalls leuchtete Heller ein, dass man die Gegenbewegungen zu den gemeinschaftszerstörenden Triebkräften der modernen kapitalistischen Gesellschaft stärken sollte; neben der Frauenbewegung war das für Tönnies und nun auch für Heller die Arbeiterbewegung.

Infolgedessen schloss sich Heller am 9. März 1920 in Kiel der Sozialdemokratischen Partei an. Am Tag darauf wurde er, auch dank der Unterstützung und gutachterlichen Sekundanz von Radbruch, Tönnies und Jellinek, mit seiner Schrift »Hegel und der nationale Machtstaatsgedanke in Deutschland« habilitiert. Nur vier Tage später befand er sich in der aktiven Fronde gegen die Putschisten aus dem paramilitärischen Anhang des Landschaftsdirektors Wolfgang Kapp und des Generals Walther von Lüttwitz. Radbruch hatte ihn mit dem Ausruf »Heller, Sie waren doch Artillerieoffizier«[7] losgeschickt, um Waffen für die Arbeiter im Abwehrkampf gegen die militanten Republikgegner von rechts aufzutreiben, was dem frisch habilitierten Doktor auch gelang.

Seit dem März 1920 also war Heller Privatdozent für Rechtsphilosophie, Staatslehre und Staatsrecht. Aber der Ruf auf eine Professur erfolgte von den rechtswissenschaftlichen Fakultäten des Landes nicht. Heller war alles andere als wohlgelitten unter seinen Kollegen in der wissenschaftlicher Juristerei, was gewiss mit seiner jüdischen Herkunft zu tun hatte, verstärkt noch durch seine sozialdemokratische Parteizugehörigkeit und seine jederzeit offen artikulierte sozialistische Gesinnung, wohl aber auch und nicht unbedingt ganz zuletzt mit seinem oft verletzend polemischen Stil in Redebeiträgen und Aufsatzveröffentlichungen.[8] 1928 wehrte sich die Professorenschaft der Berliner Rechtswissenschaftlichen Fakultät – angetrieben vom späteren »Hausgott«[9] des Bundesverfassungsgerichts, Rudolf Smend, dessen Lehre in frühen bundesrepublikanischen Zeiten als »offizielle Staatsdoktrin«[10] galt – in einem Memorandum an das zuständige Ministerium für Wissenschaft, Kunst und Volksbildung vehement gegen einen Ruf an Heller: »Dr. Heller ist eine äußerst schwierige Persönlichkeit, die bisher noch nie längere Zeit die Voraussetzungen amtlicher Zusammenarbeit zu erfüllen verstanden hat. Im Falle einer Berufung von Dr. Heller an die hiesige Fakultät würden wir nach allem Vorangegangenen mit Bestimmtheit auch hier Unverträglichkeiten und öffentliche Konflikte erwarten«[11]. Seine Ernennungen zum außerordentlichen Professor für öffentliches Recht an der Universität Berlin 1928 und zum Ordinarius in diesem Fach in Frankfurt am Main 1932 verdankte er daher in erster Linie den Interventionen in die universitäre Autonomie durch die preußischen Kultusminister Carl Heinrich Becker und Adolf Grimme.[12]

Eine Dekade vor dem beruflichen Engagement an der Frankfurter Universität hatte sich Heller noch hauptsächlich der Volkshochschularbeit verschrieben. Damit hatte er bereits in Kiel begonnen. Dort allerdings folgte man im Wesentlichen der Richtschnur, die Gustav Radbruch vorgegeben hatte, was hieß, dass sich die Teilnehmer an Volkshochschulkursen aus der Arbeiterschaft in aufholenden Kursen das klassische, überlieferte Kulturgut insbesondere des Bürgertums aneignen sollten. Hellers Ehrgeiz ging darüber hinaus. 1922 wechselte er in das Zentrum der Volks- und Arbeiterbildung schlechthin in Deutschland, das westsächsische Leipzig. Hier hatten die Sozialdemokratische Partei und die Freien Gewerkschaften bereits 1907 ein Arbeiterbildungsinstitut errichtet; auch das liberale Bürgertum bot schon seit den 1860er Jahren Bildungsveranstaltungen für lernbeflissene Arbeiter und Angestellten an. Und 1919 konnten bildungshungrige Arbeiter sogar Veranstaltungen an der Leipziger Universität besuchen, da der dortige Professor für Philosophie und Pädagogik, Eduard Spranger, sogenannte Arbeiterunterrichtskurse eingeführt hatte.[13] Das Angebot schien also derart üppig, dass es in Leipzig in den ersten drei Jahren der Weimarer Republik im Unterschied zu den meisten anderen Großstädten im Deutschen Reich mangels manifesten Bedarfs keine eigene Volkshochschule gab. Das änderte sich 1922, als Hermann Heller Anfang April die Leitung des Volksbildungsamts der Stadt übernahm. Im Mai 1922 eröffnete die neue Volkshochschule, wiederum mit Hermann Heller an der Spitze.

Doch ihren späteren Ruhm verdankte die »Leipziger Richtung« der Bildungsarbeit den Volkhochschulheimen, die man als frühes Projekt von Wohn-, Lebens- und Bildungsgemeinschaften ansehen konnte. Heller begann damit 1923, in enger Zusammenarbeit mit der Volksbildnerin Gertrud Hermes, einer guten Freundin von Gustav Radbruch,[14] Tochter des Präsidenten des Oberkirchenrats in Berlin und ebenso einzelgängerisch wie ihr Kampfgefährte im Leipziger Bildungswesen.[15] Nun entsprach ein solches Vorhaben ganz dem Gemeinschaftskult jener Jahre. Doch scherte Heller mit seinem Konzept aus dem Zusammenhang der meisten anderen damaligen Lebens- und Jugendreformer aus, die ihre Vergemeinschaftungen rural auslegten, ihre Orte in der Natur und gering bevölkerten Regionen landwirtschaftlichen Charakters zu finden hofften.

Heller hingegen suchte bewusst die Urbanität. Er zielte auf die großstädtischen Handarbeiter der jungen Generation, die er für »radikal desillusioniert und zutiefst glaubenssehnsüchtig«[16] hielt. Volksbildung war ihm im Kern Arbeiterbildung als elementare Voraussetzung für die Lebensfähigkeit einer neuen Demokratie.[17]

Und die Volksbildung hatte politisch zu sein, hatte unter dem Signum der »Lebensnähe« an die Lebenswelt und die Arbeitserfahrungen der Schüler unmittelbar anzuknüpfen. Auch setzte sich Heller von den üblichen Abendvolkshochschulen dadurch ab, dass in der Leipziger Bildungsarbeit die Teilnehmer nicht lediglich einmal pro Woche in Vortragsräumen als rezeptive Zuhörer zusammenkamen, sondern Tag für Tag mit ihren intellektuellen Lehrern über mehrere Monate gemeinsam wohnten, eben: in Gemeinschaften zusammenlebten.[18]

In der Regel beherbergte ein solches Arbeiterbildungsheim ca. acht bis zehn junge Erwachsene überwiegend aus der Arbeiterschaft, etwa Tischler Sattler und Tapezierer meist zwischen 18 und 30 Jahre alt, und zwei »Kopf«- bzw. »Bildungsarbeiter«. Als Wohn- und Lernkollektiv verbrachten sie etwa acht bis zehn Monate gemeinsam in Vier- bis Fünf-Zimmerwohnungen.[19] Sie hatten zwei Drittel ihres Lohns in eine gemeinsame Kasse zu zahlen, um so die Kosten für die Wohnung, Verpflegung und eine Wirtschaftskraft zusammen tragen zu können. Morgens las jeder für sich, tagsüber ging man der Erwerbsarbeit nach und abends fanden dann die Bildungskurse in der Heimassoziation statt.

Heller legte viel Wert auf diesen Konnex von Bildung und Beruf, um seine Schüler nicht zu sehr von ihrem Herkunftsmilieu zu trennen, was in den meist ländlich entlegenen Ganztagsbildungsstätten der Heimvolkshochschulen geschah und in der Tat nicht selten Entkopplungsprozesse entfachte.[20] Die Leipziger Heimschüler besuchten gemeinsam Veranstaltungen von Partei und sozialistischer Jugendorganisation, beteiligten sich an Demonstrationen, übernahmen als Gruppe Aufgaben in den Wahlkampfkampagnen. An den Wochenenden wanderte man, ging zuweilen auf Fahrt. Auch Tanz und Gymnastikkurse fanden statt.[21] So viel an Lebensreform musste sein; schließlich war Heller seit 1920 mit Gertrud Falke verheiratet, einer der profiliertesten Ausdruckstänzerinnen jener Jahre in Deutschland und in ihrer vorangegangenen Hamburger Zeit zusammen mit ihrer Schwester Gründerin der »Neuen Schule für den freien, künstlerischen Tanz«.[22]

Bis 1926 gab es sechs derartige Heime in Leipzig. Mehr als eine kleine Gruppe innerhalb des großen »Industrieproletariats« konnte man auf diese Weise nicht erreichen. Aber das war auch Programm bei Heller und etlichen anderen Volksbildnern: Sie zielten auf künftige Eliten, strebten die Formierung von Führungsnachwuchs und Kadern an, welche sodann energetisch die Massen durchwirken sollten. Als entscheidend galt Heller, dass diese »Auslese« nicht mit einem »Zettelkasten von Wissen« vollgestopft wurde. Der Lernstoff sollte vielmehr orientieren, anleiten, Kontextwissen stiften.[23] Wieder und wieder propagierte Heller dieses Prinzip: Gerade in den Zeiten der Deutungskonfusion und eines erklärungsarmen, scheinobjektiven Positivismus ging es um die Befähigung, aus leitenden Ideen heraus die Wirklichkeitsfragmente kohäsiv zusammenzubringen und zu interpretieren. »Zusammenhangsbewusstsein« pflegte Heller dergleichen zu nennen.

Heller war kein Marxist, mochte überhaupt monistische Lehren und hermetische Ideologien nicht; aber er hielt doch am Wert von Weltanschauungen, an der Bedeutung inspirierender und strukturierender »Weltbilder« fest, die dem Tun der Menschen einen Rahmen gaben, eine Richtung vermittelten.[24]

Hellers Überzeugungen in der Volksbildungsarbeit flossen ebenfalls in seine staatstheoretischen Überlegungen ein. Natürlich könnte die Osmose auch in umgekehrter Richtung erfolgt sein, sodass Heller aus seiner Rechtsphilosophie heraus die Konzeption der Volkshochschularbeit herleitete. Gleichviel, er selbst insistierte jedenfalls stets darauf, dass wissenschaftliche Lehre und pädagogische Praxis, Theorie und Engagement sich gegenseitig beeinflussten, dass ohne praktische Aktivität nicht einmal inspirierende Anstöße und Erkenntnisinteressen für den theoretischen Diskurs aufkommen könnten. Daher verstand er sich ebenso als Wissenschaftler und Rechtstheoretiker wie als Volksbildner und zuweilen gar als Agitator für die »sozialistische Sache«.

Hellers sozialistische Sache war der »soziale Rechtsstaat«, sein Ziel: die »soziale Demokratie«[25]. Heller prägte in den 1920er Jahren diese beiden, bis in die Gegenwart zentralen Begriffe der politischen Linken. Im Unterschied zur damaligen SPD-Linken, erst recht zur KPD, war Heller ein Verfechter und Apologet der »politischen Demokratie«. Aber als Jugendbildner, wissenschaftlicher Denker und Autor lebte er in den düstersten Krisenjahren dieser Demokratie in ihrem ersten Versuch in Deutschland. Er sah, dass es nach 1920 keine republikanische Mehrheit mehr im Reichstag gab. Er beobachtete aus der Leipziger Nähe die frühe Notverordnungspolitik des Reichspräsidenten Ebert, die Intervention von Reichsregierung und Reichswehr in die Innenpolitik Sachsens. In seiner Zeit als Professor lagen die Minderheitenkabinette Brünings, von Papens und von Schleichers, der Machtzuwachs im Reichspräsidialamt und damit auch bei der winzig kleinen gesellschaftlichen Minderheit der Junker aus dem Großgrundbesitz.[26] Über Alternativen zum gegebenen »Parteienstaat« und zum Parlamentarismus wurde in seiner Zunft – und bekanntlich nicht nur dort – allenthalben sinniert und disputiert. Intellektuelle jeder Façon beschworen die geistige Krise ihrer Zeit.

Diese geistige Desorientierung war auch ein ständiges Thema bei Heller, der gern den Verfall der Werte, die Transzendenzlosigkeit des Denkens, des aus dem 19. Jahrhundert übernommen Positivismus beklagte. Dazu und vor allem sah er diese Demokratie, gewissermaßen das klassische Grundanliegen des Liberalismus, strukturell gefährdet durch die Resultate des wirtschaftlichen Liberalismus, welcher fortwährend »ökonomische Disparitäten«[27] erzeugen, dadurch die Lebenschancen der Bürger antagonistisch ausspreizen würde. So aber werde die radikale formale Gleichheit zur radikalen Ungleichheit; und so entpuppe sich die Formaldemokratie zunächst als autoritärer Neoliberalismus[28], dann als Diktatur der herrschenden Klasse.

Heller strebte mit seinem Programm der »sozialen Demokratie« keineswegs alternativ die Vorherrschaft der Arbeiterklasse an, erst recht keine Diktatur des Proletariats. Ihm ging es auch hier, wie im Leipziger Bildungsprojekt, um Gemeinschaft, präziser: um die gleichberechtigte Gemeinschaft von Arbeitern, Angestellten und Unternehmern[29], wenngleich Letzteren »die sozialökonomische Basis entzogen werden sollte«[30], was die Gemeinschaftsfreude der Eigentümerklasse gewiss erheblich einschränken musste; doch war dies für Heller erstaunlicherweise kein wichtiges Sujet der politischen Reflexion. Aufgrund der Disparität der Klassen hatte sich die primäre soziale und kulturelle Förderung auf die bislang benachteiligte Arbeiterschaft zu richten. Deshalb hatte Heller sich den Sozialdemokraten angeschlossen. Dass der Weg zum sozialen Rechtsstaat, da er überlieferte Privilegien infrage stellte, nicht ohne Konflikte, ja Klassenkämpfe verlaufen könnte, das kalkulierte Heller ein. Aus diesem Grunde befürwortete er emphatisch die Weimarer Reichsverfassung, die zwar als ein Werk des Kompromisses nicht in jedem Punkte logisch konstruiert sei, aber dennoch Form und Fundament für einen zivilisierten, kulturermöglichenden Streit bereitstelle, wie er den »ästhetisch-heroischen Revolutionsromantikern von links und rechts« gern ins Stammbuch schrieb.[31]

Das stand stets im Zentrum der Botschaften Hellers, gleichviel, ob es sich um seine staatstheoretischen Schriften oder um seine volkspädagogischen Broschüren handelte: Die Interessenkämpfe sollten nicht mit physischer Gewalt, sondern über eine gemeinsam akzeptierte Kultur der Diskussion und Verhandlung ausgetragen werden; sie seien auch nicht auf einen vermeintlich ökonomischen Kern zu reduzieren, sondern zudem aus ihren ideellen, ethischen, normativen Antriebskräften zu verstehen und – nicht zuletzt durch die Volksbildung – im geistigen Niveau Stufe für Stufe anzuheben.

Aber die unverzichtbare Voraussetzung für eine solche Kultur der Diskussion und der kompromissfähigen Austragung von Konflikten war für Heller die »soziale Homogenität«. Man kann in dieser Formel eine Art Schlüsselbegriff für Hellers Theorie des Rechtsstaats und seiner Zeitdiagnose der zweiten Hälfte der Weimarer Jahre sehen.[32] Und er bildete den Motivationskern für Hellers Engagement als Volksbildner wie Referent in den Jugendorganisationen der damaligen Sozialdemokratie. Heller hatte die Hoffnung auf eine stärkere soziale Homogenität als entscheidenden Stützpfeiler der politischen Demokratie bis zum Ende der ersten Demokratie in Deutschland nicht aufgegeben. Aber er machte sich auch nichts vor, erfasste das erhebliche Ausmaß an sozialen Disparitäten und dadurch den Umfang an gesellschaftlicher Inhomogenität, der ihm so groß erschien wie noch »in keinem Zeitalter vorher«[33].

Die krassen Heterogenitäten aber unterminierten die Grundlage eines politisch-gesellschaftlichen »fair play«[34]; sie nährten stattdessen die Neigung der sozialen Kräfte, mit dem jeweils anderen nicht mehr friedlich verständigend zu parlieren, sondern ihn per Diktat, wenn nötig mit physischer Gewalt, zu Boden zu drücken. Insofern war für Heller der soziale Rechtsstaat »nicht nur eine sozialpolitische Option für den Weg aus Armut und Elend, sondern vor allem die demokratietheoretische Bedingung für die Etablierung des Parlamentarismus in der antagonistischen Gesellschaft«[35]. Soziale Homogenität definierte Heller dabei im Übrigen nicht allein nach Kriterien einer gerechten Güter- und Chancenverteilung. In die Kollektivmentalität eines gesellschaftlich integrierenden Homogenitätsgefühls flossen Heller zufolge auch und keineswegs zuletzt die gemeinsamen Erfahrungen von Geschichte, Kultur, Volksbildung ein. Soziale Homogenität in diesem Sinne also beschränkte sich nicht auf sozial-ökonomische Gemeinsamkeiten, sondern umfasste ein sozialpsychologisches »Wir-Bewusstsein«, welches selbst Klassenkämpfe im Inneren aushielt, ohne in die Diktatur der einen über die anderen münden zu *müssen*, wie Heller gegen seinen Kontrahenten Carl Schmitt auszuführen nicht müde wurde. Indes war es mit dem »Wir-Gefühl« im Zuge der Ausdifferenzierung moderner Gesellschaften und ihrer ideologisch-materiellen Binnenkämpfe nicht weit her. Hellers zunehmend pessimistischer Blick auf die Umstände seiner Zeit wirkt auch als Prognostik für die Labilitäten der politischen Systeme im zweiten Jahrzehnt des 21. Jahrhunderts von verblüffender wie bedrückender Aktualität:

> »Die schwere Geburt der kontinentalen Koalitionsregierungen, ihre kurze Dauer, sowie ihr Mangel an durchgreifender Wirkung sind die handgreiflichen Symptome einer unzulänglichen sozialen Homogenität und damit höchst bedenkliche Krisenzeichen für unsere Demokratien.«[36]

Doch hatte Heller die wünschenswerte Homogenität nie absolut gesetzt. Auch das unterschied ihn von vielen zeitgenössischen Marxisten, denen eine vollständige Aufhebung der Klassendifferenzen, eine rundum herrschaftsfreie Gesellschaft ohne staatlichen Zwangscharakter vorschwebte. Heller mokierte sich gerne über solche »prophetischen« Vorgaben, über die angestrebte »Verdiesseitigung einer Gesellschaft der Heiligen«, die zu einer Denaturierung sowohl der Politik als auch der genuinen Religionen beitrage. Hellers Homogenität war nie total, nicht holistisch gefasst, sondern vielfach eingeschränkt, durch unvermeidliche, ja letztlich produktiv wirkende Widersprüche relativiert. Hermann Heller stellte sich soziale Homogenität prozessual vor, als einen Sollensvorgang gleichsam, der eine Richtung anzeigte, ein fixes und starres Endziel aber nicht besaß. Anders ausgedrückt: Soziale Homogenität bedeutete für Heller den ständigen Versuch einer größeren sozialen Angleichung der verschiedenen Gruppen und Schichten innerhalb der »Volksgemeinschaft«. Doch durfte man die Aufhebung von Gegensätzen und Interessenkämpfen dann keineswegs erwarten, nicht einmal erhoffen.

Derartige Wunschvorstellungen untersagte schon das anthropologische Grundverständnis von Heller, für den dem Menschen ein gesellig-ungeselliges Wesen zu eigen war, aus dem sich das konstitutive Bedürfnis nach Homogenität wie Heterogenität fortlaufend speiste und in Konflikte übersetzte.[37] Auch das sollten seine

Schüler in den Arbeiterbildungskursen tagtäglich lernen und aushalten: Dass es fortwährende Spannungen zwischen dem Einzelnen und der Gemeinschaft, der verbindlichen Form und der offenen Freiheit, zwischen Vielheit und Gemeinsamkeit gebe, was das Elixier für Lernprozesse, Wandlungen, Besserungen bilde.[38]

Heller bezog diese Lektion nicht nur auf seine Zöglinge in der Arbeiterbildung, sondern ebenso auf seine Verfassungsinterpretation als Rechtswissenschaftler. Diejenigen Verfassungswerke waren in seinem Verständnis zu belobigen, die »Vielheit« zuließen, aber über die Rechtsinstitute daraus »Einheit« entstehen ließen. Doch selbst diese »Einheitlichkeit« hatte keinen Anspruch auf entgrenzte Dauer; auch die »Einheitlichkeit« war durchgängig prekär, oft nur für einen historischen Moment plausibel und verallgemeinerbar.[39] Dann veränderten sich Einstellungen, Bedürfnisse, Willensrichtungen, die eine neue Vielfalt hervorbrachten und einen neuerlich vereinheitlichenden Normierungsakt erzwangen.[40] Eine »gute Verfassung« hatte dafür Raum zu lassen, für die »schöpferischen Kräfte« für eine »schönere Zukunft«, für das »plébiscite de tous les jours«.[41]

Plebiszitäre Elemente tauchten in der Staats- und Rechtstheorie Hellers zwar nicht zentral auf, aber sie lagen auch nicht peripher. Dabei kam Heller in seinem gebremst plebiszitären Impetus nicht von Rousseau her. Es ging Heller vielmehr um die Macht der Regierung, die er in Deutschland zu sehr in Abhängigkeit von den Parteien und den Fraktionen wähnte.[42] Die Zentralregierung sollte sich daher eine zweite Legitimationsquelle der Repräsentation erschließen: eben durch das Plebiszit, das die Exekutive souverän und am Parlament vorbei in Gang zu setzen hatte. Heller fürchtete sich vor der Führungslosigkeit im Vielparteiensystem und in der Mehrparteienkoalition. Er plädierte deshalb für eine stärkere Verselbstständigung der Regierung gegenüber dem Reichstag. Denn sonst drohe, wie er warnte, der Siegeszug der herumschwirrenden politischen Geniereligionen mit ihren Glaubensverheißungen, »irgendein starker Mann vermöge losgelöst von allen politischen Gegensätzen und Bindungen die Neuschöpfung der politischen Einheit in sieben Tagen zu vollbringen«[43]. Aber starke Führung sollte es auch in der Demokratie schon sein. Das hatte er bereits seinen Schülern in den Leipziger Heimen beigebracht, wie das zeitgenössische Zitat eines jungen Arbeiters aus der ersten Wohngemeinschaft 1923 zeigt: »Unter Demokratie stellen sich die meisten

Menschen noch einen Zustand vor, in dem jeder einen bestimmten Einfluß auf den Führer ausüben kann. Doch wir als Sozialisten müssen uns klar machen, daß unbedingt notwendig ist, dem Führer Handlungsfreiheit zuzusprechen, wenn er für das Gemeinwohl arbeiten soll.«[44]

Zwar begegnete Heller dem politischen Messiaskult seinerzeit mit ätzendem Spott. Doch kreiste sein Denken in der politischen Theorie wie in der Volkspädagogik ebenfalls schwerpunktmäßig um das Problem der »Führerbildung«. Hier zog sich während einer Dekade eine stringente Linie vom Leiter des Volksbildungsamtes in Leipzig hin zum Professor für Öffentliches Recht in Frankfurt. Für komplexe Bildung, für das Verständnis gesellschaftlicher Spannungen, für die Deutung von Vielfalt aus einem Ideenzentrum heraus, für die Fähigkeit zur politischen Integration taugten, nach Überzeugung Hellers, nur wenige – ob im Bürgertum oder auch in der Arbeiterschaft. Die Volkshochschulbewegung selbst hatte das bereits Mitte der 1920er Jahre ernüchtert festgestellt, als viele Projekte auf dem Höhepunkt der Inflationskrise mangels festen Fundaments und ausreichender Resonanz gescheitert waren.[45] Und Ende der 1920er Jahre bilanzierten die Praktiker der Volksbildung, dass bestenfalls fünf Prozent der Angestellten und Arbeiter in Deutschland einen oberflächlichen Zugang zum Bildungsbetrieb der Volkshochschulen gefunden hatten; gerade ein Prozent der Arbeitnehmer nutzten die Bildungsangebote intensiv und regelmäßig.[46]

Schon allein deshalb blieb den Volkspädagogen, blieb auch Hermann Heller, lediglich auf »Eliten«, auf die »Begnadeten« der unteren Klassen zu setzen.[47] Heller hatte nie einen Zweifel, dass zur tiefen Erkenntnis und zur kraftvollen politischen Führung allein eine »kleine Zahl« befähigt sei, weshalb er die politische Letztverantwortung auch der Regierung, nicht den Parlamentariern zuweisen wollte. Hermann Heller schätzte wie die meisten intellektuellen Stichwortgeber der jungen sozialdemokratischen Rechten zum Ende der Weimarer Republik nicht die Masse, nicht die Klasse an sich, sondern die kleine Gruppe »berufener« oder »auserwählter«, nach Bildung drängender Jungarbeiter im Sozialismus.[48]

Unter solchen jungen Arbeitern fand Heller »seine Schüler«, während er in der akademischen Arena der Universität zu Lebzeiten keine Schule gründen und weder einen beachtlichen Kreis mit sympathisierenden professoralen Kollegen noch mit seinen Lehrmeinungen bekennend zugeneigten Studenten bilden konnte.

Dafür war wohl schon die Zeitspanne, die ihm blieb, um im Hochschulkosmos zu wirken, mit lediglich gut vier Jahren einfach zu kurz. Aber als Jude, Sozialist und extrem sperriger Solitär, mit seinem aufbrausenden und aller taktischen Opportunitäten im Umgang mit anderen Personen baren Temperament, wäre es ihm wohl auch in einem weiteren Zeitverlauf unter den fortgesetzten Bedingungen einer politischen Kultur Weimarer Provenienz nicht leicht gefallen, im gehobenen Bildungsbürgertum eine stattliche Zahl Anhänger in feinsinnigen Zirkeln zu sammeln.

Anders verhielt es sich in der Arbeiterjugend. Auch das war angesichts von Hellers zuweilen rüde unhöflichem Benehmen nicht selbstverständlich. Und es traf, allerdings mehr aus politischen Gründen, auch nicht mehrheitlich auf die organisierten jungen Sozialisten seiner Zeit zu. Das Gros der jungen Sozialisten in der Sozialdemokratie verortete sich spätestens ab 1925 links von Hermann Heller, der ihnen zu national, zu republik- und staatsfixiert, zu reformistisch, zu wenig revolutionär auftrat. Zu Beginn der Weimarer Republik waren die Jungsozialisten noch weit von solchen radikal linken Einstellungen entfernt.[49] Gerade in ihren Reihen hatten sich eine Verklärung des Staates an sich und ein Bekenntnis zur deutschen Nation in demonstrativem Gegensatz zu den internationalistischen Deklamationen der vorangegangen Generationen in der Sozialdemokratie breitgemacht. Einige Jungsozialisten trieb das letztendlich in die Sphäre des extremen Nationalismus. Die republikanischen Teile, die dieser Versuchung widerstanden, hielten sich an Gustav Radbruch, Hugo Sinzheimer – und eben an Hermann Heller. Sie schlossen sich im sogenannten Hofgeismar-Kreis zusammen, gaben einen »Politischen Rundbrief« heraus, in dem Heller publizierte, darin auch scharf die radikal nationalistischen Kräfte in der eigenen Jugendorganisation attackierte.

In diesem Sinne referierte er ebenfalls auf der Arbeitswoche der »Hofgeismarer« zu Pfingsten 1924 im nordhessischen Städtchen Gudensberg, gewissermaßen als großer Star der Tagung. Dort ging es um eine wünschenswerte sozialdemokratische Außenpolitik. Gerade Heller hatte zuvor eine »außenpolitische Askese« im Marxismus und in seiner Partei beklagt. Auf dem Pfingsttreffen warb er für eine stärkere Kooperation des Deutschen Reichs mit England. In der nationalen Frage hatte er sich viele Überlegungen des austromarxistischen Parteiführers und Theoretikers Otto Bauer zu eigen gemacht. Heller plädierte bei den Jungsozialisten für viele verschiedene nationale Wege zum Sozialismus, flankierte das zugleich mit Mahnungen an seine jugendlichen Zuhörer, hinzu die internationale Zusammenarbeit im europäischen Rahmen wertzuschätzen.

Doch der Trend marschierte seit Mitte der 1920er Jahre in der Juso-Organisation links am Hofgeismar-Kreis vorbei. Ein alternativer Flügel von radikalen Linkssozialisten hatte sich in diesem Prozess formiert und führte fortan die Bezeichnung »Hannoveraner-Kreis«. Zum Showdown in der finalen Auseinandersetzung über die Hegemonie im Jugendverband kam es Ostern 1925 auf einer Reichskonferenz in Jena. Die beiden Fraktionen hatten sich zwei theoretische Autoritäten herbeigeholt, die in Grundsatzreferaten ihre konträren Positionen in unmissverständlicher Polarisierung darlegen sollten: Hermann Heller für die »Hofgeismarer«, der Wiener Linksaustromarxist Max Adler für die »Hannoveraner«.[50] Zu den »Hannoveranern« hatten sich, in ihrer gewohnt klandestinen Weise, auch die Schüler des Göttinger Philosophen Leonard Nelson gesellt und wie selbstverständlich die Handlungsführung auf der Konferenz übernommen. Dafür waren sie bestens gerüstet, da sie in der Woche vor Ostern in der »Walkemühle«, Nelsons Erziehungsstätte, zusammengekommen waren und sich strategisch akkurat präpariert hatten.

Heller hatte einen denkbar schlechten Tag. Überhaupt befand er sich im Frühjahr 1925 in keiner guten Verfassung, da ihn sein chronisches Herzproblem plagte und der berufliche Karrierestopp mit all den materiellen Nöten, die dieser für ihn und seine Familie mit sich brachte, belastete. Hinzu kam die Stimmung auf der Konferenz, die emotional höchst aufgeheizt war und dem theoretischen Kopf der »Hofgeismarer« unverkennbar ablehnend entgegen prallte.[51] Seine Rede wurde ständig durch höhnische Zwischenrufe und mokantes Gelächter unterbrochen, was Heller, der Kritik generell nicht gut vertragen konnte, sichtlich aus der Fassung brachte. Inhaltlich forderte Heller die Jungsozialisten zu einem Kampf um, nicht gegen den Staat auf, den er als Hebel zur gesellschaftlichen Transformation zu nutzen empfahl, um – wie er es formulierte – die »Geldsack«-Republik in Richtung einer demokratischen Sozialstaatlichkeit zu verändern.

Aber von einer derartig reformistischen Mahnung wollten die jungen Sozialisten, nach dem Scheitern der von ihnen als sozialistisch erhofften Revolution 1918/19 und nach den enormen gesellschaftlichen Machtverschiebungen infolge der Inflation, jetzt nichts mehr wissen. Republik war ihnen einfach nicht viel genug; der vollständige Sozialismus musste schon das absolute Ziel sein. Daher wollten sie als »neue Menschen« im revolutionären Kampf um das Ganze bereitstehen. Max Adler verkündete ihnen dafür die Botschaft und wies ihnen die ersehnte exklusive Rolle zu.[52] Zuallererst müssten die jungen Revolutionäre in ihrem ganzen Denken und Empfinden, ausgestattet mit »geradezu religiöser Kraft«, den geistigen Bruch mit der herrschenden Gesellschafts- und Staatsform vollziehen. »So wie Christus seinen Anhängern sagte: Mein Reich ist nicht von dieser Welt, so müssen wir Sozialisten dieses innerliche Fremdheitsgefühl gegenüber der bürgerlichen Gesellschaft [...] haben, wonach uns keinen Augenblick das Bewusstsein verlässt: Unser Reich, unsere Heimat in Staat und Volk ist nicht von dieser kapitalistischen Welt, sondern ist erst zu begründen in der sozialistischen Gesellschaft.«[53]

Ein derartiger Chiliasmus, in Jena mit Begeisterung von den Delegierten aufgenommen und mehrheitlich per Resolution gutgeheißen, war in der Tat das Gegenteil der reformistisch-republikanischen Vorstellungen und Vorschläge Hellers. Als Lehrer in seiner Zeit bei seinen Schülern aus dem Milieu der Arbeiterjugend erreichte er seine größte Resonanz zuvor, in den Jahren 1921–1924/25. Hier konnte er im dezidiert linkssozialdemokratischen Leipzig innerhalb der Parteijugend gegen die Parteiauffassung – und bei vielen harten Auseinandersetzungen – gewissermaßen Inseln einer reformistischen Jugendauslese schaffen. Die Leipziger Jusos standen entgegen der offiziellen Linie der SPD in Leipzig und Sachsen im Lager des reformistischen, nicht-marxistischen, dafür ethisch begründeten Sozialismus. Aus diesem Zusammenhang rekrutierte Heller die Schüler in den Volkshochschulheimen, wo sie in der monatelangen Lebens- und Bildungsgemeinschaft nachhaltig geprägt wurden. Rund 550 junge Menschen sollen auf diese Weise geformt worden sein.

Die Arbeiterbildner der Weimarer Republik – und Heller war da keine Ausnahme – trieb während der ganzen Zeit ihres Tuns die Sorge um, dass ihre kleine Elite, ausgestattet mit dem geistigen Instrumentarium der Bildungskurse, am Ende nicht in der eigenen Klasse fortwirkte, um diese *insgesamt* zu heben, sondern den *individuellen* Aufstieg versuchen mochte. Dann hätte die Arbeiterbildung durch erfolgreiche kognitive Vermittlung die Besten von der Arbeiterklasse gelöst und entfremdet, das Proletariat gewissermaßen »entblutet«[54], was dem Grundanliegen – der Emanzipation der *gesamten Klasse* – schroff zuwidergelaufen wäre. Schon in den Weimarer Jahren wurden in internen Diskussionen Beispiele für die unerwünschte Fehlentwicklung genannt, die aber offenkundig noch im Rahmen blieb, solange das Ethos der sozialistischen Programmatik und das Zukunftsversprechen nicht zuletzt durch die Theoretiker und Pädagogen, von denen etliche jüdischer Herkunft waren, wachgehalten, auch sprachlich in kräftig ausgemalten, dadurch einprägsamen Bildern gefasst wurden.[55]

Dieser Typus des Arbeiterbildners, die Gruppe der jüdischen Intellektuellen, fehlte nach dem Nationalsozialismus und dem Holocaust in der Bildungs- und Theoriearbeit der deutschen Sozialdemokratie. Das Experiment der Leipziger Volksbildungsheime setzte sich nach 1945 weder im Osten noch im Westen Deutschlands fort. Die autonome Arbeiterbildung seither hat nicht mehr im Zentrum sozialdemokratischer Emanzipationsanstrengungen gestanden. Stattdessen wurde die staatliche Schul- und Hochschulpolitik nach Ende der Adenauer-Ära zum Hebel der sozialdemokratischen Bildungsreform in der Bundesrepublik, um Chancengleichheit zu ermöglichen. In diesem Prozess ergriffen etliche Hunderttausende von Kindern aus dem Facharbeitermilieu ihre Chance und machten insbesondere in den 1970er Jahren ihr Abitur, erlangten den Hochschulabschluss. Somit konnte ein Teil der früheren Arbeiterklasse sozial hochklettern; der andere Teil indessen blieb unrepräsentiert zurück und entfremdete sich Zug um Zug von den Aufsteigern aus dem vormals gemeinsamen Klassenmilieu. Die »Heterogenität« also war nun auch ein Problem der Arbeitnehmerschaft und des sozialdemokratischen Potenzials selbst.

Aber das erlebte Heller nicht mehr. Auf dem Gipfelpunkt seiner öffentlichen Wahrnehmung stand Heller, als ihn die sozialdemokratische Landtagsfraktion in Preußen als ihren Prozessvertreter zu den Verhandlungen des Staatsgerichtshofs nach Leipzig entsandte, wo im Oktober 1932 die Rechtmäßigkeit der Amtsenthebung der Regierung Otto Brauns durch den Reichspräsidenten Paul von Hindenburg und den Reichkanzler Franz von Papen vom 20. Juli desselben Jahres verhandelt wurde. Hellers großer Gegenspieler vor Gericht war Carl Schmitt, der allerdings mit seinem Aufritt nicht recht zufrieden war[56] und seinem Tagebuch die eigene Frustration und Depression darüber anvertraute, auch seine

Abneigung gegen Heller, den er als »scheußlich«, »hysterisch«, als einen Mann des Gebrülls« von »spezifisch jüdischer Bosheit« bezeichnete.[57]

Als Hitler einige Monate später in die Reichskanzlei gelangte, befand sich Heller auf einer Vortragsreise in Oxford und London. Von einer Rückkehr nach Deutschland, wo ihn die Nazis Anfang April 1933 aus dem Staatsdienst entfernen und damit vom Katheder vertreiben sollten,[58] nahm er Abstand. Er zog es vor, einer Einladung des spanischen Kultusministers zu folgen und künftig in Madrid zu bleiben. Seinem Kontrahenten Carl Schmitt gratulierte er noch mit einer Postkarte vom 17. Juli 1933 sarkastisch zur Ernennung zum Staatsrat: »Zu der so überaus hochverdienten Ehrung durch Herrn Minister Goering beglückwünscht Sie Hermann Heller«[59]. Doch bald machte sein Herz, das ihm seit 1915 chronisch Scherereien bereitet hatte, nicht mehr mit. Heller starb am 5. November 1933 in der spanischen Hauptstadt, gerade einmal 42 Jahre alt geworden.

5. Die neue Linke entdeckte den alten Künder der Revolte: Herbert Marcuse

Auch er galt als eine Art Religionsstifter, als Hohepriester, Schriftgelehrter und Schöpfer einer Weltanschauung. Und die neue Botschaft, die seinerzeit die studentischen Massen ergriff,[1] lieferte das Buch »Der eindimensionale Mensch«[2]. Die Rede ist von Herbert Marcuse, der in der Tat einer der bedeutendsten ideologischen Anreger der studentischen Revolte wurde; wenngleich die wenigsten derer, die damals die Teach-Ins bevölkerten und auf Demonstrationen eingehakt durch die Straßen zogen, sein Werk gelesen haben dürften.[3] Gleichwohl, diejenigen aus dem aufbegehrenden Nachwuchs des deutschen Bildungsbürgertums, die seine Schriften ernsthaft studiert hatten, waren Mitte der 1960er Jahre geradezu elektrisiert von der Argumentation, auch vom Duktus Herbert Marcuses. Er bot ihnen zu Beginn der rebellischen Jahre, da sie selbst noch nach Begriffen und Erklärungen für ihr Unbehagen und die oppositionelle Renitenz suchten, Analysen, Metaphern und Kategorien, die in der Situation exakt zu passen schienen. Dabei hatte Marcuse sein Theorem bereits seit den 1940er Jahren, in machen Überlegungen und semantischen Schwingungen schon auch vorher, entwickelt. Das Ideenkonstrukt war fertig, allerdings bis dahin kaum beachtet, als die studentisch-linksradikale Avantgarde nach dieser Offerte zur Deutung und Kritik der gesellschaftlichen Verhältnisse griff. Autoren brauchen den historischen Moment, nicht um schreiben, sondern um mit ihren Überlegungen, ihrem Stil und ihren Botschaften wirken zu können.[4]

Dieser Moment kam 1964.[5] Bis dahin sagte der Name Marcuse in Deutschland bestenfalls Insidern der Kritischen Theorie etwas. Dann aber bereitete ihm Theodor W. Adorno, wenngleich sonst meist ein wenig eifersüchtig auf Marcuse, Ende April 1964 die große Bühne. Adorno, Professor für Philosophie und Soziologie an der Universität in Frankfurt, dort auch Direktor des Instituts für Sozialforschung, war in der Zeit Vorsitzender der Deutschen Gesellschaft für Soziologie. Und 1964 stand der 14. Deutsche Soziologentag an. Aus Anlass des 100. Geburtstages von Max Weber sollte der Kongress ganz dem zwischenzeitlich eher vernachlässigten oder gar gering geachteten, nun wieder als Klassiker gefeierten Autor des monumentalen Werks »Wirtschaft und Gesellschaft« gewidmet sein und in Heidelberg stattfinden. Die Vorbereitung verlief akribisch, die Veranstaltung wurde die bis dahin größte in der Geschichte der Soziologie in Deutschland.[6] Und etliche Stars der internationalen Sozialwissenschaften hatten sich zur Heidelberger Konferenz aufgemacht.[7] Die Hauptreferate hielten der Franzose Raymond Aron, dann der Amerikaner Talcott Parsons – und eben Herbert Marcuse, den Adorno mit großem Geschick in der vordersten Reihe platziert hatte.[8]

M. Rainer Lepsius erinnerte sich, dass es auf der Veranstaltung »überraschend polemisch und aggressiv«[9] zur Sache gegangen sei. Das lag primär am »umstrittenen«[10] Auftritt von Marcuse, den bis dahin so gut wie niemand kannte, dessen gerade erschienenes Buch »The One-Dimensional Man« angeblich nur von einem der Anwesenden bereits zur Kenntnis genommen und zudem gelesen worden war: von Benjamin Nelson, dem Hauptkontrahenten Marcuses in Heidelberg.[11] Jürgen Habermas hielt 2011 im Rückblick auf die 1964er Debatte fest, dass gerade die jungen Leute im Publikum – zu jener Zeit gaben im SDS »noch nicht die Aktivisten, sondern die engagiertesten und brillantesten Studenten des Fachs«[12] den Ton an – dem Referat von Marcuse fasziniert lauschten, dass gleichsam ein Funke übersprang, der hier, auf dem Heidelberger Soziologentag, die Liaison zwischen einigen Protagonisten des SDS und dem Verfasser des »One-Dimensional Man« begründete. Marcuse hatte Weber dialektisch gegen den Strich gebürstet, ihn gewissermaßen marxistisch – im Sinne der Kritischen Theorie – umgebogen. Schon Marcuses bisherige Schriften enthielten Erkenntnisse, zumindest Impulse Webers, insbesondere aus dessen Bürokratie- und Herrschaftskritik. Allerdings legte Marcuse, über Weber hinaus, Wert darauf, dass auch grundlegende Alternativen zum Entwicklungsprozess der industriell-kapitalistischen Rationalität möglich wären, dass es nicht so bleiben müsse, wie es sich entwickelt hatte, dass die stählernen Gehäuse der Macht aufhebbar seien – und der Ausbruch daraus gewagt werden sollte. Marcuse stellte das Utopia der Weber'schen Realpolitik entgegen.

Das Publikum zollte starken Beifall, als Marcuse seinen Vortrag beendet hatte. Doch dann begann eine hitzige Kontroverse, die Lepsius seinerzeit in ihrer Schärfe konsternierte. Reinhart Bendix, wie Marcuse ebenfalls jüdischer Herkunft und in Berlin aufgewachsen, dann in die USA emigriert, wo er Professor in Berkeley wurde, machte Marcuse, noch im Stil akademischer Höflichkeit gehalten, den Vorwurf, dass dessen Ausführungen letztlich auf eine diffuse Utopie hinausliefen. Deutlich enragierter stieg sodann Benjamin Nelson, einer der besten amerikanischen Weber-Kenner, in den Ring, steckte in seiner furiosen Attacke nahezu das gesamte Feld der künftigen kritischen Einlassungen gegen Marcuse ab. Wütend brachte Nelson den originären Weber gegen den Interpreten Marcuse in Stellung. Jener habe die geschichtsphilosophischen Heilslehren des 19. und 20. Jahrhunderts intellektuell entmythologisiert, die dieser nun in einem unbekömmlichen Amalgam aus Utopismus, Neu-Anarchismus, Neomarxismus, Existenzialismus und wissenschaftlicher Methodenverachtung mit neuem Leben auszustatten versuche.[13] Marcuse gab seinem Kritiker im Schlusswort die Antwort, die offenkundig den Nerv der anwesenden jungen Linken – der »studentischen Claque«, die ihren neuen Meister »bejubelte«, wie der kritische Rationalist Hans Albert noch vierzig Jahre später maliziös nachtragend schrieb[14] – im Jahr 1964, als die Revolte sich zu konstituieren begann, traf: Er kanzelte als Borniertheit ab, dass man ein Denken, »das selbst nur die Idee einer anderen Vernunft, einer anderen Gesellschaft, als geschichtliche Möglichkeit ansieht«, unmittelbar denunziere. Mit dem Pathos, das ihm eigen sein konnte, krönte Marcuse seinen emanzipatorischen Appell durch die Wendung, dass ein Denken, das sich allein im Kontext vermeintlicher Unvermeidlichkeiten bewege, kein Denken mehr sei.

Eine solche Insistenz auf einer anderen Vernunft und der Freiheit herrschaftskritischen Denkens hätte genauso gut von Theodor W. Adorno oder Max Horkheimer, den Vordenkern der Kritischen Theorie und Köpfen des Frankfurter »Instituts für Sozialforschung«, kommen können. Marcuse fühlte sich dieser Schule auch zugehörig, wäre nur zu gerne nach 1945 in den inneren Kreis dieses Denkerzirkels zurückgekehrt, woran Horkheimer indes aus finanziellen Erwägungen nicht gelegen war. Und Adorno, fünf Jahre jünger als Marcuse, mochte diesen nicht als gleichberechtigten Partner auf dem intellektuellen Olymp ertragen, sah ihn lieber in der Distanz des fortwährenden amerikanischen Exils.[15] In die USA war Marcuse über die Zwischenstation Genf nach Installierung der nationalsozialistischen Diktatur emigriert. Erst wenige Monate zuvor hatte er sich dem Frankfurter Institut, das 1923 gegründet worden war und 1932 alle Vorbereitungen für die Flucht aus Deutschland traf, intellektuell hinzugefügt.

Marcuse war 1898 als Sohn eines jüdischen Textilfabrikanten in Berlin geboren worden.[16] Zum Ende des Ersten Weltkriegs gehörte er für kurze Zeit der Sozialdemokratischen Partei an, dann auch dem Soldatenrat von Berlin-Reinickendorf. Anfang 1919 verließ er die SPD, da diese Partei aus seiner Sicht die Verantwortung für die Morde an Rosa Luxemburg und Karl Liebknecht trug. Seither galt Marcuse als intransigenter Gegner der Sozialdemokratie, was insofern etwas zu relativieren ist, als er im Weiteren durchaus Beiträge für deren Theoriezeitschrift *Die Gesellschaft* verfasste. Bis 1922 studierte er in Berlin und Freiburg, schloss mit einer Promotion in Literaturgeschichte zum Thema »Der deutsche Künstlerroman« ab. Zwischen 1922 und 1928 jobbte er gewissermaßen in Antiquariaten, Buchhandlungen und Verlagen in Berlin. Dann kehrte er nach sechs Jahren wieder an die Universität Freiburg zurück, wie so viele seiner Zeitgenossen – darunter etwa Karl Löwith oder Hannah Arendt – zunächst angezogen vom anfänglichen Star der phänomenologischen Philosophie des frühen 20. Jahrhunderts: Edmund Husserl.[17] Doch Husserls Faszination erlosch in den späten 1920er Jahren durch den kometenhaften Aufstieg seines Schülers und Nachfolgers auf dem Lehrstuhl: Martin Heidegger, dessen Werk »Sein und Zeit« gleichsam wie eine Offenbarung gefeiert und von den Philosophieeleven der späten Weimarer Jahre gelesen wurde.

Das galt auch für Herbert Marcuse, der wie viele links orientierte junge Intellektuelle dieser Zeit, denen der zuversichtliche, kautskyanisch interpretierte Marxismus der Vorkriegssozialdemokratie nichts mehr sagte und die das Scheitern der Revolutionen in Mitteleuropa erlebt hatten, nach einer revolutionären Theorie suchte, welche sich nicht auf ökonomische Determinationen beschränkte und mit geschichtsfatalistischen Zukunftserwartungen zufrieden gab. Objektivistischen Erklärungen misstraute diese junge Generation der ersten manifesten Krise des Sozialismus der 1920er und 1930er Jahre. Ihr Interesse galt dem »subjektiven Faktor«, der Fähigkeit und Bereitschaft der unterdrückten Menschen, sich aus den Fesseln der Herrschaft zu lösen. Der Existenzialismus Heideggers bot hierfür kategoriale Ausdrucksmittel.[18] Die ökonomisch-philosophischen Manuskripte des jungen Karl Marx, geschrieben 1844 im Pariser Exil und 1932 erstmals insgesamt veröffentlicht, ergänzten und vertieften den auch hegelianisch angestachelten Drang Marcuses nach einer neuen Fundierung der revolutionären Idee.[19] Er hatte nun sein Lebensthema gefunden, das er fortan mit einem heideggerisch inspirierten Marxismus, der später ebenfalls durch einige Lehrelemente Sigmund Freuds weiter angereichert wurde, immer neu, doch im Kern mit gleichbleibender Intention variierte: die Entfremdung des Menschen im Kapitalismus von sich selbst.[20]

Dann kamen die Hinwendung zum Frankfurter Institut, bald der Fortgang aus Deutschland, mehrere Publikationen im Konnex der Kritischen Theorie. Um materiell einigermaßen über die Runden zu kommen, auch um einen aktiven Beitrag gegen den aggressiv expansionistischen Radikalfaschismus zu leisten, begab sich Marcuse – wie andere seiner Freunde linker Observanz – in den Dienst des Office of Strategic Services (OSS), um Nachrichten aus Deutschland zu akquirieren und Analysen zu verfassen.[21] Jahrzehnte später sollten ihm das die orthodoxen Kommunisten, denen Marcuses Resonanz bei den revoltierenden Studenten gehörig die Laune verdarb, als Spitzelei für die CIA zum Vorwurf machen.

Nach 1945 gelang Marcuse nicht die Rückkehr nach Deutschland, da er mit einer festen beruflichen Position nicht rechnen durfte. Demgegenüber stand ihm in Massachusetts eine Professur für Politikwissenschaft offen; Mitte der 1960er Jahre wechselte er an die University of California in San Diego. In dieser ganzen Zeit, zwischen 1930 und Mitte der 1960er Jahre, schrieb er fleißig Artikel, Aufsätze und Bücher, von denen viele zunächst unveröffentlicht blieben. Das, was publiziert wurde, fand nur wenige Leser. In Deutschland wusste man nichts von oder über Marcuse.

Ab 1964 sollte sich das jäh ändern. Marcuse ging bereits allmählich auf die siebzig zu, als man den deutsch-amerikanischen Intellektuellen mit seinen nun schlohweißen Haaren entdeckte. Er wurde für drei oder vier Jahre, mehr als jeder andere Theoretiker sonst, zum Stichwortgeber, Ideologen und Patron der jungen Linken. Nur wenige Tage, nachdem einige seiner Mitglieder Marcuse auf dem Heidelberger Soziologentag erstmals erlebt hatten, lud der SDS ihn zu einer Diskussion ein. Marcuse – nicht Adorno, nicht Horkheimer – avancierte zum Idol der Generation, die man hernach als *68er* bezeichnete.[22] Dabei hatten mehrere, noch dazu die klügsten Köpfe im SDS in den Vorlesungen Adornos gesessen, sich an seiner preziösen, nur Eingeweihten zugänglichen, daher einen Distinktionsgewinn verschaffenden Sprache berauscht, waren damals – und blieben es im Grunde ihr Leben lang – ungemein stolz, bei diesem Mann – Jude, Sozialist, Emigrant in der NS-Zeit –, mit seinen geheimnisvollen, an Metaphern überreichlichen Formulierungen, die düster, abgründig, trostlos in ihren Aussagen wirkten, studiert zu haben.[23] Wer einigermaßen die zutiefst pessimistische Dialektik der Aufklärung durchdrungen hatte, durfte sich für berufen und geweiht halten, jedenfalls herausgehoben fühlen gegenüber all den mediokeren Menschen, die nicht dachten, nicht reflektierten, den Dingen nicht auf den Grund gingen, sondern im Konsum und Kommerz, in Zerstreuung und Anpassung ihre banale Erfüllung fanden. Adornisten waren Quietisten, die sich als kritisch empfanden, voller Weltekel nach unten, auf den törichten Rest schauten. Auswege sahen sie nicht. Das politische Engagement scheuten sie, konnten dabei mit allergrößtem intellektuellen dialektischen Scharfsinn jederzeit den theoretischen Nachweis erbringen, warum sich dergleichen Mühe sowieso nicht lohne, warum allein in der Autonomie des Nicht-Mitmachens Freiheit und Vernunft zu wahren seien.[24]

Marcuse war, vom Temperament und Charakter, gewiss auch in einigen seiner Ideen der Antipode zu Adorno und dem noch stärker konservativen Horkheimer. Der Mann in San Diego nahm es mit der Stringenz, der eisernen Logik seiner schriftlich gefassten Argumentationen nicht so genau, komponierte seine Entwürfe leichthändiger, nachlässiger, auch epigonaler, mitunter plagiatorischer als etwa Adorno. Marcuse freute sich, lebte auf, wenn er irgendwo auf spontane Rebellionen und Provokationen stieß, die Adorno und besonders Horkheimer doch in erster Linie einen erheblichen Schrecken einjagten. Marcuse reihte sich gerne ein, skandierte die Losungen mit, wenn die jungen Leute zunächst an den Universitäten in den USA demonstrierten oder eine Einrichtung blockierten. Den Frankfurtern wäre das nie in den Sinn gekommen. Dass die Theorie, zumal die revolutionäre, irgendwann zur Aktion drängen müsse, hielt Marcuse für selbstverständlich. Seine beiden professoralen Kontrahenten in der gemeinsamen Schule der Kritischen Theorie lehnten eine solche Rolle des intellektuellen Denkens als Magd für die Praxis schroff ab.

So genau wusste Marcuse nicht, auf welche Wege und zu welchem Ziel er die Revolte tragen mochte; aber der Versuch, aus den Verhältnissen auszutreten, musste seiner festen Überzeugung nach sein. Solcher Voluntarismus befremdete Adorno. Der Frankfurter war ganz ein Mann des Katheders im elitären Kreis seiner intelligentesten und belesensten Studenten. Marcuse richtete seine Ansprache weiter, sprach mit Lust und Vergnügen vor Tausenden, sah sich als der Dolmetscher und pädagogischer Vermittler der Kritischen Theorie. Man hätte ihn, wäre dieser Jargon bereits Mitte der 1960er Jahre üblich gewesen, als modernen Kommunikator der studentischen Bewegung charakterisieren können, da er auf Bilder achtete und in expressiven Bildern sprach, Superlative nicht scheute, Emotionen bediente und seine politischen Botschaften zu knappen, einprägsame Sentenzen verdichtete: »Eindimensionaler Mensch«, »Repressive Toleranz«, die »Große Weigerung« – all diese Begriffe wurden zu Klassikern der Gesellschaftskritik und der politischen Losungen des 68er-Protests.[25]

In Adorno und Horkheimer verkörperte sich die elegische Seite der intellektuellen Linken, die Trauer und der Schmerz über gescheiterte Revolutionen, das Menetekel Auschwitz, eine angepasste Arbeiterklasse, der Verrat von Sozialdemokratie und Gewerkschaften, die konstante Hegemonie bürgerlichen Denkens, der Sieg marktförmig-kommerzieller Massenkulturen über die linke politische Klassenkultur. Die existenzialistische Andacht linker Elegie hatte ihre Zeit, bekam sie später, in Maßen, auch wieder. Aber 1964/65 lief sie erst einmal aus. Dem Imperativ der Tat, des Handelns, der befreienden Aktion schlug nun die Stunde. Gefragt waren Theoretiker, die nicht mit tiefem Pessimismus die Unveränderlichkeit des Schlechten in fatalistisch gehaltenen dialektisch-deduktiven Schleifen nachwiesen; gesucht waren jetzt auch nicht die munteren Künder eines rationalistischen Reformismus der kleinen, aber systematischen Schritte. Das Große sollte es schon sein. Um die Transzendenz musste es unzweifelhaft gehen. Doch die Erfahrung des Scheiterns, der Pervertierung und Deformation von Arbeiterbewegung und Sozialismus, das Erlebnis der schieren Selbstverständlichkeit und dadurch offenkundig perpetuierten Existenz des Bourgeoisen und Kapitalistischen lagen eben vor, waren nicht einfach zu verdrängen und auszublenden. Die ideologischen Propheten im historischen Moment 1964/65 konnten daher nicht Marxisten der traditionellen Sorte mit konventioneller Klassenanalyse und überkommener ökonomischer Krisenprognostik sein, auch keine »Zuschauer aus dem Glaskäfig der ästhetischen Verfremdung«[26], sondern allein Theoretiker einer neuen Idee des Linken, welche um die geringen Aussichten einer sozialistisch-revolutionären Transformation sehr wohl wussten, ihre Möglichkeit aber denken, vor allem: aktiv anstreben wollten.

Ebendas traf auf Marcuse zu. Insofern war er ein kongenialer Repräsentant, Vokalisierer und Ausdeuter dieser Stimmung und Bedürfnisse eines Teils des akademischen Nachwuchses an den Universitäten der westlichen Demokratien zur Mitte der 1960er Jahre.[27] Zuvor waren seine Botschaften folgenlos verhallt, einige Jahre später war seine zwischenzeitliche Resonanz den nachfolgenden Kohorten bereits kaum mehr vermittelbar. Aber 1964/65 existierte eine Art Kairos-Situation für die Ideen Marcuses. Anschaulich hatte das in einer späteren Diskussion der heutige Professor für Geschichte an der Universität Chicago, Moishe Postone, am Beispiel der eigenen Lebensgeschichte geschildert. »Zwischen 1963 und 1967 hat mich alles geärgert, einfach alles. Jedes Mal, wenn ich die Zeitung gelesen habe, habe ich mich geärgert, jedes Mal, wenn ich durch die Straßen gegangen bin, habe ich mich geärgert, und ich hatte keine Möglichkeit, die Sachen, die mich geärgert haben in Zusammenhang zu bringen.« Dann kam die »Begegnung mit Marcuse«, dessen Neo-Marxismus die inkohärent gebliebenen Erfahrungen Postones mit einem Mal »in einen sinnvollen Zusammenhang zu bringen« verstand und den richtungslosen Ärger in gezielte politische Aktivitäten transferierte.[28]

Moishe Postone war nicht der einzige, dem es so erging. Auch in Deutschland, bei einigen Wortführern des SDS, zündeten nun die Schriften Marcuses, insbesondere eben »Der eindimensionale Mensch«. Diese Studie – an der Marcuse schon seit den 1940er Jahren gefeilt hatte – schien das gesellschaftstheoretisch prätentiös zu erfassen, was man selbst empfand, aber nicht hinreichend, auch nicht mit den erlernten Vokabeln von Karl Marx in ein stimmiges Erklärungssystem zu bringen vermochte. Die jungen Linken litten an einer Gesellschaft, die dem großen Rest der Bürger durchaus zusagte, auch den nach den Maßstäben sozialistischer Theorien eigentlich »Ausgebeuteten« und »Entrechteten« des Systems. Bei Herbert Marcuse konnte sie nun nachlesen, wie diese Paradoxie zu begreifen und aufzulösen war. Er porträtierte eine Gesellschaft, die auf technologisch höchstem Niveau funktionierte. Die strengen Rationalitätsnormen ökonomischer Effizienz der Produktionsmethoden standen im Zentrum, konstituierten allen Sinn und alle Regeln des Zusammenlebens, welche Gesellschaft, Kultur, Ökonomie und Staat einheitlich – oder kritisch: eindimensional – durchwirkten. Interessen oder Bedürfnisse, Denkweisen oder Lebensformen diesseits des Primats ökonomischer Leistungssteigerung waren nicht vorgesehen, auch nicht erforderlich. Schließlich empfanden die eindimensional zugeschnittenen Einzelnen in der Masse der eindimensional verfassten Gesellschaft das keineswegs als Freiheitsentzug. Denn ihnen winkte erst durch die Optimierung der wirtschaftlichen Produktion, das ihnen allein geläufige Reich der Freiheit in ihrer Rolle als Konsumenten bei der Auswahl aus dem schier unendlichen Sortiment von Waren und Dienstleistungen. Die Masse hatte sich längst von früheren kollektiven Eigenkulturen gelöst, hatte auch ihre genuine Sprache zur spezifischen Gruppenartikulation verlernt. Es zirkulierten einzig die Formeln der Mächtigen, in Werbung und Propaganda, allmählich von allen übernommen und verwendet. Die Manipulation war umfassend; die Gesellschaft trug totalitäre Züge, ohne dabei in erster Linie auf staatlichen Terrorismus, brutale Willkürmaßnahmen, Gewaltexzesse zurückgreifen zu müssen. Die Unterdrückten akzeptierten und goutierten durch den materiellen Überfluss ihre Lage, drängten nicht darüber hinaus, kannten auch keinen Zustand des ganz Anderen, konnten ihn sich nicht einmal vorstellen.

Insofern besaßen die Methoden der totalitären Kontrolle und Freiheitsbeschränkung durchaus subtile, gar überwiegend demokratische Seiten. Das System gab sich tolerant, eröffnete und erweiterte großzügig die Räume einer opulenten Konsumentendemokratie, in der allerdings jede Sensibilität und alle Kultur einer wirklichen Freiheit, insbesondere die Sehnsucht nach einem nichtentfremdeten Tun, der Wunsch nach Ausstieg aus der Sklaverei der Lohnarbeit wegnarkotisiert und durch die sedierenden Surrogate des Marktes fortkompensiert worden waren. Am Ende stand eine gleichgeschaltete Gesellschaft, bar jeder Opposition, für welche die Mehrheit im Vertrauen auf eine vorhandene alternativlose Vernunft des technischen Fortschritts auch keinen Bedarf mehr sah.[29] Die Freiheit der Konsumentendemokratie basierte auf der vom Gros gar nicht wahrgenommenen Unfreiheit des Bürgers als Kulturmensch. Die Toleranz war repressiv, auch wenn die Technik der Unterdrückung den Gewaltcharakter unauffällig bleiben ließ. Hier nahm Marcuse vorweg, was später ebenso bei Michel Foucault auftauchte. Auch Pier Paolo Pasolini sprach von einem »grauen Morgen der Toleranz« im neuen Herrschaftssystem hedonistischer Gesellschaften, die er als »schlimmste aller Repressionen der Menschheitsgeschichte« geißelte.[30]

So weit wäre und ist Marcuse nicht gegangen. Die Vernichtungslager des deutschen Faschismus bedeuteten ihm schon die Apokalypse schlechthin. Aber er betrachtete den Faschismus nicht als historisch abgeschlossene Epoche, schon gar nicht als eine reaktionäre Antwort auf die kapitalistische Moderne.[31] Marcuse glaubte im Gegenteil, dass der Faschismus in Deutschland zu früh gekommen sei, dass er, der Propaganda und Massensuggestion meisterhaft beherrschte, eine moderne Form der Klassendiktatur praktiziert habe, die sich aber erst im Zuge der »eindimensionalen Gesellschaft«, also nach dem finalen Ende der liberal-kapitalistischen Ära verallgemeinern würde.[32] Auf die traditionelle Arbeiterbewegung als Widerpart zu einer solchen Entwicklung vertraute Marcuse nicht. Die sozialdemokratischen wie gewerkschaftlichen Funktionäre hatten ihm zufolge längst ihren Frieden mit dem Kapitalismus gemacht, legten allen Ehrgeiz lediglich darauf, das System sozialtechnologisch besonders effizient auszugestalten und zu stabilisieren. Doch nicht nur die Arbeiteraristokratie habe sich, wie noch Lenin annahm, einfangen und zähmen lassen; auch die Arbeiter selbst hätten sich in die kapitalistischen Verhältnisse eingepasst.

Was aber blieb dann noch? Wer konnte überhaupt Subjekt des revolutionären Angriffs auf das bürgerliche System sein, da es sich doch zu einer eindimensionalen, totalitär durchkontrollierten Diktatur über die selbstunterwürfigen Unfreien entwickelt hatte? Von wem war die »große Weigerung«, die sich Marcuse trotz seines abgründig pessimistisch gehaltenen Zustandsberichts der Gegenwartsgesellschaft mit einem theoretisch schwerlich plausibel begründbaren Optimismus erhoffte, überhaupt zu erwarten? Schon in der zweiten Hälfte der 1940er Jahre hatte Marcuse hierfür auf die nicht-integrierten Bevölkerungsgruppen – die, aus welchen Gründen auch immer, sich der Eindimensionalität hatten entziehen können oder müssen – hingewiesen, auf die Outsider, Landarbeiter, Wanderarbeiter, Kolonialen, Gefangenen.[33] Im Laufe der folgenden Jahre hob er stärker auf die Entrechteten in den »Opferländern« des Imperialismus ab, wo Ausbeutung und Unterdrückung ohne allen schönen Schein der westlichen Überflussgesellschaft die Menschen unverhüllt traf. Doch wirkte die Entdeckung der Marginalisierten eher wie ein Notbehelf von einer befreiten Gesellschaft, in der die bildungsbürgerlichen Träume und Themen des Theorieproduzenten eine probate Projektionsfläche fanden, da hier, in Marcuses

Garten Eden, der Eigensinn von Kultur, Fantasie, Imagination, Musik, Kunst schlechthin das Zentrum der menschlichen Aktivitäten ausmachen sollte.[34] Daher wurden die 1960er Jahre zum Jahrzehnt Marcuses; daher trafen sich hier Meister und Jünger auf den Campusgeländen der internationalen Universitäten. Zumindest anfangs, als Rückschläge und Enttäuschungen noch nicht zu vernehmen waren, als alles neu, aufregend, lustvoll und kreativ wirkte, wies Marcuse den aufständischen Studenten die Avantgarderolle zu.[35] Sie sollten die Lehrmeister, Kader, ja Erziehungsdiktatoren für diejenigen werden, die aufgrund ihres verkrüppelten Bewusstseins mindestens für die Ouvertüre der revolutionären Transformation nicht infrage kämen. Aber: Die Revolution war machbar, war nicht, wie man es früher ridikülisierend abgewertet hätte, bloße Utopie. Denn der technologisch hochgerüstete Kapitalismus, frohlockte Marcuse gerne, hatte das Fundament für materiellen Reichtum und entfesselte Produktivkräfte geschaffen, durch die eine befreite Gesellschaft des Abschieds von entmenschlichter Arbeit, des Beginns einer universell gerechten Güterverteilung zum konkret realisierbaren Projekt geworden war.

Für die linken Studenten der 1960er Jahre waren Marcuses Ausführungen wie ein Schlüssel, wie ein Passepartout.[36] Endlich vermochten sie einleuchtend zu erklären, warum sie – aber allein sie – diese Gesellschaft so verachteten. Und zugleich hatten sie die Bestätigung gefunden, dass sie – ausschließlich sie – zur Erkenntnis der wahren Zusammenhänge in der Lage waren und sie – nur sie – den Pfad aus der Gefangenschaft zu weisen und die Massen Richtung Kanaan zu führen vermochten. Damit hatten sie – lediglich sie – auch die einzig richtige Lehre aus der historischen Lektion des Faschismus gezogen, den man nur dann verhindern konnte, wenn man den schönen Schein der Demokratie als raffinierte Ideologie der Massenverblendung entlarvte.

1964 kam dadurch zusammen, was für einen kurzen geschichtlichen Augenblick trefflich zusammenpasste. Die damals noch denkbar kleine Gruppe linker Studenten griff nicht zufällig zu, als Marcuse ihnen seine Theorie-Offerten unterbreitete. Über dreißig Jahre lange hatte der Deutsch-Amerikaner Gesellschaftskritik auf Gesellschaftskritik produziert. Doch keiner kümmerte sich darum, kaum jemand nahm die Elaborate ernst. Nun meldeten sich, womit Marcuse schon gar nicht mehr gerechnet hatte, widerspenstige junge Leute zu Wort, die ganz seinen letztlich romantischen Leitgedanken und seiner bildungsbürgerlichen Prägung entsprachen.[37] Im Grunde trug Marcuses Technikkritik genuin konservative Seiten; nicht zufällig traf er sich hier mit Theoretikern wie Hans Freyer oder Arnold Gehlen.[38] Marcuses Verständnis von Sozialismus lief in vielerlei Hinsicht auf die frühbürgerliche Gesellschaft hinaus, genauer: auf ihren Wertehimmel, ergänzt durch die Perspektive auf Universalität.[39] Marcuses Traum war eine Gesellschaft der freien Zeit und der Muße, in der zusammenfiel, was seit der Moderne mit ihrer arbeitsteiligen Optimierungshybris durchtrennt und zerstückelt war. Die Menschen sollten, wenn sie wollten, in Ruhe für sich sein, ihre Gedanken schweifen lassen, philosophieren, dichten, fantasieren. Sie sollten malen, musizieren, modellieren. Und sie sollten ihrer Erotik freien Lauf lassen.

Auch das hatte Marcuse schon längst vor 1968 zu Papier gebracht, in seinem Werk »Eros and Civilization«, das auf Englisch erstmals 1955 in Boston erschien, zwei Jahre später auch in deutscher Übersetzung, dann 1965 als Neuauflage unter dem Titel »Triebstruktur und Gesellschaft«. Es hieß, das sei Marcuses populärstes Buch gewesen.[40] Allerdings hieß es auch, dass nur wenige es wirklich gelesen, noch weniger es tatsächlich verstanden hätten.[41] Aber auf die nachwachsende Generation der akademischen Mittelklasse Mitte der 1960er Jahre wirkten die Schlagworte, die aus dem Buchtext die Öffentlichkeit erreichten, antreibend wie stimulierend. Dass Sexualität nicht tabuisiert werden musste, dass keineswegs allein aus ihrer Sublimierung kulturelle Schöpfungen resultierten, sondern die bewusst bejahte erotische Energie Kreativität freilegte und förderte: Dieses Versprechen hat in der Tat eine ganze Generation begeistert und sexuell animiert, Jahre später indes auch vielfach ernüchtert und enttäuscht. In der Sehnsucht nach so etwas wie Ganzheitlichkeit von Leben, Studium, politischem Engagement, Erotik und Kunst trafen sich Marcuse und die Kader des SDS Mitte der 1960er Jahre. Zugleich war ihre Fremdheit gegenüber Industrie, Märkten und Massen in jeder Sentenz ihrer Manifestationen spürbar. Insofern mag man den Avantgardismus von Marcuse und seiner Epigonen auch als letztes Aufbäumen einer bereits erodierenden elitären Bildungsbürgerlichkeit gegen die Konkurrenz einer utilitaristischen und pragmatisch gesinnten Menge, die als eindimensional und konditioniert herabgesetzt wurde, bewerten. Dann wäre Marcuse nicht gescheitert, weil die Revolution misslang, sondern weil der Kampf für die Restauration und Regeneration der klassischen, historisch noch unbefleckten Bildungsbürgerlichkeit verloren ging.

Jedenfalls: Besonders politisch war es nicht, wie Marcuse dachte. Er analysierte keine realen Konstellationen, beschäftigte sich nicht mit präzisen Kräfteverhältnissen, ließ sich nicht auf empirische Institutionen ein, war uninteressiert an strategischen Überlegungen, an zähen Reformbemühungen, an taktischen Bündnissen. Er war ein Romantiker der Revolution nach Art des 19. Jahrhunderts, der von der großen Erlösung schwärmte, keinen Sinn für die Mühen der Ebene politischer Praxis besaß.[42] Die Formel, dass der Weg das Ziel sei, konnte ihm nichts sagen. Allein das große Ziel zählte, vielleicht auch noch das Pathos der kühnen Geste, eben die große Weigerung, die demokratische Widerständigkeit in der Eindimensionalität. Man konnte dann auch über Gewalt reden, als ein legitimes Mittel der nach Freiheit dürstenden Weigerer, denen es vielleicht darum gehen mochte, der repressiven Herrschaft ihre Maske der Toleranz zu entreißen, sodass die Herrschenden auf die provokative, die widerständige Gewaltaktion der Freiheitskämpfer unweigerlich mit der brutalen, ihre Macht sichernden Gewalt der unterdrückenden Staatlichkeit reagieren würden.

Nur, was dann? Marcuse wusste es auch nicht. Denn systematisch hatte er sich darüber keine Gedanken gemacht. Er streute lediglich Erwägungen zur Gewalt der Revolutionäre ein, wenn man ihn auf Podien oder in Zeitungsinterviews gelegentlich danach fragte. Ansonsten mochte er über den Prozess der erwünschten Transformation, über die Funktionsweise und Strukturen der neuen Gesellschaft nicht räsonieren. Auch hier war er der romantische Revolutionär des 19. Jahrhunderts, ein schierer Voluntarist, der an die umstürzlerische Wirkung der Tat glaubte, von der alle Kraft und Energie zur dann harmonischen Transzendenz ausging. Natürlich, ja, auch Marcuse gestand es sich ein, war es ein Problem seiner Theorie, dass sie einerseits die schreckliche Hermetik eindimensionalen Denkens in düstersten Farben ausmalte, andererseits vom optimistischen Szenarium der großen Befreiung nicht lassen wollte. Welcher Weg führte von der totalen Ohnmacht in die radikale Insurrektion? Wie konnte es autonome Subjekte noch geben, wo doch alle als Objekte in den Gehäusen der Hörigkeit gefangen waren? War die Gleichschaltung doch nicht so lückenlos, so totalitär erfolgt, wie es in den Hauptteilen seiner Schriften wieder und wieder herausgestellt wurde?[43]

Mit dergleichen Einwänden hielt Marcuse sich nicht lange auf. Als Romantiker griff er auf die Zauberformel seiner Zunft zurück und setzte auf Erziehung, mehr noch: auf die Erziehungsdiktatur der standhaft gebliebenen Weigerer, denen das Projekt einer Bildung »Neuer Menschen« oblag. Sobald sich dessen Aufgabe erfüllte, würde sich die Diktatur von selbst aufheben, erzählte Marcuse 1969 gut gelaunt zwei Redakteuren des *Spiegel*, die weiterhin argwöhnten, dass auch Erziehungsdiktaturen ein Interesse am Fortbestand ihrer selbst entwickeln mögen. Solche Besorgnisse hielt Marcuse für ganz und gar abwegig, da der Erziehungsdiktator doch »wesentlich andere Werte, andere Ziele und andere Methoden« verkörpere als die sonst aus der Geschichte bekannten Autokraten und Tyrannen.[44] Mit einer ähnlich verblüffenden Leichtfertigkeit ging er ebenfalls mit dem Problem der Zensur um, für die er sich einsetzte, um imperialistische Propaganda zu unterbinden. Auch hier stand die Frage im Raum, wie der Trieb der Zensur zu begrenzen, wie überhaupt die Macht der Zensoren vor den Ansprüchen des demokratischen Versprechens zu legitimieren seien. Wer konnte garantieren, dass – was alle geschichtliche Erfahrung fraglos nahelegte – die Zensur jede Freiheit erstickte und die Zivilcourage heillos beschädigte? Marcuses Antwort war von entwaffnender Naivität: »Die Zensur sollte ausgeübt werden von Menschen, die durch ihre Ideen und ihr Tun Zeugnis davon abgelegt haben, dass sie um die gegebenen Möglichkeiten eines Lebens ohne Angst und Unterdrückung wissen und für die Realisierung dieser Möglichkeiten arbeiten – Menschen, die gelernt haben, was in einer gegebenen geschichtlichen Situation das Wahre, Gute und Schöne sein kann.«[45]

So war Marcuse. Er war kein finster entschlossener kalt kalkulierender Revolutionär, kein Lenin oder Trotzki. Ein früherer Revolutionär, dann beinharter Realpolitiker wie Herbert Wehner dürfte ihn und sein wolkiges Literatentum verachtet haben. Aber Marcuse ging auch selbstironisch mit sich um. Er konnte über seine eigenen Unzulänglichkeiten witzeln, wusste sicher auch, wie unpraktisch er letztendlich für das Politische war. Mitunter wirkte die Radikalität wie Spielerei. Als in Deutschland versprengte Teile der Studentenbewegung unter politischen Vorwänden mit Schusswaffen hantierten, verstand er nicht, wie man das auf ihn zurückführen konnte. So war es mit der Gewalt doch gar nicht gemeint: »Das Ziel: der befreite Mensch« müsse »in den Mitteln erscheinen«, verteidigte er sich 1977 auf dem Höhepunkt des Linksterrorismus.[46] Nicht immer klang das Credo des Theoretikers in dieser Hinsicht zuvor so klar, wenngleich er für sich selbst natürlich die Gewalt scheute, trotz aller martialisch klingenden Revolutionsgesänge. Er war etwa ungemein stolz darauf, dass er sich Ende der 1960er Jahre an einer studentischen College-Besetzung beteiligt hatte. Die Demonstranten zerstörten bedauerlicherweise, einmal aktionistisch in Fahrt gekommen, auch eine Tür. »Und ich habe mich sofort bereit erklärt«, versicherte Marcuse eifrig, »die Kosten für die Neueinsetzung der Tür zu übernehmen.«[47] Der Revolutionär, der als ordentlicher Bürger für die Schäden aufkam, die durch die revolutionäre Unordentlichkeit entstanden waren – nochmals: so war Marcuse.

Aber wir greifen vor. Mitte der 1960er Jahre sah man in Marcuse den puren, gläubigen, konsequenten Feind des neo-totalitären Kapitalismus, der unmissverständlich Partei ergriffen hatte, während andere das Refugium ihrer kritischen Theorie nicht verließen. »Zugleich blieb Marcuse mit einem irritierenden, theoretische Widersprüche nicht scheuenden Starrsinn immer auch ein ›Theoretiker der Revolution‹«, fasste Helmut Dubiel die Differenz zwischen Marcuse und den Autoren der »Dialektik der Aufklärung« zusammen.[48] Daher wurde Marcuse zum weltanschaulichen Vater der Revolte. Seine jahrelangen Großauftritte in Berlin waren Festtage der Bewegung, an denen tausende von Jüngern gepilgert kamen, um ihrem Messias zu huldigen.[49] Im Mai 1966 redete Marcuse vor dem Vietnam-Kongress des SDS. Aber den Höhepunkt an Popularität bei der jungen Linken und nun auch in der Aufmerksamkeit der westdeutschen Medien erklomm Marcuse in den heißen Julitagen 1967, rund einen Monat nach den tödlichen Schüssen auf Benno Ohnesorg.[50] Vier Tage referierte und diskutierte er vor mehreren tausend Studenten an der FU Berlin. Matthias Greffrath erinnerte sich an den 13. Juli, einen »sehr sonnigen Tag«, als Marcuse über das »Ende der Utopie« vortrug. Das Audimax war überfüllt; »auf dem Rasen lagen noch einmal zweitausend«[51] Studenten, um wenigstens etwas vom Star der Kritischen Theorie mitzubekommen.

Zu den beiden anderen Stars der Frankfurter Schule, Horkheimer und Adorno, hatten sich die Beziehungen der jungen Linken abgekühlt.[52] Horkheimer hatte sich im Juni des Jahres über den Anti-Amerikanismus der studentischen Rebellen empört, was wiederum Marcuse zu einem heftigen Konter Richtung Frankfurt veranlasste: »Laß mich meine Meinung so extrem wie möglich aussprechen. Ich sehe in Amerika heute den historischen Erben des Faschismus.«[53] Im Grunde bedeutete das den Bruch zwischen »Max« und »Teddy« hier und »Herbert« dort. Adorno begann zu »frösteln«, wenn er von Marcuses Äußerungen erfuhr oder dessen Briefe las, konnte dessen emphatischen Schulterschluss mit den aktivistischen Studenten, deren »brutalen Praktizismus« und grauenhaften »Dezisionismus« er mal als »puren Stalinismus«, ein anderes Mal als »tendenziell faschistisch« brandmarkte, nicht nachvollziehen. Im expliziten Gegensatz zu Marcuse beschwor Adorno kurz vor seinem Tod die »Gefahr des Umschlags der Studentenbewegung in Faschismus«, was ganz auf die Zustimmung seines Freundes Horkheimer, dem die ungezogen auftrumpfenden Studenten noch widerwärtiger waren, stieß.[54]

Es war wohl diese unbürgerliche Attitüde, die Lümmelhaftigkeit im Auftritt der adoleszenten Bürgertumsjugend, was die linksbürgerlichen Philosophen in ihrer »pompös daherkommen Weltverzweiflung«[55] so aufbrachte. Schlechte Manieren beleidigten ihren guten Geschmack, verletzten ihren feinen Sinn für Ästhetik, stellten ihre auf Höflichkeit basierende Lebensform infrage. Anfang Juli 1967 weilte auch Adorno in Berlin. Doch sprach er nicht über die Ziele der Protestbewegung, auch nicht über Utopie. Sein Thema lautete: »Der Klassizismus von Goethes Iphigenie«. Umso überraschter und indignierter war Adorno, dass ihn dennoch der Aktionismus der studentischen Rebellen einholte, da die Kommune II und einige Mitglieder des SDS seinen Vortrag kräftig störten.[56] Und Störungen verfolgten ihn bis in den Sommer 1969. Zum Ende des Wintersemesters 1968/69 erstattete er im Laufe einer Institutsbesetzung sogar Anzeige wegen Hausfriedensbruch, was die Polizei auf den Plan rief und zur Verhaftung von 76 Studenten führte, darunter der Meisterschüler von Adorno, Hans-Jürgen Krahl. Drei Monate später kam es noch schlimmer. Adorno erschien zu seiner Vorlesung im durch ihn berühmten Hörsaal VI der Frankfurter Universität, wollte gerade mit seinem Vortrag beginnen, als drei junge Frauen spöttisch um ihn herumtanzten, ihn zu küssen versuchten und dann ihre Jacken lüfteten, um sich dem Meister barbusig zu zeigen.[57] Ein früher Femenprotest gleichsam, der Adorno völlig aus der Fassung brachte. Ersichtlich gedemütigt verließ er, seine Aktentasche beschämt vor das Gesicht haltend, unter Tränen und im Rückwärtsgang den Raum.[58] Einige Wochen danach starb er, ohne dass es noch zu einer Versöhnung mit Marcuse hätte kommen können, auf deren Möglichkeit im Briefwechsel zwischen den beiden auch wenig hindeutete.

Dabei stand auch Marcuse seit 1968 nicht mehr fest auf dem Sockel der Verehrung.[59] Im Mai 1968 – Marcuse war gerade direkt von den Straßenkämpfen in Paris gekommen – zog er wohl noch einmal 4.000 Studenten an, die seinem Referat »Geschichte, Transzendenz und sozialer Wandel« zuhörten, aber nun nicht mehr mit achtsamer Bewunderung, sondern mit lautstark artikuliertem Unmut. Man wollte es nicht mehr so akademisch, man verlangte nach Handlungsanweisungen für die konkreten Kämpfe. Die klassenkämpferische Härte, die jetzt rhetorisch aufkam, biss sich an den eher romantischen Hoffnungen Marcuses. Plötzlich zirkulierten überdies Zweifel an seiner Integrität; seine geheimdienstlerische Schriftstellerei gegen den Nationalsozialismus galt jetzt als zwielichtige Auftragsarbeit für den US-Imperialismus.[60] Und als richtiger Marxist ging er nun auch nicht mehr durch, da er die revolutionäre Substanz der Arbeiterklasse in Abrede gestellt und durch kleinbürgerliche Hoffnungen auf das Lumpenproletariat und deklassierte Intellektuelle substituiert hatte.[61]

Die Pfingstzeit der neomarxistischen Theorie war vorbei. Merkwürdigerweise folgte, was doch hätte vorangehen sollen: die Walpurgisnacht des kommunistisch-orthodoxen Hexensabbats. 1968 lag irgendwo dazwischen.[62] Doch hing wohl alles mehr miteinander zusammen, als sich die Akteure jener Dekade bis heute eingestehen mögen.

Dieser Text ist zuerst unter dem Titel »Weigerung und Eschatologie. Die neue Linke entdeckte den alten Herbert Marcuse« erschienen in: Robert Lorenz und Franz Walter (Hg.), »1964 – das Jahr, mit dem ›68‹ begann«, S. 149–168. Bielefeld 2014, https://doi.org/10.14361/transcript.9783839425800.149 (© transcript Verlag)

6. Der undogmatische Frühling im Herbst studentischer Mescaleros

Die Sponti-Bewegungen in der zweiten Hälfte der 1970er Jahre waren wohl wieder näher an Marcuse; aber sie wussten nichts davon, lasen ihn und auch die schwierigen Texte der anderen »Frankfurter« nicht mehr. Es waren die Jahre der Stadt(teil)zeitungen, der Alternativblätter, vor allem aber der studentischen Flugschriften. Gerade während der 1970er Jahren lag besonders viel gedrucktes Papier auf den Tischen der Mensen und Cafeterien der Universitäten im Land. Außerhalb der Hochschulen nahm man wenig Notiz davon, hatte wohl auch oft weder Inhalt noch sprachliche Form oder ideologische Stoßrichtung recht verstehen können. Aber auch die Studierenden selbst, primäre Adressaten der Druckschriften, schauten bei den mittäglichen Pommes Frites mit Hähnchenschnitzel und dem nachfolgenden Kaffee bei einem Stückchen Apfelkuchen meist nur flüchtig auf schon bald nach Auslage mit Soßenspritzern oder übergeschwappten Getränkeresten vollgekleckerte Pamphlete vornehmlich linker Hochschulgruppen. Kurzum: Das Flugblatt und die Broschüren der Allgemeinen Studentenausschüsse gehörten zum selbstverständlichen Bestandteil und Signum der universitären Alltagskultur in diesem vermeintlich »roten Jahrzehnt«.[1] Die Beachtung indes, auf die sie stießen, war wegen der zumeist variationslos vorgetragenen Kampfparolen eher bescheiden.

Allein, im Frühjahr 1977 im Jahr der härtesten linksterroristischen Anschläge war es einmal anders. Das Blatt des Göttinger AStA, die *göttinger nachrichten (gn)*, ein ebenfalls eher nachlässig getipptes und zusammengeklebtes Periodikum, kam am 25. April dieses Jahres mit einer neuen Ausgabe, die unter anderem – dabei keineswegs prominent herausgestellt – einen Artikel enthielt, der den Titel »Buback – Ein Nachruf« trug.[2] Ein paar Tage dauerte es, bis das Stück außerhalb des Göttinger Campus wahrgenommen wurde. Dann aber brach sich eine Skandal- oder Skandalisierungsdynamik Bahn, die auch noch nach nun vierzig Jahren verblüffend wirkt. »Buback – Ein Nachruf« wurde zum Artikel des Jahres 1977 schlechthin, ließ alle Beiträge der renommierten Edelfedern im professionellen Journalismus an öffentlicher Bedeutung weit hinter sich. Eine Wendung in diesem Stück, die von seinem Autor eingangs bekundete »klammheimliche Freude«, ist seither eine in der Publizistik und Rhetorik tausendfach aufgenommene und gebrauchte Sentenz, die zumindest im akademischen Teil der 1950er Geburtsjahrgänge des westlichen Teils Deutschlands noch heute zumindest diffuse Erinnerungen an die Vorgänge, die der Artikel der *göttinger nachrichten* auslöste, wachruft. Und diese Vorgänge hatten es in sich: Nahezu die gesamte Republik empörte sich über die Auslassungen des Göttinger Anonymus im Studentenblatt. Die sonst politisch durchaus heterogene Zeitungslandschaft uniformierte sich in hitziger Entrüstung gegen das Organ des Göttinger AStA. Razzien der Polizei in links-studentischen Milieus folgten, Anklagen und Gerichtsverfahren schlossen sich an.

Worum ging es genau? Die Geschichte begann mit dem mörderischen Attentat eines Kommandos der »Roten Armee Fraktion« (RAF) auf den Generalbundesstaatsanwalt der Bundesrepublik Deutschland, Siegfried Buback. Am Morgen des 7. April 1977 bewegte sich dieser in Karlsruhe in seinem Dienstwagen zusammen mit dem Fahrer Wolfgang Göbel und dem Justizwachtmeister Georg Wurster in Richtung Bundesgerichtshof. An einer Ampel lauerten ihm zwei *Militants* der RAF mit einem Motorrad auf und der Mann oder die Frau auf dem Soziussitz feuerte etliche Schüsse auf die Insassen des bundesanwaltlichen Wagens ab. Buback und der Fahrer starben noch am Tatort; der Justizwachtmeister erlag seinen Schusswunden im Krankenhaus.

Zwei Tage später ging, ebenfalls morgens, der Student der Germanistik, Klaus Hülbrock, in Roringen, einem Dorf im nordöstlichen Stadtgebiet von Göttingen, mit seinem Hund spazieren und grübelte über den Anschlag auf Buback, seine eigene Haltung dazu, die Debatten darüber mit den Freunden im Milieu, die Position der Linken insgesamt. Zurück in seiner Wohnung schrieb er die Gedanken auf, kochte, aß eine Erbsensuppe und fuhr dann, die Zeit drängte allmählich, in die Göttinger Innenstadt zum AStA der Universität, um das Stück, das er verfasst hatte, noch rechtzeitig vor Redaktionsschluss, der an diesem Tag um 14 Uhr lag, abzuliefern. Gut zwei Wochen später erschien das Stück, im »wurstigen Layout«, mit »handgezeichneter Überschrift, unregelmäßigen Zeilenabständen und eingefügten Zeichnungen«[3] – also ganz im Stil der studentischen »Gegenöffentlichkeit« jener Jahre.

Der Schreiber, welcher der Öffentlichkeit über viele Jahre in seiner Identität unbekannt blieb, war zumindest vom Alter her kein »pubertierender« Jung-Student, wie es später vielfach in aufgebrachten Zeitungskommentaren hieß. Hülbrock wurde 1947 geboren, hatte also 1977 das dreißigste Lebensjahr bereits vollendet, war im sauerländischen Lüdenscheid groß geworden, hatte sich nach der Schule als Zeitsoldat verdingt, war zwischenzeitlich auch der SPD beigetreten. Nach einigen Jahren eines moderaten Aussteigerlebens mit Hilfsjobs und Schnorrereien Ende der 1960er und Anfang der 1970er Jahre immatrikulierte er sich 1973 an der Universität Göttingen.[4] Dort dominierte in dieser Zeit in den studentischen Politikarenen noch der Kommunistische Bund Westdeutschlands (KBW), eine rigide maoistische Kadertruppe.

Hülbrock, dem die eigenwillige Gestaltung des sprachlichen Ausdrucks damals und danach nicht gleichgültig war, konnte die starre, bürokratische und kalt apodiktische Form der K-Gruppen-Manifeste nicht ertragen. Das ging in der zweiten Hälfte der 1970er Jahre zunehmend vielen Studierenden mit durchaus linker Grundorientierung so. Die disziplinierende Hermetik von Organisation und Appell der maoistischen Konventikel stießen zunehmend ab. Stattdessen artikulierten sich nun prononciert subjektiv gehaltene Bekenntnisse zu Sinnlichkeit, Emotionalität, zum Körpergefühl, zu Liebesbedürfnissen und auch eigenen Ängsten.[5] Hieraus entwickelte sich, als Alternative zu den autoritären K-Gruppen, eine locker gefügte Sponti-Bewegung, die in Göttingen 1977 als »Bewegung undogmatischer Frühling« auftrat und in der Klaus Hülbrock, genannt »Tiger«, ein aktiver Protagonist war, den man Tag für Tag am Büchertisch im Vorraum der Mensa diskutieren sehen konnte.[6] Ein Vierteljahrhundert später begründete Hülbrock die Rolle der Göttinger Spontis aus ihrer damaligen intensiven Gegnerschaft zur Sprache und zum Gestus der »K-Gruppen, der Trittin-Fraktion und solchen Leuten. Deren Stakkato, diese schwere Grammatik der Revolution, die Ernsthaftigkeit, mit der sie auftraten, war freudlos, so selbstgewiss! Gegen diese exekutive Sprache der Distanzierung von allen, die nicht auf ihrer, also auf der ›richtigen‹ Linie lagen, entwickelten wir unser Auftreten.«[7] Seine Gruppe, die »Bewegung undogmatischer Frühling« also, beteiligte sich 1977 am AStA, hatte damit Zugang zu den *göttinger nachrichten*, in denen Hülbrock sein Räsonnement zum Buback-Mord veröffentlichte. Als Pseudonym wählte er dafür die Chiffre »Mescalero«, einen Stamm der Apachen, den Karl May für seine Fiktionsfigur Winnetou ausgesucht hatte, um ihn dort literarisch bekanntlich zum Häuptling zu machen.

Eine Provinz- und Spontiposse, so hätte man meinen können, die außerhalb des universitären Mensa-Bereichs im »Blauen Turm« niemanden erreichen, schon gar nicht erschüttern musste. Verbal radikale Flugschriften bekamen die studentischen Massen in jenen Jahren schließlich dauernd, ob sie nun wollten oder nicht, in die Hände gedrückt, ohne dass man die markigen Kampfparolen in Richtung des geknechteten Proletariats zur machtvollen Abwehr bourgeoiser Ausbeutung und Unterdrückung sonderlich wichtig genommen hätte. Nun aber – präziser: vier Tage später – kam alles anders. Denn auch der christdemokratische Nachwuchs an der Göttinger Universität, im Ring Christlich Demokratischer Studenten (RCDS) organisiert, hatte einen Blick in das Zeitschriftenorgan des in diesen Kreisen denkbar ungeliebten AStA geworfen. Und die RCDSler erkannten die Chance, die damalige universitäre Hegemonie der radikalen Linken zu delegitimieren und vielleicht auf längere Sicht zu erschüttern. Der RCDS erstattete gegen den AStA aufgrund des Buback-Nachrufs eine Strafanzeige, forderte überdies in einem offenen Brief den Rektor der Göttinger Uni, den Botaniker Hans-Jürgen Beug, auf, ohne Verzug gegen den AStA vorzugehen; andernfalls hätte er mit einer Dienstaufsichtsbeschwerde zu rechnen.[8] Der RCDS präjudizierte dann die folgende Berichterstattung in den großen Zeitungen der Republik. Denn die christdemokratischen Studenten referierten im Wesentlichen die unzweifelhaft erschreckenden, abstoßenden Sätze zur Ouvertüre des Nachrufs, vor allem den hernach tausendfach rezitierten Satz: »Meine unmittelbare Reaktion, meine ›Betroffenheit‹ nach dem Abschuss von Buback ist schnell geschildert: Ich konnte und wollte (und will) eine klammheimliche Freude nicht verhehlen.«

Schon einen Tag darauf folgten die ersten überregionalen Zeitungen, welche die RCDS-Informationen übernahmen und sich gleichermaßen gegen die Niedertracht des »Mescalero« erzürnten.[9] Auch die linksliberalen Blätter, von der *Frankfurter Rundschau* bis zur *Zeit*, reihten sich in die von der *Frankfurter Allgemeinen Zeitung* und der *Welt* formierte Front ein. Man schrieb in Bezug auf den Autor des »Nachrufs« von einem »mörderischen Denken«, einem »kranken« Hirn, einem furchtbaren Apologeten von Gewalt und Terrorismus in der Tradition des nationalsozialistischen Hetzblattes *Stürmer*.[10] Der Göttinger Uni-AStA – vom Hochschulrektor in der Tat ganz im Sinne der RCDS-Anmahnung ultimativ unter Druck gesetzt – schickte das inkriminierte Stück in etlichen

Exemplaren an die Redaktionen von Print- und Telemedien, um erkennbar zu machen, dass der Beitrag bei der Offenbarung »klammheimlicher Freude« nach Kenntnisnahme des Karlsruhe-Attentats nicht stehen geblieben war.[11] Aber es nutzte nichts. So gut wie kein Presseorgan kümmerte sich darum. Eine derartig selektive Rezeption des Materials und kollektiv einförmige Interpretation hatte man im Pressewesen des demokratischen Teils Deutschlands seit 1949 noch nicht gesehen. Den einen oder anderen Grund für die seither auszumachende und bis heute keineswegs nachgelassene Presseschelte in Teilen der Bevölkerung lieferten die Medien mithin schon auch selbst.

Gewiss, der Text war verstörend, für Journalisten zumindest der älteren Generation und zurückliegenden Bildungssozialisation auch schauderhaft. Nicht allein die eingestandene »klammheimliche Freude« über den Mord an Siegfried Buback klang gemein und abstoßend: »Ehrlich«, bekundete der Verfasser des Artikels zudem über Buback, »ich bedauere es ein wenig, dass wir dieses Gesicht nun nicht mehr in das kleine rot-schwarze Verbrecheralbum aufnehmen können, das wir nach der Revolution herausgeben werden, um der meistgesuchten und meistgehassten Vertreter der alten Welt habhaft zu werden und sie zur öffentlichen Vernehmung vorzuführen. Ihn nun aber nicht mehr – enfant perdu.« Und ebenso widerwärtig wie im Grunde unreif wirkten weitere Auskünfte des Mescalero über seine innere Stimme und seine Gefühle: »Ich habe auch über eine Zeit hinweg (wie viele von uns) die Aktionen der bewaffneten Kämpfe goutiert; ich, der ich als Zivilist noch nie eine Knarre in der Hand hatte, eine Bombe habe hochgehen lassen. Ich habe mich schon ein bisschen daran aufgegeilt, wenn mal wieder was hochging und die ganze kapitalistische Schickeria samt ihrer Schergen in Aufruhr versetzt war. Sachen, die ich im Tagtraum auch mal gern tät, aber wo ich mich nicht getraut habe sie zu tun.«

Sicherlich lag ein großer Teil der heftig abwehrenden Irritationen über den Göttinger Mescalero darin, dass er, ein Angehöriger der Universität, die doch zur strengen Rationalität und zu intersubjektiv nachvollziehbaren Begründungen anhalten sollte, sich um Regeln der Wissenschaftlichkeit nicht scherte, ja allen Konventionen eingespielter Bildungsbürgerlichkeit mit Spott und provokativer Gleichgültigkeit begegnete. »Ausgewogenheit, stringente Argumentation, Dialektik und Widerspruch«, so leitete der Göttinger Sponti vom »Undogmatischen Frühling« seinen Text ein, »das ist mir alles piep-egal. Mir ist bei dieser Buback-Geschichte einiges aufgestoßen, diese Rülpser sollen zu Papier gebracht werden«.

Nur: Der Mescalero schrieb nicht für den Feuilletonchef der *Zeit*. Er wandte sich nicht an seinen Professor für Linguistik. Er dachte bei der Niederschrift nicht an Bekannte und Verwandte aus seiner Lüdenscheider Heimat. Er war in einen Monolog mit sich selbst und in den Dialog mit seinen Freunden wie Gleichgesinnten aus dem linksalternativen Studentenmilieu getreten, in dem ganz ähnliche »klammheimliche Freuden« über Anschläge auf Repräsentanten des »Repressionsapparats« oder der »Ausbeuterklassen« kursierten, aber zugleich Unsicherheiten darüber aufgekommen waren, ob dergleichen Gewaltaktionen wirklich dem entsprachen, wofür man sich politisch primär engagierte.[12] An dieses Umfeld war das Stück des Mescalero adressiert; ihm wollte er schildern, was ihn wohin bewegt hatte, warum er letztendlich die Gewalttaten der RAF und anderer Gruppierungen ähnlicher Fasson ablehnte: »Unser Weg zum Sozialismus (wegen mir: Anarchie) kann nicht mit Leichen gepflastert werden«, daher »dürfen Linke keine Killer sein«.

Ein Aufruf zu weiteren terroristischen Gewaltattacken war der »Nachruf« nicht. Im Gegenteil: Der Verfasser wollte sich und seine Mit-Kombattanten im politischen Kampf davon überzeugen, die Finger von den Schusswaffen zu lassen.[13] Er schrieb das im Duktus seines Milieus, schnodderig, mitunter geradezu karnevalesk und verspielt, zugleich mit der heute seltsam anmutenden Beimischung rigider Revolutionsrhetorik. Es mochte sein, dass der »Mescalero« allein in einem solchen Format eine Brücke sah, um sich der alternativ-linken Studentenschaft des Jahres 1977 mit einer Absage an die Gewalt verständlich zu machen.[14] Aber mindestens so wahrscheinlich ist, dass der Autor mit dem Nachruf sein genuines Empfinden und Denken in der seinerzeit in seinem Umfeld üblichen extremistisch subjektiven und trotzig dem Anstandskanon der überlieferten Bürgerlichkeit sich verweigernden Sprache ausdrücken wollte. Studentische Linke und Spontis aller Art verstanden in jenen Wochen genau, was der Schreiber wollte, was in ihm vorgegangen war, wieso er sich so erklärte, wie er es in den *göttinger nachrichten* getan hatte. Außerhalb dieser Sphäre aber herrschten Befremden und zumindest gelindes Entsetzen. Und dass die trauernden Familienangehörigen von Siegfried Buback auf einige brutal-rotzige Sprachballone, den »lumpigen Jargon« (Enzensberger) nahezu fassungslos reagierten, war erst recht verständlich; zumal wenn von der »Killervisage« und dem »Abschuss« Bubacks im »Nachruf« die Rede war.[15] Und zu den intellektuellen Lebenslügen dieses Milieus und dieses Aufrufs gehörte, gleichsam dem kalten Extremismus der Tat durch verbale Faschingskostüme den harten und bitteren Ernst nehmen zu wollen, der ihm gleichwohl innewohnte. Der Mescalero wandte sich nicht prinzipiell gegen Gewalt, aber sie sollte dann den »Segen der beteiligten Massen« besitzen und »fröhlich« sein. Dabei hatte man historisch genug spontane Gewaltexzesse von feixenden, berauschten und dadurch erst recht enthemmten wie brutalisierten Massen erlebt, um mit solchen schnell hingeschriebenen Maximen und Metaphern erheblich vorsichtiger umzugehen.[16]

Aber es blieb auch in den folgenden Jahren ein bemerkenswertes Charakteristikum dieser Alternativlinken der Bundesrepublik, die radikale Attitüde mit einer Art Party-Jux und einem nonchalanten Dadaismus zu mildern und zu versüßen. Nahmen einige wenige dann gleichwohl die kämpferische Pose allzu ernst und gar als handlungsleitend für die Praxis, dann zeigte sich der mit der Verbalradikalität allein salopp kokettierende Rest darüber, sobald es Opfer gab, mit traurigem Gesicht »betroffen«, aber nicht wirklich angesprochen oder verantwortlich. Denn der Widerstand, den man postulierte, sollte doch stets nur »symbolisch«, »friedlich«, »im Geiste von Gandhi«, im Stile eines großen versöhnenden, kulturell übergreifenden Festes bleiben.

Aber dergleichen euphemistisch verniedlichende Scheinradikalität reichte mehr schon in die 1980er Jahre. 1977 erschienen die Auseinandersetzungen noch unversöhnlicher, ernsthafter, antagonistisch. Professoren – »meist schnell avancierte Fellow Traveller in ihren Dreißigern«, so jedenfalls der damalige Wissenschaftssenator von Berlin, Peter Glotz, in seiner späteren Autobiografie[17] –, die Dokumentationen des »Nachrufs« herausgaben, um so den gesamten Text öffentlich verfügbar zu machen, sahen sich Disziplinarverfahren, Strafanzeigen und Gerichtsprozessen ausgesetzt.[18] Der Hannoveraner Professor für Psychologie Peter Brückner wurde vom Dienst suspendiert und durfte das Gelände wie die Räume der Hochschule (bis 1981) nicht mehr betreten.[19] Am 27. Mai, also gut einen Monat nach der Herausgabe der *göttinger nachrichten* mit dem Nachruf auf Buback, standen martialisch ausgerüstete

Hundertschaften in Göttingen vor den Türen von Wohngemeinschaften, des AStA, zweier Druckereien, eines roten Buchladens, dem Büro des Kommunistischen Bund Westdeutschlands, um des Mescalero habhaft zu werden.[20] Das alles mobilisierte Tausende von Studierenden der Göttinger Universität – aber ebenso auch vieler anderer bundesdeutscher Hochschulen – zu Vollversammlungen, Demonstrationen, Boykottaktionen.[21]

Peter Glotz sprach in dieser Zeit besorgt von »zwei Kulturen«, die sich in der deutschen Gesellschaft bildeten und sie konfrontativ spalteten.[22] Die zweite Kultur bestand demzufolge aus eben den studentisch-alternativen Milieus mit ihren Info-Schriften, ihrem besonderen Habitus, einer eigenwilligen Sprache, der abgrenzenden Kleidung, der unbürgerlichen Wohn- und Lebensformen, der schroffen Distinktion gegenüber dem »Juste Milieu« der ersten Kultur. Bald erschien noch die *taz* als eigenes täglich erscheinendes Kommunikationsorgan dieser Lebenswelt; und zum Ende des Jahrzehnts konstituierten sich Grüne und Alternative Listen als autonomes, neues Parteienprojekt. Und doch ging das sinistere Orakel von Glotz fehl. Am Ende hatte sich keine streng separierte Kultur und Lebensweise von aus der kapitalistischen Industriegesellschaft ausgestiegenen Kohorten formiert. Am Ende – nicht zuletzt gefördert gerade durch die neue Tageszeitung und die grüne Partei – stand vielmehr die Integration in die und die Versöhnung mit der zuvor so heftig verachteten »bürgerlichen Gesellschaft«. 1977 bedeutete die Abwendung vom fatalen Flirt mit der RAF. Es läutete das Finale ebenfalls der Sehnsüchte nach der großen Alternative ein. Aber auch: Nach 1977 erlosch das eigenkulturelle und intensive Leben auf dem Campus. Auf dem Höhepunkt der Mescalero-Affäre waren die universitären Räume noch bis in die Abendstunden Orte der Diskussionen, der Arbeitskreise, Teach-ins, Polit-Feten, Lesezirkel und eben der Vollversammlung. Damit war es bald weitgehend vorbei. Die linksstudentische Alternativbewegung hatte 1977, so gesehen, noch einmal ein großes Spätsommerfest der alten, immer ja auch durch Extravaganzen und einen gesonderten Kommunikationsbereich mit eigenartigen Ritualen gekennzeichneten Universität gefeiert. Danach war auch die Lebensform der alten Universität jenseits von Technokratie und Effizienzoptimierung nicht mehr zu retten.

Und wie erging es dem Mescalero? Was wurde aus Klaus Hülbrock? Im Unterschied zu einigen anderen, die in ihrer linksradikalen Zeit nicht minder hämisch über den Tod von Siegfried Buback in den Organen der damaligen maoistischen K-Gruppen schrieben und dennoch auf dem Karriereweg weit nach oben im bundesdeutschen System gelangten[23], verlief der Weg von Hülbrock offenkundig weniger glücklich. Erst Ende der 1990er Jahre outete er sich, wenn auch vorher schon seine »Identität in Szene-Kreisen kein Geheimnis«[24] gewesen war. Er war Deutschlehrer für Ausländer geworden, hatte zwischenzeitlich in China[25] und Russland gelebt, war nach Deutschland, wo er sich seit 1977 »unbehaust« fühlte, zurückgekehrt, um in den neuen Bundesländern, in Wittenberg und in Weimar, zu unterrichten. Mit den Ereignissen des Frühjahrs 1977, die ihn, wenngleich anonym, berühmt gemacht hatten, war er »nicht fertig« geworden. Er lebte, so empfand er es, »heute extrem vereinzelt«[26], »am Rande des Minimums«, hatte keine Kinder, keine »eigene Wohnung gehabt, kein eigenes Auto, keine eigenen Möbel«[27], einzig seine Bücher.

Im Mai 1999 schrieb er an Michael Buback, den Sohn des 1977 ermordeten Bundesstaatsanwaltes, einen Brief, in dem er sich zu erkennen gab und seine Haltung zum damaligen Aufruf zu erläutern versuchte. Er betonte, dass ihm die Worte von damals, die sich auf die Person des Vaters seines Adressaten bezogen, mittlerweile wehtun würden.[28] Das bekräftigte er auch in späteren Auslassungen. Man habe seinerzeit »roh und schäbig« geredet, fasste er sein Urteil über die damalige Sponti-Bewegung zusammen. »Die Grässlichkeit« der Sprache, die er selbst 1977 gebraucht hatte, schmerzte ihn nun. Aber die »politische Performanz«, die eigentliche Absicht des damaligen Stücks verteidigte er vehement. Hier weigerte er sich, irgendetwas zurückzunehmen oder eine nachträgliche Distanz zu äußern. Vielmehr müssten sich diejenigen hinterfragen, so führte er im zweiten, nun offenen Schreiben an Michael Buback Anfang 2001 aus, »die damals den schmähenden Sachgehalt des Artikels gegen seinen Wahrheitsgehalt glaubten ausspielen zu sollen. Die müssen sich schämen, die den Text aus seinem Feld, aus dem Zusammenhang gerissen, verdreht, verstümmelt und für ihre schwachsinnige ›Sympathisantensumpf-Kampagne‹ benutzt haben.« Hülbrock – den die *taz* kurz darauf, nach einem Besuch, im konservierten Sponti-Jargon als »unscheinbar wie Otto Meier, der Kegelfreund von nebenan«[29], beschrieb – unterzeichnete seinen Brief mit »Viva Mescalero!«[30]

7. Friedensbewegt – und kommunistisch gesteuert?

Drei Jahre nach dem Mescalero-Aktivismus ging es wieder organisierter zu in der studentischen, jugendlichen, linken Opposition der Republik. Statt undogmatischer Frühlingsfühle herrschte deutsche linkspazifistische Angst. Unverständlich war das nicht. Die Zeit der Détente war offensichtlich abgelaufen; der Ton zwischen den beiden Großmächten hatte sich markant verschärft; und Kanzler Schmidt hatte ein Defizit an Mittelstreckenraketen aufseiten der europäischen NATO-Partner ausfindig gemacht. Dazu war in den Gesellschaften des Westens das goldene Vierteljahrhundert des Booms zu Ende gegangen; wirtschaftliche Probleme und Massenarbeitslosigkeit, die fast schon als überwunden gegolten hatten, beunruhigten die Menschen in den kapitalistischen Demokratien. Neue Bewegungen, ökologisch und feministisch orientiert, kamen auf. Zweifel am unaufhaltsamen Fortschritt der Zivilisation grassierten nun massenhaft in Europa, wie man es zuvor allein in Deutschland in Teilen des Bildungsbürgertums um 1900 und durchaus als Menetekel für das anbrechende 20. Jahrhundert erlebt hatte. Kurzum: In dieser Situation fanden Warner und Mahner, die eine Zerstörung des Planeten durch die Hybris der Atomtechnologie für möglich, wenn nicht gar für wahrscheinlich hielten, eine bis dahin ungewohnte Resonanz.

Auf nach Krefeld. So lautete am 15. September 1980 die Parole nimmermüder »Friedenskämpfer«, wie man sie aus dem weiteren Spektrum der Deutschen Kommunistischen Partei inklusive ihrer treuen Bündnisgenossen hinlänglich kannte.[1] Doch blieb diesmal der Kreis der üblich verdächtigen »gewerkschaftlich orientierten Kräfte«, der »Antifaschisten«, der Emissäre »deutsch-sowjetischer Freundschaft«, der Anti-Antikommunisten also, nicht – wie so häufig zuvor in den Jahrzehnten der Bundesrepublik – unter sich. Jetzt hatte sich das Netz ursprünglich kommunistisch lancierter Friedensinitiativen im Vergleich zu früheren Aktionen erheblich erweitert. Denn diesmal waren prominente Grüne wie Petra Kelly und Gert Bastian mit von der Partie, als bekennender Sympathisant auch Otto Schily, ebenso eine Reihe sozialdemokratischer Bundestagsabgeordneter, auch der Bundesvorsitzende der FDP-Jugend, der Jahre später ebenfalls als dann sozialdemokratischer

Abgeordneter im Bundesparlament saß.[2] Und hinzu kamen etliche Aktivisten aus Initiativen, die als »neue soziale Bewegungen« firmierten.

Hinfort zog das, über fast drei Jahre hinweg, Tag für Tag, Woche für Woche, Monat für Monat weitere Kreise.[3] Stolz verkündeten die Initiatoren der Krefelder Friedenstruppe, dass ihr Appell an die Bundesregierung – »die Zustimmung zur Stationierung von Pershing-II-Raketen und Marschflugkörpern in Mitteleuropa zurückzuziehen« – unaufhörlich an Zuspruch in Form von Unterschriften gewann. Im Mai 1981 meldete man 800.000 Unterstützer, im Juli desselben Jahres dann 1,2 Millionen. Im September 1981 war die Zahl auf drei Millionen angestiegen; ein Jahr später nach Auskunft der Organisatoren gar auf fünf Millionen hochgeklettert. Stets steigende Unterstützerzahlen auszuweisen, war wichtig für die Planer und Propagandisten solcher Kampagnen. Man wollte auf diese Weise dokumentieren, dass man das Volk, den Demos, in aller Fülle hinter sich hatte – gegen die kleine Kaste der politisch und ökonomisch Herrschenden. Zahlen bilden gleichsam die Magie der Moderne.[4] Zahlen darf man auch in aufgeklärten Gesellschaften glauben, da Zahlen die Aura der puren Objektivität ausstrahlen. Wer auf Zahlen für seine Behauptungen verweisen kann, nimmt die reine Objektivität für sich in Anspruch, hat unleugbare Tatsachen auf seiner Seite – anstelle von Lügen, Täuschungsmanövern, metaphysischem Dunst, religiösem Opium oder was sonst die »Herrschenden« zur Apologie bzw. Verschleierung ihrer Minderheitsinteressen einsetzen mögen. Das Volk hingegen stellt – »das ist Fakt« – die Mehrheit. Die Bewusstseinswerdung dort steigt in zahlenmäßig ausgewiesenen Intervallen, mehrt sich gewissermaßen gesetzmäßig, wie Kommunisten und Deterministen zu hoffen und zu propagieren pflegten.

Eine neue Strategie verbarg sich dahinter nicht. Ironischerweise verfolgten die Kommunisten nach 1945 geradewegs eine Bündnis- und Kampagnenstrategie, die ganz zu Beginn ein am Ende Verfemter der kommunistischen Bewegung begründet und zwischenzeitlich zur vollen Blüte gebracht hatte: Willi Münzenberg.[5] Geboren 1889 in Erfurt als Sohn eines Gastwirts, absolvierte er die Volksschule, arbeitete danach als ungelernte Arbeitskraft in Schuhfabriken seiner Heimatstadt. Schon früh hatte er sich in der ersten Reihe der linksradikalen Jugendbewegung engagiert, war 1919 gar zum Vorsitzenden der Kommunistischen Jugendinternationale avanciert und geriet dabei ins Visier von Wladimir Iljitsch Lenin, welcher sogleich die außergewöhnliche Begabung des rastlosen, vor Ideen sprühenden Organisatoren und »Energiekoloß«[6] Münzenberg erkannte. Lenin erteilte ihm den Auftrag, eine internationale Hilfsaktion für die Hungernden in Sowjetrussland in Gang zu setzen. Das war, im April 1921, der Startschuss für die Internationale Arbeiterhilfe, die Münzenberg in Berlin ausrief. Seither war das verbindliche Muster seines Tuns vorgegeben: Als Träger der Kampagne fungierten »parteilose« Wissenschaftler, Maler, Advokaten, Theaterregisseure, Schriftsteller, Schauspieler etc., die fortan als »Sympathisierende« firmierenden »intellektuellen Karawanen« (Manès Sperber), zu denen anfangs verlässlich Albert Einstein, George Grosz, Käthe Kollwitz, Maximilian Harden, George Bernard Shaw oder Anatole France gehörten.[7]

Mit den *Fellow Travellers* wollte Münzenberg die Begrenzung des kommunistischen Lagers überwinden, neue Sympathisanten akquirieren. Als Objekt und Ziel indes hatte Münzenberg stets die Massen im Auge. Auch und gerade hier trieb es ihn über die kommunistische Enge eines fixierten Milieus mit verbindlichen Doktrinen und Verhaltensweisen hinaus. Münzenberg ging es darum, die Massen so anzusprechen, wie sie nun mal waren: nicht sonderlich stark an der Politik interessiert, keineswegs Leser der sperrigen Werke des großen Karl Marx, nach der harten Fabrikarbeit durchaus auf Zerstreuung, Vergnügungen, auch Sensationen und Events erpicht. Münzenberg bediente die Massenbedürfnisse, um sie gewissermaßen beiläufig, im Grunde boulevardesk verpackt, politisch im kommunistischen Sinne zu lenken, neu zu formieren. Daher schuf er mit der *AIZ* eine der meistgelesenen Illustrierten der Weimarer Republik; dafür gab er mit der *Welt am Montag* ein täglich erscheinendes Massenblatt heraus. Und deswegen initiierte er in immer kürzeren Abständen und in atemberaubendem Tempo Initiative auf Initiative, die als Massenveranstaltungen den Bekanntheitsgrad seiner Massenmedien steigern, erweitern, maximieren sollten.[8]

Die Crux allein war: Dazu brauchte er in der Tat unabhängig denkende Macher und Unterstützer; er musste die Massenbedürfnisse höher stellen als die Lehren der Partei; und er war auf eine fortlaufende Dynamisierung und Verbreitung seiner Massenkampagnen angewiesen, wollte er nicht den Nimbus – und damit seine relative operative Unabhängigkeit – im kommunistischen

Lager verlieren. Nach 1933 setzten die veränderten politischen Verhältnisse jedoch schwer zu überwindende Hindernisse für Massenagitationen in Permanenz. Die Massen bekamen es jetzt zudem mit ähnlich geschickten Propagandisten, allerdings anderer ideologischer Couleur und ungleich höherer machtpolitischer Potenz, zu tun. Am Ende fiel die Münzenberg-Crew, da sie eigenständiges Denken nie ganz verlernt hatte, durch die bizarre Politik der Moskauer Zentrale sukzessive vom kommunistischen Glauben ab. Münzenbergs »Mitarbeiter waren unabhängige Menschen«, so der französische Autor Gilles Perrault, »die mit einem unabhängigen Mann arbeiteten. Und es ist daher kein Zufall, dass später fast alle mit der Partei gebrochen haben.«[9]

Das Münzenbergprinzip galt auch, über ein halbes Jahrhundert danach, für den »Krefelder Appell«. Die Initiative ging ebenfalls von den Kommunisten aus, als vorangestellte Repräsentanten aber fungierten nicht-kommunistische »Persönlichkeiten« des wissenschaftlichen, kulturellen und politischen Lebens der Bundesrepublik. Das zentrale Medium im unermüdlichen Kampf für den »Weltfrieden« war die Sammlung von Unterschriften, deren unaufhörlich wachsende Zahl als plebiszitäres Stimmungsbarometer für den genuinen Volkswillen ausgegeben wurde. Und immer wieder sollten Massenkundgebungen und Kulturgroßveranstaltungen die Vitalität, Breite, Potenz der Freunde des Friedens weithin bekunden.

Als die Verteidigungs- und Außenminister der NATO am 12. Dezember 1979 den sogenannten Doppelbeschluss fassten, verlieh das dem kommunistischen »Friedenskampf« den entscheidenden Schub.[10] Denn die Struktur und der Zeitplan dieses Beschlusses waren geradezu ideal für eine außerparlamentarische Friedensbewegung. Die NATO kündigte für das Jahr 1983 die Stationierung neuer Mittelstreckenraketen in Westeuropa an, stellte zugleich aber – daher Doppelbeschluss – Rüstungskontrollverhandlungen in Aussicht, an deren Ende durch vorangegangenen Abbau der russischen SS-20-Raketen auch die Installierung der projektierten amerikanischen Pershing-Raketen und Marschflugkörper überflüssig werden mochte. Der NATO-Entscheid schuf also einen Zeitraum von knapp vier Jahren, in dem innen- und außenpolitisch diskutiert und gerungen, auch durch Aktionen, Kampagnen, Kundgebungen massiv Einfluss auf die innere Willensbildung der parlamentarischen Demokratien genommen werden konnte.

Und die Sowjetunion versuchte von Beginn an, über die westeuropäischen Friedensbewegungen die Rüstungsplanung und die sicherheitspolitischen Konzeptionen des westlichen Gegners zu konterkarieren.

Nun lief der bundesdeutsche »Friedenskampf« wie geölt. Im Dezember 1980 begannen die »Krefelder«, bundesweit Unterschriften für ihren Appell zu sammeln. Und fortan verkündete man alle paar Monate neue Gewinne und Erfolge in der Mobilisierung des Volkes für Frieden und Abrüstung. Die Magie der Zahl sollte den eigenen Anhängern Mut machen, Gegner aus den Konzernetagen und Regierungsbüros Sorge bereiten und in ihren Plänen verunsichern. Stolz hielten die Krefelder Organisatoren am 14. Mai 1981 ihre erste große Pressekonferenz in der Bundeshauptstadt ab, um das Zwischenergebnis ihrer Kampagne, ein halbes Jahr nach dem Start, öffentlich zu präsentieren. Stolz erinnerte man in späteren Dokumentationen daran, dass über 100 Journalisten beim Bonner Pressegespräch anwesend waren und dass man rund 800.000 Unterschriften vorlegen konnte.[11] So ging das in den nächsten zwei Jahren fortlaufend weiter, hier in der Tat ein wenig im Stil einer klassisch kommunistischen Erfolgsvermeldungsrallye: Die Massen schritten, unbeirrt von feindlichen Störmanövern, von Sieg zu Sieg, zumindest was die Zahl der Unterzeichner ihrer Manifeste anging.

Wichtig war, dass immer wieder Großveranstaltungen, welche die Aufmerksamkeit der Massenmedien erhielten, als fokussierende Orte der massenhaften Demonstration des Friedenswillens stilisiert bzw. benutzt werden konnten. Massen ziehen weitere Massen an, generieren und multiplizieren sich selbst.[12] Vieles musste man eigens organisieren; einiges ließ sich für eigene Zwecke funktionalisieren. Ein solches Massenereignis, das nahezu optimal in den Mobilisierungsfahrplan der »Krefelder« hineinpasste, war der Evangelische Kirchentag in Hamburg im Juni 1981, der den größten Besucherandrang in der Geschichte dieses Veranstaltungstyps seit den 1950er Jahren verzeichnete. Protestantische Pfarrer und Studentengemeinden waren bereits seit Jahren ein lohnenswerter Adressat für neutralistisch-pazifistisch-antimilitaristische Aktionsstrategen.[13] Und auch der Hamburger Kirchentag stand – unter dem Motto »Fürchte dich nicht« – ganz im Zeichen der Kritik an der Aufrüstung der beiden Weltmächte und des Verhaltens der Bundesregierung; Verteidigungsminister Hans Apel wurde zur Zielscheibe militant-pazifistischer Eierwerfer.[14] Auf der Großveranstaltung »Christen für Abrüstung« sprachen Gert Bastian und Petra Kelly; sie waren Stars der frommen wie furchtsamen Jugend. Als sich aus dem Kirchentag heraus eine Großdemonstration durch die Hamburger Stadt unter dem Motto »Gegen das atomare Wettrüsten in West und Ost« formierte, zählten Beobachter rund 100.000 Teilnehmer. Das »Krefelder Forum« selbst konnte ebenfalls einen schönen Ertrag seiner Bemühungen bilanzieren: Insgesamt 25.000 weitere Unterschriften hatte man bei der Hamburger Protestantenzusammenkunft einwerben können.[15]

In der Tat war der »Krefelder Appell« zu einem Gravitationszentrum der Bewegungen und Bewegtheiten in jenen frühen 1980er Jahren geworden. Kommunisten waren hier gewiss nach wie vor disziplinierte Träger und unermüdliche Aktivisten im Alltag, um zäh und kontinuierlich die Anhängerschaft für die Krefelder Botschaft auszubauen. Aber diese Anhängerschaft hatte größtenteils mit genuinen kommunistischen Anliegen und Einstellungen nichts im Sinn. Die zunächst kaum zu erwartende Resonanz der ursprünglich fraglos kommunistisch lancierten Kampagne ließ den Anteil rundum linientreuer Kommunisten im Krefelder Bündnis konstant schrumpfen – eine nicht ganz selten anzutreffende paradoxe Dialektik des Erfolges.

Und die Resonanz war beträchtlich. Die »Geschichtsmächtigkeit politischer Massenereignisse«[16] hängt wesentlich davon ab, ob Motive und Ziele der Events in der binären Zuordnung von Licht und Dunkelheit, von Heil und Übel, oder eben von Frieden und Krieg plausibel auf der Achse des Guten zu platzieren sind. Häufig genug wirken solche Polaritäten überspannt und wenig überzeugend auf das Gros der Bevölkerung. In den frühen 1980er Jahren aber fanden sich gerade in der akademischen Mitte der bundesdeutschen Gesellschaft etliche im Kontrastbild der »Krefelder« – hier die Freunde, dort die Feinde des Friedens – richtig interpretiert. Das sorgte in diesen Jahren für den Zulauf, den vorherige kommunistisch verantwortete Kampagnen nicht hatten verbuchen können. Das zweite »Krefelder Forum«, ein Jahr nach der Gründungsveranstaltung in Krefeld nun in der Dortmunder Westfalenhalle durchgeführt, strotzte infolgedessen vor Stolz und Zuversicht der Krefelder Aktionsführer. Fünfzehntausend überwiegend junge Menschen aus der Republik waren am 21. November 1981 nach Dortmund gereist, hatten zehn Mark Eintrittsgeld bezahlt, um stundenlang beschwörende Friedensreden von nicht weniger als 18 Referenten über sich ergehen zu lassen, um dann Darbietungen von Künstlern im Rahmen eines Kulturprogramms zu lauschen. Die Veranstalter hatten in der Tat Anlass zur sichtbaren Zufriedenheit. Sie durften rund 250 Journalisten und Redakteure von 14 Fernsehsendern aus aller Welt begrüßen, was in dieser Zeit vor den Privatsendern und Onlinemedien kein geringer Wert war. Und unter der Hallendecke hing grell ausgeleuchtet die Anzeige: »2,1 Millionen Unterschriften für den Krefelder Appell«[17].

Doch den Gipfelpunkt an Größe, Breite und Inszenierung ihrer selbst wie Werbung ebenfalls nach außen erreichten die »Krefelder« ein knappes Jahr danach, am 11. September 1982. Man war diesmal in die Spätsommertage gegangen, um sich nicht erneut mit der vergleichsweise knappen Begrenzung größerer Hallen zu bescheiden, sondern durch Open Air die Zahl der Akteure und Besucher noch steigern zu können, was ja gleichsam das Gesetz solcher Bewegungen ausmacht. Abermals war eine Stadt des Ruhrgebiets Austragungsort des Friedensevents, in diesem Falle Bochum, genauer: das dortige Ruhrstadion. Da alles gesteigert werden sollte, lag auch der Eintrittspreis mit 15 Mark um fünfzig Prozent höher als noch beim Dortmunder Westfalenhallenspektakel. Statt der 15.000 Besucher von damals pilgerten nach Auskunft der Veranstalter nun 250.000 Bürger, nach Schätzung des *Spiegel* und der *taz* 200.000 Menschen auf das Bochumer Stadiongelände.[18] Jedenfalls hatte es, staunte das Magazin *Der Stern*, »so etwas in der Bundesrepublik noch nicht gegeben. So viele Künstler, so viele Richtungen, so eine Mischung.«[19] Mit Politiker-Reden traktierten die Krefelder das Publikum in Bochum kaum noch. Es dominierten vollauf die »Künstler für den Frieden«, wie der offizielle Titel der »Großveranstaltung zur Unterstützung des Krefelder Appells« auf Plakaten und in Inseraten ausgewiesen wurde.[20] Das Kulturprogramm lief simultan auf sieben Bühnen – eine Klassik-, Kinder-, Alltags-, Mitmach-, Stadion-, Jugend- und Internationale Bühne – und dehnte sich von 14 Uhr bis Mitternacht. Wer es ertrug, konnte die seinerzeit nicht unbeliebten Barden des kommunistischen Liedgutes, von Süverkrüp bis Degenhardt, goutieren. Aber man konnte sich auch den Stars der Schlagermusik zugesellen. Gitte Hænning (»Ich will 'nen Cowboy als Mann«), Katja Ebstein (»Wunder gibt es immer wieder«) Bill Ramsey (»Wumba-Tumba Schokoladeneisverkäufer«) und Howard Carpendale (»Deine Spuren im Sand«) steuerten für den Frieden jedenfalls ebenfalls ihre Hits bei – ohne

Gage im Übrigen, was für alle Darbietenden dieses Tages galt. Die Palette der Künstler, die sich bereits im Vorfeld für die Bochumer Solidaritätsveranstaltung zugunsten des »Krefelder Appells« engagiert hatte, reichte in der Tat beeindruckend weit: Sie erstreckte sich u. a. von Peter Zadek, Claus Peymann, Jürgen Flimm über Gerhard Polt, Jürgen von der Lippe, Karl Dall, Otto Waalkes, Otto Sander, Klaus Schwarzkopf, Siegfried Wischnewski und Knut Kiesewetter, Ulla Meinecke, Konstantin Wecker, Klaus Hoffmann, Klaus Lage, Marius Müller-Westernhagen bis hin zu Ingeborg Drewitz, Elke Heidenreich, Carl Amery, Klaus Schlesinger und Joseph Beuys – um nur einige der vielen prominenten Namen hier zu erwähnen.[21]

Der extra eingeflogene Harry Belafonte kreierte den emotionalen Höhepunkt des späten Abends. Belafonte hatte eigens ein Lied für das Bochumer Fest komponiert und geschrieben. Bei jeder Strophe kam ein Teil der Künstler des Tages noch einmal zurück auf die Bühne, die sich auf diese Weise imposant füllte. Die Künstler hakten sich ein. Das Publikum stand – die Feuerzeuge glimmten, die Wunderkerzen leuchteten – und schaukelte summend Hand in Hand mit. Auf diesen Moment steuern die Planer solcher politischer Spektakel nach dem Vorbild des packenden theatralischen Dramas regelmäßig hin. Die Zuschauer warten gebannt auf den Augenblick der Erlösung, auf die entscheidenden Sekunden und Minuten, in denen sich die Sehnsüchte aller Anwesenden verdichten, in denen die Zuschauerschaft eins wird mit den Akteuren auf der Bühne, die Vielstimmung in der durch gemeinsame Lieder, Symbole, Metaphern verschmolzenen Gemeinschaft der Gleichgesinnten verschwindet.[22] Das Zentralorgan der Sozialistischen Einheitspartei Deutschlands, *Neues Deutschland,* kommentierte entsprechend begeistert:

> »Arm in Arm standen sie, fielen in den hymnischen Gesang ein, wurden schließlich verstärkt durch den größten Massenchor, der gemeinsam seinen unerschütterlichen Willen für Abrüstung und Frieden vortrug. Flutlicht tauchte das Stadion in gleißende Helle, und Hunderttausende wussten, dass sich ihre Kräfte vervielfachen werden.«[23]

Doch über die Dauer geraten Bewegungen dieser Façon an ein Limit, da das Potenzial an Persönlichkeiten und Prominenz, an Aktivisten und Fußvolk, an Anhängern und Sympathisanten nicht beliebig zu vervielfachen ist. Wer Massen mobilisiert, muss ihnen stets etwas bieten; treibt er die Aktivierung weiter – denn nur so ist der Zerfall des Massenengagements zu verhindern –, muss er unaufhörlich Neues, Größeres, Gewaltigeres im Angebot präsentieren. Irgendwann aber wird der Köcher leer sein. Das Massenerlebnis wird zur Routine, die Spannung flacht ab, das Interesse verfliegt; die aufputschende Kraft erlischt.[24] Die Events und Ereignisse stoßen an Grenzen von Raum, Aufmerksamkeit und Originalität. Dann pflegen Bewegungen allerdings nicht auf hohem Niveau zu verharren, sondern durch Entdynamisierung und Ziellosigkeit zu zerfallen. Oft bleiben Teile zurück, die den Rausch und die Sinnstiftung der Massenhandlungen nicht missen möchten, nun aber, da es anders nicht mehr geht, sie im kleinen Kreis fortsetzen wollen und müssen. Sie steigern dann die Radikalität ihrer Methoden, um dadurch die Erregung zu bewahren, die zuvor die Massenveranstaltung und deren Choreografie erzeugt haben. Die radikalisierten Gruppen entfernen sich dadurch allerdings von den Absichten und Plänen der primären Architekten der vorangegangenen Massenmobilisierung. In unserem Fall bedeutete das: Die Anführer der Krefelder Initiative verloren den steuernden Zugriff auf ihre frühere Infanterie des Friedenskampfes. In der zuvor selbst geschaffenen Kollektivität war etwas Neues entstanden, etwas Eigenständiges, was sich dann gegen die ursprünglichen Schöpfer richtete.

Als sich der Deutsche Bundestag am 22. November 1983 mehrheitlich für die Stationierung der atomaren Mittelstreckenraketen aussprach, war jedenfalls das Anliegen der Initiatoren des »Krefelder Appells« realpolitisch gescheitert. Für die Friedensbewegung insgesamt bedeutete dieser Tag die Zäsur schlechthin.[25] Verklammert werden konnten die ideologisch sonst oft weit auseinanderliegenden Teile wie Strömungen der Bewegung allein durch die Beschränkung auf das »Nein« zu den Pershing-Waffen. Nun aber fehlte dieser Leim in einer heterogenen Bewegung, nun taten sich unvermittelt Gräben auf, die nicht mehr zu überbrücken waren. Die Krefelder befürworteten nach wie vor die überlieferten Demonstrationskundgebungen. Die anderen, oft neu Politisierten, hingegen hatten genug vom Einerlei der »Latschdemos« und friedfertigen Gesänge; sie wollten die Stagnation der Bewegung durch schroffe Militanz überwinden, durch Blockaden, Streiks, wenn nötig: physische Gewalt.[26] Zusammen ging nur noch wenig. »Mit Zunahme der Zahl der Individuen«, hatte der Freiburger Philosoph

Georg Stieler bereits 1929 beobachtet, »nimmt die Gefahr der Spaltung und damit der Uneinheitlichkeit zu.«[27] Im Januar 1984 erklärten die Grünen-Politiker Kelly und Bastian, denen es zuletzt mehr und mehr um die Unterstützung der osteuropäischen Friedensgruppen gegangen war, ihren Austritt aus der Krefelder Initiative.[28] Die Kampagne für den Frieden bekam eine ganz andere Richtung, als die Kommunisten und ihre »Sympathisierenden« angestrebt hatten.

Vor allem: Die Grünen wurden die Nutznießer dieser Bewegung, nicht deren ursprüngliche Initiatoren und Organisatoren. Im Gegenteil: Die Kommunisten wurden zu Opfern ihrer erfolgreich in Gang gesetzten Kampagne. So gehörte es zu den Paradoxien dieser Geschichte, dass die kommunistisch lancierte Friedensbewegung zur Implosion des realsozialistischen Lagers wesentlich beigetragen hat. Und das traf besonders auf den »Krefelder Appell« zu. Dessen erstaunlich weitreichende Resonanz in der westdeutschen Bevölkerung animierte die DDR-Dissidenten Robert Havemann und Rainer Eppelmann im Dezember 1981, als Pendant einen »Berliner Appell« unter dem Titel »Frieden schaffen ohne Waffen« zu formulieren. Seit dem 25. Januar 1982 zirkulierte dieses Manifest, zu dessen Erstunterzeichnern u. a. der spätere Bundestagsabgeordnete von Bündnis 90/Grünen, Gerd Poppe, und der Fraktionsvorsitzende dieser Partei im Magdeburger Landtag, Hans-Jochen Tschiche, gehörten. Der »Berliner Appell« der DDR-Opposition proklamierte: »Fort mit den Atomwaffen. Ganz Europa muss zur atomwaffenfreien Zone werden.«[29]

Damit hatte sich der Forderungskatalog der Friedensbewegung nach Osten ausgedehnt, in die DDR-Politik hinein, bis hin nach Moskau. Auf diese Weise war über das Vorbild des »Krefelder Appells« ein Stück systemgefährdender plebiszitärer Bürgerrechtspolitik nun auch in der im Prinzip hermetisch konstruierten SED-Diktatur angelangt. Als Hilfstruppen für ihr Anliegen fungierten vor allem Petra Kelly, Gert Bastian und andere Grüne, die insgesamt den Kampf gegen die Raketenstationierung mit Bürgerrechtspostulaten und Ökologiekritik in West wie Ost verknüpften und damit eine blockübergreifende Oppositionsströmung nährten.

Auf die protestierende junge Generation der Bundesrepublik wirkte das alles entschieden glaubwürdiger und attraktiver als die eher hölzernen und politisch in der Tat durchweg einseitigen Parolen der orthodoxen Kommunisten.[30] Daher wurden eben die

Grünen die Gewinner der Friedensbewegung, welche letztlich das Katapult bildete für den Einzug der Partei in den Deutschen Bundestag Anfang 1983. Die undogmatische, auch individualistische, eigensinnige, aller Autorität trotzende Art des damaligen politischen Stils der neuen grünen Formation zeigte eine überraschende Wirkung auf junge Kommunisten im gemeinsamen Alltagsumgang der Friedensbewegung.[31] Eigentlich sollten die Kommunisten die »politisch naiven« Akteure der neuen sozialen Bewegungen beeinflussen und auf Kurs bringen. In etlichen Fällen lief es jedoch genau andersherum. Am Ende des Jahrzehnts waren die Bundesvorsitzenden der studentischen und arbeitenden Jugend in der DKP aus der Zeit des »Krefelder Appells« in Opposition zu den kommunistischen Altkadern geraten, standen auf dem Sprung in das Lager der »Ökopaxe«, schlossen sich schließlich der Partei der Grünen an.[32]

Währenddessen hatten sich an einem grauen Novembertag im Jahr 1989 abends in Berlin (Ost) Massen formiert, die zur Mauer strömten und deren Öffnung erzwangen. Massen streben danach, Grenzen wegzuräumen, neues Terrain zu erobern. Daher fürchteten sich die Zugehörigen des Bürgertums über lange Zeit vor der »proletarischen«, der »linksradikalen Masse«. Aber die Massen machten auch vor ihren selbsterkorenen kommunistischen Lenkern und Aufsehern keinen Halt. Die Massen folgten letztlich nicht der Regie der Kader. Deren Pendants in den Eliteetagen des bürgerlichen Lagers achten seither mit Argusaugen darauf, dass man dem Trieb zur Masse durch Fan-Meilen oder Großpartys an Jahresabschlüssen Ventile verschafft, von denen Gefahren für die Politik und den Bestand der gesellschaftlichen Strukturen eigentlich nicht ausgehen könnten. Doch ganz sicher kann man sich nicht sein, wie und gegen wen sich in prekären historischen Situationen die Erregung der Massen entladen mag.

8. Vor einer Renaissance sozialer Jugendrevolten?

Aber was könnte der Brennstoff, was der Zünder für Jugendrevolten im 21. Jahrhundert sein? Not und Verelendung? Oder wirtschaftlicher Aufschwung und Wohlstandsmehrung? Diese Frage ist nicht gerade neu. Doch Proteste im zweiten Jahrzehnt des 21. Jahrhunderts mit etlichen Aktivisten aus neu formierten Mittelschichten verleihen ihr abermals einige Aktualität. »Die erfolgsverwöhnten politischen Eliten in Ankara und Brasilia«, schrieb vor vier Jahren bereits der Korrespondent für Außenpolitik der *Süddeutschen Zeitung*, Sebastian Schoepp, »wirken verblüfft bis konsterniert. Haben sie nicht alles getan, um ihre Völker aus der Misere zu führen? Geht es den Menschen nicht viel besser als vor zehn Jahren? Politiker wie der türkische Premier Recep Tayyip Erdogan oder Brasiliens Präsidentin Dilma Rousseff reagieren geradezu wie enttäuschte Eltern, deren Wohlstandskinder aufbegehren.«[1] Auffällig oft ging es dabei, wie zuvor ebenfalls in Deutschland etwa gegen »Stuttgart 21«, um städtische Infrastrukturprojekte besonders auf urbanen Plätzen und in Parks, die sich in den Bevölkerungen hoher Beliebtheit erfreuten, nun aber monumentalen Bauvorhaben als Symbolen eines wirtschaftlich ambitionierten Expansionismus weichen mussten.

Zugleich hat die rhapsodische Geschichte von Rebellionen und Revolutionen ebenso deutlich gemacht, dass Zeiten der depressiven Stagnation oder gar der peinigenden Not und schlimmer ökonomischer Krisen hingegen eher weitgehend ungute Jahre für den gezielten und wirksamen sozialen Gegenschlag zu sein pflegen. Denn Menschen in Armut kündigen meist still ihre Sozialkontakte auf, ziehen sich auf sich selbst zurück, neigen zur Apathie, nehmen keine Möglichkeiten wahr, die Verhältnisse grundlegend umzustülpen oder auch nur graduell zu verbessern.

Auch mit den neuen Unterschichten des 21. Jahrhunderts, den oft so charakterisierten »Entbehrlichen«, ist daher für die große linke Transformation nicht zu rechnen. Im »neuen Unten« bleiben die Einzelnen negativ individualisiert, ohne Selbstbewusstsein und Zukunftsbilder, auch ohne Erinnerungen und bewusst transportierte Lernerfahrungen, ohne eine Sprache, die das eigene Verlangen ausdrückt, übersetzt und andere überzeugen will. Die

»Plebs« – Marginalisierte »ohne Namen, ohne Familie, ohne Eigenschaften, ohne Ich oder Ego«[2] – mögen in Zeiten ruckartiger sozialer Verschlechterung zum Resonanzboden für erratische antikapitalistische Affekte, für strohfeuerartig aufflammende Affekte, rohe Drohgebärden, punktuelle Plünderungsexzesse gegen »die Reichen da oben« werden; aber sie avancieren nicht zu einem zielbewussten politischen Träger organisierten Protests – zumal sich aus den Quartieren der *Underclass*, den urbanen »Orten der Verdammnis«[3], die politische Linke längst still und grußlos verabschiedet hat. Die frühere Organisationskraft und -kontinuität der Linken hatte im 19. und 20. Jahrhundert noch dazu beigetragen, dass die Energien und Aktivitäten der Unterschichten nicht nach kurzen Höhepunkten rasch wieder abflachten und versandeten, sondern sich verstetigten und institutionell stabilisierten. Die ideologischen Deutungsansprüche der Linken hatten dem Alltagsunmut, der Verbitterung und Wut in der *Underclass* Gegenstand, Sinn und Richtung zu geben versucht.

Zumindest die sozialdemokratische und linkslibertär-ökologische Linke ist zu solchen Organisationsleistungen und Deutungshilfen seit Jahren nicht mehr in der Lage, will es auch gar nicht mehr sein. Und so hat sich die Wut in den Unterschichtquartieren zu einem »Zorn ohne Sinn«[4] reduziert. In Frankreich spricht man infolgedessen von einer *divorce* (Scheidung) der Rest-Arbeiterklasse von den linken Parteien. Während sich die politische Linke seit 1968 kulturell mehr und mehr liberalen, dann postmateriellen Werten zugewandt hatte, zog sich die Arbeiterschaft aus Politik und Organisationen zurück, entassoziierte in der Folge des Niedergangs der Industriereviere. Und auf der Wertebene entkoppelte sie sich vom Kosmos der linken Parteien, haderte mit dem linkslibertären Einstellungshorizont der gegenüber den sozialen Fragen des neuen Kapitalismus zunehmend gleichgültigen sozialistischen Funktionäre.[5]

Das Zerfallsprodukt der einst kulturell und politisch rot geprägten Vorstädte der Industriegesellschaft wurde von François Dubet und Didier Lapeyronnie als »galère« bezeichnet, in der frühere Erfahrungszusammenhänge, organisationsstiftende Kollektivforderungen und handlungsorientierende Verbindlichkeiten verschwunden sind. Dabei ist die Wut der Ansässigen in der *galère* zumindest latent allgegenwärtig, doch ungesteuert und ziellos. »Wut kennt keinen gesellschaftlich bestimmbaren Gegner, sie ist ein Gefühl, das sich in dem Vakuum entwickelt, das nach dem Verschwinden des Klassenbewusstseins und der damit zusammenhängenden Deutungsmuster und Wertvorstellungen zurückblieb.« Dennoch hat die Wut eine situative »Tendenz zum Aufstand, seit die Regulierungsmechanismen des Arbeitermilieus und die Vorstellung verschwunden sind, daß es um einen zentralen gesellschaftlichen Konflikt geht. Wenn sie explodiert, dann gegen die Polizei, gegen die schwarzen Sheriffs, gegen die Repräsentanten der Ordnung.«[6]

Mit der Phase des berechenbaren, pazifizierten Konflikts zwischen hochformalisierten Großvereinigungen im industriellen Kapitalismus könnte es auch deshalb in einigen Ländern vorbeigehen. Die verknüpfenden und abfedernden Puffer[7] sind rarer geworden. Der unregulierte Konflikt aber lädt den Streit essentialistisch auf[8]. Auch das mag die Schwelle sinken lassen, könnte Frustrationen in Enthemmungen und Militanz entladen. Die Barrikaden und Feuertänze in den europäischen (Vor-)Städten der letzten Jahre haben einen Vorgeschmack darauf gegeben, dass in der Strukturlosigkeit der organisationsfreien Lebensräume – von den integrierten Bürgern dann ratlos und ängstlich als »sinnlos« empfundene – Gewalt eruptiv ausbrechen kann, besonders in solchen Gesellschaften, in denen die jungen Erwachsenenkohorten dominieren und Aufwärtsmobilitäten durch massenhafte innergenerationale Konkurrenz in fiskalisch schwierigen Zeiten fraglich sind. Das wäre dann keine Sache mehr allein des gering gebildeten, schlecht qualifizierten, gleichsam von Geburt an bereits unterschichtigen Vorstadtproletariats, das würde sich in die gesellschaftlichen Zentren hinein ausbreiten.

Dergleichen ließ sich in den letzten Jahren bereits bei den Kundgebungen in Athen, Rom, Madrid, auch in der Opposition in den arabischen Autokratien verorten, in Ansätzen ebenfalls in der Türkei und in Brasilien, Anfang 2017 in Bukarest. Die Teilnehmer dort zählten nicht zur Gruppe der Abgehängten, zur Klasse der Bildungsarmen. Im Gegenteil: In den neuen Protestbewegungen dominieren junge Leute mit Abitur und Hochschulausbildung, für die allerdings der Einstieg in eine sichere, materiell attraktive Berufslaufbahn versperrt ist.[9] Auch die islamistischen Terroristen aus dem Umfeld des 11. September 2001 »kamen nicht aus den ärmsten Ländern der Welt wie etwa Afghanistan. Sie waren nicht mittellos, sondern stammten überwiegend aus der Ober- und Mittelschicht. Sie wuchsen auch nicht in problematischen Verhältnissen auf, sondern in intakten, liebevollen, nur schwach religiösen Familien.«[10] Auffällig ist insbesondere die hohe Quote an Ingenieuren und Studierten aus den Naturwissenschaften unter terroraffinen Islamisten[11]

Es ist kein Zufall, dass europäische Jugendrevolten gerade in Frankreich häufig ausbrechen, da hier die öffentlich skandierten und zelebrierten Ideale der Revolution von 1789 – nicht zuletzt eben *L'Egalité* – zur allgegenwärtigen Rhetorik des republikanischen Selbstverständnisses der Nation gehören, was aber die empirische Erfahrung von realer (Chancen-)Ungleichheit schon im Bildungssystem, dann im Berufsleben als besonders demütigend und empörend erscheinen lässt.[12] In Frankreich entscheidet bei der Vergabe beruflicher Positionen mehr die Auskunft über das städtische Quartier, in deren Schulen das Zertifikat erworben wurde, weniger das Zeugnis oder die Noten über die individuellen Leistungen.[13] Daher richtete sich schon im letzten Jahrzehnt die Wut französischer Jugendlicher nicht mehr im Wesentlichen gegen Autos, »sondern gegen Schulen, Kindergarten und Freizeitanlagen, die trotz staatlicher Hilfe nicht halten, was sie versprechen«[14]. Dergleichen Spannungen, zwischen Sollen und Sein, bilden – wie wir aus der Geschichte nicht zuletzt von Arbeiterbewegung und Sozialismus wissen – den Ausgangspunkt, von dem aus die Dynamik der Konflikte ihren Lauf nimmt. Und dieser Punkt ist in den Ländern mit einer enorm hohen Jugendarbeitslosigkeit prinzipiell in naher Reichweite. In Spanien und Griechenland waren bei den unter 25-Jährigen über die Hälfte ohne Arbeit; in Italien hatten in dieser Altersgruppe über vierzig Prozent, in Portugal über dreißig Prozent keinen Erwerb. Lisa Nienhaus von der *FAS* empfindet es angesichts dieser von ihr aufgelisteten Zahlen als »schleierhaft, wieso es zwar immer wieder Proteste von Jugendlichen in einzelnen Ländern gibt, aber keine Jugendbewegung, die für ihre Rechte kämpft«[15].

Ähnlich verwundert äußerte sich in Frankreich im Juli 2014 die Soziologin Monique Dagnaud. Von den objektiven Daten her drängte ihr zufolge alles auf einen Generationskonflikt hin. Der unterschiedliche Grad an beruflicher Integration und sozialen Perspektiven müsste im Prinzip die Basis »de profondes fractures« – also von tief greifenden Brüchen – konstituieren, zwischen den jugendlichen Altersgruppen hier, den Älteren dort. Die Probleme der jungen Leute, in den Arbeitsmarkt hineinzukommen und anständig bezahlte Anstellungen zu finden, seien trotz einer weit besseren Ausbildung als bei den Zugehörigen der Vorgängerkohorte in den letzten Jahren massiv gewachsen. Dennoch sind fundamentale Spannungen zwischen den Generationen nicht auszumachen. Im Unterschied zu 1968 existierten keine »radikalen intellektuellen Meinungsverschiedenheiten mit der Elternwelt« mehr; die familiären Beziehungen seien vielmehr pazifiziert. Und so könne man gar einen Anstieg konservativer Werte feststellen, besonders bei jungen engagierten Katholiken. Und gesamtgesellschaftlich hat die Fixierung auch linker Parteien auf öffentliche Finanzen und fiskalisches Gleichgewicht »jede politische Vision absorbiert«[16]. Andere Beobachter haben aus diesem Grund ebenfalls und dabei durchaus beunruhigt in Frankreich wie auch in Italien eine »politische Heimatlosigkeit der Protestierenden«[17] ausgemacht.

Ähnlich, wenngleich mit anderen Schlussfolgerungen, hatte kurz zuvor die Jugendsoziologin Cécile Van de Velde argumentiert. Sie konnte sich auf die Resultate einer von ihr initiierten und wissenschaftlich komponierten Erhebung, an der über 200.000 junge Menschen aus Frankreich teilgenommen hatten, stützen. Auch Van de Velde konstatierte die Enttäuschung der jungen Leute über die politische Linke. »Zum ersten Mal erleben sie die Linke an der Macht. Sie haben das Gefühl, dass sich für sie nichts verändert.« Ebenso drastisch wie bitter formuliert es die in Paris lebende Autorin Gila Lustiger: »Der Umstand, dass keiner der Jugendlichen mit Migrationshintergrund aus den französischen Vororten mit einer klaren Forderung an die politischen Instanzen herangetreten ist, weder 2005 noch danach, kann nur als absoluter Konkurs derjenigen Parteien angesehen werden, die sich den Kampf gegen soziale Gerechtigkeit auf die Fahne geschrieben haben. Wo waren die Gewerkschaften? Wo die sozialen Aktivisten? Wo die ganze linke Palette, angefangen mit den Sozialdemokraten der Parti socialiste, den Trotzkisten der Ligue communiste révolutionnaire? Wo waren die Globalisierungskritiker der Lutte Ouvrière und der LCR? Wo die Grünen? […] Ich weiß nur eins – in den Vororten waren sie nicht.«[18]

Anders agieren die jungen Menschen aus den bürgerlichen Milieus in Frankreich. Aber auch sie sahen sich zuletzt in Kampfstellung gegen die sozialistische Regierung. Im März 2016 gingen insbesondere Schüler und Studenten gegen die Reform des Arbeitsrechts, durch welche u. a. Entlassungen leichter möglich sein sollten und die daher von den jugendlichen Gegnern als »loi précarité«[19] gebrandmarkt wurde, auf die Straße. In Paris arteten die Proteste zu regelrechten Straßenschlachten der Demonstranten gegen Polizeikräfte aus. Ein Hauch von 1968 lag über der französischen Kapitale, aber auch über anderen Städten des Landes. Die Fenster von Bankfilialen wurden zerstört, Polizeifahrzeuge umgeworfen, Barrikaden vor Oberschulen errichtet, um den Unterricht lahmzulegen.[20] Folgt man der Soziologieprofessorin Dominique Méda, dann entzündete sich die Revolte weniger an den Einzelheiten des »loi travail«, sondern entsprang vielmehr der generellen »Enttäuschung angesichts der nicht gehaltenen Versprechen von François Hollande aber aus dem Fehlen von glaubwürdigen Alternativen«[21]. Aus den Demonstrationen entwickelte sich am 31. März 2016 die sogenannte »Nuit debout«-Bewegung.[22] Einige hundert junge Franzosen trafen sich als »Nachtschwärmer« am Platz der Republik, um dort auch längerfristig ausharren zu wollen. Danach breitete sich die Idee für einige Wochen in anderen Städten aus; in den Banlieus allerdings blieb sie ohne Resonanz.[23] Vieles erinnerte an die Occupy-Bewegung[24] bzw. die spanischen Indignados. Konsens im freien, offenen Diskurs, nicht präzise programmatische Ziele und Forderungen war wichtig. Führungsfiguren und öffentlich herausgestellte Sprecher wurden abgelehnt. Alle Teilnehmer einte ein tiefes Misstrauen gegen die »politische Kaste« insgesamt, gegen das etablierte System im Land. Vor weiteren Strukturen oder gar Institutionalisierungen innerhalb der Bewegung schreckte man zurück, da man Demokratie ganz anders leben wollte als die bisher bekannten politischen oder gewerkschaftlichen Formationen. Nach einiger Zeit indes versiegten die Energien dafür und das mediale Interesse daran. »Es ist nicht viel geblieben von der Bewegung, die am 31. März auf dem Platz der Republik in Paris entstanden ist«, so Raphaëlle Besse Desmoulières und Violaine Morin von *Le Monde* am 9. Juli 2016. Jetzt kämen – und allein bei gutem Wetter – nur noch einige Dutzend Menschen dort zusammen. Die Vollversammlungen existierten nicht mehr, auch die Neugierigen, die einfach mal vorbeischauen wollten, tauchten nicht mehr auf, so die beiden Journalistinnen. Nuit debout hatte sich zwar in einige Städte außerhalb von Paris ausgebreitet, aber es war der Bewegung nicht gelungen, in die Vororte zu dringen und das »Unter-sich« zu verlassen.[25] Im Oktober bilanzierte *Le Monde* kühl: Die Bewegung »ist verpufft«[26].

Cécile Van de Velde kam in ihrer bereits erwähnten Studie zu dem Ergebnis, dass die verunsicherten Jugendlichen in ihrer prekären Existenz zuletzt Zuflucht im familiären Kosmos gesucht und genommen haben. Der jugendliche Blick auf die Zukunft des eigenen Alterssegments ist äußerst pessimistisch; diese Kohorte definiert sich selbst als Generation »sacrifiée« bzw. »perdue«, mithin als geopfert/aufgegeben bzw. verloren. Allerdings gibt die Jugendpsychologin ein »starkes Potenzial für eine Revolte« zu erkennen. Anders als Dagnaud resümiert sie: »Die jungen Leute sind nicht resigniert. Es existiert eine latente Energie, so wie 1968.« Ja, so ihre Prognose: »Es reicht ein Funken aus …« Doch zugleich gießt sie einen ordentlichen Schuss Wasser in den Wein jugendbewegter Hoffnungen auf ein neues 1968. Die Rebellion kann ebenso gut von einer ganz anderen Seite kommen, von den eigentlichen Hauptverlierern der Globalisierung, jenen »unsichtbaren jungen Leuten, deren Leben sich in einer Sackgasse befindet«, die keineswegs linkslibertäre Ziele verfolgen, sondern sich im Gegenteil von autoritären und fremdenfeindlichen Einstellungen leiten lassen – »eine echte Zeitbombe«, wie Cécile Van de Velde es ebenso besorgt wie drastisch formuliert.[27]

Seit Ende 2014 mehrten sich in Frankreich Stimmen dieser Art, die den Geruch »von Rebellion, von Explosion«[28] auch jenseits der Linken witterten.[29] Im November 2014 gab *Le Monde* zwei Beiträge aus soziologischen Federn die Überschrift »Radikalisiert sich die Jugend?«. Im Dezember folgte ein Stück der Historikerin Ludivine Bantigny, die eine »gleiche Wut«[30] für die Jahre 1968 und 2014 identifiziert hatte. Auch die Soziologin Anne Muxel prognostizierte eine Renaissance sozialer Proteste; zumal neue empirische Erhebungen die wachsende Bereitschaft für außerparlamentarische, auch militante Aktivitäten eindeutig belegten. Wie ihr Kollege Samuel Bouron beschrieb sie die kulturelle und politische Tribalisierung jugendlicher Oppositionsmilieus, die von der rechtsradikalen »Jeunesses identitaires« über die Rechtskatholiken um »Manif pour tous« bis zu den »Indignés« oder gar jungen Dschihadisten reichten. Dass die »junge Rechte« insgesamt eher in der Offensive ist,[31] sehen beide Wissenschaftler als entscheidende Differenz zum Mai 1968 an. Gleichviel aber, wie stark der innere Antagonismus zwischen Rechten und Linken im Jugendprotest auch sein möge, zusammen führen der antiparlamentarische und antiinstitutionelle Unmut zu Synergien, welche die Stimmung grundlegender Ablehnung des Systems im Land verstärken, gewissermaßen ein generelles Unwohlsein erzeugen, »auf dem die radikalen Ausdrucksformen prosperieren können«[32].

Überdies wissen wir, nochmals, aus der Historie, dass die Jahre tiefer ökonomischer Depressionen gesellschaftliche Oppositionen in der Regel nicht anfeuern, sondern eher paralysieren. Armut und wirtschaftlicher Rückstand lähmen, zehren Energien auf, individualisieren negativ. Die Menschen verlassen in solchen Situationen resigniert ihre bisherigen Zusammenschlüsse, ziehen sich auf sich selbst zurück, werden apathisch, sehen keine Wege und Möglichkeiten, die Verhältnisse zu ändern, gar zu bessern.

Gefährlich indes wird es für die Träger der herrschenden Ordnung, wenn ein neuer Kadernachwuchs für die gesellschaftlichen Führungsschichten das Tor zum Aufstieg plötzlich verriegelt vorfindet. Das reichert die Enttäuschung über jähe Blockierungen, über unerwartet diskontinuierliche Berufswege, unvorhersehbare Statusverluste an.[33] Ausgebremste Gegeneliten jedenfalls sind stets die Prediger, Ideologieproduzenten und Organisatoren großer sozialer Unmutsbewegungen.[34] Und immer ist es eine verbarrikadierte Zukunft, sind es frustrierte Hoffnungen, die zurückgewiesene Gegeneliten in das Bündnis mit den Schwachen treiben – nicht Philanthropie oder Altruismus. Der blockierte Gebildete ist der Repräsentativtypus der flammenden revolutionären Rede und umstürzlerischen Programmatik. Schon die Bauernkriege kamen ohne intellektuelle Anführer nicht aus.[35] Auch der amerikanischen Revolution waren Jahre des verriegelten Aufstiegs für neue akademische Eliten vorangegangen. Die Jakobiner der Französischen Revolution gehörten nicht zur Gruppe der *déclassées*, sondern zählten mehrheitlich zu den zuvor blockierten Aufsteigern. Etliche der liberalen und demokratischen Journalisten in der 1848er Revolution hatten ursprünglich, meist juristisch qualifiziert, eine Karriere im Staatsdienst angestrebt, aber wegen der dortigen Überfüllung nicht realisieren können. Die Aufstiegsblockade war ebenfalls eine biografische Kernerfahrung der sozialrevolutionären Intelligenzija in Russland vor 1917. Die faschistischen Massenbewegungen der 1920er und 1930er Jahre lebten wesentlich von den Frustrationsenergien beruflich ausgebremster bürgerlicher Jungkader.

Im gegenwärtigen Deutschland scheinen die Regenten eigentlich wenig zu befürchten zu haben. Das Land ist alt und wird es für die nächsten dreißig Jahre vermutlich bleiben. Das schmälert die Konkurrenz zwischen den aufstiegshungrigen Aufstiegseliten, mindert künftig wohl die Blockade von Karrieren. Und wem das alles trotzdem zu langsam geht, der kann auf den globalen Märkten individuell wandern – wenn diese Märkte ihn denn wollen, was für die akademischen Eliten jenseits der Ingenieur- und Naturwissenschaften nicht unbedingt der Fall sein dürfte. So wird man sehen, ob sich hier eine neue Form des Elitendissens entwickelt, ob daraus ein Bündnis der blockierten – sagen wir: geisteswissenschaftlichen – Intelligenz mit den übrigen Geschädigten und Bedrohten des mobilen Globalkapitalismus entstehen kann. Hierzulande liegt die Arbeitslosenquote unter jungen Menschen mit akademischen Abschlüssen weit unter dem europäischen Mittel. Auch kann – anders als inzwischen in den südeuropäischen Ländern – und will das Gros der deutschen Mittelschichtfamilien biografische Stagnationsphasen im beruflichen Fortkommen des Nachwuchses nach der Ausbildungszeit subsidiär erträglich halten. Intelligentes und elastisches Durchwurschteln ist angesagt, nicht transzendierender Protest.

Dagegen erleben solche Gesellschaften auch gegenwärtig die Explosion rüde ausgetragener sozialer Konfrontationen, in denen Jugendliche und junge Erwachsenenkohorten zahlenmäßig dominieren, währenddessen Aufwärtsmobilitäten allein durch massenhafte Konkurrenz begrenzt sind. Hier ist der Drang, durch Aktivismus bis hin zu Ausdrucksformen gewalttätiger Entschlossenheit Lebenssinn in dem durch beruflichen Ausschluss entstandenen Vakuum an Bedeutung gleichsam über einen gellenden Schrei nach Aufmerksamkeit herzustellen, aber auch ein sonst rares »Gefühl von Macht sowie Ruhm«[36] zu bekommen oder zumindest eine martialische Replik auf die soziale Demütigung zu geben, vielfach elementar. Allerdings muss die innernationale Mobilitätsbarriere nicht zwangsläufig zur Rebellion führen. Denn Mobilität nach außen ist seit Langem weltweit ein probates Revolten- und Revolutionskompensat. Autoritäre Herrscher exportieren gerne ihre unterbeschäftigten Eliten, bevor diese das Volk zum Sturm auf die Paläste treiben können.

Das mag auch für die enragierten Studierenden aus Portugal, Spanien, Griechenland, Italien und Frankreich gelten. Sie beginnen oder erwägen, sich auf solche Länder zu verteilen, deren ökonomische Perspektiven nicht ganz so finster erscheinen. So können wir gleichsam ein Déjà-vu der 1840er Jahre, des Übergangs zur kapitalistischen Industriegesellschaft erleben, als revolutionäre Handwerker und gescheiterte Akademiker, die Weitlings, Marxens und Bakunins, sich durch Wanderungen und Emigration nach Zürich, Paris, Brüssel, London trafen, organisatorisch zusammenschlossen, schließlich die Idee der gesellschaftlichen Veränderung europaweit streuten und ihre Anhängerschaft mehrten.

Allerdings sind die Voraussetzungen für gesellschaftsverändernde Absichten und Aktivitäten im Jahr 2017 weit ungünstiger als, sagen wir, im Jahr 1844. Denn nunmehr fehlt, was dafür nötig ist und vor knapp zwei Jahrhunderten noch reichlich vorhanden, da noch nicht durch die unerbittlichen Härtetests historischer Bewährungsproben zerrieben und zermalmt war: Neben charismatischen Propheten, Ideologen und Sinnstiftern sind das besonders die Hoffnung auf, ja der feste Glaube an eine mögliche Gegenwelt, an eine grundlegend anders konstruierte Ordnung des Lebens.[37] Was sonst aber sollte die Energien wecken und Leidenschaften entfachen, gewissermaßen die fromme Naivität und Furchtlosigkeit nähren, die man wohl braucht, um die wilden Kämpfe und Mühen auf den langen Märschen der großen Transformationen auf sich zu nehmen? Man muss davon überzeugt sein, dass man sich auf dem einzig richtigen Weg befindet, das Ziel glasklar vor Augen. Aber wer wäre sich da gegenwärtig auch nur noch ein bisschen sicher?

RADIKAL-DEMOKRATIE, TABUBRÜCHE UND ABWEGE DES LIBERALISMUS

1. Die seltsamen Pfade der Jugend im Liberalismus

Die Sozialdemokraten hatten und haben ihre Jusos. CDU wie CSU vertrauten und vertrauen ihrer Jungen Union. Die FDP kooperierte mit den Jungdemokraten. Bis 1982. Seither nutzen die Freien Demokraten die Jungen Liberalen als Kaderschmiede für ihren Nachwuchs. Allein der parteipolitische Liberalismus also erlebte einen kompletten organisatorischen Austausch im Jugendbereich. Nur hier mündete der Wechsel des Koalitionspartners in heillos geführte Auseinandersetzungen zwischen den Generationen. Zugleich aber reichte die Auseinandersetzung über den Konflikt zwischen Alt und Jung hinaus. Die Jugend im Liberalismus selbst zerfiel in zwei politische Lager. Besonders bei den Jüngeren im gymnasialen Alter hatte sich zum Ausgang der sozial-liberalen Koalition eine neue Kohorte mit veränderten Einstellungen innerhalb des gehoben mittelschichtig-mittelständischen Deutschland herauskristallisiert. Insofern vollzog sich in der FDP, früher als überall sonst in der politischen Arena, eine weitreichende kulturelle Transformation unter den jungen Bundesbürgern. Die Form der Jugendlichkeit, die seit »1968« mit rebellischen Attitüden, linker Gesinnung und oppositioneller Aggressivität identifiziert wurde, verlor – anfangs kaum beachtet – an Resonanz bei denen, die seit 1968 auf die Welt gekommen waren und die Jugend der 1980/90er Jahre bildeten. Dort konfigurierten sich andere, in vielerlei Hinsicht geradezu gegensätzliche Mentalitäten, Bedürfnisse und Präferenzen.

Da sich solche kulturellen Verschiebungen in akademisch gebildeten Bürgertumsfamilien, durch die hier verbreitete Artikulationsfreudigkeit in Wort und Schrift und die Selbstzuschreibung als Leitsektor und Nukleus der Gesellschaft, am deutlichsten herausschälten und konturierten, bot der politische Liberalismus Anfang der 1980er Jahre eine Art Glacis für den gesellschaftlichen Zukunftstrend. Zeitgenössisch hatte man die Kontroverse im Jugendsektor der Freien Demokraten in der Regel vorwiegend auf klassische Links-Rechts-Streitigkeiten zurückgeführt, auf die oft beobachtete Ausgrenzung einer aufmüpfigen Parteijugend durch das autoritäre Parteiestablishment, das sich bei solchen Aktionen eben gerne karriereorientierter Jungopportunisten von rechts bediente.[1] Bei den Zeitgenossen des damaligen radikaldemokratischen Spektrums ist eine solche Interpretation bis heute geläufig. Aber damit ignorieren sie weiterhin, was sie schon damals nicht wahrhaben wollten: Dass ihre Version der »Fortschrittlichkeit« in jenen Jahren des Übergangs von Helmut Schmidt zu Helmut Kohl politisch und kulturell an Boden verlor, dass im Laufe der 1980er Jahre etwas anderes sich aufbaute, was den Wortführern der »Progressivität«, wie sie die 1960er Jahre hervorgebracht hatten, kaum verständlich war.

Insofern drückte sich im Jugendkonflikt der Freien Demokraten ein gutes Stück der noch eher subkutanen sozialen und geistigen Veränderungen in den frühen 1980er Jahren aus. Und man kann hier wieder einmal gut beobachten, dass die Anfänge des Wandels gesellschaftsgeschichtlich bereits einige Jahre früher ansetzen, dass aber die durchaus wirksame und folgenreiche Zäsur – die politische Anerkennung und finanzielle Protektion der Jungen Liberalen auf der einen Seite, der Drift in die Bedeutungslosigkeit im Falle der Jungdemokraten auf der anderen Seite – mit den Periodisierungspunkten der Politikgeschichte korrespondierte. Die koalitionspolitische Wende im Oktober 1982 fixierte final, was zuvor im jungen Liberalismus noch unentschieden im Fluss gewesen war.

In der Tat ist bemerkenswert, wie sehr und früh sich im Nachwuchs des politischen Liberalismus neue Entwicklungszüge in Politik und Gesellschaft abzeichneten. Das mochte in den frühen 1960er Jahren auch damit zu erklären gewesen sein, dass die Jungdemokraten im Vergleich zur Jungen Union und den Jungsozialisten erheblich unabhängiger von der »Mutterpartei« agieren durften.[2] Schließlich kannte der bürgerliche Liberalismus keine eisernen Organisationsverpflichtungen, die bei den unter Bismarck noch obrigkeitsstaatlich drangsalierten katholischen und sozialistischen Formationen Usus waren. Man musste kein Mitglied der FDP sein, um bei den Jungdemokraten mitwirken zu können. Und mindestens ein Drittel der Mitglieder, wahrscheinlich mehr, war in den Jahrzehnten der Judo-Existenz nicht der FDP beigetreten. Gleichwohl galten die Jungdemokraten als Rekrutierungsstätte für spätere freidemokratische Führungspositionen.[3] Mitte der 1950er Jahre etwa stand der spätere Bundesminister und langjährige Fraktionschef der FDP im Deutschen Bundestag, Wolfgang Mischnick, an der Spitze des Jugendverbandes, der zu dieser Zeit mehrheitlich nationalliberale Ziele verfolgte und der Partei wenig Ärger bereitete. Allein der Liberale Studentenbund (LSD), der »Bund mit den Rauschgift-Initialen«[4], zog von Beginn an eher linksliberal disponierte Jungakademiker an, begeisterte sich 1959 für die Godesberger Wende der Sozialdemokratie, verteidigte – was viele Altliberale durchaus empörte – den Lebensweg von Willy Brandt nach 1933; und man pflegte Kontakte zu Repräsentanten der LDPD in der DDR.[5]

Einiges davon schwappte von der Studentenvereinigung zu den Jungdemokraten über, die seit 1963 als eine geschlossene Richtung in der FDP auftraten, dabei unverkennbar in Opposition zum »Steinzeitliberalismus« der »Industrie- und Handelskammer«-Freidemokraten.[6] Die Jungdemokraten rügten den geringen Elan und die konzeptionelle Fantasielosigkeit in der Wiedervereinigungspolitik. Sie kritisierten die Hallstein-Doktrin, plädierten für vermehrte Handelsbeziehungen und kulturellen Austausch mit den Staaten des »Ostblocks«.[7] Gesellschaftspolitisch forderten sie mehr Engagement auf dem Gebiet der Sozialpolitik, mahnten ein neues, engeres Verhältnis zu den Industriegewerkschaften an.[8] Das Projekt einer großen liberalen Volkspartei wärmte ihre Herzen.[9] Wenig Hehl machten sie daraus, dass sie den bisherigen Parteichef Erich Mende los werden wollten. Denn er war ihnen die Inkarnation der Ideologie von der »bürgerlichen Geschlossenheit« zwischen FDP und CDU/CSU. Sie hingegen strebten druckvoll in Richtung einer Allianz mit den Sozialdemokraten, auf die bundespolitisch erste sozial-liberale Koalition in der Geschichte der Bundesrepublik zu. Während der Jahre 1963 bis 1967 waren die Jungdemokraten Lieblinge der linksliberalen Presse, die dem FDP-Nachwuchs bescheinigte, »die zur Zeit aktivste und lebendigste Jugendorganisation der Bundesrepublik«[10] zu sein. Die Berechtigung dieses Urteils war schwer zu bestreiten. Allein der Bundesvorstand der FDP gab sich muffelig und weigerte sich 1964/65 über zwölf Monate lang, mit der Verbandsleitung der Jungdemokraten auch nur ein einziges Gespräch zu führen.[11]

Trotzdem wurden die Jungdemokraten in den vier Jahren, die dann folgten, zum Ferment der Mutation der FDP von einem nationalliberalen Honoratiorenclub zu einer gemäßigten sozialliberalen Partei, welche die Rochade von der Christlichen Union zur Sozialdemokratie im Herbst 1969 wagte. Zu den Vorsitzenden im Bund und im stärksten Landesverband der Jungdemokraten, in NRW, gehörten seinerzeit Gerhart R. Baum und Günter Verheugen. Unter ihrer Ägide avancierte die Parteijugend, wie Manfred Bissinger 1968 im *Stern* schrieb, zum »Machtfaktor innerhalb der Partei«[12], da »die Garde der Rollkragenträger«[13] bald nahezu 150 der 400 Delegierten auf FDP-Parteitagen stellte.

Doch das frühere Wohlwollen der linksliberalen Medien nahm allmählich ab. In der *Süddeutschen Zeitung* beschwerte sich der Star-Reporter des Blatts, Hans Ulrich Kempski, über die »Rüpelhaftigkeit«, mit der die »rücksichtslosen« Jungdemokraten ihre Kämpfe gegen die alte Mende-FDP austrugen.[14] Damals war man höhnische Zwischenrufe, ironischen Applaus und kollektiv verächtliches Gelächter auf Parteitagen von Honoratioren noch nicht recht gewohnt. Unziemlich war ein solches Verhalten gewiss nicht. Nur: Die Enthemmung des Stils, der Rhetorik, der politischen Zielprojektionen setzte sich in der Tat 1969 rasant fort. In dieser Zeit verflüchtigte sich die vorangegangene sozialliberale Kreativität; in den Verband hinein flossen stattdessen Versatzstücke aus dem Vokabular des jetzt in der Republik vagabundierenden Neo-Marxismus.

Hier enthüllte sich die Ambivalenz der Autonomie. In der organisatorischen Selbstständigkeit hatten Chancen für die Jungdemokraten gelegen, Möglichkeitsräume für unorthodoxe Ideen und eigensinnige Aktivitäten. Dadurch konnten die Jungdemokraten zum Ausgang der Adenauer-Ära weiter und origineller vordenken als alle anderen politischen Kräfte im Zentrum des bundesdeutschen Parlamentarismus. Zugleich aber fehlte es den Jungdemokraten an – ein wenig altmodisch formuliert – politischen Lehrmeistern und erzieherischen Autoritäten mit gediegener Parteierfahrung. Über die neue akademische Jugendbewegung von links drangen in die offenen Strukturen der Jungdemokraten über Jahre ungebremst und ungestört alle Moden, Exaltiertheiten und Irrungen des neosozialistischen Radikalismus ein.[15] Die Jungdemokraten waren bald nicht mehr Avantgarde, auch wenn sie sich das weiterhin gern einbildeten. Sie präsentierten sich in den folgenden 15 Jahren als ein purer Abklatsch der jeweils angesagten linken Konjunkturen. Man erlebte hier ein weiteres Beispiel der geringen Resistenz des Liberalismus in Deutschland, gleichviel ob auf seiner linken oder rechten Seite, gegenüber durchaus antiliberalen Strömungen eines auch das gebildete Bürgertum verführerisch lockenden Zeitgeistes.

Den Aufschlag machten die Liberalen Studenten in West-Berlin, die sich 1969 von der FDP, welcher sie jetzt »tendenziell faschistische Anlagen« attestierten, trennten. Auf den Landeslisten der Partei, hieß es in der Erklärung, die den Trennungsbeschluss begründete, »sprießen die reaktionären Scheißkerle« hoch. Man glaubte nicht mehr an einen Wandel des Liberalismus, daher beteiligte man sich »in Zukunft an der Konstitution einer sozialistischen Massenbewegung«[16]. In Bremerhaven schrieb ein führender Jungdemokrat im späten Sommer 1969 die Parole an die Wand des Parteibüros: »Liberalismus führt zu Faschismus, Liberalismus muß weg!«[17] Im November 1969 luden die Jungdemokraten in Hamburg zu einer Vorstandssitzung des »ersten sozialistischen Kampfverbandes auf dem Boden der Bundesrepublik Deutschland« ein.[18] Gemeint waren damit in der Tat die Zöglinge aus gehoben bürgerlichen Familien, die sich in der Hansestadt als Losung für die politische Arbeit ihrer Organisation wählten: »Die Erde wird rot – Proletarier rüstet euch zum Kampf«. Dabei hatte die Bundestagung der Jungdemokraten – eine Assoziation vorwiegend von Studenten der Rechtswissenschaften – in diesem Jahr keineswegs im proletarischen Ambiente stattgefunden, sondern im gutbürgerlichen Kölner Flora-Saal. Gleichwohl, auch hier feierten Proletariermythologien der linken Weimarer Arbeiterbewegung fröhliche Urständ. Überall klebten Wandzeitungen mit Mao-Sprüchen und Rosa Luxemburg-Zitaten. Einige Delegierte begannen ihre Redebeiträge mit der Anrede »Genossen«.[19] Der FDP-Parteichef Walter Scheel durfte erst reden, als eine Delegiertenmehrheit ihm dies großzügig per Abstimmung einräumte. Aber er wie auch der Chef der Jungdemokraten und frühere Anführer des LSD (der Jahre 1962/63), Wolfgang Lüder[20], sahen sich dem antikapitalistischen Argwohn der besonders radikalen Bremer Jungdemokraten ausgesetzt, die in dem Moment, als der FDP-Vorsitzende neben dem Vorsitzenden der Jugendorganisation Platz nahm, ein Plakat mit der Aufschrift »Scheel und Lüder – Kapitalistenbrüder?« aufhängten. Die Jungdemokraten spielten 1969 die Stücke der APO aus den Vorjahren nach, die in der Jugendorganisation einer liberalbürgerlichen Partei noch ein gutes Stück abwegiger, soziologisch und weltanschaulich deplatzierter, auch unernster und natürlich unorigineller wirkten als zuvor im SDS.

Und doch wurde das alles Programm bei den Jungdemokraten für die 1970er Jahre. In Ihrem »Leverkusener Manifest« von 1971 schrieben sie fest, dass »Liberalismus und Sozialismus« »in entscheidenden Positionen ihrer Zielsetzung übereinstimmten«. Den bestehenden Parlamentarismus bewerteten sie als Medium der Verschleierung der existenten undemokratischen Machtverhältnisse, die sich durch die »Manipulation der Bevölkerungsmehrheit« auszeichneten und zu einer Untertanengesellschaft geführt hätten. Der Umschlag in eine »offene Diktatur des Kapitals in der Form des Faschismus« sei jederzeit zu befürchten.[21] In diesen Jahren, 1970 bis 1971, verfügten die Jungdemokraten gleichwohl über erheblichen innerparteilichen Einfluss, insbesondere auf Parteitagen. Auf dem Freiburger Bundesparteitag 1971 – der die verblüffend weit ausstrahlenden »Freiburger Thesen« verabschiedete – sollen sie ein Drittel der Delegierten gestellt haben. Die jungen Leute traten als geschlossene Phalanx auf, marschierten in großer Zahl mit umsichtig abgestimmten Diskussionsbeiträgen ans Mikrofon.[22] Die rhetorisch oft eher unbeholfenen Alt-Mittelständler rechtsliberaler Provenienz bekamen es regelrecht mit der »Angst«[23] zu tun, wenn die Radikaldemokraten der jungen Generation unter der damaligen Führung des *Stern*-Redakteurs Heiner Bremer ihrer bissigen Eloquenz freien Lauf ließen. Auch blitzten die frühere Originalität und Antizipationskraft Anfang der 1970er Jahre zuweilen durchaus auf.[24] Ein öffentlichkeitswirksamer Coup gelang den Judos etwa im Juni 1972 mit der Wahl der 26-jährigen Ingrid Matthäus zur neuen Verbandschefin. Sie war die erste Frau, die es an die Spitze einer parteipolitischen Jugendorganisation schaffte. Die männlichen Journalisten waren begeistert. Sie schwärmten von der »Attraktivität« von Matthäus, von ihrem schicken »Stirnpony« und ihren »dunklen Augen«.[25] In den Wochen nach ihrer Wahl sah man die neue Jungdemokraten-Vorsitzende in schöner Regelmäßigkeit auf den Bildschirmen der TV-Geräte.[26] Doch solche bürgerliche Telegenität nahmen die Judos ihrer Frontfrau bald übel und wählten sie nach nur sieben Monaten eiligst wieder ab.[27]

Gleichwohl: Der Anteil weiblicher Delegierter lag bei den Jungdemokraten bemerkenswert hoch. Die männlichen Korrespondenten der bundesdeutschen Gazetten freuten sich über die vielen Frauen »mit wallenden Haaren und wogenden Busen«, die für ein »libido-freundliches Sexualleben« fochten.[28] Aufsehen erregten die Judos überdies, als sie »Liebesstuben für Gymnasien«, die Freigabe von Haschisch und die Auflösung der Kleinfamilie forderten.[29] Ein etwas lustvoll verspielter Provokationsliberalismus war ihnen folglich weiterhin eigen. Außergewöhnlich ernst hingegen war es ihnen mit dem im Grunde klassisch liberalen Kulturkampf gegen die institutionalisierten Religionen. Insbesondere in den Jahren 1972–74 agierten sie als laizistischer Vortrupp für eine »konsequente Trennung von Staat und Kirche«[30].

In den Jahren darauf aber minderte sich ihr politisches Gewicht deutlich. Mit ihrem Verbalradikalismus verprellten sie selbst ihre ursprünglichen Mentoren auf dem linksliberalen Parteiflügel der FDP. Karl-Hermann Flach, den klugen Vordenker und umsichtigen Strategen eines Sozialliberalismus, verhöhnten sie als Büttel des Establishments.[31] Auch Werner Maihofer, den Ideologen des »historischen Bündnisses« aus Arbeiterbewegung und liberalem Bürgertum, lachten und pfiffen sie auf ihrer Bundestagung 1974 aus, ganz so wie sie es sechs Jahre zuvor mit – dem politisch allerdings gänzlich konträr gelegenen – Erich Mende getan hatten.[32] 1978 rief der niedersächsische Judo-Chef zur Wahl der »Grünen Liste Umweltschutz« auf.[33] Ein Jahr später entdeckten auch prominente Jungdemokraten in Baden-Württemberg ihre Zuneigung zur neuen Grünen Partei. Und Ende 1979 orakelte der Bundesvorsitzende der FDP-Jugend, Christoph Strässer, von einer neuen Partei aus Radikaldemokraten, Grünen, Bunten, Spontis und linken Sozialisten, die eine neue Heimat für die Jungdemokraten werden könnte.[34] In einem Strategiepapier für die Bundestagswahl 1980 mochte Strässer aber kein Votum für die Grünen abgeben, da denen »eine antikapitalistische Perspektive« fehlte. Merkwürdigerweise ging demgegenüber die FDP als kleineres Übel durch, wenngleich sie, wie Strässer – heute Bundestagsabgeordneter der SPD – darstellte, »eindeutig eine Agentur der Kräfte« sei, »denen wir in dieser Gesellschaft die Macht abnehmen wollen«.[35]

Trotz all dieser Kapriolen und permanenter Spannungen mit der Mutterpartei blieben die Judos, die nach eigenen Angaben rund 25.000 Mitglieder zählten, bis 1982 der offizielle Parteinachwuchs der FDP. Durch die Satzung der FDP waren in allen Gliederungen, vom Ortsverband bis zum Bundesverband, Jungdemokraten-Vertreter in den Vorständen und Bundesfachausschüssen beteiligt.[36] Aufgrund dieses Status bekamen sie, glaubte man dem damaligen Generalsekretär der FDP Günter Verheugen, rund fünf Millionen Mark an öffentlichen Mitteln.[37] Auch der Bundesvorstand der FDP unterstützte sie mit 50.000 Mark, die parteinahe Friedrich-Naumann-Stiftung steuerte schließlich noch jährlich 200.000 Mark zur Förderung der Jungdemokraten bei. Prominente Freidemokraten, die als dezidierte Gegner der Jungdemokraten auftraten, wie 1980 der saarländische FDP-Chef und Wirtschaftsminister Werner Klumpp, hatten einen schweren Stand in der Partei. Vor dem Bundesparteitag der FDP im Dezember 1980 in München hatte Klumpp die Jungdemokraten in mehreren Interviews scharf angegriffen, weil diese, so sein Vorwurf, den sexuellen Missbrauch von Kindern straffrei stellen wollten.[38] Auf dem Parteitag wurde Klumpp für seine Attacken gegen den Jugendverband abgestraft. Bei der Wahl zum Bundesvorstand entfielen auf ihn, der anders als die Jungdemokraten kaum Beifall fand, lediglich 159 Ja-Stimmen; 179 Delegierte hatten gegen ihn votiert.[39] Das Gros schloss sich offenkundig der Ansicht an, wie sie der Generalsekretär der FDP, Günter Verheugen, Anfang 1981 im »Morgenmagazin« des *WDR* ausführte: »Wie soll ich denn zum Beispiel mit einer angepassten, lammfrommen Parteijugend mit der jungen Generation ins Gespräch kommen, die im Augenblick in vielen deutschen Städten demonstriert, Häuser besetzt oder überhaupt schon ausgestiegen ist aus der Gesellschaft?«[40]

Wer den Charakter und die Entwicklung der bundesdeutschen Jugend so – als steten Unruheherd gesellschaftlicher Fundamentalopposition – sah, musste die Jungdemokraten wohl als einen unverzichtbaren Ansprechpartner oder gar Mediator des etablierten Liberalismus im Umgang mit der »kritischen jungen Generation« ansehen. Ein Vorgänger Verheugens, Karl-Hermann Flach, war acht Jahre zuvor schon weiter gewesen, als er sich mit derben Worten über den mangelnden Weitblick der Jungdemokraten mokierte: »Die sehen ihre Marktlücke nicht: Junge Leute, die von den ewigen Phrasen und all der Systemkritik die Schnauze voll haben.«[41] Auch Hans Ulrich Kempski, der wohl aufmerksamste und kundigste

Chronist von Parteitagen – aller bundesdeutschen Parteien im Übrigen – während der 1950er bis 1980er Jahre, hatte auf dem eben erwähnten Münchner Bundesparteitag der FDP registriert, dass »den rebellischen Jungdemokraten« trotz der für sie günstigen Abstimmungsergebnisse »der Wind ins Gesicht bläst«; denn ihnen war eine neue Konkurrenz erwachsen, die sich »mehr in Harmonie mit einem neuen Zeitgeist« bewegte.[42] Das zielte ab auf die Jungen Liberalen, die sich seit einiger Zeit im mittelständischen Milieu zusammenschlossen.[43] Der politische Gegensatz zwischen JuLis und Judos drückte sich für jedermann leicht erkennbar in markanten habituellen Unterschiedlichkeiten aus: Eine neue Gruppe von »Aktenköfferchen-Liberalen«[44], mit Cashmerepullovern und Popperhaarschnitten, forderte die Alt-Jungdemokraten mit ihren Vollbärten, Lederjacken, Cordhosen, Filzhüten und bunt beklebten Citroën-»Enten« heraus. Gewiss, das klingt überaus klischeehaft. Aber die Fotos von Konferenzen der beiden Jugendkulturen jener Jahre illustrieren, dass Klischees und Realität mitunter in einem erstaunlichen Nahverhältnis zueinander stehen.

Schon Ende 1974 hatte eine kleine Gruppe um den Journalisten Friedemann Weckbach-Mara versucht, zu den Jungdemokraten eine Gegenorganisation, die sich »AG junge Liberale« nannte, auf die Beine zu stellen.[45] Aber das misslang. Größere publizistische Aufmerksamkeit erregte eine ebenfalls als »Arbeitsgemeinschaft junger Liberaler« firmierende Gruppe 1978 in West-Berlin, da hier bald auch mehrere frühere DDR-Häftlinge, darunter Nico Hübner, mit von der Partie waren und die Gruppe insgesamt einen scharf nationalliberalen Ton anschlug.[46] In diesen späten 1970er Jahren entstanden in mehreren Teilen der Bundesrepublik Gesprächskreise Junger Liberaler, die Anfang November 1980 in Bonn die Konstituierung einer Bundesorganisation wagten.[47] Programmatische Impulse lieferte dafür hauptsächlich Hartmut Knüppel, Anfang der 1980er Jahre politischer Mentor von Guido Westerwelle und zum Ende des Jahrhunderts wirtschaftsberatender Partner des jungen Christian Lindner bei dessen erstem, schwer missglücktem unternehmerischen Ausflug in die Welt des neuen Marktes.[48] Protektion aus den Reihen der FDP erhielten die Jungen Liberalen, die Ende 1980 rund 700 Mitglieder auswiesen,[49] von dezidierten Parteirechten wie Otto Graf Lambsdorff, Werner Klumpp, Hermann Oxfort, auch von Jürgen W. Möllemann und Martin Bangemann, die beide Jahre zuvor selbst noch bei den Jungdemokraten mitgemacht, zuletzt aber politisch die Richtung gewechselt hatten.[50] So standen die JuLis von Beginn an im Ruf, Marionetten der Wirtschaftsliberalen zu sein, die auf einen Koalitionswechsel drängten und dafür neue Truppen in der Jugend jenseits der Judos sammelten. Als die Wende von Schmidt zu Kohl in der Tat vollzogen wurde, beschlossen die Jungdemokraten unverzüglich die Abtrennung von der FDP, die sich, so das barsche Verdikt der Jungdemokraten in Schleswig-Holstein, »zur reaktionärsten bundesdeutschen politischen Kraft und damit zu unserem Hauptgegner entwickelt«[51] habe. Damit waren alle Hindernisse für die JuLis auf dem Weg zur alleinigen Parteijugend fortgeräumt; wenige Tage nach dem Abgang der Jungdemokraten erkannte der FDP-Bundesvorstand die Jungen Liberalen als neuen Nachwuchsverband der Freien Demokraten an.[52]

Aber den Makel des Geburtsetiketts wurden sie im Folgenden nicht recht los. Noch standen die Mehrheiten der politisch interessierten und aktiven Jugendlichen der Jahre 1982/83 offenkundig auf der linken Seite. Und deren Urteile über die Jungen Liberalen fielen nicht sehr freundlich aus: Man erblickte dort im Wesentlichen Opportunisten, Karrieristen, Schnösel mit ihren italienischen Schuhen, Designerbrillen und ihrer Vorliebe für Cocktails statt des bei den Linken seinerzeit üblichen »Bierchens«. Doch im Habitus steckte auch ein Stück Weltanschauung. Das war bei den 68ern und jungen Linken nicht anders, die ja ebenfalls durch lange Haare, schmuddelige Kleidung und ihre Passion für harte Rockmusik eine politische und gesellschaftskritische Botschaft zum Ausdruck bringen wollten. Auch die JuLis sahen Kleidung und Lebensstil nicht als Angelegenheit sekundärer oder rein privater Accessoires an. Die Frisuren, bei Edelcoiffeuren gepflegt, das exquisite Schuhwerk, die seidenen Krawatten, die geschäftigen Köfferchen, das jungprofessionelle Vokabular, Jahre später auch die ersten Handys bildeten eine Art neue Ideologie, stellten Distinktion zu den Älteren, Distanz zu den »vorgestrigen« Überzeugungen her, sollten ein neues Lebensgefühl einer neuen Generation symbolisch bekräftigen: statt bewusst gepflegter Hässlichkeit nun die besondere Affirmation des Schönen, auch Teuren. Anstelle des »no future« und »null Bock« trat jetzt das pralle »Ja« zur »Zukunft«, zum »technischen Fortschritt«, zur »Leistung« innerhalb der voll und ganz belobigten »Wettbewerbs- und Marktgesellschaften«.

Damit waren die Jungen Liberalen in den Jahren 1982/83 innerhalb der bundesdeutschen Jugend fraglos eine Minderheit. Auf den Schulhöfen der Gymnasien standen sie als kleine Gruppen in ihrem exklusiven Outfit ziemlich separiert und abseits vom Rest. Noch wirkten sie wie Außenseiter, die aber – darin den Jungdemokraten der Jahre 1963 bis 1965 gleich – fest daran glaubten, als Avantgarde voranzugehen.

Guido Westerwelle wurde ihr kongenialer Repräsentant und Anführer. Politisch hatte Westerwelle in seinen jungen Jahren stets aus der Minderheit operieren müssen. Als er 16 Jahre alt war, identifizierten sich die meisten gleichaltrigen Jugendlichen mit den Protesten gegen die Atomkraft; als Westerwelle zwanzig Jahre alt wurde, marschierte seine Kohorte in Sternmärschen und Großdemonstrationen gegen die Stationierung amerikanischer Mittelstreckenraketen. Nun entwickeln Minderheitenmenschen, wenn sie politisch getrieben sind, häufig ein missionarisches Bewusstsein. Sie sehen oft, was der Mainstream nicht zu erkennen pflegt. Aber sie verabsolutieren dann auch, was sie als das Neue und Eigentliche entdeckt zu haben meinen. Westerwelle hielt sich für den Anführer einer neuen, *seiner* Generation.[53] Das war und wurde er jedoch nicht. Im Gegenteil: Gerade diejenigen, die wie er Anfang der 1960er Jahre auf die Welt kamen, bildeten 18 Jahre später den stabilsten Kern des Grünen-Elektorats. Aber die Kohorte danach, die Geburtsjahrgänge der 1970er Jahre, brachte dann in der Tat Eigenschaften und Ansichten hervor, die Westerwelle früh und unzweifelhaft hellsichtig vorwegnehmend beschrieben hatte. Die »Generation Golf« war nicht lediglich das literarische Konstrukt eines Feuilletonjournalisten, sie ließ sich auch in der sozialwissenschaftlichen Empirie auf der Ebene eigener Wertepräferenzen nachweisen.[54] Und in dieser Generation erhielt die FDP bei ihrem großen Wahlerfolg 2009 den größten Zuspruch, erreichte dort bessere Werte als die Sozialdemokraten und die Grünen. Bei den Männern dieses Segments übertrafen die Freien Demokraten (mit zwanzig Prozent) die Grünen (mit elf Prozent) gar fast um das Doppelte.[55]

1982 hatte sich ein solcher Mentalitätswechsel für die meisten Beobachter noch keineswegs abgezeichnet. Insofern surften die Jungliberalen auch nicht auf den Wellen des manifesten Zeitgeists, wie ihnen seither immer wieder vorgeworfen worden ist. Sie waren, als sie sich als formell anerkannte Jugendorganisation der freidemokratischen Regierungspartei – nun an der Seite von CDU/CSU – am 15. Oktober 1982 zum Bundeskongress versammelten, dem Trend in der Tat ein Stück voraus. Im Zentrum ihrer Debatten stand u. a. die »Politik- und Parteienverdrossenheit«, die in der Gesellschaft, nach einem Jahrzehnt heftiger Politisierung, gerade erst anwuchs. Die JuLis führten das zurück auf ein neues Demokratieverständnis und Partizipationsbedürfnis gerade in den jungen Teilen der Bevölkerung. Allein über Delegation und Repräsentation könne moderne Demokratie nicht mehr funktionieren. Folglich waren die JuLis – eben früher als andere politische Organisationen dieser Art – für »unmittelbare Bürgerbeteiligung« und »neue Formen der direkten Demokratie«, konkret gemünzt auf den unmittelbaren Bereich des eigenen Spektrums: für die Urwahl des FDP-Parteivorsitzenden.[56] Der ganze dreitätige Bundeskongress lief unter dem Motto der »Eigeninitiative eine Chance«. Die Bundeskonferenzen 1984 und 1986 stellte man im Übrigen bewusst unter die jeweils gleiche Devise »Mut zur Zukunft«. Eigeninitiative, Zukunft, Leistung, Weltoffenheit[57] – irgendwann konnte man diese Losungen in ihrem inflationären Dauergebrauch des »Neoliberalismus« wohl nicht mehr hören, damals jedoch klang es für Post-68er-Teile des Jung-Bürgertums frisch, noch nicht so abgedroschen wie das über die Jahre zuvor überstrapazierte Vokabular aus dem Depot empörter Gesellschaftskritik.

Allerdings besaßen die JuLis – die Mitte der 1980er Jahre rund 4.300 Mitglieder zählten[58] – ein besonderes Faible für knappe und griffige Slogans. Auch darin waren sie Teil einer neuen Generation in einem neuen Medienzeitalter, in dem das ausdifferenzierte Programmelaborat kaum mehr zählte, dafür indes die schrillen Soundbites reüssierten. Doch waren die JuLis in ihrer Lust auf verspielte Provokationen durchaus in die Fußstapfen der Jungdemokraten getreten, denen ihre Mitglieder und Anführer auch in der Wahl des bevorzugten Studienfachs – Jura – ähnelten. Als erste Jugendorganisation der Bundesrepublik wollten die JuLis 1988 den Ort ihrer Bundeskonferenz ins Ausland – nach Luxemburg – legen,[59] um ihr modernes Europäertum vorzuzeigen. Und im Kirchenkampf übertrafen sie die Jungdemokraten gar noch an Furor, da sie dafür eintraten, das Weihnachtsfest abzuschaffen und die ruhestörenden Kirchenglocken einzuschmelzen, um daraus nützliche Büroklammern herzustellen.[60]

So präjudizierte bereits die Sattelzeit der Jungliberalen die Entwicklung der Freien Demokraten seit den späten 1990er Jahren. Es ging darum, mit Gags, Slogans, Events das kostbare Gut öffentlicher

Aufmerksamkeit für sich zu gewinnen. Komplexität, Differenzierungen, gar Ambivalenzen und Heterogenitäten störten dabei. Alles musste sich auf eine, auf *die* zentrale Botschaft reduzieren und konzentrieren. Dafür sorgte mit beträchtlicher Energie der Mann, der zwischen 1983 und 1988 an der Spitze der Jungen Liberalen gestanden hatte, seit 1994 die Freien Demokraten als Generalsekretär managte und schließlich die Partei zwischen 2001 und 2011 als Vorsitzender anführte: Guido Westerwelle. Er war als Jugendlicher im Konflikt groß geworden, gegen Jungdemokraten, Linke, K-Gruppen-Aktivisten, Grün-Alternative. Solche Auseinandersetzungen prägen tief, vor allem: Man nimmt spezifische Züge des Gegners an, ohne sich dessen vollständig bewusst zu werden. Westerwelle adaptierte die monoargumentative Sichtweise und Rhetorik vieler Linker. Ebenso wie bei dogmatischen Marxisten hing auch für ihn alles von der Wirtschaft ab. In der Frage der Steuerpolitik trat er und traten seine jungliberalen Epigonen bis in das Jahr 2009 so ideologisch auf wie zuvor, während der 1970er und frühen 1980er Jahre, ihre weit links angesiedelten Kontrahenten mit ihrer Insistenz auf der Sozialisierung der Produktionsmittel. Für diese bedeutete die Vergesellschaftung der Produktionsmittel den Quell der Erlösung von Ausbeutung und Entfremdung, für jene wurde der niedrige Steuersatz zum Schlüssel schlechthin für Freiheit, Fortschritt und Wohlstand.

Enttäuschungen sind bei solch absoluten Zukunftsversprechen vorprogrammiert. Als das Heilserlebnis durch Steuersenkungen in der schwarz-gelben Bundesregierung nach 2009 ausblieb, wandten sich 2013 die Jahrgänge, welche die Jungliberalen nach 1982 ins Visier genommen und die im ersten Jahrzehnt des 21. Jahrhunderts tatsächlich überproportional stark die Freien Demokraten gewählt hatten, ebenso überdurchschnittlich massiv wieder von der FDP ab. Der Aufstieg war rasant, die Ernüchterung und der tiefe Fall innerhalb von vier Jahren nicht minder.

Die Jungdemokraten hatten in den Jahren 1963 bis etwa 1967 ein feines Gespür für verändernde Unterströmungen in der Gesellschaf bewiesen. In Manchem waren sie zweifelsohne ihrer Zeit voraus. Aber der Avantgardismus verführte zur Vereinseitigung, auch zur Selbstgefälligkeit. Den Jungliberalen erging es, zwanzig Jahre später, nicht anders. Auch sie nahmen einiges vorweg, was sich gesellschaftlich erst Jahre später wirkungsvoll Bahn brechen sollte. Dann aber wurde, hier wie dort, der Avantgardismus von ehedem fahl, trivial, am Ende anachronistisch. In der Folge scheiterten Jungdemokraten und Jungliberale gleichermaßen, da sie nicht bemerkten, dass die Zukunft längst andere Vordenker und Bündnispartner gefunden hatte.

2. Sozialliberale und Radikaldemokraten

Aber immerhin gab es in der Geschichte der Bundesrepublik einmal eine Zeit, da interessierten sich gar nicht wenige Bürger für ein Parteiprogramm der FDP. Mehr noch: Diese Bürger waren sogar bereit, für den Erwerb dieses programmatischen Elaborats Geld auszugeben. Rund 45 Jahre ist das her. Das Programm der Liberalen erschien unter dem Titel »Freiburger Thesen zur Gesellschaftspolitik« als »rororo aktuell«-Bändchen im berühmten Reinbeker Publikumsverlag, der daran auch nicht schlecht verdient haben soll. Linksliberale trieben noch einige Jahre später einen regelrechten Kult um diese »Thesen«. Etwas schwermütig trauerten sie, als die FDP 1982 wieder nach rechts an die Seite von Kohl rückte, der schönen Zeit von Freiburg nach. In jenen frühen 1970er Jahren – so ihre Überzeugung – bestand die große Chance für einen sozialen Liberalismus, für libertäre Freigeister im Zwischenfeld von Bürgertum und reformistischer Arbeiterbewegung.

Liberale Grenzgänger dieser Art hatte es in der modernen deutschen Geschichte auch zuvor gegeben – aber nicht sehr zahlreich und nicht sehr erfolgreich. Vor dem Ersten Weltkrieg etwa segelte der Sozialliberalismus unter der Flagge des protestantischen Pastors Friedrich Naumann, 1860 in der Nähe von Leipzig in einem Pfarrhaus geboren.[1] Er war, schrieb 1912 der große Nationalökonom Gustav Schmoller, »einer der größten und am liebsten gehörten politischen und sozialen Redner unserer Tage; Sachse von Geburt, Prediger von Beruf, schwungvoller Idealist von Temperament«[2]. Auf Naumann bezogen sich auch die meisten anderen sozialliberalen Renaissancen im Liberalismus. Ein wenig verwunderlich war das schon. Naumann ging in jungen Jahren eine politische Strecke weit gemeinsam mit dem antisemitischen Hofprediger Adolf Stoecker. Zwar löste jener sich von diesem, gründete mit einigen Altersgenossen dieser Bewegung den National-sozialen Verein, entdeckte in seiner Gemeindearbeit die Arbeiterschaft, las Karl Marx, interessierte sich für die Sozialdemokratie. Doch bewunderte Naumann weiterhin den »Übermenschen« Bismarck,[3] hoffte auf ein »soziales Kaisertum« unter Wilhelm II., den er sich als »modernen demokratischen Cäsar«[4] vorstellte. Für die Motive der Gewalt- und Mordaktionen der Türken gegen die christlichen Armenier fand er verständnisvolle Worte.[5] Naumann war ein temperamentvoller Propagandist der Flotten- und Kolonialpolitik.[6] Im modernen Imperialismus sah er die Chance und die materiellen Möglichkeiten, Arbeiter und Unternehmer, Monarchie, Beamtenschaft, Gewerkschaftsapparat zu einer Interessenseinheit zusammenzubinden, zu einer, wie er es nannte, »Volksmaschine« zu verschmelzen. Das galt ihm als der »Fortschritt«, den er stets pathetisch verkündete.

Allzu friedlich emanzipatorisch durfte man sich diese Progressivität allerdings nicht vorstellen: »Der Kampf wird als Prinzip des Fortschritts gefasst, und zwar der ganz brutale egoistische Kampf.«[7] Naumanns Buch »Mitteleuropa«, das 1915 erschien, wurde – im Sommer 1916 waren bereits über 100.000 Exemplare verkauft – zu einem Bestseller im deutschen Bürgertum. Man mag die Schrift modern finden, da ihr Verfasser vor gut 100 Jahren schon für ein föderal zusammengefügtes Mitteleuropa als einheitlichen Wirtschaftsraum unter deutscher Führung geworben[8] hatte; andere werteten es als höchst problematisch – immerhin bezog sich Adolf Hitler in »Mein Kampf« darauf.[9] Naumann war ein wirklicher Grenzgänger zwischen Seelsorge, Predigeramt, Publizistik, Rednertribüne, Parlament. Er galt als begnadeter Rhetoriker, begabter Organisator, brillanter Kommunikator, nimmermüder Schriftsteller, geschickter Netzwerker. Als Politiker reüssierte der Pfarrer, der sein Amt im Jahr 1897 niederlegte, sehr viel weniger. Sein National-sozialer Verein umfasste kaum mehr als 2.000 Personen. Die Partei, die er dann ins Leben rief, die Freisinnige Vereinigung, kam 1907 lediglich auf 3,2 Prozent der Stimmen. Er selbst scheiterte 1898 und 1903 mit Kandidaturen für das nationale Parlament, schaffte den Einzug erst mithilfe der größeren Deutschen Fortschrittlichen Volkspartei im Jahr 1907, was sich aber fünf Jahre danach zunächst nicht wiederholen ließ. Nach dem Weltkrieg stand er als deren Gründungspatron der neuen DDP vor, starb indes bereits im August 1919.

Immerhin: Für einen kurzen Moment im Entstehungsakt der Weimarer Republik schien der Sozialliberalismus Naumann'scher Prägung die Brücke zwischen dem republikanischen Bürgertum und der deutschen Arbeiterbewegung zu bilden. Doch war diese Brücke denkbar fragil. Und so zerbrach die Republik. Das deutsche Bürgertum mochte sich nicht am Sozialliberalismus orientieren. Es transzendierte nicht die Grenzen des eigenen Milieus; es rüstete die eigene Wagen- und Trutzburg vielmehr auf. Vor allem die junge

Generation im national-bürgerlichen Lager schwärmte für den völkischen Extremismus, verachtete maßvolle Liberalität, politische Gewaltenteilung, republikanische Verfassungsprinzipien. Als sich Anfang der 1930er Jahre eine dezidiert sozialliberale »Radikaldemokratische Partei« konstituierte, kam diese bei den Reichstagswahlen 1932 nur auf kümmerliche 3.793 Wähler.[10]

In den 1960er Jahren erinnerte man sich wieder stärker an Naumann. In der zweiten Hälfte dieses Jahrzehnts veränderte sich die Mitgliedschaft der FDP, die sich in den ersten zwanzig Jahren der Bundesrepublik als eine noch ganz überwiegend nationalliberal-mittelständische Traditionstruppe von Bauern, Krämern und Zahnärzten präsentiert hatte. Studenten aus dem Windschatten der universitären Rebellionen waren – wie wir sahen – hinzugekommen; Seiteneinsteiger aus dem akademischen Betrieb, wie Ralf Dahrendorf oder Werner Maihofer, hatten den Weg in die Partei gefunden. Und der kluge linksliberale Publizist aus der Chefredaktion der *Frankfurter Rundschau*, Karl-Hermann Flach, avancierte 1971 zum Generalsekretär der FDP.

Auch Flach legitimierte seinen Sozialliberalismus durch den Rekurs auf Friedrich Naumann. Dabei differierten die Überlegungen und Konzepte der beiden beträchtlich. Allein ihr beruflich-gesellschaftliches Grenzgängerwesen verband sie, die Wanderung zwischen kommentierender Publizistik und handlungspraktischer Politik. Und beide hatten zumindest ein Sensorium für die soziale Frage, für die Realität der Massengesellschaft, erkannten darin eine ideelle und strategische Leerstelle im Liberalismus des deutschen Bürgertums. Aber auf eine sozialimperialistische, gar volksgemeinschaftliche Basis hat Flach seinen linken Liberalismus niemals stellen wollen.

Natürlich, dafür taugte auch der historische Kontext nicht, in dem Flach politisch aufgewachsen war. Er wurde nicht, wie Naumann, im industriell dynamisch expandierenden, neu gebildeten Deutschen Reich groß, sondern während des Zweiten Weltkrieges, auf der Flucht und dann in der Trümmergesellschaft der sowjetisch besetzten Zone. 1929 als Sohn eines Sägewerkbesitzers in Königsberg geboren, hatte ihn der Flüchtlingstreck nach Rostock geführt, wo er als 16-Jähriger der LDP beitrat und schon als Jugendlicher für diverse Presseorgane dieser Partei Artikel verfasste. Er gehörte zum Freundeskreis des Studenten Arno Esch, eines ideenreichen Sozialliberalen, den die kommunistischen Machthaber 1949 verhafteten und 1951 in der Lubjanka hinrichteten. Flach, ebenfalls gefährdet, hatte sich noch rechtzeitig in den Westteil Berlins absetzen können, wurde dort Aktivist bei den Jungdemokraten und im Liberalen Studentenbund. Mit 28 Jahren machte er Karriere in der Parteizentrale der FDP, als rechte Hand des energischen *Jungtürken* Wolfgang Döring für den Bundestagswahlkampf im Jahr 1957.[11] Zwei Jahre später rückte er zum Bundesgeschäftsführer auf, fiel seither als einer der klügsten Analytiker und Strategen mit operativem Geschick in der deutschen Politik auf. 1961 hatte er als Bundeswahlkampfleiter seine freidemokratische Partei durch kluge Appelle an eine neue Mitte aus Angestellten und Beamten in einem virtuos geführten Wahlkampf auf 12,8 Prozent der Wählerstimmen hochkatapultiert. Doch zog er sich dann, enttäuscht über die zählebige Biederkeit freidemokratischer Politik, aus der aktiven Parteiarbeit zurück, wechselte in den Journalismus, wo es ihn in die Chefredaktion der *Frankfurter Rundschau* katapultierte.[12] Aber auch von dieser Position aus nahm er durch zahlreiche, eindringlich verfasste Kommentare Einfluss auf seine Partei, die er von der Bürgerblockfixierung abbringen wollte.[13] Seine Traum-Allianz war die der Liberalen mit den Sozialdemokraten, um, wie er ausführte, die jahrhundertelange Vorherrschaft der Rechtskonservativen in Deutschland nachhaltig zu brechen.

Flach war von einer weitreichenden Transformation der gesellschaftlichen Mitte überzeugt. Diese werde breiter, besser gebildet, libertärer und transnationaler sein als der alte selbstständige, dabei fortschreitend schwindende Mittelstand. Die neue Mitte verortete Flach in Fragen der Kultur, der Justiz- und Rechtspolitik, selbst der Bildungsreform links von beiden Volksparteien. Sein Vorbild war zu Zeiten der Großen Koalition die radikaldemokratische Partei D66 in den Niederlanden.[14] Einer solchen Variante prognostizierte er für Deutschland ein prinzipielles Anhängerpotenzial von bis zu zwanzig Prozent der Wähler. Im Herbst 1971 war Flach plötzlich wieder da, zurück in der aktiven Parteiarbeit und gleich ganz vorne, im neu geschaffenen Amt des Generalsekretärs der FDP. Sein erster Auftritt auf dem Freiburger Parteitag 1971 kam einer Huldigung gleich. Die Delegierten bejubelten und feierten ihn, der keineswegs ein Meister rhetorischer Emotionalisierung war, sondern eher ostpreußisch spröde auftrat, wie einen Popstar.[15] Auch seine im selben Jahr erschienene Publikation »Noch eine Chance für die Liberalen«, wegen ihrer markanten Farbe als »Grünes

Buch« bezeichnet, stand im Rang einer »Heiligen Schrift«[16] des Sozialliberalismus.

Es gab somit in der Tat einige Gründe, auf die Neuformierung eines Liberalismus zu hoffen, der sich nicht als fester Bestandteil des »bürgerlichen Lagers«, sondern als Mittler auch nach links, als Brückenkopf der individuellen Freiheit in die Kollektivmentalität der Sozialdemokratie hinein begriff. Zu den Bundestagswahlen 1972 riefen daher selbst bekannte Linksintellektuelle, vor allem aus dem Hochschulbereich, in Zeitungsanzeigen dazu auf, mit der Zweitstimme die FDP zu wählen: so Margherita von Brentano, Theodor Ebert, Ossip K. Flechtheim, Heinz-Joachim Heydorn, Gilbert Ziebura, Helge Pross, Ingeborg Drewitz und Walter Fabian. Überdies hatten sich weitere Prominente aus dem Showgeschäft, aus den Kultur- und Wissenschaftsberufen zur liberalen Wählerinitiative »Das Blaue Dreieck« zusammengetan, um für den »Dritten Weg« der FDP, eine »freie Gesellschaft zwischen konservativer Erstarrung und sozialistischer Utopie« zu werben. Dazu zählten die Publizisten und Schriftsteller Hoimar von Ditfurth und Walter Kempowski, die Popsänger von Randy Pie, die Moderatoren Henning Venske und Rainer Holbe, der Schauspieler Dieter Borsche und die Regisseure Rolf von Sydow, Volker Schlöndorff und Wolfgang Staudte.

Aus diesem Frühlingserwachen eines revitalisierten Sozialliberalismus sprossen die »Freiburger Thesen«.[17] Sie schienen so etwas wie der Weckruf, zumindest wie der Seismograf einer radikaldemokratischen Grenzüberschreitung im neuen Bürgertum zu sein. Indes, alle Welt nahm in erster Linie allein die vier vorangestellten kurzen Thesen des Gesamtprogramms zur Kenntnis: »Liberalismus nimmt Partei für Menschenwürde durch Selbstbestimmung«, »Liberalismus nimmt Partei für Fortschritt und Vernunft«, »Liberalismus fordert Demokratisierung der Gesellschaft«, »Liberalismus fordert Reformen des Kapitalismus«.[18]

Letztendlich aber erwies sich der Freiburger Aufbruch als eine vorwiegend rhetorische Attitüde, entpuppte sich als eine recht kurze Episode in der Geschichte der Freidemokratischen Partei. Der harte wirtschaftsliberale Kern der FDP, der eben trotz allen linksliberalen Flairs im äußeren Auftritt nie verschwunden war, hatte sich für all die theoretischen Diskussionen der Jungdemokraten und Linksliberalen niemals interessiert. Die »Freiburger Thesen« betrachtete der mittelständische Kern der Mandatsträger geringschätzig als pures Sammelsurium weltfremder Phrasen politisch ahnungsloser Akademiker, denen man zwischenzeitlich törichterweise zu viel Spielraum gelassen hatte.

Gleichsam als Inkarnation eines weltfremden Akademikers erschien den bodenständigen Mittelständlern der Professor für Rechtsphilosophie Werner Maihofer.[19] Er hatte die Programmkommission geleitet, an deren Ende die »Freiburger Thesen« standen. Und er hatte auf dem Freiburger Parteitag das neue programmatische Dokument vorgestellt und begründet. Wo Flach umjubelt wurde, traf Maihofer auf unmissverständlich bekundete Langeweile. Nun war Maihofer nie ein schwungvoller Redner, der Parteitage in Entzücken und Begeisterung versetzen konnte. Aber in Freiburg verwechselte er die Konferenz der Delegierten ganz offensichtlich mit einem universitären Kolleg. Weit und ersichtlich angestrengt über das Podium gebeugt, bemühte er Jean-Jacques Rousseau, Wilhelm von Humboldt, John Stuart Mill, Immanuel Kant und natürlich auch Friedrich Naumann, um den neuen, modernen Liberalismus in einer langen, ehrenvollen Tradition großer Denker zu platzieren.[20] Nur: Kaum jemand hörte zu. Das Tagungspräsidium versuchte mehrere Male, für Ruhe im Saal zu sorgen. Vergebens.

Maihofer war das, was man einen Senkrechtstarter in der Politik nannte. Erst als 51-Jähriger trat er im Jahr 1969 einer Partei bei, eben den Freien Demokraten. Zuvor war er ganz Universitätsgelehrter gewesen, seit 1955 Ordinarius für Rechts- und Sozialphilosophie, zunächst in Würzburg, dann auch als Rektor in Saarbrücken, in dieser Zeit ebenfalls Vizepräsident der Westdeutschen Rektorenkonferenz, schließlich Lehrstuhlinhaber an der neuen Universität Bielefeld. Größere Bekanntheit erlangte er in der zweiten Hälfte der 1960er Jahre durch seine Zugehörigkeit zur Gruppe sogenannter Alternativprofessoren, die Reformvorschläge auf dem Gebiet des Strafrechts vorlegten, von denen einiges in die sozialliberale Justizpolitik nach 1969 einfloss. Aufgefallen war Maihofer auch durch seine Einwände gegen die Notstandsgesetzgebung der Großen Koalition. Insofern war er für die FDP im Abschied von Nationalliberalismus der Mende-Jahre ein idealer Seiteneinsteiger und Botschafter für eine neue, offene, aufgeklärte Partei. Der weitere Aufstieg Maihofers verlief dementsprechend rasant. Noch im Jahr seines Parteieintritts gelangte er in den Bundesvorstand der FDP. Im Jahr darauf übertrug man ihm die Leitung der Programmkommission. Nach den Bundestagswahlen 1972 saß er im Bundestag, gleich darauf ernannt zum Bundesminister für besondere Aufgaben, bis er im Jahr 1974 an die Spitze eines klassischen Ressorts, des Bundesinnenministeriums, aufrückte.[21]

Von außen betrachtet konnte man 1971/72 also in der Tat den Eindruck gewinnen, dass sich die FDP geradewegs zu einer neuen sozialliberalen Formation wandelte, da Maihofer die programmatische Regie führte und Flach die strategischen Fäden in der Partei ziehen sollte. Beide unterschieden sich konzeptionell markant von den sogenannten Pragmatikern in der Mitte der Partei. Denn beide glaubten fest an eine historische Dimension des sozial-liberalen Regierungsbündnisses. Walter Scheel, Hans-Dietrich Genscher und Wolfgang Mischnick präferierten demgegenüber jeweils solche Koalitionen, die den Freien Demokraten ein Optimum an Macht und Ressorts einbrachten. Das konnte von Fall zu Fall unterschiedlich sein, hatte ihnen mit geschichtlichen Missionen rein gar nichts zu tun. Langfristige Bündnisbekenntnisse schadeten in ihren Augen nur, schränkten die politischen Möglichkeiten der Freidemokraten lediglich ein. Maihofer und Flach dachten anders: Die sozial-liberale Allianz besaß für sie historischen Charakter, war kein Bündnis auf Zeit, war nicht nur auf ein oder zwei Legislaturperioden limitiert, sondern sollte, ja musste länger dauern, Jahrzehnte vielleicht. Denn sie hatte einen säkularen Auftrag zu erfüllen, hatte eine jahrhundertelange Fehlentwicklung deutscher Geschichte zu korrigieren, was nicht binnen weniger Jahre zu erledigen war.

Maihofer besonders ging zur Erläuterung dieser Ansicht gerne und oft bis in das Jahr 1848 zurück. Damals hätten liberale Bürger und sozialistische Arbeiter auf derselben Seite der Barrikade gekämpft; danach aber trennten sich ihre Wege, was im Ergebnis zu einem Jahrhundert konservativer Vorherrschaft mit all den bekannten fatalen Folgen führte. Erst in der sozial-liberalen Koalition fanden Liberale und Sozialisten wieder zusammen, belebten somit das Barrikadenbündnis von 1848 wieder, standen jetzt vor der Aufgabe, das Land von den tief verwurzelten konservativen Strukturen und Mentalitäten zu lösen, gleichsam die Republik sozial und liberal neu zu begründen.[22] Denn, so Maihofer, auch »der Liberale der Gegenwart glaubt nicht mehr an prästabilierte Harmonie von privatem Eigentum und öffentlichem Wohl, sondern an die Notwendigkeit geistiger Gegensteuerung gegen den Selbstlauf der Wirtschaft«[23].

Maihofer hatte in jenen frühen 1970er Jahren mit solchen Thesen, die in ihren historischen Aussagen verblüffend schlicht waren, keine schlechte Presse im Spektrum der meinungsführenden Hamburger Wochenblätter. Das FDP-Establishment ließ ihn daher gewähren, wenn er Vorträge hielt und Gastbeiträge schrieb. In der realen Politik aber kümmerten sich Genscher, Scheel oder Hans Friderichs durchaus nicht um die Freiburger Maximen, sondern betrieben eisenharte Interessenpolitik für die klassisch-bürgerliche Klientel, auf deren Verlässlichkeit man mehr vertraute als auf die Rochaden des beweglichen Neu-Bürgertums. Schon nach 1972 rückte die FDP in der Koalition mit den Sozialdemokraten als besitzständige Interessenvertretung wieder nach rechts, um die damals noch sozialeifrige SPD abzubremsen und die Zusatzoption für eine neuerliche Koalition mit der Union rechtzeitig zu präparieren. Auf diese Weise zeigte sich deutlich, dass die FDP sich nach 1969 keineswegs markant erneuert, auch nur und personell grundlegend verändert hatte, wie es einigen Betrachtern zwischenzeitlich erschienen war. Die dezidiert mittelständisch-bürgerliche Lebenswelt an der Basis der FDP hatte all die Jahre überdauert. Deren Wirtschaftsliberalismus mit Schutzversprechen für Selbstständige und Freiberufler gewann wieder an Gewicht, erhielt absolute Priorität. Die Zeit des Grafen Lambsdorff war angebrochen. 1973 wurde er für etliche Jahre zum mächtigsten Mann in der Bundestagsfraktion. An ihm prallten sämtliche elementaren Sozialstaatsinitiativen, ob sozial- oder radikaldemokratisch begründet, ab. Lambsdorff stutzte den Liberalismus in der ökonomischen Realpolitik auf ebendiese Funktion: die rigide Vertretung privatwirtschaftlicher Renditeinteressen.

Damit war die Zeit der sozialliberalen Vordenker und Parteigänger im Grunde schon abgelaufen. Was den Linksliberalen in der FDP blieb, war Nostalgie, der wehmütige Rückblick auf die »Freiburger Thesen«, auch auf den Parteitag ein Jahr zuvor, in Bonn 1970, als man den Nationalliberalen um den früheren Parteichef Erich Mende den finalen Stoß versetzt und sie aus der Partei vertrieben hatte. Das war unzweifelhaft der größte Erfolg der Sozialliberalen, Jungdemokraten und Radikaldemokraten in der bundesdeutschen Geschichte. Sie haben den deutschen Liberalismus entnationalliberalisiert. Eine Haiderisierung, wie sie zwischen 1995 und 2002 nicht ganz undenkbar erschien, haben sie auch dadurch wohl verhindert. Den Weg über die eigenen Grenzen nach links haben sie ihrer Partei nicht nachhaltig öffnen können, den Rückweg nach weit rechts von der Mitte wohl aber verbaut, zumindest abgebremst und erschwert.

Schon ab 1972/73 ging die Zahl sozialliberaler Delegierter auf den Parteitagen zurück. In mehreren Großstädten, ihren genuinen Hochburgen, büßten sie ebenfalls systematisch an Terrain ein. Vor allem verloren sie Karl-Hermann Flach. Der Generalsekretär der FDP, seit 1947 geplagt von vielen Krankheiten und etlichen Operationen, starb im August 1973, gerade einmal 43 Jahre alt geworden und nach nicht einmal zwei Jahren in der Funktion des Generalsekretärs und Ideengebers. Und Maihofer zerrieb sich in den Jahren des Linksterrorismus im Amt des Innenministers, letztlich überfordert, vom Bundeskanzler nicht sonderlich geschätzt, von seinen früheren linksliberalen Anhängern in der Partei am Ende als »Polizeiminister« gescholten, verachtet und geächtet.[24] Im Grunde hatte sich damit der sozialliberale Traum erledigt. Doch auch im Nachhinein ist erstaunlich, wie wenig von dem, was Flach oder Maihofer an Inspirationen in ihre Partei hineingegeben hatten, dort haften geblieben ist.

3. Die Jahre der gezielten Tabubrüche

Zwischenzeitlich ging es gar in die ganz andere Richtung. Es wandelte sich der politische Stil; er wurde derber, gewann plebejische Züge. Kaltschnäuzige Tabubrecher ersetzten besonnene Honoratioren. Dies setzte insbesondere in den 1980er/90er Jahren ein. An die Stelle des alten Bürgertums trat in den mittel- und westeuropäischen Gesellschaften eine an Zahl stärkere, kulturell hingegen gering ambitionierte »neue rechte Mitte«. Mit der klassischen liberalen Partei von Maß und Ausgleich hatte diese neubürgerliche europäische Rechts-Mitte kaum etwas im Sinn. Aus dem Zentrum der europäischen Gesellschaften – und oft auch aus herkömmlichen liberalen Parteien – heraus wuchs vielmehr ein plebiszitärer Populismus heran, der in seinem Feldzug gegen die alten »Herrschafts- und Blockadekartelle« in Politik und Staat neue Wählersegmente einzusammeln versuchte. Nicht ganz wenige in diesem bürgerlichen Spektrum waren beeindruckt, wie insbesondere ein agiler Provokateur aus Kärnten seine sieche liberale Kleinpartei zu einer breiten Sammlungsbewegung des Protests hochtrimmte, welche die Altparteien in immer neuen Kampagnen virtuos vor sich hertrieb und damit die Themen auf der politische Agenda platzierte.

So setzten sich in mehreren europäischen Ländern radikal-populistische Parteien der rechten Mitte in der Krise der bisherigen Großparteien durch; neben Österreich noch in der Schweiz, den Niederlanden und Skandinavien. Einige politische Formationen gehörten zur liberalen Parteienfamilie. Sie wurden zum Vorbild des Chefs der FDP in Nordrhein-Westfalen: Jürgen W. Möllemann. Dieser galt seit den 1970er Jahren als Enfant terrible der FDP, hochbegabt, aber in seinem Ehrgeiz aller Skrupel bar und letztlich unberechenbar in seinen Aktionen. Möllemann hatte den Aufstieg der neu-populistischen Attackierer in den Nachbarländern genau verfolgt. Normen und Regeln zu brechen, wurde über ihn zum freidemokratischen Projekt Anfang des 21. Jahrhunderts. Bei den ersten Bundestagswahlen im vereinten Deutschland hatte die FDP mit elf Prozent der Wählerstimmen noch glänzend abgeschnitten – nicht zuletzt in den neuen Bundesländern. Aber das klassische Honoratiorenmodell passte nicht recht auf die in den Jahrzehnten der SED-Herrschaft entbürgerlichte Gesellschaft der Nachwende-Zeit.

Im Westen Deutschlands schwand ebenfalls die alt-mittelständische Bürgerlichkeit von ehedem dahin, sodass die klassische Freie Demokratische Partei während der 1990er Jahre nach und nach schrumpfte, im Bund und in den Regionen stetig an Gewicht verlor.

Umso strahlender erschienen die Erfolge des Neupopulismus in der rechten Mitte einiger Nachbarländer. Deren Erfolgsrezept[1] taugte, so sah es Möllemann, auch für Deutschland, zumal es auf seinen persönlichen wie politischen Charakter perfekt zugeschnitten schien. Man hatte, wie sein Berater Fritz Goergen gerne frotzelte, nur jeden Tag geräuschvoll gegen eine Regel zu verstoßen, hatte mit vernehmlicher Verve die längst fälligen Tabus der vermeintlichen *political correctness* zu brechen. Mit der permanenten Provokation wollte man die »Bedenkenträger« aufreizen, sich selbst durch deren schrille Warnrufe in das Zentrum der öffentlichen Wahrnehmung schieben. Als Adressaten der Erregungskampagnen hatte man nicht das herkömmliche, seriöse und arrivierte Bürgertum im Blick, jedenfalls nicht in erster Linie. Als »Partei für das ganze Volk« wollte man vielmehr reüssieren – sich mithin an Zahl wie Einfluss deutlich vergrößern.

Auf dieser Basis hatten sich schließlich alle neuen Sammelparteien der Ungeduld, der hämischen und polarisierenden Gags, vor allem der Affekte begründet und ausgebaut. Sie lebten davon, diese Affekte fortwährend zu aktivieren, statt sie zu dämpfen. Sie agierten nicht mehr wie früher die Altliberalen als primär elitärer Interessenverein der »Wohlhabenden«, sondern als Protestvehikel (auch) der »einfachen Leute«, verfolgten gewissermaßen das »Bündnis von Elite und Mob« (Jan Philipp Reemtsma). Schließlich hatten die Modernisierungsströme der letzten Jahrzehnte in der Gesellschaft nicht nur links-libertäre Wertemuster begünstigt und postmaterialistisch-ökologische Strömungen genährt, sondern ebenso prononcierte Gegenwelten gespeist. Hier siedelten Verdrossenheit über den Staat, Verachtung der großen Volksparteien, aber erst recht Verdruss über Grüne und ihre Ökopredigten, Ärger über hohe Abgabenlasten, Wut über den ihnen zu teuren Wohlfahrtsstaat, Misstrauen gegen fremdartige Migranten. Die neuliberalen Parteien des Protests waren allesamt Bünde der antiökologischen Gegenreform, Kampftruppen der Autofahrer, der Staatsverdrossenen, der Steuerverweigerer, der vom Feminismus gepeinigten Männer. Weil dieser Parteientypus organisations- und mitgliederschwach blieb, musste er sich auf mediale Performance konzentrieren. Da er über gewachsene Loyalitäten nicht verfügte, brauchte er ständig das mobilisierende Thema, die aggressive Zuspitzung, die medial transportierbare Kampagne. Er musste durchgehend Budenzaubereien veranstalten, sonst schwand sein Nimbus als Kraftnatur und Trüffelschwein für gesellschaftliche Probleme, die den »einfachen Leuten« unter den Nägeln brannten, worüber die Pressemenschen zunächst aber nicht schrieben, die »politische Klasse« nicht redete. Aufreger und Event wurden zur Raison d'Être der Parteistrategie

An die Spitze des populistischen Neuliberalismus gelangten infolgedessen die Tribune der changierenden Events, die sich und ihre Partei stets als Männer des Volkes durch gezielte Tabubrüche und Erlebniskampagnen in den Schlagzeilen und Scheinwerferlichtern hielten. Sie waren die Matadore der »politics by entertainment«. Programmatisch waren diese teleplebiszitären Charismatiker immer unscharf geblieben. Sie wussten nur, was sie nicht mochten, was ihnen geradezu verhasst war. Im Übrigen protegierten sie das neureiche Cash-Denken und die traditionsentwurzelte Beschleunigungsmonomanie der neuen Mitte. Dazu rochierten Parteien dieses Typus von einem »Wutpunkt« zum nächsten, von einem mobilen »Event« zum anderen. Ihre Anführer gerierten sich als Virtuosen der permanenten Kampagne, der fortwährenden Zuspitzung, der atemlosen Ereignissteigerung.

Natürlich waren Tücken und Gefahren immanent. Tabubrecher reklamieren für sich, Pioniere des Fortschritts, gar der Aufklärung zu sein, die ans Licht bringen, was Hüter religiöser Sitten, Wächter überlebter Konventionen, Wärter vermeintlich sakrosankter Regeln im Dunkeln belassen wollen, um die Verhältnisse, wie sie sind, zu konservieren. Gleichgültig blenden sie dabei aus, dass Symbole, Routinen, Rituale, eben auch Tabus komplexen Gesellschaften Orte der Selbstverständlichkeit bieten, in denen der Einzelne nicht ein weiteres Mal genötigt ist, unaufhörlich neu und allein aus sich heraus, also rundum eigenverantwortlich und ohne den Fundus verbindlicher kollektiver Normen Entscheidungen zu treffen. Was tabuisiert, routinisiert, ritualisiert ist, steht nicht zur Disposition, braucht demzufolge nicht wieder und wieder reflektiert und gewogen werden, mindert so die Last der Überforderung.

Das indes widersprach ganz der neoliberalen Weltsicht, die im letzten Fünftel des 20. Jahrhunderts ihre Triumphe in der neuen europäischen Mitte feierte, bemerkenswerterweise – wenngleich anfangs eher spielerisch gehalten – durch »68« vorbereitet, von den generationellen Nachfolgern ideologisch dann weiter zugespitzt. Grenzen hatten weggeräumt zu werden, Bindungen störten nur noch, stabile Werte und Glaubensüberzeugungen waren dem Fortschritt hinderlich, daher zu entsorgen. Die Tabubrecher des neubürgerlichen Populismus öffneten und pluralisierten im Zuge ihrer Kampagne keineswegs die Debatte, sie schieden sie vielmehr in bipolare, unversöhnliche Flanken einer martialisch beschriebenen Frontauseinandersetzung. Sie agitierten nach Schwarz-Weiß-Mustern, ihre Rhetorik unterminierte auch ganz unverzichtbare Tabus; Stil und Sprache polarisierten die politische Kultur. Überhaupt waren und sind es seltsame Gestalten, die sich im Lager neubürgerlicher Tabubrecher fanden und finden, mit verkorksten Biografien, zuweilen seelisch geschädigt, zügellos in ihrer Eitelkeit, mitunter autoritär und autoaggressiv zugleich. Politische Anführer dieser Art sind nicht selten von Ehrgeiz getriebene Figuren mit einer ordentlichen Portion Chuzpe. Im tiefsten Inneren mögen sie ihre Anhänger gar verachten, da sie diese ja als leichte Beute ihrer Verführungskünste erlebt haben. Und doch genießen sie diesen Moment: Das Bad in der Menge, die Jubelstürme und gläubigen Blicke ihrer Anhänger, die enthemmten Gefühlsausbrüche der Epigonen. Sie lieben infolgedessen die Regelverletzung, mit der sie ihre Anhänger entzücken und ihre Gegner zur Weißglut treiben. Und sie beugen sich lustvoll dem ehernen Gesetz der steten Radikalisierung ihrer Methode. Sie wissen und warten zunehmend erregt darauf, dass die jeweils nächste Provokation noch ein Stück deftiger ausfallen muss und wird.

Und so schlüpfte auch Möllemann, als er im Jahr 2000 die FDP in den nordrhein-westfälischen Landtagswahlkampf hineinführte, in die Rolle des modernen Volkstribuns, inszenierte sich als Rächer der von der Politik Vergessenen im fleißigen Teil des Volkes zwischen Aachen und Höxter. Damit katapultierte er die zuvor außerparlamentarische FDP im größten deutschen Bundesland auf bemerkenswerte 9,8 Prozent der Stimmen. Mit der Methode Möllemanns schienen dem Liberalismus neue Zielmarken zu winken. Diese Stimmung jedenfalls griff in der FDP um sich, setzte die über Jahre gedemütigten Mitglieder der Partei geradezu unter Strom. Das galt auch für Guido Westerwelle, den Parteivorsitzenden der FDP seit 2001. Anfangs zierte er sich noch, dem Vorschlag Möllemanns zu folgen, als Kanzlerkandidat der FDP seine Partei in den Bundestagswahlkampf 2002 zu führen. Doch die Freien Demokraten verfielen auf ihren Parteitagen in einen Rausch, in eine bis dahin ungekannte Ekstase, die an kollektive Hysterie erinnerte,[2] als Möllemann die Delegierten schreiend in Wallung versetzte und Aufbrüche zu neuen Größen in Aussicht stellte. Westerwelle, dem *Politics by Entertainment* alles andere als fremd war,[3] brüllte daraufhin ähnlich lautstark mit,[4] ließ sich nun auf dem Bundesparteitag in Mannheim im Mai 2002 tatsächlich zum Kanzlerkandidaten küren. Die Stimmung in der FDP kochte über; immerhin hatte man die Zehn-Prozent-Grenze gerade in Umfragen überschritten. Das Projekt 18-Prozent, das Möllemann ins Leben gerufen hatte und dem sich auch die zunächst zögerlichen Patriarchen der Alt-FDP anschlossen, wirkte nun nicht mehr wie bloße Hochstapelei. Man musste nur weiter nachlegen. Eine Politik der Provokation duldete kein gemächliches Innehalten.[5] Und Westerwelle folgte, so der Korrespondent der *FAZ*, »bis zur Bundestagswahl konsequent den Gedankenspuren Möllemanns«[6], dem Kurs einer »Protestpartei der Mitte«. Möllemann und Westerwelle: Beide postulierten das »18-Prozent«-Ziel, fantasierten gar im kleinen Kreis zuweilen schon von einem 25-Prozent-Potenzial, das eine Partei der Couleur, wie sie ihnen vorschwebte, nutzen könne.

Immerhin 28 Prozent der von der Forschungsgruppe Wahlen befragten Wähler gaben Jürgen W. Möllemann im Mai 2002 recht, als der dem stellvertretenden Vorsitzenden des Zentralrats der Juden in Deutschland, Michel Friedman, vorgeworfen hatte, »mit seiner intoleranten und gehässigen Art« dem Antisemitismus zuzuarbeiten.[7] Das entsprach ganz dem alten, von prominenten deutschen Politikern jedoch seit Jahrzehnten nicht mehr gehörten Klischee, dass »die Juden« durch ihr anstößiges Verhalten selber Schuld daran trügen, dass alle anderen sie nicht mögen würden.[8] Zu dem Zeitpunkt war die FDP, war zumindest Jürgen W. Möllemann in eine neue Richtung des kalkulierten Tabubruchs unterwegs, die auf israelische Außenpolitik zielte und dabei schlummernde, bislang unartikuliert gebliebene antisemitische Affekte in Teilen der deutschen Bevölkerung mit einer bemerkenswert skrupelfreien Entschlossenheit und Energie weckte und durch immer neue Anspielungen wachhielt.[9] Der Vorsitzende des Zentralrats der Juden in Deutschland, Paul Spiegel, äußerte Fassungslosigkeit und nannte die Erklärung Möllemanns »die größte Beleidigung, die eine Partei in der Geschichte der Bundesrepublik nach dem Holocaust«[10] öffentlich lanciert habe. Möllemann hingegen sah sich durch tausende zustimmender Briefe, durch anfeuernde Forumsbeiträge im Internet, vor allem aber: durch einen Anstieg der Umfrageergebnisse im Laufe des Monats Mai auf zwölf Prozent[11] ganz in seinem Treiben bestätigt. In diesen Wochen standen auch der Parteivorsitzende und gewichtige Teile der FDP hinter ihm, stellten sich zumindest nicht gegen ihn – denn noch wirkte die Magie, prosaischer: die Gier, die das 18-Prozent-Versprechen ausgelöst hatte.

Andere politische Parteien im Zentrum des Parlamentarismus trauten sich nicht, die Kritik an Israel zuzuspitzen und in der politischen Arena unmissverständlich zu repräsentieren. Hier war also etwas einzusammeln, was bislang unbeheimatet geblieben war. Darin lag schließlich die Räson des Projekts der »Protestpartei der Mitte«. Anfang April legte Möllemann los. »Ich würde mich auch wehren«, verteidigte er unter anderem die Selbstmordanschläge von Palästinensern, »und zwar mit Gewalt. Und ich würde das nicht nur im eigenen Land tun, sondern auch im Land des Aggressors.«[12] Im Präsidium der FDP durfte sich Möllemann zunächst großen Rückhalts erfreuen. Man habe es dort genossen, so der Parteisprecher, sich »in einem befreiten Sinne«[13] der israelischen Regierung gegenüber erklärt zu haben.

Die nächste Runde läutete Möllemann Ende April 2002 ein, als die FDP-Fraktion im Düsseldorfer Landtag den bisherigen grünen Abgeordneten Jamal Karsli aufnahm. Karsli, aus Syrien stammend, hatte als Politiker der Grünen, indes ohne Absprache mit seiner Partei, im September 2001 Israels Politik als »Staatsterror« bezeichnet, der »jedem Vergleich mit anderen Terrorregimen der jüngeren Geschichte« standhalte. Im März 2002 gab Karsli, noch immer Mitglied der grünen Partei und Fraktion, eine Pressemeldung heraus, die den Titel trug: »Israel wendet Nazi-Methoden an«. Bevor die Grünen ihn vor die Tür setzen konnten, kündigte Karsli selbst seine Mitgliedschaft in der Partei und seine Zugehörigkeit zur Fraktion am 23. April 2002 auf, um von Möllemann prompt zum Liberalen geadelt zu werden. Eine Woche später gab der frisch konvertierte Liberale der weit rechts stehenden Wochenzeitung *Junge Freiheit* ein Interview, in dem er ausführte: »Man muss zugestehen, dass der Einfluss der zionistischen Lobby sehr groß ist: Sie hat den größten Teil der Medienmacht in der Welt inne und kann jede auch noch so bedeutende Persönlichkeit kleinkriegen. (…) Vor dieser Macht haben die Menschen in Deutschland verständlicherweise Angst.«[14] Der Topos von der »jüdischen Weltverschwörung« kehrte über den Liberalismus in die deutsche Politik zurück. Man konnte sich an Heinrich von Treitschke, den nationalliberalen Historiker und Abgeordneten der Kaiserreichsjahre, erinnert fühlen, der 1879 dem Antisemitismus mit seinem Ausruf »Die Juden sind unser Unglück« Entree im deutschen Bürgertum verschaffte.

Immerhin: Im klassischen Bürgertum, insbesondere auch bei größeren Unternehmern, regte sich erhebliches Unbehagen über die politischen Zündeleien Möllemanns. Die reputierlichen Ex-Granden der Partei – Graf Lambsdorff, Burkhard Hirsch, Klaus Kinkel, Hans-Dietrich Genscher, Wolfgang Gerhardt und am schärfsten Hildegard Hamm-Brücher – mahnten jetzt auch den Parteichef, in der Causa Karsli nicht mehr bloß zu lavieren, sondern mit Möllemann Tacheles zu reden.

Zuvor hatte Parteichef Westerwelle allerdings selbst das Thema »Kritik an Israel« als »parteipolitisches Waisenkind« identifiziert. Und dieses elternlose Kind hätte er, so die *Financial Times Deutschland*, nur zu gerne »adoptiert«[15]. Aber das war nun, seit Ende Mai 2002, so einfach nicht mehr möglich. Denn jetzt sanken erstmals wieder die Umfragewerte der FDP. In den kulturellen Leitmilieus waren die verwegene Vorgehensweise Möllemanns und die anfangs wohlwollende Sekundanz Westerwelles auf eine für die FDP verheerende Resonanz gestoßen. Auch im Gros der gewerblichen Bürger war die augenzwinkernde Funktionalisierung verborgener antisemitischer Einstellungsdispositionen zum Nutzen besserer freidemokratischer Wählerwerte genierlich. Westerwelle stürzte in diesen Wochen ab.[16] Anfang Mai hatte er noch bestens gelaunt mobil und optimistisch die Republik bereist und das Volk als Spaßpolitiker unterhalten. Zum Ende des Monats begegnete man einem Mann Anfang vierzig, der um Jahre gealtert schien, fahl und grau im Gesicht, sich seiner keineswegs mehr sicher.[17] Die Medien verspotteten ihn jetzt als »Zauderer«. So, in dieser Verfassung, startete Westerwelle nach einem Jahr Parteivorsitz zu seiner ersten Auslandsreise als Chef der Freien Demokraten: nach Israel. Dort musste er sich – hochroten Kopfes – vom israelischen Premier Ariel Sharon bitter schelten lassen.[18] Zurück in Deutschland zog Westerwelle die Trennungslinie zu Möllemann jetzt schärfer: Karslis Zugehörigkeit zur freidemokratischen Landtagsfraktion in Nordrhein-Westfalen endete am 6. Juni 2002.

Möllemann hingegen, der in der FDP außerhalb Nordrhein-Westfalens allmählich mehr und mehr die Unterstützung verlor, fühlte sich durch die andauernde Flut von Schreiben bestärkt, da deren Verfasser ihn zur Fortführung seiner Kampagne anfeuerten. Vier Tage vor den Bundestagwahlen eröffnete Möllemann die nächste Runde: Über acht Millionen Wurfsendungen landeten in den Briefkästen in Nordrhein-Westfalen mit einem Foto Möllemanns auf der Frontseite und der Losung »Klartext. Mut. Möllemann. Einer wie wir.«[19]. Rückseitig bekam man abermals Möllemann zu Gesicht, der im Text als engagierter Kämpfer für den Frieden im Nahen Osten porträtiert wurde. Darunter folgten zwei weitere Abbildungen, die eine vom israelischen Ministerpräsidenten, Ariel Sharon, die zweite von Michel Friedman, die beide als friedensunwillige Kriegstreiber und diffamierende Kontrahenten des sich »beharrlich für eine friedliche Lösung des Nahost-Konfliktes« einsetzenden Jürgen W. Möllemann dargestellt waren. Dieser machte keinen Hehl daraus, dass der Überraschungscoup wenige Tage vor den Wahlen dafür sorgen sollte, dass sein Landesverband ein überproportional gutes Ergebnis einfahren möge, um seine innerparteilichen Kritiker bloßzustellen.

Doch behielt Möllemann schon nach Schließung der Wahllokale nicht mehr die Interpretationshoheit. Die FDP, die doch auf sein Drängen hin die 18 Prozent angepeilt hatte, landete bei 7,4 Prozent, hatte also auch gegenüber dem Umfragehoch im Mai 2002 nahezu fünf Prozent eingebüßt. Ende September 2002 erschien das fast allen Beobachtern des Politischen als schwere Niederlage. Dafür sprach einiges, allerdings nicht alles. Schließlich hatten insbesondere Erstwähler der FDP überproportional stark ihre Stimme gegeben. Ganz vergebens also waren die Spaß- und Eventkampagnen, war der Medienfuror der Partei seit dem Jahr 2000 nicht gewesen. Seither jedenfalls wurde die Wählerschaft der FDP bis 2009 sukzessive juveniler und deutlich männerdominiert. Bei den 18- bis 24-jährigen jungen Männern in Ost-Deutschland übertraf die FDP sogar mit 12,4 Prozent der Stimmen die PDS, die lediglich auf 11,8 Prozent kam.[20] Mit dem freidemokratischen Populismus der Jahre 2000/01/02 drang die Partei, wie ursprünglich ja durchaus kühl kalkuliert, in neue, für sie keineswegs unproblematische Wählerschichten ein. Der Anteil der Arbeiter an den FDP-Wählern stieg von 3,5 Prozent auf 6,5 Prozent; die Quote der Arbeitslosen verdreifachte sich gar. Ein Viertel der neu gewonnenen Wähler hatte zuvor eine extreme Rechtspartei gewählt; im Gegenzug verlor die FDP die meisten Stimmen an die Grünen.[21] In der postmaterialistischen Generation der 1958er bis 1967er Geburtsjahrgänge – also ausgerechnet der Generation des Parteivorsitzenden Westerwelle – fand die FDP, anders als die Grünen, wenig Anklang. Noch geringer hingegen fiel der Zuspruch bei den über Sechzigjährigen aus. Insofern hatte sich die FDP elektoral beträchtlich gewandelt: Sie war erheblich jünger, auch östlicher, partiell proletarischer, weniger libertär und urban geworden.[22].

Zwar hatten die Freien Demokraten in Nordrhein-Westfalen, dem Heimatverband von Möllemann, 9,3 Prozent eingefahren, hatten also den Bundesdurchschnitt um 1,9 Prozentpunkte übertroffen. Gleichwohl: Möllemann hatte mehr als lediglich 1,9 Prozentpunkte Zuwachs versprochen; und die Partei hatte über Monate von weit besseren Ergebnissen geträumt. Nun aber war man weder Volkspartei geworden, noch hatte man an politischer Bedeutung zugelegt. Die FDP wirkte über Monate angeschlagen, brutal ausgenüchtert, bar allen Elans und Selbstbewusstseins. Der Tod Möllemanns Anfang Juni 2003 tat noch zusätzlich seine Wirkung. Denn schließlich war die Politik der Provokation von Westerwelle und dem größten Teil seiner Partei begeistert mitgetragen worden.[23] Fast alle hatten ja in die suggestiven Triumphchoräle eingestimmt, hatten sich wie im Fieberwahn von den populistischen Sirenengesängen des »Projekts 18« betören lassen. Doch das politische Instrumentarium der eskalierenden Tabubrüche war nun einmal hochambivalent und für eine im Kern honoratiorenhafte Partei nur schwer anwendbar. Denn die Politik der Provokation erforderte eiserne und zynische Konsequenz. Der jeweils nächste Regelverstoß musste noch unverschämter, maßloser, hybrider daherkommen, sonst trivialisierte, verpuffte er.[24] Ebendas aber entgrenzte Politik, enthemmte und radikalisierte sie, konnte gar – wie man bei Möllemann hatte sehen können – tödlich ausgehen. Extremistisch-populistische Parteien mit verwegenen Außenseitern und unbürgerlichen Existenzen mögen das in Kauf nehmen und ertragen können. Aber traditionell in der Exekutive integrierte Parteien des arrivierten liberalen Bürgertums geraten aus den Fugen. Und mehr zu diesen als zu jenen gehörten nun einmal die Freien Demokraten in Deutschland.

Gleichwohl schlüpfte Guido Westerwelle Mitte Februar 2010, als seine Partei nach ihrem großen Wahlerfolg und den dann folgenden enttäuschenden Wochen des Regierungsbeginns in einen rasanten Sinkflug geriet und binnen 100 Tagen die Hälfte ihrer Wähler verlor, wieder zurück in die heikle Rolle.[25] Ein wenig wirkte das so, als würde er die Krankheitssymptome seiner Partei, den Absturz in der Demoskopie, mit den Krankheitsursachen bekämpfen wollen, da ja gerade die Großspurigkeit der Oppositionsansprache erheblich zu den nachfolgenden Frustrationen über die Regierungspraxis beigetragen hatte. In der anhaltend bescheidenen bis geringen Beliebtheit Westerwelles hatten sich schon über mehrere Jahre hinweg die Tücken des Typus des medialen Tabubrechers offenbart. Westerwelle hatte sich zwar probat so verhalten, wie Kommunikationswissenschaftler oder Spindoktoren lange Zeit die Zukunftskompetenz von Politikern in der Mediengesellschaft zu beschreiben pflegten: Er war stets auf allen Kanälen präsent, ließ besonders Unterhaltungsformate nicht aus, hat dort nicht durch Überdifferenzierungen gelangweilt, sondern mit pointierten, knappen und polemisch-provokativen Formulierungen Zuschauer wie Programmmacher bei Laune gehalten. Westerwelle galt infolgedessen bis in das Frühjahr 2002, dann wieder in den Jahren der freidemokratischen Opposition zur Großen Koalition als Virtuose der Medienpolitik. Aber ebendieser Dauertanz auf allen medialen Bühnen wandte sich dann gegen ihn. Die Soundbites verschlissen sich; man wurde der Parolen überdrüssig; man konnte sein Gesicht nicht mehr sehen, die schrille Tonlage seiner Statements kaum mehr ertragen. Medienvirtuosität birgt in sich – je erfolgreicher sie zunächst wirkt – Keime des Scheiterns.

Dabei hatte man nach dem Suizid von Möllemann den Eindruck, dass Westerwelle fürderhin ein gebranntes Kind war, dass er fortan die innere Eskalationsdynamik einer politischen Verbalität, die gezielt den gesellschaftlichen Komment provoziert, scheuen würde. Denn nochmals: Der Provokateur darf nicht stehen bleiben; er muss sich von Runde zu Runde steigern, schärfer werden, seine dichotomischen Polarisierungen – Fleißige versus Faule, guter Markt gegen bösen Staat, leuchtender Liberalismus kontra finsteren Sozialismus – immer schneidender vortragen. Anfang 2010 schien Westerwelle in der Not seiner Partei dieses Risiko – sehr viele andere politische Methoden standen ihm von Sozialisation und politischem Temperament auch nicht recht zur Verfügung – eingehen zu wollen. Viel wirkliche Liberalität, Pluralität und Weltoffenheit konnten am Ende dann nicht mehr übrig bleiben. Und die von einigen jüngeren Liberalen, wie dem zwischenzeitlichen Generalsekretär Christian Lindner, seinerzeit zumindest rhetorisch temporär angestrebte Neumodellierung der FDP als eine Partei mit etwas mehr Wärme, mit einer größeren Neigung zur Fairness und Solidarität musste dabei ebenfalls auf der Strecke bleiben.[26]

Am Ende waren beide Wege versperrt. Ein deutscher Außenminister konnte nicht als Kampagnenführer einer fortwährenden Entrüstungspolitik und kumulativen Zuspitzung durch die Welt der Diplomatie ziehen. Also ließ Westerwelle von der Methode ab, die indes Erwartungen geweckt hatte, welche sich aber nun politisch nicht einlösen ließen. Doch auch eine entgegengesetzte Alternative, etwa der sanfte Liberalismus mit Zeichen sozialer Empathie, war natürlich nicht postwendend einzuführen. Dazu hatte man Stimmungen und Emotionen zu sehr in die ganz andere Richtung geschürt und gelenkt. Zum Schluss war in der FDP alles unscharf. Dergleichen allerdings können sich Tabubrecher nicht leisten. Schärfe und Verschärfung liegen in der inneren Logik politisch gezielt eingesetzter Provokationen. Das kann eine Zeit lang eine beträchtliche Dynamik erzeugen. Den Ausgang aber bildet irgendwann nahezu unweigerlich: die (Selbst-)Destruktion.

4. Grüne Pädophiliedebatte im Schatten des Liberalismus

Das Jahr 2013, als jäh die Debatte über die Pädophilie ausbrach und über Monate anhielt,[1] markierte eine Zäsur in der Geschichte der linkslibertären Lebenswelten in der Bundesrepublik und ihrer Partei seit den 1980er Jahren: Die Grünen.[2] Das öffentliche Drama allerdings begann als Prolog gewissermaßen im Jahr 1982, in Frankreich, mit Daniel Cohn-Bendit in der Hauptrolle des Tabubrechers.[3] »Wenn ein kleines Mädchen von fünf Jahren oder fünfeinhalb Jahren beginnt, Sie auszuziehen, dann ist das fantastisch, das ist fantastisch, weil es ein Spiel ist, ein absolut erotisch-manisches Spiel.« Mit diesem Satz in der französischen Talkshow »Apostrophes« hatte Daniel Cohn-Bendit 1982 sein Publikum, wie so oft,[4] provozieren wollen, um sich in das von ihm so geschätzte Licht des notorischen Rebellen zu drängen.[5] Ganz richtig gelang ihm das seinerzeit nicht. Keiner der übrigen Gäste in der Sendung, weder der Präfekt von Paris Maurice Grimaud noch der Katholik Michel de Saint-Pierre oder der Philosoph François Châtelet bzw. der Schriftsteller Paul Guth, reagierte erkennbar entrüstet, niemand hatte den pausbäckigen Lümmel[6] in seine Schranken gewiesen. Auch in den Printmedien las man hernach keine kritischen Kommentare.

Ähnlich indifferent reagierte die Öffentlichkeit bereits sieben Jahre zuvor[7] auf die Jahrzehnte später berühmt-berüchtigt gewordene Passage in Cohn-Bendits »Le Grand Bazar«: »Es ist mir mehrmals passiert, dass einige Kinder meinen Hosenlatz geöffnet und angefangen haben, mich zu streicheln.«[8] Doch ist Indifferenz im Grunde nicht die angemessene Charakterisierung. Bei einigen Intellektuellen in Frankreich genossen die pädophilen Postulate vielmehr eine gewisse Sympathie. Es war eine »autre temps«, wie *Le Monde* Jahre später etwas verschämt zurückblickte[9], da auch diese reputierliche Tageszeitung in den 1970er Jahren reichlich Nachsicht gegenüber den Kreisen pädophiler Jünger gezeigt hatte, während die linksrepublikanische *Libération* dem Sex mit Kindern gar eine »echte soziale Mission« attestierte, wie später die Historikerin Anne-Claude Ambroise-Rendu schrieb.[10]

Das war seinerzeit eben »die Epoche«, pflegt auch Cohn-Bendit gern seinen Fehltritt in dieser Sache zu exkulpieren, wenn jemand, so seine saloppe Wendung, »mit der alten Geschichte um die Ecke«[11]

kommt und ihn auf die Formulierungen des großen Basars ansprach: »Ich will mich nicht hinter dem gesellschaftlichen Trend verstecken, gerade bei mir wäre das albern. Aber wir müssen doch sehen, dass die 68er als Subkultur begannen. In dieser Subkultur gab es selbstverständlich auch schmuddelige Ecken. [...] Es gab die Gewaltecke, und es gab die Ecke der antiautoritären Erziehung. Erst mit dem Bewusstsein von Kindesmissbrauch werden solche Aussagen, wie sie mir zu Last gelegt werden, einfach unerträglich.«[12]

Der sexuelle Befreiungsimpetus segelte seinerzeit, in den Folgejahren von 1968, im Windschatten der Enttäuschung über die ausgebliebene politische Revolution. Die Großtransformation der staatlichen und ökonomischen Ordnung war nicht gelungen, also setzten die Propheten der Fundamentalveränderung, sehr ähnlich wie in den Jahren 1919/20, auf die Selbstreform, auf Pädagogik, auf die Emanzipation der Individuen von den Zwängen einer überkommenen, klerikal und bigott durchsäuerten Klassengesellschaft. Das war der Jargon jener Zeit. Wie immer in historischen Momenten tiefer politischer Enttäuschungen richteten sich fortan die Hoffnungen auf das neue Geschlecht, in der Regel auf die noch nicht korrumpierte Gesinnung der Jugend, jetzt auch: der Kinder.

2013 wirkte viel davon wie aus der Zeit gefallen, gänzlich unverständlich für die Generationen, die ihre jugendliche Sozialisation nicht in den 1960er oder 1970er Jahren erlebt hatten. Doch die links-libertäre Protestkohorte dieser Jahrzehnte konnte diese Facette ihrer grenzfreien Lebensweisetoleranz nicht erklären, versuchte es nicht einmal. Sie verlegte sich darauf, in sich gekehrt zu schweigen, gleichsam das Problem nach Art des sonst hoch verpönten Helmut Kohl auszusitzen. Konsterniert stieß das Publikum auf diese bis dahin fremdartige Sprachlosigkeit der linkslibertären Akteure aus der zuvor bewährt erörterungsfreudigen Diskursgeneration. Der Versuch, zu begründen, zu erläutern, auch zu historisieren, was wieso dreißig oder vierzig Jahre zuvor beispielsweise an pädophilen Forderungen in Programme und Manifeste eingedrungen war, wurde gar nicht erst unternommen.[13] Stattdessen legte sich auch bei den Grünen, die parteipolitisch die linkslibertären Milieus gesammelt hatten, im Jahr der Bundestagswahl stumme Furcht über die verdrängten Seiten der eigenen Geschichte.

Dergleichen Quietismus in Bezug auf die Geschichte der zurückliegenden Dekaden in (West-)Deutschland war neu und ungewohnt.

Denn bis dahin hatte die Partei die Jahrzehnte seit 1968 gerne als eine Ära vermehrter Liberalität, kosmopolitischer Weltoffenheit, ökologischer Sensibilität und gelassener Toleranz gegenüber Minderheiten beschrieben, um die damit positiv konnotierten Züge dem eigenen Konto bzw. den von befreundeten oder vorangegangenen sozialen Bewegungen gutzuschreiben. Die Grünen hatten sich selbst stets als entscheidendes Agens der Modernisierung in Szene gesetzt, sich zu kämpferischen Avantgardisten der Befreiung von einem durchaus ruppig reagierenden alten Herrschaftskartell stilisiert. Marieluise Beck etwa, eine prominente Grünen-Politikerin der ersten Stunde, bezeichnete es »als historisches Verdienst der Grünen, den Blick für sexuelle Freiheit geöffnet zu haben«[14].

Was immer man den Grünen an Tüchtigkeiten attestieren mag: Die Rolle der Vordenker und Initiatoren der sexuellen Revolution können sie sicher nicht für sich reklamieren; es ist auch nicht besonders ratsam. Die oft gefeierte sexuelle Revolution vollzog sich lange vor Gründung der Partei. Die Grünen absorbierten, was an sozialen Bewegtheiten und Ideen längst aufgekommen war. Die Neugründung der Partei bildete gewissermaßen das Finale einer vorangegangenen autonomen gesellschaftlichen Entwicklung.

Die Anfänge all dessen lagen bereits in den 1960er Jahren. Der Geist, der die neuen Strömungen trug, war vor 1968 liberal, auch radikaldemokratisch, im Selbstverständnis der Akteure: bürgerrechtlich. Es war der Geist all derer, die sich lösen wollten vom – wie sie es wahrnahmen – »Mief« der »Adenauer-Republik«, von der »sexualfeindlichen Bigotterie« des Katholizismus. Die unabhängige Entscheidung und Freiheit des autonomen Einzelnen auch in der Sexualität bildete das Credo der Reformer, die nach dem emanzipatorischen Auszug aus dem stählernen Moral-Gehäuse klerikal-konservativer Kräfte drängten. Dafür gab es seinerzeit unzweifelhaft viele gute Gründe. Die Ergebnisse der Reformbewegung goutieren mittlerweile bekanntlich die meisten weiterhin gern, seit einigen Jahren selbst Zugehöriger (einst) konservativer Lebenswelten.

Nur: Jede Emanzipationsbewegung hat Tücken, Ambivalenzen, produziert Opfer, eben auch die, welche sich innerhalb eines neuen liberalen Bürgertums der 1960er Jahre entwickelte. Seinerzeit bildete sich eine Gruppe von liberalen Strafrechtsreformern an den Universitäten, die mit Alternativ-Entwürfen viel Aufsehen erregten – und à la longue vielfach segensreich gewirkt haben dürften. Zu dieser Gruppe zählten etwa die Jura-Professoren Jürgen Baumann, Ulrich Klug, Werner Maihofer, die in jenen Jahren den sich vom Nationalliberalismus verabschiedenden Freien Demokraten beitraten und im Jahrzehnt danach dort eine beachtliche Karriere als Minister und Senatoren absolvierten. In der Frage der Sexualdelinquenz argumentierten sie noch erkennbar vorsichtig. Gleichwohl hieß es in ihrem Entwurf: »Eine sachgerechte Ausgestaltung des Schutzes von Kindern gegenüber sexuellen Angriffen stößt auf erhebliche Schwierigkeiten, nachdem die neuere Forschung immer deutlicher zeigt, dass mögliche Auswirkungen in der Tat entscheidend von der Psyche des einzelnen Kindes und von der Reaktion der Umwelt abhängen. (…) Die Verfasser des AE (Alternativentwurfs) verkennen nicht, dass in der Mehrzahl der abgeurteilten Fälle eine echte oder anhaltende Schädigung wohl nicht eintritt. Und, daß die überkommenen gegenteiligen Vorstellungen im erheblichen Maße der Korrektur bedürfen.«[15]

Die öffentliche Diskussion über sexuelle Gewalt gegenüber Kindern hatte schon zu Beginn des Jahrzehnts begonnen. 1964 berichtete die Wochenzeitung *Die Zeit* über eine Tagung der Deutschen Gesellschaft für Sexualforschung zum Thema »Das sexuell gefährdete und geschädigte Kind«. Die Bilanz nach zweieinhalb Tagen lautete zwar: »Über die seelischen Folgen bei Kindern, die sexuell missbraucht wurden, ist noch sehr wenig bekannt.« Doch was an Kenntnissen vorlag, schien eindeutig darauf hinzuweisen, so die Psychologieprofessorin Elisabeth Müller-Luckmann aus Braunschweig, die über »Glaubwürdigkeit kindlicher und jugendlicher Zeugenaussagen bei Sexualdelikten« habilitiert hatte, »dass alles, was der eigentlichen Tat folgt – Vernehmung, Gerichtsverhandlungen, unüberlegte oder übertriebene Fürsorgemaßnahmen –, das Kind oft stärker belastet als die Tat selbst«.

Ihre Kollegin, die Psychiaterin Thea Schönfelder aus Hamburg, ging davon aus, dass fast ein Drittel der Mädchen nicht einfach hilflose Opfer waren, sondern »sich eindeutig aktiv verhalten« hätten. Zwölfjährige Lolitas, so der Berichterstatter der *Zeit*, pflegten die Liebhaber ihrer Mütter zu charmieren und sich alten Männern sexuell provokativ zu nähern. Die Ansicht, dass es sich bei Pädophilie um einen besonders infamen Missbrauch handele, der ein hohes Strafmaß erfordere, wies der Wissenschaftsautor Erwin Lausch in der *Zeit* als einen »Hauch Mittelalter«[16] zurück.

In eine ähnliche Richtung, allerdings erheblich selbstbewusster und offensiver, ging Ende der 1960er Jahre der Feuilleton-Chef der

Zeit, Rudolf Walter Leonhardt, damals eine prägende Deutungsinstanz im deutschen Bildungsbürgertum. 1969 erschien sein Buch »Wer wirft den ersten Stein? Minoritäten in einer züchtigen Gesellschaft«; Vorabartikel daraus druckte die *Zeit* ab. Mit einem zumindest aus der Retrospektive irritierenden intellektuellen Hochmut mokierte sich Leonhardt über Ängste der »Spießer«. Als Kenner der Weltliteratur bemühte er Edgar Allan Poe, Georg Christoph Lichtenberg, Novalis, natürlich auch »Lolita« von Vladimir Nabokov, um die Besorgnisse vor pädophilen Übergriffen als Paranoia nahezu der Lächerlichkeit preiszugeben.[17]

Leonhardt hielt ein pathetisches Plädoyer für den kreativitätsfördernden Verkehr großer männlicher Geister mit liebreizenden weiblichen Wesen im Kindesalter. »Es ist auch nicht so entscheidend, wie Moralprediger denken wollen und manche Juristen denken müssen, ob die geschlechtliche Vereinigung wirklich vollzogen wurde oder nicht. Wichtig ist, dass jahrhundertelang ein zwölf- bis fünfzehnjähriges Mädchen als Gegenstand einer erotischen Leidenschaft vorgestellt und nachempfunden werden konnte. Die bezaubernden Geschöpfe in Mythos und Literatur, die viel bewunderten und hochverehrten Exempla großer Liebe, sie waren manchmal jünger als zwölf und selten älter als fünfzehn.«

Dass Kinder psychische Verletzungen aus sexuellen Beziehungen mit Erwachsenen davontragen könnten, mochte der spätere stellvertretende Chefredakteur der *Zeit* partout nicht in Betracht ziehen. Dergleichen Befürchtungen hielt er für »verquere, verquollene Vorstellungen«. 44 Jahre später versuchte sich der damalige stellvertretende Chefredakteur der *Zeit*, Theo Sommer, an einer Erklärung: Leonhardt, ein »Whiskykenner« und »Porsche-Fahrer«, der die Anschnallpflicht als Freiheitsbeschränkung ablehnte, habe einfach »aus Daffke« geschrieben.[18]

1969, und ebenfalls in der *Zeit*, versuchte ein weiterer Kolumnist, mittels mehrerer Essays eine Art Renaissance des freudomarxistischen Sexualtheoretikers und Psychiaters Wilhelm Reich einzuleiten. »Der Mann, der an unsere tiefsten Ängste rührte«, so lautete der Titel eines großen Stücks, das am 10. Oktober 1969 erschien. Mit Reich versuchte der Autor den Lesern klarzumachen, dass die tiefen Defizite an wirklicher Demokratie, die Neigung zu Mystizismen, ja die »Anfälligkeit für faschistische Ideologie« sich aus einer Quelle speisen: »aus gestauter, unbefriedigender Sexualenergie«[19]. Und der zentrale Ort, in dem dieser Stau determiniert werde, sei »die autoritäre Familie«, in der »die Unterdrückung der Geschlechtlichkeit des Kleinkindes« die Grundlagen aller persönlichen und gesellschaftlichen Deformationen lege.

Das Versprechen Wilhelm Reichs besaß unzweifelhaft eine katalytische Wirkung und »identitätsstiftende Kraft«[20] für die Erfolge des Achtundsechzigertums. Für junge Leute aus dem alten Bürgertum konnte zu diesem Zeitpunkt kaum etwas attraktiver sein als die Verheißung der gesellschaftssprengenden Kraft eines munter praktizierten Beischlafs. Durch die Rezeption von Wilhelm Reich konnte, wer mochte, sich als Pionier einer befreiten Gesellschaft und zugleich als standfester Antifaschist begreifen, wenn man nur alle herkömmlichen Moralvorstellungen beiseitelegte und dem Sexualtrieb freien Lauf ließ. So propagierte es Wilhelm Reich, der in der nichtlimitierten Sexualität der Kinder gar den entscheidenden Ausgangspunkt für eine herrschaftsfreie Gesellschaft und den Gegenpol zu autoritären Regimen sah.

Neben Reich hatte sich in den 1920er Jahren eine Garde linksliberaler Publizisten und Aktivisten verblüffend affirmativ hinter Idee und Praxis des »pädagogischen Eros« gestellt, die in den reformerischen Landerziehungsheimen verbreitet waren.[21] Als Gustav Wyneken, der charismatisch wirkende Leiter der Freien Schulgemeinde im thüringischen Wickersdorf, 1921 wegen sexuellen Missbrauchs von Schülern vor Gericht stand und verurteilt wurde, reagierte das radikaldemokratische Spektrum der Weimarer Republik hellauf empört. Wyneken behauptete, in seinen Handlungen gegenüber den Schülern allein vom edlen, völlig unegoistischen Eros bewegt worden zu sein. Seine Anhänger im libertären Bürgertum nahmen das dem bewunderten Erziehungsrevolutionär rundum ab, sahen in der Causa allein eine üble Treibjagd schulreaktionärer Konsorten im Bündnis mit der Klassenjustiz.[22]

In den 1970er Jahren erlebte das Paradigma des »pädagogischen Eros«[23] eine neuerliche Renaissance. Helmut Kentler, Abteilungsleiter im Pädagogischen Zentrum Berlin, später dann Professor in Hannover, wurde in diesem Jahrzehnt mit seinem Ansatz einer »nichtrepressiven« Sexualerziehung ein Star der Jugendpädagogik und Sexualwissenschaft. Kentlers bei Rowohlt veröffentlichte Bücher wurden Bestseller. Der Professor kommentierte in Zeitungen, war gefeierter Redner in evangelischen Akademien. Selbst der Deutsche Bundestag lud ihn zu einer Anhörung über den im Sommer 1970 von Justizminister Gerhard Jahn (SPD) vorgelegten Entwurf für ein Viertes Strafrechtsänderungsgesetz als Sachverständigen ein.

Sich seiner vollkommen gewiss, zog Kentler im November 1970 gegen die strafgesetzlichen Regelungen im Sexuellen zu Felde. Er sah nicht den geringsten Grund für die Besorgnis, dass Sex zwischen Erwachsenen und Kindern Letztere traumatisieren könnte. Sein Generalrezept hierfür und allgemein: Man musste mit der Aufklärung und Sexualerziehung einfach früh anfangen und sollte schon in Kindergruppen zu erotisch-libidinösen Beziehungen ermuntern, dann brauchten psychische Traumata nicht mehr befürchtet zu werden. Auch auf die vom Ausschuss vorgegebene Frage, in welchem Umfang notwendig sei, die sexuelle Ausnutzung von Jugendlichen in einem Erziehungs- und Betreuungsverhältnis strafrechtlich zu unterbinden, hatte Kentler eine unmissverständliche Antwort: Für ihn existierte eine solche Notwendigkeit überhaupt nicht. Denn ihm dünkte es als »absolut unmöglich«, dass in Krankenhäusern, Gefängnissen, Heimen sexuelle Delikte passieren könnten, ohne publik zu werden. Mehr noch: Was sei überhaupt gegen sexuelle Beziehungen zwischen Betreuern und Betreuten zu sagen? Denn schließlich: »Erotische Elemente in Erziehungsprozessen sind sicher höchst wertvoll.«

Insgesamt vermutete Kentler, »dass sexuelle Beziehungen im Berufsbereich oder in Bereichen der Erziehung heute weniger durch Ausnutzung von Abhängigkeitsverhältnissen als durch freiwilligen Entschluss der Jugendlichen zustande kommen«. Überdies diene es der Ich-Stärkung, wenn man Kinder und Jugendliche »der Erfahrung recht gefährlicher Momente« aussetze, statt sie mit Schonräumen zu entmündigen. Dem Gesetzgeber könne er nur empfehlen, die Finger aus all diesen sexuellen Beziehungen und Vorgängen herauszuhalten. Kentler plädierte für »völlige Straffreiheit«.[24]

Indes zeigte sich eine Dekade später, dass die Gesellschaft nach der sexuellen Revolution in Medien und Werbung sicher sexualisierter war, aber im Alltag der Bürger nicht wirklich erotischer als zuvor. Der Zwang zur Lust, die Nötigung zum orgiastischen Höhepunkt schienen die von der traditionellen Sexualmoral befreiten Menschen erheblich unter Druck gesetzt und gewissermaßen freudloser gemacht zu haben. Die Machtverhältnisse im Kapitalismus hingegen hatten sich im Laufe der Sexualemanzipation nicht verändert, geschweige zulasten des Kapitalbesitzes umgekehrt.

Der provokative Gestus von 1968, die Fortschrittsrhetorik der

Rebellen, die libertären Sirenengesänge auf ein ungebändigtes, von Regeln gelöstes Leben hatten stattdessen in Managementideologien und Marketingstrategien Eingang gefunden.[25] Die Boheme, die Kulturrevolutionäre, die Nichtkonformisten – anders, als sie selbst von sich dachten – waren keineswegs giftige Stachel im Fleisch einer bürgerlichen Gesellschaft. Sie lieferten vielmehr die Medizin für deren stagnierende Momente.[26] Und sie pflegten alsbald in ein neues Bürgertum aufzusteigen, wo sich als »Tandem«[27] ein »Bündnis ›neuer sozialer Bewegungen‹ (Feminismus, Antirassismus, Multikulturalismus und LGBTQ) mit Vertretern hoch technisierter, ›symbolischer‹ und dienstleistungsbasierter Wirtschaftssektoren« zusammenfand, das, so die Beobachtung von Nancy Fraser, einen »progressiven Neoliberalismus«[28] herausbildete, gegen dessen zugleich kulturell moralisierenden wie ökonomisch »menschenfressenden Finanzkapitalismus«[29] später dann Prekarisierte und Abgehängte sich nicht selten von rechts wehrten.

Dabei konnten die Grünen in den späten 1960er und 1970er Jahren mangels Existenz noch nicht der erste politische Adressat linkslibertärer und spielerisch frondierender Bürgerlichkeit sein. Im Dreiparteiensystem war es die FDP, welche daher auch noch 1980 von der CSU, der Partei des Kanzlerkandidaten der Union, Franz Josef Strauß, als Partei »für Kommunisten, Homosexuelle und Gewaltverbrecher« geschmäht wurde. Ein Jahr später bot die Bundestagsfraktion der FDP Helmut Kentler (und anderen ihm verbundenen Professoren) eine politische Bühne zur Lancierung seiner sexualpolitischen Maximen.[30] Zu einer Party anlässlich des FDP-Bundesparteitags im Herbst 1982 in Berlin wurden zu Bier und Bouletten »Lesben und Liberale, Schwestern und Schwätzer, Prominente und Päderasten« eingeladen.[31] Noch unmissverständlicher artikulierten sich die Jungdemokraten, auch dort mit einer Mischung aus radikalliberalen Bestrebungen und libertären Sexualvorstellungen. Die Judos, denen nachmals prominente Grüne wie Claudia Roth, Jürgen Reents und (als stellvertretender Bundesvorsitzender und Bundesschatzmeister) Roland Appel angehörten, firmierten bis 1982 als offizieller Nachwuchsverband der FDP. Und viele von ihnen waren große Bewunderer von Helmut Kentler. Anfang der 1980er Jahre kam dieser ausführlich in einer weitverbreiteten Broschüre zu Wort, die den Titel »Solidarität und Erotik« trug. Kentler gab dort zum Besten, dass er, unterstützt von einer sozialdemokratischen Senatorin in Berlin, »jahrelang mit ausgesprochenen

Unterschichtjugendlichen gearbeitet« habe. »Wir haben sie teilweise unterbringen können, bei teilweise sehr einfach gelagerten Männern, zum Beispiel Hausmeistern, die pädophil eingestellt waren. Sie haben dort ein Zuhause gefunden, sie haben Liebe gefunden.«[32]

Einige Jahre später beschrieb Kentler in einem Gutachten für das Land Berlin ein weiteres Mal, wie er im Gefängnis Tegel drei wegen sexueller Kontakte zu minderjährigen Jungs straffällig gewordene Hausmeister aufgestöbert habe, die er gleichsam zu Herbergsvätern für »jugendliche Herumtreiber« machte.[33] Der Auftrag für das Gutachten durch die Senatsbehörde erging am 29. März 1988. Berlin wurde inzwischen schwarz-gelb regiert. Die zuständige Jugendsenatorin gehörte der FDP an.

Auf ihrer Bundesdelegiertenkonferenz im März 1980 hatten die Jungdemokraten eine Resolution verabschiedet, die in Pädophiliezirkeln triumphierend vervielfältigt wurde: »Keine Bestrafung der freiwilligen und einvernehmlichen Sexualität. Die Paragraphen 173 (Inzest), 174 (Sexualität mit Schutzbefohlenen), 175 (besonderes ›Schutzalter‹ für männliche Homosexuelle), 176 (Sexualität mit Kindern) sind zu streichen.«[34] Zwei Jahre später, auf der letzten Bundesdelegiertenkonferenz der Judos als an der FDP orientierter Verband, wurden »Thesen zum Sexualstrafrecht« beschlossen: »Da sich die Jungdemokraten für die Emanzipation unterdrückter gesellschaftlicher Gruppen einsetzen – im Sexualbereich sind dies vor allem Frauen, Homosexuelle und Kinder –, fordern sie die Abschaffung des Sexualstrafrechts. Dies ist eine notwendige, wenn auch nicht hinreichende Bedingung für eine Humanisierung des menschlichen Sexualverhaltens.«

Zahlreiche Jungdemokraten und Linksliberale in der FDP gehörten der Humanistischen Union (HU) an, die sich 1961 als bürgerrechtliche und kirchenkritische Organisation überwiegend radikaldemokratischer Akademiker gegründet hatte, mit einiger Resonanz in bundesdeutschen Universitätsstädten.[35] Was in linkslibertären Kreisen fortan im Schwange war, fand in aller Regel auch seinen Weg in die Ortsverbände oder Sektionen der Humanistischen Union. Natürlich spielte hier auch Helmut Kentler als Autor, Referent und später Kuratoriumsmitglied eine wichtige Rolle. Erste große Debatten über Pädophilie bzw. eine Revision oder gar Streichung der Strafrechtsparagrafen 174 und 176 fanden zwischen 1973 und 1975 statt. Der HU-Arbeitskreis »Erziehung zur Erziehung« gab 1973 die Erklärung ab: »Uns erscheinen die §§ 174 und 176 (und wohl auch die anderen Unzuchtgesetze) als überflüssig, ja schädlich«; denn so würden »Sexualität und Verbrechen geradezu gleichgesetzt«.[36]

Auf einer Tagung der HU über »Kinderfeindlichkeit in der Bundesrepublik – Situation einer wehrlosen Minderheit«, die am 3. und 4. November 1973 in Köln stattfand, fordert der dort eingerichtete Arbeitskreis zur »Lustfeindlichkeit pädagogischer Institutionen« abschließend: »Die §§ 174 I 1 StGB und 176 Ziff. 3 StGB (unzüchtige Handlungen mit Abhängigen) sind ersatzlos zu streichen.« Zärtlichkeit »auf freiwilliger Basis« sei »zu fördern, nicht zu bestrafen. Erpressungsmöglichkeiten und Verketzerungen der sogenannten Täter entfällt«.[37]

Man kann es als besonders bedrückend empfinden, dass dergleichen Postulate über die in jenen Jahren akademisch attraktiven Kinderrechtsbewegungen sowie die Antipädagogik ausgerechnet in den Deutschen Kinderschutzbund hineindrangen.[38] Die Hochachtung vor Wissenschaftlern, gar mit Professorentitel, führte dazu, dass nicht ganz wenige deren Konzepten blind und naiv folgte, zumal man sich dadurch auf der Höhe der objektiven Erkenntnis wähnen durfte. Auch bei manchen Kinderschützern hielt sich infolgedessen über Jahre vielfach die Auffassung, dass einvernehmliche Sexualität von Erwachsenen mit Kindern nicht kriminalisiert werden solle, dass Schäden für das Kind erst sekundär durch unziemliche Reaktionen der Gesellschaft darauf entstünden, dass überhaupt stets »Hilfe vor Strafe« zu setzen sei.

Als die Grünen sich konstituierten, nahmen sie gleichwohl nicht nur auf, was sich zuvor an unterschiedlichen Stellen zu den heterogensten Themen als soziale Bewegungen formiert hatte. Personen, die im Übergang der 1970er zu den 1980er Jahren in vielerlei Hinsicht die Grenzen des separaten Engagements erfahren hatten, konnten nun hoffen, durch die parteipolitische Neubündelung zusätzliche Durchschlagskraft zu gewinnen. Die Grünen schöpften aus dem Lebensgefühl und dem Wertewandel der vorangegangenen 15 Jahre. Was immer sich im libertären Teil des nachgewachsenen bundesdeutschen Bürgertums seit Mitte der 1960er Jahre an Vorstellungen und Projekten verbreitet hatte: Es floss überwiegend in die Programmatik der Grünen ein. Die neue Partei gewährte allen möglichen Minderheiten nicht nur aus taktischen Gründen eine Nische, sondern sah in einem solchen eigenen Raum den neuen Ort elementarer repressionsfreier Basisbeteiligung. Ebendas bot Minoritäten in dieser Sattelzeit der grünen Partei die probate

Gelegenheit, mittels des kategorischen Imperativs der absoluten Toleranz sich auf Foren und Konferenzen der Partei überproportional viel Gehör und Geltung zu verschaffen.

Einigen Grünen gingen die oft herrischen, zuweilen wirr auftretenden Redner verstiegener Konventikel mit der Zeit auf die Nerven. Aber sie trauten sich nicht, disziplinierend einzuschreiten, schon gar nicht die Ordnungskräfte des seinerzeit noch misstrauisch betrachteten Repressionsstaates um Hilfe zu ersuchen.

Ein Teil der Grünen hatte also jene Positionen aufgesogen, die von einer Fundamentalliberalisierung kündeten, weshalb in den frühen 1980er Jahren der Kampf gegen »Repression, Kriminalisierung, Ausgrenzung« gleichermaßen als Kernelement der eigenen Parteibildung firmierte. Die Grüne Partei war damals so etwas wie ein Amalgam aus – erstens – eher wertkonservativen, an Nachhaltigkeit, gar Askese orientierten Ökologen und – zweitens – Vertretern libertärer, radikaldemokratischer, auch stark hedonistisch-individualistischer Positionen und schließlich – drittens – ernüchterten Exkadern aus dem bunten Spektrum maoistisch-kommunistischer Sekten der Siebziger.

Das pädophile Element war gewiss nicht Konstitutionsfaktor oder Wesenszug einer ökologischen Ideologie, auch nicht Bestandteil einer marxistischen Linken. Es stand vielmehr zeitweilig in erster Linie unter dem Schutzschild radikaler Demokraten aus der linksliberalen Tradition der Reformkräfte im bundesrepublikanischen Bürgertum, das Minderheiten aller Art in ihrer Façon lassen, jedenfalls vor »Kriminalisierung« schützen wollte.

Die Schattenseiten einer Deregulierung des Sexualstrafrechts blieben zunächst ausgeblendet. Bei den Grünen wie zuvor bei den Bürgerrechtsliberalen sah man anfangs über die strukturellen Macht- und Durchsetzungsdifferenzen zwischen Erwachsenen und Kindern hinweg. Man setzte sich nicht damit auseinander, wie subtil der Wille von Kindern jenseits der Anwendung von Gewalt gebrochen werden konnte und welche belastenden Auswirkungen das auf die weitere Biografie haben musste.

Je stärker die Parteibildung voranschritt, die sozialen Bewegtheiten erschlafften und die Akteure des Alternativen an Alter und wohl auch an Reife zulegten, desto mehr schwanden Langmut und Nachsicht gegenüber skurrilen Politforderungen. Die zunächst noch als unantastbar deklarierten Wesensmerkmale der Anti-Parteien-Partei – Öffentlichkeit aller Beratungen, Rotation der Mandatsträger, imperatives Mandat, strikte Basisdemokratie – büßten bald an Bedeutung und Verbindlichkeit ein. In diesem Transformationsprozess verarbeiteten die Grünen auch den Einbruch pädophiler Programmatik. Deren Ideologen hatten bei den Grünen in der ersten Hälfte der 1980er Jahre Freiräume vorgefunden und eine kurze Zeit lang nicht ungeschickt nutzen können.

Das war, nochmals, Folge und Konsequenz der ideologisch unterfütterten Minoritätssympathie im grün-alternativen Milieu. Doch stießen die Befürworter pädophiler Sexualität von Beginn an auch auf vehemente Einsprüche und Gegenreden.[39] In dem Maße, in dem die Parteiöffentlichkeit, sicher nicht zuletzt infolge medialer Kritik an pädophilen Parteitagsanträgen, das Thema ernst nahm, in dem Maße geriet die pädophile Apologie ins Hintertreffen. Bald war es auch in der Gesellschaft insgesamt, selbst in den Teilen des zunächst noch kokett tolerierenden Libertärbürgertums, politisch bedeutungslos.

Natürlich: Die sexuelle Liberalisierung steht in der Wahrnehmung der Mehrheit der Deutschen und trotz aller Ernüchterungen auf der Habenseite der Geschichte. Das Renommee der Achtundsechziger-Generation wie der linkslibertären Kultur und die bemerkenswerten Erfolge der Grünen bei Wahlen seit 1979 konnten aus diesem Wohlwollen gegenüber der Deregulierung zuvor eng gefasster Normen und autoritärer Kontrollbefugnisse schöpfen. Doch hat die Transzendierung konventioneller Reglements ebenfalls Lasten bereitet, Verlierer zurückgelassen, ja: Schäden und Geschädigte hervorgebracht.

Im Grunde weist die Diskussion über Pädophilie auf die immer wiederkehrenden Aporien von Modernisierungs- und Emanzipationswellen hin. Sie erweitern Räume, sie vervielfältigen die Optionen, sie eröffnen neue Chancen. Das ist die eine Seite, die mit Recht vielfach goutiert wird. Zur anderen Seite jedoch gehören unvermeidlich Destruktionen und Verluste. Das eine gibt es nicht ohne das andere. Auf Phasen radikaler Deregulierung pflegen längere Momente zu folgen, in denen über neue Grenzziehungen nachgedacht wird. Das Jahr 2013 war so ein Moment. Und er ist noch nicht zu Ende. Der dialektische Prozess von traditionskritischer Entbindung und einhegender Rückbindung geht weiter. Diese Entwicklung vollzieht sich nicht hinter dem Rücken politischer und gesellschaftlicher Akteure. Diese tragen vielmehr Verantwortung für Richtung und Ziel solcher Prozesse.

KONSERVATIVE PORTRÄTS

1. Der einsame politische Asket: Heinrich Brüning

Im Grunde hätten die Deutschen ein Faible für Heinrich Brüning, den Reichskanzler vom 30. März 1930 bis 30. Mai 1932, haben müssen. Denn war er nicht exakt so, wie sie sich schon damals, wie sie sich auch heute noch ihr Ideal vom guten Politiker entwerfen würden? Brüning heischte nicht nach gefälligem, schnellem Applaus. Er drosch keine pathetischen oder prahlerischen Phrasen. Er war durch und durch unkorrupt. Selbst entschiedene Gegner sprachen ihm die Integrität nicht ab, da er doch denkbar bescheiden lebte, kein Gesellschaftslöwe war, weder auf opulenten Gelagen noch auf exzessiven Tanzvergnügungen erschien, von denen es im Berlin jener Jahre überreichlich gab. Brüning hielt nichts auf Ideologien und Theoretiker. Er suchte Rat bei Fachmännern, bei Experten aus der Wissenschaft und der Verwaltung. Brüning war, wie er gerne und oft herausstellte, der Sache ergeben, nicht der Parteiräson, nicht Gruppeninteressen. Und er besaß ein präzises politisches Projekt, das er zielstrebig verfolgte, unbeirrt von den Stimmungen des Tages, den Launen der Medien, dem Propagandagetöse des politischen Gegners. Brüning also war kein Funktionär seiner Partei, kein windelweicher Opportunist, kein auf Boni oder extraordinäre Honorare erpichter Karrierist. Arbeit und harte Disziplin bestimmten seinen Tagesablauf, das alles für die Nation, für das Wohl der Deutschen, wie der Reichskanzler fest überzeugt war.[1] Die Deutschen hätten entzückt sein müssen ob dieser Lichtgestalt eines der gewöhnlichen politischen Egozentrik entrückten Staatsmannes. Aber sie waren es nicht. Das Gros hasste ihn wie kaum einen zweiten Kanzler in der Parlamentsgeschichte des Landes. Und der Hass traf Brüning, weil er so war, wie sich das Volk einen Politiker wünschte – aber es natürlich nicht ernsthaft wollte, schon gar nicht ertrug.

Nun waren die 1930er Jahre zugegebenermaßen ein denkbar ungünstiger Zeitpunkt, um einen rigorosen Asketen politischer Emotionslosigkeit, bar jeder sichtbaren sozialen Empathie, aushalten zu können. Millionen Deutsche hatten kaum etwas zu essen, aber ihr Kanzler stellte Brot nicht in Aussicht. Und so lobte man nicht Brünings Prinzipienfestigkeit, sondern beschimpfte ihn wütend als »Hungerkanzler«. An Brüning schieden sich, von den Zeitgenossen bis zu den historischen Interpreten seither, die Geister. Den einen war er die letzte Hoffnung für den Erhalt eines Rechts- und Verfassungsstaats, den anderen – die an Zahl gewiss überwogen – war er der erste Sargnagel für die Republik, der Türöffner zur braunen Republik. An politischer Bedeutung reichte unter den übrigen Regierungschefs der Weimarer Zeit allein Gustav Stresemann an ihn heran. Doch stand und steht Stresemann im Urteil der Nachwelt weit besser da, als Architekt der deutsch-französischen Versöhnung, Friedensnobelpreisträger, kluger Realpolitiker und Vernunftrepublikaner, der das schwankende, für nationalistische Exzesse anfällige deutsche Bürgertum in seiner Zeit geschickt domestizierte.

Als der Außenminister starb, schien die Republik von Weimar festen Boden unter den Füßen bekommen zu haben. Als Brüning – in Fragen des Finanzwesens und der Außenpolitik Stresemann geistig unzweifelhaft ebenbürtig – an die Spitze des Kabinetts trat, begann der Boden fort zu rutschen, bis in nicht einmal drei Jahren das gesamte Fundament der Republik in Trümmern lag. Mit Brüning, dem kühlen, immerfort ernst blickenden Intellektuellen und einsamen Junggesellen im düsteren Habit, dem jede Jovialität und offensichtliche Herzenswärme abging, verbindet sich die Erinnerung an den fatalen, vielen irgendwie unaufhaltsam, geradezu zwangsläufig erscheinenden Niedergang des Parlamentarismus und an den ebenso stetigen, vorwärts walzenden, rücksichtslosen Aufstieg des Nationalsozialismus. Hatte Deutschland also das Unglück, in der schwersten ökonomischen und gesellschaftlichen Krise der Moderne von einem falschen, für die Aufgabe seinerzeit gänzlich ungeeigneten Mann ohne Instinkt, Fingerspitzengefühl und Fortune regiert zu werden?

Man hätte Brüning, sah man seinen puritanischen Alltag, sein Arbeits- und Sparsamkeitsethos, seine strenge Selbstzucht für die Inkarnation eines glaubensfesten Protestanten halten können – nicht zuletzt auch im Vergleich zu den bekannten anderen Repräsentanten des politischen Katholizismus aus dem Rheinland und dem deutschen Südwesten. Aber Brüning war Katholik, strenggläubig erzogen, geboren und groß geworden im tiefschwarzen Münster. Wahrscheinlich waren Katholiken in Westfalen doch anders als solche aus den Städten und Dörfern am Rhein oder der Mosel, trotz der gemeinsamen religiösen Prägung. Mit Ludwig Kaas, dem Chef der katholischen Zentrumspartei von 1928 bis 1933, tat sich Brüning immer schwer; die kommunalpolitischen Großzügigkeiten Konrad Adenauers widerstrebten ihm zutiefst; und Matthias Erzberger blieb ihm ganz und gar fremd. Die extrovertierten Charaktere in der Politik behagten ihm, dem schwerblütigen, in sich verschlossenen Westfalen, nicht. Allzu fröhlich ging es schon in seiner Kindheit nicht zu. Der Vater, ein Weinhändler und Essigfabrikant, starb, als Heinrich Brüning gerade eineinhalb Jahre alt war. Mit sieben Jahren erlitt der kleine Heinrich einen Herzkrampf, als er in einer Badeanstalt vom Turm ins Wasser sprang. Fortan durfte er am Turnunterricht auf seinem Gymnasium, dem altehrwürdigen Paulinum der westfälischen Bischoffsstadt, nicht mehr teilnehmen. Jahrelang hatte er mit eisernem Willen daran zu arbeiten, seine Gesundheit wieder herzustellen und halbwegs zu stabilisieren. Früh schon stellte sich außerdem eine Kurzsichtigkeit ein, sodass er eine Brille tragen musste – was ihn alles nicht zu einem munteren, allseits beliebten und bewunderten Häuptling unter Gleichaltrigen machte. Krankheiten und Unfälle begleiteten ihn im Übrigen sein weiteres Leben. Allein das legte ihm eine spezifische Rigorosität im Kampf um das physische Wohlergehen auf, die so kennzeichnend für ihn war. Überdies entschloss er sich – im Einklang mit seinen beiden älteren Geschwistern – zum lebenslangen Zölibat, was den mönchischen Ausdruck Brünings noch einmal unterstrich.

Dabei waren Härte und Zielstrebigkeit durchaus keine von Geburt an fest angelegten Wesenszüge Brünings. Er hatte sich diese Eigenschaften im Gegenteil mühselig antrainieren müssen, viel Leid dafür auf sich genommen, da ihn der tägliche Kampf für eine streng disziplinierte Lebensweise wieder und wieder in Depressionen trieb, auf die er ebenso regelmäßig somatisch reagierte und die er in körperlichen Krankheiten auslebte. Als Brüning 1904 mit dem Studium begann, wusste er nicht, wozu er wirklich neigte, wohin – zu welchem Berufsziel also – die Reise gehen sollte. Das väterliche Erbe und ein beachtliches Stipendium ermöglichten ihm, an den

Universitäten München, Straßburg und Bonn fast elf Jahre eine nahezu direktionslose Tour durch etliche Studienfächer – von der Juristerei über die Philosophie, Germanistik und Geschichte bis zur Nationalökonomie – zu unternehmen. Stets las sich Brüning irgendwo fest, fand derart kein Ende und erst recht keinen Abschluss. Der harte Reichskanzler der frühen 1930er Jahre, der unbeirrt seinen politischen Kurs verfolgte, war zu Beginn des Jahrhunderts als junger Mann eher labil, unsicher, orientierungs-, vor allem: entscheidungsschwach.[2] Geselligkeiten blieb er in der Regel fern, Freundschaften waren rar. Den Einzelgänger überfielen oft Melancholie, peinigende Selbstzweifel und düstere, skeptische Stimmungen. Dennoch pflegte er später die Studienjahre nebst den Erlebnissen der »Frontkameradschaft« als die schönste Zeit in seinem Leben zu bezeichnen. Dabei lebte er in steter Furcht, Referate abgeben, bei Prüfungen erscheinen zu müssen. Ganz zum Studiumsschluss, beim Examen für den Lehrerberuf, ergriff ihn vollends die Panik: Am Morgen des Prüfungstages packte er in schlimmer psychischer Not die Koffer, flüchtete, wie von Dämonen verfolgt, zum Bahnhof und setzte sich in den Zug, um Straßburg, um nur der Universität zu entkommen. Allein, seine Zimmerwirtin behielt die Geistesgegenwart, informierte den wartenden Professor – den rechtskatholischen Professor der Geschichte Martin Spahn –, der Brüning aus dem Zug holen und zurückbringen ließ, um ihn dann einige Stunden verspätet examinieren und bestehen zu lassen.

Hätte die Medienlandschaft in den frühen 1930er Jahren bereits so ausgesehen wie heute, dann wäre der Reichskanzler der letzten Weimarer Jahre gewiss unverzüglich nach Amtsübernahme unter Spott und Häme aus dem Amt gejagt worden, da investigative Journalisten dieses Stück aus Brünings studentischer Vergangenheit schon ausgegraben und gewiss lustvoll verbreitet hätten. Aber so schrieb man damals in den Zeitungen nichts über die früheren Ängste und Handlungsschwächen des nun mit kompromissloser Strenge amtierenden Regierungschefs, wusste wohl auch nichts von den zurückliegenden Ereignissen.

Als Brüning die Examensurkunde erhielt, erklärte er sogleich, aber keineswegs als Lehrer arbeiten zu wollen. Er hing stattdessen noch ein Promotionsstudium an, doktorierte in Volkswirtschaft, mit einer Studie, welche die Überlegenheit privatwirtschaftlich geführter gegenüber staatlich organisierten Eisenbahnen am englischen Beispiel zu belegen versuchte. Im März 1915 fand das Rigorosum, mit mäßigem Erfolg, statt. Aber was sollte dann kommen? Welchen Beruf sollte er ergreifen? Vielleicht doch Lehrer? Die Dozentur an einer Universität? Oder besser Journalist? Brüning wusste es nicht. Er hatte partout keine Vorstellung von seiner weiteren Zukunft.

Der Krieg riss den Zauderer aus seiner Paralyse. Seither wird die Fronterfahrung Brünings im Ersten Weltkrieg gern als das entscheidende Erweckungserlebnis für die Karriere zum späteren Reichskanzler gewertet. Denn nun wandelte sich der blasse Bücherwurm jäh zum glühenden Mann der Tat, zum verwegenen Kämpfer. Diese Konversion war anfangs gar nicht einfach zu bewerkstelligen. Zwar hatte Brüning sich bereits in den frühen Augusttagen 1914 eifrig als Freiwilliger zum Kriegsdienst gemeldet; aber die Armee wollte ihn nicht, den schmächtigen Mann vom Schreibtisch mit seinen dicken Brillengläsern, mit denen er der Kurzsichtigkeit begegnete, der in seiner ganzen Schulzeit weder am Barren noch am Reck hatte turnen dürfen und können.

Aber Brüning ließ nicht locker. Mithilfe eines Verwandten im Offiziersrang gelang ihm 1915, erfolgreich durch die Musterung zu kommen. Und nun – daher wird oft ein Damaskuserlebnis vermutet – hatte es ein Ende mit der Zaghaftigkeit, Unentschlossenheit, dem Entscheidungseskapismus bei Brüning. An der Front – deren »aristokratische« Sphäre er fortan schwärmerisch verklärte – legte er sein zögerliches Verhalten ab. Aus dem schmalbrüstig geratenen Studenten mit allerlei gesundheitlichen Malaisen wurde binnen Kurzem ein Leutnant, gar ein Kompanieführer der Maschinengewehrabteilung, einer hochgerühmten Elitetruppe des preußischen und deutschen Militärs. Für Tapferkeit gegenüber dem Feind erhielt Brüning Anfang 1918 auch das Eiserne Kreuz I. Klasse. Was andere Zeitgenossen als qualvolle Zeit des Grauens und der schieren Sinnlosigkeit empfanden, waren für Brüning drei herrliche Jahre, die ihn gewiss nicht zu einem neuen Menschen machten, aber doch seinen gesundheitsbedingten, ewigen Kampf um disziplinierte Lebensführung mit neuem Sinn ausstatteten, dabei seinen Tugendkatalog noch stärker ins Rigorose trieben. Ordnung, Pflicht, Opferbereitschaft, Dienst am Ganzen: Darin bündelten sich die Zielvorgaben Brünings als Summe seiner Schützengrabenerlebnisse.

Das soldatische Leben im blutigen Ernstfall des Waffengangs setzte fortan Brünings Maßstab in der Beurteilung anderer Menschen, seiner Kollegen in Politik und Parlament, der Aufgaben- und Prioritätensetzung in der politischen Arena. Die militärische Hierarchie galt Brüning als Modell ebenfalls für das Politische. Die realen Befehlshaber der Armee, die von ihm gehuldigten und verehrten Hindenburgs und Ludendorffs, standen bei Brüning im Range von jeglicher Kritik enthobener Autoritäten, denen auch im zivilen Leben Treue und Gehorsam gebührten.

Daher traf es Brüning bis ins Mark, als er die Kriegsniederlage des Deutschen Reiches erlebte, den revoltierenden Arbeitern und Soldaten im November 1918 ohnmächtig zuschauen musste. Der Herbst 1918 war ein anhaltender Schock für ihn. Und wie vielen anderen Frontkämpfern seiner Generation fiel auch Brüning infolge der Kapitulation schwer, sich in das zivile Leben, in die neue Republik einzufinden. Er kehrte nach Münster zurück, wohnte bei seiner Mutter, suchte eher lustlos nach Arbeit, fand nichts und fiel zurück in den introvertierten Pessimismus und die folgenlosen melancholischen Selbstreflexionen seiner Studientage. Erst im Frühjahr 1919 fand er Zugang zu einem regelmäßigen Erwerb – nicht in seiner Heimatstadt, sondern im großen Berlin, beim in katholischen Kreisen weithin berühmten Großstadtseelsorger, dem »Zigeuner der Wohltätigkeit«, wie ihn später durchaus wohlwollend Peter Panter alias Kurt Tucholsky nannte,[3] bei Karl Sonnenschein also.

Doch der war ein Rheinländer, vitalistisch, vor Ideen sprühend, gewiss auch oft sprunghaft, mithin ein glatter Gegensatz zum pedantischen Brüning. Besser kam der nüchterne Westfale mit dem gut zehn Jahre älteren Adam Stegerwald aus, Sohn eines Kleinbauern aus der Nähe von Würzburg, gelernter Schreiner und Mitbegründer wie Patron der Christlichen Gewerkschaften. Bei ihm heuerte Brüning im Herbst 1919 als persönlicher Referent an, als Stegerwald in Preußen das Ministerium für Wohlfahrt führte. Stegerwald protegierte seinen jungen Mann weiter und ebnete ihm ein Jahr später den Karriereweg zum Geschäftsführer des (christlichen) Deutschen Gewerkschaftsbundes. Vier weitere Jahre danach war es wiederum Stegerwald, der Brüning – zunächst zaudernd wie eh und je – bedrängte, für den Reichstag zu kandidieren, sodass dieser von 1924 bis 1933 den Wahlkreis Breslau im zentralen Parlament des Deutschen Reiches vertrat.

Auch der Krieg, auch der Fronteinsatz hatten mithin einige primäre Wesens- und Charakterzüge Brünings nicht außer Kraft setzen, nicht grundlegend verändern können. Brüning war und blieb ebenfalls in den 1920er Jahren zurückhaltend, steif, distanziert.[4] Vielen erschien er durch seine kühle Reserviertheit gar als hochmütige Gestalt, der Sympathien dadurch nicht zuflogen. Brüning sprach nicht viel, verweilte auch in den Wandelgängen des Reichstags nicht wie andere hier und da müßig in irgendwelchen debattierenden Gruppen oder Grüppchen. Unterhielt er sich doch mal mit einem Kollegen, dann blickte er stets gehetzt nach hinten, als befürchte er, abgehört oder ausspioniert zu werden.[5] Der schnelle Schritt durch Hallen und Räume war so etwas wie das Brüning'sche Erkennungsmerkmal. Dabei signalisierte seine Miene unmissverständlich, dass er weder Zeit noch Interesse an einem Smalltalk aufzubringen gedachte. Der Mund schmallippig, die Stimme leise, aber metallern, fiel auch die politische Ansprache stets kurz, knapp, fast befehlend aus.

Dabei: Den meisten Mitparlamentariern war er gar nicht bekannt, zu sehr hielt sich Brüning zurück, da er die Kulisse und nicht den Platz vorn auf der Bühne bevorzugte. Die Öffentlichkeit wusste bis in den März 1930 nichts vom ihm. Auch die Hauptstadtkorrespondenten der Zeitungen kannten kaum mehr als seinen Namen. Als Brüning im Dezember 1929 zum Fraktionsvorsitzenden seiner Partei avancierte, vier Monate später gar an die Spitze des Reichskabinetts treten durfte, hatten die Medien die allergrößte Mühe, ein paar Sätze zur Person zu schreiben. Allein unter den Finanz- und Steuerexperten der Fraktionen genoss Brüning Aufmerksamkeit, aufgrund seines außergewöhnlichen Fleißes und seiner enormen Kenntnisse durchaus viel Respekt.[6] Einigen Oberbürgermeistern, gerade der eigenen Partei – Konrad Adenauer vorneweg –, war er ebenfalls ein Begriff, aber in der Regel sehr negativ konnotiert. Denn Brüning machte keinerlei Hehl daraus, wie sehr er die kommunalpolitischen Granden der Großstädte für ihre bedenkenlose Ausgaben-, ja Schuldenpolitik verachtete[7], auch hier: Adenauer vorweg, der in Köln besonders fröhlich und sorglos Kredite aufnahm und sie dann in der Krise nicht zurückbezahlen konnte.

In den 1920er Jahren indes musste Adenauer dem Parteifreund und Finanzasketen noch nicht mit übermäßiger Aufmerksamkeit oder Vorsicht begegnen. Aber seit dem 30. März 1930 war der Westfale plötzlich Kanzler. Allseits erwartet hatte man das nicht. Zu den bekannten Größen auf dem politischen Parkett Berlins gehörte er nicht. Regierungserfahrung konnte er, der erst 44-jährige Zentrumsmann, nicht vorweisen. Dabei hatten sich im Land in wirtschaftlicher und außenpolitischer Hinsicht seit Ende 1929 derart viele und fraglos explosive Probleme aufgeschichtet, dass ein etwas erfahrenerer Mann an der Spitze des Kabinetts mit größerer Volkstümlichkeit und höheren rhetorischen Qualitäten, auch stärker entwickelten Fähigkeiten zur Begründung seiner politischen Aktionen, gewiss ein vernünftiges Kalkül bei der Personalauswahl gewesen wäre.

Aber um all dies ging es denen, welche die Fäden in diesem letzten Abschnitt der Republik von Weimar zogen, vor allem aus dem Dunstkreis der Reichswehr, dort insbesondere die Generäle Schleicher und Groener, in keiner Weise. Sie hatten vielmehr nach einem Mann gesucht, der wohl noch aus der Mitte des Parlaments kam, von dem man aber wusste, dass er Demokratie und Volkssouveränität für ganz ungeeignete, im Kern gefährliche Methoden des politischen Entscheidungsprozederes in Deutschland hielt. Schleicher und Groener hatten Ausschau nach einem Mann gehalten, der als staatstreu, vaterlandsliebend, nationaldenkend galt, aber nicht zu den unberechenbaren Wirrköpfen aus dem Lager der Hugenberg-Deutschnationalen zählte. Brüning passte mithin. Mit seinen soldatischen Allüren, seinem Fronterfahrungspathos war er dem greisen Reichspräsidenten und Vollblutmilitär Paul von Hindenburg bestens zu vermitteln.

Das alles führte dann zur ersten Regierung der »Frontkämpfer«, wie Brüning gern stolz kolportierte.[8] Andere benutzten das Etikett »Hindenburg-Kabinett«. Jedenfalls markierte es das Ende der parlamentarisch und parteidemokratisch fundierten Regierungsbildung.[9] Das neue, flott gebildete Kabinett ging nicht mehr aus Koalitionsverhandlungen mit fixen Koalitionsvereinbarungen hervor. Es war von vornherein eine Exekutive des Reichspräsidenten, ohne verlässlich formierte Mehrheit im Reichstag, daher gestützt und gesichert allein durch den Paragrafen 48 der Weimarer Reichsverfassung. Hierbei handelte es sich zwar unzweifelhaft um einen Notstandsparagrafen, der allein bei den »zur Wiederherstellung der öffentlichen Sicherheit und Ordnung nötigen Maßnahmen« greifen sollte.[10] Aber das vermeintliche Ausnahme-Instrument für Zeiten etwa von Unruhen, Barrikadenkämpfen oder Naturkatastrophen wurde zum Regelwerk der politischen Normalität Deutschlands der frühen 1930er Jahre. Man hatte das zuvor und auch danach immer wieder in der politischen Geschichte verfolgen können, dass Exekutiven und Bürokratien sich an die für ihr Handeln so trefflich unkompliziert und weitreichend verfügbaren Notstandszugriffe rasch gewöhnen und ihrer fortan nicht mehr entbehren mögen. Damals entsprach diese Haltung auch einem verbreiteten Geist der Zeit, der bis in die sozialdemokratischen Reihen reichte und aus der chronischen Instabilität des Parlamentarismus in Deutschland seit 1919 rührte. Man war der Langwierigkeit parlamentarischer Meinungs- und Entscheidungsbildungsprozesse, auch der vielen Kanzler- und Kabinettswechsel, des »Gezänks« der Parteien generell überdrüssig. Autoritäre Regime schienen moderner, effektiver für die Regulierung der Massengesellschaft. Der Ruf nach der Dezision, nach dem Politiker der energischen Tat statt des endlosen Palavers, wurde stärker und lauter. Brüning, der sich im Inneren seiner selbst keineswegs so sicher war, wie er nach außen tat, sah sich in der Pflicht, diesen Politikertypus in der Stunde der nationalen Not zu verkörpern.

So erlebten die Deutschen zwischen 1930 und 1932 einen eisernen Regierungschef, hart arbeitend, in seiner Zielsetzung rigoros, kompromisslos, konsequent, bedingungslos. Und das Ziel war eindeutig umrissen: Es sollte ein Ende haben mit dem Young-Plan und den ewigen Reparationszahlungen. In mittlerer Frist zielte Brüning auf die vollständige Revision von Versailles. Dann konnte man in längerer Perspektive die Hegemonie unter den europäischen Großmächten gezielt anstreben. Im ersten Schritt aber hatte zunächst das Reparationsproblem gelöst zu werden. Das besaß höchste Priorität auf der Aufgabenskala des neuen Reichskanzlers, bildete sein »geradezu mit Besessenheit verfolgtes Hauptziel«[11], dem alle anderen politischen Aktivitäten untergeordnet waren. Um sich der Reparationen zu entledigen, musste das Reich, so Brünings Konzept, den Alliierten beweisen, dass es zu Zahlungen solcher Art ökonomisch nicht in der Lage war. Insofern kam Brüning die wirtschaftliche Depression recht; daher sah er auch in der sozialen Not der Bevölkerung einigen Nutzen. Denn was sollte besser beweisen, dass die materielle Last, die der Young-Plan auferlegt hatte, von den Deutschen nicht zu tragen war? Dieses außenpolitische Kalkül Brünings ging letztlich in der Tat auf, wenn auch nicht er, sondern sein Nachfolger die Ernte einfahren durfte. Insbesondere die politisch führenden Männer in der amerikanischen und englischen Politik waren von der Person und präzisen Argumentationsfähigkeit Brünings beeindruckt.[12] Sie bahnten ihm den Weg, den die französische Politik eher nicht gegangen wäre.

Aber den Deutschen waren die raffinierten Winkelzüge und schrittchenweisen Erfolge der Außenpolitik zu Beginn der 1930er Jahre mehrheitlich herzlich gleichgültig. Wichtiger war ihnen die eigene soziale Existenz. Die Wirtschaft kollabierte, die in immer größerer Zahl freigesetzten Arbeitskräfte verfielen in ein immer größeres Elend. Aber Brüning hatte dafür keinen Sinn, zeigte kein Herz, offenbarte kein Gefühl. Nie hielt er in seiner Kanzlerschaft eine Ansprache, die so etwas wie Mitleid, Anteilnahme, Bekümmerung für sein darbendes und hungerndes Volk durchblicken ließ. Ungerührt mahnte er die Deutschen im Stil des strengen und sparsamen Hausvaters, dass eine Familie zu sparen habe, wenn die Zeiten schwierig seien. So hatte er es selber zu Hause in Münster bei seiner Mutter gelernt; so hatten es auch seine Professoren der Nationalökonomie am Katheder gelehrt.[13] Eine ordentliche Finanzwirtschaft benötigte einen soliden Ausgleich zwischen Einnahmen und Ausgaben. Stockte eine Volkswirtschaft, stagnierte eine Produktion, fielen die Renditen, dann hatte man sehr wahrscheinlich über die Verhältnisse gelebt. Solche Fehlentwicklungen mussten durch den Kriseneinbruch und -prozess bereinigt werden. Der Staat durfte dieser gesundenden Entwicklung keineswegs entgegenwirken, konnte den Fortgang bestenfalls zu beschleunigen versuchen, damit die Talsohle und so der neuerliche Aufschwung schneller zu erreichen waren. Das stand für Brüning fest wie das Amen in seiner Kirche. Deswegen wurde er von einigen Ökonomen seiner Zeit, erst recht von etlichen Historikern im interpretierenden Nachgang heftig kritisiert.[14] Aber die Majorität der Wirtschaftswissenschaftler jener Jahre, übrigens auch der marxistischen Finanzexperten der Sozialdemokratie – Rudolf Hilferding, der ein guter Freund und Ratgeber Brünings in dieser Zeit als Kanzler war, voran[15] –, sekundierte ihm durchaus.[16] Allen steckte noch der Hexensabbat der Inflation in den Knochen. Niemand wollte dergleichen noch einmal riskieren.

Aber so heizten die Deflationspolitiker die Deflation erst recht an, vertieften und verschlimmerten die Krise. Die soziale Lage der Deutschen wurde immer trostloser. Der Winter 1931/32 war furchtbar. Die Produktion brach regelrecht ein; die Arbeitslosigkeit stieg auf sechs Millionen. Wieder und wieder wurden die Zahlungen an die Bedürftigen gesenkt und eingeschränkt, schließlich für ganze

Gruppen gestrichen. Bis weit in die gesellschaftliche Mitte hinein griff das Elend aus. Die Kleidung der Menschen ohne Erwerb verschliss, die Wohnungen und Häuser verwahrlosten. Depression, Hoffnungslosigkeit, schiere Verzweiflung grassierten zwischen Rhein und Oder, Isar und Elbe. Die Zahl der Selbstmorde stieg in bestürzendem Ausmaß an. Familiäre Katastrophen – Väter töteten erst ihre Kinder, dann sich selbst – ereigneten sich vielerorts. Den Kanzler allerdings schien das alles nicht anzurühren. Der politische Radikalismus erhielt infolgedessen kontinuierlichen Zulauf. Die Nationalsozialisten stellten seit den Septemberwahlen 1930 die zweitstärkste Fraktion im Reichstag. Auf den Straßen lieferten sie – die Brüning zunächst als nützliches Potenzial für regenerierende nationale Energien betrachtete – sich blutige Kämpfe mit Kommunisten, auch mit Sozialdemokraten und Reichsbannerleuten.

Als sich im Frühjahr 1932 deutlich abzeichnete, dass die revisionistische Außenpolitik Brünings aufging, brauchte ihn die Kamarilla um den Reichspräsidenten nicht mehr für die Führung des Kabinetts. Schließlich zürnte Hindenburg dem Kanzler, dass er dessen Wiederwahl im April 1932 allein durch ein für ihn politisch grundwidriges Bündnis aus Sozialdemokraten und Katholiken, den klassischen Reichsfeinden aller Preußen und Hohenzollern mithin, organisiert hatte – im Grunde eine beachtliche taktische Leistung politisch unkonventioneller Allianzbildung. Doch nun störte sich die Umgebung des Reichspräsidenten aus Großgrundbesitzern und Militärs wieder an der katholischen Herkunft und Glaubensüberzeug Brünings, an seiner vermeintlich jesuitischen Art, Politik zu betreiben. Man warf ihm sein komplettes Scheitern in der Innen-, Wirtschafts- und Arbeitsmarktpolitik vor. Innerhalb weniger Minuten erklärte Hindenburg seinem Kanzler kühl und knapp, dass er den Stuhl in der Reichskanzlei unverzüglich zu räumen, seine Demission einzureichen habe.[17] Dann hatte der Mohr zu gehen. Er hatte seine Schuldigkeit im Prozess der Entparlamentarisierung und Entdemokratisierung getan. Die Berliner Börse reagierte, wie Harry Graf Kessler in seinem Tagebuch am 30. Mai 1932 notierte, »wahrscheinlich in Erwartung der Segnungen des Dritten Reiches, mit einer teilweisen scharfen Hausse: Die Aktien sind gestiegen!«[18]. Der Tagebucheintrag von Thea Sternheim vom selben Tag lautete: »Abdankung des Kanzlers Brüning. Der Fußtritt Hindenburgs. Also war ihnen auch dieser Notverordnungslieferant, dieser Zerschmetterer jeder individuellen Freizügigkeit, dieser Westphale mit großdeutschen Instinkten noch immer nicht reaktionär genug!«[19]

Brüning selbst hatte die Bedingungen geschaffen, die seinen politischen Sturz in der würdelosen Form, in der er sich abspielte, ermöglichten.[20] Er hatte in den 26 Monaten seiner Kanzlerschaft alles dafür getan, die politisch entscheidenden Gewichte von den Parteien, vom Parlament hin zur Exekutive zu verlagern, deren primärer Legitimationslieferant im Wesentlichen der plebiszitär gekürte Reichspräsident war. Infolgedessen besaß der Kanzler im Frühjahr 1932 keine komplementären Reservelegitimationen aus dem parteidemokratisch basierten parlamentarischen System, die ihn hätten stützen und stabilisieren können, als die Entourage des Feldmarschalls den Daumen nach unten richtete. Erst recht nicht verfügte Brüning über Rückhalt im Volk, da er sich um Stimmungen und Emotionen nie geschert, das Bedürfnis nach innerweltlicher Transzendenz zur Überschreitung der rundum als unzureichend, wenn nicht gar als qualvoll empfundenen Gegenwart völlig ausgeblendet hatte. Die Nationalsozialisten konnten daher ihrerseits die Massen mit Hoffnungssymbolen füllen und mit Zukunftsutopien mobilisieren, die Brüning dem Volk nicht hatte geben wollen, auch nicht hatte geben können.

Brüning war insofern kein Mann der Zwischenkriegsjahre, als die Massen in Bewegung gerieten und die ideologischen Verheißungen virulent waren. Er war aber auch kein Mann eines modernen Parlamentarismus und Parteiensystems, in dem die komplexen und heterogenen Klasseninteressen, Mentalitäten, Einstellungen, Sozialerfahrungen, Weltanschauungen in gewiss langwierigen Prozessen bei einigen notwendigen konsensualen Grundprinzipien aggregiert, ausgehandelt, zu Kompromisspaketen politischer Entscheidung gebündelt werden mussten. Brüning und etliche anderer seiner Kohorte, von ganz links bis ganz rechts, hielten dies für eine gänzlich verfehlte Verfahrensweise, um politisch eine Nation zu führen. Sie vermissten hierbei Zügigkeit, Stringenz, den Imperativ von objektiver Fachlichkeit und Effizienz. Bemerkenswert ist, dass man dergleichen Auffassungen in der Eurokrise unserer Jahre neuerlich antreffen kann – bei steigender Resonanz im Volk und bei den wirtschaftlichen, politischen und interpretierenden Eliten der Republik.

In der Ära Brünings waren die Folgen dieses Denkens prägnant zu beobachten. Der Reichstag, der 1930 noch zu 94 Sitzungen zusammengekommen war, versammelte ein Jahr danach die Abgeordneten nur noch 42 Mal; 1932 schmolz die Zahl der Sitzungen gar auf 13 zusammen. Zwischen Ende März und Mitte Oktober 1931 lag die parlamentarische Debatte durchlaufend brach. Alle Politik siedelte bei der Exekutive; und das Instrument schlechthin bildeten die Notverordnungen: 44 davon gab es im Jahr 1930, sechzig im Jahr 1932. Zwischen 1925 und März 1930 waren die Gesetze noch durchweg auf parlamentarischem Wege, ohne Zuhilfenahme des Notparagrafen zustande gekommen.[21] Der Raum, den die Entparlamentarisierung seit dem Sommer 1930 freigab, wurde jetzt gefüllt von der Ministerialbürokratie, welche die Gesetzesmaschinerie nach ihren Logiken und unabhängig vom demokratischen Veto administrativ straff bediente. Brüning attestierte der höheren Beamtenschaft, welche mit Verve an den Gesetzesblättern formulierte, pure Sachlichkeit.[22] Auch das wies Brüning als einen verblüffend unpolitischen Politiker aus.

Die Bürokratie war jetzt Adressat der mächtigen Interessengruppen von Industrie und Großlandwirtschaft. Im Zentrum der finalen Macht stand das Reichspräsidialamt. Diesem Machtzentrum hatte sich Brüning politisch gewissermaßen mit Haut und Haaren ausgeliefert. Er selbst hatte die politische Bedeutung des Parlaments noch hinter den Einfluss des Reichstages in den Zeiten der wilhelminischen Monarchie zurückgeführt.[23] Die Nutznießer seiner Verfassungsrevision ließen ihn dann kalten Herzens fallen, als sie das Tempo in der Errichtung eines neoaristokratisch-autoritären Staates beschleunigt sehen wollten. Dass am Ende mit den Nationalsozialisten noch mehr Geschwindigkeit in das Zerstörungswerk von Demokratie und Rechtsstaat hineinkam, bei dem Jahre später auch Teile der alten obrigkeitsstaatlichen Eliten mit unter die Räder kamen, hatten sie ebenso wenig wie Brüning ins Kalkül gezogen. Dabei konnte man schon von Julius Cäsar lernen, dass alle Präzedenzfälle zur Einführung des Ausnahmezustandes irgendwann von Leuten genutzt werden, die nicht mehr über die gleichen Skrupel verfügen wie noch diejenigen, die zu Beginn die Entwicklung hierzu angestoßen haben.[24]

Den schmählichen Abschied von der politischen Macht – »hundert Meter vor dem Ziel«, wie der geschasste Reichskanzler fest und anhaltend glaubte – überwand Brüning nie. Bis zu seinem Lebensende grübelte er über die Umstände seines Sturzes, konstruierte Apologien seiner Regierungszeit, verfiel in Lamentiererei über die Undankbarkeit seiner Zeitgenossen. Im Herbst 1932 unternahm Brüning einige Versuche, die Nationalsozialisten zu Koalitionen mit seiner Partei zu bewegen. Er hoffte, die Hitleristen dadurch staatspolitisch einbinden und mäßigen zu können. Enttäuscht über die Vergeblichkeit dieser Bemühungen gehörte er ein halbes Jahr später in seiner Fraktion zu den heftigsten Gegnern des Ermächtigungsgesetzes der Nazis an der Macht. Durchsetzen konnte er sich nicht; also votierte er mit den anderen Parlamentariern des politischen Katholizismus für das Gesetz. Als Brüning im Frühjahr 1934 Informationen zugingen, dass ihn die braunen Machthaber im Visier von Verfolgung und Repression hatten, überquerte er am 21. Mai 1934 flüchtend die deutsch-holländische Grenze. Von Holland trieb es ihn nach England, von da weiter nach Amerika. Über Arbeit und Einkünfte verfügte er zunächst jahrelang nicht. Die Krankheiten und Depressionen kehrten mit Wucht zurück. Immerhin erhielt er im Jahr 1939 eine Professur für die politische Wissenschaft in Harvard. An aufklärenden Aktivitäten der von ihm nahezu verachteten Emigrantenzirkel beteiligte sich Brüning nicht. Er wolle, begründete Brüning seinen Attentismus, dem Vaterland nicht schaden.

Auch nach dem Ende des Zweiten Weltkrieges und der Nazityrannei mochte er von Gräueln der Deutschen nichts wissen, wandte sich gegen die Entnazifizierungsverfahren der Siegermächte. 1948 betrat er erstmals wieder nach 14 Jahren deutschen Boden, schockiert von den Zerstörungen der Städte.[25] 1951 machte ihn die Kölner Universität zum Professor für Politikwissenschaft. Alte Anhänger brachten ihn in den kommenden Jahren gern als möglichen Bundeskanzler, auch als Bundespräsidenten ins Spiel, trugen ihm eine Kandidatur für den Bundestag an. Aber Brüning spürte schnell, dass er der Gerissenheit und taktischen Klugheit seines alten Gegners Konrad Adenauer unterlegen war. Als Brüning 1954 in einem Vortrag vor dem Rhein-Ruhr-Klub die Außenpolitik des christdemokratischen Regierungschefs in Bonn infrage stellte, die Westorientierung als dogmatisch und einseitig rügte, drängte ihn das Adenauer-Lager binnen weniger Wochen in die politische Isolation.[26] Da auch in den Vorlesungen Brünings an der Universität die Resonanz bei den Studenten kontinuierlich schrumpfte, ging der Mann aus Westfalen 1955 kurz nach seiner Emeritierung ein zweites Mal bitter enttäuscht in die Emigration, abermals in die USA. In einem roten Holzhaus in den Bergen Vermonts lebte er fortan mit seinem Schäferhund einsam, ohne Lebensfreude, grüblerisch in sich gekehrt,[27] bis er am 30. März 1970 dort starb – exakt auf den Tag genau vierzig Jahre nach seiner Kanzlerkür im Deutschen Reich.

2. Mann der Heimat: Heinrich Hellwege

Aus einem ganz anderen Milieu und einer anderen Tradition entstammte Heinrich Hellwege.[1] Das Katholische war ihm fremd. In Treue stand er stattdessen zu seiner evangelischen Landeskirche. Den Glauben an Gott hielt er nicht allein für seine persönliche Angelegenheit; er war ihm unverzichtbarer Bestandteil einer politischen Ordnung, die er als allgemeinverbindlich anstrebte. Hellwege starb, wo er geboren wurde. Nichts charakterisiert Heinrich Hellwege stärker als die Koinzidenz von Anfang und Ausklang seines Lebens, als diese beiden Enden des einen, gleichsam roten Fadens in der Biografie: Heimat, Verwurzelung, Kontinuität, Verortung und Tradition. Die Gemeinde, der er so ein Leben lang zugehörte, war Neuenkirchen, zwischen Stade und Hamburg im *Olland* gelegen, dem Alten Land, mit seinen üppigen Apfel-, Kirsch- und Birnenplantagen. Die Menschen dort, so kann man es in unzähligen heimathistorischen Traktätchen nachlesen, seien bodenständig, nüchtern, ohne übertriebene Hast, natürlich: sturmfest und erdverwachsen.[2] Auf dergleichen Selbstzuschreibungen rekurrierte auch Heinrich Hellwege als Politiker und Propagandist einer dezidiert konservativen parlamentarischen Formation. Die Heimat, als sichere Zufluchtsstätte der familiären Geborgenheit, des dörflichen Zusammenhalts, der Verbundenheit mit der eigenen Scholle: Das war nicht nur Lebensform Hellweges, sondern immer auch politisches Programm. Zu Hause sprach er Platt.

Kurzum: Hellwege war durch und durch ein Mann der Heimat, wurde in der Mitte seines Lebens ranghöchster Repräsentant seiner politischen Heimatbewegung.[3] Als Anführer dieser Heimatbewegung reüssierte der stämmige, dadurch etwas gemütlich wirkende Mann aus kleinmittelständischen Verhältnissen – der Vater führte ein Einzelhandelsgeschäft – und ohne akademische Ausbildung durchaus in bemerkenswertem, keineswegs selbstverständlichem Maße. Als seine Partei und auch er diese Heimat hinter sich lassen wollten, national zu dehnen und politisch zu weiten versuchten, sich so von ihren Wurzeln und Ursprüngen lösten, da verließ den niederelbischen Vormann der Heimatbewegung bezeichnenderweise die Fortune.

Die primäre Heimat war das Welfentum, über Jahrhunderte das Kurfürstentum Braunschweig-Lüneburg, schließlich das Königreich Hannover, das 1814 aus den Arrangements des Wiener Kongresses entstand. Doch ein gutes halbes Jahrhundert später war das Königreich wieder von der politischen Landschaft verschwunden.[4] Der Tag, der das Schicksal der welfischen Regenten besiegelte, war der 29. Juni 1866. Der Ort, an dem das geschah, war Langensalza, wo die hannoverschen Truppen der preußischen Armee unterlagen. Der Mann, der dann für Okkupation und Annexion sorgte, hieß Otto von Bismarck. Er machte aus dem Königreich eine bloße preußische Provinz; er entmachtete den König auf dem Welfenthron; er usurpierte das welfische Vermögen und nutzte es für Reptilienfonds zur Förderung freundlicher medialer Berichterstattung über seine Politik. Langensalza: Das war der Stachel im Fleisch niedersächsischen Heimatstolzes. Die Niederlage von Langensalza bedeutete eine schwärende Wunde im Selbstbewusstsein der ländlichen, dynastisch orientierten Bevölkerung rund um Hannover, eine Wunde, die fast ein Jahrhundert lang nicht heilen wollte. Die Demütigung durch die Preußen erzeugte die Welfenpartei, aus der dann die Deutsch-Hannoversche Partei (DHP) entstand. Das zentrale Postulat der Partei: Wiederherstellung eines unabhängigen Königreichs Hannover und Relegitimierung des welfischen Herrschaftshauses.

Mit der sicheren Anthropologie konservativer Menschen beschränkten sich die welfischen Aktivisten nicht allein auf parlamentarische Politik, sondern richteten ihre Energie auch auf kulturelle Pflege und Tradierung der besonderen Identität, auf Festtage, Symbole, Legenden und Erzählungen, die vom Ruhm des Hannoveraner Menschenschlages handelten, von der Niedertracht des preußischen Gegners berichteten und die Aussicht auf ein gutes Ende verhießen, bliebe man nur treu der redlichen Sache ergeben. Die politische Führung der Welfenpartei lag in der Hand des Adels mit größerem Grundbesitz; die Garde der Ideologen kam vornehmlich aus der alten hannoverschen Beamtenschaft, den Schulmeistern und insbesondere der lutherischen Geistlichkeit.[5] Die Fußtruppen setzten sich aus den Bauern und Handwerkern der Dörfer um Stade, Lüneburg und eben Hannover zusammen. Doch bröckelte bereits im Kaiserreich der Zusammenhalt der extrem regionalisierten, daher auch isolierten Partei und Bewegung. Hatte die Deutsch-Hannoversche Partei bei den Reichstagswahlen 1881 noch 38,8 Prozent auf ihrem niedersächsischen Territorium erhalten, so war der Anteil bis 1912 auf 13,5 Prozent zurückgeschrumpft.[6] Und auch auf das einst königliche Welfenhaus war wenig Verlass, da der Prinz Ernst August 1913 die Ehe mit Prinzessin Viktoria Luise von Preußen, dem Feind also, einging.

Gleichwohl machte die DHP auch nach dem Ende der Hohenzollernmonarchie und des Kaiserreichs weiter wie zuvor. In den Jahren der Weimarer Republik forderte sie allerdings jetzt die Konstituierung eines selbstständigen Niedersachsens anstelle der Restauration der welfischen Aristokratie. Aber für ein Land Niedersachsen erwärmten sich nicht einmal alle Niedersachsen selbst. Wo genau sich die Grenzen des neuen Landes befinden sollten, war freilich innerparteilich nicht ganz geklärt. So mochte es auch daran gelegen haben, dass sich nur eine Minderheit der Niedersachsen für ein gleichnamiges Bundesland erwärmen konnte. Bei der Vorabstimmung zur Bildung des neuen Landes stimmten im Mai 1924 25,6 Prozent der wahlberechtigten Bürger der Provinz Hannover für eine solche territoriale Neugliederung, womit das Quorum für eine weitere Abstimmung deutlich verfehlt worden war. Es ging in den folgenden Jahren, wie es schien, unaufhörlich bergab mit der Welfenpartei, die am Ende, bei den Reichstagswahlen im Juni 1932, selbst in ihrem Stammland nur noch auf 2,4 Prozentpunkte kam. 1933 zählte sie kaum 60.000 Wähler mehr. Ihr Bauernvolk war zu über achtzig Prozent zu den Nationalsozialisten übergelaufen.[7] Darin zumindest bestand schon in den frühen 1930er Jahren ein Stück niedersächsischer Gemeinsamkeit: in dieser frühen und mehrheitlichen Affinität zur Hitler-Partei.[8] Im nichtwelfischen Land Oldenburg schafften die Nazis bei den Parlamentswahlen 1932 die absolute Mehrheit, und sie stellten dann den Ministerpräsidenten. Im Land Braunschweig war der NSDAP bereits 1930 der Eintritt in die Landesregierung gelungen.

Insofern: Ein politisches Welfentum schien nicht mehr viel Zukunft, keinen bedeutenden Anhang zu haben. Das konnte man 1932/33 ebenfalls von den Liberalen annehmen, deren beide Parteien kaum noch auf zwei oder drei Prozent der Stimmen kamen. 1945 aber revitalisierten sich auf lokaler Ebene, gerade in den früheren braunen Hochburgen und nun sicher begünstigt durch die Lizenzierungspolitik der Alliierten, die politischen Eigenkulturen häufig regionaler Prägung, die ab 1929 dem dynamischen Vormarsch der NS-Bewegung nicht hatten standhalten können. In den hinterlassenen Trümmern der gebrochenen nationalsozialistischen Herrschaft aber rekonstruierten sich diese Traditionen, gleichsam um geistig zu füllen, was durch das moralische Fundamentaldesaster der Nazis an Leere sonst vorhanden gewesen wäre.[9] Das galt auch für die alte Provinz Hannover, das galt für die welfischen Mentalitäten, galt schließlich für Heinrich Hellwege, der 1945 fortsetzen konnte, was er als junger Mann parteipolitisch vor 1933 begonnen hatte.

Geboren wurde Hellwege im August 1908. Seine politische Sozialisation also lag in der zweiten Hälfte der Weimarer Republik. Die Generation, der er angehörte, bezog sich nicht mehr auf das Kaiserreich. Auch die seinerzeit viel zitierten »Fronterfahrungen« und das »Schützengrabenerlebnis« gingen ihr ab. Und scharf kehrte sich diese Generation der zwischen 1905 und 1912 Geborenen gegen die Jugendkultur der Vorgängergeneration, gegen den Wandervogelhabitus, gegen Naturaposteltum und Lebensreformbestrebung. Das alles galt der Jugend Ende der 1920er Jahre als verblasene Romantik, als wirklichkeitsfern, als Spinnerei verwöhnter Kohorten. Die neue Generation gab sich unträumerisch und realistisch. Statt ziellos und weitschweifend zu philosophieren, wie es die vorangegangene Freideutsche Jugend noch mit einiger Leidenschaft betrieben hatte, setzte die neue Generation auf Haltung, Disziplin, Ordnung, auch Gefolgschaft. Die Jugendkultur wurde dabei wieder männlicher, soldatischer und uniformierter. Die Jugendlichen der verschiedenen politischen Lager trugen je für sich eine einheitliche Kluft, hefteten Gesinnungsplaketten an ihre Blousons, führten Fahnen, Wimpel und Banner im Gleichschritt zur trotzigen Manifestation ihres weltanschaulichen Absolutheitsanspruchs mit sich. Schwarz oder weiß, Freund oder Feind, Unterwerfung oder Anarchie. In dergleichen Bipolaritäten strukturierte sich der politische Teil dieser Generation – es war ihr »totalitärer Konsens«, wie die Historikerin Barbara Köster formulierte[10] – den Alltag, die Gesellschaft, ob man nun auf der linken oder auf der rechten Seite des Spektrums platziert war, ja: selbst in der Mitte und in den religiösen, konfessionellen Bünden.[11]

Auch Hellwege hatte als Jugendlicher und junger Mann nie einen Zweifel, was schwarz war, wo der Feind stand: bei den Preußen natürlich.[12] So hatte er es von Haus aus gelernt, hatte es in den Vereinen seiner Heimatregion beim Bier hunderte Male zu hören bekommen. Die Preußen, so erzählten sich die Obstbauern im Alten Land wieder und wieder, hatten seit jeher gestohlen und würden dies bis in alle Ewigkeit tun, wenn man sich nicht wehrte.

Und die Wehrorganisation wider die preußische »Macht-vor-Recht-Politik« war eben die DHP, welcher Hellwege, der das Gymnasium vorzeitig abgebrochen und ab 1926 eine kaufmännische Lehre in Hamburg angetreten hatte, früh beitrat.[13]

Als Aktivist avancierte er mit 23 Jahren zum Kreisvorsitzenden seiner Partei in Jork, dem kleinstädtischen Mittelpunkt des Alten Landes. Hellwege und seine Partei siedelten gewiss auf der politischen Rechten, aber der junge Hamburger Kaufmannslehrling besaß doch stets hinreichend Distanz zum extremen Deutschnationalismus, zu Hugenbergereien und Harzburger Sammlungskampagnen.[14] Über die »Dolchstoßlegende« der »vaterländischen Rechten« äußerte er sich stets verächtlich; über die Lebensleistung von Friedrich Ebert sprach er mit Respekt. Und das hybride Spiel der alten konservativen Eliten zum Ende der Weimarer Republik, mit Hitler einen von ihnen gelenkten Zauberlehrling in die politische Arena zu schicken, missbilligte er von Beginn an.[15] Auch nach 1933 wandelte er sich nicht, wie andere Figuren seiner Partei, zum Herold eines neuen nationalen Aufbruchs unter dem »Führer« Adolf Hitler. Er hielt sich vielmehr im Umfeld der Bekennenden Kirche auf.[16]

Das gab Hellwege im Sommer 1945 die Handlungsfreiheiten, die andere nicht besaßen, um parteibildend und parteiführend zu agieren. Er war 37 Jahre, stand also in der Mitte des Lebens, währenddessen die meisten der früheren großen Autoritäten der welfischen Bewegung greis und müde geworden waren. Und viele der Gleichaltrigen hatten sich eben in den vorangegangenen zwölf Jahren kompromittiert, mussten sich infolgedessen für einige Jahre im Schatten von Politik und Öffentlichkeit verbergen. Im heißen Juli 1945 lud Hellwege an einem Sonntag die Welfentreuen seiner Region in sein Haus,[17] wo man dann – ein anderer Gründungskern kam in Hannover zusammen – gewissermaßen die Niedersächsische Landespartei (NLP) als Substitut der alten DHP aus der Taufe hob. Damit begann eine durchaus furiose Karriere des Repräsentanten einer Kleinpartei kurze Zeit später in der Bundespolitik, dann in der niedersächsischen Landespolitik. 1946 stand Hellwege an der Spitze des niedersächsischen Landesverbandes seiner Partei, die 1947 zur Deutschen Partei (DP) mutierte; diese Position behielt er bis 1961 inne. Bis ins selbe Jahr führte Hellwege zudem die Bundespartei an, deren Vorsitz er 1947 übernommen hatte. 1949 holte er, wie ein weiteres Mal 1953, den Bundestagswahlkreis

Stade-Bremervörde direkt.[18] Seine Partei errang in Niedersachsen 17,8 Prozent, kam in Bremen auf 18 Prozent, vereinte auch in Schleswig-Holstein und Hamburg gut 12 bzw. 13 Prozent der Stimmen auf sich. Ein Stück Weimarer politischer Kultur *vor* dem Siegeszug des Nationalsozialismus hatte sich also zu Beginn der Bundesrepublik erstaunlich stark zurückgemeldet. Bundesweit verfügte die Partei Hellweges 1949 über vier Prozent der Stimmen, was ihr 17 Abgeordnete, davon fünf direkt gewählt, im Deutschen Bundestag bescherte.[19]

Und damit kam ihr eine regierungsbildende Funktion zu. Die CDU/CSU hatte die Wahl wohl gewonnen, war aber mit 31 Prozent der Wähleranteile weit davon entfernt, allein den Kanzler stellen zu können. Sie benötigte die FDP, die immerhin einen Wähleranteil von 11,9 Prozent in die Waagschale werfen konnte. Aber auch damit hatten Christdemokraten und Liberale noch kein von einer parlamentarischen Mehrheit getragenes und abgesichertes Kabinett zusammen. Die Parlamentarier der Hellwege-Partei wurden also gebraucht.

Allgemein fiel in Bonn in den Wochen nach der ersten Bundestagswahl auf, dass sich der niedersächsische Bundesvorsitzende der DP stoisch und abwartend verhielt, keineswegs durch immer neue Initiativen und Überraschungsaktionen die Aufmerksamkeit auf sich zu lenken versuchte.[20] Das blieb ein Zug des politischen (Führungs-)Stils bei Hellwege auch fürderhin. 1949 erwuchsen daraus keine Nachteile. Konrad Adenauer, der nach der Kanzlerschaft griff, wusste, dass er der DP bedurfte und ihren Parteivorsitzenden durch Insignien der Macht locken musste. Also konstruierte er eigens für Hellwege ein Ministerium, dessen Bedeutung und Kompetenzen in den kommenden Jahren immer diffus blieben.[21] Kurzum: Adenauer machte Hellwege, mit 41 Jahren der Jüngste in seinem Kabinett, zum »Minister für Angelegenheiten des Bundesrates«. Dieses Ministerium kam in einer bescheidenen Villa in der Koblenzer Straße der neuen Bundeshauptstadt unter. Bescheiden war auch die Zahl der Bediensteten: Mehr als vierzig waren es nicht, darunter lediglich acht Beamte des höheren Dienstes.[22] In der ersten Legislaturperiode hielt sich der gouvernementale Tätigkeitsdrang von Hellwege ebenfalls in Grenzen. Der Bundesminister, den es gleichsam magnetisch in seine Neuenkirchener Heimat zog und vom fremden rheinländischen Bonn abstieß, war in den vier Jahren nur in fünf öffentlichen Sitzungen des

Bundesrates zugegen. Auch im Kabinett fiel er überwiegend durch Schweigsamkeit auf. In Plenardebatten des Bundestages sahen die Parlamentarier ihn zwischen 1949 und 1953 nur zweimal am Rednerpult.[23]

Und doch nutzte Hellwege sein Ministerium. Die DP war eine der ganz typisch bürgerlich-konservativen Formationen, die stets gegen Parteibuchwirtschaft, Parteikarrieren, den Parteienstaat wetterten. Aber da die bürgerlich-konservativen Formationen mindestens bis in die 1970er Jahre über wenige Mitglieder verfügten, die sich noch dazu in hohem Maße beitragsunwillig verhielten, litten sie chronisch unter einem Mangel an Ressourcen und Personal. Daher bedienten sich gerade bürgerlich-konservative Parteien, nicht anders als die Liberalen im Übrigen, bevorzugt beim Staat, um politisch schlagkräftig zu bleiben. Mithin: Die Deutsche Partei konnte sich zu Beginn eine Bundeszentrale in Bonn nicht leisten; also bildete Hellwege Ersatzstrukturen in der Ministeriumsvilla an der Koblenzer Straße. Hierhin holte Hellwege seine Getreuen der letzten Jahre. Auch das charakterisierte ihn weiterhin: Er brauchte fleißige Leute um sich, gut qualifiziert, eher technokratisch befähigt als ideologisch fixiert, die ihm ihre Kenntnisse und Fähigkeiten zur Verfügung stellten, an denen es ihm nicht zuletzt mangels einer akademischen Ausbildung fehlte. Hellwege erwartete, seiner Generationenprägung gemäß, auf kurze Anordnungen diskussionslose Folgsamkeit und absolute personale Loyalität. Da vielen seiner Zuträger reichlich braune Flecken auf ihren Westen hafteten, leisteten sie ihrem Minister, der ihnen die Chance auf politische Resozialisierung und geräuschlose Integration in das neue Staatswesen bot, treue Dienste. Aufgrund ihrer kaum zurückliegenden NS-Affinitäten konnten sie sich eigene Ambitionen zunächst kaum leisten; insofern musste Hellwege Rivalen aus eigenem Ehrgeiz in seiner Entourage nicht fürchten. Der durchaus konservative Historiker Rudolf Morsey nannte das Bundesratsministerium einen »Extremfall für parteipolitische Patronage« in der Geschichte der Bundesrepublik. Als Carlo Schmid, der sozialdemokratische Professor und Intellektuelle, mit der Bildung der Großen Koalition an die Spitze dieses Ministeriums trat, stieß er – 1966! – allenthalben auf den parteiideologischen Geist der rechtskonservativen DP in seiner Beamtenschaft.[24] Als in der Bonner Clemensstraße dann doch eine Bundesgeschäftsstelle der DP eingerichtet wurde, verhielt sich Hellwege ganz wie die meisten bürgerlich-konservativen Honoratioren, wie beim CDU-Pendant auch Adenauer, auch Erhard, auch Kiesinger: Hellwege vermied es, in der Bundeszentrale seiner Partei zu residieren und zu administrieren.[25] Man war schließlich kein Parteifunktionär. Man gehörte nicht zu den »Roten«.

Einige der wichtigsten Leute im Ministerium gehörten schon seit 1945/46 zum näheren Umfeld, zum »persönlichen Stab Hellwege«, wie es zeitgenössisch in dessen Partei hieß, zum »Brain-Trust« des Chefs der Deutschen Partei, wie der *Spiegel* 1955 wertete.[26] Der »Brain-Trust« hatte eine schmucke, feudale Heimstätte: Er residierte im Renaissanceschloss Agathenburg, das der damalige Besitzer Hans zum Felde Hellwege zum Zwecke der Vorbereitung überregionaler politischer Aktivitäten zur Verfügung stellte. Für Hellwege war Agathenburg ein optimaler Ort. Das Schloss lag rund 18 Kilometer von seinem Wohnhaus entfernt. Es bot für Gäste und Verhandlungsrunden reichlich Platz. Von der Terrasse aus hatte man eine schöne Sicht auf die Elbmarsch. Ein großer Park lud zu Spaziergängen ein, auf denen ebenfalls das eine oder andere politische Detail in vergleichsweise entspannter Atmosphäre ausgehandelt werden konnte.[27]

Hier amtierte also die »Denkfabrik« Hellweges. Ihre Zugehörigen hatten durchweg eine vorzügliche Ausbildung, sei es kaufmännisch, sei es verwaltungstechnisch, sei es in Philosophie und Geschichte. Einen vergleichbaren Zuarbeiterkreis hatte sonst niemand in der NLP bzw. DP, was Hellwege einen enormen Vorsprung an zugelieferter Kompetenz gegenüber Rivalen verschaffte. Nicht ganz wenige der Agathenburger hatten in der NS-Zeit Karriere gemacht und Titel getragen, die seit dem Mai 1945 im weiteren Fortkommen höchst hinderlich waren. Das knüpfte und festigte die Loyalitätsbande zu Hellwege. Die Mitarbeiter seines Stabes waren eher preußisch als welfisch, waren aber auch eher kühle Manager der Macht als heißblütige Ideologen der Politik.[28] Insofern stoßen wir auf das erstaunliche Phänomen, dass ausgerechnet ein hochgradig konservativer Politiker wie Hellwege zu den ganz frühen Mentoren eines später dann sehr modernen Phänomens wurde: des professionellen Thinktanks.

Zumindest das wird man als Führungsqualität nicht ignorieren können. Hellwege kannte seine Grenzen, wusste um seine Defizite, erfasste dadurch seinen Beratungsbedarf. Der Chef der Deutschen Partei war kein großer Programmatiker. Da verließ er sich über Jahre auf die Elaborate und Formulierungskünste von Hans Mühlenfeld, in den 1960er Jahren Kultusminister in Niedersachsen. Hellwege war auch alles andere als ein begnadeter Rhetoriker, war kein Mann der spontanen Rede, des situationsbedingten Extemporierens.[29] Er benötigte sorgfältig ausgefeilte Manuskripte, die ihm andere verfassten. Er liebte darin das historische Pathos, das bildungsbürgerliche Zitat – das er allein eben nicht parat gehabt hätte. Hellwege brauchte einen festen Stamm von Getreuen schon deshalb, weil er sich nur so geborgen, ja sicher fühlte. In fremden Milieus fand er sich schwer zurecht, mied sie daher, wenn es ging. In persönlichen Kontakten war er nicht sonderlich elastisch. Dafür hielt er Treue, hielt an Mitarbeitern auch dann fest, wenn sie schwer unter Beschuss standen, somit auch eine Gefahr für ihn selbst bedeuteten. Sich von einem alten Gefährten herzlos zu trennen, wäre ihm in der Tat contre cœur gegangen. Hellwege stand daher in der Politik der 1950er Jahre im Rufe der Redlichkeit, was aber durchaus oft genug einen spöttisch-geringschätzigen Beiklang besaß. Heinrich, der Cunctator, pflegte man ihn in der niedersächsischen Politik gern zu titulieren – Heinrich, der Zauderer.[30] Gewiss: Man attestierte ihm durchaus eine Art »Bauernschläue«, eine »Alltagsgescheitheit«.[31] Aber heraus stach doch seine Anhänglichkeit. Konrad Adenauer qualifizierte ihn, vom Nachrichtenmagazin *Der Spiegel* in einer Titelgeschichte spöttisch als »Kanzler-Eiche Hellwege« bezeichnet,[32] einmal als den Treuesten seiner Minister.[33] Eben deshalb war Hellwege leichte Beute für den Kanzler, der Sentimentalitäten ausnutzte, nicht achtete.[34]

Hellwege kehrte gerne seine bodenständige Bescheidenheit heraus. Natürlich prägte ihn auch beträchtlicher Ehrgeiz.[35] Anders hätte er sich nicht über rund 15 Jahre an der Spitze seiner Partei im Bund und im Landesverband halten können. Und vornehmlich auf ihn ging auch das Projekt zurück, aus der alten welfischen Heimatpartei mit beschränktem regionalen Aktionsradius eine nationale Parteiorganisation mit neuem Namen, eben die Deutsche Partei, zu machen.[36] Denn das alte Projekt hatte sich gewissermaßen am 1. November 1946 erledigt. Die britische Militärregierung hatte per Verordnung das Land Niedersachsen gebildet.[37] Damit hatte sich die alte Forderung der hannoverschen Heimatbewegung der Weimarer Jahre erfüllt. Es mussten eine neue Gestalt modelliert, auch einige neue Postulate ausgetüftelt, neues Personal und neue Anhängerschaften rekrutiert werden, denen an niedersächsischer Folklore nicht viel gelegen war. Hellweges Partei erfand sich nicht einfach neu, wie man im gegenwärtigen Diskurs gerne salopp formuliert, sondern setzte einiges aus ihrer Kerntradition fort. Es blieb die Konzentration auf den alten selbstständigen Mittelstand, auf die bäuerliche Landbevölkerung. Auch der Protestantismus in den Glaubenssätzen der Partei tradierte sich weiter. Der Föderalismus gehörte nach wie vor zum Kernbestand der Parteileitung. Neu kam die schroffe Kritik am Entnazifizierungsverfahren der Alliierten hinzu, auch die flammende Apologie ehrenvollen Soldatentums im zurückliegenden Weltkrieg. Der Antisozialismus fiel noch ein Stück aggressiver aus als zuvor. Und dass die Heimatvertriebenen wieder dorthin gehen sollten, wo sie ursprünglich hergekommen waren, hatten etliche DP-Redner, zielten sie auf kräftigen Applaus ihrer ländlich-dörflichen Zuhörerschaft, fest in das Arsenal bewährter Versammlungsrhetorik eingespeist.[38]

So weitete sich die NLP zur DP, zunächst im norddeutschen Bereich, nach Bremen, Hamburg und Schleswig-Holstein, wo sie 1949 stattliche Bundestagswahlergebnisse von unisono über zehn Prozent erzielte. Allein diese Ausdehnung im nördlichen Bundesgebiet verlieh der Partei einen erkennbaren Ruck nach rechts, da mehr und mehr die alten Hardliner Hugenberg'scher Observanz in Spitzenpositionen der Partei rückten.[39] Im Parlamentarischen Rat lehnte die DP das Grundgesetz ab. Es war ihr, wie einer der beiden Vertreter im Rat zu Protokoll gab, zu »religionsfremd«, zu sehr Türöffner für »sozialistischen Zwang« und »zentralistische« Unfreiheit.[40] Hellwege selbst bezeichnete es in einer Landtagssitzung in Hannover 1949 als ein »Machwerk«, das darauf abziele, »dem Wollen der sozialistischen Strömungen unserer Zeit zu dienen«.[41] Kurz nach den Bundestagswahlen bescherte ein Bundestagsabgeordneter der DP aus Schleswig-Holstein der Partei einen öffentlichen Eklat. In einer Versammlung, so war nachzulesen, führte er aus: »Ob das Mittel, die Juden zu vergasen, das gegebene gewesen sei, darüber kann man geteilter Meinung sein. Vielleicht hätte es auch andere Mittel gegeben, sich ihrer zu entledigen.«[42]

Es wurde nicht besser, als zwischen 1949 und 1951 noch zusätzliche Landesverbände der DP in Nordrhein-Westfalen, Berlin, Hessen und Bayern eingerichtet wurden.[43] Hier atmete nicht der Geist eines gemütlichen landsmannschaftlichen Konservatismus, hier wehten die Fahnen der schwarz-weiß-roten Deutschnationalität. Und die Deutsche Partei südlich von Hannover wurde zum politischen Ankerplatz früherer SS-Gruppenführer, NSDAP-Kreisleiter, brauner Oberbürgermeister.[44] Sie zog überdies alle möglichen Freischärler des Rechtsextremismus schon der Weimarer Republik an, lockte Sektenführer radikal-nationalistischer Konventikel, die es in diesen Jahren durch das gesamte Spektrum der radikalen Rechten trieb.[45] Der redliche Hellwege, mit seinem maßvollen Konservatismus und seiner Europaschwärmerei, zog nur deren Verachtung auf sich. In Hellwege sahen sie, die das nationale Lager der deutschen Gesellschaft nach dem Vorbild des Nationalsozialismus sammeln und in stramme Opposition zum rheinisch-katholischen Verräter an Großdeutschland, Konrad Adenauer also, führen wollten, keinen Repräsentanten ihrer Ziele und Methoden. Eher gefiel ihnen schon der Bundesverkehrsminister Hans-Christoph Seebohm – berüchtigt für seine wilden Sonntagsreden, mit denen er »sich seit Jahren im In- und Ausland einen auch Dehler übertreffenden Ruf als Impulsiv-Redner über Themen beliebiger Art gesichert hat«[46] –, der auf dem Kasseler Parteitag der Deutschen Partei 1951 vor den begeisterten Delegierten ausgerufen hatte: »Wir neigen uns in Ehrfurcht vor jedem Symbol unseres Volkes – ich sage ausdrücklich vor jedem –, unter dem deutsche Menschen ihr Leben für ihr Vaterland geopfert haben.«[47]

Seebohm, der »bei der Wahl seiner rhetorischen Mittel Augenmaß, taktische Umsicht und diplomatische Vorsicht vermissen ließ«[48], erlebte in den Wochen vor dem folgenden Parteitag in Goslar 1952, dass ihm die rechten Flügelleute seiner Partei aus Nordrhein-Westfalen und Hessen den Parteivorsitz offerierten, ihn jedenfalls dazu drängten, doch gegen den in ihren Augen politisch schlaffen Hellwege in einer Kampfabstimmung um die Führung anzutreten. In der Tat hatte sich in den Monaten vor Goslar ein Stück schwerwiegender Führungsschwäche Hellweges deutlich manifestiert. Der Mann der Heimat mied die neuen Landesverbände, versäumte auch, auf deren Terrain Anhang und Fußtruppen zu organisieren, die innerparteilichen Gegner auf diese Weise systematisch zu schwächen.[49] Als Hellwege auf dem Goslarer Parteitag 1952 das Politikverständnis der »Harzburger Front« und der »Nationalen Opposition« konfrontativ anging, vor Koketterien mit einer neuen »Machtergreifung« warnte, hatte er die Delegierten aus den neuen Landesverbänden gegen sich aufgebracht.[50] Bei der anschließenden Wahl der Parteispitze unterlag er Seebohm mit 145 zu 146 Stimmen.[51] Allein, Seebohm erkannte unmittelbar, dass er mit dieser Quote lediglich Chef einer halbierten Partei sein würde, deren niedersächsischer Kern sich abzuspalten drohte, sodann mehr als eine Kleinpartei mit allerlei bizarren Gestalten einfach nicht übrig bleiben konnte. Seebohm lehnte folglich seine Wahl ab, trug sofort dem tief getroffenen Hellwege mit allerlei Schmeicheleien den Vorsitz wieder an und ließ das durch Akklamation parteitagsplebiszitär bestätigen.[52]

Ein wenig befand sich Hellwege in der Rolle des Zauberlehrlings. Schließlich hatte er selbst, da er das Fundament seiner Partei verbreitern wollte, die Schleusen nach rechts geöffnet. Er selbst hatte früh damit begonnen, früheren Nationalsozialisten die DP als Heimstatt und Läuterungsort anzuempfehlen; er selbst hatte die desorientierten und zersplitterten Kräfte der politischen Rechten elektoral auf sich und seine Partei zu vereinen versucht.[53] Und darin lag die klassische Crux des Konservatismus in Deutschland: Die Schnittstellen zum rechten Populismus oder Extremismus existierten reichlich; der Übergang von der einen zur anderen Seite erwies sich oft als fließend. Aber Goslar 1952 bedeutete einen Schock für Hellwege. In den Monaten darauf ging er mit harter Hand gegen die innerparteilichen Frondeure von weit rechts vor. Den Landesvorsitzenden in Bremen setzte er ab; den Landesverband in Nordrhein-Westfalen löste er auf und richtete ihn neu ein.[54] Wie zeitgleich in der FDP war fortan auch in der DP die große Stunde der »nationalen Sammler« vorbei.[55]

Aber weg waren sie natürlich nicht. Es gab sie weiterhin und keineswegs zu knapp in der DP. Und es gab sie, auch hier: in nicht geringem Umfang, nach wie vor in der bundesdeutschen Gesellschaft. In der überlieferten Deutschnationalität, in den Frustrationen der nach 1945 anfangs in ihren Karrieren abgeblockten mittleren Eliten des NS-Systems lagen Einstellungen und Wählermotivationen, welche die DP, deren parlamentarischer Bestand denkbar fragil war, nicht leichter Hand rechts liegen lassen konnte. Dafür waren auch die Hochburgen der Deutschen Partei zu sehr – und das seit Jahrzehnten bereits – Domänen der völkischen Rechten, Brutstätten von Blut- und Bodenmystik, Humus für Germanenlyrik. Mitglieder der DP und Sympathisanten von Formationen noch weiter rechts wurzelten im selben Milieu, gehörten oft denselben Vereinen an, teilten zahlreiche Einstellungen und Mentalitäten.

Insofern war es durchweg ein schmaler Grat, auf dem sich auch Hellwege bewegte. In den 1950er Jahren versuchte er diesen

Balanceakt abzusichern, indem er seine Partei nun prononciert mit dem Gesinnungsschild des Konservatismus ausstaffierte und harte Angriffe gegen den Nationalismus der Vergangenheit fuhr. Hellwege war jederzeit stolz darauf, dass sich Adenauer bei der Durchsetzung seiner westeuropäischen Integrationspolitik auf keinen Bündnispartner so sehr hatte verlassen können wie auf ihn. Die DP bildete den rechten Flügel des Kabinetts und war doch zugleich die Korsettstange in der Außenpolitik der Koalition – davon war Hellwege zumindest felsenfest überzeugt.

Schon auf dem für ihn bitteren Parteitag in Goslar 1952 hatte Hellwege begonnen, den Konservatismus als Denk- und Geistesart für seine Partei zu reklamieren und in politischen Alleinbesitz zu nehmen. Ihn hatte die 1950 veröffentlichte Dissertation von Armin Mohler über die »Konservative Revolution in Deutschland« beeindruckt. Auch das Buch seines langjährigen Beraters Hans Mühlenfeld, der 1952 die Bundestagsfraktion der DP anführte – »Politik ohne Wunschbilder. Die konservative Aufgabe unserer Zeit« –, war ein wesentlicher Ideen- und Formulierungsspender für Hellwege.[56] 1953 gingen auf Beschluss des Direktoriums der Partei die Denker und Schreiber der DP in Klausur, um für zwei Jahre an einer Art Sinn- und Zielgerüst der Partei zu arbeiten. Daraus gingen 1955 »Zwanzig Thesen einer zeitnahen konservativen Politik«[57] hervor, die der Bundesparteitag in Bielefeld im selben Jahr einstimmig guthieß.[58] Seither stand die Losung von der »konservativen Erneuerung« parteiverbindlich auf dem Panier der DP und begründete das zentrale Motto etlicher Reden ihres Parteivorsitzenden.

In der Tat gab sich Hellwege, der ein Theoretiker nicht war und nicht sein konnte, einige Mühe, grundsätzliche Überlegungen zum Konservatismus zu entfalten. Aus der zeitlich nachgelagerten Perspektive des referierenden und interpretierenden Historikers wirkt das deshalb so überraschend und bemerkenswert, weil alle Versuche etwa von gegenwärtigen Christdemokraten während der letzten Jahre, eine klärende Debatte über Qualität und Nutzen konservativer Überzeugungen anzustoßen, in aller Regel kläglich, ja sprachlos nach wenigen Tagen gänzlich ohne Ergebnis im Sande verlaufen sind. Schon die CDU der 1950er Jahre hatte, hier streng von Adenauer an der Leine geführt, Bekenntnisse zum politischen Konservatismus weitgehend vermieden. Adenauer drängte mit Macht auf das Etikett einer »Partei der Mitte«, fürchtete die auch koalitionspolitisch abträgliche Randlage in einem rechten, konservativen Spektrum, das sich noch dazu durch dessen Bündnis mit den Sturmscharen der nationalen Erhebung 1932/33 erheblich diskreditiert hatte. Der große Realist Adenauer wusste, dass es in der politisch erschöpften Gesellschaft der 1950er Jahre einer Partei wohl nutzte, wenn sie sich konservativ verhielt und vor Experimenten warnte, dass es ihr allerdings schadete, sich offiziell in die Reihe der Hugenbergs und Papens einzugliedern.

Für Hellwege, der 1953/54 nicht die fünfzig Prozent der Wählerstimmen anstrebte, sondern auf parlamentarisch sichernde fünf Prozent hoffte, war die Rücksichtnahme auf Skrupel und Befindlichkeiten im Zentrum der Gesellschaft weniger wichtig. Er hoffte, im parteipolitisch noch beweglichen, da nicht eindeutig fixierten konservativen Lager hinreichend Anhang für seine Partei aktivieren zu können. Überdies war er tatsächlich ein gläubiger Konservativer. Doch Konservative hatten und haben es stets schwer, aus ihrer Grundeinstellung ein funkelndes Programm zu machen. Noch zugespitzter: Sie sind dazu gar nicht in der Lage, dürfen es auch gar nicht sein. Denn der Konservatismus hat im Unterschied zu den ideologischen Großsystemen des 19. und 20. Jahrhunderts keine Zukunftsversprechen anzubieten.[59] Konservative sind tendenziell Zweifler, wo ihre Kontrahenten sich vom historischen Optimismus bewegen lassen.

In dieser Geistestradition war Hellwege aufgewachsen; in diese Geistestradition stellte er die »zeitnahe konservative Politik« seiner Partei ab 1953. Und die Zielscheibe der konservativen Polemik Hellweges bildete nicht allein der Sozialismus der SPD, sondern ebenfalls der Liberalismus. Hellwege geißelte, was er für Fortschrittsfrevel hielt.[60] Dabei schonte er den freidemokratischen Koalitionspartner aus dem Bundeskabinett nicht, da er den »heute in der Freien Demokratischen Partei verkörperten Liberalismus« verantwortlich dafür machte, »die geistigen Grundlagen für den Nationalsozialismus gelegt« zu haben. Hellwege leugnete einen kausalen Nexus von Konservatismus und Nationalsozialismus. Die historische Linie, die der Chef der DP zog, war eine andere: »Bastille – Paulskirche – Nationalsozialismus«.[61] Der Nationalsozialismus also hatte, folgte man Hellwege, seinen Ausgang von den bürgerlich-liberalen Revolutionen von 1789 und 1848 genommen, deren erbitterte Gegner die Konservativen in beiden Fällen waren.

Zugleich beeilte sich Hellwege stets zu bekräftigen, dass er keineswegs ein Feind des technischen Fortschritts sei. Er fürchte nur den »Fortschrittswahn«, der am Ende dazu führe, dem Einzelnen die Würde zu nehmen, ihn zum Rädchen eines großen Getriebes aus Zentralismus und Bürokratie zu reduzieren. Hellweges Konservatismus kehrte stark den »Individualismus«, die »Eigenarten« und »Besonderheiten« des Einzelmenschen, der Regionen und Kulturen hervor. In dieser Sicht der Dinge reihte er auch seinen föderativen Impetus ein. Denn »der Föderalismus will den Staatsbürger, nicht den Untertan. In einem zentralistischen Staat dagegen wird der Bürger der politischen Verantwortung entfremdet [...]. Die Politik wird zum Handwerk, die (Selbst-)Verwaltung zur Bürokratie und die Persönlichkeit zu einer anonymen Karteinummer.«[62] Auch gegen den »erzwungenen Arbeitseinsatz« wandte er sich, da dieser ihm wie eine »Fortsetzung des militärischen Systems auf zivilem Wege«[63] erschien.

Es dürfte schwer fallen, diese letzten Einsprüche Hellweges gegen Prozesse der Moderne für rundum abwegig und weltfremd zu erklären. Auch als purer reaktionärer Standpunkt lässt sich dieser Konservatismus nicht leichthändig brandmarken. Das Credo des Zweifels gegen die Tendenz zu stahlharten Gehäusen in sozialmoralisch entbundenen Gesellschaften gehört durchaus zu den Vorzügen, zu den wichtigen Funktionen konservativer Mahnungen. Die Schwachstelle des Konservatismus in Deutschland war, dass er sich unerschütterlich mit den schwarz-weiß-roten Männerbünden solidarisierte, das Soldatische veredelte, es zur »natürlichen Wehrhaftigkeit, die in jedem normalen Manne schlummerte«[64], erhob. »Hier gedieh der ›homo harzburgiensis‹, jener männlich-soldatische Typ des bodenständigen Kämpfers, der sich unter Berufung auf die niedersächsischen Stammeseigenschaften der nationalen Wiedergeburt durch politische Säuberung nach innen und wehrhafte Haltung nach außen verschrieben hatte.«[65] Und unverdrossen wurde dem »Opfergang des Ersten Weltkrieges«[66] auch noch in der frühen Bundesrepublik öffentliche Achtung gezollt. Eine »schematische« Gleichberechtigung der Frau hatte im Konservatismus dieser Art ebenfalls keinen Platz.[67] Schlicht anachronistisch waren Hellweges Hymnen auf den Bauernstand, der ihm als Rückgrat der Nation galt, da allein er für die »Sicherstellung unserer Nahrung und unserer Wehrkraft«[68] sorgte. Dass der Erwerbstätigenanteil in der Landwirtschaft einmal auf zwei Prozent schrumpfen würde, ohne dass die Deutschen Hunger litten, hätte sich Hellwege Mitte der 1950er Jahre gewiss nicht vorstellen können.

Dennoch: Der dezidierte Konservatismus der Deutschen Partei hemmte und begrenzte den Wachstumsprozess der CDU dort, wo die Deutsche Partei ihre kräftigsten Wurzeln besaß: in Niedersachsen.[69] Die niedersächsische CDU war so etwas wie das Sorgenkind des Bundeskanzlers und Bundesvorsitzenden der Christdemokraten, Konrad Adenauer. Während seine Partei auf der Bundesebene und in mehreren Bundesländern den Weg zur großen Sammlungspartei von Mitte und Rechts in schnellen und zielstrebigen Schritten zurücklegte, hinkten die Parteifreunde in Niedersachsen beträchtlich hinterher. Die Umstände im Land begünstigten sie auch nicht. Das Territorium war politisch-kulturell seit mindestens dem 19. Jahrhundert außerordentlich fragmentiert.[70] Eine eigene, explizit antipreußische und parteipolitisch seit den Zeiten des Deutschen Bundes agierende konservative Formation beträchtlicher Stärke war außerhalb Niedersachsens nicht anzutreffen, war aber auch nicht der dortigen CDU zur Last zu legen. Verantwortlich war sie dagegen für die Organisation der eigenen Partei. Sie schuf sich nach 1945 drei Landesverbände: Hannover, Oldenburg und Braunschweig. Damit segmentierte sie die Willens- und Machtbildung in der Partei. Es wurde schwer, Einigkeit herzustellen, konsistentes Profil zu gewinnen und zugkräftiges Führungspersonal mit souveräner Autorität an der Spitze auszuhalten.[71] Aber so war das Land zunächst. Es gab die katholischen Räume im Oldenburger Münsterland, im Emsland und im Eichsfeld. Hier entstand die CDU, hier war sie stark. Hier erhielt sie anfänglich ihr Gesicht, das für die protestantische Mehrheit der Niedersachsen alles andere als anziehend erschien.[72] So tat sich die CDU in diesem Bundesland besonders schwer, die Milieugrenzen zu überschreiten – zumal hier der Anteil der Vertriebenen aus den früheren Ostgebieten des Deutschen Reichs und von Flüchtlingen aus der SBZ/DDR mit gut dreißig Prozent an der Bevölkerung besonders hoch war.[73] Unter diesen Bedingungen war eine homogene Großpartei mit kohärenter Programmatik und uniformer Mitglied- bzw. Wählerschaft völlig undenkbar. Jeder Versuch, politisch zu früh zu begradigen, was zwischen den traditionellen und neuen Milieus noch kräftig differierte, hätte das Gegenteil dessen bewirkt, was man im Ursprung doch damit erreichen wollte.[74]

Aber an Sammlungsbestrebungen, die das heterogene bürgerliche Lager politisch stärker zusammenfügen sollten, hat es nicht gefehlt. Besonders die niedersächsischen Wirtschafts- und Industrieverbände drückten in diese Richtung, da ihnen missfiel, dass die Sozialdemokraten an der Spitze der Landesregierung standen.[75] Die niedersächsischen Landtagsabgeordneten von CDU, FDP und DP taten sich infolgedessen schon im Oktober 1950 im Landesparlament zu einer Gemeinschaftsfraktion zusammen. Aber der chronische Störfaktor in einem rational operierenden Bündnis war und blieb der Liberalismus, richtiger: die Partei, die sich auf den Liberalismus berief, die FDP also. Das galt durchaus allgemein, aber für Niedersachsen traf es ganz besonders zu. In der Niedersachsen-FDP tummelten sich noch mehr Individualisten, ja: Desperados, Sonderlinge und Querulanten des rechten Bürgertums als anderswo. Darauf wird noch näher einzugehen sein. Anfang Januar 1951 jedenfalls kündigten sie die bereits arrangierte Kooperation mit DP und CDU, die in eine »Niederdeutsche Union« münden sollte, jäh und überraschend auf.[76]

CDU und DP gingen den Weg gleichwohl weiter, nur eben ohne die Freidemokraten. Bei den Landtagswahlen 1951 traten sie als gemeinsame Partei an, als »Niederdeutsche Union«, mit Hellwege als Spitzenkandidat und Anwärter auf die Ministerpräsidentenschaft. Am Abend des 6. Mai, als die Wahlzettel ausgezählt waren, stand der bürgerliche Block, stand die Niederdeutsche Union geschlagen da. Und der Schlag war denkbar heftig ausgefallen: Die Niederdeutsche Union, also CDU und DP gemeinsam, erreichten lediglich 23,8 Prozent der Stimmen; das waren 14 Prozentpunkte weniger als vier Jahre zuvor, da man getrennt in die Wahlauseinandersetzung gegangen war.[77] Als große Gewinner zelebrierten sich der BHE mit knapp 15 Prozent und die rechtsradikale SRP mit elf Prozent.[78] Der Erfolg der SRP in diesem »Stammland des Rechtsradikalismus«[79] musste die DP alarmieren, da die rechtsextremistische Partei besonders in den Traditionsrevieren der DP Anhang und Stimmen gewonnen hatte – insbesondere bei den Jungbauern in den Dörfern zwischen Lüneburg und Stade.[80]

Die Depression war groß, die Stimmung im Folgenden schlecht. Und die Kritik, die daraus resultierte, traf vor allem auch den Spitzenmann der Partei. Man warf ihm vor, zu viele Ämter kumulativ in Besitz genommen, seinen Ehrgeiz übertrieben zu haben. In der Tat: Hellwege war Vorsitzender der Bundes- und der Landespartei, dann auch der Niederdeutschen Union, hatte für den Posten des Regierungschefs in Hannover kandidiert und gehörte zugleich weiterhin als Bundesminister dem Kabinett Adenauer, überdies dem Bundestag an. Da die Mobilitäts- und Kommunikationsmöglichkeiten in jenen Jahren noch bescheiden genug waren, konnte Hellwege oft nicht dort sein, wo ihn seine Parteifreunde gerne angetroffen hätten. Den Landtagsabgeordneten Hellwege sahen seine Fraktionskollegen jedenfalls nicht sehr häufig, wenn die Plenardebatten liefen.

So konnte dieses Bundesland, das doch stark landwirtschaftlich geprägt war und sich auf seine konservativ-bodenständige Grundmentalität viel zugutehielt, vom Sozialdemokraten Hinrich Wilhelm Kopf regiert werden.[81] Die vielen Heimatvertriebenen erlebten in den ersten Jahren, dass sie gerade in den dörflichen Lebenswelten der DP alles andere als willkommen waren.[82] Und der lange überlieferte Zwist zwischen Katholiken und Protestanten löste sich nicht einfach auf, als man sie in derselben Partei politisch zu alliieren versuchte. Die Niederdeutsche Union trug in den frühen 1950er Jahren den Makel einer unglücklichen Ehe. Den Nutzen daraus zog machtpolitisch Hinrich Wilhelm Kopf, elektoral einige Zeit auch die SRP und der BHE. Ohne Fortune und ohne die milieuübergreifende Ausstrahlung einer Führungsfigur agierte hingegen die CDU in einer Zeit, da ihr bundespolitisch vieles gelang, woran sie in Niedersachsen anfänglich scheiterte.

Aber immerhin: Die Mühlen mahlten für die CDU in Niedersachsen langsam, aber sie mahlten. Bei den Landtagswahlen im Jahr 1955 kletterte die CDU auf 26,6 Prozent der Wähleranteile.[83] Damit lag sie um knapp drei Prozent höher als die Niederdeutsche Union von CDU und DP zusammen vier Jahre zuvor. Die Partei Hellweges erreichte 12,4 Prozent in ihrem Stammland. Im Vergleich zu den Landtagswahlen 1947, als sie ebenfalls selbstständig angetreten war, bedeutete dies einen Verlust von 5,5 Prozentpunkten. Kurzum: Auch in Niedersachsen zeichnete sich, wenngleich im Tempo noch gedrosselt, die Abschmelzung überlieferter regionaler politischer Eigenkulturen ab, was den Sammlungsbestrebungen der CDU innerhalb des bürgerlichen Lagers entgegenkam.[84] Auf der anderen Seite hatten die regierenden Sozialdemokraten ebenfalls noch einmal zugelegt, bildeten auch 1955 mit 35,2 Prozent die stärkste Fraktion im Landtag. Dagegen hatte ihr Koalitionspartner in Hannover, der Gesamtdeutsche Block/Bund der Heimatvertriebenen und Entrechteten (GB/BHE), fast vier Prozentpunkte eingebüßt. Schließlich waren etliche hunderttausende Flüchtlinge und Vertriebene, die zunächst in Niedersachsen angesiedelt wurden, seit den frühen 1950er Jahren in andere Bundesländer mit mehr Arbeitsplatzangeboten im Industriebereich fortgezogen.[85] Die Klientel der Vertriebenenpartei schrumpfte.

Somit setzte 1955 also auch in Niedersachsen ein Prozess der Konzentration in Richtung Sozial- und Christdemokratie ein. Aber noch überwog aufgrund der sozialen und historischen Besonderheiten des Landes die Fragmentierung des politischen Spektrums. Das vereitelte Regierungsbildungen mit klaren Konturen. 1955 konnte weder das alte Regierungsbündnis aus SPD und BHE noch das klassisch bürgerliche Oppositionslager zum Kabinett Kopf, bestehend aus CDU, DP und FDP, eine absolute Mehrheit der Mandate auf sich vereinen.[86] Um in das Kabinett vorzudringen, mussten CDU, DP und FDP also den GB/BHE aus der Allianz mit den Sozialdemokraten herausbrechen, was in der Bundespolitik zu diesem Zeitpunkt bereits vorexerziert worden war, da die Vertriebenenpartei mit zwei Bundesministern, Waldemar Kraft und Theodor Oberländer, in der Regierung Adenauer mitwirkte. Insofern kann man aus den Vorgängen der Koalitionsbildung 1955 in Hannover schönes Anschauungsmaterial für die Eigentümlichkeiten von Vielparteiensystemen und komplexen Regierungsbündnissen gewinnen. In solchen Konstellationen kommt es oft keineswegs darauf an, sich durch Wählerzuwachs vermehrte Ansprüche auf Regierungsbeteiligung und Ämter zu verschaffen. Weit wichtiger ist, ob man den Schlüssel für die Mehrheitsbildung in den Händen hält. Der GB/BHE war elektoral unzweifelhaft der große Verlierer der Landtagswahl 1955, war aber schon einen Tag nach dem Wahlsonntag die umworbene Partei in Hannover schlechthin, die ihre Position genoss und ihre Begehrlichkeiten sogleich massiv erhöhte – mit Erfolg, da man ihr drei Ministerien zubilligte; mehr erhielt auch die CDU nicht.

In einem solchen System des Vielparteienauftritts konnte Wahlverlierern nicht nur die Rolle des Königsmachers zufallen, sie konnten selbst auch König werden. Nicht nur der GB/BHE hatte verloren, sondern eben auch die DP. Und doch hieß der Ministerpräsident in den folgenden vier Jahren Hellwege, der mit 12,4 Prozent der Stimmen zum Regierungschef eines großen Bundeslandes avancierte. Hellwege hatte das Glück, dass die Christdemokraten nach dem Tod von Hermann Ehlers Ende Oktober 1954, der einzigen auch bundespolitisch vorzeigbaren Figur der niedersächsischen CDU in jenen Jahren, führungslos dastanden. Hellwege hatte ebenfalls das Glück, einer ganz typischen Honoratiorenpartei vorzustehen, die – anders als straff durchorganisierte Funktionärsparteien – drei Tage brauchte, um nach den Wahlen eine Verhandlungskommission für Koalitionsgespräche zu installieren. Dadurch hatte Hellwege einige Tage als Parteichef das Anrecht des freien Raums, der freien Gestaltungsmöglichkeit.[87]

Und Hellwege hatte als Bundesminister den Vorzug der Nähe zum Bundeskanzler. Zwar dürfte Adenauer keine allzu hohe Meinung von der politischen Tat- und Führungskraft des DP-Politikers besessen haben. Aber er schätzte ihn doch als verlässliche Stütze seiner eigenen Politik. Adenauer wusste, wie sehr Hellwege ihn verehrte, wusste auch, wie ein paar gezielte Schmeicheleien beim Bundesratsminister aus dem Alten Land nutzbringend wirkten. Adenauer also wollte eine Koalition nach Bonner Muster, aus CDU, FDP, DP und GB/BHE, was ihm eine kommode Zweidrittelmehrheit auch im Bundesrat sichern würde.[88] Da der Kanzler von der personellen Qualität der Granden in der niedersächsischen CDU keine sonderlich hohe Meinung hatte, plädierte er, um die schwierige Mehrheitsbildung nicht am Eigensinn der klassischen Niedersachsen-Partei scheitern zu lassen, für Hellwege als Ministerpräsident. Seine *Graue Eminenz*, der Staatssekretär im Palais Schaumburg Hans Globke, führte in diesen Tagen und Wochen die nötigen Telefonate, um die keineswegs begeisterten Christdemokraten[89] zwischen Lingen und Duderstadt auf Kurs zu bringen.[90]

Für treue welfische Patrioten muss der 26. Mai 1955 ein großer, bewegender Tag gewesen sein. Denn an diesem Tag präsentierte sich das neue Kabinett mit dem 46-jährigen Heinrich Hellwege an der Spitze. 89 Jahre nach der Schmach der preußischen Annexion residierte wieder ein Mann welfischer Gesinnungsart gleichsam auf dem politischen Thron in Niedersachsen. Doch die Freude war nicht von Dauer. Schon am Tag, welcher der Amtseinführung der neuen Regierung folgte, geriet das Kabinett in schlimme Turbulenzen. Und das hielt an, solange die Viererkoalition existierte.

Insofern ist auch für Politologen, die sich, da dieses Phänomen der 1950er Jahre künftig zurückkehren könnte, mit den Möglichkeiten und Schwierigkeiten komplexer Regierungsbündnisse befassen, aus der Retrospektive auf das Kabinett Hellwege einiges an hilfreichen Erkenntnissen zu ziehen. Erstens und übergreifend: Komplexe Vielparteienregierungen sind höchst fragile und labile Konstruktionen, denen somit jede Robustheit fehlt. Zweitens wächst die Zahl der Minister und Staatssekretäre, auch wenn die Parteien zuvor noch das Gegenteil in Aussicht gestellt haben. Die Qualität und Qualifikation der Minister für ihre Ämter spielt hingegen, drittens, eine geringere Rolle, da die Berücksichtigung von Proportionen und Proporzen im heterogenen Bündnis dominiert. Die Auseinandersetzungen über Personalfragen absorbieren hierbei, viertens, die Energie der Beteiligten in den Koalitionsgesprächen, während die Debatten über das Regierungsprogramm nachrangig gehalten werden. Das hat, fünftens, auch damit zu tun, dass zwischen vier Parteien eine politisch-programmatische Kohärenz sowieso kaum herstellbar ist; also unterlässt man aufwendige Versuche dazu gleich. Und, sechstens, der Chef eines solchen Kabinetts darf bestenfalls als leitender Moderator fungieren, im Übrigen aber ist er kaum mehr als ein zahnloser Tiger, dem mutige oder gar einsame Entscheidungen nicht obliegen. Als kühner Anführer und kämpferischer Feldherr kann ein Ministerpräsident in einem solchen Kontext sich der Öffentlichkeit nicht sonderlich glaubwürdig präsentieren.

Tatsächlich sah man Hellwege dann als »Cunctator«, als Zögerer und Zauderer. Dem Anfang seiner Regierung wohnte keineswegs ein Zauber inne, sondern das pure Malheur. Die Herren des neuen Kabinetts hatten sich lächelnd kaum den Fotografen der Presse präsentiert, als die schlechten Nachrichten aus der Universitätsstadt Göttingen eintrafen. Anzeichen dafür hatte es bereits zwei Wochen zuvor gegeben, da die Universitätsleitung gegenüber Hellwege, der als mutmaßlicher Ministerpräsident zu dem Zeitpunkt schon gehandelt wurde, deutlich gemacht hatte, dass man den designierten Kultusminister Leonhard Schlüter nicht ertragen möge. Hellwege nahm die Anmahnung nicht gebührlich ernst; auch verwahrte er sich gegen außerparlamentarische Pressionen. Der Freidemokrat Schlüter gehörte infolgedessen seinem Kabinett an, das er berief. Und so hatte die neue niedersächsische Landesregierung dann gleich einen Skandal, der nicht nur die nationale, sondern auch die europäische und in Teilen amerikanische veröffentlichte Meinung erregte.[91] Der Göttinger Universitätsrektor und die Angehörigen des Akademischen Senats legten ihre Ämter nieder. Die Mitglieder des Allgemeinen Studentenausschusses folgten diesem Beispiel. Über die Hälfte der Göttinger Studenten blieben den Hörsälen fern und marschierten trotz Regens, wie der *Spiegel* in einer Titelgeschichte über die Affäre Schlüter festhielt,[92] mit Fackeln durch die Göttinger Innenstadt, um lauthals gegen ihren neuen Kultusminister, ihren Göttinger Mitbürger Leonhard Schlüter, zu protestieren.

Schlüter war in der Tat eine denkbar dubiose Gestalt, wie sie überwiegend nur in Zeiten der großen politischen und gesellschaftlichen Umbrüche rasch nach oben kommen und ebenso mit Aplomb wieder nach unten abstürzen konnte. Und es war bezeichnend für den traurigen Zustand der FDP in diesen Jahren, dass eine solche Figur die Leiter in dieser Partei so rasch emporzuklettern vermochte. Schlüter war 23 Jahre alt und hatte gerade einen gescheiterten Promotionsversuch an der Göttinger Universität hinter sich, als der Krieg zu Ende war.[93] Und doch stand er plötzlich an der Spitze der Göttinger Kriminalpolizei. Nach Auffassung der später ermittelnden Oberstaatsanwaltschaft leistete sich der junge Polizist allerdings allerlei Gesetzesbrüche im Amt; er soll Aussagen erpresst, frei erfundene Mordkomplottvorwürfe in die Welt gesetzt, Urkunden manipuliert haben. Das ging bis 1947 so. Dann verlegte sich Schlüter auf die Publizistik, das Verlagswesen – und die Politik. In seiner »Göttinger Verlagsanstalt für Wissenschaft und Politik« erschienen eine Reihe neonazistischer Pamphlete. Selbst trat er der rechtsextremistischen DRP bei, gelangte als Vertreter dieser Partei 1948 in den Göttinger Stadtrat. Zuhörer einer Wahlkampfrede Schlüters, die er für seine Partei in Wolfsburg hielt, überlieferten die Passage: »Man spricht von einer nationalsozialistischen Erhebung, die 1933 das schlafende Deutschland aus den Angeln hob. So war es bei Gott, und es wird nicht mehr lange dauern, und ein neues Jahr 1933 wird über uns hereinbrechen. Ich will es jedenfalls hoffen.«[94]

Ein Mann dieses Schlages konnte in jenen Anfangsjahren der Bundesrepublik zunächst problemlos politisch Karriere machen, zumindest in Niedersachsen, jedenfalls in der FDP. 1951 trat Schlüter, der kurz zuvor als Kandidat der DRP in den niedersächsischen Landtag eingezogen war, der FDP-Fraktion bei. Mitglied der Partei wurde er erst 1953. Doch bereits 1954 stieg er zum stellvertretenden Fraktionsvorsitzenden auf. Ein Jahr danach stand er ganz allein an der Spitze der FDP-Parlamentarier im Landtag. Und Ende Mai 1955 übertrugen Hellwege und seine Koalitionäre ihm die Leitung des Kultusministeriums, gewissermaßen die Oberaufsicht über

Schulen und Hochschulen im Land. Erst die heftigen öffentlichen Proteste, auch die Intervention der Dehler-Bundes-FDP gegen den Extremisten im Ministerbüro der niedersächsischen Kultuspolitik veranlassten den Ministerpräsidenten, Druck auf Schlüter auszuüben und ihn zum Rücktritt zu drängen, was am 11. Juni 1955 schließlich geschah.

Gleichwohl, das Kind war längst und tief in den Brunnen gefallen. Ein parlamentarischer Untersuchungsausschuss wurde gebildet, der etwa ein halbes Jahr nach der »Affäre« in einem einstimmig gefassten Abschlussbericht auch den Ministerpräsidenten von dessen Verantwortung nicht freisprechen wollte. Man erkannte zwar die begrenzten Handlungsmöglichkeiten Hellweges bei der Ernennung seiner Minister an, da die Besetzung der zuvor unter den Koalitionspartnern ausgehandelten Ressorts im Zuständigkeitsbereich der jeweils mit dem Zugriffsrecht ausgestatteten Partei lag. Dennoch hielt der Untersuchungsausschuss fest, dass eine »objektive Verletzung der gebotenen Sorgfaltspflicht [...] weder für die Koalitionsparteien noch für den Ministerpräsidenten ausgeschlossen werden«[95] könne.

Kurz: Der Start der Regierung Hellwege war gänzlich misslungen. Aber auch danach ging es ähnlich rumplig weiter. Die Ursachen vieler Übel im Kabinett lagen nach wie vor in der FDP. Die niedersächsischen Freidemokraten gehörten seinerzeit zum weit rechts stehenden Flügel der »Nationalen Sammlung« in der Bundes-FDP.[96] Der Landesvorsitzende von 1949, Artur Stegner, war ein früherer NSDAP-Mann (seit 1931) und SS-Angehöriger, der auch in der Bundesrepublik intensive Kontakte mit alten NS-Kämpen pflegte. In enger Verbindung stand er, wie ebenfalls seine »liberalen« Parteifreunde an Rhein und Ruhr, mit Werner Naumann, zuvor Staatssekretär in Goebbels' Propagandaministerium. Klassische Liberale aus der Tradition der Deutschen Demokratischen Partei (DDP) von Theodor Heuss firmierten in diesen Kreisen verächtlich nur als »Steinzeitdemokraten«[97]. Als ihr Freund Schlüter demissionieren musste, nominierten sie den früheren Göttinger Oberstadtdirektor Erich Schmidt für das Kultusressort. Der 73-Jährige Schmidt war bislang nicht als Fachmann für Bildungs- und Kulturfragen aufgefallen, sondern im Wesentlichen als politisch naher Freund des vierzig Jahre jüngeren Schlüters bekannt. Das ging dann selbst Hellwege gegen den Strich, der derart erkennbar seine Reserve zeigte, dass Schmidt zurückzog. Ende August

1955 offerierte die Landtagsfraktion der FDP dann den oldenburgischen Verwaltungsbeamten Richard Tantzen für die Leitung des Kultusressorts. Aber auch der warf nach fünf Monaten das Handtuch. Jetzt erst griff Hellwege durch und stattete den Justizminister, einen Mann der DP, zunächst kommissarisch mit der Führung des Kultusministeriums aus. Die Kultuspolitik in Niedersachsen hatte zur Mitte der 1950er Jahre somit weitgehend brachgelegen.[98]

Das bürgerliche Bündnis bekleckerte sich wahrlich nicht mit Ruhm. Die Konstruktion war instabil. Das Krisenmanagement funktionierte nicht recht. Die regierungstragenden Parteien hatten sich schon in den Koalitionsgesprächen auf einen Koalitionsausschuss verständigt, in dem je zwei Repräsentanten der beteiligten Parteien vertreten sein sollten, um die gemeinsame Politik abzustimmen, Aktionen zu koordinieren, Friktionen aus der Welt zu schaffen.[99] Man kam regelmäßig im schönen Gästehaus der Landesregierung, einer großbürgerlichen Villa in der Hannoveraner Lüerstraße 5, zusammen. Aber die Arbeit des Kabinetts wurde dadurch nicht in allen Fällen leichter, da im Koalitionsausschuss auch Vertreter ohne parlamentarisches Mandat und Regierungsamt saßen, die ihre eigenen Pläne und Ambitionen im Visier hatten, welche über die bestehende Koalition, die zu stützen ihre Aufgabe wohl gewesen wäre, hinausreichten. So herrschte zwischen den Regierungsparteien in all der Zeit erhebliches Misstrauen. Hellwege beklagte zuweilen bitter das Fehlen »menschlicher Wärme« zwischen den Regenten.[100] Auch in der Staatskanzlei fühlte er sich nicht ganz wohl, sammelte sich mit seinen Getreuen aus der DDP lieber ebenfalls im behaglichen Gästehaus. Nach diesem Muster agierten auch mehrere andere Ressorts. Die neuen Chefs dort hegten einigen Argwohn gegen die Beamtenschaft in ihren Häusern, die sie für sozialdemokratisch durchsetzt hielten. Also entstanden eigene Beraterapparate im engsten Umfeld der Minister, die neben der Ministerialbürokratie her arbeiteten.[101] Auf diese Weise entstanden viel Leerlauf, Konfusion und Widersprüchlichkeiten.

Neben diesen endogenen, hausgemachten Problemen kam im Herbst 1957 noch exogen erzeugter Druck hinzu. Die Bundestagswahl Mitte September 1957 hatte dem Kanzler und der CDU/CSU eine absolute Mehrheit beschert. FDP, DP und GB/BHE hatten weiter Anteile eingebüßt, wurden für die Macht in Bonn im Grunde nicht mehr gebraucht. Das machte diese Parteien nervös, auch auf Länderebene, auch in der Hannoveraner Koalition. Wieder kam der Ärger für Hellwege aus den Reihen der FDP, die ihm sowieso gram war, weil die Deutsche Partei Anfang 1957 mit der Abspaltung aus der FDP, der Freien Volkspartei, zu der sich die vier liberalen Bundesminister des zweiten Kabinetts Adenauers und 16 frühere freidemokratische Bundestagsabgeordnete 1956 nach Trennung von der Mutterpartei zusammengetan hatten, in Fusion gegangen war. Der neue Landesvorsitzende der niedersächsischen Freien Demokraten, Carlo Graaf, der dem Landtag nicht angehörte, schoss im Herbst 1957 einige Pfeile gegen den Ministerpräsidenten. Graaf bezichtigte Hellwege spöttisch der »laschen Amtsführung« und bezweifelte, dass der Regierungschef jemals zum »treibenden Motor der Regierung« werden könne.[102] Auch andere Freie Demokraten machten Hellwege öffentlich »Nichtstun« zum Vorwurf. Zwei Wochen nach den Bundestagswahlen schlossen sich die freidemokratischen Landtagsabgeordneten mit den Parlamentariern von GB/BHE zu einer Gemeinschaftsfraktion zusammen. Doch um noch weitere Anrechte auf Ausschusssitze zu erringen, nahm die Gemeinschaftsfraktion kurz darauf auch die Abgeordneten der rechtsradikalen DRP als Hospitanten auf, darunter den früheren Nazi-Ministerpräsidenten von Oldenburg, sodann einen ehemaligen »Stahlhelm«-Agitator, auch einen vormaligen SS-Sturmbannführer und schließlich den bekannten Adolf von Thadden, hernach Bundesvorsitzender der NPD.[103] Niemand aus FDP und Vertriebenenpartei hatte Hellwege darüber informiert, dass die tragende parlamentarische Basis seiner Landesregierung eine derartig politisch obszöne Ausdehnung erreicht hatte. Der Cunctator zögerte diesmal nicht: Am 7. November 1957 gab Hellwege das Ende der Koalition bekannt.

Und in den Tagen danach sah man alles andere als einen Zauderer. Hellwege handelte zügig und beherzt. Neuwahlen wollte er partout vermeiden; sie hätten ihn gewiss die Macht gekostet. Also ging er forsch auf die Sozialdemokraten zu, mit deren niedersächsischen Repräsentanten er auch im guten Einvernehmen verkehrte. Schon 1955 in seiner Regierungserklärung als frisch gekürter Ministerpräsident hatte Hellwege seinem Vorgänger, Hinrich Wilhelm Kopf, eine schöne Eloge gesungen und ihm die »persönliche Referenz« erwiesen. Kopf und Hellwege harmonierten, seitdem sie in der unmittelbaren Nachkriegszeit gemeinsam für die Bildung des Landes Niedersachsen gefochten hatten. Auch Kopf leugnete nicht gewisse Sympathien für die Partei Hellweges. Man hörte den »roten Welfen« zuweilen von seinem Wunsch nach einer »Arbeiter- und Bauernregierung« raunen, also von einem Kabinett aus SPD und DP.[104]

Dafür reichten nach dem Koalitionsbruch 1957 die Mandate nicht. Die Christdemokraten mussten mit ins Boot geholt werden. Auch das gelang dem in diesen Tagen ungewöhnlich quirligen Hellwege. Fünf Tage, nachdem er das alte Kabinett beendet hatte, konnte er den Koalitionsvertrag zwischen den drei Parteien, die nun die Regierung bildeten, bekannt geben. Eine Woche später war die sehr große Koalition aus DP, SPD und CDU vom Parlament bestätigt und vereidigt.

Aus diesem, ja ebenfalls durchaus komplexen Regierungsbündnis von Parteien verschiedener Lager kann man erneut die Lehre mitnehmen, dass keineswegs die an Mandaten stärkste Partei den Regierungschef stellen muss, sondern – wenn die machtpolitische Konstellation es nahelegt – auch die an Wähleranhang schwächste Formation an der Spitze stehen kann. Das hat 1957 nicht jeden sozialdemokratischen Basisaktivisten erfreut. Aber die Drahtzieher in der Führung der Partei sahen den strategischen Mehrwert für die SPD im Bund und im Land deutlich. Bundespolitisch kam es für die Sozialdemokraten darauf an, die Absicht Adenauers zu durchkreuzen, sie an den Rand zu drängen, koalitionspolitisch gleichsam bundesweit zu isolieren. Und im Bundesland Niedersachsen konnte die bis 1955 regierungserprobte und -bewährte Sozialdemokratie jetzt stolz darauf hinweisen, dass die Bürgerlichen ohne die Roten ihren Scherbenhaufen nicht aufgekehrt bekämen. Daraus kristallisierte sich schon die Wahlkampfparole für die Landtagswahl 1959 heraus: »Ohne SPD geht es nicht in Niedersachsen«.

Jedenfalls wurde allgemein konstatiert, dass die zweite Hälfte der Legislaturperiode ohne Skandale verlief, dass es insgesamt politisch weit ruhiger zuging als in der ersten Hälfte.[105] Den Koalitionsausschuss hatte man gleich zu Beginn wieder abgeschafft. Insofern kann man eine weitere Lektion aus diesem historischen Beispiel komplexer Regierungsbündnisse ziehen: Nicht immer erleichtert eine gleiche Lagerzugehörigkeit verschiedener Parteien, also eine Vielzahl von gemeinsamen Schnittmengen, die Regierungseintracht. Zwischen 1957 und 1959, als vieles geräuschloser und disziplinierter vonstattenging, rieben sich Hellwege und seine Partei kaum einmal an ihrem sozialdemokratischen Koalitionspartner, eher und stärker dafür an ihren vermeintlichen Freunden von der Christdemokratie aus der gemeinsamen Fraktionsassoziation im Landtag. Die beiden Parteien, DP und CDU mithin, rivalisierten zunehmend um eine ähnliche Klientel. Und diese Ähnlichkeit zwang beide Parteien zur Schärfung der Differenz, zur Identitätsbildung durch Abgrenzung.

Doch an der Basis des altwelfischen Milieus in den niedersächsischen Heidedörfern hatten sich die Affekte gegen Sozialisten aller Art und das bürgerliche Gemeinschaftsgefühl gehalten. Infolgedessen strebten auch die meisten Landtagsabgeordneten der DP nach den Landtagswahlen 1959 wieder zurück ins Bündnis von 1955, trotz aller Querelen, die man besonders mit den Freien Demokraten darin hatte aushalten müssen. Allein Hellwege sah es anders, hätte gerne mit den Sozialdemokraten im Kabinett einer großen Koalition weitergemacht, wollte zumindest nicht nur einseitig verhandeln, sondern beide Optionen, die bürgerliche wie die lagerübergreifende, nicht von vornherein ausschließen.[106]

Denn der Wahlausgang hatte in der Tat wieder beide Koalitionsvarianten ermöglicht.[107] Noch war die Zeit des Vielparteiensystems und der komplexen Mehrheitsbildung in Niedersachsen nicht passé. Aber zugleich zeichnete sich unmissverständlich auch hier ein mächtiger Trend in Richtung Sozial- und Christdemokratie ab. Beide Parteien hatten deutlich hinzugewonnen, um 4,4 Prozentpunkte die CDU, um 4,3 die SPD. Die DP, immerhin, hatte ihren Stimmenanteil mit 12,4 Prozent exakt halten können. Unzweifelhaft als Verlierer waren elektoral FDP und GB/BHE mit Verlusten von jeweils 2,7 Prozentpunkten anzusehen – 0,3 Prozent weniger und die Freien Demokraten hätten es nicht wieder zurück in den Landtag geschafft.

Aber, wir hielten es bereits fest, Wahlverlierern kann gleichwohl die Funktion der Mehrheitsbildung zukommen. Das stärkt ihre im Grunde vom Wähler intendierte schwache Position, macht sie zum Scharnier der Macht. Entsprechend umworben sind sie. Alles sah zunächst danach aus, als käme 1959 abermals ein bürgerliches Bündnis in Niedersachsen zusammen.[108] Die Fraktion der DP hatte Hellwege, ihren Parteichef und Ministerpräsidenten, nicht einmal mit der Führung ihrer Verhandlungskommission für die Koalitionsgespräche betraut, da sie dessen Faible für eine sozialdemokratische Lösung kannte.[109] Im Unterschied zu 1955 und 1957, als Hellwege die Initiative in die Hand genommen hatte, verhielt er sich nun abwartend, ja apathisch. Stattdessen handelte der alte Fuchs Hinrich Wilhelm Kopf, der den beiden Verliererparteien FDP und GB/BHE großzügig Ministerposten, Staatssekretärsstellen und Regierungspräsidien anbot.[110] Zwei Jahre zuvor schienen die beiden Parteien durch ihr Techtelmechtel mit den Rechtsradikalen noch gründlich kompromittiert. Nun standen sie wieder im Zentrum der Regierungsmacht – gleichsam resozialisiert durch die niedersächsische Sozialdemokratie.

Von da ab ging es unaufhaltsam hernieder für Hellwege und die Deutsche Partei. »Der Moment«, so Hans-Peter Schwarz in seiner opulenten Adenauer-Biografie, »da die Deutsche Partei dem Sog nicht mehr widerstehen kann, wird in dem Augenblick erreicht sein, als die DP-Hausmacht in Niedersachsen bei den Landtagswahlen im Frühjahr 1959 wegbricht.«[111] Um den jetzt 51-jährigen Parteichef war es bereits in den vorangegangenen Jahren einsam geworden. In der Landtagsfraktion hatte sich die Zahl seiner Gegner vermehrt. Von der Bundestagsfraktion, aus der er 1955 ausgeschieden war, hatte er sich längst entfremdet. Ein Mann oder eine Frau aus der alten welfischen Tradition gehörte ihr nicht mehr an.[112] Zwar konnte Hellwege die keineswegs raren Versuche, ihn von der Parteispitze zu verdrängen, weiterhin abwehren; aber überzeugende Überlegungen, wie der spürbare innere Zerfall der Partei aufzuhalten sein möge, konnte er auch nicht liefern. Resignative Phasen häuften sich infolgedessen im politischen Alltag Hellweges.

Schon 1959 erfuhr man von Gesprächen zwischen Größen der DP und Granden der CDU über die Verschmelzung beider Parteien unter dem einigenden Dach der Christdemokratie. Dagegen sträubte sich Hellwege. Am 1. Juni 1960 aber war das Schicksal der DP faktisch besiegelt, da drei Fünftel ihrer Bundestagsabgeordneten, darunter die beiden Bundesminister, die Partei verließen und sich der Partei des Bundeskanzlers anschlossen.[113] Nur so glaubten sie, wohl mit einigem Recht, ihre politische Zukunft zu retten, die andernfalls nach den Bundestagswahlen 1961 verstellt gewesen wäre. Die Rest-DP versuchte in ihrer Mehrheit verzweifelt, dem politischen Tod von der Schippe zu springen, indem sie mit dem GB/BHE zur Gesamtdeutschen Partei fusionierte. Doch gerade das herkömmliche welfische Milieu sperrte sich gegen diesen Zusammenschluss mit den hier nach wie vor nicht wohlgelittenen »Vertriebenen«.[114] Die fusionierte Partei erreichte bei den Bundestagswahlen 1961 lediglich 2,8 Prozent der Stimmen (bei den Bundestagswahlen 1953 und 1957 waren beide Parteien zusammen noch auf 9,2 Prozent, 1957 auf acht Prozent gekommen), war also weit entfernt vom Einzug in das Bonner Bundesparlament.

Es war das faktische Ende zum einen einer eigenständigen, auch machtpolitisch nicht unwichtigen Partei der Vertriebenen in der Bundesrepublik; es bedeutete zum anderen aber auch das Ende der Deutschen Partei. Hellwege brauchte einige Monate, um das final für sich zu akzeptieren. Am 1. November 1961 erklärte auch er seinen Parteiaustritt und schloss sich nun ebenfalls den Christdemokraten an, deren Landtagsfraktion er bis 1963 angehörte.[115] Politische Initiativen aber entfaltete er nicht mehr in seiner neuen Partei. Heimat wurde sie ihm, dem Heimat persönlich und politisch zentraler Imperativ war, nicht.

Immerhin: Bis Ende der 1950er Jahre hatte Hellwege die welfisch-konservative Tradition in ihren Stammquartieren halten können. Da zum Ende der Weimarer Republik der Eindruck einer unaufhörlichen Erosion dieser Regionalkultur, ablesbar an den sinkenden Wahlergebnissen der Deutsch-Hannoverschen Partei, entstehen konnte, war diese Resistenz durch bewusste politische Bewahrung keine geringe Leistung. Doch scheiterte Hellwege damit, die konservative Sinnesart seines Heimatmilieus als Nukleus einer neuen konservativen Integrationspartei jenseits der zunächst katholisch-christdemokratischen Union bundesweit zu begründen und dafür ein Drittel der Bevölkerung, die er stets im Visier hatte, zu gewinnen. Diese Integrationsleistung gelang zunehmend der CDU selbst, während sie der DP fortlaufend abging. Auch als Ministerpräsident in dem Land, das zu konstituieren 1946 ihm eine Art Lebensziel war, erarbeitete er sich keinen Bonus, um – ähnlich der CSU in Bayern – die DP zur strukturell dominanten Niedersachsenpartei wachsen zu lassen.[116] Wahrscheinlich kam dafür seine Regierungszeit allerdings auch zu spät. Zehn Jahre nach Ende des Weltkrieges waren die entscheidenden Weichen gestellt, die politisch prägenden Grundlinien gezogen, die Weihen der Landesvaterschaft an einen anderen Kopf vergeben. Und in der schwierigen Viererkoalition war strahlende Führungskraft nicht einfach zu entfalten. In einer solchen Konstellation ist ein Regierungschef schon von Struktur her ein »Cunctator«, nicht nur aufgrund persönlichen Charakters und Temperaments.

Den Rest besorgte der gesellschaftliche Wandel.[117] Die Modernisierungsschübe der 1960er Jahre ebneten allmählich den Eigensinn regionaler Sonderkulturen ein, brachten die Dörfer mental näher an die Städte heran, ließen den primären Sektor rapide schrumpfen. Die medialen Massenkulturen homogenisierten, was zuvor auseinandergefallen war. Verloren gingen dabei die lange zäh überlieferten Traditionen und Eigentümlichkeiten heimatlicher Lebenswelten. Die Welt des Heinrich Hellwege war politisch nicht zu konservieren.

Dieser Text ist zuerst unter dem Titel »Heinrich Hellwege: Der konservative Cuncator« erscheinen in: Teresa Nentwig, Frauke Schulz, Franz Walter und Christian Werwath (Hg.), Die Ministerpräsidenten des Landes Niedersachsen: Landesväter und Landesmanager, S. 66–93. Hannover 2012 (© Verlag Hahnsche Buchhandlung)

3. Bundespräsident der Gegenreform? Karl Carstens

Ebenfalls ein norddeutscher Protestant war Karl Carstens. Er war ein 1914er.[1] Als er im Dezember des ersten Weltkriegsjahres auf die Welt kam, war sein Vater, ein Studienrat in Bremen, kurz zuvor schon an der französischen Front umgekommen. Die Witwe versuchte dem einzigen Sohn den bildungsbürgerlichen Wertehimmel der Studienratsfamilie zu erhalten. Aber materiell war man von saturierter Bürgerlichkeit weit entfernt. Es war nicht einfach, den Sohn auf das traditionsreiche »Alte Gymnasium« in Bremen zu schicken. Seine eher ärmliche Ausstattung ließ Carstens im Kreise seiner weiterhin honorabel bürgerlichen Mitschüler etwas randständig wirken. Immerhin, dies hatte Carstens mit vielen anderen, lange von der Politik angezogenen sozialen Außenseitern gemein, die ihre inferiore Herkunft durch besonders viel Energie, Zielstrebigkeit und Härte zu überwinden sich getrieben fühlten, auf diese Weise nach oben kamen.[2] Er habe »sehr, sehr viel« und »mehr als die anderen« arbeiten müssen, so Carstens im Rückblick.[3] Derart schaffte er, natürlich als Klassenbester, einige Wochen, nachdem Hitler Reichskanzler geworden war, das Abitur. Dann studierte Carstens Jura, stellte einen Antrag auf Mitgliedschaft in der NSDAP, um auf seinem weiteren beruflichen Weg nicht auf Barrieren zu stoßen.

Die Jahre des systematischen Aufstiegs lagen in den 1950er und 1960er Jahren. Nach Anfängen in einer Bremer Anwaltskanzlei schickte ihn der Bremer Senat von 1949 bis 1954 als Bevollmächtigten des Stadtstaates beim Bund nach Bonn. Mitte der 1950er Jahre wechselte Carstens, Mitglied der CDU geworden, zum Europarat nach Straßburg, von wo aus er ins Bonner Auswärtige Amt berufen wurde. Das Jahr 1960 markierte eine bemerkenswerte Station in Carstens' Biografie: In diesem Jahr avancierte er zum Staatssekretär im Auswärtigen Amt; zugleich stattete ihn – der sich im Jahr 1952 über »Grundgedanken der amerikanischen Verfassung und ihre Verwirklichung« habilitiert hatte – die Universität Köln mit dem Titel des persönlichen Ordinarius aus. Diese Zweigleisigkeit – politischer Beamter in der staatlichen Administration hier, unabhängiger Universitätswissenschaftler und Professor dort – behielt er in den folgenden Jahren bei. Nach drei Jahren

Staatssekretärstätigkeit im Verteidigungsministerium ernannte ihn Bundeskanzler Kurt Georg Kiesinger 1968 zum Chef des Bundeskanzleramts, wo Carstens gewissermaßen als der Staatssekretär aller Staatssekretäre amtierte.

In diesen Funktionen der klassischen Ressorts der Macht prägte sich das Selbstverständnis und Selbstbild von Carstens fest und unerschütterlich aus: Er war Diener des Staates, kein kleiner, kein unbedeutender, sondern ein sehr einflussreicher, aber doch ganz der Räson des Staates untergeordnet, unbedingt loyal gegenüber seinen jeweiligen Dienstvorgesetzten. Als Ideologen hätten ihn weder Freund noch Feind betrachtet; dafür agierte der Staatssekretär zu kühl, an präzisen Fakten interessiert, nicht an politischen Deklamationen.

Denn so hatte ein Beamter zu sein: sachlich, neutral, ohne überschüssige Emotionen. Daran waren in Carstens' Augen keine Zweifel erlaubt. Aber in anderen Berufen, anderen Funktionen ging es eben nicht so zu, etwa bei Parlamentariern und politischen Mandatsträgern; hier waren Fertigkeiten und Eigenschaften gefragt, die dem Beamten keineswegs zustanden, die der Berufspolitiker aber anwenden, möglichst perfekt beherrschen musste. Auch dessen war sich Carstens gewiss. Und als er, ein wenig überraschend, mit 57 Jahren, nachdem er 1969 nach dem sozial-liberalen Regierungswechsel in den Ruhestand versetzt worden war, 1972 mit der Wahl zum Bundestagsabgeordneten in die aktive Parlamentspolitik changierte, versuchte er, der stets Korrekte, den Wechsel seiner Rollen in einer möglichst perfekten Form zu vollziehen. Das galt erst recht, als der Novize im Bundestag, wieder: ein wenig überraschend, alsbald gar zum Vorsitzenden der Bundestagsfraktion von CDU/CSU gewählt wurde. Nun war er Politiker vorn an der Front; jetzt hatte er nicht mehr sachlich oder streng analytisch wie in den Jahrzehnten zuvor zu sein, sondern volkstümlich, wie es sich gehörte, dazu mit einer scharfen rhetorischen Klinge gegen den Gegner von links.

Allein, dass Carstens mit dieser herausragenden Führungsfunktion im parlamentarischen Geflecht der Union betraut wurde, war eigentümlich genug, ungewöhnlich in der Geschichte der beiden großen bundesdeutschen Volksparteien, Ausdruck der einzigartigen Depression und tiefen Ratlosigkeit der CDU/CSU nach der niederschmetternden Niederlage bei den Bundestagswahlen im November 1972. Denn Carstens war kein in langen innerparteilichen

Freundschaftsbündnissen, Flügelauseinandersetzungen und taktischen Schachzügen der Mehrheitsbildung groß gewordener Politiker. Carstens war ein gelernter Beamter, durchaus in der politischen Administration gewachsen, aber eben doch ein Mann der Bürokratie, für den das Dienstrecht galt, nicht der intuitiv zu nutzende Spielraum demokratischen Leaderships.

Immerhin: Ließ sich Carstens auf eine neue Rolle ein, dann auch richtig. Er trat, als es im Mai 1973 um die Nachfolge des zuletzt so unglücklich agierenden Rainer Barzel ging, gegen seinen früheren Dienstvorgesetzten Gerhard Schröder – in den 1960er Jahren Bundesminister im Auswärtigen Amt und im Verteidigungsressort, wo Carstens ihm als Staatssekretär gedient hatte – an. Das hätten nur wenige, die den hierarchiebewussten Beamten der früheren Jahre gut kannten, für denkbar gehalten. Aber Carstens – fast zehn Jahre älter als sein Vorgänger Barzel, doch in der Fraktion nicht belastet durch die Niederlagen und Intrigen der letzten Jahre, ein bisschen also ein neues Gesicht, dabei beruhigend geerdet als seit den 1950er Jahren schon unter Adenauer bewährter Mann der Administration – machte eindeutig das Rennen.[4] In den nun folgenden drei Jahren versuchte Carstens, der perfekte Beamte, auf ebenso perfekte Weise den Chef einer Oppositionsfraktion zu geben. Kerzengerade, mit knarzender Stimme und vorgestrecktem Kinn attackierte er in polemischen Wendungen die Regierung, verdächtigte sie aller möglichen Verirrungen in das Linksradikale, der Nachgiebigkeit gegenüber dem Feind im Osten, der Zaghaftigkeit im Kampf gegen den Linksterrorismus.[5] Vielen wirkte er seinerzeit wie ein zweiter Franz von Papen, wie ein neuer Herrenreiter, wie die inkarnierte Rückkehr des Deutschnationalismus auf die parlamentarische Bühne, ein Scharfmacher und Einpeitscher des rigorosen Rechtskonservatismus. Linksintellektuelle verhöhnten, verachteten, aber fürchteten ihn auch, als er Ende 1974 in einer von mehreren tausend Bürgern besuchten Versammlung Heinrich Böll grotesk verdreht als jemanden denunzierte, »der noch vor wenigen Monaten unter dem Pseudonym Katharina Blum ein Buch geschrieben hat, das eine Rechtfertigung von Gewalt darstellt«[6].

Unverdrossene Sozialliberale durften sich 1979 also Sorgen machen, dass man es in den folgenden fünf Jahren mit einem Herold und Trompeter der Gegenreformation zu tun bekommen würde, der die Villa Hammerschmidt als Zitadelle der parlamentarischen Opposition benutzen mochte. Die Übernahme des Bundespräsidentenamtes – erstmals in der Geschichte der Republik aus der Opposition heraus – wäre hierfür ein symbolischer Markstein der machtpolitischen Verschiebung gewesen.[7] Ende 1977 hatte der Vorsitzende der Sozialdemokraten, Willy Brandt, dergleichen noch konterkarieren wollen, indem er die Bereitschaft seiner Partei signalisierte, die Wiederwahl des amtierenden liberalen Bundespräsidenten Walter Scheel zu unterstützen. Damals ging das Kalkül Brandts allerdings besonders in die Richtung, seinem christdemokratischen Pendant Helmut Kohl zuvorzukommen, dem er nicht ohne Recht unterstellte, ebenfalls vorzeitig für eine zweite Amtsperiode Scheels eintreten zu wollen, um auf diese Weise – da er im Unterschied zur CSU von Franz Josef Strauß strategisch nicht auf eine künftige absolute Mehrheit für CDU/CSU im Bundestag setzte – die FDP wieder zurück als Koalitionspartner ins bürgerliche Lager zu locken.[8] Durch den Vorstoß von Brandt war ihm dieser Weg versperrt. Da zugleich die CSU in den Reihen der Union kräftig die Nominierung von Helmut Kohl für das Amt des Bundespräsidenten kolportierte, um den Weg für Strauß als Bundeskanzlerkandidat der Union freizuräumen, blieb dem CDU-Bundesvorsitzenden, der sich dem bayrischen Manöver natürlich verweigerte, nichts anderes übrig, als dann der zweiten Präferenz der mächtigen christsozialen Fraktionsgruppe in der gemeinsamen Bundestagsfraktion nachzugeben: eben Karl Carstens. Kohl selbst hätte einen christdemokratischen Repräsentanten liberaler Prägung, wie etwa Richard von Weizsäcker, eher bevorzugt. Aber nachdem man 1978 den Ministerpräsidenten von Baden-Württemberg, Hans Karl Filbinger, aufgrund des massiven öffentlichen Drucks wegen dessen denkbar uneinsichtig-sturen Umgangs mit seiner fatalen Vergangenheit als Marinerichter während der letzten Weltkriegsjahre hatte fallen lassen müssen, brauchten die verbitterten Konservativen und Deutschnationalen im Lager der Union Vergeltung und personelle Entschädigung – eben in Gestalt von Karl Carstens.

Die Republik stand vor einem Novum. Noch nie hatte ein Repräsentant der Oppositionsparteien im Präsidentenpalais residiert. Immerhin saß der Staatssekretär des Bundespräsidenten Woche für Woche mit am Kabinettstisch der Bundesregierung. In der politisch konfrontativen Situation der Spätsiebzigerjahre bedeutete das manchen Sozialdemokraten, dass derart ein Spion des Feindes, der Rechten, zu den Verhandlungen der Macht zugelassen wurde.

Hier waren erfahrene Regenten wie Helmut Schmidt oder Willy Brandt weniger aufgeregt, da sie um die weniger dramatische Bedeutung von Kabinettstreffen, die nicht die zentralen Orte listiger Strategiedebatten waren, wussten. Aber mulmig war auch ihnen, da die Macht der Zentralregierung durch die Vetokräfte eines mehrheitlich von den Oppositionsparteien dominierten Bundesrats und des politisch nicht unbedingt freundlichen Bundesverfassungsgerichts zuletzt sowieso zunehmend begrenzt worden war.

Geschichtsbewusste Sozialdemokraten fürchteten wohl am stärksten die keineswegs folgenlos bleibende politische Symbolik einer Wahl von Carstens zum Bundespräsidenten. Denn die Sozialdemokraten hatten im Jahrzehnt zuvor diese politische Methodik selbst mit Erfolg vorexerziert. 1964 wählten sie demonstrativ den von Herbert Wehner sorgfältig und systematisch umhätschelten Bundespräsidenten Heinrich Lübke für eine zweite Amtsperiode; denn das sonst von vielen Seiten wegen evidenter Defizite kritisierte Staatsoberhaupt war bekennender Befürworter einer schwarz-roten Allianz. Zwei Jahre später kam die Große Koalition. Und die Wahl von Gustav Heinemann im März 1969 durch Sozialdemokraten und Freidemokraten sollte, nach dessen eigener, geradezu triumphaler Aussage, als Signal zum Machtwechsel in der Republik begriffen werden, der sich dann ein gutes halbes Jahr später mit der Bildung des Kabinetts Brandt/Scheel in der Tat vollzog. Musste man infolgedessen eine Kür von Carstens zum Bundespräsidenten nicht als zwingendes Zeichen dafür deuten, dass die Union auf einen neuerlichen Machtwechsel, diesmal durch absolute Mehrheit, abzielte?

Die Vorkämpfer in den großen, jetzt scharf entgegengesetzten Volksparteien zogen sich mithin die Rüstungen an. Nun läuten anstehende Bundespräsidentenwahlen regelmäßig die große Stunde der Parteien ein. An kaum einer anderen Stelle politischer Entscheidungen können sie so souverän agieren. Man hat keine komplizierten Arrangements, keine differenzierten korporatistischen Bündnisse zu beachten, ist nicht restriktiv gebremst durch europäische Auflagen oder internationale Rechtsregelungen. Den Bundespräsidenten nominieren und wählen sie, das ist ihre ureigene Prärogative. Jetzt können ihre Strategen und Taktiker, die Parteimanager und Strippenzieher, ungehindert, wie selten sonst, tricksen, finassieren, Nebelkerzen werfen, überraschende Loopings drehen. Und irgendwie scheinen diese Wochen die besonders gerissenen propagandistischen Artisten in den Parteien notorisch zu verleiten, dem Volk, das all die mitunter dreisten Schachzüge nur von außen und oft lediglich kopfschüttelnd betrachten kann, plebiszitäre Melodien vorzuspielen, um den Gegner zu ärgern und schnelle, aufgrund der Unernsthaftigkeit und Folgenlosigkeit des Manövers aber ebenso rasch vergängliche Punkte in der Publikumsgunst zu sammeln. Ganz uninteressant wäre gewiss nicht, durch eine eigene Studie erkunden zu lassen, welchen Anteil Bundespräsidialwahlkämpfe in der Geschichte der Bundesrepublik am Auf- und Ausbau des Phänomens »Parteienverdrossenheit« besaßen.

1979 jedenfalls zogen die Parteien alle Register, die irgendwann dann negativ auf sie selbst zurückschlugen. Damals inszenierten Sozial- und Freidemokraten den »Appel au peuple«. Sie hätten gern Walter Scheel weitere fünf Jahre im Amt gesehen, kamen aber um den für sie unerfreulichen Umstand nicht herum, dass die Union nach Lage der Dinge in der Bundesversammlung auf eine Mehrheit von rund 530 der insgesamt 1.036 Mitglieder bauen konnte.[9] Daher streuten insbesondere die SPD-Zentrale und vorneweg der SPD-Bundesgeschäftsführer Egon Bahr – gewissermaßen ein Erzfeind von Carstens, da die beiden in der Frage des diplomatischen Ethos fundamental differierten – systematisch und hartnäckig das Gerücht, rund dreißig Abgeordnete der CDU/CSU präferierten Walter Scheel und seien willens, am Tag der Bundesversammlung den Seitenwechsel auch zu vollziehen.[10] Denn, so zog man den Argumentationsstrang zielstrebig weiter, auch die Abweichler aus der Union würden die hohe Popularität von Scheel im Amt erkennen und schätzen. In diese Kerbe der auch demoskopisch ermittelten Beliebtheitswerte des noch amtierenden Bundespräsidenten aus den Reihen der FDP hieben Bahr, aber auch Herbert Wehner, Helmut Schmidt, Horst Ehmke, Wolfgang Mischnick, Hans-Dietrich Genscher und der FDP-Generalsekretär Günter Verheugen, der gar für eine Volksbefragung plädierte, immer wieder hinein. Als die Bürgerinitiative »Bürger für Walter Scheel« nach eigenen Angaben rund eine Million Unterschriften für ihr Anliegen gesammelt hatte, wurde sie natürlich mit offenen Armen, herzlich und öffentlichkeitswirksam von den Fraktionsvorsitzenden der FDP und SPD, Mischnick und Wehner, empfangen.[11]

In der Haushaltsdebatte des Deutschen Bundestages am 24. Januar 1979 konterte der Oppositionschef, Helmut Kohl, als er, von der Debatte des Etats etwas abweichend, auf den direktdemokratischen Impetus der Regierungsparteien in der Bundespräsidentenfrage einging. Mit einigem Recht warf er den Sozialliberalen vor, ein »Pseudo-Plebiszit« veranstalten zu wollen. Doch werde ein Bundespräsident »nicht dann, wenn es Ihnen passt, von der Versammlung gewählt, und wenn es Ihnen nicht passt, wird ein Plebiszit veranstaltet«[12].

Nun war allerdings schwerlich zu erwarten, dass sich die Sozialdemokraten den gegebenen Stimmenverhältnissen in der Bundesversammlung fatalistisch zu fügen und jegliche Kritik am Kandidaten der Gegenseite einzustellen hatten. Das taten sie auch nicht. In einer bis dahin in der Geschichte der Bundespräsidentenwahlen ungewohnten Härte setzten sie den Mann der Gegenseite unter Druck. Natürlich nahmen einige Sozialdemokraten – wenngleich nicht alle und insgesamt keineswegs massiv – Anstoß an der Mitgliedschaft des jungen Carstens in der NSDAP. Repräsentativ für diese Gruppe war die nicht unplausible Frage des niedersächsischen SPD-Bundestagsabgeordneten Olaf Schwencke, wieso »den rund 60 Millionen Bundesbürgern, aus der Zahl von noch ca. einer Millionen lebender ehemaliger NSDAP-Mitglieder, einer von ihnen als höchster Repräsentant dieser Republik zugemutet«[13] werde.

Bissiger noch spitzte es der vom späteren Bundeskanzler Gerhard Schröder geführte Bundesvorstand der Jungsozialisten zu, der es als instinktlos und unerträglich bezeichnete, dass am 23. Mai – dem Tag der Präsidentenwahl und dreißigsten Jahrestag der Verkündung des Grundgesetzes – »des antifaschistischen Charakters des Grundgesetzes gedacht werden soll und gleichzeitig ein Mann für die Wahl zum Bundespräsidenten kandidiert, dessen Lebenslauf in eklatantem Widerspruch zu dieser antifaschistischen Tradition steht«[14]. Doch auch der damals amtierende Bundeskanzler, Helmut Schmidt, attackierte Carstens mit einer verblüffenden, wenn auch in der für ihn typischen kühl und präzise eingesetzten Schärfe. An der NSDAP-Mitgliedschaft rieb er sich gar nicht; für dergleichen Anpassungsleistungen in jungen Jahren hatte er stets alles Verständnis. Aus dem Kanzleramt wurden Unterlagen an den *Stern* und den *Spiegel* lanciert[15], die Zweifel an der Glaubwürdigkeit Carstens', der in einem Prozess mit dem ehemaligen SPD-Abgeordneten Günther Metzger darüber stritt, ob der frühere Chef im Bundeskanzleramt Kiesingers vor einem Untersuchungsausschuss die Unwahrheit über seine Einbeziehung in Waffengeschäfte des

Bundesnachrichtendienstes Ende der 1960er Jahre gesagt habe, zu stützen schienen.[16] Die Konfrontation aber trieb Schmidt selbst in einer Wahlkampfrede für seine Partei in Koblenz voran, indem er Carstens als »erzkonservativ« bezeichnete, als einen Mann »vom äußersten rechten Rand«, den zum Bundespräsidenten zu wählen er schlicht für »abwegig« hielt. Überhaupt: Wie sollte jemand als Bundespräsident amtieren, so Schmidt, »der gegen alle wesentlichen Stücke der von Frankreich und England und dem Westen gemeinsam betriebenen Entspannungspolitik« eingetreten sei?[17]

Die Politiker der Union, sichtlich überrascht vom Aplomb der Vorwürfe aus der sozialdemokratischen Regierungspartei, empörten sich rüde zurück. Helmut Kohl geißelte den Kanzler als »Vorreiter einer Rufmordkampagne, die bisher ohne Beispiel ist«. Der Vorsitzende der CSU-Landesgruppe im Bundestag, Friedrich Zimmermann, prangerte eine »linke Menschenjagd« an, drohte zugleich damit, »bis ins letzte Detail« demnächst »die kommunistischen und nationalsozialistischen Hintergründe« einiger prominenter Sozialdemokraten öffentlich zu dokumentieren. In Bezug auf Helmut Schmidt begann damit zugleich der christdemokratische Oppositionsführer im Düsseldorfer Landtag, Heinrich Köppler: »Der aktive HJ-Führer Schmidt, der in jungen Jahren selbst in der braunen Uniform herumgelaufen ist«, solle besser schweigen. Die Erklärung des Juso-Bundesvorstandes bezeichneten die Unions-Vertreter als »infam«; der Fraktionsgeschäftsführer der CDU/CSU, Philipp Jenninger, qualifizierte den sozialdemokratischen Jugendverband gar »als allein destruktive und politisch gemeingefährliche Organisation«.[18] Einen deftigen Kommentar lieferte auch noch der Generalsekretär der CSU, Edmund Stoiber, der Carstens als Zielscheibe der vom Kanzleramt versorgten »Polit-Porno-Presse« kennzeichnete.[19]

Jedenfalls rückte die Union, in deren Reihen sich zunächst keineswegs alle euphorisch hinter Karl Carstens gesammelt hatten,[20] unter dem Druck fortwährender sozialdemokratischer Angriffe, nun eng zusammen.[21] Falls es zuvor in der Tat eine stattliche Anzahl von Christdemokraten gegeben haben sollte, die ein Votum für Walter Scheel nicht ausschließen wollten: Unter den Bedingungen der mittlerweile entfesselten Polarisierung trauten sie sich nicht mehr, die Schützengräben im Kampf der Lager zu verlassen. Je stabiler auf diese Weise die Bundesversammlungsmehrheit der Union wurde, desto fragiler und orientierungsloser erwies sich am

Ende das sozial-liberale Lager. Walter Scheel, der sich lange über seine Absichten in kryptisches Schweigen gehüllt hatte, verzichtete auf eine zweite Kandidatur. Auf einen neuen gemeinsamen Kandidaten konnten sich SPD und FDP in der Kürze der verbliebenen Zeit nicht einigen; die FDP hatte daran auch kein Interesse, da sie seit einiger Zeit vielmehr primär darauf achtete, Eigenständigkeit zu demonstrieren, um Optionen auch in andere Richtungen als die des Sozialliberalismus herauszustellen. Die Sozialdemokraten in ihrer Not kamen auf den Gedanken, rasch noch eine »unabhängige Persönlichkeit« zu nominieren. Angefragt wurde beim Physiker und Philosophen Carl Friedrich von Weizsäcker, der allerdings ablehnte. Eine turbulente Konfusion brach daraufhin bei den Sozialdemokraten im unmittelbaren Vorfeld des Wahltages, des 23. Mai, aus. Anfangs war noch von Georg Leber als möglicher präsidialer Figur die Rede. Dann brachte Herbert Wehner urplötzlich auf einer Vorstandssitzung seiner Partei den SPD-Vorsitzenden – Willy Brandt – ins Spiel, was dieser empört von sich wies. Brandt-Anhänger schlugen daraufhin ihrerseits Herbert Wehner für den Wettbewerb mit Carstens vor. Am Ende dieses destruktiven Mensch-ärgere-Dich-nicht-Spielchens einigte man sich auf die Vizepräsidentin des Deutschen Bundestages, Annemarie Renger, gewissermaßen als respektable Zählkandidatin, da die Freien Demokraten sich explizit auf eine Stimmenthaltung verständigt hatten.[22]

Karl Carstens musste schließlich am 23. Mai in der Bonner Beethovenhalle, in welcher die Bundesversammlung tagte, nicht durch das Säurebad mehrerer Wahlgänge, um das Bundespräsidialamt zu erreichen. Bereits im ersten Wahlgang erlangte er knapp, aber sicher eine absolute Mehrheit. Der Jubel unter den Wahlfrauen und -männern der Opposition war groß; der Katzenjammer aufseiten der Regierungsparteien nicht minder. Dabei hatte es die Bundesregierung im Folgenden angenehm leicht mit dem neuen Bundespräsidenten aus den Reihen der Opposition. Denn Carstens pflegte seine jeweiligen Ämter und Funktionen verlässlich mit äußerster »Korrektheit« – kaum einen anderen Begriff bevorzugte er mehr, um sein eigenes Selbstverständnis zu charakterisieren – auszufüllen. Daher war er als schneidiger Polemiker in der Zeit des Fraktionsvorsitzenden aufgetreten. Nun hatte er sich hingegen von allem Parteiengezänk fernzuhalten, neutral zu sein, der Regierung nicht ins Handwerk zu pfuschen. Das war sein Amtsverständnis, das er, Jurist und Professor, bereits 1971 in einem Buch über »Politische Führung« akribisch dargelegt hatte.[23] Im deutlichen Unterschied zu einigen Vorgängern, besonders Heinrich Lübke und auch Walter Scheel, sowie Nachfolgern, allen voran Horst Köhler[24], reklamierte er kein materielles Prüfungsrecht von Bundesgesetzen für den Bundespräsidenten. Im Gegenteil: Er sah darin eine Übertreibung der Maxime von *Checks and Balances*, fürchtete in einem solchen Fall eine zusätzliche Schwerfälligkeit der Staatstätigkeit. Überdies: Wie sollte ein Bundespräsident, der nicht ausgewiesener Verfassungsjurist wäre, eine derartige Prüfung hinreichend kompetent vornehmen? Sollten ihn dann Beamte – aber mit welchem Recht? – ersetzen? Dergleichen hielt Carstens für abwegig; allein das Bundesverfassungsgericht kam für ihn bei Zweifeln der Verfassungsmäßigkeit von Gesetzen zur Klärung infrage. Kurzum: Die sozialdemokratisch-freidemokratische Bundesregierung musste sich in den Jahren 1979 bis 1982 keineswegs mit einem weiteren *Veto Player*, nun aus der Villa Hammerschmidt, herumplagen. Der Bundeskanzler, der Carstens Anfang 1979 noch so heftig unter Beschuss genommen hatte, fand rasch zu einem guten Einvernehmen mit dem neuen Bundespräsidenten, der in keinem Moment, auch nicht mit versteckten Subtilitäten, zum Sturm gegen die sozial-liberalen Regenten aufrief, was diese anfangs befürchtet hatten.

Karl Carstens war fraglos ein außerordentlich konservativer Bundespräsident. Schließlich hatte sich bei ihm, auch in der Präsidentenvilla, nichts an seiner Wertematrix verändert. Er hing einer unter Juristen in der Bundesrepublik während der 1950er Jahre vorherrschenden protestantischen Variante des Naturrechts an.[25] Dessen Verständnis von ewigen Wahrheiten, unverrückbaren Ordnungen, verbindlichen, ja heiligen Normen hinterfragte er zeitlebens nicht, hielt es für den ehernen Kern abendländischer Gesinnung und Moral. Das stand nicht zur Diskussion, konnte kein Gegenstand von konfliktreichen Diskursen sein, nichts, von dem man sich entbinden, lösen, emanzipieren durfte. Aus dem Menschenbild der von Gott geschaffenen Ordnung ließen sich für ihn wie für viele Rechtswissenschaftler der frühen Bundesrepublik einige zentrale, im Grundsatz unauflösbare Prinzipien ableiten, die für die sittliche Gesundheit einer Nation existenziell waren. Sie drückten sich in elementaren Institutionen aus: Kirche, Familie, Kinder, Ehe, Nation, Heimat. Daraus wiederum konnte man für das Alltagshandeln substanzielle Regeln schöpfen, die fixe Stützen im Leben des Karl Carstens bildeten: Disziplin, Leistungswillen, Fleiß, Pünktlichkeit, Sauberkeit.[26] Merkwürdigerweise hat ihn nie irritiert, dass diese Verhaltensimperative gerade auch im Nationalsozialismus einen zumindest rhetorisch denkbar hohen Stellenwert eingenommen hatten.

Die Haltung Carstens' war hinlänglich bekannt, als er sein Amt als Bundespräsident antrat. Vor allem während der Jahre, als er Präsident des Deutschen Bundestages war (1976 bis 1979), hatte er seine Ansichten in Festreden gern und ausgiebig vorgestellt. Als Bundespräsident hielt er sich eher damit zurück; so legte es ihm sein »korrektes« Amtsverständnis nahe. Er hütete sich davor, als Kulturrevolutionär von rechts die Rednertribünen zu betreten. Er sah sich nicht als sendungsbewusster Missionar sinnstiftender Botschaften. Er nahm sich vielmehr zurück, blieb blass.[27] Konservative Ermahnungen aus der Vorpräsidentenzeit, mit denen er außerfamiliale Erziehungseinrichtungen als Irrweg tadelte,[28] fanden sowieso zunehmend weniger Resonanz selbst in seinem eigenen Milieu, im nachwachsenden Teil des akademischen Bürgertums. Nicht konservative Manifeste wurden zum Signum seiner Präsidentschaft, sondern seine lange Wanderung durch die Republik, von der Ostsee bis nach Garmisch-Partenkirchen, womit er den Bürgern illustrieren wollte, wie schön doch die Heimat sei.[29] Viele zuckten darüber gleichgültig die Achseln, einige spöttelten ein wenig, aber ohne Aggressivität; manche fanden die 1.600 Kilometer Exkursion durch die Republik durchaus sympathisch. Man hätte aus dieser Tour, medial angefeuert und forciert, ein riesiges Event mit einer planvoll ins Hunderttausendfache gesteigerten Zahl von Mitwanderern machen können; aber das war Carstens nicht gegeben, der ein populärer »Präsident zum Anfassen« nicht wurde.

So blieb der fünfte Bundespräsident in der Geschichte der Bundesrepublik eine merkwürdig unpassende Figur in jener Zeit des Wandels der Werte weit weg vom Kodex der 1950er Jahre, in denen sich das Weltbild Carstens' gezimmert, zumindest vollendet hatte. Aber da Ende der 1970er Jahre nicht ganz wenige ebenfalls von der Kultur und den Einstellungen in den Basisjahren der Bundesrepublik (und denen davor) geprägt waren, spendete allein Carstens' Dasein in prominenter Position ihnen Trost, wirkte beruhigend. Die Jüngeren, Träger neuer Wertorientierungen, kümmerten sich – nachdem sich die trübsten Befürchtungen aus den ersten Monaten des Jahres 1979 über den gegenreformatorischen Eifer Carstens' im Bundespräsidialamt als überspannt erwiesen hatten – nicht groß um Carstens, hielten ihn vielfach für eine etwas skurrile, antiquierte Figur, die aber Scharfmachereien offenkundig nicht betrieb. So war Carstens, der »unpolitische Präsident«[30], geradezu ideal für diese Jahre aufwühlender Demonstrationen, weltanschaulich durchtränkter Emotionen und hochpolarisierter Generationenkämpfe, die keinen wortmächtigen und deutungsfreudigen Prediger an der Spitze des Staates hätten vertragen können – gleich welcher politischer und ideologischer Couleur. Der aus der Zeit gefallene Mann korrekter Repräsentanz war damit wohl wirklich eine paradox richtige Person im richtigen Moment. Bemerkenswerte geistige Konturen schuf er deshalb nicht. Zum Glück.

4. Konservatismus als politische Technik und sonst nichts? Von Adenauer bis Merkel

Sozialdemokraten, Linke und auch Grüne lieben es, in Wahlkampfzeiten die christdemokratischen Gegner abschätzig als »Konservative« zu qualifizieren. Das Kalkül dahinter ist unschwer zu erkennen. Denn immerhin, so hatte eine Erhebung des Instituts für Demoskopie Allensbach schon aus dem Jahr 2010 ergeben, reagieren 55 Prozent der bundesdeutschen mit dezidierter Antipathie, wenn sie den Begriff »konservativ« zu hören bekommen; sie denken dann an eine geistige Enge, auch an einen moralischen Rigorismus, »gegen den sich die moderne Gesellschaft sträubt«[1]. Nicht zuletzt deshalb sind sich die Christdemokraten selbst seit Jahren höchst unsicher, ob sie überhaupt noch konservativ sein mögen. Vor allem: Sie können weder sich noch anderen plausibel erklären, was denn eigentlich im Jahr 2017 die Schlüsselvorstellung und Leitideen eines zeitgemäßen Konservatismus sind. Schon in der allmählich verblassenden Partyzeit des fröhlichen *anything goes* fragten sie sich mindestens still und heimlich, ob konservative Normen überhaupt noch, auch für sie selbst, erstrebenswert seien, auf Bedarf stießen.

So nahm die Zahl der klassisch Konservativen zumindest innerhalb der Christlich Demokratischen Union Jahr für Jahr ab. Die Lebenswelten gottesfürchtiger Kirchgänger, treuer Ernst-Jünger-Anhänger, raunender Martin-Heidegger-Epigonen und dezisionistischer Carl-Schmitt-Schüler schrumpften beträchtlich. Weder Stahlgewitter noch Marmorklippen oder Holzwege bildeten lockende Orte für die Bundesdeutschen. Einem modernen Konservatismus fehlten dazu halbwegs originelle Denker, wie es sie in Frankreich nicht zuletzt unter den Konvertiten aus dem linken Lager regelmäßig als verlässliche Provokateure im nach Querdenkern dürstenden Feuilleton gab. In Deutschland hat der Konservatismus während der 1980er und 1990er Jahre lediglich den Typus des verklemmten Verbindungsstudenten hervorgebracht, der als Kreisvorsitzender der Jungen Union mit weinerlicher Monotonie über den 68er Wertezerfall, über allgegenwärtige Müsli-Grüne in der eigenen gymnasialen Lehrerschaft, quotengeförderte Emanzen und den Nestbeschmutzer Heiner Geißler lamentierte.

Natürlich, die Krise des Konservatismus der Rechten datierte nicht von heute oder gestern. Schon in den gesellschaftlich aufgewühlten Jahrzehnten zwischen 1870 und 1945 hatte es der Konservatismus schwer gehabt, sich als Idee und Konzept im rechtsbürgerlichen Spektrum zu behaupten. Die Nation seinerzeit war jung; und auch in der Gesellschaft dominierten währenddessen die jugendlichen und jungerwachsenen Kohorten. Aus dieser Konstellation nährten sich die Massenbewegungen mit ihrem Heilsverlangen: radikale Sozialisten, wüste Nationalisten, aggressive Alldeutsche und Antisemiten, exzentrische Lebensreformer.[2] Konservative dagegen vermochten nicht, aus ihrer Grundeinstellung ein funkelndes Programm zu machen. Konservative verfügen nun einmal nicht über rauschhafte Lieder, grelle Farben und betörende Poesie einer alle Übel beseitigenden Zukunft. Noch zugespitzter: Sie dürfen dergleichen nicht im Repertoire haben. Denn ebendas ist der innere Kern der konservativen Haltung zu den Menschen, zur Gesellschaft, zur Politik: Man hat nichts davon, nach ideologischen Vorgaben oder Wunschträumen zu modellieren und dadurch zu vergewaltigen. Im Unterschied zu den anderen weltanschaulichen Großsystemen des 19. und 20. Jahrhunderts hat der Konservatismus – und dies ganz bewusst – keine Zukunftsversprechen feilzubieten. Er kennt auch – sieht man von Edmund Burkes »Reflections on the Revolution in France« von 1790[3] ab – »keine ursprüngliche Programmschrift im Sinne eines ›konservativen Manifests‹«[4]. Der Konservatismus strebt nicht die Transzendenz an, sondern die Wahrung des Bewährten. Er ist nicht auf der Suche nach »neuen Menschen«, sondern geht von schuldhaften, irrenden, orientierungsarm schweifenden, von sinisteren Gefühlen geleiteten, im Zustand institutioneller Obdachlosigkeit verhaltensunsicheren, ja närrischen Menschen aus, deren wölfische Potenziale allein durch Ordnungen, Autoritäten, Bindungen, Institutionen von Dauer zu zähmen und zu disziplinieren sind.[5] »Das war der Mensch der Erbsünde, bedürftig der Rechtsordnung nach der dunklen Wendung des Apostels Paulus, um den jederzeit möglichen Untergang aufzuhalten, und vor allem bedürftig der Staatsgewalt, die ihn zu zähmen hatte.«[6] Konservative neigen zum Zweifel und Abwarten, wo ihre »progressiven« Gegner sich von historischem Optimismus und stürmischer Begeisterung antreiben lassen. Das gilt auch für gegenwärtig exponierte Konservative, einst im Kontext der CDU, nun prominent der AfD, wie Alexander Gauland, der das Credo seiner politischen Richtung so formuliert:

»Dabei müssen Konservative gerade auf dem Erhalt der Kräfte bestehen, die das gesellschaftliche Gleichgewicht bewahren helfen. Alles, was das Tempo verlangsamt, den Zerfall aufhält, in dem es die Globalisierung einhegt, ist dabei gut und richtig: Traditionen und Mythen, Glaubensbekenntnisse und Kulturen, Ethnien und Grenzen. Selbst Vorurteile haben da, sofern sie nicht in Gewalt und Rassismus umschlagen, ihre stabilisierende Wirkung. Die Moderne ist nur dann auszuhalten, wenn die Unbehaustheit des Wirtschaftssubjekts eine Ergänzung in der Geborgenheit von Kultur und Geschichte findet. Deshalb dürfen wir Traditionen und Lebenswelten nicht gleichgültig aufs Spiel setzen«[7].

Nur: Gerade deshalb wirkte der Konservatismus in den erregten gesellschaftlichen Momenten des 19. und 20. Jahrhunderts verstaubt, altväterlich, behäbig, lahm, jedenfalls: reaktiv und defensiv.[8] Im ersten Drittel des 20. Jahrhunderts war die bürgerliche Jugend folglich nationalimperialistisch, dann radikalfaschistisch, keineswegs aber konservativ. Zwischen Kolberg und Remagen lag sie in groß- und alldeutschen Fieberfantasien, gab sich Träumen von erlösenden Führern und »Dritten Reichen« hin. Konservativ jedenfalls waren die Sprösslinge der Gebildeten und Wohlhabenden nicht. Und weil die Konservativen daraufhin fürchteten, den Zug der Zeit zu verpassen und den eigenen Nachwuchs zu verlieren, streckten auch sie die Hand zum Führergruß, wandelten sie sich der nationalen Erhebung an und verliehen ihr nach 1933 die Legitimation des traditionellen Deutschland. Das hatte den Konservatismus – trotz seiner inspirierenden Wirkung auf die Widerständigkeit alter Eliten 1944 – als Ideologie der deutschnationalen Rechten weithin diskreditiert; und das machte seither jeden Versuch der Renaissance rechts von der Mitte innerhalb des parlamentarischen Spektrums nicht einfach.

Nun mag man einwenden, dass ja unmittelbar nach dem Zusammenbruch des Nationalsozialismus die beste Zeit des Konservatismus in Deutschland während des 20. Jahrhunderts erst begann. In der Tat: Gerade die 1950er Jahre waren das Jahrzehnt einer breiten konservativen Basismentalität. Konservative haben es immer dann schwer, wenn der Geist der Zeit auf Zukunft, Moderne, Innovationen, Reformen gepolt ist, wenn der Manichäismus das politische Feld durchdrungen hat. Doch dieser Geist der Zeit lag in den späten 1940er/50er Jahren in Trümmern, wurde von der deutschen Gesellschaft nach den turbulenten, anstrengenden Jahrzehnten der sozialen Unruhen, Krisen, Vertreibungen, nach

Kriegen und Vernichtungen lediglich als Bedrohung wahrgenommen. Die Deutschen waren müde, waren der großen Versprechen überdrüssig, zu politischen Aufbrüchen ganz und gar unwillig. Sie suchten stattdessen nach Entlastung. Deshalb überantworteten sie sich dem Patriarchen im Bundeskanzleramt, Konrad Adenauer, der Ruhe, Sicherheit, Experimentenlosigkeit und die christliche Gnade der Vergebung für schuldhaftes Verhalten versprach.[9] Hörte man allein seine Stimme, so jedenfalls erinnerte sich der spätere bayrische Kultusminister Hans Maier an diese Zeit (des Radios), dann stellte sich der Eindruck ein: »Hier sprach ein großer Ernüchterer; schon durch seinen rheinischen Tonfall, in dem nicht alles ganz ernst klang (wenigstens für unsere Ohren), war er das genaue Gegenstück zum Rauschhaft-Übersteigerten, Tödlich-Entschlossenen der vorangegangenen Zeit« und auch zum »hämmernden Niederdeutsch seines Kontrahenten Schumacher«.[10] Kurzum: Es herrschte ein mentaler, ein »natürlicher Konservatismus« (Karl Mannheim) eines ruhebedürftigen, politisch erschöpften Volkes; es ging nicht um großartige konservative Weltanschauungen, nicht um Ideen von Preußentum, aristokratischer Kultur, ständischer Ordnung. »In dem politischen Klima der Bundesrepublik war es für Parteien schädlich, sich nach außen hin als konservativ zu bezeichnen, hingegen nützlich, konservativ zu sein, sich als Bewahrerin und Beschützerin des Status quo auszuweisen.«[11]

Dementsprechend hatte die Adenauer-CDU der 1950er Jahre weitgehend vermieden, sich zum politischen Konservatismus zu bekennen. An ein Zurück zum Konservatismus der alten Façon hatte Adenauer nicht das geringste Interesse, für zackigen Stahlhelm, schnarrende Offiziersrhetorik oder nationalistische Hurrarufe hatte er wenig übrig. Adenauer war ein Konservativer nicht der rhetorischen Selbstzuschreibung, erst recht nicht einer ideologischen Doktrin, sondern der politischen Methode und einer der Veränderungsfreude des Gros der Menschen misstrauenden Alltagspsychologie. Das Signum dieses Konservatismus war, »daß es sich bei ihm mehr um den bündigen Ausdruck einer Mentalität und weniger um eine politisch durchstrukturierte Konzeption handelt«[12].

Aber ist es damit in der Ära Merkel vorbei? In substanziellen gesellschaftspolitischen Fragen ist die Merkel-CDU mittlerweile zumindest grundverschieden von der Partei Adenauers und Kohls. In der Energie-, Wehrpflicht- und Schulpolitik, selbst in der Familienpolitik hat sich die Kanzlerinnenpartei ohne aufwühlende Debatten teils den Grünen, teils den Sozialdemokraten lässig anverwandelt und so die »Modernisierung des Konservatismus in Deutschland«[13] forciert. Zugleich – und jenseits unmittelbarer Akteursverantwortung – ist das traditionelle Terrain der Christdemokraten schmaler geworden, da zunehmend weniger Menschen im nachtraditionellen Deutschland noch treue Kirchgänger und gehorsame Adepten päpstlicher oder bischöflicher Moralimperative sind. Diese sozialkulturelle Entwicklung öffnete allerdings den Raum eben auch für christdemokratische Würdenträger, neue, angenehm flexibel handzuhabende Ungebundenheiten im Privaten auszuprobieren.

So begann vor einigen Jahren eine neue, nachgewachsene christdemokratische Parteielite, wie zuvor längst die zwar stets beschimpften, aber durchweg im Stillen beneideten 68er, gleichermaßen die Vorzüge lockerer Individualität zu entdecken und zu goutieren. Fortan trauten sich auch christdemokratische Regierungschefs, was in der rheinisch-katholischen Republik noch schlechterdings unvorstellbar gewesen war: Sich mit einer neuen Lebensgefährtin in aller Öffentlichkeit stolz zu zeigen, obwohl die vorangegangene Ehe – der »Bund fürs Leben«, wie es früher gerade im christdemokratischen Lager hieß – noch gar nicht offiziell geschieden worden war.

Kurzum: Das junge und mittelalte Bürgertum in Deutschland christdemokratischer Provenienz ging ebenso zweite und dritte Ehen ein, ließ sich ebenso wenig für alle Zeiten in Partnerschaften, Religionsgemeinschaften und lokale Sozialkontrollen zwingen und festklammern wie der früher gerade deshalb wütend geächtete linke Gegner. Dazu wollten allmählich nicht ganz wenige Christdemokraten am Sonntagmorgen, selbst wenn das Glockengeläut zum Kirchgang ermunterte, lieber in Ruhe ausschlafen. So verlor der Konservatismus in der CDU sukzessive an Boden. Für genuine Konservative und strenggläubige Katholiken kamen schwere Zeiten auf. Sie sollten einer Partei die Treue halten, die sich zunehmend mehr selbstsäkularisierte und von Traditionen gelöst hatte: in der Familienpolitik, beim Embryonenschutz, in der persönlichen Lebensführung des Spitzenpersonals.

Durch die Abschwächung des einst so emotionalisierenden kulturellen Konflikts mit der moralisch als lasziv denunzierten Linken gelangen der CDU in der Folge keine aggressiven Lagerwahlkämpfe à la Adenauer und Kohl mehr. Die militante Gesinnungsfront dafür war zerbröselt, eben auch endogen, innerhalb des eigenen Lagers. Die einst tief konservativen Moralüberzeugungen, Ethiken, Glaubensinhalte im Bürgertum Deutschlands hatten sich verpulverisiert. Die alten klassischen politischen Kampfgemeinschaften waren perdu. Denn solche Truppen brauchen den Feind und das fest umrissene Feindbild. Aber auch der war perdu. Denn man schied sich nicht von ihm, sondern hatte sich ihm schleichend angepasst. Die Dämme, welche die Union lange gegen die Kulturrevolte, den Hedonismus, den libertären Postmaterialismus errichtet hatte, waren gebrochen. Die christdemokratische Parteielite hatte mit dem neuen Jahrtausend die Waffen gegen das, was die Carstens', Dreggers und Strauß' in den 1970er Jahren noch verächtlich den »Zeitgeist« nannten, gestreckt.

Indes: Bereits im Jahrzehnt darauf lagen etwa die Reden des von 1979 bis 1984 zum Bundespräsidenten avancierten Karl Carstens »über Patriotismus, Familienbindung und Geschichtsbewußtsein« derart fern »von den Realitäten der beginnenden 80er Jahre«, dass sie in keinem Moment mehr eine Wirkung entfalten konnten, die sie als »Wegbereiter konservativer Wertewenden identifizierbar gemacht hätten«.[14] Alfred Dregger wiederum, seit 1983 Fraktionsvorsitzender der CDU/CSU im Deutschen Bundestag, war jetzt – da er 1982 auch im vierten Anlauf die Ministerpräsidentschaft in Hessen nicht erreicht hatte – der falsche Mann im »falschen Amt«, war nach den polarisierenden und hochgradig aggressiv geführten Landtagswahlkämpfen in seinem Heimatland ausgelaugt und entkräftet. »Politiker, die wie er Wahlkämpfe führen, als seien sie sie Schlachten, die Schlappen empfinden wie die Niederlage eines Feldherren, verbrauchen sich vorzeitig«[15], erscheinen dann »wie ein erloschener Vulkan«[16]. Und Franz Josef Strauß schließlich, der Kanzlerkandidat der Unionsparteien 1980: Über ihn schrieb Hans Maier, 1980 dem Schattenkabinett von Strauß zugehörig, in seiner Autobiografie nicht viel Freundliches. »Aus dem Wahlkampf habe ich einen ungewöhnlich frostigen, unlustigen, unfreundlichen Strauß in Erinnerung. […] [S]o sehr, dass manchmal sogar die Treuesten der Treuen unter den CDU-Schattenministern – Gerhard Stoltenberg und Manfred Wörner – völlig ratlos waren. Er grollte, er schrie, er verließ plötzlich die Sitzung, er beschimpfte die CDU-Kollegen wegen ihrer ›Weichheit‹ und ›Nachgiebigkeit‹. Hatte Strauß am Ende gar keine Lust nach Bonn zu gehen? Oder sah er als Realist die unvermeidliche Niederlage voraus – und die anschließende Schwächung seiner Position im Bund und in der Union?«[17] So war es wohl. Die 1980er Jahre wurden, allen Slogans von den geistig-moralischen Wenden zum Trotz, kein gutes Jahrzehnt für den zwischenzeitlich so militanten und expansiven Konservatismus.

Also in Zukunft keine Chance mehr für einen genuin christdemokratischen Konservatismus? Unzweifelhaft ist, dass die Reste des klassischen Konservativen in der Union von der zuweilen aufblitzenden normativen Nonchalance der Bundeskanzlerin verunsichert waren. Sie erkannten das Wertefundament ihrer Partei nicht mehr. Man erinnerte dann gerne an den großen Konrad Adenauer, der sich zum Ende seines Lebens zu einer solchen Erosion des christdemokratischen Sinns sorgenvoll äußerte: »Entweder wir sind eine weltanschaulich fundierte Partei«, mahnte er die Mitglieder des CDU-Bundesvorstandes im Juni 1965 beschwörend, »oder wir gehen heute, morgen oder übermorgen auseinander.«[18] Insofern haderten die Konservativen in der CDU wohl ein wenig mit Angela Merkel, artikulierten aber ihre Kritik nicht mehr allzu vernehmlich. Zum einen verfügten sie über keine auch nur halbwegs plausiblen Gegenentwürfe zu Merkel; zum anderen imponierte den Altkonservativen dann doch lange die kalte und eiserne Machtpolitik der Regierungschefin. Schließlich: Macht ist immer noch die Raison d'Être klassischer konservativer Bürgerlichkeit.

Man darf auch die geschickte Adaption Merkels an veränderte Stimmungslagen und Lebensweisen der Bürger nicht zu sehr als modernen Antikonservatismus überinterpretieren.[19] Merkel ist vom Adenauer'schen Konservatismus als Methode gar nicht so weit entfernt. Konservative – die nie Reaktionäre sein mochten – hatten meist eine feine Witterung für Mentalitätswechsel und orientierten sich häufig elastisch um, damit sie nicht ins Hintertreffen gerieten. Viel wichtiger als ideologisches Klammern war Konservativen ihre Anthropologie. Und in dieser anthropologischen Sicht auf Gesellschaft und Politik handelte Angela Merkel lange originär konservativ. Und deshalb reüssierte die Kanzlerin in einem Land, dessen Bürger alt geworden waren, und in einer Situation, die mit Blick auf die Finanzwirtschaft gerade älteren Wählern höchst bedrohlich erschien.

Solche Konstellationen bilden nachgerade den Kairos für den konservativen Appell. Es geht in derartigen Momenten nicht um fiktionale Bilder eines Zukunftsexperiments. Die Kanzlerin schien eine kongeniale Repräsentantin eines daraus schöpfenden Zeitgeistes zu sein. Mit ihrer naturwissenschaftlichen Aura unterstrich sie immer wieder gerne, dass sie in der Politik nichts von Luftschlössern, Fantasiegebilden, Literatenprojekten hielt.[20] Ihr galt nur das Reale, das jeder sah, was wirklich zählte – ein geradezu klassisches Muster des konservativen Pragmatismus. Konservative sehen sich nicht als Baumeister neuer menschlicher Ordnungen. Auch Merkel präsentierte sich nicht (mehr) als Demiurg einer neuen bürgerlichen Freiheit, sondern als Monteurin, die Schäden beseitigte, als Klempnerin, die reparierte, ebenfalls als Gärtnerin, die schnitt, lichtete, aber auch goss und pflegte, was gut zu gedeihen und zu blühen versprach. Mehr haben sich Konservative vom Politischen nie versprochen.

Der französische Anthropologe Emmanuel Terray hat diese »Denkart der Rechten« anschaulich zu machen versucht, indem er die Haltung der Konservativen zur politischen Handlung ausleuchtete und illustrierte. Handeln kann in deren Augen nur punktuell *(ponctuelle)* und vorsichtig *(prudente)* sein. »Punktuell: Die enge Beziehung der *penseurs de droite* zu den einzelnen Individuen und Objekten sowie ihre Zurückhaltung gegenüber Gesamtheiten führt dazu, dass sie lokalisierte Eingriffe bevorzugen. Steht der *penseur de droite* einer schwierigen Situation gegenüber, so schlägt er vor, einen bestimmten oder mehrere bestimmte Aspekte anzugehen, aber er weigert sich, die Möglichkeit einer umfassenden Veränderung zu berücksichtigen, und zwar entweder weil er nicht die Meinung vertritt, dass man die Situation als ein Ganzes betrachten könne, oder weil wir, wie [die Historikerin und Philosophin, d.V.] Chantal Delsol schreibt, ›keine Totalität erfassen können‹.«[21]

Konservative haben in der Wahlgeschichte vor allem dann gewonnen, wenn sie das Anti-Chaos-Argument wirksam ins Feld bringen konnten. Dass Menschen überwiegend in berechenbarer Ordnung zu leben wünschen, hat Reformisten und Revolutionären in der Regel geschadet, Konservativen indessen nachhaltig genutzt. Als die schwarz-gelbe Regierung zwischen 2009 und 2011 ihrerseits Produzentin von Konfusion war, schlitterten die Werte der beiden Parteien tief in den Keller.[22] Danach aber achtete Merkel darauf, dass zumindest in ihrer Partei nicht groß gestritten wurde, kein programmatischer Zwist nach außen drang, vor allem auch kein Konkurrent ihrer selbst in der Partei unterwegs sein durfte. Denn Ordnung benötigt Autorität. Und Autorität ist in dem Moment schon beschädigt, wenn Kontroversen nicht beherrschbar sind, Diadochen zu scharren beginnen. Zwar waren solche Diadochen in den letzten Jahren nicht erkennbar. Aber Fehden trug Merkel selbst durch ihre Äußerungen und Entscheidungen in der Flüchtlingspolitik besonders des Jahres 2015 in die Reihen der CDU/CSU hinein. Zwischen Christsozialen in München und dem christdemokratischen Kanzleramt in Berlin entwickelte sich ein in aller Öffentlichkeit hart ausgetragener Dauerzwist, was signifikant zulasten der Zustimmungswerte für die Union ging.

In ihrer Methode war Angela Merkel meist – Ausnahmen waren neben der Flüchtlingspolitik noch ihr Plädoyer für ein Engagement im Irak-Krieg und ihre Kampagne für die »Kopfpauschale« in der Gesundheitspolitik – konservativ. Ideologisch war sie ganz indifferent. Nur: Wenn die Methode nicht greift, dann stiften auch keine Ideen oder Loyalitäten noch Rückhalt. Dann ist da nichts. Dabei verändern sich Parteien mit guten Aussichten allein dann, wenn sie ihre Lernprozesse aus der eigenen Tradition heraus erörtern und erklären. Denn Formationen wie die Christdemokraten oder auch die Sozialdemokraten sind historische Wesen, die bislang politische Systembrüche, große gesellschaftliche Transformationen und soziale Wandlungen überstanden haben – weil sie über einen Wertekern verfügen, der Situationen, Ereignisse, Personen, Beliebigkeiten und Moden überdauert. Davon wird man bei Angela Merkel wenig finden. Man mag das als die Achillesferse ihres Konservatismus als Methode sehen und werten. Zumindest der zum Konservatismus (gemischt mit einem wirtschaftlichen Radikalliberalismus) konvertierte frühere Sozialdemokrat Arnulf Baring malte bereits 2013 die Zukunft der CDU von und nach Merkel in denkbar düsteren Farben:

»Paradigmatisch für den Niedergang der Parteikultur steht die CDU. Deren personelle und programmatische Auszehrung ist enorm. Sollte Angela Merkel aus gesundheitlichen oder persönlichen Gründen eines Tages abtreten, wird sie eine nicht zu füllende Lücke hinterlassen. Die Union wird in eine schwere Identitätskrise geraten, weil die gar nicht mehr weiß, wofür sie eigentlich steht. Angela Merkel hat eine Partei geschaffen, die unter dem Druck der Meinungskonformität ihr Profil verloren hat. Unter CDU-Leuten weiß man, dass jede Meinung, die nicht jener der Kanzlerin entspricht, negative Konsequenzen hat – Abweichler werden das nächste Mal nicht mehr aufgestellt. Die Parteitage sind streng hierarchisch von oben nach unten durchorganisiert, kaum einem Kritiker gelingt es, als Delegierter zu einem Parteitag entsandt zu werden. CDU-Parteitage sind mittlerweile Veranstaltungen, wie wir sie aus ehemals kommunistischen Ländern kennen. Das Machtbewusstsein der Kanzlerin zeigt sich darin, dass sie nur zweitklassige Politiker um sich schart, die ihr nicht zu widersprechen wagen. Das führt zu Ängstlichkeit und Duckmäuserei, untergräbt die wichtigsten Prozesse innerparteilicher Demokratie. Schon jetzt kann niemand mehr erklären, warum man die CDU wählen sollte.«[23]

5. Blick in die Schweiz
Der plebiszitäre Tribun: Christoph Blocher

Auch ein Mann des evangelischen Milieus, allerdings der Schweiz und calvinistischer Prägung, ist der Pfarrerssohn Christoph Blocher, politischer Heerführer der einst ländlich-konservativen, nun vielfach als rechtspopulistisch gekennzeichneten Schweizer Volkspartei (SVP). Unter allen europäischen Parteien der rechten Mitte, die sich in den letzten zwei bis drei Jahrzehnten einem aggressiven, organisatorisch verblüffend modernen, kampagnenorientierten Politikstil der polarisierenden Zuspitzung verschrieben hatten, war die SVP besonders weit vorangekommen. Sie hat es geschafft, durch Parlamentswahlen zur stärksten politischen Formation in ihrem Land zu werden. Und dabei hat der Schweizer Volkspartei die scharfe Distanz zur Europäischen Union – die auch die anderen populistischen Kräfte des rechten Spektrums in ihren Programmen führen, aber doch nirgendwo mit so elementarer Wucht wie in der Schweiz – zu ihrem rasanten, ganz und gar unschweizerischen Aufstieg von einem kleinen, eher behäbigen Verein selbstgenügsamer Mittelständigkeit zur dynamischen, agitatorisch fulminant operierenden Sammelpartei, die den Rest der politischen Konkurrenz seit den 1990er Jahren auf weiten Abstand hält, geholfen.[1]

Als rechtspopulistische Neuformation erst in der Krise der überkommenen Lager und Volksparteien also entstand die SVP nicht.[2] Die Geschichte der Schweizer Volkspartei war eine Historie der Transformation, wenn man so will: der Radikalisierung des Justemilieu im kleinen, zunächst ländlichen Mittelstand der Schweiz.[3] Am Anfang standen Bauern und Winzer, die bis zum Ersten Weltkrieg ihre politische Repräsentanz je nach Konfession entweder bei den Liberalen oder den katholischen Konservativen fanden. Das änderte sich während der Jahre der Grenzbesetzung, an deren Ende in den Kantonen Zürich wie Bern Bauern- und Bürgerparteien sich selbstständig konstituierten, seit Mitte der 1930er Jahre auch landesweit. Viel Aufsehen erregten sie nicht; sie agierten als betuliche, verlässlich loyale Koalitionspartner in den Bürgerblöcken mit Liberalen und Konservativen. Die Stimmanteile lagen seit den 1940er Jahren konstant bei elf bis zwölf Prozent. Die Bedeutungsverluste des agrarischen Sektors und der dadurch bedingte Verschleiß an klassischen Stammwählern veranlasste die Bauern und Krämer, ihre Partei 1971 in eine »Volkspartei« umzubenennen und derart auf Zuzug neuer Wähler aus Arbeiterschaft und Angestelltenkreisen zu hoffen. Doch diese Erwartung trog; 1975 fiel die elektorale Quote gar erstmals unter zehn Prozent. Die SVP blieb weiterhin die kleinste unter den Bundesratsparteien.

Doch dann betrat Christoph Blocher die politische Bühne. Und die Dinge änderten sich mit Aplomb. Blocher, 1940 in Schaffhausen geboren, wuchs mit zehn weiteren Geschwistern in einem Pfarrhaus auf. Das Geld war entsprechend knapp. Und mühselig fiel zunächst der soziale Aufstieg aus. Es fing an mit einer landwirtschaftlichen Lehre, setzte sich dann, in den Jahren des Frühlings einer neuen, von ihm herzlich verachteten akademischen Linken,[4] mit einem Jurastudium fort. Zäh und listig brachte Blocher es bis an die Spitze eines Chemiekonzerns, avancierte zum Milliardär. Aber auch dann kultivierte er weiterhin seine Aufsteigerbiografie, seine Ferne zur klassischen Oberschicht der Schweiz. Wie viele andere Populisten strebte auch Blocher mit aller Energie nach oben, suchte die Anerkennung, die er, poltrig und hemdsärmelig im Auftritt, nie von der Traditionselite erhielt. Solche Zurückweisung nährt Frustrationen, setzt Hassgefühle frei, stachelt dazu an, die eingesessene, dünkelhafte Bourgeoisie wieder und wieder zu düpieren, ihr durch kühne und verwegene Aktionen vor Augen zu halten, wie abgeschlafft und erbärmlich sie doch selbst ist, während der Herausforderer von unten vor Vitalität und »Mannesmut« nur so strotzt.

Natürlich waren Blochers Hauptgegner die Linken und multikulturellen »Gutmenschen«. Gering schätzte er die Liberalen vom Freisinn, die er als »Weichsinnige« verspottete. Aber sein Kampf richtete sich stets auch gegen das »Establishment«.[5] Er, Blocher, gegen alle anderen. Seine Partei, die SVP, gegen den Rest der abgehobenen politischen Klasse in Bern – in dieser binären Konstruktion des politischen Schlachtfeldes fühlte sich Blocher am wohlsten.[6] Denn auf diese Art hatte er seine erfolgreichste Schlacht geführt, die seinen Ruf als mutigen Mann des Volkes, der aussprach, wozu sonst allen der Mumm fehlte, begründete. Im Jahr 1992 traten alle Bundesratsparteien, die Gewerkschaften, die Unternehmerverbände, die medialen Flaggschiffe des Landes für den Beitritt der Schweiz zum Europäischen Wirtschaftraum (EWR) ein. Allein Blocher und seine Gefolgsleute aus der SVP des Kantons Zürich stellten sich dagegen, organisierten und finanzierten aufwendig ein Referendum gegen den europäischen Integrationsschritt. Und Blocher gewann die Bataille, wenn auch knapp.

Populisten sind Artisten der unmittelbaren Demokratie. Im Plebiszit leben sie auf, hier verwenden sie die Instrumente und Muster, die in einer Politik der vermittelnden Repräsentation weniger nützlich, auch weniger gebraucht werden können. Der plebiszitäre Populist sucht die Konfrontation, den absoluten Sieg. Er reklamiert den gesunden Menschenverstand und setzt ihn der unterstellten Vernebelungsrhetorik von Politikern, Bürokraten und Intellektuellen entgegen. Daher konnte Blocher gerade in der Referendumsdemokratie reüssieren. Er neigte nicht zu komplexen Argumentationsweisen. Stattdessen liebte er griffige Metaphern, einprägsame Bilder, pointierte Appelle. Blocher erzählte Geschichten, gebrauchte Analogien, stichelte und witzelte in seinen Reden, schlagfertig, oft laut.[7] Die plebiszitäre Demokratie prämiert überdies die Pose des Nicht-Politikers. Dafür schlüpfte Blocher, der zwischen 1979 und 2003 selbst dem Nationalrat angehörte, in seinen basisdemokratischen Feldzügen stets in die Rolle des Außenseiters, des Nichtzugehörigen, gar Verfemten der Parteien- und Parlamentspolitik. Hiermit hatte Blocher seine SVP binnen weniger Jahre zur modernsten, am straffsten geführten Parteiorganisation der Schweiz getrimmt.

Nirgendwo sonst wurden die Kader so geschult, der Nachwuchs derart gepäppelt, die Medienarbeit auf solche Weise professionalisiert, die Funktionäre vergleichbar zur Daueragitation angetrieben wie hier. Nichts erinnerte bald mehr an die biedere Honoratiorenpartei von ehedem. Die SVP war zu einer Kampfmaschine politischer Propaganda geworden, die auch zwischen den Wahlkämpfen fortwährend unter Dampf stand. Blocher selbst zog die Fäden als oberster Stratege und stand an der Front als erster Tribun seiner Partei. Ein Mandat dafür besaß er übrigens nicht.[8] Was Joschka Fischer für die Grünen in Deutschland bis 2005 war, verkörperte Blocher in der SVP: Beide führten sie, ohne je von Delegierten oder Mitgliedern zum Vorsitz legitimiert worden zu sein. Führung per plebiszitärem Charisma stört sich daran nicht. Schließlich verband Blocher und Fischer – bei allen inhaltlichen Differenzen natürlich – auch dies: Ihre Anhänger verehrten sie, weil sie Dinge wagten, was wohl auch die Epigonen gern versucht, sich aber nie ernsthaft getraut hatten.

Die volksparteiliche Dampfwalze schien jedenfalls nicht aufzuhalten zu sein. Erst gemeindete die Partei die diversen kleinen Rechtsparteien ein, dann wilderte sie auf dem Terrain der FDP, später gar der katholischen CVP. Schließlich begeisterte Blocher noch einen Großteil der Arbeiter, wenn er gegen die »classe politique«, gegen »Linke und Nette«, vor allem: gegen »kriminelle Ausländer« etc. zu Felde zog. Die SVP, Partei zahlreicher (mittelgroßer) Unternehmer und Modernisierungsantreiber, wurde innerhalb eines Jahrzehnts auch zur Partei der Schlechtgebildeten, Geringverdiener, der Arbeiter und Arbeitslosen, kurz: der Modernisierungsverlierer, die sich von den Sozialdemokraten (SP) zunehmend abkoppelten.

Doch hatte die Entfremdung der SP von ihrem früheren industrieproletarischen Subjekt der gesellschaftlichen Transformationsprojekte schon früher, gewissermaßen im Nachhall zu »1968« begonnen. Auftrieb erhielt dieser Prozess bezeichnenderweise dadurch, dass im rechten Spektrum des Parteiensystems bereits damals Matadore der »Volksstimmung« auftraten, die das Medium der direkten Demokratie nutzten, um über die Migrations- und Ausländerfrage durch populistisch zugespitzte Kampagnen Stimmungen zu erzeugen. Der Pionier dieses neuen rechten Populismus und Blocher-Vorläufer war James Schwarzenbach, Chef der Nationalen Aktion, der 1970 eine Referendumsinitiative in Gang setzte, mit der die Schweiz Schranken gegen »Überfremdung« errichten, Ausländer auch ausweisen sollte. Immerhin 46 Prozent der Abstimmenden folgten ihm, darunter eben auch viele bisherige sozialdemokratische Anhänger und Gewerkschafter, die Furcht vor Konkurrenten um ihre Arbeitsplätze und einem Anstieg der Mietpreise aufgrund wachsender Migration hatten. In der SP sahen sie bald keinen politischen Anwalt ihrer Interessen mehr, da deren politische Repräsentanten sich weiter für offene Zuwanderungswege und liberale Asylgesetze aussprachen. Binnen einer Dekade ging der Arbeiteranteil am SP-Elektorat um die Hälfte zurück; 1991 betrug er nur noch 18 Prozent.

Kurzum: Die SVP, nicht die Sozialdemokratie, entwickelte sich zur modernen Arbeiterpartei der Schweiz. Aus der Elf-Prozent-Partei wurde bis zum Ende des 20. Jahrhunderts eine 22,5-Prozent-Partei; bei den Nationalratswahlen im Jahr 2007 erhielt die Blocher-Partei gar 28,9 Prozent der Stimmen und lag knapp zehn Prozentpunkte vor der SP. Eine solche Erschütterung hatte das über etliche Jahrzehnte bemerkenswert immobile Schweizer Parteiensystem zuvor nicht erlebt.[9] Und: Mit der SVP gewann eine Partei vehement hinzu, die sich ideologisch vom berühmten ›Median-Wähler‹ kräftig entfernt hatte.[10] Nach allem, was die Mainstream-Parteienforschung allzeit verkündete, hätte dergleichen niemals passieren dürfen.

Nun mag es an der Schweizer Besonderheit liegen. Hier ist in der Tat wohl nicht alles, aber doch vieles anders als sonst. Die Nation ist kulturell, regional und nicht zuletzt religiös vielfach zergliedert, im Politologenjargon ausgedrückt: fragmentiert, segmentiert und dezentriert.[11] Damit sich die verschiedenen eigenständigen Traditionen, Herkünfte und Glaubensüberzeugungen nicht in einem kämpferischen Antagonismus begegnen und so einander gefährden, hat man dortzulande die Konkordanz entdeckt und dafür eine sogenannte Zauberformel erfunden. Auf diese Weise ist ein Regierungssystem entstanden, das einzigartig auf der Welt ist und jenseits der Alpen in der Regel auf Verwunderung stößt. Mit der »Zauberformel« sind die Proporze seit 1959 im Bundesrat – der nationalen Exekutive also – unabhängig vom jeweiligen Ausgang der Wahlen fixiert: Zwei Bundesratsposten gingen an die Liberalen, zwei an die Konservativ-Katholischen, zwei an die Sozialdemokraten; ein Ministerposten fiel an die kleinste Partei, eben die der Bauern, Bürger und Gewerbetreibenden, die zur SVP mutierte, dann – in den 1990er Jahren – ihren furiosen Aufstieg erlebte und dadurch ab 2003 die »Zauberformel« dank eines zusätzlichen, zweiten Postens zu ihren Gunsten (und zulasten der kontinuierlich schwächer gewordenen Christdemokraten) korrigieren konnte. Die sieben Bundesräte agieren gleichberechtigt, bilden ein Kollegialorgan. Und auch der – turnusgemäß jährlich ausgewechselte – Bundespräsident fungiert nicht als Chef der Regierung, hat keine Richtlinienbefugnis, sondern übt allein die anstehenden repräsentativen Verpflichtungen im In- und Ausland aus. Alles in allem: Die politische Potenz der Schweizer Zentralregierung ist entschieden limitiert. Das aber ermöglicht, was in klassischen parlamentarischen Demokratien undenkbar ist: dass eine Partei wie die SVP selbst des lustoppositionellen Herrn Blocher Teil der Gouvernementalität und zugleich Motor einer furiosen Opposition sein konnte – und sein kann.

Denn die Referendumsdemokratie nimmt den Wahlen zum Nationalrat die elementare Bedeutung, die Parlamentswahlen in zentralstaatlich ausgelegten Wettbewerbsdemokratien sonst besitzen, da das Parlament nur die eine Quelle der Macht begründet. Die andere sind unmittelbare Volksrechte in Form der direkten Demokratie, mit der die Schweizer Bürger Regierungs- und Parlamentsentscheide souverän aushebeln, umwerfen, modifizieren können. Durch das Initiativrecht vermag der Demos auch unabhängig von der parlamentarischen Legislative gesetzesbildend zu wirken. Dadurch relativiert sich der überall sonst übliche Primat der repräsentativ beschickten Volksvertretung und des Regierungskabinetts. Aufrufe zur Geschlossenheit und zur strikten Handlungsdisziplin im Konnex von Partei, Fraktion und Regierungskabinett wirken in der Schweiz demzufolge überspannt und sind daher auch kaum zu hören. Regierungsparteien treten hier mithin nicht stringent als subalterne Schutztruppen ihrer Minister auf.[12] Sie können vielmehr im gleichen Maße als ätzende Frondeure gegen die Exekutive agieren. In der Schweiz vermögen die größeren Parteien ein bisschen gouvernemental zu sein, aber zugleich auch ein wenig oder gar sehr stark oppositionell. Konkordanz und ideologischer Disput schließen sich nicht aus, sondern bedingen sich auf verblüffende Weise gegenseitig. Niemand hatte das so sehr begriffen und freudig ausgespielt wie eben Christoph Blocher, der nicht unbedingt zu befürchten brauchte, was anderen rechtspopulistischen Parteien als ehernes Menetekel erschien: dass der Aufstieg durch fundamentaloppositionelle Mobilisierung in dem Moment unterbrochen und rückgeführt würde, in dem der Populismus an der Regierungsmacht in Bündnissen eingezwängt ist, Kompromisse hinnehmen muss, die rhetorische Schärfe abzumildern hat und ebenso wie die zuvor noch mit genüsslicher Empörung verunglimpften »Kartellparteien« nach Posten und Pfründen zu heischen beginnt.[13]

Blocher aber konnte sich auch als »Minister« – er leitete zwischen 2004 und 2007 das Eidgenössische Justiz- und Polizeidepartement im Bundesrat – immer wieder auch an die Spitze oppositioneller Erregungen stellen. Doch 2007 war es die chronisch von ihm verhöhnte »classe politique« leid und wählte den streitbaren SVP-Mann ab, was in der Konsenskultur der Schweizer Demokratie ebenfalls ein rares Ereignis bildete. Schon frohlockten die Kommentaroren der seriös konservativen, liberalen und linken Presse, dass die Ära des rabiaten Milliardärs in der Politik wohl abgelaufen sei. Dergleichen süffisante Nekrologe las man seither in schöner

Regelmäßigkeit.[14] Dass die Grabgesänge nicht ganz grundlos ertönten, schien sich durch den Ausgang der Nationalratswahlen im Jahr 2011 anzudeuten, als die SVP erstmals nach 1987 wieder einen Rückschlag hinnehmen musste – wenngleich sie bei einem Minus von 2,3 Prozent mit 26,6 Prozent weiterhin die stärkste Partei im Land blieb.

Und dann kam der 9. Februar 2014, der Sonntag der Abstimmung über die Volksinitiative »Gegen Masseneinwanderung«. Auch hier hatte Blocher wieder die Rolle des Feldherrn einer politischen Miliz gegen die »vom Volk entfernten Oberen« aus der Champagneretage der Linken, Grünen und Freisinnigen samt ihrer Förderer an Universitäten und in der Finanzwirtschaft – und er obsiegte, wenn auch wiederum knapp wie schon 1992.[15] Im Jahr darauf, bei den Nationalratswahlen im Herbst 2015, hielt die Schubkraft an und die Partei erzielte mit 29,4 Prozent der Wählerstimmen ein neues Spitzenresultat.[16] Erfolglos allerdings blieb die SVP bei Abstimmungen 2016 und 2017, als die Partei erst eine automatische Abschiebung straffällig gewordener Ausländer erreichen, dann ein erleichtertes Einbürgerungsverfahren für junge Ausländer der dritten Generation verhindern wollte.[17]

Erlebt man also derzeit die letzte Schlacht des Christoph Blocher? Ist sein Zenit nicht doch unwiderruflich überschritten? Im Herbst 2017 wird er 77 Jahre alt. Seine politischen Losungen wirkten zuletzt nicht mehr sonderlich frisch oder gar kreativ, sondern abgestanden, zumindest routiniert, seit Jahren bereits unverändert. Andererseits dürften die Themen, die Blocher seit nun bald vierzig Jahren in die öffentliche Debatte hinein schleudert, nicht schlagartig an Resonanz und Interesse verlieren. Die Erwartung, dass Blochers Angstmachereien vor dem Fremden wohl bei Älteren hinreichend Adressaten finden mochten, im Generationswechsel aber an Gehör und Zustimmung verlieren würden, mag voreilig sein. Zwar erzielte die SVP zu ihren besten Zeiten tatsächlich bei den über 65-jährigen Schweizern mit 37 bis 39 Prozent ihre höchsten Werte, während sie bei den 24- bis 54-jährigen zwischen (allerdings nicht gerade wenigen) 23 bis 26 Prozent der Stimmen vorliebnehmen musste; doch bei den 18- bis 24-jährigen Jungwählern konnte sich die Blocher-Partei wieder eines elektoralen Zuspruchs von 34 Prozent erfreuen.[18] 2015 reüssierte die SVP dann am stärksten überhaupt bei den 25- bis 34-Jährigen, fiel aber bei den 18- bis 24-Jährigen auf 25 Prozent zurück.[19]

Auch nach Blocher wird die SVP nicht zwingend vor dem Rückgang oder gar dem Verfall stehen. Die populistischen Parteien, die nun seit rund drei Jahrzehnten in Europa reüssieren, können sich inzwischen auf feste Stammwählerbasen stützen. Sie sind heute mehr als nur amorphe Nutznießer von Proteststimmungen, die allein von unsteten, chronisch mäandernden Frustrationen bloß kurzfristig existieren. Sie haben unterdessen vielmehr ihre *Cleavage* gefunden und besetzt, sind so auch organisatorisch gefestigt. Ihre Charismatiker und Tribunen – ob nun Jörg Haider oder Jean-Marie Le Pen – waren für die Anfangsphase, die Sattelzeit des Populismus wichtig, vermutlich unverzichtbar; sie waren die Motoren der Sammlung und des Aufstiegs. Doch mittlerweile kommen die konsolidierten populistischen Parteien auch ohne sie zurecht.

AUFSTIEG UND BRUCH DES DEMOKRATISCHEN SOZIALISMUS

1. Bebel-Ebert-Brandt im sozialdemokratischen Schicksalsjahr 1913

Das Jahr des fünfzigjährigen Parteijubiläums der Sozialdemokraten – 1913 – bot Abschluss und Neuanfang von Entwicklungen, die zeitgenössisch in ihrer Bedeutung weder geahnt wurden noch zu erkennen waren. Zunächst: In diesem Jahr starb ihr schon zu Lebzeiten legendärer Tribun und Parteiführer August Bebel. 1913 rückte dann als neuer Mann an die Parteispitze der spätere erste Reichspräsident in der ersten deutschen Demokratie, Friedrich Ebert. Und das Licht der Welt erblickte, 13 Tage bevor das Jahr 1913 zu Ende ging, die Lichtgestalt der linken Volkspartei in der Bundesrepublik der 1960er und 1970er Jahre, Willy Brandt mithin. 1913 also kreuzten sich die großen Entwicklungslinien dieser Partei: der Kulminationspunkt im Aufstieg einer sozialen Bewegung; allmähliche Stagnationen in der durchorganisierten Apparatpartei als frühe Indikatoren für die geistige, politische und agitatorische Erstarrung des Sozialismus in der späteren Kriegs- und Zwischenkriegszeit; schließlich die ersten Sprossen – oder auch die letzten Blüten? – einer nun neuen sozialen Demokratie, erwachsen aus dem Niedergang von Marxismus und proletarischem Klassensozialismus.

Mit August Bebel schied am 13. August 1913 die große, noch lange als heroisch, aufopferungsvoll und sieggekrönt besungene Phase einer Arbeiterbewegung, die sich ein halbes Jahrhundert lang im steten Aufstieg sah, dahin. Als Bebel, 1840 geboren, nach einer bedrückenden Kindheit die Politik entdeckte, steckte die politische Formation der Arbeiterbewegung noch in den kleinsten Kinderschuhen, war nicht mehr als ein auf wenige Industrieorte beschränktes Konventikel. Doch mit diesem Allgemeinen Deutschen Arbeiterverein (ADAV) hatte Bebel nichts zu schaffen haben wollen.[1] Er konnte den eitlen Theatraliker Ferdinand Lassalle, den Patron des ADAV, nicht ausstehen. Und er glaubte als junger Mann noch an den Wert der Bildungsvereine bürgerlicher Façon und Obhut.[2] Die Bildung blieb ihm zeitlebens das wichtigste Medium der sozialen Emanzipation; aber im Bürgertum sah er bald weder Stütze noch Träger, sondern allein Gegner und Feind – hier indes ganz im Einklang mit dem plebiszitären Populisten Lassalle. Noch keine dreißig Jahre alt, gehörte Bebel zu den Initiatoren und Gründern einer zweiten sozialdemokratischen Partei, noch als 27-Jähriger war er kurz zuvor als erster Sozialist zum Abgeordneten in den Reichstag, damals noch des Norddeutschen Bundes, gewählt worden. In jungen Bewegungen und Parteien sind derartige Frühkarrieren noch gut möglich. Als Bebel starb, war die Sozialdemokratie die stärkste parlamentarische Kraft im Reich, zählte seit den Reichstagswahlen 1912 insgesamt 110 Abgeordnete in ihrer Fraktion. Bebel selbst war in diesen 46 Jahren durchweg parlamentarisch aktiv. Er, der vom Bürgertum und Adel gefürchtete Revolutionär, war nahezu ein halbes Jahrhundert lang der Parlamentarier schlechthin in Deutschland.[3]

Doch wäre Bebel hellauf in Rage geraten, hätte man ihn mit dem Vorwurf des bloßen Parlamentarisierens, der verblendeten Illusion über die Wirkkraft parlamentarischer Mitarbeit im bürgerlichen Staat traktiert. Gewiss, Bebel war in Tagesdingen durchaus pragmatisch, konnte in seinen Redebeiträgen im Reichstag viele Details zur sozialpolitischen Gesetzgebung beisteuern. Aber er blieb doch stets demonstrativ bei seinem apodiktischen *Nein* zu all den Sozialreformen in der Monarchie. Das Parlament bedeutete ihm in erster Linie Tribüne für die Agitation, Ort der Anklage, Stätte der Aufklärung, öffentliches Forum für die Enttarnung bürgerlich-reaktionärer Machenschaften. Bebel suchte in der repräsentativen Körperschaft nicht nach Partnern, bastelte keine Bündnisse, um Mehrheiten zu komponieren, um die Herrschenden des wilhelminischen Obrigkeitsstaats unter Druck zu setzen.

Dabei war Bebel nicht eigentlich ein unbeweglicher Fundamentalist. In den inneren Auseinandersetzungen seiner Partei konnte er bemerkenswert elastisch agieren, beherrschte alle taktischen Tricks und überrumpelnde Rochaden. Aber ein Stratege war er nicht. Im Alltag verhielt er sich nüchtern, auch wendig und listig. Und er glaubte – er glaubte wirklich im wörtlichen Sinne – an das helle Übermorgen, an die Erlösung der Arbeiterklasse in der Zukunftsgesellschaft. Für den Raum dazwischen, das Morgen, interessierte er sich nicht.[4] Gegenwärtige Empirie und entfernte Vision blieben unverknüpft, bildeten seither ein ewiges sozialdemokratisches Vakuum und Dilemma. Schuld war gewissermaßen die Fortschrittsgewissheit, die zu Lebenszeiten Bebels noch weitgehend das Denken beherrschte. In der gesellschaftlichen Fortschrittsbewegung musste der rückständige Kapitalismus seinen Untergang finden, mussten die entfesselten Produktivkräfte zu neuen Produktions- und Eigentumsverhältnissen schier drängen: zum Sozialismus eben. Das stand für Bebel fest wie für den Christen die Auferstehung des Gottessohnes. Es gab für Bebel nie einen Zweifel am *Kladderadatsch,* am Zusammenbruch des Kapitalismus mithin. Überhaupt zählten Zweifel nicht zur Innenausstattung seines Charakters. Er geriet nicht in Grübeleien, versank nicht in Depressionen, ließ sich in seinen festen Überzeugungen nicht irritieren.[5]

Warum auch? Bebel bewegte sich nicht nur im Fluss der Fortschrittsideologien, er sah sich dabei auch im engsten Bund mit der Wissenschaft. Der Marxismus hatte die Entwicklungsgesetzmäßigkeiten der Geschichte identifiziert und konnte daher mit strenger Objektivität den Gesellschaftsverlauf antizipieren. Der Sozialismus war so in der Sicht Bebels nicht Utopie, nicht ethisches Sollensprinzip, keine Wunschvorstellung, sondern unaufhaltsames glückliches Ende aller Geschichten von antagonistischen Klassen und zerstörerischen Klassenkämpfen. Aus diesem Glauben, der sich für sachlichste wissenschaftliche Erkenntnis hielt, schöpfte Bebel seine Kraft, überstand er auch die 57 Monate Gefängnis und Zuchthaus, die ihn demütigten, aber auch die Zeit ließen, seine Reden vorzubereiten, seine Artikel zu verfassen und das große Buch »Die Frau und der Sozialismus« zu schreiben. Die Haft war den Revolutionären von 1914 die Universität, wie es in den sozialistischen Kreisen Europas gerne schmunzelnd kolportiert wurde.[6]

Aber die sozialistische Wissenschaft und Universität erstickten auch einiges an der früheren Glut der sozialen Bewegung – gerade in Deutschland, wo der Marxismus, wie vereinfacht auch immer, besonders stark und besonders quietistisch rezipiert worden ist. Bebels Lieblingstheoretiker, der von ihm treu protegierte Karl Kautsky, verhinderte mit seinem Objektivismus der Theorie oft die Aktion, den verwegenen Kampf, auch unorthodoxe Allianzen. Der

Schuss Voluntarismus, der viele linksoppositionelle Bewegungen auszeichnet und durchaus zu bereichern vermag: Er fehlte in der Sozialdemokratie des August Bebel.

Dabei ging er doch ganz in der Rolle des Tribuns auf, des magischen Redners, der die Massen faszinierte, ihnen durch Rhetorik und Gestik seinen Willen einzuflößen vermochte.[7] Vieles davon hatte er, der kleine Handwerker mit magerer Volksschulbildung, erst zäh in oratorischen Dauerexerzitien erlernen müssen. Doch trat er seinen Zuhörern, die Plaketten mit seinem Konterfei trugen und aus Bierkrügen mit seinem Bild tranken, nicht wie ein Schauspieler entgegen, nicht wie einst Ferdinand Lassalle, sondern als ein »der Sache« vollständig ergebener, von seiner Mission durchdrungener Führer des Volks.[8] Lassalle mochten die Arbeiter zunächst bewundert haben – im Abstand. Bebel liebten sie – als Teil ihrer selbst, der mit einem Löwenmut kämpfte, den die meisten von ihnen nicht aufbrachten, wohl aber gern ebenfalls gezeigt hätten.

Mit Bebel wurde die Sozialdemokratie groß. Aber sie wurde dadurch auch anders, konnte nicht so bleiben, wie sie begonnen hatte. Bebel spürte das, sah es im Herbst seines Lebens mit Sorge, mit Argwohn. Die Zahl der Hauptamtlichen in seiner Partei stieg; Sicherheits- und Karrieredenken ersetzte den ursprünglichen Schwung und ethischen Idealismus. So jedenfalls kam es Bebel vor, dem auch nicht verborgen blieb, dass man begann, sich über ihn und seine Revolutionsschwärmereien zu mokieren. Überall, in Partei und Fraktion, breiteten sich nunmehr die Gewerkschafter, die Bebel nie gemocht hatte, mit ihrem reformistischen Klein-Klein aus. Zum Ende seines Lebens befielen den notorischen Optimisten Bebel pessimistische Anwandlungen, was den Frieden in Europa, was die Zukunft seiner Partei anging.

In einem dicken Sammelband, der in dieser Zeit ein »Gesamtbild der Kulturentwicklung« im »Jahr 1913« zu geben versuchte, hatten auch andere Autoren die »Vergewerkschaftung« der Partei im Visier, die zu einer Ängstlichkeit in der politischen Agitation führte, wie ausgerechnet der Führer des revisionistischen Flügels, Eduard Bernstein, in einem Beitrag für das Buch kritisch anmerkte. Der Fraktionsvorsitzende der badischen Nationalliberalen Edmund Rebmann, dem durchaus daran gelegen war, dass sich die Sozialdemokraten in die staatlichen Verhältnisse schickten, nahm die negative Seite dieser Medaille in derselben Publikation ebenfalls scharfsinnig wahr:

»Einer um den anderen von den alten Programmpunkten zerbröckelt und verschwindet, ohne dass dafür Ersatz geschaffen wird. Die Partei verliert dadurch nach und nach ihre Ideale, an deren Stelle sich die derb materialistischen Bestrebungen der Gewerkschaften in den Vordergrund schieben; für das innere Leben der Partei eine schwere Gefahr.«[9]

1913 markierte in organisatorischer Hinsicht den Höhepunkt der Vorkriegssozialdemokratie. Aber 1913 war zugleich das Jahr, in dem sich erstmals Stagnation, die auch künftige Mobilisierungs- und Rekrutierungsgrenze der sozialistischen Arbeiterpartei im deutschen Kaiserreich abzuzeichnen begannen:[10]

Jahr	Mitgliederzahl	Steigerung
1906	384.327	–
1907	530.466	38 %
1908	587.336	10,7 %
1909	633.309	7,8 %
1910	836.562	16,1 %
1911	836.562	16,1 %
1912	870.112	15,9 %
1913	982.850	1,3 %

Der Mann, der auf lange Zeit am stärksten mit Stagnation, Verkrustung und Erstarrung der Sozialdemokratie identifiziert wurde, war Friedrich Ebert. Viele Jahrzehnte inkarnierte er für linke Kritiker in und außerhalb der SPD den Typus des Apparatschiks, auch des Bonzen, als den Kurt Tucholsky ihn maliziös karikierte. Dagegen wurde Ebert nach 1945 auf Gedenkfeiern bürgerlicher Geschichtsdeuter zur staatsmännischen Leitfigur umgemodelt. Zu seinen Lebzeiten hatten die Meinungsführer des Bürgertums lediglich Spott, Häme, Verachtung, Verunglimpfung für ihn übrig, was Ebert 1925 im Alter von 54 Jahren in den Tod trieb. In den 1950er und 1960er Jahren galt er in diesem Milieu als besonnener, pragmatischer Sozialdemokrat, der nicht Klassenkampf gepredigt, sondern die Zusammenarbeit aller gutwilligen politischen Kräfte gesucht hatte und dem Radikalismus von rechts wie vor allem von links entschieden entgegengetreten war.[11] Natürlich trugen die Gunstbeweise des liberal-konservativen Spektrums gegenüber Ebert nicht dazu bei, dessen Sympathiewerte bei der politischen Linken zu heben.

Dabei: Ganz gerecht waren die harten Verdikte von links gegen Ebert nicht. Sicher verbreiteten seine Reden nicht den Zauber wie die Ansprachen Bebels. Ein Buch wie »Die Frau und der Sozialismus« durfte man von ihm, den es zu intellektuellen Höhenflügen nie drängte, nicht erwarten. Er hatte keine leuchtenden Visionen. Er inspirierte nicht durch Fantasie, Imagination oder Ideenreichtum. Und ja, auch das ist nicht zu leugnen: Ebert war durch und durch praktisch veranlagt, mehr an starken Organisationen als an illuminierender Programmatik interessiert. Funktionsfähigkeit und Berechenbarkeit wertete er höher als Spontaneität, Originalität und das politische Experiment.

Ebert musste anders sein als Bebel, durfte die Partei gar nicht mehr so führen, wie es dieser getan hatte. Ebert war 31 Jahre jünger als Bebel. Er war gewissermaßen ein Mann der zweiten, vielleicht schon dritten Generation der Arbeiterbewegung in Deutschland.[12] Er hatte nicht die Kinderkrankheiten des Sozialismus in dessen schwieriger Konstituierungsphase miterlebt. Vor allem fehlten ihm die Erfahrungen der langjährigen Illegalität, der rigiden Ausgrenzung während des Sondergesetzes gegen die Sozialisten nach 1878. Die Demütigungen durch Ausweisung und Zuchthausstrafen, die etwa Bebel und Liebknecht vielfach ertragen hatten, waren Ebert weitgehend erspart geblieben. Als er, 1871 als Sohn eines Schneiders in Heidelberg geboren, in der Sozialdemokratie aktiv wurde, begann die Zeit des kontinuierlichen Wachstums, der Ausdehnung des sozialdemokratischen Organisationswesens, der Professionalisierung der Parteiadministration, ihrer Medien, Agitatoren und Arbeiterbildner, ihrer Funktionäre und Mandatsträger. Das wurde zur Welt des Friedrich Ebert, die ihn zunächst prägte, die er dann selber formte, an deren Spitze er schließlich trat, um sich am Ende allerdings auch darüber zu erheben.

Denn kaum ein anderer in der Arbeiterbewegung hatte das Gesetz eines solchen Organisationskosmos besser begriffen als er. Hätte man um 1900 schon den Begriff »Vernetzung« ähnlich geschätzt wie heute, dann wäre Ebert unzweifelhaft als ein »Vernetzungsgenie« etikettiert worden. Er war ein Multifunktionär – nicht nur in der Partei, sondern auch im Gewerkschaftsbereich.[13] Schon deshalb war Ebert – natürlich – moderner als Bebel, da er den Zug zur Ausdifferenzierung in den Organisationen und Strukturen der bürgerlichen Gesellschaft erkannte und nutzte. Doch im Unterschied zu August Bebel hatte er frühzeitig auch die wachsende Bedeutung von Gewerkschaften erfasst und ebenfalls als Ressource seines weiteren Aufstiegs gebraucht.[14] Dass Sozialdemokraten und Gewerkschaften im 20. Jahrhundert so nahe aneinanderrückten, war kein Naturgesetz; das war in jener Formierungszeit auf die spezifische Leistung und Umsicht Eberts mit zurückzuführen.

Biografisch war Ebert primär Gewerkschafter, erst im zweiten Schritt Parteimann; dann verschränkte sich beides in ihm. Gelernt hatte er das Sattlerhandwerk. Aber seine eigentliche gewerkschaftlich-politische Lehrzeit lag in seinen Bremer Jahren, gründete in seiner Tätigkeit als Arbeitersekretär, die er zwischen 1894 und 1900 ohne Entgelt in seiner Gastwirtschaft, dann in besoldeter Funktion bis 1905 ein gutes Jahrzehnt lang verrichtete. Hier ging es um die sehr konkreten Alltagsnöte des norddeutschen Proletariats. Hier musste sich Ebert in die Fragen des Versicherungswesens, des Sozialrechts, der Wohnungs- und Mietangelegenheiten einarbeiten, um präzise Antworten auf präzise und drängende Fragen geben zu können.[15] Raum oder Zeit für schweifende Reflektionen über sozialistische Zukunftsgesellschaften blieb wenig. Die Sozialisierungsformel half in dieser Situation nicht weiter. Aber auch die Hoffnung auf den großen »Kladderadatsch«, die August Bebel noch den Lebenssinn vermittelt hatte, verblasste, schwand mit der Zeit ganz. Denn Ebert erreichte ja etwas mit seinem Tun, sah Ergebnisse, bilanzierte Erfolge. Ebert zielte nicht auf den großen Bruch, die gewaltige Transformation. Der Arbeitersekretär versprach sich mehr von einem ruhigen, allmählichen, nicht zuletzt vom Staat gesteuerten Wandel. Der gesellschaftliche Organismus sollte sich ändern, verbessern, gerechter werden, aber doch nicht der Zerstörung anheimfallen.

So machte Ebert sich bekannt als perfekter Maschinist der sozialdemokratischen Organisation. 1905 kam er als Sekretär zum zentralen Parteivorstand nach Berlin. In der Lindenstraße 69 glänzte Ebert durch unermüdlichen Fleiß, breit gestreute Sachkenntnisse und weit gefächerte Kontakte in die Untergliederungen seiner Partei im gesamten Deutschen Reich hinein. 1913 rückte er nach dem Tod von Bebel, neben Hugo Haase, an die Spitze der Partei. 1916 führte er zusammen mit Philipp Scheidemann auch die Fraktion im Reichstag. 1917 hatte er die Chefposition der MSPD alleinig inne.

Dass es nur die MSPD war und dazu noch eine USPD gab, hatte allerdings auch mit Ebert zu tun, der in den Jahren des Krieges die Parteiopposition durch strikte Einheitskommandos aus der sozialdemokratischen Mutterpartei herauskatapultierte. Dabei galt Ebert bis 1914 durchaus als Mann des Ausgleichs. Ebert, Bebel, später dann Brandt waren als Parteiführer ganz überwiegend Mittler und Integratoren, die zusammenzuführen versuchten, was an Heterogenität in der Partei, die 1913/14 und 1977 doch immerhin eine Million Mitglieder zählte, entstanden war. Aber Ebert insistierte, sicherlich mehr als Brandt und wohl auch stärker als Bebel, auf Ordnung und Stabilität. Die Ebert-Sozialdemokraten waren Verfechter des »Keine Experimente«-Credos, aus dem die Adenauer-CDU Jahrzehnte später unter erheblich günstigeren sozialen Bedingungen erfolgreich ihren Honig saugte.

Bis 1914, in den 44 langen Friedensjahren mit erstaunlichen kapitalistischen Wachstumsschüben, innerhalb derer durch die hartnäckigen Organisationsanstrengungen von Sozialdemokraten und Gewerkschaften auch die soziale Lage der Arbeiter angehoben werden konnte, war das plausibel, hatte auch eher eine gemütlich-behäbige Seite. Aber im Krieg, während der Revolution und in den Bürgerkriegsmonaten der Weimarer Republik mündete die konservative Essenz der »Keine Experimente«-Mentalität in radikale Ausfälle gegen solche Kräfte, die weniger die Unberechenbarkeit heftigen politischen und sozialen Wandels fürchteten als die Beständigkeit des für die Kriegskatastrophe ursächlich verantwortlichen Alten.[16] Ebert bewahrte, was ihm gewohnt war; er bekämpfte, was neu, ganz anders, ihm fremd daherkam, für Unruhe sorgen, am Ende gar chaotische Verhältnisse mit sich bringen mochte.

Die Sozialdemokraten Friedrich Eberts, der von 1919 bis 1925 als Reichspräsident amtierte, sahen den Feind auf der radikalen Linken, nicht so sehr in der rechten Mitte, auch und selbst nicht noch weiter rechts davon. 1923 sandte Ebert das Militär nach Sachsen gegen die Linksregierung; die rechtsdiktatorischen Separatisten an der Spitze der bayrischen Regierung blieben zur selben Zeit verschont. Oft wird gesagt, dass dahinter ein überzeugender Plan zur Befriedigung und Rettung der Republik gestanden habe. Ebert strebte, anders als der hier rein attentistische Bebel, das Bündnis von liberaler und sozialdemokratischer Arbeiterbewegung an, wollte auch das verunsicherte und der neuen Demokratie gegenüber misstrauisch gesinnte Bürgertum mit dem republikanischen Staat versöhnen. Und doch kann man daran zweifeln, ob Ebert den Parteienstaat und die repräsentative Demokratie substanziell verstanden und gefördert hatte.

Dass er Ende 1922, als das Land wirtschaftlich und politisch in schwere Gewässer geriet, ausgerechnet den parteilosen und parlamentarisch ganz unerfahrenen Direktor der HAPAG, Wilhelm Cuno, zum Reichskanzler einer Regierung mit Vertretern vorwiegend der Wirtschaft ernannte, ohne zuvor die Parteien und Fraktionen zu konsultieren,[17] dürfte schwerlich als gelungener Coup zur Konsolidierung der parlamentarischen Demokratie auszudeuten sein. Eberts großzügige Bereitschaft, mit dem Notstandsparagrafen 48 der Weimarer Reichsverfassung auch die wirtschafts- und finanzpolitischen Gesetze der Reichskabinette gegen den Reichstag über die Hürden zu helfen, präjudizierte bereits, was der Republik und dem Parlamentarismus in den frühen 1930er Jahren den Garaus machte.[18]

Mitte der 1920er Jahre war Ebert großen Teilen der industriellen Arbeiterschaft geradezu verhasst. Auch bei den besonnenen Mitgliedern und Funktionären der SPD herrschten dem früheren Parteichef gegenüber Gefühle der Befremdung und des Unverständnisses vor. Der gewerkschaftliche Sattlerverband, dem er einst führend angehörte, hatte ihn gar ausgeschlossen.[19] Als Ebert starb, amtierte in Deutschland eine Regierung der katholischen Parteien, der Rechtsliberalen und Deutschnationalen.[20] Die Sozialdemokraten waren außen vor, ebenso die linksliberale DDP. Ebert hatte es gewiss zwischen 1914 und 1925 sehr viel schwerer als August Bebel nach 1890. Das ist zu berücksichtigen, wenn man gleichwohl darauf hinzuweisen hat, dass Eberts politische Bilanz als Repräsentant der deutschen Sozialdemokratie eher trübe als licht ausfällt.

Dreizehn Tage bevor das Jahr 1913 zu Ende ging, gebar die Verkäuferin Martha Frahm in Lübeck ihren unehelichen Sohn Herbert. Willy Brandt, wie sich dieser seit den Jahren der Emigration nach 1933 nannte, war schon als Kind über die Mutter und den Großvater gleichsam naturwüchsig in das sozialdemokratische Umfeld hineingewachsen, was weder auf Bebel noch auf Ebert zutraf, die beide erst zu bauen hatten, worin Brandt dann politisch selbstverständlich aufwuchs.[21] Aber wie fragil dieses Konstrukt war, wie sehr einige der planerischen Annahmen der Sozialismus-Architekten getrogen hatten, das hatte Bebel nicht mehr erleben müssen, das dürfte Ebert erst in seinen letzten Jahren gedämmert haben, aber Brandt wurde mit dieser Erfahrung groß. Als er zu den Roten Falken ging und im Jahr 1930, gerade 16-jährig, der SPD beitrat, unterschied sich die Welt der Arbeiterbewegung, differierte die Lage der Sozialdemokratie grundlegend von der im Jahr 1913. Der internationalistische Optimismus – perdu. Die Siegesgewissheit des Sozialismus – gebrochen. Das Monopol auf die Opposition gegen die bürgerliche Gesellschaft – passé. Die Hoffnung auf den Volksstaat – enttäuscht. Willy Brandt gehörte zu der Kohorte junger Sozialisten, die mit 16 Jahren unter dem Banner »Republik, das ist nicht viel, Sozialismus ist unser Ziel« durch die Straßen marschierten. Diese Gruppe bestand aus dezidierten Anti-Eberts. Ihre sozialistische Projektion besaß längst nicht mehr die heitere und unbekümmerte Selbstsicherheit wie noch in der Generation Bebel. Ihr Glaube enthielt nunmehr starke Züge von Skepsis, zuweilen der Verzweiflung, wohl auch des Trotz-Dogmatismus, um bohrende Fragen, das Gift des Einwands, das niemandem mehr unbekannt war, nicht an sich heranzulassen.

Die junge Weimarer Generation im Sozialismus, in der sich Melancholie und Voluntarismus merkwürdig mischten, rieb sich nahezu verzweifelt an den alten Formen, organisatorischen Beharrungsneigungen und der politischen Ideenlosigkeit in der alten Garde der Sozialdemokratie. Aber anders als die Frontgeneration der – Mitte der 1890er Jahre geborenen – Kurt Schumachers, Carlo Mierendorffs, Theodor Haubachs, die ähnlich unruhig auf die Stagnation der Linken reagierte, aber nicht wirkkräftig zum Zuge kam, erhielt die »Generation Brandt« ihre politische Chance in den 1950er bis 1970er Jahren. Und dabei führte sie das gesamte Erfahrungsgepäck der furchtbaren politischen Katastrophen und tiefen gesellschaftlichen Umwandlungen aus der ersten Hälfte des 20. Jahrhunderts mit sich. Lernen, umlernen, neu orientieren: Das wurde zur Richtschnur zumindest der sensiblen und intelligenten Kader der jungen Linken der späten Weimarer Jahre, die, wie Willy Brandt, bereits 1931 ihre Mutterpartei verließen, etwas Neues ausprobierten, gewiss voller Illusionen steckten, die trogen und in Sackgassen manövrierten, aus denen man erneut herausfinden musste, weiterhin auf der Suche nach dem richtigen Weg.

Im Grund hatte Willy Brandt als politische Figur dennoch Glück in unglücklichen Zeiten. Als *1913er* lebte er mitten in den Spannungen des 20. Jahrhunderts, aber er wurde keines ihrer Opfer; ihm boten sich in den Momenten politischer Zäsuren und gesellschaftlicher Umschläge vielmehr Optionen für neue Versuche. Unter allen Parteiführern in der Sozialdemokratie wies Brandt die größte innere Vielfalt auf. Er war kein Fatalist des Geschichtsverlaufes wie

August Bebel. Ihm galten gegebene Ordnungen nie besonders viel, im Unterschied zu Friedrich Ebert. Und im Vergleich zu seinem großen innerparteilichen Rivalen der 1960er bis 1980er Jahre, Helmut Schmidt also, dachte Brandt weit mehr in verschiedenen Möglichkeiten, da er wieder und wieder unterschiedliche Logiken, Systeme, politische Charaktere kennen und zu begreifen gelernt hatte, während Schmidt einseitiger sozialisiert war, seine Argumente stets eng führte, wenn er seine Kausalketten aus *Problem-Ursache-Folgerung-Handlung* fertigte. Brandt kannte die Welt auch jenseits der Rationalität, wusste um die Lockungen der Utopie, die Depressionen im Scheitern, den Fanatismus und Hass der Konvertiten, mithin: um die Bedeutung von Gefühlen, Neurosen und Kompensationen für die Politik.[22] Schmidt hatte davon nie etwas wissen wollen, fürchtete sich vor fremden und wohl auch eigenen, oft nur mühsam eingehegten, Emotionen.

Brandt musste mit 19 Jahren emigrieren und brauchte dabei kein Emigrant der üblichen Art zu werden, wollte es auch vom ersten Tag an nicht sein. Die älteren Emigranten, die sich an die fremde Sprache nicht gewöhnen mochten, igelten sich in ihrer Rolle ein. Sie blieben unter sich und setzten die dogmatischen Dispute der früheren Jahre fort, fixiert auf die Vergangenheit. Brandt mied diese introvertierte Atmosphäre. Er lernte rasch die norwegische Sprache, arbeitete in der norwegischen Partei und streifte im Zuge deren reformistischer Abkehr vom Marxismus ebenfalls seine revolutionären Kostüme der Weimarer Jahre ab.[23] Als Emissär des Sozialismus reiste er in jenen Jahren nach Frankreich, Belgien und Holland, zur britischen Insel, in das Spanien des Bürgerkriegs. Alle neuen Erlebnisse sog er auf, erweiterte sein Weltbild, fächerte es aus. Vieles davon dürfte die Faszination ausgemacht haben, die von Brandt in den späten 1960er und frühen 1970er Jahren gerade auf die nachgewachsenen Bundesdeutschen ausgegangen ist.

Brandt verstand, besser als die meisten anderen Politiker, die neue Vielfalt, die sich jetzt herausbildete und zunächst polarisierend wirkte, Konfrontationen nährte. Brandt war schließlich selbst durch ein solches Mosaik gegangen, konnte dadurch in den schwierigen Jahren nach 1968 das werden, was Helmut Schmidt eher verächtlich fand: ein Integrator. Brandt war natürlich kein 68er, aber er verstand, was sich da abspielte und sah in Polizeiaktionen kein geeignetes Rezept. Er war kein Friedrich Ebert, der die Auflösung aller Ordnungen fürchtete. Auch hielt Brandt Stabilität und eindeutige Mehrheitsverhältnisse einer Regierungskoalition nicht für Primärwerte. Daher stand er der Großen Koalition kühl gegenüber. Deshalb ging er 1969 lieber das Abenteuer einer sozialliberalen Koalition ein, gegen alle Warnungen von Wehner und Schmidt, die in überkommener Manier der klassischen Sozialdemokratie das Experiment fürchteten, überhaupt Liberalismus und Individualismus zumindest in der Politik als störendes Ärgernis betrachteten.

Brandt war da anders.[24] Lassalle, Bebel, Ebert, Wels, Schumacher: Ihnen allen sagte der Liberalismus nichts. Sie verstanden sich als links; und sie waren autoritär. Links und frei war demgegenüber das explizite Credo von Brandt. Darüber zog eine neue Mentalität in die Sozialdemokratie ein, wenngleich nur für einige Jahre. Auch Brandts stete, unruhige Suche nach neuen sozialen und politischen Allianzen, seine Witterung für Themen, die sich erst anzudeuten begannen, die Frauen- und Ökologiefrage etwa, belebte, veränderte seine Partei. Natürlich blieb vieles auch vage in seiner Rhetorik, die nie donnernd und großspurig, sondern meist zögerlich, tastend war.

Gewiss sind die Enttäuschungen, die der reformerische Anspruch der frühen sozialliberalen Zeit in der Folge durch die geringen, auch kontraproduktiven Wirkungen erzeugt hat, nicht gering zu veranschlagen. Zudem hat die Pose der majestätischen Entrückung, welche Brandt nach seinem großen Wahlsieg 1972 im Jahr darauf einnahm, den republikanisch-freiheitlichen Appell an den souveränen, vom staatlichen Paternalismus emanzipierten Bürger fast zurückgenommen, beinahe diskreditiert. Aber verglichen mit den Geburtsjahrgängen und Generationen der *1870er* von ehedem und der *1970er* gegenwärtig in der Sozialdemokratie hatte diese besondere Lebensgeschichte, die 1913 begann, der demokratischen Linken hierzulande wenigstens für ein knappes Jahrzehnt den rechtzeitigen Wandel, die Kunst des Bündnisses, die erörternde Argumentation, die Fähigkeit zur Antizipation neuer gesellschaftlicher Strömungen und kultureller Einstellungen, nicht zuletzt auch die humane Qualität des Zweifels gelehrt.

2. Die Tragödie der Generation Scheidemann, Müller und Wels

Oft wird in biografischen Abhandlungen die Metapher bemüht, dass sich in Lebensläufen der porträtierten Einzelnen eine ganze Epoche, Bewegung oder Idee spiegle. Das ist nicht selten übertrieben. Aber in den Lebensgeschichten von Scheidemann, Müller und Wels finden wir tatsächlich allen Glanz und alles Elend des demokratischen Sozialismus in Deutschland, die großen Hoffnungen des Aufstiegs, das Scheitern der Internationalität und der Friedenspolitik, die Ernüchterung in der Gouvernementalität, die Spaltung des Sozialismus, die neue Erfahrung der Entfremdung aufgestiegener sozialdemokratischer Funktionäre von den sozial zurückgelassenen Arbeitergruppen, schließlich die Katastrophe: den Sieg der faschistischen Massenbewegungen, die Liquidierung des sozialdemokratischen Organisationskosmos und die Zerschlagung der parlamentarischen Republik, Verfolgung, Leiden, Flucht, Gefühle der Hoffnungslosigkeit und des Scheiterns, Tod in der Emigration.

Philipp Scheidemann kam 1865 zur Welt, Otto Wels wurde im Jahr 1873, Hermann Müller 1876 geboren. Trotz der elf Jahre Differenz wird man sie, alles in allem, derselben Generation zuordnen können.[1] Die Jahre der Illegalität unter dem Sozialistengesetz wird Scheidemann bewusster wahrgenommen haben als Wels. Doch prägend wurden für alle die goldenen 20–25 Jahre danach, als die Sozialdemokraten bei Wahlen an Zuspruch enorm gewannen, ihre Organisationen an Mitgliedern wuchsen, an Mobilisierungskraft stetig zulegten. Gesellschaftliches und ökonomisches Wachstum, Fortschritt, Expansion, schließlich Sieg: Vor diesem Erfahrungshintergrund und gestützt auf die zukunftsgewissen programmatischen Deutungen ihrer Theoretiker wurden Scheidemann, dann auch die beiden anderen groß.

Scheidemann fühlte sich besonders auf dem Feld der Rhetorik, der Schriftstellerei, des Zeitungskommentars und des parlamentarischen Auftritts wohl. Wels lebte seine Neigungen mehr auf dem Terrain der Organisation, der straffen Führung und des innerparteilichen Regimes aus. Diese beiden Typen – der Redner und der Organisator – machten das Sozialdemokratische schlechthin in ihrer klassischen Ära, den Jahrzehnten des Kaiserreichs, aber auch noch in der Zeit der Weimarer Republik aus – wenngleich der oratorische Glanz im Laufe der 1920er Jahre allmählich verkümmerte.

Denn in diesem Jahrzehnt war der Stern von Philipp Scheidemann verblasst, wodurch der SPD ihr letzter großer Rhetor und Volkstribun verloren ging. Scheidemanns Aufstieg aus den sprichwörtlich kleinen Verhältnissen an die politische Spitze des Deutschen Reichs war gewissermaßen paradigmatisch für die anfängliche Emanzipationsgeschichte des handwerklich geprägten Sozialismus im letzten Drittel des 19. Jahrhunderts. Schon seine männlichen Vorfahren hatten ein Handwerk gelernt; sein Vater war ein in der Stadt Kassel hoch angesehener Tapezierer und Polsterer. Diese Tradition setzte sich über den Sohn fort; während die künftige Familientradition des Sozialismus in der Familie Scheidemann erst mit Philipp begann.[2]

Die »Generation Scheidemann« wuchs noch nicht mit der Geburt in ein ausgebautes sozialistisches Milieu hinein;[3] sie konstituierte die Solidargemeinschaft erst, um Zugehörigkeiten und Bindungen fortan »vererben«[4] zu können. Und ganz überwiegend hatten Handwerker mit Berufsstolz und autodidaktischem Ehrgeiz, nicht etwa die neue Klasse der Fabrikarbeiter, die Initiative ergriffen und die Fäden der Organisation gezogen. Scheidemann gehörte mit 14 Jahren zum Nachwuchs dieser eher vorindustriellen Arbeiteraristokratie. Er absolvierte eine Schriftsetzerlehre, ging dann auf Wanderschaft, fand mit 24 Jahren eine feste Anstellung als Chefdrucker in der Akademischen Buchhandlung in Marburg, wo er wissenschaftliche Werke sämtlicher Fachrichtungen der örtlichen Universität setzte.[5] Es hieß, er sei in jenen Jahren der bestbezahlte Schriftsetzer in der Region Hessen-Nassau gewesen. Mit 18 Jahren war er, noch während des Sozialistengesetzes also, der Sozialdemokratie beigetreten, verbreitete heimlich Flugschriften. Seine Schreib- und Vortragsbegabung fiel rasch auf, sodass er bald einige Redaktionsposten sozialdemokratischer Tageszeitungen angeboten bekam, auch als Kandidat für den Reichstag nominiert wurde. Sozialdemokraten der Kaiserreichsjahre mussten, durchaus im Unterschied zur Gegenwart, mobile und flexible Figuren sein. Die Familie Scheidemann wechselte aufgrund der Parteitätigkeit Philipps binnen weniger Jahre mehrere Male den Wohnort, zog von Kassel nach Gießen, von dort nach Nürnberg, um über Offenbach wieder in Kassel zu landen. Scheidemanns Wahlkreis seit 1903 lag im Westen des Reichs, in Solingen. Und 1911 ging es schließlich nach Berlin, wo Scheidemann zum hauptamtlichen Sekretär des zentralen Parteivorstandes avancierte.

Hier allerdings war er fehlbesetzt. Scheidemann war nicht dafür geschaffen, Tag für Tag am Schreibtisch zu hocken, um akkurat Akten zu studieren. Bürotätigkeiten dieser Art betrachtete er abschätzig als »Kleinkram, der mich nicht interessierte«[6]. Allein Ordnung in die zu administrierenden Angelegenheiten zu bringen, gelang ihm nicht. In Scheidemanns Büro herrschte pures Chaos, während Friedrich Ebert – zu dem sich mehr und mehr eine Rivalität aufbaute – die Apparatstrukturen souverän unter Kontrolle hatte. Das verschaffte Ebert zeitlebens den machtpolitischen Ausschlag in den entscheidenden Momenten der sozialdemokratischen Geschichte.

Dabei war Scheidemann außerhalb der Partei der ungleich bekanntere Politiker. Seine parlamentarische Karriere begann im Jahr 1903 und endete unfreiwillig Anfang 1933. Das Parlament bot ihm die Bühne für seine herausragende Fähigkeit: die Rede. Als »sozialdemokratische[n] Cicero«[7] charakterisierte ihn Jahrzehnte später ein kundiger Historiker. In den letzten Jahren seines Lebens verzichtete der große Tribun August Bebel immer öfter auf den parlamentarischen Aufritt zugunsten von Scheidemann, den jener auch sonst kräftig protegierte. Scheidemann konnte zu fast jedem Thema extemporierend Stellung beziehen, reagierte schlagfertig auf Zwischenrufe, blamierte seine Kontrahenten durch flotte ironische Repliken. Unentwegt schoss er Pointen ab.[8] Er sprach in Bildern, mied jede Abstraktion. Seine Reden wirkten nicht apodiktisch, auch nicht übermäßig sarkastisch, sondern trotz allen Spotts eher heiter und humorvoll. Eine Probe hatte er bereits in seiner Jungfernrede vor dem Reichstagsplenum abgegeben, als er, der Abgeordnete aus dem Wahlkreis Solingen, den bedrohlichen Grad der Gewässerverschmutzung im Bergischen Land drastisch satirisch karikierte: »Die Wupper ist unterhalb Solingens tatsächlich so schwarz von Schmutz, daß, wenn Sie einen Nationalliberalen darin untertauchen, Sie ihn als Zentrumsmann wieder herausziehen können.«[9] Darüber konnten auch Abgeordnete diesseits der Linken schmunzeln.

Da Scheidemann in solchen Momenten stets die Lacher auf seiner Seite hatte, begann er indessen, seine Bedeutung zu überschätzen. Der Esprit ging dann in Koketterie über. Harry Graf Kessler beschrieb ihn in seinem Tagebuch als »aufgeblasen wie ein

Pfau«[10]. In der Tat: Scheidemann glänzte im Parlament, dann auf Parteitagen, auf Kundgebungen. In theoretischen Fragen war er gleichgültig, auch ein wenig opportunistisch. Rosa Luxemburg war ihm unsympathisch, wegen ihrer Radikalität; doch fürchtete der Autodidakt ebenfalls ihre Intellektualität, die ihn verlegen und unsicher machte. Scheidemann hatte durchaus einen wachen Instinkt für Stimmungen. Man schob ihn gerne nach vorne, wenn die Massen nach einem wortmächtigen »Anwalt des kleinen Mannes« verlangten. Er war weit wortgewandter als Friedrich Ebert, aber eben doch auch oberflächlicher, unsystematischer, zu sehr Gefangener des Augenblicks, Getriebener seiner eigenen Eitelkeit. Scheidemann heischte ruhelos nach Beifall; Ebert sicherte sich kühl und überlegt Einfluss.

Als die Sozialdemokraten 1912 bei den Reichstagswahlen zur stärksten Partei in Deutschland wurden, reklamierten sie für sich auch einen Sitz im Reichstagspräsidium.[11] Als fast selbstverständlich galt, dass für ein solches Amt neben August Bebel nur Scheidemann infrage kam, der dann als erster Sozialdemokrat in der deutschen Geschichte die Funktion des Vizepräsidenten im nationalen Parlament bekleiden durfte. Aber Scheidemann blieb nie lange in Stellungen der politischen Macht. Da er sich aus Parteiräson weigerte, den üblichen Hofgang des Präsidiums beim Kaiser mitzumachen, musste er auf Druck der Konservativen nach einem Monat bereits die Position wieder räumen. Dafür festigte sich, nach dem Tode von Bebel im August 1913, immerhin seine Rolle als profiliertester sozialdemokratischer Parlamentarier, da er nun mit Ebert gemeinsam den Vorsitz der Fraktion zugesprochen bekam.

Die große Stunde des Philipp Scheidemann schlug im Krieg. Im August 1914 stand er sogleich vorne, als es um die Bewilligung der Kriegskredite und den »Burgfrieden« zwischen Arbeiterbewegung, Bürgertum und Staat ging. Auch er hielt den »Geist von 1914« für eine Zäsur, in der Geschichte insgesamt, in der Arbeiterbewegung im Besonderen. Die Sozialisten sollten umlernen, sich neu orientieren, weg von den alten Formeln einer starren und sterilen Oppositionsagitation.[12] Hierbei zogen Ebert und Scheidemann an einem Strang. Für sie änderte sich wirklich der politische Alltag. Die Herrschenden in Preußen-Deutschland, die bis in den Sommer 1914 Sozialdemokraten kaum mit einem formalen Gruß oder anderen Zeichen schlichtester Höflichkeit begegnet waren, bemühten sich nun um die »vernünftigen Roten«. Man brauchte die Industriearbeiter, daher umwarb man ihre politischen Anführer, nahm sie in die vielen Kommissionen auf, die der Ausnahmezustand des Krieges schuf. Scheidemann erinnerte sich an mehrere tausend Konferenzen, an denen er in diesen vier Jahren teilgenommen habe. Er verkehrte mit Reichskanzlern, tauschte sich mit Generälen aus, unterredete sich mit Zensoren, beriet Ernährungskommissare, kooperierte mit kaiserlichen Ministern und sprach sich mit Großindustriellen ab.[13] Den kaiserlichen Sozialdemokraten nahmen die Granden der Monarchie mit auf Spritztouren an die Front, wo er die Kampfmoral der Soldaten stützen und stärken sollte. Zum Ende des Wilhelminismus rückte er dann als erster Sozialdemokrat in das (letzte) kaiserliche Kabinett ein.[14] Kurzum: Scheidemann schien dazuzugehören. Er genoss es sichtlich. Der Dreher aus den kleinen Verhältnissen verkehrte in den Kreisen von Großunternehmern und Aristokratie. Er hatte es geschafft. Und war das nicht im Letzten das eigentliche Ziel der Sozialdemokratie: gleichberechtigte Mitwirkung? Darum ging es doch, nicht um verbalradikale Fantastereien oder verblendete Orthodoxien weltfremder Theoretiker. So dachte Scheidemann, so sah es – eher noch stärker als dieser – auch Friedrich Ebert.[15]

Beide empfanden es als abwegig, in der Zeit des Krieges gegen die Diktatur des Militärs anzugehen, energisch auf die Überwindung des Dreiklassenwahlrechts in Preußen zu pochen, zielstrebig an der Durchsetzung einer parlamentarischen Republik mitzuwirken.[16] Immerhin: Scheidemann kamen im Laufe der Kriegsjahre erhebliche Zweifel am vorgeblichen Verteidigungscharakter der deutschen Kriegsführung. Er forderte daher bald einen Frieden ohne Annexionen, was fortan in der Öffentlichkeit »Scheidemann-Frieden« hieß. Damit zog er, der als Zielscheibe zunehmender Empörung innerhalb der neuen Linken bereits fungierte, den Hass ebenfalls der politischen Rechten auf sich, die ihn – wie ein halbes Jahrhundert später dann im Zuge der neuen Ostpolitik auch Willy Brandt – als »Verzichtspolitiker« schmähten. Darauf konterte er Mitte Mai 1917 im Reichstag brillant, hier zeigte er seine ganze rhetorische, auch dialektische Wucht:[17]

»Was soll das heißen und auf was verzichten wir überhaupt? Wir verzichten auf die Fortsetzung des Krieges; wir verzichten auf hunderttausende Tote und hunderttausende Krüppel; wir verzichten auf tägliche Lasten von hundert Millionen; wir verzichten auf die weitere Verwüstung Europas; wir verzichten aber auf kein Stück deutsches Land und kein Stück deutschen Gutes; wir verzichten auf das, was wir gar nicht besitzen; wir verzichten auf die Illusion, daß der Krieg einen Gewinn bringen wird, der uns nicht zusteht, für den wir weitere furchtbare Opfer bringen müßten und den wir doch nicht erreichen würden; wir verzichten darauf, andere Völker zu vergewaltigen und zu unterdrücken; wir verzichten aber nicht darauf, daß das deutsche Volk als ein freies Volk aus diesem entsetzlichen Krieg hervorgeht. Das nennen die Alldeutschen einen ›Verzichtsfrieden‹. Worauf wir verzichten, das sind die Alldeutschen und ihre dummen Schwätzereien.«[18]

Die Gabe der Rede besaß Scheidemann unzweifelhaft in hohem Maße. Auch sog er Stimmungen auf, spürte die Erwartungen von Massen, zu denen er sprach. Daher war er es, nicht Friedrich Ebert, der zur Mittagszeit des 9. November 1918 von seiner Wassersuppe abließ, um vom Balkon des Reichstages, ohne Vorbereitung und Absprache mit seinen Parteigenossen, die Republik auszurufen,[19] wofür er von seinem Mitvorsitzenden in der Partei, eben Ebert, wütend abgekanzelt wurde.[20] Doch noch mussten die beiden es miteinander aushalten. Eberts Ambition zielte auf das Reichspräsidialamt, dessen außerordentliche Machtbefugnisse Scheidemann Anfang 1919 komplett verkannte. Scheidemann erhielt die Ministerpräsidentenschaft, fungierte also als Chef des Kabinetts, den man nach seiner Abdankung mit dem Titel des Reichskanzlers bedachte.

Lange währte Scheidemanns Amtszeit nicht. Es waren unglückliche vier Monate, in denen er die politische Verantwortung trug. »Eine Revolution, aus dem Zusammenbruch erwachsen«, so schon Sigmund Neumann, »wird an dieser Geburtsstunde immer schwer zu tragen haben. Sie wird kaum kraftvoll, symboltragend, traditionsschöpfend werden können.«[21] Der Krieg war für Deutschland verloren, die Soldaten mussten zurückgeholt und in das Alltagsleben reintegriert werden. Als besonders unerträglich empfand Scheidemann die Unordentlichkeiten der Revolution, die Wut, die nun ausgerechnet Arbeiter gegen ihn, den Cicero des kleinen Mannes, richteten. Die täglichen Demonstrationen von links waren Scheidemann ein Gräuel.[22] Ständig knatterten Maschinengewehre, fortwährend hörte man den Donner von Explosionen. Und vor seinem Amtszimmer in der Wilhelmstraße zogen regelmäßig Spartakisten vorbei, die ihn lauthals als »Arbeiterverräter«, »Lumpen« und »Büttel der Bourgeoisie« beschimpften. In den frühen Monaten des Jahres 1919 waren die »Krakeeler« von links, die dauerparlierenden Revolutionsräte das Hauptärgernis für Scheidemann. Nichts davon konnte er verstehen, erst recht nicht für irgendwie nützlich halten. Für ihn bestanden die protestierenden Gruppen allein aus arbeitsscheuem Gesindel, aufgewiegelt von üblen Demagogen, denen es mit ihren Räteeinrichtungen lediglich darum ging, sich materiell Vorteile zu verschaffen und die eigenen Bräute mit gut dotierten Posten auszustatten. Die zielstrebigen Bürgerkriegsvorbereitungen von rechts nahm Scheidemann anfangs hingegen kaum wahr.

Vor allem bedrückte der Versailler Vertrag. Hier zeigte sich die zwiespältige Wirkung des rhetorischen Talents von Scheidemann. Mit dem Furor seiner rednerischen Leidenschaft kam er sich auf dem Feld der klugen machtpolitischen Schachzüge immer wieder selbst in die Quere. Als sich Mitte Mai 1919 der Reichstag zu einer Sondersitzung über den Vertrag von Versailles in der Aula der Berliner Universität versammelte, kündigte Scheidemann mit dem ihm eigenen Pathos an, dass jede Hand verdorren müsse, die sich dem Diktat beugen würde, dass daher die Unterzeichnung des Vertrages »unannehmbar« sei.[23] Der Applaus, der daraufhin ertönte, war frenetisch. Zugleich war in diesem Moment Scheidemanns große Karriere final zu Ende.

Ebert und andere Sozialdemokraten in der politischen Führung, die sich nicht durch kategorisch zugespitzte Deklarationen fixieren und auf diese Weise ihren Spielraum verengen ließen, schickten sich bald hinreichend wendig in die außen- und militärpolitischen Zwänge, gaben mithin den Widerstand gegen die Vertragsratifizierung auf.[24] Scheidemann hatte sich im Rausch der Rede und stürmischen Akklamationen diese Option selbst verbaut, trat am 20. Juni 1919 zurück, begab sich erschöpft und entnervt für Wochen zur Erholung in die Schweizer Berge, gefüllt mit tiefem Groll auf Friedrich Ebert. In den verbleibenden Jahren der Republik hat sich Scheidemann mit seiner Kritik an Ebert noch zurückgehalten, auch noch in seinen bereits 1928 erschienenen Memoiren.[25] In der Emigration aber legte er sich keine Zügel mehr an, als er mit seiner Partei und Ebert unerbittlich abrechnete. Ebert habe die Partei »in der stärksten Weise »beeinflusst und terrorisiert«, ja letztlich »zugrunde gerichtet«.[26] In seiner Zeit als Reichspräsident »wäre viel durchzusetzen gewesen, das später nicht mehr erreicht werden konnte. Die Republik hat unendlich viel versäumt und gerade in den kritischen Kinderjahren wurden Konzessionen bedenklichster

Art gemacht.«[27] Über die eigenen Anteile an den politischen Unterlassungen und Fehlern in jener Sattelzeit der Republik schwieg sich Scheidemann indes aus. Vermutlich ist dergleichen auch nicht von einem Zeitzeugen zu erwarten, der am Ende seines Lebens in der Fremde, einsam und isoliert, eine auch so schon schwer zu ertragende traurige Bilanz zu ziehen sich genötigt sah.

In der Weimarer Republik gab es Reichskanzler, die nach ihrer Demission später ein weiteres Mal an die Spitze des Kabinetts gelangten, so Hermann Müller und Wilhelm Marx. Andere, wie Gustav Bauer, Joseph Wirth und Gustav Stresemann, übernahmen nach ihrer Kanzlerschaft die Führung von Ministerien. Bedarf an der weiteren Beschäftigung Scheidemanns in der Reichsrepublik existierte demgegenüber augenscheinlich nicht. 1920 kehrte Scheidemann dorthin zurück, wo für ihn alles angefangen hatte, nach Kassel, wo er jetzt – eigentlich für zwölf Jahre – zum Oberbürgermeister gewählt wurde. Doch auch diesmal schied Scheidemann frühzeitig aus dem Amt; auch in seiner Heimatstadt agierte er als Kommunalpolitiker ohne Fortune, mehr noch: ohne elementares Interesse und ausgewiesene Kompetenz.[28] Die Verwaltungsarbeit lag ihm partout nicht. Er reiste einfach lieber, als im örtlichen Rathaus Akten abzuarbeiten und Routinevorgänge auszuhalten. Was in Kassel in diesen frühen 1920er Jahren vorankam, besorgten andere; seine Sache war es nicht, sich um Friedhöfe, Badeanstalten, Entbindungsheime intensiv zu kümmern. Das düpierte auch seine lokalen Parteifreunde, denen es schwerfiel, ihren Oberbürgermeister gegen die zunehmend aggressiveren Angriffe zu verteidigen.

Diese Attacken allerdings fielen maßlos aus; und sie hatten kaum etwas mit der kommunalpolitischen Laxheit von Scheidemann zu tun. Scheidemann zog stärker als jeder andere Sozialdemokrat, nicht zuletzt aufgrund seiner chronisch spöttischen Pointen in öffentlichen Reden, den schieren Hass auf sich. Der radikalen Linken war er der Konterrevolutionär und Noske-Freund; und der bürgerlichen Rechten galt er als niederträchtiger »Novemberverbrecher«. Wieder und wieder schmähten sie ihn als »Hochverräter«, der im Grunde an die Wand gestellt und erschossen gehöre.

Diese unversöhnliche Gegnerschaft zu Scheidemann reichte weit zurück. Auf der konservativ-deutschnationalen Seite der Gesellschaft wurde ihm, wie sich nun zeigte, niemals verziehen, dass er in einer Reichstagsrede im Oktober 1908 die Parlamentarier von rechts höhnisch belehrt hatte, »nicht etwa von mir an[zu]nehmen, ich setze ein besonderes Vertrauen in ein Königswort. Ich kenne die preußische Geschichte gut genug, um zu wissen, dass der Wortbruch sozusagen zu den erhabensten Traditionen des in Preußen regierenden Hauses gehörte.«[29] Auch die vier Jahre des Weltkriegs, als Scheidemann zum sozialdemokratischen Kooperationspartner des monarchischen Deutschland schlechthin geworden war, hatten ihn also nicht rehabilitiert. Sein Haus in Kassel wurde mit Invektiven beschmiert, auf der Straße war zu jeder Zeit mit Beschimpfungen zu rechnen; Drohbriefe hätte er in Körben sammeln können.

Pfingsten 1922 machten dann zwei Männer der extremen Rechten Ernst. Sie lauerten ihm bei einem Waldspaziergang mit seiner Tochter auf, bespritzten ihn mit Blausäure. Scheidemann überlebte wohl nur, weil er die beiden Attentäter mit ungezielten Schüssen aus seiner Pistole, die er aus guten Gründen immer bei sich trug, in Panik versetzte und in die Flucht schlug – was allerdings der deutschnationalen Presse im Nachgang ein willkommener Anlass war, eifrig seine Inhaftierung wegen versuchten Totschlags anzumahnen. Es war ein »Unglück« für Scheidemann, schrieb dessen Parteifreund, der spätere preußische Innenminister Albert Grzesinski, im Rückblick, »daß er Oberbürgermeister seiner Heimatstadt wurde«.[30] Gewiss, der gelernte Buchdrucker verdiente gut – auf heutiges Niveau umgerechnet waren es einschließlich des Wohnungsgeldes gut 100.000 Euro – in diesen für viele Deutsche ökonomisch so schwierigen Jahren. Mit sechzig Jahren hatte Scheidemann bereits Anrecht auf eine stattliche Pension. Doch das reizte den Zorn und Neid der Feinde der Sozialdemokratie noch mehr. Scheidemann nahmen sie als Beispiel dafür, dass es die Sozialdemokraten im demokratischen Staat lediglich zu den »Futterkrippen« üppiger Besoldung ziehe, wo sie als öffentlich alimentierte »Bonzen« ein behagliches Leben auf Kosten des darbenden deutschen Volkes zu führen pflegten. Nur gut fünf Jahre hielt Scheidemann die Kommunalpolitik in seiner nordhessischen Heimat aus. Dann siedelte er wieder nach Berlin, wo er auch während seiner Oberbürgermeisterschaft und bis 1933 als Reichstagsabgeordneter wirkte, wenngleich seit Mitte der 1920er Jahre ohne Bedeutung und Einfluss.

Im Grunde war er fast schon vergessen, als die Nationalsozialisten ab dem 30. Januar 1933 binnen weniger Wochen die ganze Macht okkupierten. Nur: Die Nazis hatten ihn keineswegs aus ihrem Gedächtnis getilgt. Der *Neue Vorwärts* fand noch 1939 verblüffend, fast unverständlich, mit welcher »tierischen Wut« die deutsche Rechte Scheidemann vor und nach 1933 verfolgt hatte.[31] Schon in der Nacht vom 1. zum 2. März 1933 musste Scheidemann Hals über Kopf aus Deutschland fliehen, wohnte kärglich erst in Prag, dann bis zu seinem Tod in Kopenhagen.[32] Die Nazis bürgerten ihn aus, entzogen ihm, natürlich, die Pension.[33] Sie nahmen seine Verwandten in Geiselhaft, quälten die älteste Tochter und seinen Schwiegersohn so lange, bis beide Anfang Mai 1933 den Suizid dem Nazi-Terror vorzogen.

Philipp Scheidemann hatte in den letzten Jahren seines Lebens die »kummervolle Einsamkeit des Exils« (Golo Mann) zu ertragen, bis er am 29. November 1939 starb. Doch auch dann ging das Drama des Philipp Scheidemann und der (gespaltenen) Arbeiterbewegung in Deutschland weiter. Als seine Urne Anfang der 1950er Jahre nach Deutschland überführt werden konnte, ließ sich sein zu Lebzeiten erklärter Wunsch, neben seiner 1926 verstorbenen Ehefrau bestattet zu werden, nicht erfüllen. Denn das Grab seiner Frau befand sich auf dem Friedhof in Stahnsdorf bei Berlin, auf dem Terrain der DDR. Dort aber, im Herrschaftsbereich der SED, war nicht einmal die Asche des »rechten Sozialdemokraten« erwünscht.[34]

Otto Wels war gut sechs Wochen vor Scheidemann gestorben, auch er im Exil, allerdings in Frankreich. Groß war die Gruppe nicht, die ihm das letzte Geleit auf dem Pariser Vorortfriedhof gab. Wäre er 1932 gestorben, hätten zweifelsohne hunderttausende von sozialdemokratischen Anhängern den Leichenzug begleitet und ihn öffentlich betrauert. Seit 1919 war Wels *der* sozialdemokratische Parteiführer. Zwar teilten in jenen Jahren noch zwei oder gar drei Sozialdemokraten den Parteivorsitz, aber niemand stellte zwischen 1919 und 1933 den Vorrang von Wels je infrage. Keiner traute sich, den kräftigen und für seine cholerischen Ausbrüche berüchtigten Mann, der jeden Widerspruch niederschrie, ernsthaft in die Parade zu fahren. Seine »unverhohlene Schroffheit« und »Barschheit, ja Grobheit war gefürchtet«,[35] erinnerte sich der damalige Organisator der Propaganda-Abteilung beim SPD-Parteivorstand, Fritz Heine.

Wels war, wie später Herbert Wehner, laut, brüllend, autoritär, dabei gerissen, voller Misstrauen, gleichwohl gegenüber alten, ihm treu ergebenen Freunden loyal, in seiner Anhänglichkeit zuweilen gar sentimental.[36] Und auch das hatten Wels wie Wehner gemein: Sie konnten sich auf eine schlagkräftige Gruppe erfahrener Bezirkssekretäre verlassen, die mit harter Disziplin und rüden Methoden umsetzten, was ihre Chefs erwarteten. Der Unterschied zwischen beiden: Wehner hatte einen ausgeprägten Sinn für politische Macht; er drängte mit aller Energie in das Zentrum der Entscheidungen, unbeirrbar im Ziel, beweglich, elastisch, ja: prinzipienlos, was die Alltagstaktik anging. Er konnte Freunden und Gegnern schmeicheln; er konnte sie aber ebenso gut – dies war allein eine Frage von Situation und Opportunität – brutal demütigen, kalt fertigmachen, geradezu vernichten. Wels war, wie die übrigen Sozialdemokraten seiner Generation, von einer solch finsteren machtpolitischen Entschlossenheit weit entfernt. Dennoch zirkulierte während der 1920er und 1930er Jahre in SPD-Kreisen, gleichviel welchen Parteiflügels, allenthalben die Sentenz von der »Diktatur Wels«. Natürlich war das übertrieben. Sicher konnte auch Wels seine Partei nicht einfach nach Belieben von oben dirigieren und kujonieren. Aber als sonderlich diskursiv darf man sich den Führungsstil des SPD-Chefs gewiss ebenfalls nicht vorstellen.

Nach 1945 fiel die Erinnerung der Sozialdemokraten an Otto Wels meist recht freundlich aus. Mit jedem Jahrzehnt, das verstrich, wusste man zwar weniger über seine Biografie und politische Rolle. Aber prägend war und blieb bis heute seine – wie es in fast allen Abhandlungen zum Tag der Abstimmung über das Hitler'sche »Ermächtigungsgesetz« hieß und heißt – »mutige Rede« am 23. März 1933 in der Krolloper, in der sich die noch nicht inhaftierten oder emigrierten Abgeordneten des nationalen Parlaments versammelten, da das Reichstagsgebäude nach dem Brand im Februar für Verhandlungen im Plenum nicht mehr zur Verfügung stand. Natürlich gehörte erhebliche Courage dazu, um an diesem Tag inmitten der enthemmten und brutalisierten Nazi-Horden überhaupt aufzutreten; zumal Otto Wels, der sich in den letzten Jahren der Weimarer Republik in einem aufreibenden, meist unglücklich verlaufenden Dauerwahlkampf befand, gesundheitlich schwer angeschlagen war. Zwei Monate hatte er wegen heftiger Herz-Kreislauf-Attacken im Krankenhaus verbracht.[37] Die Machtübernahme der Braunen am 30. Januar 1933 erlebte er im schweizerischen Ascona, während eines Kuraufenthalts. Er kehrte, keineswegs vollständig genesen, nach Deutschland zurück, mied aber bereits seit dem 20. Februar 1933 sein Wohnhaus – aus Furcht, von SA oder Gestapo in Gefängniskeller oder Konzentrationslager verschleppt zu werden. Einige jüngere Reichstagsabgeordnete boten ihm an, am Tag der Abstimmung über das »Ermächtigungsgesetz« an seiner statt die ablehnende Haltung der Sozialdemokraten zu begründen. Aber das ließ Wels nicht zu. Schließlich trug er die Verantwortung für die Partei. Allein der Zugang zur Krolloper glich einem bedrückenden Spießrutenlauf, da man sich den Weg zur Reichstagssitzung durch das Spalier grölender SA-Männer bahnen musste.[38] Im Plenarsaal tummelten sich ebenfalls etliche höhnisch feixende Uniformierte mit Nazi-Emblemen.[39] Wels war kreidebleich, als er um 18.16 Uhr ans Rednerpult trat und im Laufe seines Vortrags die dann in bundesdeutschen Zeiten in der SPD von Schumacher bis Schulz unzählige Male repetierten Sätze sprach: »Freiheit und Leben kann man uns nehmen, die Ehre nicht. […] Wir deutschen Sozialdemokraten bekennen uns in dieser geschichtlichen Stunde feierlich zu den Grundsätzen der Menschlichkeit und der Gerechtigkeit, der Freiheit und des Sozialismus.«[40]

Indes, die Rede bestand nicht nur aus diesen unmissverständlichen Bekenntnissen. Auffällig war, wie vorsichtig, defensiv, mitunter gar um Einvernehmlichkeit bemüht die Rede an anderen Stellen ausfiel. Über die konfiszierten Mandate der Kommunisten verlor Wels kein Wort. Stattdessen ging er eingangs seiner Rede nahezu beflissen auf Übereinstimmungen zwischen Sozialdemokraten und dem »Herrn Reichskanzler« in der Frage der Außenpolitik ein, äußerte Verständnis dafür, dass die neue Reichsregierung Adolf Hitlers sich »gegen rohe Ausschreitungen der Polemik schützen« wolle. In der sozialdemokratischen Emigration hatte sich bezeichnenderweise in den folgenden Jahren gerade an diesen Passagen heftige Kritik entzündet.[41] Der bei der Reichstagssitzung anwesende britische Botschafter, Sir Horace Rumbold, äußerte sich verblüfft über den »unterwürfigen Ton«, den ihm Wels anzuschlagen schien.[42] Jüngst bezeichnete auch der Politologe Siegfried Heimann, Mitglied der Historischen Kommission beim Parteivorstand der SPD, die Ausführungen von Wels als »ein Zeugnis der Hilflosigkeit«[43]. Zeitgenössisch kommentierte die *Frankfurter Zeitung* in einem in Bezug auf Wels durchaus empathisch gehaltenen Kommentar: »Man findet den ganzen Jammer heraus, der heute diese wohlmeinende, aber nicht vom Glück verfolgte Partei befallen hat.«[44]

Diese Beobachtung traf es. Im 23. März 1933 bündelten sich Stolz und Ohnmacht der Partei, Tapferkeit und Furcht, Größe und Untergang. Die Sozialdemokraten der »Generation Wels« waren weit entfernt von der Amoralität, der entfesselten Niedertracht, der bestialischen Brutalität der Nazis und großer Teile der politischen Rechten in Deutschland – aber sie hatten ihnen auch nichts entgegenzusetzen, außer das Pathos der Rede und die Treue ihrer Mitglieder. In den historischen Momenten, als Strukturen brachen, Emotionen wirbelten, als Macht und Gewalt sich eng und explosiv miteinander verknüpften, reichte die sozialdemokratische Gutwilligkeit nicht aus. Am 23. März 1933 zeigte sich die SPD im Ganzen noch einmal als anständige politische Kraft. Gerade deshalb bereitete es den Nationalsozialisten keine Mühe, sie hinwegzufegen, ihre Existenz zu zerstören, ihre Funktionäre zu verfolgen, einzuschüchtern, zu foltern, viele von ihnen zu töten.

Als die Sozialdemokratie sich in den 1860er Jahren konstituiert und bald ausgebreitet hatte, zog sie etliche fleißige, am gesellschaftlichen Fortkommen interessierte Arbeiter an. Anfangs blitzten in der neuen Arbeiterbewegung auch Charakteristika der Boheme auf, der intellektuellen Zirkel, der radikalen Agitationsrhetorik. Das war die Zeit von Marx, Lassalle, Engels, Wilhelm Liebknecht, auch noch von August Bebel. Dann aber folgte die Ära der Organisatoren, nun kam die Zeit der Administratoren, der Eberts und Wels', tüchtige Handwerker – Wels hatte den Beruf des Tapezierers erlernt –, die zu Beginn, vor ihrer Parteikarriere, meist eine gewerkschaftliche Funktion in ihrem Berufsverband übernahmen.

Denn sie hatten sich mit zäher Beharrlichkeit Kenntnisse zur sozialen Gesetzgebung angeeignet, zogen Abend für Abend referierend und beratend durch Arbeiterkneipen und sozialistische Zusammenkünfte, gewannen so das Vertrauen ihrer Kollegen. Zunächst hielten sie sich für gute Marxisten, neigten eher dem linken oder orthodoxen Flügel zu als der Gruppe der Revisionisten, die ihnen einfach zu individualistisch, zu unberechenbar, eben organisationswidrig schienen. Am Parteimarxismus, wie sie ihn sich autodidaktisch über einfach verfasste Bildungsbroschüren angeeignet hatten, gefiel ihnen der Wissenschaftsanspruch, die Lehre vom historischen Fortschritt und des naturnotwendigen Erfolgs des Sozialismus und der sozialistischen Produktionsweise. Die reklamierten Gesetzmäßigkeiten entbanden sie von den Grübeleien über präzise Pläne und Techniken für die Zukunftsgesellschaft. Hierüber wurde in der Sozialdemokratie des Kaiserreichs nie nachgedacht. Die Generation Scheidemann/Ebert/Wels war politisch erwachsen geworden, als die Wirtschaft boomte, Monarchie und

Kaiserthron schwer fortzudenken waren, die Sozialdemokraten zugleich ebenso wuchsen und gediehen. An Kriegen musste niemand von ihnen als Soldat teilnehmen. In den 44 Jahren Friedenszeit zwischen 1870 und 1914 betrieben sie mit stetem Erfolg ihre kontinuierliche Organisationspraxis.

Gewiss, die Gegenwart war verbesserungswürdig, das war schließlich Ausgangslage und Humus ihres sozialpolitischen Engagements. Aber die Gegenwart war nicht so unerträglich wie noch in den Zeiten des Frühkapitalismus. Der Klassenkonflikt drängte jetzt nicht (mehr) zur revolutionären Aktion, zu militanten Angriffen auf die Zitadellen von Kapital und Staat. Ein hauptamtlicher Posten bei den Ortskrankenkassen markierte eher Terrain und Ziel dieser Generation, nicht die Barrikade oder der subversive Untergrund. Sozialdemokraten organisierten und hielten Ansprachen, bereiteten sich akribisch auf Reichstagswahlen vor und stellten im Laufe der Jahre eine wachsende Zahl von Parlamentariern. Das alles perfektionierten sie mit der Zeit.

Aber der Macht blieben sie weit entrückt, ohne dass sie darunter qualvoll litten. Es trieb Scheidemann und Wels nicht ins Zentrum politischer Entscheidungen. Sie hatten auch so viel erreicht, gerade weil man in Opposition stand, das Frondieren jedoch auch nicht übertrieb, keine Risiken wie etwa die von der Parteilinken postulierten Massenstreiks einging. Sollte der politische Kampf um die Macht das Erreichte gefährden können, dann hatte man sich besser nicht auf solche unkalkulierbaren Abenteuer einzulassen. Als dann während des Ersten Weltkriegs Ebert und Scheidemann konsultativ in alle wichtigen Gremien der Kriegsführung einbezogen wurden, schien sich der sozialdemokratische Kurs für sie vollauf bestätigt zu haben. Die Herrschenden brauchten die Sozialdemokraten, nahmen die Repräsentanten der Partei in ihre Abstimmungsrunden auf.

Wels war nicht dabei. Doch nutzte er nun den Raum in der Partei, den Scheidemann und Ebert, die offiziellen Parteivorsitzenden, während der Kriegsjahre aufgrund ihrer zeitaufwendigen fraktionell-semigouvernementalen Aktivitäten freigaben. Schon im Weltkrieg zog Otto Wels die Parteiadministration zunehmend an sich, bis er 1919 – neben dem späteren Reichskanzler Hermann Müller, der nicht selten, obgleich damals ein guter Freund, als Adressat seiner Brülltiraden herhalten musste – auch offiziell zum Vorsitzenden der Partei aufstieg.

Hermann Müller hatte von den Sozialdemokraten seiner Generation in der Führungsriege der Partei die Funktionsbedingungen und -zwänge einer parlamentarischen Demokratie wohl noch am stärksten begriffen. Auch deshalb drückte er, dessen Ehrgeiz gleichwohl bemerkenswert begrenzt war, sich auch nicht, als die Sozialdemokraten 1919 einen Außenminister, 1920 und 1928 einen Reichskanzler suchen und stellen mussten.[45] In Herkunft und anfänglicher Ausbildung unterschied sich Müller von den Handwerkersozialisten Otto Wels, Friedrich Ebert und anderen dadurch, dass er als Sohn eines – allerdings nur mäßig erfolgreichen – Schaumweinfabrikanten auf die Welt kam und zunächst das Gymnasium besuchen durfte. Doch nach dem frühen Tod des Vaters musste er die höhere Schule sofort verlassen und mit einer Lehre als Handlungsgehilfe, wie kaufmännische Angestellte seinerzeit hießen, bei Villeroy & Boch beginnen. Aber im weiteren Aufstieg in der Sozialdemokratie differierten seine Karrierewege nicht vom Rest der Parteigranden des frühen 20. Jahrhunderts. Allerdings halfen ihm seine Fremdsprachenkenntnisse, die ihn für die Kontakte mit anderen Parteien der Sozialistischen Internationale prädestinierten.

Ansonsten aber wirkte Müller, der sich in Görlitz als Kommunalpolitiker und Redakteur profiliert hatte, eher ängstlich und gehemmt, stets auch ein wenig unglücklich in den Leitungsgremien seiner Partei. 1905, auf dem Parteitag in Jena, ging seine Wahl in den Parteivorstand schief. Auch die Kandidaturen für den Reichstag 1903 und 1907 scheiterten. Immerhin verlief die Wahl zum hauptamtlichen Sekretär beim Parteivorstand 1906 erfolgreich. Und in dem Maße, wie Scheidemann und Ebert seit 1914 von außerparteilichen Aufgaben absorbiert wurden, wuchsen Müller gemeinsam mit Wels die geschäftsführenden Obliegenheiten innerhalb der sozialdemokratischen Zentrale zu. Als Müller 1916 durch eine Nachwahl endlich auch ein Mandat für den Reichstag erringen konnte, begründete sich eine Arbeitsteilung an der Parteispitze, die bis Anfang der 1930er Jahre anhielt. Otto Wels, der derbe Organisator des Apparats, kümmerte sich um die Schlagkraft der Parteiorganisation; Hermann Müller, der Mann mit den höflich-umgänglichen Manieren des Diplomaten, pflegte die Kontakte nach außen, konzentrierte sich insbesondere auf die Parlamentsfraktion, an deren Spitze er 1919 sowie in den Jahren zwischen 1920 und 1928 stand.

Im Unterschied zu Otto Wels nahm Müller auch Pflichten und Verantwortung im Kabinett auf sich. Tatsächlich bedeutete das für ihn mehr Last und Bürde als Erfüllung und Befriedigung triebhaften Machtstrebens. Harry Graf Kessler, der scharfsinnige linksrepublikanische Beobachter mit einem allerdings übertriebenen ästhetischen Maßstab bei der Beurteilung politischer Persönlichkeiten, charakterisierte Müller in einer Tagebuchnotiz 1919 als »Nulpe«[46]. An anderer Stelle seiner Aufzeichnungen im selben Jahr beschrieb Kessler ihn herablassend als einen »etwas naiven, anständigen und frischen jungen Mann, etwa von der Sorte, die ein solides, mittleres Handlungshaus anständig leiten würde. Er ist auch furchtbar verlegen und unsicher im persönlichen Verkehr. Unsere Außenpolitik wird unter ihm keine großen Taten vollbringen.«[47] Müller war da gerade zum Außenminister der deutschen Republik gewählt worden, der erste Sozialdemokrat überhaupt in diesem Amt, ohne diplomatische Vorbildung und – auch das war eine gesellschaftliche Premiere – ohne aristokratische Herkunft.

Müllers Amtszeiten, als Außenminister und Reichskanzler, trugen unzweifelhaft tragische Züge. Selbst eine stärkere Natur als er hätte kaum in diesen historischen Augenblicken reüssieren können. Müller musste den Vertrag von Versailles unterschreiben, war schon deshalb für die nationalistische Rechte fortan unwiderruflich mit dem Stigma des Landesverrats behaftet. Nach dem Kapp-Lüttwitz-Putsch im März 1920 musste für die drei Monate bis zu den Reichstagswahlen im Juni desselben Jahres noch ein Übergangskanzler gefunden werden, der über politische Gestaltungsräume also nicht verfügte. Hermann Müller wies diese Zumutung gleichwohl nicht zurück. Seine zweite Kanzlerschaft, acht Jahre später beginnend, stand bald bereits im Zeichen der Haushaltskatastrophe und weltwirtschaftlichen Depression, sodass es für die allerdings »ohne klar definierte Ziele« angetretenen Sozialdemokraten unmöglich war, »auch nur irgendeine wichtige Reform durchzuführen«.[48]

Das alles zehrte an Kräften und Gesundheit. Als sein Außenminister, der rechtsliberale Gustav Stresemann, Anfang Oktober 1929 starb und Müller die Trauerrede hielt, stellte Graf Kessler fest, dass der Reichskanzler selbst wie »ein Todeskandidat« ausgesehen habe, »mager und gelb«.[49] So war es in der Tat. Müller schleppte sich das ganze Jahr 1929 über von Krankheit zu Krankheit. Am schwersten machte ihm ein Gallenleiden zu schaffen. Die Operation verlief unglücklich; über Monate weilte der Regierungschef der prekären Republik nicht in Berlin, sondern im Krankenhaus und auf Kuren. Müller gehörte wie Stresemann und Ebert zu denen, die unter dem brutalen Druck der politischen Antagonismen und Hassattacken gesundheitlich zerbrachen, dadurch bereits in der Zeit der Republik und noch vergleichsweise jung – Ebert und Müller mit 54, Stresemann mit 51 Jahren – starben.

Die Erinnerung an Ebert und Stresemann ist durchaus präsent und wird institutionell bewusst wachgehalten. Auch Wels und Scheidemann sind keineswegs völlig vergessen. Aber wer weiß schon etwas über Hermann Müller zu sagen? In gewisser Weise scheint er machtpolitisch und historisch die Leichtgewichtigkeit, die chronische Unterlegenheit, ja: die Harmlosigkeit der Sozialdemokratie zu verkörpern. Wer nahm Hermann Müller schon sonderlich ernst, fürchtete ihn als ersten Mann einer – in ihrer täglichen Selbstsymbolisierung – machtvollen, proletarischen und systemverändernden Massenbewegung? Es spotteten die Feinde über seine geringe Energie. Es höhnten die Freunde über seine »Konzilianz«. So lautete jedenfalls der Vorwurf, mit dem ihn der sozialdemokratische Ministerpräsident von Preußen, Otto Braun, verächtlich bedachte. Konziliante Wesen taugten nach Auffassung des »roten Zaren« von Preußen nicht für das harte Geschäft der Macht.[50] Den Reichskanzler Müller und dessen Finanzminister Hilferding hielt Braun für ein Unglück: der eine schwach, der andere durch und durch ein unpraktischer Theoretiker, beide gänzlich ungeeignet, unter schwierigen außenpolitischen und ökonomischen Bedingungen eine notwendigerweise fragile Koalition klug und entschlossen zu führen. Für das Verhalten der sozialdemokratischen Reichsminister, die im August 1928 im Kabinett dem Bau des Panzerkreuzers zustimmten, drei Monate später aber im Parlament als Abgeordnete aufgrund des Fraktionszwangs dagegen votierten, brachte Braun nur Verachtung auf.[51] Fassungslos hörte er vom wurschtigen Auftritt Müllers vor der Fraktion – »Wenn ihr wollt, gut, dann treten wir aus der Regierung aus« –, wütend schimpfte er über die stille Demission des Kanzlers im März 1930, als ein Kompromiss zwischen den Sozialdemokraten und dem Rest des Kabinetts in der Frage der Arbeitslosenversicherung nicht zustande kam.

Braun hätte eine parlamentarische Feldschlacht seines Parteifreundes bevorzugt, um Verantwortlichkeiten für die Regierungskrise und den Bruch des Kabinetts in aller Öffentlichkeit deutlich zu machen. Doch das entsprach nicht dem Temperament Müllers, der zu diesem Zeitpunkt wohl auch einfach nicht mehr über die nötige physische Kraft für eine solche Bataille verfügte. Otto Braun, den man in- und außerhalb der SPD bis in den Juli 1932 – als er dann ebenfalls recht klanglos von der Bühne verschwand – für die stärkste Führungspersönlichkeit der Sozialdemokraten hielt,[52] hegte wohl selbst 1928 Ambitionen auf die Kanzlerschaft, um das politisch labile Reich mit dem vergleichsweise stabilen Preußen zu verknüpfen und auf diese Weise zu festigen. Aber Braun besaß keinen Rückhalt in der Reichstagsfraktion, wo eine Menge Antipathie, gewiss auch Neid gegenüber dem forsch auftretenden »Preußen« in der eigenen Partei herrschten. Vor allem: Otto Wels stellte sich quer – Braun war ihm inzwischen viel zu wenig Parteimensch, viel zu sehr Repräsentant staatlicher Macht.

Otto Wels aber blieb Zeit seines Lebens der Mann der Partei.[53] Selbst wenn Sozialdemokraten nun, nach Konstituierung der Republik, an der Reichsregierung beteiligt waren, gar den Kanzler stellten, ließ er keinen Zweifel aufkommen, dass der Primat bei der Parteiorganisation lag, nicht bei einem sozialdemokratisch geführten Kabinett. Über Wels verlängerte sich die binnenzentrierte Oppositionsmentalität der Kaiserreichsozialdemokraten hinein in die Weimarer SPD, hinterließ beträchtliche Spuren bekanntlich noch in der bundesdeutschen Partei nach 1945. Erst kam die Lindenstraße, der Sitz des Parteivorstandes, dann die Wilhelmstraße, das Regierungszentrum; die Priorität lag bei Otto Wels, dann erst folgten Philipp Scheidemann, Gustav Bauer, Hermann Müller. So lautete das sozialdemokratische Ranking der Weimarer Jahre.

Otto Wels hatte in seinem ganzen Leben nur ein einziges Mal ein öffentliches Amt übernommen, für gerade sechs Wochen im November/Dezember 1918.[54] Wie Scheidemann so bewies auch er dabei keine glückliche Hand. Als Stadtkommandant von Berlin geriet Wels in eine Auseinandersetzung mit Matrosen von der Volksmarinedivision, die eigentlich zum Schutz der neuen Regierung nach Berlin beordert worden war. Wels, wahrlich kein geschickter Mediator, bekam den bald blutig verlaufenden Konflikt nicht in den Griff, wurde von Ebert infolgedessen kühl fallen gelassen und trat nach Weihnachten 1918 zurück. Die von ihm mit verursachten »Weihnachtskämpfe« um Schloss und Marstall verschärften den Riss in der Arbeiterbewegung, trugen auch zur Restabilisierung der alten militärischen Mächte bei.

Als im März 1920 der hochumstrittene sozialdemokratische Reichswehrminister Gustav Noske zur Demission gedrängt wurde, forderte die Reichstagsfraktion der MSPD Otto Wels einstimmig dazu auf, dessen Nachfolge anzutreten. Wels weigerte sich, wie stets seit 1919, strikt, dieses oder ein anderes staatliches Amt auszufüllen. Die SPD verzichtete – als auch Otto Braun abwinkte – daraufhin, noch Personalansprüche auf das Reichswehrministerium, eine zentrale Bastion der Macht im Staat, anzumelden. So war die Wels-SPD. Sie konzentrierte sich ganz und gar auf sich selbst. Die Organisation war wohl straff, das Parteileben gewiss diszipliniert geordnet, Kundgebungen und Aufmärsche zeigten sich mustergültig formiert. Aber das berührte die Außenwelt wenig. Das Sozialdemokratische genügte sich, strahlte nicht aus, verschob keine Konstellationen und Kräfteverhältnisse. Die Kontaktarmut war das Typische der Wels-SPD. Denn ihr Vorsitzender, so der damalige Chefredakteur des Parteiorgans *Vorwärts*, Friedrich Stampfer, in seinen Erinnerungen, »fühlte sich nur stark, wo er sich zu Hause fühlte, in der Partei, im Kreise der Arbeiter, von denen er einer war«[55].

Je härter die Schläge zum Ende der Weimarer Republik auf die Sozialdemokraten niederprasselten, desto verunsicherter und trotziger verharrten die Sozialdemokraten der Generation Wels in den Routinen einer für sie erfolgreicheren Zeit, sperrten sich geradezu misstrauisch gegen neue, unorthodoxe Vorschläge für die Taktik und Strategie, blieben allein auf den Zusammenhalt des eigenen Kosmos fixiert. Dazu wurde die reale Ohnmacht kompensiert durch radikale Rhetorik – auch dies also das bereits im 19. Jahrhundert erlernte Muster. Auf dem Magdeburger Parteitag 1929 schmetterte Wels die Parole, dass bei ernsthaften Gefahren für den Bestand der Demokratie, durch die Feinde von rechts und links, die Sozialdemokratie bereit sei, die »Diktatur zu handhaben«[56]. Bis zum Ende der Republik labten sich die Sozialdemokraten in der Fläche des Reichs an dieser Kraftmeierei, die Mitglieder und Funktionäre zur Formel verdichteten: »Wenn Diktatur, dann wir!«. Als sich schließlich doch die Feinde von weit rechts an die Installation der Diktatur machten, waren die Sozialdemokraten zu ihrer »guten« Diktatur als Antwort auf den nationalsozialistischen Schlag natürlich nicht in der Lage.

3. Politische Spaltung der Sozialdemokratie, soziale Spaltung der Arbeitnehmerschaft: Von der USPD bis zur Agenda 2010

Als Partei der »guten« proletarischen Diktatur hatte sich schon insbesondere die USPD zu profilieren versucht. Die USPD entstand vor einhundert Jahren – auch wenn das weder in der SPD noch bei den Linken 2017 historisch erinnert wurde – Anfang April 1917 in Gotha. Dort hatten sich insgesamt 143 Vertreter von Sozialdemokraten, darunter 15 Abgeordnete des Deutschen Reichstags, die nicht mehr bereit waren, eine Politik der Zustimmung zu den Kriegskrediten und des innenpolitischen »Burgfriedens« mitzumachen, im »Volkshaus zum Mohren« getroffen, um die neue Partei zu konstituieren. Doch wie sollte diese Formation heißen? Darüber ging einer der vielen Dispute schon in der Gründungszeit der neuen politischen Organisation. Die einen wollten sich als »Opposition der Sozialdemokratischen Partei Deutschland« präsentieren, andere präferierten den Namen »Sozialdemokratische Partei Deutschlands, Opposition«; die nächsten fochten für das Signum der »Internationalen Sozialdemokratischen Partei Deutschlands«. Schließlich entschied sich die Mehrheit der Delegierten – mit 77 gegen 42 Stimmen – für die Bezeichnung »Unabhängige sozialdemokratische Partei Deutschland (USPD)«[1].

Mit diesem Datum und Votum war die politisch links organisierte Arbeiterbewegung zwischen Königsberg und Konstanz auf lange Zeit gespalten.[2] In erster Linie hat man das als Folge des Krieges zu bewerten. Zuvor, im Kaiserreich, existierten wohl ebenfalls schon zwei Grundströmungen in der Sozialdemokratie; auch damals hatte es auf der einen Seite reformistische, auf der anderen Seite stärker revolutionäre Mentalitäten gegeben. Das aber konvenierte zu der Zeit durchaus. Angesichts eines realen Zwiespalts der Alltagserfahrungen von Arbeitern im Kaiserreich, die soziale Besserungen erlebten und doch konstant gesellschaftliche Stigmatisierung erfuhren, vereinten sich im Bewusstsein zahlreicher Sozialisten zwei nur scheinbar konträre Mentalitäten politischer Deutungen und Einstellungen. Aus der Erlebnisambivalenz speisten sich die *zwei* Orientierungen in der *einen* deutschen Arbeiterbewegung jener Jahre.

Zur fundamentalen Zerreißprobe hatte dieser Zwiespalt trotz der Härte des Revisionismusstreits nach 1896 nicht geführt; eine Sezession hatte ernsthaft nicht angestanden. Erst 1917, erst durch die Schubkraft des Krieges, suchten sich die beiden Orientierungen zwei differente Parteikörper. Doch agierte die USPD nicht ungebrochen als pure organisatorische Fortsetzung der alten Parteilinken und revolutionären Phraseologien aus der Vorkriegszeit. Zunächst war die USPD noch Dachverband der sozialdemokratischen Pazifisten und Antiannexionisten, sodass dort auch der alte Zentrist und Theoriepapst, Karl Kautsky, wie ebenfalls sein früherer Widerpart vom rechten Flügel, Eduard Bernstein, gemeinsam unterkommen konnten.

Mit dem Ende des Krieges war im Grunde die Voraussetzung von 1917 für die Spaltung weggefallen. Für eine sozialdemokratische Partei der Kriegskritiker, Pazifisten und Annexionisten gab es nach der Kapitulation der deutschen Reichsführung keinen plausiblen Grund. Eduard Bernstein etwa sah das so und schloss sich wieder der Mutterpartei an – der Mehrheitssozialdemokratischen Partei (MSPD). Zuvor, kurz vor Weihnachten 1918, als der Krieg zu Ende war, hatte er demonstrativ eine Doppelmitgliedschaft in der MSPD und bei den Unabhängigen Sozialisten besessen.[3] Er wollte so ein Zeichen der Einheit setzen, blieb indessen wieder, wie im Grunde zeitlebens, nur eine singuläre Gestalt. Die USPD löste sich nicht auf; im Gegenteil: Sie wuchs in rasantem Tempo zur zweiten Massenpartei der Arbeiterklasse und des Sozialismus in Deutschland. Auch das hatte mit dem Krieg und seinen Folgen zu tun. Der Krieg hatte soziale Prozesse in Gang und neue Protestformationen im Proletariat in Bewegung gesetzt, was die anfängliche und zunächst gewiss noch nicht für alle Zeiten unüberbrückbare Spaltung der Sozialdemokratie vertiefte, schließlich dauerhaft machte.

Sicher, die organisierte Arbeiterbewegung war nie Organisation aller Arbeiter schlechthin, tat sich seit ihren Anfängen schwer mit den gering qualifizierten, oft ungelernten Lohnarbeitern.[4] Die Differenz zwischen den Arbeiterschichten weiter oben und den Arbeitergruppen weiter unten war stets beträchtlich. Schon als sich Sozialismus und Arbeiterbewegung Mitte des 19. Jahrhunderts in Deutschland formierten, verkörperte nicht die neue Klasse der Fabrikarbeiter den Motor dieser Entwicklung. Denn im Frühkapitalismus besaßen die traditionslosen Fabrikarbeiter weder Organisationserfahrungen noch gruppenbildende Leitideen.[5] Das war bei den vorkapitalistischen Handwerksgesellen jener Jahre, den Schriftsetzern, Scherenschleifern, Drechslern, Sattlern, Zimmerern usw., hingegen ganz anders. Sie verfügten über das Erfahrungswissen und die gemeinschaftsstiftenden Fertigkeiten, die dem industriellen Frühproletariat fehlten. Sie prägten daher die Führungsschicht der deutschen Sozialdemokratie bis weit in das 20. Jahrhundert hinein. Sie vermochten auf die Voraussetzungen zurückzugreifen, die man braucht, um eine neue soziale Bewegung ins Leben zu rufen und mit langem Atem in Parteistrukturen zu übersetzen: Organisationskompetenz, Selbstbewusstsein, Bildung, Leitziele.[6] Aus diesem sozialmoralischen Bezug heraus wurden »Assoziation« und »Bildung« zu programmatischen Schlüsselbegriffen der frühen Arbeiterbewegung und durchdrangen in Deutschland die Sozialdemokratie auf lange Zeit. Dadurch entstand in der deutschen Sozialdemokratie ein bildungsbeflissener, organisationszentrierter, aufstiegsorientierter Fleiß- und Arbeitssozialismus. Auf ungelernte Arbeiter wirkte das von Beginn an nicht sonderlich anziehend. Der Assoziations-, Wissens- und Strebsamkeitssozialismus stieß sie eher ab, war ihrer diskontinuierlichen, den Mühen des Bildungseifers nicht zugeneigten Lebensgeschichte fremd.

Insofern liefen auch die Protestbewegungen in den traditionslosen Teilen der Arbeiterklasse seit 1917 an der Mehrheitssozialdemokratie vorbei, ja: richteten sich aggressiv gegen die Partei Friedrich Eberts.[7] Aber erst jetzt tat sich eine tiefe, nur noch schwer zu überbrückende Kluft in der linksorientierten Arbeiterklasse auf, welche die beiden Seiten nach Lebenslage, Erfahrungen, Generationen, Zukunftserwartungen und Qualifikationen scharf trennte und politisch antagonistisch polarisierte. Die Spaltung der Arbeiterklasse war nicht nur politisch bedingt, sondern zudem sozial und kulturell unterfüttert. Das wurde im Zeitraum zwischen 1917 und 1920 markant. In diesen drei Jahren veränderte sich die deutsche Arbeiterbewegung stärker und dramatischer als in den fünfzig Jahren zuvor; in diesen drei Jahren machte vor allem die USPD einen ungeheuren Wandel durch. Jedenfalls hatte die USPD von 1920 nicht mehr viel mit der USPD von 1917 gemein.

Am Ende war die USPD weniger eine Partei als eine sehr heterogene, emotional enorm aufgewühlte und ziemlich erratische Protestbewegung vor allem junger Arbeiter. Der Entstehungsort und das Aktionszentrum der jungproletarischen Rebellion waren insbesondere die Reviere der Rüstungsindustrien, die im Laufe des Ersten Weltkrieges oft aus dem Nichts in die Höhe gezogen wurden, vor allem im Raum um Halle und Merseburg.[8] Als Arbeitskräfte hatte man junge Leute herangezogen, oft ungelernt, häufig aus dem agrarischen Hinterland. Für diese jungen Arbeiter kam der Wechsel in die Rüstungsfabriken und in die neuen Wohnquartiere jäh, unvermittelt, als scharfer Schnitt, als schroffe Entwurzelung. Ihr Grundgefühl war das der Bindungslosigkeit: Die alten Kohäsionen hatten sich verflüchtigt, neue Bindungen zur Organisationswelt und Kultur der sozialdemokratischen Arbeiterbewegung stellten sich nicht her, da es das alles in den ruckartig aus dem Boden gestampften Rüstungszentren nicht gab. Die neuen Rüstungsarbeiter waren mit den Traditionen der alten Arbeiterbewegung nicht in Berührung gekommen. Sie wurden nicht sozialisiert durch die alte sozialdemokratische Mentalität der kontinuierlichen Organisationsleistung, der geduldigen Zukunftserwartung und zähen Alltagspraxis.

Als sich die Versorgungslage zum Ende des Krieges immer mehr verschlechterte, als die Löhne fielen, schlug bei den jungen Rüstungsarbeitern das Gefühl der Entfremdung in militante Radikalität um. Ihr Lebensgefühl trieb sie zur Tat, zur Aktion, zum Putsch und zum Umsturz. Sie drängten zur fundamentalen Veränderung der verhassten Verhältnisse – jetzt und sofort. Mit dem sozialdemokratischen Reformismus und der patriarchalischen Vernunftrhetorik konnten sie nichts anfangen. Die MSPD war ihnen vielmehr verhasst, war ihnen Partei der Hasenfüße und Verräter, da sie den Kapitalisten das Geld und die Fabriken nicht fortnahm und da deren Wehrminister Gustav Noske die Streikenden und Rebellierenden zusammenschießen ließ.

Die jungproletarische Protestbewegung sammelte sich folglich in der USPD. Deren Mitgliederzahl stieg 1919 in einem Tempo und Umfang, wie das die deutsche Arbeiterbewegung weder zuvor noch danach noch einmal erlebte. Zwischen März und November 1919 wuchs die Mitgliedschaft der Unabhängigen von 300.000 auf 750.000 an. In diesem Prozess wurden die erfahrenen und besonnenen Funktionäre der Vorkriegslinken oder des Parteizentrums wie Karl Kautsky, Hugo Haase und Rudolf Hilferding durch die Emphase jungproletarischer Protestgruppen nachgerade weggespült. Im Zuge ihrer Mitgliederexpansion radikalisierte sich die USPD immer weiter nach links, brach immer stärker mit der Tradition auch der Bebel-SPD der Vorkriegsjahrzehnte. Die neuen

Aktivisten in der USPD gaben nichts mehr auf allgemeines Wahlrecht, Parlamentarismus, Gewaltenteilung und demokratische Verfassung; dergleichen verachteten sie als bourgeoise Truggebilde. Die neue proletarische Linke schwärmte für das Rätesystem und die Diktatur des Proletariats, machte das im März 1919 zum Parteiprogramm. Und sie begeisterte sich für die Russische Revolution, das Sowjetsystem, für Lenin und die Bolschewiki.[9]

Im Herbst 1920 entschied sich eine Parteitagsmehrheit der USPD für den Anschluss an die Kommunistische Internationale. Die Reste der alten Vorkriegssozialdemokratie hatten sich dagegen – überwiegend – erbittert gewehrt; das Gros der unabhängigen Parlamentarier, Funktionäre und Parteiredakteure verweigerte den Übertritt zur KPD, der aus dem Parteitagsbeschluss folgte, führte die geschrumpfte Partei stattdessen noch zwei Jahre weiter, bis diese sich dann mit der Mehrheitssozialdemokratie wieder zusammenschloss. Aber etliche Mitglieder zeigten sich vom Drama der harten Binnenauseinandersetzung und introvertierten Spaltung abgestoßen, kehrten dem organisierten Sozialismus tief frustriert den Rücken. Rund 350.000 Zugehörige der USPD des späten Sommers 1920 machten seit dem Herbst 1920 gar nicht mehr mit, weder in der KPD noch in der Sozialdemokratie.[10]

Besonders verwirrend verlief die Spaltungsgeschichte in der Jugend der sozialdemokratischen Opposition und der USPD. Im Oktober 1917 hatten sich etwa 4.000 oppositionell und antimilitaristisch gesinnte Jugendliche aus Protest gegen die mehrheitssozialdemokratische Politik der Zustimmung zu den Kriegskrediten und des »Burgfriedens« von der MSPD-geführten Jugendbewegung gelöst und eine eigenständige Freie Sozialistische Jugend (FSJ) ins Leben gerufen. Deren Hochburgen lagen in Sachsen, Hannover, Braunschweig und Bremen. So weit verlief der Protest der jungen Sozialisten in ähnlichen Bahnen wie der ihrer Väter, die im April desselben Jahres die USPD gegründet hatten. Allerdings war die Stimmung in der FSJ weitaus radikaler, und die politischen Kräfteverhältnisse unterschieden sich beträchtlich von denen der USPD. In der FSJ befanden sich die Befürworter eines besonnenen linken »Zentrismus« von Anfang an eindeutig in der Minderheit; den Ton gaben vielmehr die Aktivisten der linksradikalen Bremer Richtung und des Spartakusbundes an,[11] die sonst im Kontext der gesamten Arbeiterbewegung zu diesem Zeitpunkt ein unbedeutendes Sektendasein fristen mussten. Nach der Beendigung des Krieges und nach Gründung der KPD machten die führenden Vertreter der FSJ kein Geheimnis aus ihrer Nähe zur Kommunistischen Partei.

Die Reichskonferenz der FSJ vom 18. bis 20. Oktober 1919 in Weimar zog dann den Trennungsstrich gegenüber der USPD. Die übergroße Mehrheit der Delegierten »begrüßte die KP in treuer Waffenbrüderschaft, solange und soweit diese ihre zielklare Politik fortsetzt und die Politik der USP aufs schärfste bekämpft«[12]. Um nicht die geringsten Missverständnisse aufkommen zu lassen, beschloss die Konferenzmehrheit zudem, die Gegner der verabschiedeten Resolution sofort aus der Organisation auszuschließen. Die auf diese Weise ausgegrenzten Frondeure gegen die kommunistische Orientierung gingen noch in Weimar ans Werk, um das Plateau für die Gründung einer neuen, nun bereits dritten sozialistischen Jugendorganisation zu errichten. Auf einer Reichskonferenz vom 14. bis 16. Dezember 1919 in Halle – zunächst noch als Reichskonferenz der Freien Sozialistischen Jugend firmierend – konstituierte sich dann die Sozialistische Proletarierjugend.[13]

Die Skurrilität im weiteren Verlauf der Geschichte der Sozialistischen Proletarierjugend lag darin, dass diese Organisation, obwohl doch erst im Dezember 1919 als Opfer jungkommunistischer Ausgrenzungsstrategien entstanden, in den Sommermonaten 1920 erneut in den Trubel der Wintermonate geriet und dabei fast restlos zerschlagen wurde. Es ging um den Anschluss an die kommunistische Jugend-Internationale. Typisch für den binnenorientierten Charakter der politischen Debatten auf dem radikalen Flügel der deutschen Arbeiterbewegung war, dass auch in den Ortsgruppen der SPJ monatelang und mit allen taktischen Finessen ausschließlich über Für und Wider des kommunistischen Internationalismus gestritten wurde. Am Ende fand sich dann eine Mehrheit in dieser Organisation, welche doch allein deshalb aus der Taufe gehoben worden war, weil sich ihre Gründungsmitglieder der kommunistischen Dominanz nicht hatten beugen wollen, für den Anschluss an die kommunistische Weltbewegung. Immerhin: Mit 145 zu 141 fiel das Votum sehr viel knapper aus als die zwei Monate früher stattgefundene Abstimmung in der USPD, bei der sich auf dem außerordentlichen Parteitag in Halle immerhin 236 gegen 156 Delegierte zur Annahme der berüchtigten 21 Bedingungen – die u. a. unbedingt die Pflicht zur kommunistischen Agitation, die Säuberung von reformistischen und zentristischen Funktionären, den Aufbau eines illegalen Apparats für einen voranzutreibenden Bürgerkrieg, kommunistische Zellenbildung in Gewerkschaften und Genossenschaft verlangten[14] – bekannt hatten.[15]

Die Radikalisierung der USPD indes war ohne die politischen Versäumnisse der MSPD nicht zu verstehen. Und es waren nicht nur ganz unreife und ungelernte Jugendliche aus den mitteldeutschen Leunawerken, die sich aus Wut über die Mehrheitssozialdemokratie immer weiter nach links bewegten. Auch erfahrene und hochqualifizierte Metallarbeiter, von denen es auf der radikalen Linken anfangs keineswegs wenige gab, waren bitter enttäuscht über das, was Friedrich Ebert und Philipp Scheidemann alles taten, und genauso über das, was sie alles unterließen. Die Mehrheit der industriellen Arbeiterklasse hatte sich ohne Zweifel mehr von der Revolution versprochen. Über Jahrzehnte hatten die sozialdemokratischen Agitatoren und Zeitungsschreiber den Mitgliedern und Anhängern der Partei erklärt, dass die Sozialisierung der Königsweg zum sozialistischen Volksstaat sei. Dann hatten die Sozialdemokraten seit dem 9. November endlich die Macht, aber es geschah nichts. Die Arbeiterklasse sah in jenen Wochen der Revolution keine fundamentalen Veränderungen der gesellschaftlichen Verhältnisse, keinen tiefen Eingriff in die kapitalistische Eigentumsordnung, keinen entschlossenen Austausch der verhassten obrigkeitsstaatlichen Eliten. Das trieb wachsende Teile der unteren Schichten in die Radikalität.

So verfestigte sich innerhalb der genuinen Arbeiterbewegung eine zweite parteipolitische Alternative in Gestalt der KPD, wobei – woran Sozialdemokraten ungern erinnert werden – noch 1927 nahezu ein Drittel ihrer Mitglieder eine Vergangenheit als Zugehörige der SPD besaßen.[16] Zum Ende der Weimarer Republik kamen die Kommunisten bei den Parlamentswahlen fast an die Sozialdemokraten heran; mit 20,4 Prozent der Wählerstimmen lag die SPD im November 1932 nur noch knapp vor der KPD, die einen Anteil von 16,9 Prozent für sich verbuchte. Die beiden Parteien führten einen erbitterten, seit Ende der 1920er Jahre hasserfüllten Streit gegeneinander. In den Augen der Sozialdemokraten waren die Kommunisten überwiegend wortradikale Grünschnäbel, unerfahrene Revoluzzer, entwurzelte Lumpenproletarier, fremdgesteuerte Moskowiter, in den frühen 1930er Jahren oft auch nur kurz: »Kozis«. Die Kommunisten redeten keinesfalls schmeichelhafter über die sozialdemokratischen Rivalen, brandmarkten diese gerne als Noskisten, Opportunisten, Marionetten der Bourgeoisie, vor allem als Bonzen, später dann als »Sozialfaschisten«. Der Begriff des »Sozialfaschismus« war nicht genuin in Deutschland – wo stattdessen die Schmähung als »Bonze« üblich war – entstanden, sondern gleichsam als terminologisches Diktat der Kommunistischen Internationale aus Moskau eingeführt worden.

Aber dieser Import fiel bei den deutschen Kommunisten durchaus auf fruchtbaren Boden, wurde rasch angenommen und aus freien Stücken in die politische Alltags- und Agitationssprache eingespeist, was deutlich machte, wie sehr sich ein Teil der linken Arbeiterschaft seit den Bürgerkriegsjahren von der (Mehrheits-) Sozialdemokratie entfremdet hatte. Und der Kern der kommunistischen Anhängerschaft und Aktivistengruppe in der zweiten Hälfte der Weimarer Republik – vornehmlich die Geburtsjahrgänge 1895 bis 1905 – war durch die Zeit des Bürgerkriegs, auch durch die Fronterfahrungen im Ersten Weltkrieg politisch sozialisiert und nachhaltig geprägt worden. Für diese Generation war Gewalt ein selbstverständlicher Teil des Lebens; mit dieser Kohorte brutalisierte sich der Streit zwischen den Ideologien, Weltanschauungen und politischen Parteien. Das verstärkte sich noch in dem Maße, in dem die kommunistische Kerngruppe seit Ende der 1920er Jahre ihre Berufsarbeit verlor bzw. gar nicht erst in den Produktionsprozess hinein gelangte.

Fortan war nicht mehr der Betrieb, sondern die Straße der Erlebnis- und Erfahrungsraum der kommunistischen Arbeiter.[17] Die Straße lud weit mehr als der Betrieb zur expressiven Demonstration, zur inszenierten Protestgebärde, zum martialischen Aufmarsch, zum gewalttätigen Aufruhr ein. Die Kommunisten der Front- und Bürgerkriegsgeneration übersetzten ihre Sozialisationsprägungen alltäglicher Brutalitäten aus den Jahren 1914 bis 1923 dann während der berufsleeren Zeit im letzten Drittel der Weimarer Republik in militante und eruptive Straßenaktionen. Das entsprach ihrem Lebensgefühl, ihrer Lebensgeschichte und ihrer Lebensperspektive. In ihren Biografien überwogen die Eindrücke der Entzivilisierung der Gesellschaft, der beruflichen Aussichtslosigkeit, der wirtschaftlichen Krisen, der ständigen Diskontinuitäten, Brüche und Ausschlüsse. Mit der reformistischen Grundmaxime kontinuierlicher, geduldiger, langfristiger und friedfertiger Arbeit in politischen Institutionen zur allmählichen und stetigen Besserung der sozialen Lage war das nicht kompatibel. Für einen jungen arbeitslosen Kommunisten im Jahr 1932 war das reformistische Credo abwegig, womöglich auch kränkend. Er hasste und bekämpfte es, denn der Reformismus setzte Erfahrungen, Qualifikationen, Sicherheiten voraus, woran es dem Jungkommunisten in dieser Zeit gebrach.

Insofern macht es in der Tat Sinn, nicht von der *einen* Arbeiterbewegung zu sprechen, sondern von zwei Arbeiterbewegungen auszugehen. Kommunisten und Sozialdemokraten lagen nicht nur in politischen Interpretationen und strategischen Optionen auseinander – es trennte sie auch der sozialkulturelle Ort ihrer jeweiligen Mitglieder und Anhänger. Es waren zwei Kulturen in der industriellen Arbeiterschaft, die umso weiter auseinander trieben, je länger die ökonomische Krise zum Ausgang der Weimarer Republik anhielt.[18] Die Kommunisten waren in den frühen 1930er Jahren überwiegend sehr viel jünger als die Sozialdemokraten; sie waren sehr viel häufiger arbeitslos, oft auch ungelernt, beruflich eher im Bergbau und in der Chemieindustrie zu Hause als – wie die Sozialdemokraten – im Metallgewerbe. Und viele Kommunisten galten politisch als unsichere Kantonisten, als Treibsand, da sie oft nur wenige Monate in ihrer Partei aushielten und dann wieder ganz verschwanden. Die Sozialdemokraten dagegen waren mehrheitlich erheblich parteitreuer, politisch besonnener, beruflich abgesicherter, in der Wahl der politischen und gewerkschaftlichen Mittel abwägender und vorsichtiger als die Mitglieder ihrer »Bruderpartei«. Und doch empfand man auch diese Unterschiede, bewertete die oft keineswegs zimperlich geführten Konflikte als »Bruderzwist«. Noch überwogen die Gemeinsamkeit der »Proletarität« und die »semantischen Brücken«[19] innerhalb einer gemeinsamen sozialistischen Arbeiterkultur.

Indes, die Entstrukturierung des Sozialistischen ging während der zwölf nationalsozialistischen Jahre ein Stück weiter. In den nationalsozialistischen Jahren entfernte sich besonders die Masse der jungen Arbeiter von den Mentalitäten, Strukturen und Erfahrungen der alten Arbeiterbewegung. Das war nicht nur Folge des Verbots von SPD, KPD und Gewerkschaften. Und es war keineswegs nur Auswirkung nationalsozialistischen Terrors. Für junge Arbeiter bot der Nationalsozialismus einige Chancen, die zuvor für sie nicht existiert hatten.[20] Im Dritten Reich wurden die Lohnformen stärker individualisiert, stärker auch nach Leistungen gestaffelt. Für Zusatzarbeiten, Sonderschichten und Überstunden, für besondere Qualifikationen gab es Prämien, Gratifikationen, Gewinnbeteiligungen, individuelle Leistungslöhne. Besonders bei jungen Arbeitern kam die Parole »Freie Bahn den Tüchtigen« gut an, die Mitte der 1930er Jahre in Nazi-Deutschland die Runde machte. Nie hatten die Arbeiter bis dahin in Deutschland so gut verdient wie in den letzten Vorkriegsmonaten 1939; selten hatten die Jungen in der Arbeiterklasse so sehr die Hoffnung, durch individuellen Einsatz vorankommen und aufsteigen zu können. Bei ihnen verblassten die alten Solidaritäts- und Homogenisierungsnormen der klassischen Arbeiterbewegung; im Nachwuchs der Arbeiterklasse nahmen die individuellen Aufstiegsorientierungen in der zweiten Hälfte der 1930er Jahre beträchtlich zu.

Hier begann bereits etwas, was sich nach Unterbrechungen durch den Zweiten Weltkrieg und die Trümmergesellschaft der spätvierziger Jahre dann in den Wirtschaftswunderjahren wieder und nun sehr forciert fortsetzte. Im Grunde hatte es sogar schon früher angefangen, in den sogenannten »goldenen Jahren« der Weimarer Republik, war dann aber von der Depressionszeit nach 1929 unterbrochen worden. Jedenfalls gab es einen kulturellen Wandel, der zwischen 1924 und 1929 erkennbar wurde, dann von 1936 bis 1939 erneut mächtig auflebte und sich ab Mitte der 1950er Jahre endgültig Bahn brach: Der Wandel zur stärker individualistischen Freizeit- und Konsumgesellschaft – und damit das Ende der in sich kohärenten und zentralisierten Milieukulturen.

Zumindest schwand die Erfahrung kollektiv ertragener Proletarität – wobei sich zunächst bemerkenswerterweise die sozialdemokratische Wählerbasis zunächst erheblich verbreiterte; dies auch, weil die kommunistischen Milieus und Anhängerschaften der Weimarer Jahre nicht zuletzt aufgrund der abschreckenden Praxis des SED-Sozialismus in der SBZ und der DDR im Laufe der 1950er Jahre zerbrachen, was – ganz besonders im Ruhrgebiet – den Sozialdemokraten neue Räume und Rekrutierungsmöglichkeiten eröffnete. Zudem schliffen sich zuvor scharf ausgeprägte Interessensorientierungen und Einstellungsmuster zwischen den verschiedenen Schichten der Arbeitnehmerschaft ab.[21] Arbeiter und Angestellte wurden nicht eins, aber sie näherten sich im Laufe der 1960er Jahre stärker an als in den zurückliegenden hundert Jahren der industriellen Gesellschaft. Von dieser verallgemeinernden »Arbeitnehmerisierung« der bundesdeutschen Gesellschaft im Abschied von der ersten christdemokratischen Regierungsära profitierten nun die Sozialdemokraten, die sich – ausgestattet mit einem neuen Programm, jungen Kandidaten, munteren Wahlkampfslogans in Absetzung von betulichen Konventionen der eigenen Vergangenheit wie gegenüber einem etwas starren Konservatismus der christdemokratischen Gegenseite – als gleichsam kongeniale Partei einer neuen pragmatischen bundesdeutschen Arbeitnehmergesellschaft präsentieren konnten – und dies auch, dabei elektoral höchst erfolgreich, taten. Ihren Kulminationspunkt erreichte die sozialdemokratische Arbeitnehmerisierung in den Jahren 1967 bis 1973. Dann kehrte sich die Entwicklung abermals um, nun zulasten der Sozialdemokratie.

Denn die Zeit »nach dem Boom«, wie die Historiker seit einiger Zeit gern periodisieren und charakterisieren, begann.[22] Das wirtschaftliche Wachstum verlor an Stabilität und Tempo. Die Massenarbeitslosigkeit kehrte zurück. Im Transformationsprozess von der Industrie- zur Dienstleistungsgesellschaft und zu neuen Technologien verloren die alten Hochburgen der Sozialdemokratie in den Industrierevieren im Westen und Norden der Bundesrepublik erheblich an Gewicht für die ökonomische Potenz des Landes.[23] Die Zechen verschwanden; Hochöfen und Werften wurden stillgelegt. In diesen frühen 1970er Jahren trat der »Malocher« – jener in der sozialistischen Ikonografie visuell veredelte athletische Industriearbeiter mit kräftigen Muskeln und verlässlicher gewerkschaftlich-sozialistischer Gesinnung – ab, sukzessive zunächst, aber eben doch unaufhaltsam.[24] Währenddessen entfernten sich die Kinder, Enkel und Urenkel der klassischen Facharbeiter- und sozialistischen Organisationselite peu à peu aus den zerbröselnden Arbeitermilieus.

Das vollzog sich nicht von einem Tag zum anderen, nicht als jäher Bruch, sondern allmählich: Sie besuchten das Gymnasium, kamen so im Alltag weniger mit den früheren Freunden aus der Nachbarschaft zusammen, blieben aber noch hier wohnen. Mit dem Studium zogen sie oft in die größere Stadt. Sie wurden dem Abstammungsort zunehmend fremder, doch nabelten sich zunächst nicht vollständig davon ab. Aber spätestens mit der eigenen Familiengründung, mit der beruflichen Etablierung wechselten sie die Wohngegend, die Bezugsgruppen, die Geselligkeitsformen, die Manieren, ihren Habitus schlechthin. Dabei: Etliche der sozialen Aufsteiger blieben durchaus Sozialdemokraten, standen in der Partei sogar ganz vorn, als Mandatsträger und Vorstandsmitglieder.

Sie wähnten sich noch in der sozialdemokratischen Tradition, in der Solidarität mit den »kleinen Leuten«, aber sie gehörten nicht mehr dazu, wurden anders, in ihrer Selbstinszenierung moderner, betont kosmopolitisch, stärker postmateriell gesinnt, intrinsisch geringer an den alten sozialstaatlichen Regelungen interessiert.

Der Prozess der Enthomogenisierung der bundesdeutschen Arbeitnehmergesellschaft, die doch erst in den 1960er Jahren in vielerlei Hinsicht an größerer Kohärenz gewonnen hatte als je zuvor in der modernen Geschichte Deutschlands,[25] setzte sich fort. Die Folgen trafen die Sozialdemokraten, die im Jahrzehnt zuvor noch die im Trend marschierenden Nutznießer der Modernisierungsschübe schienen, härter als anfangs die anderen Parteien. Denn ihre Anhängerschaft zergliederte sich im Fortgang der Dekomposition überlieferter Vergemeinschaftungen und neuer Mobilitätsgelegenheiten besonders stark. Nirgendwo sonst fielen die politischen Optionen, Lebenslagen und Einstellungen so different, ja: gegenläufig aus wie nun im Potenzial des sozialdemokratischen Elektorats. Der Terminus, der die sozialdemokratische Problematik der 1970er, insbesondere der 1980er Jahre auf den Punkt bringen sollte, war der des »Spagats«.[26] Denn diese Übung einer weit gefächerten, oft widersprüchlichen Wähleransprache hatten Sozialdemokraten zu leisten, wenn es in die Wahlkämpfe ging, um alte oder neue Unterschichten zu halten, marktorientierte Mittelschichten hinzuzugewinnen, ökopazifistische Akademiker nicht zu verprellen.

Mit dieser Herausforderung hatten die Sozialdemokraten zu tun, nicht nur in Deutschland, sondern ebenfalls in den meisten anderen nord- und westeuropäischen Ländern. Die gesellschaftlichen Modernisierungswellen hatten nicht nur für den Bruch der sozialdemokratischen Klassenfundamente gesorgt; sie erschwerten auch die Integration der neuen Jugendprotestkultur im vermeintlich »roten Jahrzehnt«[27] der 1970er Jahre. In diesem Jahrzehnt kristallisierten sich bekanntlich neue Themen und soziale Bewegungen in der nachwachsenden Generation insbesondere der 1950er Geburtsjahrgänge heraus, welche sich nicht mehr zuvörderst entlang des traditionellen Arbeit-Kapital-Gegensatzes politisch deuteten. Nicht zuletzt an der Frage der Kernenergiepolitik des zweiten sozialdemokratischen Bundeskanzlers Helmut Schmidt entfaltete sich eine biografisch dauerhaft anhaltende enttäuschte Liebe dieser Kohorte zur SPD, die zu einer neuen politischen Repräsentanz, eben den Grünen, führte.

Nun mochten sich die Sozialdemokraten damit in einer paradoxen Dialektik und gewiss nicht-intentional einen linksbürgerlichen Koalitionspartner geschaffen haben, der das gegnerische altbürgerliche Lager kräftig dezimierte und so der SPD, im Unterschied zu den schwierigen ersten beiden Jahrzehnten der Bundesrepublik, einen koalitionspolitischen Terraingewinn verschaffte. Schwieriger indessen taten sie sich mit der Nachfolgegeneration, den Geburtsjahrgängen der späten 1960er bis frühen 1980er Jahre. Diese Generation hatte den sozialdemokratisch durchwirkten Sozial- oder Wohlfahrtsstaat in den Jahren ihrer primären politischen Sozialisation schon als brüchig und reparaturbedürftig erfahren. Ein Großteil der Zugehörigen dieser Jahrgänge, vor allem wenn sie in global ausgerichteten Privatsektoren der Ökonomie tätig waren, neigten während der 1980er und 1990er Jahre – wieder: fast überall in den europäischen Demokratien – den Mitte-Rechts-Parteien zu. Erst die Finanzkrise hat einige aus diesem Spektrum fortbewegt.

Indes, keiner all dieser Belastungsfaktoren – die Erosion des klassischen Milieus, die Desintegration der Wählersegmente – war für die SPD 1998 urplötzlich verschwunden. Und doch gewann sie damals nach 16 Jahren der Opposition die Bundestagswahlen. Das lag gewiss auch sehr, aber keineswegs nur am »Medienfaktor Schröder«, wie man gerade unter Journalisten gern kolportierte und sich im Lager der Union anfangs bevorzugt über die eigene bittere Niederlage hinweg zu trösten versuchte. Wichtig war noch anderes. Im Zentrum der Republik standen zum Ende des 20. Jahrhunderts die Zugehörigen der 1940er, 1950er und 1960er Geburtsjahrgänge, welche 1998 die tragende Schicht der Eltern und Berufstätigen in der bundesdeutschen Gesellschaft konstituierten. Sie bildeten im Vergleich zu den Generationen davor, die durch die Republik von Weimar, den Nationalsozialismus, den Wiederaufbau unter Adenauer sozialisiert worden waren, tatsächlich und nicht nur in der rhetorischen Einverleibung der Sozialdemokraten eine »neue Mitte«.[28]

Denn diese neue Mitte war in großen Teilen geprägt durch die Ära der ersten Bildungsexpansion, durch die Ausdehnung des Wohlfahrtsstaates und den Ausbau des öffentlichen Sektors, besonders in den Humandienstleistungsbereichen. Sie war beeinflusst durch die Aufwallungen von 1968, durch die hiervon ausgehenden Emanzipations- und Partizipationsansprüche, gewiss ebenfalls durch die Popkultur und die Umstülpung der Wertehierarchien, in ihren jüngeren Kohorten auch und vor allem durch die sozialen Bewegungen und den in Massendemonstrationen artikulierten Konflikten der späten 1970er und frühen 1980er Jahre.

Das kam nicht in jedem Falle der SPD zugute, dafür oft den Grünen, die als Koalitionspartner der Sozialdemokraten aber seinerzeit schon ungeduldig bereitstanden. Jedenfalls: In der neuen Generationen-Mitte kamen Rhetorik, Sprachbilder und Habitus von Helmut Kohl, der wie zuvor Konrad Adenauer Maß, Mitte und Mehrheit lange keineswegs erfolglos für sich und seine Union reklamiert hatte, nicht mehr recht an; die »Mittigkeit« hatte sich kulturell verändert, was ganz erheblich zu den Stimmeneinbußen der Union im Jahr 1998 und schon davor beigetragen hatte. In der nachgewachsenen Generation, in der neu formierten Mitte – vor allem der Jahrgänge 1950 bis 1967 – existierten für Sozialdemokraten und Grüne bereits seit der ersten Hälfte der 1980er Jahre konstante Mehrheiten. Nirgendwo erzielte das alt-bürgerliche Lager eine so schwache Resonanz wie in der zahlenmäßig üppig besetzten Altersgruppe der letzten Baby-Boomer der Republik. In dieser gewissermaßen sozialliberal-ökologisch auftretenden neuen Mitte der Gesellschaft hatte sich das Wahlergebnis von 1998 schon über mehrere Jahre im Vorfeld aufgebaut, zuerst in den Ländern und Kommunen, dann schließlich im Bund.

Und auch die sozialdemokratische Doppelspitze des Wahlkampfes 1998, aus Lafontaine/Schröder, bot ein plausibles Konzept, um das sozialdemokratische Dilemma des Spagats zu lösen.[29] Die SPD hatte Tradition zu wahren, durfte sich aber auch von der Moderne nicht abschotten; sie brauchte die Reste ihres Milieus, durfte sich aber nicht darauf beschränken; sie musste ihre Kernschichten motivieren, durfte aber das Rochadesegment zum bürgerlichen Lager nicht abschrecken. Lafontaine hielt die sozialdemokratischen Traditionsschichten bei Laune, indem er die sozialen Ungleichgewichte in der Republik anprangerte und dem Neoliberalismus den Fehdehandschuh vor die Füße warf. Schröder hingegen richtete die Ansprache stärker an die Grenzwähler im Zwischenfeld von Union und SPD, die sich nach 16 Jahren Kohl einen wie auch immer gearteten neuen gesellschaftlichen und ökonomischen Schwung erhofften.

Auf diese Weise spiegelte die Doppelspitze der SPD die ambivalente nationale Befindlichkeit der Bevölkerungsmajorität in der zweiten Hälfte der 1990er Jahre. Denn auch die Mehrheit der Deutschen sprach sich im Prinzip für »Innovationen« aus, ängstigte sich jedoch zugleich vor den meisten präzisen Vorschlägen, die in diese Richtung gingen. Die SPD-Doppelspitze deckte Zuversicht und Ängstlichkeit ab, stellte Reform wie Antireform in Aussicht. Sie bot auf diese Weise ein Plateau, auf dem sich Wächter des Wohlfahrtsstaates und Propheten der Deregulierung, ergraute Gewerkschaftsfunktionäre und juvenile Firmengründer in Koexistenz elektoral ansiedeln konnten.

Allerdings ging daher von der Bundestagswahl, trotz des eindeutigen Resultats zugunsten von Rot-Grün, kein eindeutiges Signal aus, keine scharf vorgezeichnete Willensrichtung des Demos. Dadurch unterschied sich 1998 der Regierungswechsel deutlich von den Wenden der Jahre 1969 und 1982/83, als sehr viel klarer war, wohin die Gesellschaft mehrheitlich strebte. 1998 erhoffte sich, nochmals, der eine, wahrscheinlich eher geringe Teil der sozialdemokratischen Wählerschaft neuen Impetus für marktwirtschaftliche Reformen und kraftvolle Deregulierungsinitiativen. Der andere, wohl größere Teil, wehrte sich genau dagegen und erwartete vom neuen Bonner Kabinett zuallererst Schutz, Sicherheit und Zuwendung. Wohin auch immer die Regierung also ging: Sie musste einen Teil ihrer heterogenen Wählerkoalition vor den Kopf stoßen.

Und sie ging 2003, nach zuvor zahlreichen begründungslosen Zickzackwendungen, auf die Agenda 2010 zu. Die Vorarbeiten dazu hatte ein kleiner Zirkel unter der Regie des Kanzleramtschefs Frank-Walter Steinmeier bereits Ende 2002 geleistet – ansatzlos, zumindest nicht in einem nachvollziehbaren Nexus zum Wahlprogramm von 1998 oder den Wahlkampfslogans von 2002. »So geriet die Agenda 2010 zu einer klassisch exekutiven Strategie eines Stoßtrupps, um sich aus höchster Not mit einem Befreiungsschlag zu retten und die Initiative wieder an sich zu reißen.«[30] Öffentlich gemacht wurde die neue Marschroute Mitte März 2003 durch eine Regierungserklärung Gerhard Schröders. Ein stringent durchkomponiertes und im Detail ausformuliertes Konzept war die »Agenda 2010« zu keinem Zeitpunkt. Aber mit dem Vortrag Schröders im Bundestag standen die konstitutiven Zielkategorien der rot-grünen Bundesregierung für die folgenden zwei Jahre fest: aktivierender Sozialstaat, Fordern und Fördern, Selbstbeteiligung und Eigenverantwortung, Investition statt Konsumtion, Zukunft statt Vergangenheit. Praktisch mündeten all diese Leitvokabeln in Gesetzesinitiativen, mittels derer die Arbeitslosen- und Sozialhilfe zusammengelegt, die Zumutbarkeitsregelungen für die Wiedereingliederung bisher Arbeitsloser in den Arbeitsmarkt verschärft, die Teilhabe der Versicherten an den Gesundheitskosten erhöht wurde. Die Einkommensbezieher durften sich währenddessen über die Minderung ihrer Steuerzahlungen freuen.

Es waren keineswegs pure Phantomschmerzen, welche die Ursache dafür bildeten, dass sich im weiteren Fortgang sozialdemokratischer Regierungsbeteiligung im ersten Jahrzehnt des 21. Jahrhunderts hunderttausende von Mitgliedern und Millionen von Wählern der Sozialdemokratie enttäuscht den Rücken zukehrten. Denn niemals im 20. Jahrhundert hatte sich in einer solchen Geschwindigkeit die soziale Ungleichheit, also der Wohlstandsgraben zwischen den Einkommensverhältnissen oben und unten, so stark vertieft wie in den sozialdemokratischen Regierungsjahren seit 1999 bis 2005. Die Armutsquote war ab 2000 von zwölf auf 18 Prozent hochgeschnellt.[31] Die Zahl derjenigen, die man unter die *working poor* fasste, hatte sich in den Schröder-Jahren verdoppelt. Zahlreiche der neuen Jobs, welche den Agenda-Reformen seither gutschrieben worden sind, bestanden vor allem bis 2010 aus Mini-Jobs, unfreiwilligen Teilzeit- und Kurzarbeitsplätzen. Etliche Hunderttausende, die auf diese Weise unsicher beschäftigt waren, lebten zugleich in Teilen von Hartz IV, weil die Entlohnung für ihre Erwerbstätigkeit nicht reichte. Und die Hartz IV-Administration hatte – so zumindest der frühere christdemokratische Bundesminister für Arbeit und Sozialordnung Norbert Blüm – »den Sozialstaat zum Überwachungsstaat«[32] gemacht.

Einen größeren Vertrauenskredit gewährte die rot-grüne Bundesregierung dagegen den Betreibern von Hedgefonds, denen sie durch das Investmentgesetz vom 15. Dezember 2003 freie Entfaltung gab. Mit Hartz IV, mit der Zusammenfügung von Sozialhilfe und Arbeitslosenhilfe auf dem Niveau der Ersteren, hat die sozialdemokratisch geführte Bundesregierung die massivste Leistungsreduktion in der bundesdeutschen Sozialgeschichte vollzogen.[33] Als Schröders Kanzlerschaft ablief, sahen sich erhebliche Teile der Arbeitnehmerschaft hierzulande materiell und rechtlich schlechtergestellt als im Jahr der rot-grünen Inthronisierung. Klaus-Peter Schöppner von TNS-Emnid präsentierte, als Schröder die Regierungszentrale verließ, den Befund, dass 1998, nach 16 Jahren Kohl, rund 55 Prozent der Bürger die deutsche Gesellschaft als ungerecht qualifiziert hatten, nach sieben Jahren von Rot-Grün – ursprünglich angetreten, um die soziale Asymmetrie zu korrigieren – war diese Quote auf 78 Prozent angestiegen[34]. Im Jahr 2003 wurde mit 29 Prozent der höchste Anteil seit Jahrzehnten von Bundesbürgern ermittelt, die unzufrieden »mit der Demokratie in der Bundesrepublik und unserem ganzen politischen System« waren; Anfang 2017 lag die Quote bei 17 Prozent.[35]

Die deutschen Sozialdemokraten verloren in dieser Regierungszeit infolgedessen Wähler in einem Ausmaß, das in der bundesdeutschen Geschichte singulär ist. Beinahe die Hälfte der gewerkschaftlich organisierten Arbeiter – über hundert Jahre die Avantgarde, die Kader des proletarischen Vorfelds der SPD – entfernten sich aus dem sozialdemokratischen Elektorat. 1998 hatten sie noch zu sechzig Prozent die SPD gewählt. Elf Jahre später belief sich der Anteil nur noch auf 35 Prozent. Ein Minus von 16 Prozentpunkten war in dieser Gruppe allein in den vier Jahren der Großen Koalition zwischen 2005 und 2009 zu verzeichnen. Im erwerbstätigen Teil der Bevölkerung hat in diesem Jahrzehnt eine veritable Massenabwanderung von der SPD stattgefunden. Statt 16.194.665 Wahlbürger im Jahr 2005 gaben bei der Bundestagswahl 2009 nur noch 9.990.488 Bundesdeutsche den Sozialdemokraten ihre Stimme.[36] Allein die Rentner hielten die SPD 2009 noch über der Zwanzig-Prozent-Marke.

Bei den Wahlen zum Deutschen Bundestag 2013 zeigte sich ebenfalls wieder, dass die Sozialdemokraten zu (über-)altern drohten. Am besten schnitt die Partei bei den über sechzigjährigen Wählern ab, vor allem männlichen Geschlechts. Defizite wies sie allerdings abermals bei den 25- bis 44-Jährigen aus, wenn man so will: bei der Generation, die mit dem Privatfernsehen, mit Internet und Handys, in Zeiten forcierter Individualisierung und in Berufen jenseits der industriellen Produktion aufgewachsen ist. Der historische Fortschritt und die gesellschaftliche Zukunft waren nicht mehr zwangsläufig mit der Idee und Organisation der Sozialdemokratie zusammen zu denken. Hierzu brauchte man, das war seither deutlich, immer neu überzeugende Personen und Ansprachen.

In etlichen gesellschaftlichen Problemen, die der SPD während der letzten Jahre zu schaffen gemacht hatten, steckten aber zugleich Möglichkeiten für die Partei. Schon eine Studie von TNS Infratest zur »Gesellschaft im Reformprozess« aus dem letzten Jahrzehnt hatte aufgezeigt, dass die SPD als Volkspartei zwar nach den sieben rot-grünen Regierungsjahren erheblich geschrumpft war, sich gleichwohl sozialkulturell ausgewogener präsentierte als ihr christdemokratisches Pendant. Zumindest war sie damals in allen neun von Infratest identifizierten gesellschaftlichen Milieus mit über 25 Prozent, bei einer Ausnahme mit über dreißig Prozent der Wähler vertreten.[37] Der Union gelang das unterdessen nicht mehr gleichermaßen flächendeckend; den übrigen Parteien erst recht nicht. Die SPD umwölbte mehr Spektren – von oben bis unten, von Jung bis Alt, von Gebildeten bis Ungebildeten, von Etatisten bis Marktfans – als der christdemokratische Rivale. Doch war der Bogen, den sie dadurch schlagen musste, weit gespannt; und darin wurzeln eben immer wieder auch Schwierigkeiten und Aporien. Wir sahen es: Soziale und kulturelle Dehnung bedeutet Vorzug wie enorme Belastung zugleich.

Ebenso musste Sozialdemokraten Kummer bereiten, dass sie mehr und mehr zu einer Partei der Rentner wurden. Doch konnten sie zugleich Trost darin finden, dass sie damit in der alternden bundesdeutschen Gesellschaft im Trend der Zeit lagen. Politisch wird dadurch auch im Weiteren die Attitüde des »Sorgens«, des »Betreuens«, der »Entlastung« zu einer zentralen Figur in der Ansprache besonders in Wahlkampfzeiten. Und auf eine alternde Gesellschaft passen die sozialdemokratischen Dialektikslogans vom gesellschaftlich-ökonomischen Fortschritt bei sozialer Sicherheit. Diese Kombination aus Veränderungszuspruch und Schutzversprechen missfiel in ihrem zweiten Teil zwar lange – seit 2008 allerdings in der öffentlichen Rede mit zunehmend schwächerer Tendenz – den Meinungs- und Wirtschaftseliten der Republik; aber sie deckte sich stark mit einer bemerkenswert schichtübergreifenden Alltagsmentalität eines Gros der Deutschen. Das Institut für Demoskopie Allensbach, bekanntlich keine Beratereinrichtung der sozialen Demokratie, hat häufig bei der Veröffentlichung seiner Expertisen herausgestellt, dass angemessene Löhne, solide Renten, Chancengleichheit, eine ordentliche Gesundheitsversorgung ohne Zwei-Klassen-Medizin ganz oben in der Erwartungsskala der Bundesbürger platziert sind.[38] Die ergrauende deutsche Gesellschaft trug und trägt daher durchaus sozialdemokratische Züge, die allerdings ebenfalls und zeitweise sehr viel besser von einem elastischen matriarchalischen Konservatismus zu nutzen gewesen sind.

Im Gang des historischen Prozesses blieb die SPD nicht mehr genuine Partei der Arbeiter. Gut einhundert Jahre war sie stolz darauf, ebendies gewesen zu sein. Sie hatte einen Großteil ihres

Selbstbewusstseins daraus gezogen, als politische Repräsentantin derjenigen sozialen Formation zu agieren, welche die ökonomischen Werte schuf, mithin produktiv war – im Gegensatz zu dem als parasitären, zigarrenrauchenden Couponschneider karikierten Kapitalisten in den während der 1920er Jahre weithin bekannten Zeichnungen von George Grosz. In den neuen, organisationsentbundenen Unterschichtquartieren der Republik traten der SPD allerdings vorwiegend Opfer, Verlorene, Ausgemusterte, Marginalisierte entgegen, die nicht einmal für die »ökonomische Ausbeutung« einen Nutzen besaßen. Als Anwärter auf Zukunftsprojekte und kraftvolle Wirtschaftsreformen waren sie nicht ernsthaft ins Kalkül zu nehmen. Eine Klasse der Zukunft, eine Akteurin der sozialen Befreiung verkörperte die verbliebene Unterschicht gewiss nicht mehr, wie es sich die Theoretiker des Sozialismus früher erhofft hatten. So trennten sich das soziale Unten und die Sozialdemokraten voneinander, mehr in einem schleichenden Prozess als in einem bewusst vollzogenen Akt.

Ohne Probleme lief das für viele Sozialdemokraten alter Couleur nicht ab. Sie taten weiterhin eine ganz Zeit so, als könne ihre Partei irgendwie doch noch die Partei der Arbeiter, zumindest der »kleinen Leute« bleiben – auch wenn große Teile von diesen europaweit in Parteien weit rechts ihre neue Heimat suchten. Etliche Sozialdemokraten sträubten sich in gewisser Weise, sozial, politisch und kulturell den neuen sozialen Ort ihrer selbst zu definieren, um sich strategisch darüber Rechenschaft abzulegen, was aus ihnen geworden war und wie viel an weiteren Emanzipationsneigungen in ihnen, in ihrer selbst geschaffenen neuen Mitte noch schlummerte.

Irgendwie hielt man es mit dem französischen Sozialisten und Abgeordneten des Europäischen Parlaments, Henri Weber, der fröhlich und fest an das kreative Lernvermögen der europäischen Sozialdemokraten glaubte. Denn die hätten während ihrer ganzen Geschichte noch immer »ihre Fähigkeit« gezeigt, »sich neuen historischen Bedingungen anzupassen«.[39] Man wird sehen.

4. Eine andere Zerfallsgeschichte: In der früheren sächsischen Hochburg

»Der Ort, für den sich Deutschland schämt« lautete am 2. August 2015 eine Schlagzeile in der *Bild*. Dieser Ort, von dem dann eine für dieses Medium bemerkenswert lange Reportage handelte,[1] war das ostsächsische Freital. Hier hatte im letzten Sommer gewissermaßen die Welle wütender, bald militanter und zunehmend von Rechtsextremisten organisierter und fanatisierter Krawalle vor Asylheimen in Deutschland eingesetzt. Mittendrin tummelte sich verlässlich und mit erkennbarem Behagen, da natürlich prominent ins Scheinwerferlicht gerückt, der Gründer und Lenker von »PEGIDA«, Lutz Bachmann, welcher in Freital ansässig war. In dieser Stadt durften sich damals Bachmann, Pedigisten und irgendwie selbst die Kader mit Springerstiefeln noch weiter rechts einer zumindest raunenden Zustimmung der kommunalpolitischen Führungsgarnitur erfreuen. Der neue christdemokratische Bürgermeister Freitals hatte im Kommunalwahlkampf jenes Sommers jedenfalls eifrig bekundet, mit Sanktionen scharf gegen »pöbelnde und gewalttätige Ausländer«[2] vorgehen zu wollen, sollten ihm die Bürger das Amt an der Spitze des Rathauses anvertrauen, was ihr wählender Teil zu 51,3 Prozent auch tat.[3]

In der Tat: In dieser Gegend, im Plauenschen Grund, nahe Dresden, hatte der Populismus, auch der harte Extremismus rechts der Mitte, seit den frühen 1990er Jahren fruchtbaren Boden gefunden. Dabei hatte es historisch in der ersten Hälfte des 20. Jahrhunderts noch komplett anders ausgesehen. Nirgendwo sonst war Deutschland seit der Industrialisierung bis zur Zeitenwende 1945/46 in der Bevölkerungsmentalität und im Organisationsverhalten so rot wie hier. Der Raum Freital – der Plauensche Grund – gehörte zu den fortschrittlichsten Pionierregionen einer hochdifferenzierten Industrieproduktion. Die Kommune selbst war lange Hochburg der Arbeiterbewegung schlechthin. Freital existierte als Stadt erst seit 1921. Die Stadtgründung zu Beginn der Weimarer Republik entsprang einer Initiative der Sozialdemokraten dieser Gegend. Zur neuen städtischen Kommune vereinten sich seinerzeit drei Industriegemeinden (Deuben, Potschappel und Döhlen), in denen die SPD mehr als zwei Drittel der Wähler auf sich vereinte.[4] Und diese Zweidrittelmehrheit schuf sich eine Stadt, die

»frei« sein sollte von »Ausbeutung und Unterdrückung«, daher eben der Name: Freital. Stadt und sozialistische Arbeiterbewegung verschmolzen während der 1920er Jahre in einer Weise, die in Deutschland ansonsten beispiellos blieb. Sie war die einzige Stadt im nur vermeintlich »roten Sachsen«[5] mit einem sozialdemokratischen Oberbürgermeister, mit absoluten Mehrheiten bei Wahlen,[6] mit einer andernorts unerreicht – über 3.000 der insgesamt 36.000 Einwohner besaßen das sozialdemokratische Parteibuch[7] – hohen Mitgliederquote der SPD. Und schließlich war das ganze Tal gefüllt von sozialistischen Arbeiterchören, Naturfreundegruppen, Arbeiter-Turner-Klubs, Arbeiter-Fußballvereinen und anderen linken Freizeitorganisationen.

Freital hatte in den 1920er Jahren überdies die Ambition, zur Wohlfahrtsinsel im trüben kapitalistischen Gewässer der Weimarer Republik zu werden. Die Stadt zahlte infolgedessen überproportional hohe Wohlfahrtssätze. Sie gerierte sich als Oase für die Verlorenen und Gestrandeten der Gesellschaft, für Arbeitslose, für ledige Mütter, für Kleinrentner – und vor allem für Kranke. Alles im Heil-, Fürsorge- und Wohlfahrtswesen war kommunalisiert, für alles sorgte die sozialdemokratische Gemeinde.[8] Die Gesundheitspolitik bildete das Herzstück des Freitaler Kommunalsozialismus.[9] Schon unmittelbar nach der Stadtgründung hatten die Lenker im Rathaus eine Gruppe frisch approbierter, links orientierter Ärzte in die Industriestadt des Plauenschen Grundes geholt. Die Freitaler Stadtverwaltung verfügte – was sonst in Deutschland unüblich war – über einen ganzen Stab verbeamteter Ärzte und Hebammen, Fürsorger und Betreuerinnen.

Außerdem ragte eine ungewöhnlich expansive Wohnungspolitik heraus. An etlichen Stellen der Stadt errichteten die Sozialdemokraten – teils als Genossenschaftler, teils als städtische Bauherren – Siedlungen.[10] Das betrieben sie so massiv, dass man Freital in der zweiten Hälfte der 1920er Jahre als »Rotes Wien in Sachsen« etikettierte – in Anspielung an die modellhafte Bautätigkeit der sozialistischen Gemeindespitze in der österreichischen Hauptstadt. Und infolgedessen hatten die Sozialdemokraten in den Siedlungen fortan ihre Hochburgen, hatten hier ihre besonders treuen, loyalen, hoch mobilisierbaren Wähler.

Durch das sozialdemokratische (Kommunal-)Projekt wuchs die sozialräumig fragmentierte, ohne gewachsenes Zentrum gebündelte Stadt zusammen. Dadurch besaß sie eine integrative Idee, welche die Identifikation der Einwohner mit ihrer Gemeinde bewirkte, die Selbstbewusstsein verlieh, Vitalität und Energie freisetzte. In Freital war in den Jahren der Weimarer Republik Bewegung, Tempo, Zuversicht – trotz aller bedrückenden ökonomischen Krisen. Niemand empfand Freital in den 1920er Jahren als langweilig, steril, öde. Auch Intellektuelle und Konvertiten des Bildungsbürgertums zog es hierhin, in das »Tal der Arbeit«, das durch seine Arbeiterkultur und das alternative Wohlfahrtsmodell, auch durch ein wunderschön gelegenes FKK-Bad des »Vereins Volksgesundheit«[11] (mit immerhin 1.400 Mitgliedern vor Ort) weithin über den Raum Dresden hinaus und ebenfalls auf die Boheme ausstrahlte. Diese Stadt besaß eine spezifische politische Idee ihrer selbst. Freital war in den Weimarer Jahren eine Stadt ohne die andernorts vielfach virulente massive politische Gewalt mit einer hoch verantwortungsbewussten kommunalpolitischen Elite aus gemäßigten, kooperationsfähigen Reformisten.

Die Nationalsozialisten insbesondere kamen hier nicht weit, blieben bei den letzten Wahlen der Weimarer Republik um 15 Prozentpunkte hinter ihrem Durchschnitt in Deutschland zurück. Selbst noch bei den Reichstagswahlen am 5. März 1933, als die SPD unter dem Druck und Verfolgungen der am 30. Januar installierten NS-Diktatur deutschlandweit auf 18,3 Prozent abgerutscht war, erreichten die Sozialdemokraten in Freital immerhin noch 40,2 Prozent der Stimmen. Sie waren damit weiterhin die unzweifelhaft stärkste Partei der Stadt, lagen mit markantem Vorsprung vor der NSDAP, die in Freital nur von einem Viertel des Elektorats Unterstützung erhielt, was hier ebenso die Kommunisten schafften, womit die beiden Parteien der sozialistischen Arbeiterbewegung trotz allen braunen Terrors zwei Drittel der Freitaler Wählerschaft hinter sich scharen konnten.[12]

Und die Braunen an der Macht drängten das Rote in Freital auch in den folgenden zwölf Jahren noch nicht fort. Denn kaum waren die Nazis weg, kehrten die Sozialdemokraten wieder vollständig zurück. Erneut schlossen sich weit über 3.000 Freitaler der SPD an.[13] Auch bei den für lange Jahrzehnte letzten halbwegs freien Wahlen im Osten, im Herbst 1946, votierten zwei Drittel der Freitaler Wähler für die frisch gegründete SED – es war das Spitzenergebnis für die Einheitssozialisten in Sachsen schlechthin. Doch mit der SED[14] begann die Tragödie von Freital und der Sozialdemokratie. Am Ende der SED-Herrschaft war von der sozialdemokratischen Tradition, war von der großen munizipalsozialistischen Idee der Stadt buchstäblich nichts mehr übrig geblieben. Selbst die Erinnerungen daran waren zum Ende der 1980er Jahre komplett ausgelöscht.

Noch 1947 hatte die Mehrheit der früheren Sozialdemokraten in Freital gehofft, die sozialdemokratischen Traditionen in der SED bewahren zu können. In der Tat konnte zu diesem Zeitpunkt von einer sichtbaren Dominanz der Kommunisten noch immer keine Rede sein. Weiterhin schienen auf dem Rathaus die alten vertrauten Weimarer Sozialdemokraten zu herrschen: Als Oberbürgermeister fungierte Karl Wenk, der langjährige Fraktionsvorsitzende der Freitaler SPD vor 1933 im Stadtparlament, und als Stadtverordnetenvorsteher präsidierte der frühere rechte Sozialdemokrat Ernst Völkel, der dieses Amt ebenfalls bereits bis 1926 ausgeübt hatte. So hoffte die Mehrheit der früheren Sozialdemokraten bis Anfang der 1950er Jahre noch auf eine Sozialdemokratisierung der SED. Der Fraktionsvorsitzende der SED in der Freitaler Stadtverordnetenversammlung war ein alter Sozialdemokrat, früher ein Mann des linken Flügels, aber nie ein Freund der Kommunisten und auch jetzt, in dieser zweiten Hälfte der 1940er Jahre, kein willfähriges Instrument der Stalinisten. Von den fünf besoldeten Stadträten Freitals 1949 hatten zwei einst zur SPD gehört, nur einer zur KPD, die anderen beiden waren von der CDU und LDPD. Einer der beiden sozialdemokratischen Stadträte war zugleich Vorsitzender des FDGB in Freital.[15] Und auch der Vorstand der höchst populären Gartensparte »Volksgesundheit«, die über das schöne Freibad verfügte, war fest in der Hand von alten Sozialdemokraten. Den Vorsitz dort übte bis in die frühen 1950er Jahre ein früherer Stadtverordneter für die SPD der Weimarer Zeit aus.

Vor allem aber: An der Spitze des Freitaler Rathauses stand als Oberbürgermeister nach wie vor Karl Wenk, in der ganzen Stadt seit den 1920er Jahren beliebt, zweifellos ein Sozialdemokrat alten Schrot und Korns, nüchtern im Urteil, pragmatisch im Handeln. Mit ihm an der Spitze konnte schon nichts schiefgehen, so beruhigten sich damals viele in der Stadt. Wenk war 1887 in Potschappel – einer der drei Arbeitergemeinden also, aus denen dann 1921 Freital hervorging – als siebtes Kind eines Kutschers geboren worden.[16] Nach der Volksschule besuchte er noch zwei Jahre die Gewerbeschule, um schließlich ein Metallhandwerk zu erlernen. In seinem Beruf arbeitete er bis 1918. 1908 hatte er sich der sozialdemokratischen Partei angeschlossen. Er gehörte zu dieser Zeit im Plauenschen Grund zu den Mitbegründern der sozialistischen Jugendbewegung, die er dann über Jahre als Vorsitzender leitete. Seit 1918 war er – beruflich nun Geschäftsleiter der Dresdner Volksbuchhandlung – Gemeinderatsmitglied, von der Gründung der Stadt Freital bis 1933 führte er die sozialdemokratische Stadtratsfraktion im Rathaus an.

Wenk war der Realpolitiker der Freitaler SPD. Seine Politik richtete er nicht nach starren ideologischen Prinzipien, sondern nach den Möglichkeiten und Gelegenheiten aus. Seine normativ und handlungsleitende Überzeugung war: Die Solidarität der Stärkeren hatte über die Organe des Staates, der Gemeinden, der Verbände für die minderbemittelten, armen, kranken Hilfsbedürftigen einzutreten. Das Proletariat sollte sich durch die eigenen Organisationen und mithilfe des sozialdemokratisch durchdrungenen Staates materiell allmählich verbessern und kulturell emanzipieren. So könnten die Gemeinden, die Gesellschaft, das Deutsche Reich schließlich sozialer, gerechter, eben: sozialdemokratischer werden. Das hatte Karl Wenk vor Augen.

Und in Freital fand er für sein Politikverständnis das geeignete Terrain – bzw. bestellte es. Es gab dort die nötigen Mehrheiten, er selbst war fest in der Stadt verwurzelt, verfügte über eine Hausmacht in der Partei und in den Vereinen. Er war ein geschickter Stratege, fädelte klug und ganz unorthodox im Stadtrat Koalitionen ein, meist allerdings mit den Bürgerlichen. Wenk war zu Beginn der 1920er Jahre ein heftiger Gegner der sozialdemokratisch-kommunistischen Annährung, die auf der sächsischen Landesebene im Herbst 1923 schließlich zu einer exekutiven Allianz zwischen SPD und KPD führte. Von den Kommunisten hielt Wenk denkbar wenig. Konstruktive Politik – das und nur das zählte für ihn – traute er ihnen nicht zu; Kommunisten waren für ihn vorwiegend Agitatoren, schrille Schreier, unreife Radikalinskis allein des Wortes. Mit der Politik seiner sächsischen Landespartei stimmte Wenk nicht überein. Ihn überzeugte mehr die preußische Sozialdemokratie unter dem Ministerpräsidenten Otto Braun. Dessen Vorbild wäre er gern auch in Sachsen gefolgt; dessen Bündnismodell, welches das Spektrum der republikanischen Parteien bis notfalls hin zur DVP umfasste, hielt er für vernünftig und unter den obwaltenden Verhältnissen in der Republik für erstrebenswert. So respektierte auch das Freitaler Bürgertum Wenk – schließlich war er kein Revolutionär, auch kein weltfremder Visionär, sondern ein kühl kalkulierender, pragmatischer Politiker, der für einen ehemaligen Arbeiter erstaunlich selbstbewusst auftrat und über eine ebenfalls erstaunliche Bildung verfügte, die er sich autodidaktisch erarbeitet hatte.

Gleichwohl: Alle Hoffnungen auf eine Neuauflage der bis 1929 erfolgreichen sozialdemokratischen Kommunalpolitik nun im Gewande der SED waren spätestens seit Mitte Januar 1947 pure Illusion. Am 16. Januar 1947 wurden in Sachsen die 17 kreisfreien Städte, darunter eben auch Freital, aufgelöst und in die neu gebildeten Landkreise überführt. Damit war die Kerngemeinde des Plauenschen Grundes gewissermaßen wieder in die Zeit vor der Stadtgründung zurückgefallen; damit war die Basis einer politisch eigen- und selbstständig konzipierten Kommunalpolitik, also das Herzstück der sozialdemokratischen Tradition in Freital, verschwunden. Die wichtigste Entscheidung fällte jetzt der Kreis, die Gemeinde hatte lediglich zu administrieren. Das nahm allen Freitaler (Ex-)Sozialdemokraten jegliches Fundament ihres Selbstverständnisses und bisherigen Tuns.

Kurzum: Im Freitaler Rathaus wurde seit Januar 1947 die Musik nicht mehr gemacht. Insofern bedeutete die auf den ersten Blick beeindruckende Repräsentanz von früheren Sozialdemokraten an der Spitze der Kommunalverwaltung nur eine Verschleierung der wirklichen Machtverhältnisse. Den Einwohnern Freitals vermittelte die Besetzung des Oberbürgermeisteramtes, des Fraktionsvorsitzes der SED und des Stadtverordnetenvorstandes den Eindruck von Kontinuität; sie sollten sich im Glauben wiegen, ihre Stadt sei noch in bewährten, verlässlichen sozialdemokratischen Händen. Viel zu sagen aber hatten die ehemaligen Sozialdemokraten im Freitaler Rathaus nicht.

Während das Rathaus nach außen wie ein Hort sozialdemokratischer Tradition wirkte, hatten die Kommunisten in der Parteiorganisation schon längst, aber unter Ausschluss der öffentlichen Wahrnehmung, das Ruder übernommen. Die anfängliche Parität zwischen ehemaligen Sozialdemokraten und Kommunisten im Vorstand der Freitaler SED war im Frühjahr 1949 abgeschafft worden, da einige frühere Sozialdemokraten – so das Urteil der neuen Partei-Kontroll-Kommission, welche die ideologische Klarheit der SED zu überprüfen und zu überwachen hatte, ganz ein Instrument zur Bolschewisierung der Partei war – »ideologisch zu schwach waren und aus dem Vorstand herausgenommen werden mussten«. So begab sich 1949 auch die Freitaler SED mithilfe eines nun allgegenwärtigen Verschwörungsverdachts gegen jede potenzielle Fronde auf den Weg zur »Partei neuen Typus«[17].

Dazu brauchte sie auch Funktionäre neuen Typs, solche, die der Partei absolut ergeben waren, die diszipliniert den Vorgaben der Zentrale folgten, die ohne innere Skrupel alle ideologischen und politischen Wendungen des Weltkommunismus mit- oder nachzuvollziehen bereit waren.[18] Sozialdemokraten aber, selbst wenn sie sich zuweilen oder auch häufiger opportunistisch verhielten, schleppten in der Regel noch moralische Skrupel mit sich herum. Als pure Befehlsempfänger taugten sie meist nicht recht, da sie in einer anderen, zumindest in sich heterogeneren, pluraleren Parteikultur aufgewachsen waren. Übrigens auch nicht jeder alte Weimarer Kommunist, den die wilden inneren Kämpfe der Weimarer KPD und deren eher antiautoritärer Aktionismus geprägt hatten, war als Funktionär »neuen Typus« in dieser Frühzeit der DDR probat geeignet.

Und so musterte die Partei-Kontroll-Kommission sie alle aus, als im März 1949 der Freitaler SED-Vorstand durchleuchtet wurde: den Organisationssekretär, einen alten Arbeitersportler und Reichsbannermann, der wieder ins Glied treten musste; den Sekretär für Schulung und Werbung, ebenfalls ein früherer Sozialdemokrat, der nun zum Pförtner degradiert wurde; die Altkommunistin, die ihre Partei schon 1924 im Freitaler Stadtparlament vertreten hatte, nun aber kalt als totale Versagerin fallen gelassen wurde.[19] Auf der Strecke blieben somit zwangsläufig die Traditionen der alten Arbeiterbewegung. Es war bezeichnend und wies in die Zukunft der DDR, welche vier Figuren aus dem Büro der Freitaler SED 1949 hingegen das Wohlgefallen der Kontrollkommission fanden: ein disziplinierter, unbedingt linientreuer Kommunist; ein früherer sozialdemokratischer Lehrer, der nach 1933 der NSDAP beigetreten, dadurch erpressbar war und seinen Fehltritt durch Überanpassung an die neuen Strukturen und Sprachformen kompensierte; schließlich noch zwei junge Frauen, die ihr Sozialisationserlebnis nicht in der Arbeiterbewegung hatten, sondern: im BDM. Beide waren dort Scharführerinnen gewesen; die eine hatte sich zudem noch 1944 der NSDAP angeschlossen. Beide legten einen größeren ideologischen Eifer an den Tag als jeder andere im SED-Vorstand in Freital, beide hatten die Kreisparteischule besucht, eine überdies noch die Landesparteischule. Ihre Lehrer hatten ihnen die besten Zeugnisse ausgestellt; die jungen Frauen galten daher der Kontrollkommission als »ideologisch sehr klar« und als vielversprechende Hoffnungen für die Zukunft.

Die »Partei neuen Typus« brauchte nicht so sehr den Sozialcharakter, wie ihn die klassische, zumal sozialdemokratische Arbeiterbewegung hervorgebracht hatte; sie benötigte vielmehr den Sozialisationstyp, den die HJ und das nationalsozialistische Deutschland produziert hatten: gefolgsam, nach oben autoritätsgläubig und nach unten autoritär, sich einer Ideologie ganz und gar hingebend, in Schwarz-Weiß-Mustern aufgewachsen, jederzeit bereit, die von oben dekretierten Schmähungen zu übernehmen und in denunziatorische Kampagnen zu übersetzen.[20]

Zwischen 1949 und 1951 fand das große Aufräumen in der Freitaler Partei statt. Der Traum von der Sozialdemokratisierung der SED erwies sich endgültig als Chimäre. Denunziation, Bespitzelung und Misstrauen: Sie beherrschten fortan die Atmosphäre in der SED. Kaum jemand durfte sich sicher sein, nicht irgendwann der »imperialistischen Diversion« oder eines schändlichen »Kosmopolitismus« bezichtigt zu werden; auch alte, stets parteitreue Kommunisten nicht, selbst wenn sie Jahre im Konzentrationslager gelitten hatten. Es reichte, wenn sie sich – wie einige Freitaler Kommunisten – »sehr häufig von Stimmungen der Belegschaft in Schlepptau nehmen« ließen; solcherlei Nähe zum wirklichen Proletariat machte sie in hohem Maße verdächtig, dem Klassenfeind auf den Leim gegangen zu sein.[21] Vor allem witterten die Parteikontrolleure, insbesondere eben in der früheren sozialdemokratischen Metropole Freitals, allseits Agenten des Ostbüros der SPD, Sendlinge des Antikommunisten Kurt Schumacher, des damaligen Vorsitzenden der bundesrepublikanischen SPD.[22]

Der »Sozialdemokratismus« wurde Ende der 1940er Jahre parteioffiziell zum Hauptfeind, ganz ähnlich wie der »Sozialfaschismus« in den letzten Jahren der Weimarer Republik. Infolgedessen lief auch die Zeit für Karl Wenk ab. Im Sommer 1950 zwangen die Kommunisten Wenk zum Rücktritt von seinem Posten als Oberbürgermeister der Stadt. Flucht kam für den heimatverbundenen, bodenständigen alten Sozialdemokraten nicht infrage, konspirative Tätigkeit hielt der notorische Realpolitiker für sinnlos. Der SED gehörte er weiterhin an, aber an der Parteiarbeit nahm er aktiv nicht mehr teil. Als Rentner – nach seinem Rausschmiss aus dem

Rathaus war er eine Zeit lang noch Betriebsleiter einer Fass- und Bottichfabrik gewesen – widmete sich der frühere Obmann des sozialdemokratischen Bildungswesens im Freitaler Unterbezirk ganz der Kulturarbeit. Trotz dieses Rückzugs in die innere Emigration des Kulturellen warfen die Parteikontrolleure noch Ende der 1950er Jahre ein wachsames Auge auf den Rentner. Er sei »besonders zu beobachten«, schrieb die Kreis-Partei-Kontrollkommission 1959 in einer »Analyse über opportunistische und revisionistische Erscheinungen sowie Feindesarbeit im Kreis Freital«.[23]

Wenk hatte gleichsam den Idealtypus des intelligenten, tüchtigen, soliden, realistischen und populären sozialdemokratischen Kommunalpolitikers aus der Facharbeiterschaft inkarniert. Hätte Freital im Westen gelegen, dann hätte er diese Stadt wohl über Jahrzehnte als Oberbürgermeister nach den Maßstäben einer wohlfahrtsstaatlichen Sozialdemokratie geformt. Er wäre wahrscheinlich als hochgeachteter Mann gestorben, dessen Verdienste die bürgerliche Opposition in einem Nachruf zu würdigen nicht umhin gekommen wäre. Nach ihm würden heute zumindest eine Schule und eine Straße, vielleicht auch ein Stadion oder ein Kulturhaus benannt sein. Es war die persönliche Tragödie Wenks, dass die Verhältnisse anders lagen.

Als der Beschluss zur Überprüfung der Mitglieder und zum Umtausch der Parteidokumente in der SED Ende Oktober 1950 bekannt gegeben wurde, herrschte in Freital – wie die Stadtorganisation in einem Bericht zugab – eine regelrechte »Angstpsychose« unter den Mitgliedern.[24] Vor allem den ganz alten Sozialdemokraten reichte es jetzt. Viele von ihnen waren nicht bereit, sich einem Verfahren zu unterziehen, das sie als zutiefst demütigend empfanden. Schließlich standen sie nun schon über Jahrzehnte in der Arbeiterbewegung, waren stets treue Parteimitglieder gewesen, hatten der Gewerkschaft angehört und in den sozialistischen Freizeitorganisationen mitgewirkt. Da sollten sie sich noch einmal im hohen Alter von jungen, karrierebewussten Kommunisten auf ihre sozialistische Verlässlichkeit hin examinieren lassen?

Sie erschienen einfach trotz mehrfacher Aufforderung nicht vor der Prüfungskommission; und in Briefen an die Parteileitung verschafften sie ihrer Empörung über die Anmaßung der Kommission Luft. Je älter die Belegschaft eines Freitaler Betriebs, je höher der Anteil der Rentner in einer Wohngegend war, desto geringer war die Bereitschaft, die Parteiüberprüfung über sich ergehen zu lassen – und desto größer war dann aber auch die Quote der Parteiausschlüsse. Die alten sozialdemokratischen Traditionen schwanden so nun auch quantitativ in der Freitaler SED dahin, nachdem sie in ihrer Substanz schon ziemlich ausgehöhlt und weitgehend zurückgedrängt worden waren.

Wer von den Sozialdemokraten nun nicht die Flucht ergriff, musste hernach mit den Verhältnissen leben, wie sie waren. Es ist schwer, im dauernden Hader mit den äußeren Bedingungen zu leben. Also stellte man Skrupel zurück, hüllte Zweifel ein, verdrängte den Widerspruch und suchte sich das, womit man übereinstimmte. Es gab ja durchaus einiges in der sowjetisch besetzten Zone und später in der DDR, worin sich frühere Sozialdemokraten wiederfinden und politisch-kulturell repräsentiert sehen konnten. Die junge DDR tradierte eben in der Tat zumindest symbolisch, wohl aber auch politisch mehr aus der alten sozialistischen Arbeiterbewegung insgesamt als die frühe Bundesrepublik. In der Bundesrepublik verschwand die sozialistische Arbeiterkultur, in der DDR schien sie dagegen staatlich gefördert und zum gesellschaftlichen Maßstab schlechthin erhoben worden zu sein: die Maidemonstrationen, die Jugendweihen, die roten Fahnen, das alte sozialistische Liedgut, die internationalistischen Parolen, selbst noch die Uniformen der FDJ, die an die Tracht der sozialistischen Arbeiterjugend der SPD erinnerten. All das war für die sozialdemokratische Lebenswelt insbesondere in Freital nachgerade konstitutiv bis 1933 gewesen. Die Metaphorik der Arbeiterkultur bildete die Brücke zu den symbolischen Angeboten der DDR-Gesellschaft, die alten sozialdemokratischen Funktionären den Übergang von ihrer Partei in die SED-Diktatur erleichterte.

Zumindest fiel prinzipienfesten Sozialdemokraten auf tückische Weise schwer, gegen die neuen Verhältnisse zu opponieren. Für sie erwiesen sich die Umstände in der SBZ bzw. in der DDR, was makaber genug war, als noch ungünstiger als unter der nationalsozialistischen Tyrannei. Denn zwischen 1933 und 1945 hatte die sozialdemokratische Funktionärselite, soweit sie dem physischen Zugriff des Regimes entging, als nicht-öffentliche Solidargemeinschaft einigermaßen homogen überwintern können. Nach 1946 aber war dieser Weg versperrt. Unter Hitler standen die alten sozialdemokratischen Führungsschichten mit ihren Familien geschlossen in Distanz und Resistenz gegenüber der herrschenden Diktatur. Unter Ulbricht jedoch zog sich der Riss oft mitten durch das zuvor noch so kohärente Milieu: Die einen trugen das System aufgrund der sozialistischen Selbstinterpretation, die anderen lehnten es aus überlieferten reformistisch-republikanischen Motiven ab, was sie aber nun selbst im engsten familiären und nachbarschaftlichen Kreis nicht mehr offen zu artikulieren wagten.[25]

Zudem: Im Osten Deutschlands hatte man die Adligen verjagt und die Monopolkapitalisten enteignet. Kein klassischer Sozialdemokrat mochte dagegen etwas einwenden; im Gegenteil: Endlich wurden für ihn alte Forderungen der eigenen, früheren Partei verwirklicht. So dachten sie auch in Freital. Dass dem Kriegsgewinnler Flick die Gussstahlwerke genommen wurden, befriedigte ebenfalls die Sozialdemokraten. Und was später auf dem Gelände des durch die Russen demontierten Gussstahlwerks entstand, schien erst recht ganz in der Kontinuität der kollektiv-wohlfahrtsstaatlichen Vorstellungen der Freitaler Sozialdemokraten zu stehen: ein Edelstahlwerk mit bald nahezu 5.000 Beschäftigten, das sich über 3,5 Kilometer durch die Stadt zog, über Kindergärten und Kinderkrippe verfügte, eine Betriebspoliklinik hatte mit mehreren Ärzten und Zahnärzten, zu dem überdies noch eine Betriebsberufsschule, Sozialgebäude, ein Kulturhaus und ein Bungalowdorf an einem märkischen See gehörten. Das kollektivistische Versorgungsmodell und Freizeitwesen der Freitaler Sozialdemokraten aus den 1920er Jahren erlebte, wie es schien, in den 1950er Jahren eine Renaissance – nun nicht mehr über die Kommunalpolitik, sondern durch den Staat in den Betrieben, durch Betriebsküchen, Kinderhortplätze, medizinische Versorgungseinrichtungen, durch Betriebssport, Laienspielgruppen und Volksbühnenbetriebsabonnements. Frühere Sozialdemokraten entdeckten vieles wieder aus ihren Projekten während der Zeit des sächsischen »Roten Wiens«.

Und schließlich: Dass Antifaschismus prämiert wurde, dass im Zuge des radikalen Elitenwechsels neue Lehrer, neue Richter, neue Betriebsleiter, neues Behörden- und Verwaltungspersonal aus den Reihen der sozialistischen Arbeiterschaft herangebildet wurden, davon profitierten auch die sozialdemokratischen Familien. Binnen weniger Monate wurden aus Facharbeitern Werksleiter, Schulmeister, Staatsanwälte, Abteilungsleiter. Die Sozialgruppe, aus der sich bis dahin das Funktionärskorps der sozialdemokratischen Arbeiterbewegung gespeist hatte, veränderte ihr soziales und dann mentales Profil radikal. Im Grunde verschwand sie durch gesellschaftlichen Teilaufstieg. Die soziale Emanzipation integrierte sie in die Gesellschaft der DDR, band sie an Partei und Staat.

Insgesamt hatte sich die Stadt nach 1945 soziodemografisch stark verändert. Die städtische Statistik wies 1946 9.500 Einwohner als »Neuansässige« aus; 2.334 darunter erschienen in der Rubrik »Evakuierte aus Dresden«; 7.158 fielen unter die Kategorie der »Umsiedler«.[26] Über ein Fünftel der Stadtbewohner von 1946 also waren gewissermaßen gar keine richtigen Freitaler. Sie standen außerhalb der Tradition dieser Stadt, wussten nichts von ihrer Geschichte, teilten nicht die Mentalität der Alteingesessenen, waren nicht in der sozialistischen Arbeiterkultur des roten Plauenschen Grundes aufgewachsen.

Im Übrigen: All die Tausende »Neuansässigen« benötigten Wohnraum. Die Vertriebenen mussten untergebracht werden, die Evakuierten, die neuen Wismut-Arbeiter, die Edelstahlwerker, überdies die Angehörigen der sowjetischen Kommandantur. Dann brauchten noch die neu gegründeten Massenorganisationen, die Kindertagesstätten und Krippen, schließlich nach DDR-Gründung noch die Staatssicherheit Quartiere. Freital war größer geworden, der Bedarf an Wohnraum hatte sich infolgedessen erheblich vermehrt, der Wohnungsbestand indes hatte sich verringert. Mehrere Hundert Genossenschaftswohnungen waren allein durch den Luftangriff am 24. August 1944 zerstört worden. Andere Häuser zerfielen seit dem Ende des Krieges immer mehr, vor allem in den sozialdemokratischen Traditionsquartieren.

Aber es wurde in diesen Nachkriegsjahren weder instand gesetzt noch neu gebaut. Dazu fehlte es an Geld und vor allem an Baumaterial.[27] Die Wohnungsmisere hatte immer schon seit der Industrialisierung zu den dringlichsten Problemen im Plauenschen Grund gehört; aber jetzt belastete sie die Kommune mehr als alles andere und sie brachte die Bevölkerung gegen die SED-Stadtregenten auf. In diesen Jahren und an diesem Problem verlor die Freitaler SED einen beachtlichen Teil des Kredits, den ihr die Bevölkerung anfangs noch eingeräumt hatte. Früher hatten die Sozialisten über die Wohnungspolitik Zustimmung und Anhänger gewonnen, jetzt verprellte die Wohnungspolitik der SED einstige Wähler und Sympathisanten. Der Sozialismus war in Freital vom Hoffnungsträger zur Enttäuschungserfahrung geworden.

Denn da Wohnungen nicht gebaut werden konnten, blieb der Kommune lediglich die Zwangsbewirtschaftung. Der vorhandene

Wohnraum musste umverteilt werden, das hieß: Alteingesessene Freitaler Familien mussten zusammenrücken, Platz für Vertriebene, Evakuierte, Russen und fremde Wismut-Arbeiter machen. Das führte zu einer ungeheuren Verbitterung in der Freitaler Bevölkerung, entlud sich schon damals in fremdenfeindlichen Ressentiments und Affekten. Die auf den sozialistischen Festtagen einst beschworene Solidarität hatte in Freital auch ihre Grenzen – schon im 19. Jahrhundert stießen die böhmischen und rumänischen Glasarbeiter, die italienischen Stein- und Bergarbeiter und ganz besonders stark die polnischen Landarbeiter bei vielen ihrer deutschen Arbeitskollegen im Plauenschen Grund auf erhebliche Ressentiments[28] – und richtete sich schließlich gegen die sowjetische Besatzungsmacht sowie die SED. Dabei blieb abermals ein Stück sozialdemokratischen Traditionsbezugs auf der Strecke.

Denn der Mann, der als Leiter des Freitaler Wohnungsamtes die Verantwortung für die ungeliebte »Umsiedlerunterbringung« trug und sich dadurch den Zorn Tausender von Freitalern zuzog, war ebenfalls ein alter stadtbekannter Sozialdemokrat, Schwager von Karl Wenk, auch Stadtverordneter vor 1933, lange Jahre Vorsitzender eines sozialdemokratischen Ortsvereins, Reichsbannerführer und Organisator der Maidemonstrationen zu Zeiten der Weimarer Republik. Mit ihm, mit seiner alten und neuen Partei, identifizierten nun zahlreiche Freitaler die verhasste Wohnraumlenkung, die ihnen die Schlesier in die Küche gesetzt hatte. Was vor 1933 noch das stärkste Pfund der Freitaler Sozialdemokraten war, die Wohnungspolitik, trug nun nach 1945, als diese Form der Kommunalpolitik nicht mehr kreativ durch üppigen Siedlungsbau betrieben, sondern lediglich als schmerzhafte, unpopuläre Restriktions- und Lenkungsmaßnahme vollzogen werden konnte, zur weiteren Auflösung sozialdemokratischer Identitäten und zur Abkehr von der SPD-Vergangenheit in Freital erheblich bei.

Zuletzt ging weithin auch der Ort verloren, an dem sich autonome Arbeiterfreizeitkultur mit dem organisierten sozialdemokratischen Vereinswesen verband, zumindest traf: die alte Arbeiterkneipe. »Die Kneipe war immer ein, wenn nicht sogar das Kommunikationszentrum schlechthin.«[29] In den Hinterzimmern der Arbeiterkneipen hatten bis 1933 die Arbeitersänger geprobt, die Freidenker dissidentische Vorträge gehört, die Ortsvereine der SPD ihre Zahlabende abgehalten. Vorne im Schankraum hatten die Arbeiter an der Theke gestanden, getrunken, geschwatzt und auch ein bisschen politisiert. In Kneipen wird, egal zu welchen Zeiten und unter welchen gesellschaftlichen Verhältnissen, frei weg geredet, geschimpft und vom Leder gezogen. Republikanische Staatswesen können damit umgehen, Diktaturen haben damit ihre Probleme. Die DDR erlaubte die private Nische, nicht aber einen öffentlichen Raum zur Artikulation von Unzufriedenheit; und dazu hätte das Wirtshaus gewiss gehört. Die öffentliche Freizeit unterlag dem kontrollierenden Zugriff der Massenorganisation. Die alten Treffpunkte sozialdemokratischer Arbeiter und Arbeitervereine, in denen bis zum Nationalsozialismus unzählige Feste und Feiern, Aufführungen und Kundgebungen stattgefunden hatten, wurden bis auf wenige Ausnahmen geschlossen, zu anderen Zwecken verwendet oder einfach dem Zerfall preisgegeben.

Die Schließung von Arbeiterkneipen und der Verlust der sozialdemokratischen Freizeitorganisation bedeuteten nicht nur das Ende der alten Freitaler Arbeiterkultur, sondern auch den Niedergang der städtischen Freizeitkultur insgesamt. Freital büßte erheblich an Lebensqualität ein, wurde kulturell ausgedörrter, entschieden langweiliger und schließlich spießig. Vorher war das Freizeitleben in Freital trotz sozialer Not und häufiger wirtschaftlicher Krisen lebendig, bunt, vielseitig und interessant gewesen; die Stadt war in Bewegung. In den SED-Zeiten war das Leben nach der Arbeit in Freital fade, steril und ohne Reiz; die Stadt wurde öde, wirkte apathisch, von Jahr zu Jahr mehr. Das üppige Freizeitangebot in Freital bis 1933 rechneten die Einwohner damals den Sozialdemokraten an, prämierten das bei den jeweiligen Wahlen und machten Freital seinerzeit so zur sozialdemokratischen Stadt. Für den Niedergang der Stadtkultur machten die Freitaler indes ebenfalls die Sozialisten verantwortlich – und straften sie nach dem Ende der DDR harsch ab.

Als das Honecker-Regime verschwand, waren alle früheren sozialdemokratischen Einstellungen, Orientierungen, Kulturen in Freital perdu. Es existierte nichts mehr, woran eine neu gegründete Sozialdemokratie hätte anknüpfen können. So fanden sich lediglich ein paar Individualisten, aus dem protestantischen Bereich, zur neuen Sozialdemokratischen Partei zusammen. Von der imposanten Geschichte der Freitaler SPD hatten sie nie ein Wort gehört. Und wie hätten sie diese auch nur erahnen sollen? Denn nichts war in Freital mehr rot. Als die kleine Truppe der neuen Freitaler Sozialdemokratie – etwa zwanzig Personen – Anfang 1990 ihren ersten Wahlkampfstand in der Stadt aufstellte, wurde sie ausgebuht, als »rote Schweine« beschimpft. Der Ausgang der ersten freien Wahlen nach etlichen Jahrzehnten im März 1990 wurde dann zum Desaster, gleichsam zur historischen Tragödie für die Sozialdemokratie in Freital: 9,8 Prozent der Stimmen bekam die SPD hier. Zuletzt, bei den Kommunalwahlen am 25. Mai 2014, lag die SPD mit 10,9 Prozent um 2,7 Prozentpunkte hinter den Parteien der extremen Rechten (AfD mit 9,6 und NPD mit 4,0 Prozent)[30] – ausgerechnet in ihrer früheren Hochburg, ihrer Stadt, die ihr unterdessen komplett abhandengekommen war.

WEICHEN-STELLENDE ZEITEN

1. 1979: Das ungleichzeitige Jahr

Nein, auch das Jahr 1969, als Willy Brandt Kanzler wurde, war nicht für sämtliche Bürger der Bundesrepublik Deutschland ein Jahr des Aufbruchs, der lang ersehnten Gesellschaftsreformen und Demokratisierungsschübe. Schließlich waren die Parteien der neuen sozialliberalen Koalition gerade auf 48,5 Prozent der Wähler gekommen. Auf die Parteien rechts davon waren rund zwei Prozent mehr Stimmen entfallen. Aber als kulturell allmählich dominierender Trend in den stimmungsprägenden Schichten des Landes waren der Gestaltungs- und Veränderungsoptimismus, die Demokratisierungsverve und der Drang nach neuen entspannten Beziehungen auch zu den Ländern des Ostens doch unschwer zu identifizieren. Zwanzig Jahre später, am Ende des Jahres 1989, wurde der pralle Optimismus noch deutlicher zur Schau gestellt. Immerhin hatte man im Herbst den Fall der Mauer, die friedlichen und erfolgreichen Emeuten in Osteuropa gegen die in jeder Beziehung erstarrte Nomenklatura des Staatskommunismus erlebt. Zum Interpreten dieses Moments wurde der amerikanische Politologe Francis Fukuyama, der die Ergebnisse jenes Jahres gewissermaßen hegelianisch zur gelungenen Bilanz der Erfahrungen des 19. und 20. Jahrhunderts ontologisierte: als finalen Sieg des Liberalismus, des Parlamentarismus, der Freiheit, auch des sozialstaatlichen Ausgleichs, des Westens schlechthin, während dessen Gegner – Faschisten, Kommunisten, zuletzt auch islamische Fundamentalisten – eine unumkehrbare Niederlage hatten hinnehmen müssen.[1]

Und 1979, der Jahrzehntabschluss, der zwischen 1969 und 1989 lag? Wie präsentierte sich das geistige Klima in diesem Jahr in der Bundesrepublik? Anders als zehn Jahre zuvor, anders als eine Dekade später sehr viel weniger kess zuversichtlich, viel durchwachsener, erheblich unsicherer, was Dasein und Zukunft anging. Die Gradlinigkeit eines rundum segensreichen und die Individuen beglückenden Fortschrittsprozesses war den Bundesbürgern in diesem Jahr besonders zweifelhaft geworden. Doch war 1979 deshalb kein exponiertes Jahr rückwärtsgewandter Sentimentalitäten oder entschlossen agierender gesellschaftlicher Reaktionäre. Dergleichen gab es, aber sie standen nicht im Zentrum der wirksamen Kräfte. 1979 begann viel Neues. Von diesem Jahr gingen Strömungen aus, welche die großen Themen der Republik bis heute vorzeichneten.

1979 sprachen die Sozialdemokratin Anke Fuchs, Staatssekretärin im Bundesministerium für Arbeit und Sozialordnung, und ihr Bundeskanzler Helmut Schmidt erstmals dezidiert davon, dass es falsch wäre, weiter anzunehmen, die Bundesrepublik sei kein Einwanderungsland.[2] Ende 1979 lag die Zahl noch unbearbeiteter Asylanträge bei rund 50.000. Daneben ging man von rund 250.000 bis 350.000 illegalen Armutsmigranten aus. Seinerzeit artikulierten Gewerkschafter am stärksten die Sorge, dass die »Hodschas und Mullahs« gewissermaßen die Horsts und Wolfgangs bald zahlenmäßig übertreffen würden, dass ein »islamischer Staat im Staate« zu entstehen drohe.[3] Die politische Linke zeigte sich insbesondere gegenüber den Flüchtlingen und Vertriebenen aus Vietnam, den sogenannten Boatpeople, kaltherzig. Schließlich war man zehn Jahre vorher noch mit dem Ruf »Ho-Ho-Ho-Tschi-Minh« durch die Straßen gerannt und hatte Unterstützungsgelder für den Vietcong gesammelt – vor dem die Boatpeople nun flohen, was sie für linke Gruppen anrüchig, zumindest nicht zum Adressaten einer freundlichen Willkommenskultur machte.[4]

1979 war ebenfalls das Jahr, in dem der Beitritt Griechenlands zur Europäischen Gemeinschaft beschlossen und ratifiziert wurde. Es fehlte nicht an Kritikern dieser Entscheidung, die auf die technologischen Defizite, die höchst bescheidene Produktionsrate und das im Gegenzug üppige Inflationsniveau hinwiesen. Die Europäische Gemeinschaft, so orakelten bereits seinerzeit die Skeptiker, könne mit der Integration Richtung Hellas über kurz oder lang die eigene Existenz riskieren.[5]

Ende 1979 einigten sich die NATO-Staaten offiziell auf den Doppelbeschluss zur Verhandlung bzw. Stationierung von Mittelstreckenraketen. Bekanntlich gilt die spätere Stationierung von

Pershings und Marschflugzeugen seit 1989/90 als entscheidende Ursache für den Kollaps der Sowjetunion und der anderen Staaten des Warschauer Pakts, wenngleich Ende der 1970er Jahre die Urheber des NATO-Beschlusses eine solche Zielsetzung empört und subjektiv vermutlich aufrichtig scharf zurückgewiesen hätten.

Innenpolitisch markierte 1979 den Beginn des Endes der Konzentration des Parteienwesens, vor allem auf die beiden großen Volksparteien, die 1976 bei den Bundestagswahlen ihren Zenit mit 91,2 Prozent der Wähler, die Union und SPD auf sich vereinen konnten, erlebt hatten. Nun tauchte mit den Grünen ein neuer Wettbewerber auf dem Parteienmarkt auf, dem 1979 zum ersten Mal der Einzug in ein Länderparlament, in die Bremer Bürgerschaft, gelang.[6] Der Erfolg der Grünen indizierte, dass eine neue Problemlage von den alten Parteien nicht rechtzeitig entdeckt und politisch angemessen verarbeitet worden war.[7] Und auch in den sozialen Bezirken insbesondere urbaner Quartiere hatte sich etwas verändert, was die neue Partei begünstigte, die klassischen Formationen trotz der folgenreichen Dimension für Mehrheits- und Koalitionsbildung vernachlässigten.

So kristallisierten sich neue Phänomene heraus, die 1979 noch gerne mit Parolen aus den traditionellen Schlachtordnungen zu bändigen versucht wurden. »Freiheit versus Kollektivität« tönte es aus der Union gegen die Konkurrenten von links; »Wohlstand statt Ausstieg aus der Industriegesellschaft« lautete das sozialdemokratische Motto, wenn die neuen Grünen delegitimiert werden sollten. All das waren in erster Linie rhetorische Figuren der Unsicherheit und Verlegenheit. Ungewissheit und Unübersichtlichkeit wurden zu Chiffren der eher diffusen Bewusstseinslage von 1979 ff. Theo Sommer beklagte in der *Zeit* den Souveränitätsverlust der bürgerlichen Gesellschaft, die aus Angst die »Freiheit zu Tode schützen« wolle; Argumente für diese Wahrnehmung konnte er einige liefern.[8] Auf der anderen Seite nahm der selbstbewusste Gebrauch von Freiheitsrechten jenseits von punktueller Delegation und Elektion 1979 wieder kräftig zu. Die Mitwirkung an Demonstrationen und in Selbstinitiativen stieg (auch in den nächsten Jahren) nach einer Zeit der Depression und Zurückhaltung erneut an. Die Tendenzen der Zeit also waren nicht so eindeutig. Sie überlappten sich, widersprachen sich, verliefen quer zueinander. Man mag 1979 als ein januskköpfiges Jahr ansehen, in dem eine verwirrende Gegenläufigkeit die leicht erkennbare Vernunft oder Räson eines einförmigen Zeitgeistes überwog. Ein Jahr also der besonders ausgeprägten »Gleichzeitigkeit des Ungleichzeitigen«.

Auf den ersten Blick allerdings wirkte das Jahr 1979 gar nicht sonderlich vielschichtig oder widersprüchlich. Es war das Jahr des Bundeskanzlers Helmut Schmidt, der auf dem Zenit seiner Popularität stand, in den Jahren 1978/79 dadurch bei Landtagswahlen seiner Partei einen Zuwachs an Wähleranteilen bescherte, was Regierungsparteien in Bonn bei Zwischenwahlen eher selten gelang. Das Ansehen Schmidts zu erklären, fiel nicht besonders schwer. Er war der Mann für Notfälle, ein idealer, entschlossener, energisch handelnder Krisenmanager. Der Bedarf nach einem solchen Führungstypus hatte sich nach 1973/74 sprunghaft erhöht; Schmidt erfüllte die Erwartung, die man in ihn gesetzt hatte, beeindruckte mit seinem scharfkantigen, auf Entscheidung und Vollzug zielenden Stil und mit einer guten Portion autoritären Gestus auch klassische Alt-Konservative gehobener Bürgerlichkeit. Sein von ihm chronisch eifersüchtig belauerter Rivale, Willy Brandt, fiel 1979 über Monate wegen Krankheit aus. Fast schien es in diesem Jahr, als ob Schmidt mithilfe seines Troubleshooters Hans-Jürgen Wischnewski gar die SPD stärker disziplinieren könnte.[9] Schmidts politisches Credo war im Grunde einfach gestrickt: Der Staat hatte sich auf seine Kernfunktion zu besinnen, also alle Mühen darauf zu richten, für die Sicherheit der Bürger zu sorgen, daneben deren Interesse an Wohlstand in den Mittelpunkt des exekutiven Tuns zu stellen. Visionen, Sinnstiftungen, Identitätsangebote gehörten hingegen nach Schmidts fester Überzeugung nicht in den Zuständigkeitsbereich des Staates.

Im Kern war Schmidt mit seiner Staatsphilosophie ein säkularisierter Konservativer. Aber dieser Konservatismus konnte Ende der 1970er Jahre nicht mehr kohärent sein. Die Sicherung des Wohlstands fand natürlich den Beifall der Mehrheit der Deutschen. Aber bot etwa die Technik, deren Fortschritt in der Weiterentwicklung Voraussetzung für Wachstum und Wohlfahrt bildete, auch wirklich Sicherheit für das Leben der Bundesbürger? Da wuchsen die Unsicherheiten der sicherheitsorientierten Deutschen. Als am 28. März 1979 im amerikanischen Kernkraftwerk Three Mile Island ein schwerer Kernschmelzunfall bekannt wurde, kletterte die Zahl von Skeptikern und entschiedenen Gegnern der Atomenergie in Westdeutschland sofort in die Höhe. Als in der zweiten Hälfte des Jahres 1979 fast täglich über einen weiteren rasanten Anstieg der

Erdölpreise geschrieben wurde, stiegen die Zustimmungswerte zur Kernenergie wieder merklich an.[10] Die Sicherheitslogiken und Erwartungen koinzidierten nicht mehr unbedingt miteinander, was wiederum Unsicherheitsgefühle verstärkte und beschleunigte.

Solche Labilitäten liefern in der Regel den Dünger für die Herolde des Konservatismus, für die Künder des Stabilitätsversprechens. Tatsächlich formierte sich der seit »1968« heftig irritierte Konservatismus wieder neu und eroberte unverkennbar Terrain zurück. Nach Jahren der Demokratisierungs- und Partizipationsappelle, des politischen Bekennertums unter dem Signum von Emanzipation und Mündigkeit war ein großer Teil zunächst begeisterter Fahnenträger des Sozialliberalismus, verstört zudem durch die Vielzahl von Krisen seit 1973, der Mobilisierungsimperative müde. Der Zyklus von Emanzipationsschüben und anschließenden Phasen der Ruhebedürftigkeit war historisch wohlbekannt. So witterten die zuvor sich geradezu stigmatisiert wähnenden Konservativen Morgenluft. Sie hatten seit 1974 dort angesetzt, wo seither in der gesellschaftlichen Mitte die ärgsten Reformzweifel aufgetaucht waren: in der Schul- und Bildungspolitik. Im Jahr 1978 erregten sie – etwa Hermann Lübbe, Nikolaus Lobkowicz, Robert Spaemann – Aufsehen mit ihrem Kongress »Mut zur Erziehung« in Bonn-Bad Godesberg.

Die Konservativen hatten seit einigen Jahren erstmals wieder den Eindruck, vom Wind des Zeitgeistes getragen zu werden, endlich als Widersacher der »linken Irrlehren« nicht mehr alleinzustehen, sondern Partner und Verbündete vorzufinden. Mitte Oktober 1979 gipfelte die Renaissance des Konservatismus in der Gründung des Studienzentrums Weikersheim, das als Thinktank rechten Denkens unter dem Patronat des früheren christdemokratischen Ministerpräsidenten von Baden-Württemberg, Hans Karl Filbinger, stand. Auch in der Politik selbst schien sich 1979 der Durchbruch des Konservatismus erfolgreich zu vollziehen: Als Präsident des Bundestages amtierte nun der CSU-Mann Richard Stücklen, zum Bundespräsidenten hatte die Bundesversammlung Karl Carstens gewählt; und als Kanzlerkandidaten der Union schickte die Bundestagsfraktion von CDU/CSU Franz Josef Strauß ins Rennen.

Das nahmen viele als den Vormarsch des rechten Flügels der Christlichen Union im Machtbereich der Bundesrepublik wahr. Andererseits aber konnte etwa Filbinger die Funktion eines Präsidenten in der konservativen Denkfabrik von Weikersheim deshalb wahrnehmen, weil er neuerdings über viel Zeit verfügte – da er durchaus wider Willen die aktive Politik an der Spitze von Bundesland und Partei hatte quittieren müssen: 1978 als Ministerpräsident, 1979 dann ebenfalls als Chef der CDU in Baden-Württemberg. Filbinger verkörperte die Variante des sturen, unbelehrbaren, rechthaberischen, gefühlsarmen Konservatismus, der auf die gesellschaftliche Mitte – Ruhebedarf hin, Reformmüdigkeit her – Ende der 1970er Jahre keine Zugkraft entfaltete, zunehmend abstieß. Die Konservativen seiner Fasson hatten sich mittlerweile trutzig, aber auch eigenartig wehleidig in ihrer Wagenburg eingerichtet, verbittert wetternd gegen Linke und Sozialliberale, die alle großen Traditionen und Werte verraten hätten: so den christlichen Glauben, die eheliche Treue, Familiensinn, Anstand und Ordnung. An allem war die permissive Haltung und Wühlarbeit von Roten und Libertären Schuld. Und so fielen auch die Empfehlungen und Lösungswege aus dem moralischen Abgrund hilflos voluntaristisch aus: wieder mehr Respekt gegenüber Eltern und Pfarrer, Resistenz gegen sexuelle Versuchung, Askese, Fleiß, Gottesfurcht und Bindungsbereitschaft.

Bindung war ein großes Wort im Jahr 1979, was gewiss nach Jahren der Entstrukturierung kollektiver Gefüge und Regeln ein neues Bedürfnis nach Zugehörigkeit und Kohäsion signalisierte. Aber die Konservativen alter Schule führten ihre Debatten darüber rein defensiv, meist als quengelnden Vorwurf gegen die ungeliebten Modernisten.[11] Demgegenüber fiel die Erörterung dieser Modernisten, sehr exemplarisch personifiziert durch Ralf Dahrendorf, weit nachdenklicher und reflexiver aus. Auch Dahrendorf entdeckte den großen Wert von Bindungen, die er begrifflich als »Ligaturen« fasste.[12] Dass viele Ligaturen in den 1960er Jahren gelockert und abgestreift werden mussten, dass erst dadurch den Einzelnen Freiheitsräume, ein bis dahin unbekannter Zuwachs an Optionen ermöglicht wurden, daran hatte Dahrendorf auch eine Dekade später weiterhin keine Zweifel. Doch deutlicher als zuvor war ihm klar geworden, dass ohne Ligaturen Individuen hilflos durch den Wald von Optionen irren könnten, dass vielen mithin oft genug ein geistiger Kompass und Orientierungsmuster fehlten. Hierin sah der Soziologe eine entscheidende Ursache für Anomien und Pathologien der modernen Gesellschaft nach dem Ende allseits anerkannter Bindungen. Wer solche Zustände beklagte, hatte allerdings auch über Märkte, deren inneren Drang nach immer neuen

Konsumbegehrlichkeiten und neuen Produkten, über daher wünschenswert volatile, mithin strukturell bewegliche Konsumbürger zu reden. Mit dem Lamento über den Anschlag der Linken auf die guten, überlieferten Werte war nicht geholfen.

Insofern konstituierte sich jenseits des alten Konservatismus eine Modernitätsskepsis in einer neuen, jungen und seinerzeit als alternativ charakterisierten Generationenkultur. Einiges wurde davon als Fortsetzung der Achtundsechzigerbewegung angesehen, aber deutlich zu konstatieren war auch der innere Bruch innerhalb dieser Strömung.[13] 1979 fanden zukunftsoptimistische linksradikale Revolutionsprojektionen kaum noch Anhänger in den jugendbewegten Szenen der Bundesrepublik. Die kommunistischen Kader hatten ausgedient; intime Gemeinschaften für ein »anderes Leben im Hier und Jetzt« ersetzten sie nun. Dadurch kamen Fragen und Themen, wie sie in früheren Jahrzehnten eher für genuine Konservative typisch waren, in eine Lebenswelt hinein, die sich selbst durchaus als »links« verstand. Im gewissermaßen ruralen Teil der Alternativbewegung entdeckte und kultivierte man nun Heimat, bearbeitete zeitweilig in versuchter Harmonie mit der Natur die Scholle, identifizierte sich auch mit der Region – alles als Teilelemente verstanden auf der großen Suche nach Sinn und Identität.[14] Die materielle Sicherstellung oder Saturierung durch den seit Anfang der 1970er Jahre kräftig ausgebauten Sozialstaat reichte ihnen nicht. Im Gegenteil – und auch hier trafen sie sich mit Alt- wie Neukonservativen – kritisierten sie am Sozialstaat dessen Anonymität, die zentralistische Bürokratisierung und Passivstellung der Bürger.

Das wurde zu einem Milieu der neuen Partei, der Grünen. Überhaupt war interessant, wie sehr auch diese Partei, die sich als gänzlich neuer Typus politischer Organisation verstand und vielfach als postmoderne Konfiguration gekennzeichnet wurde, geradezu klassisch nach Art der Parteienbildungen des 19. Jahrhunderts begründet hatte. Erst war der soziale Protest, dann folgte ein Milieu von spezifischen Organisationen mit einer Vielzahl tragender Assoziationen und bald Vorfeldorganisationen für die sich anschließende Parteiformation.[15] Der Unterschied zum Parteibildungsprozess des 19. Jahrhunderts: Das Milieu reichte lebenszyklisch nicht sonderlich weit; es vererbte sich nicht über Generationen fort, sondern dünnte gewissermaßen mit dem Ende der Adoleszenzphase seiner Gründungsakteure aus.

Insofern ging die 1979 oft vorgetragene Sorge, dass eine gleichsam parallelgesellschaftliche Subkultur in Kontrast zur offiziellen bundesdeutschen Gesellschaft heranwachse, fehl. 1979 war nicht das Jahr des kollektiven Ausstiegs einer ganzen akademischen Kohorte, auch nicht der sich vertiefenden Separierung in »zwei Kulturen«, wie es der damalige Wissenschaftssenator von Berlin, Peter Glotz, seinerzeit mutmaßte. Eher lässt sich 1979, in Bezug auf die jugendlichen Kritiker der bundesdeutschen Politik, als Jahr des Einstiegs begreifen. Im April 1979 erschien die Berliner *tageszeitung* täglich. Am 10. Juni 1979 traten Grüne, als »sonstige politische Vereinigung« firmierend, zur Europawahl erstmals bundesweit an, kamen auf 3,2 Prozent – und erhielten über die Parteienfinanzierung ein hübsches Sümmchen von 4,5 Millionen Mark, mit dem die weitere Parteibildung und Parlamentarisierung gut voranzutreiben war. Am 7. Oktober 1979 gelang der Bremer Grünen Liste der Einzug in die Bürgerschaft. Die »Aussteiger« hatten eine politisch-parlamentarische Repräsentanz gefunden, genauer: geschaffen, was ihre Reintegration und Adaption in die – sich verändernde – bundesdeutsche Bürgerlichkeit erleichterte und forcierte. Dass die Grünen keine Partei radikalisierter Antibürgerlichkeit vom extremen Rand waren, hatte 1979 die Forschungsgruppe Wahlen schon klar erkannt. Ihre Zahlen und Interpretationen belegten eindringlich, dass die Grünen die Partei nicht zuletzt der von den sozial-liberalen Regenten durch die Bildungsexpansion kräftig mitproduzierten Mitte[16] aus (künftigen) pädagogischen, betreuenden, beratenden, insgesamt humandienstleistenden Berufen waren.[17]

Allein, der Bundeskanzler mochte sich nicht darauf einlassen. Zumindest in dieser Frage war er Opfer seiner beträchtlichen Ressentiments.[18] Was Schmidt nicht kannte oder partout nicht mochte, was ihm verstiegen oder gar gefühlsbeladen erschien, war ihm bedrohlich und zuwider, ob nun dialektisch redende Intellektuelle, krawallige Achtundsechziger oder 1979 eben Grüne und Alternative. In den letzten Jahren seines Lebens ist man über diese erhebliche politische Schwäche Schmidts großzügig hinweggegangen; aber es war schon eine analytisch-strategische Fehlleistung besonderer Güte, die auch in die Zukunft reichende Bedeutung der neuen gesellschaftlichen Konfliktlinien etwa um die Ökologie auszublenden und die – nochmals: in die Zukunft reichende – Relevanz der neuen akademisch sozialisierten Schichten für die Politisierung dieser *Cleavages* zu verdrängen.[19] Hier fehlte Helmut Schmidt in der Tat, worüber Willy Brandt reichlich verfügt hatte.

Dabei setzte sich Helmut Schmidt 1979 selbst als Aussteiger aus der laufenden Entwicklung der Informationsgesellschaft in Szene. In der Medien- und Informationstechnologie glänzte das Kabinett Schmidt keineswegs als Pionier des sonst gerne als unvermeidlich deklarierten Fortschritts. Ein Dorn im Auge war dem Kanzler vor allem das Fernsehen. Als insbesondere das freidemokratisch geführte Innenministerium die Weichen für die flächendeckende Einführung privater Kabelsender stellen wollte, machte Schmidt mit ungewöhnlichem Furor dagegen mobil und blockierte vorerst die geplanten Schritte zur Verkabelung der Republik. Man dürfe nicht in Gefahren »hineintaumeln«, so der Bundeskanzler, »die akuter und gefährlicher sind als die Kernenergie«.[20] Was das Gefahrenpotenzial der Atomkraft anging, so hätten ihm wohl mehrere Sozialdemokraten widersprochen; aber in der Furcht, dass in der neuen Kabelzeit die Deutschen zu einem fernsehsüchtigen, allmählich verdummenden Volk herabsinken würden, folgten Schmidt viele Genossen, denen das sonst politisch eher schwerfiel. Selbst eine Initiative zur Änderung des Grundgesetzes schlossen die Sozialdemokraten 1979 nicht aus, um die Bürger – deren Mündigkeit sie doch in der Frühlingszeit des Sozialliberalismus lauthals postuliert hatten – durch staatliche Aufsicht vor einer Reizüberflutung zu schützen.

Eher zur Nachhut gehörte die Bundesrepublik Ende der 1970er Jahre auch in der Telefontechnologie. Ständig beschwerten sich Kunden, dass die Anschlüsse nicht zügig gelegt würden, dass sie in den Abendstunden oder am Wochenende – als es preiswertere Tarife für Ferngespräche gab – sich stundenlang die Finger wund wählten, ohne mit dem gewünschten Gesprächspartner den Kontakt herstellen zu können. Die in der Schmidt-Ära spürbar gestiegene Nachfrage nach dem Telefon war von der Bundesregierung und dem Management der staatlichen Bundespost »völlig falsch eingeschätzt« und »viel zu spät erkannt« worden.[21] Fernmeldetechnisch hatte man auf bald überholte Technologien gesetzt. Allein bei den Gebührensätzen stand Deutschland an der Spitze.

Man konnte es so sehen: Das eher starre korporatistische »Modell Deutschland«, das Schmidt terminologisch kreiert hatte, zeigte 1979 – als die Republik noch halbwegs befriedet war – einen Mangel an Innovation, Dynamik, Elastizität und postindustriellem Mut.

Fortgesetzte Subventionen für den wirtschaftshistorisch unzweifelhaft gestrigen Montanbereich waren keine Lösung für eine Vitalisierung der ökonomischen Kultur. Aber für das, was an Liberalisierungswellen und Marktschöpfungen nach Auffassung einer neuen nach-keynesianischen Generation von Wirtschaftswissenschaftlern anstand, war Schmidt nicht der richtige Mann. Dafür hingegen taugten bestens, ohne sich das selbst bewusst zu machen, seine verachteten Gegner der späten 1970er Jahre: die Alternativen, Ökos, Grünen, Revoluzzer, welche er allesamt im Verdacht hatte, mit ihren Aktionen und Zielsetzungen den Wohlstand der Deutschen aufs Spiel zu setzen.

Das Gegenteil indes war der Fall. Der Kapitalismus in Deutschland brauchte – nochmals: man musste nicht, konnte es aber so sehen – eine Entkrustungskur, einen radikalen Bruch mit den Fossilien der aus dem 19. Jahrhundert überlieferten Industriegesellschaft – und mit der dieser zugrunde liegenden Wertebasis verpflichtender, hierarchisch aufgebauter Kollektivzusammenschlüsse und Großorganisationen. Die Kulturrevolteure konnten das besser als jede andere soziale Kraft leisten.[22] Denn schließlich: Die Emanzipation aus verfestigten Strukturen, die Befähigung zur Partizipation, Hedonismus statt altbürgerlicher Sparsamkeit, die Ermutigung zu starker Individualität und Authentizität, Entgrenzung und Deregulierung von überlieferten Disziplinvorstellungen, das war ihr Programm – und es lag ganz auf der Linie des modernen, flexiblen, auf fortwährende Konsumtionssprünge programmierten Kapitalismus. Der postfordistische Kapitalismus brauchte nicht nur den ökonomischen Neoliberalismus, um die Begrenzungen der Marktdynamiken zu beseitigen. Er benötigte zuvor oder begleitend den libertären Liberalismus auf dem Gelände der Einstellungen und Alltagswerte. Dazu war die Deregulierung der früher verbindlichen, so neue Beweglichkeit beschränkenden Normen aus den straff geführten Assoziationen politischer Milieus und konfessioneller Institutionen zwingend. Der Kapitalismus vereinnahmte und kommerzialisierte ohne die geringsten Ängstlichkeiten, was sich an Unzufriedenheit im Protestgebaren, in Kleidung, Musik, Freizeitverhalten, Lebensstilen schlechthin neu und eben nur scheinbar oppositionell artikulierte. Auch Proteste dienten den Märkten als Seismografen und als Künder neuer Nachfragen. Die Märkte nutzten die von früheren Ligaturen gelösten neuen Bedürfnisse und Begehrlichkeiten als Elixier einer bis dahin nicht erlebten Produkterweiterung.

1979 aber war auch für den ökonomischen Neoliberalismus im engeren Sinn ein weichenstellendes Jahr. In diesem Jahr setzte ein enormer Anstieg des weltweiten Zinsniveaus ein.[23] Die Renditeinteressen des Besitzbürgertums waren auf den Kapitalmärkten leichter zu befriedigen als durch Produktions- und Investitionspolitik. Dadurch aber bröckelte der Kitt bundesdeutscher Sozialstaatlichkeit, auch der Kooperationsidee von Arbeitnehmern und Arbeitgebern. In den ersten drei Jahrzehnten der Bundesrepublik spielten Metaphern wie »wir sind alle eine große Familie« und »sitzen alle im gleichen Boot« bis hin zu »steigen die Gewinne der Unternehmer, dann wächst auch der Wohlstand der Beschäftigten« eine entscheidende integrative, konfliktmindernde Rolle. Ab 1979 bis in das frühe 21. Jahrhundert erlebte man die Realität dann anders: Die Gewinnmargen schoben sich weit nach oben, Löhne und Gehälter hinkten weit und zunehmend hinterher; an der Existenz der Massenarbeitslosigkeit änderte sich nichts. Das Wohlergehen der einen war nicht mehr zugleich Voraussetzung für materielle Verbesserungen der anderen. Die Kapitalbesitzer verknüpften sich nicht mehr strategisch zwingend mit Wachstum und Beschäftigung. Wichtiger war ihnen, dass die auf den Kapitalmärkten erzielten Gewinne nicht durch eine zupackende Steuerpolitik des Staates erheblich geschmälert wurden. Dafür steuerpolitisch zu sorgen, erwarteten sie nun von den Freien Demokraten, die sich immer mehr vom Sozialliberalismus der frühen 1970er Jahre verabschiedeten und in den nächsten Jahrzehnten ganz zur Steuersenkungspartei mutierten. Hätte die Christliche Union 1979 nicht ausgerechnet Franz Josef Strauß als Kanzlerkandidaten nominiert, dann wäre der Lager- und Koalitionswechsel der FDP schon 1980 gewiss nicht ausgeschlossen gewesen.

Zwischen die Räder dieser neuen Entwicklung kam die SPD als Volkspartei. Natürlich tat sie sich damit schwer, dass ihre großen Traditionsreviere, die sie im 19. Jahrhundert hatten entstehen und danach gedeihen lassen, spätestens mit den 1970er Jahren schrumpften, ihre einst imposante volkswirtschaftliche Bedeutung weithin verloren. Der Niedergang der Textil-, Werft-, Montan- und Schwerindustrie stand dafür. 1979 aber konnte die Sozialdemokratie noch einmal, stärker als ihr christdemokratisches Gegenüber, Volkspartei sein – in dem Sinne, dass die großen Debatten dieser Zeit, über die Friedenspolitik, die Atomenergie und die Instrumente staatlicher Wirtschaftsbeeinflussung, sich in ihren

Reihen abspielten, nicht oder nur kaum in der CDU/CSU. Die meisten Politologen hielten diesen Zustand gar für eine Deformation, zumindest für eine Anomalie einer parlamentarischen Republik. In einem intakten Parlamentarismus müssten die wesentlichen politischen Kontroversen sich politisch kontrastierend in gegensätzlichen Programmangeboten von Regierungsparteien hier, Oppositionsparteien dort niederschlagen. 1979 aber hatten Anhänger und Gegner der Raketenstationierung oder der Kernkraft sich nicht nach diesem Schema sortiert, sondern sich zwieträchtig vor allem innerhalb der SPD gesammelt, während die oppositionellen Unionsparteien in den zentralen Kontroversen um Reaktoren und Raketen in den grundsätzlichen Positionen auf der Seite des sozialdemokratischen Bundeskanzlers standen.

Bemerkenswerterweise war dies in der Logik des in der Konstituierungsphase der Bundesrepublik prägenden Verfassungsrechtlers des Parteienrechts, Gerhard Leibholz – von 1951 bis 1971 denkbar einflussreich im Zweiten Senat des Bundesverfassungsgerichts am Werk –, keineswegs widersinnig, sondern mustergültig. Die Sozialdemokraten verkörperten geradezu den vorausgesetzten Parteientypus dieses Verfassungsrechtlers, auf den die Parteienfinanzierung in der Bundesrepublik hauptsächlich zurückging. Mit dem Niedergang der SPD schritt auch die Erschütterung der Reputation der Parteienlehre von Leibholz einher, wenngleich ein solcher Bezug nie thematisiert wurde.

Der Antiliberalismus bildete den Ausgangspunkt der Lehre Leibholz' zum modernen Staatswesen im massendemokratischen Zeitalter.[24] Die liberale Ära hielt Leibholz seit den 1920er Jahren für abgelaufen, ihre Philosophie für historisch gescheitert. Nicht mehr liberale Honoratioren, die in ergebnisoffenen Diskursen die parlamentarische Bühne suchten, konnten Motoren politischer Willensbildung sein – dafür hatte sich das »Volk« längst zu sehr emanzipiert und kraftvoll in das politische Feld begeben. Dort allerdings konnte es nur in Gestalt der Parteien Wirkung auf die Politik und damit auf den Staat entfalten.[25] Denn allein die Parteien waren, so Leibholz, dazu in der Lage, die Aktivbürger zu aktionsfähigen Gruppen zusammenzufassen und ihren Willen gleichsam in rationaler Form in den Staat zu transferieren. Parteien waren dabei mehr als nur Zwischenglieder. Sie waren die Repräsentanten des Volkswillens schlechthin, die Vollzugsinstanz der *Volonté générale*, über die sich die Identität von Volk und Staat herstellte.[26]

Im Parteienstaat erfüllte sich Leibholz zufolge die moderne Demokratie.[27] Parteien wirkten demnach nicht nur am politischen Willensakt mit; in ihrem Binnenraum *allein* konnte er sich vollziehen. Im Grunde kam es in letzter Konsequenz, wie Leibholz ausführte, auf Wahlen gar nicht mehr an. Denn die Demokratie entfaltete sich eben in den Parteien – und auch das war denkbar, vielleicht sogar wünschenswert: in der einen und einzigen großen Volkspartei. Jedenfalls: Die Partei ersetzte Leibholz das Parlament. Die Volksvertreter durften sich ihm zufolge im Parteienstaat nicht als freie, dem ganzen Volk verpflichtete und dem eigenen Gewissen unterworfene Parlamentarier fühlen. Die Abgeordneten waren nur noch Beauftragte ihrer Parteien, hatten deren Willen im parlamentarischen Plenum lediglich registrieren zu lassen.

Nicht ganz wenige Sozialdemokraten seit Bebels Zeiten haben ähnlich gedacht und danach Politik betrieben. Aber eben dadurch waren die Keime der Entfremdung des »Volkes« von ihnen und ihrer Partei gelegt, die in den folgenden Jahrzehnten dann zu einer üppigen Vegetation schrillster Parteienverdrossenheit führten. Die SPD bekam das in der Schlussphase der Regierung von Helmut Schmidt mit größerer Vehemenz zu spüren, mehr zumindest als CDU und CSU, welche lange die soziale und kulturelle Vielfalt, auch die Überspannung durch antagonistische Konflikte im Inneren, schließlich die Bürde weitreichender politischer Ansprüche in viel geringerem Maße innerparteilich aushalten mussten, kurz: weit weniger dem Parteientypus von Leibholz entsprachen.

Als dann noch die letzten Tragepfeiler der Entspannungspolitik in die Brüche gingen, verlor die sozial-liberale Koalition die entscheidende integrative Klammer ihrer Existenz. Das geschah in den letzten Monaten 1979, als die historische Überlappung heterogener Zeitschichten in diesem Jahr einen Kulminationspunkt erreichte. Im November hatten studentische Revolutionsgarden im Iran die Angehörigen der amerikanischen Botschaft als Geisel genommen. Weihnachten 1979 folgte der Einmarsch der Sowjetunion in Afghanistan. Für die amerikanische Politik war damit das Ende der Détente evident. Helmut Schmidt und einige andere europäische Staatschefs hätten gerne den mitteleuropäischen Raum aus der neuen Eiszeit herausgehalten; aber der amerikanische Präsident Jimmy Carter demonstrierte jetzt, gewiss nicht zuletzt aus Ratlosigkeit, Entschlossenheit und Härte. Man zog in den »Zweiten Kalten Krieg«, wenngleich die Konstellation mit den binären Strukturen des ersten Kalten Krieges nichts mehr zu tun hatte.[28]

1979 war eine neue, alte geistig-politische Kraft in den Spannungsarenen der Weltpolitik hinzugetreten: der fundamentalistische Islam. In Afghanistan aber kämpfte »der Westen« noch in gewohnter Manier gegen den »kommunistischen Osten«. Unterstützt wurden dafür die extremen Mudschahedin; 25.000 Kriegsfreiwillige überwiegend aus arabischen Ländern zogen mit Unterstützung u. a. der CIA in den Krieg gegen die »gottlosen« Marxisten-Leninisten.[29] Zu ihnen gehörte auch Osama Bin Laden.[30] Seither sind fast vierzig Jahre vergangen; die Probleme haben sich weiter, man mag sagen: dramatisch zugespitzt.

2. Die 1990er Jahre: Veränderung und Stillstand

Die 1950er Jahre waren miefig und verstaubt, die 1960er Jahre standen für Aufbruch und Revolte, in den 1970er Jahren kamen bereits früh Reformmüdigkeit und Tendenzwenden auf, die während der 1980er Jahre indes nicht so kraftvoll durchschlugen, wie von den einen erhofft oder den anderen gefürchtet worden war, da weder nassforsche Yuppies noch linkslibertäre Grüne für altbackene geistig-moralische Wenden zu haben waren.

Dergleichen Sichtweisen, hier und da auch anders modelliert, sind populär- wie universitätswissenschaftlich weitverbreitet. Bücher, die dem (Zeit-)Geist eines Jahrzehnts auf die Spur zu kommen versprechen, finden verlässlich ihren Markt. Historiker müssen solchen Trends ihres Berufs und Ethos wegen mit Fragezeichen begegnen. Denn die wissenschaftlichen Erkunder der Geschichte wissen, wie unendlich wichtig lange währende Sozialentwicklungen und tief verwurzelte Mentalitäten sind, die sich nicht an Geburts- und Todestage von Jahrzehnten halten, auch nicht an geschichtsbiologische Ausgangs- und Schlusspunkte von Jahrhunderten. Was man für das Typische eines Jahrzehnts oder eines Jahrhunderts nimmt, hat in der Regel seinen formativen Ausgang weit früher und setzt sich oftmals noch nach den Silvesternächten fort, die eine neue Dekade, ein Centennium oder gar Millennium einzuläuten pflegen.

Im Unterschied zu, sagen wir, Politologen, denen es vollauf genügt, als Autoren von ca. 25 ihrer Fachkollegen zur Kenntnis genommen zu werden, zielen Historiker doch gerne auf eine größere Leserschaft ihrer Werke. Und dieses Lesepublikum orientiert sich nicht ungern an bekannten, konventionellen Periodisierungen, wozu Jahrzehnte und Jahrhunderte naturgemäß gehören. Um wissenschaftliche Einsicht wie Skrupel hier und Publikumsbedürfnisse dort verträglich zu verknüpfen, bedienen sich Historiker infolgedessen des eleganten Kunstgriffs, ihre Darstellungen unter das Rubrum der bekannten und formalen Zeiteinteilungen zu stellen, diese aber, unter streng sozial- und kulturgeschichtlicher Perspektive, qualitativ zu dehnen oder zu kürzen. Und so ist nunmehr das 20. Jahrhundert (oft in den Zeitraum 1914/17 bis 1989 gebannt) ein kurzes, das 19. Jahrhundert gilt mehrheitlich als langes; den 1950er Jahren wird ebenfalls eine lange Dauer (bis 1963 oder 1966) attestiert, während – wie es scheint – die 1980er Jahre verblüffenderweise tatsächlich mit dem Schlussjahr, also 1989, eine fundamentale Zäsur erlebten und somit einen zeitlich formalen wie überdies zumindest politikgeschichtlich substanziellen Abschluss fanden.

Ansonsten aber sind die qualitativen gesellschaftsgeschichtlichen Differenzen zwischen den Jahren 1961 und 1959 oder dem Jahr 1971 im Vergleich zu 1969 und so weiter nicht sonderlich gravierend. Die großen, tragenden sozialen Prozesse, Einstellungsmuster und politischen Konstellationen verbanden die Jahrzehnte, zogen keine scharfen Grenzen. Gleichwohl schauen auch wir hier in diesem Beitrag auf ein Jahrzehnt in seiner zeitformalen Terminierung, auf die 1990er Jahre. Denn, nochmals, sich der eigenen Biografie gerade im Blick auf die prägenden Sozialisationsjahre mit ihrer Musik, dem Kleidungsverhalten, dem Jargon, den Abgrenzungen gegenüber Vorgängerkohorten über die dafür konstitutiven Jahrzehnte zu vergewissern und sie zu deuten, entspricht einer weitverbreiteten Neigung. Überdies: In den 1990er Jahren, nach dem Sturz von Mauer, Regimen und Ideologien, begann wirklich etwas grundlegend Neues, dessen Aus- und Nachwirkungen noch im Jahr 2017 von erstaunlichem Belang sind.

Das galt gewiss zuerst für den Osten des seit 1990 vereinten Deutschland. Mitte Dezember 2014 führte der *Zeit*-Journalist Patrik Schwarz die Genese der »PEGIDA«-Demonstrationen in Dresden auf die frühen 1990er Jahre zurück. Während im Westen Deutschlands nach dem weltpolitischen Bruch von 1989 zunächst das Leben im Großen und Ganzen wie zuvor weiterzugehen schien, rutschte den Bürgern der früheren DDR der Boden, in »diesen Trümmerjahren ihrer Identität«[1], nahezu vollständig unter den Füßen weg. Die Produktion in den maroden Betrieben war überwiegend nicht fortzusetzen. Ganze Regionen verarmten, boten schlagartig kaum noch realistische Hoffnungen für die Zukunft. Die angeeignete Semantik der Jahrzehnte bis 1989 war wertlos, ja schädlich; man hatte sie schleunigst zu verlernen. Importeliten aus dem Westen, nicht selten herrisch und arrogant im Auftritt, gaben nun den Takt vor. System und Institutionen, die im Gesundheitsbereich, in der Bildung und Ausbildung, in der sozialen Sicherung etc. vertraute Strukturen gebildet hatten, wurden binnen Kurzem liquidiert. In der Tat: Erzählungen über diese Primärerfahrungen aus der Sattelzeit des Vereinigungsprozesses tauchen in Ostsachsen bei den Aktivisten von »PEGIDA«[2] oder der AfD bevorzugt auf.

Große Transformationen und fundamentale Emanzipationsvorgänge lassen Opfer, Geschädigte, sodann verbitterte Feinde zurück. Denn: Der Akt der ungestümen, weitreichenden Erneuerung weckt oft ältere, fast schon überwunden geglaubte Ordnungsmuster von Individuen und Kollektiven auf. Jedenfalls: Anfang der 1990er Jahre kehrte zurück, was man zwischen den 1960er und 1980er Jahren als eingedämmt betrachtet hatte. Auf die neuen Flüchtlingsströme folgten Antworten, die mehrere Interpreten an die Weimarer Jahre erinnerten: Misstrauen, Ablehnung, Stigmatisierung, Verfolgung. Anschläge auf Asylheime brannten sich seither in die Erinnerungen an die frühen 1990er Jahre ein. Und bei aller Vorsicht gegenüber hurtigen Parallelisierungen kann man die düstere Atmosphäre in Deutschland der Jahre 1991/92 in Bezug auf die damals hoch virulente Asylfrage und den Umgang mit Ausländern seit den Wintermonaten 2014/15 ein wenig wiedererkennen – wenngleich die wirtschaftlichen Probleme in der Vereinigungskrise vor einem Vierteljahrhundert gewiss weitaus belastender waren, zumindest so empfunden wurden, als dies derzeit (noch) der Fall ist.

Hinzu kam in den frühen 1990er Jahren die Koinzidenz von mehreren neuen Problemen im alten Antlitz. Kriege und Bürgerkriege kehrten nach Europa zurück, nationalistische Leidenschaften reaktivierten sich; geopolitische Begründungsstränge für außenpolitisches Handeln gewannen neue Attraktivität. Und die Religion, deren Bedeutung für das Denken und Tun im Westen Europas sich über die Jahre mehr und mehr verschlissen hatte, bot in anderen Teilen der Welt eine Quelle, aus der zur Kräftigung von Identität, Selbstbewusstsein oder gar Sendungsbewusstsein nun besonders eifrig geschöpft wurde. Schließlich war auch das mit Verblüffung zu konstatieren: Wie zäh sehr alte Ideologien und Spiritualitäten die Zeitläufte und modernen Heilsbotschaften überdauert hatten; wie wenig hingegen die linksrevolutionären Formationen, die im 20. Jahrhundert in Teilen der Welt mit unerbittlicher Energie und umfassendem Durchdringungsanspruch die politische Macht okkupiert hatten, nachhaltig Neues hatten konstituieren können.[3]

Insofern erschienen die 1990er Jahre in vielerlei Hinsicht als ein Jahrzehnt der Rückkehr, gewissermaßen als das glatte Gegenteil der 1960er Jahre, des glorifizierten Aufbruchsjahrzehnts. Damals setzte mit enormer Schubkraft ein tief greifender Wertewandel ein, indem die Individuen sich aus tradierten Zusammenhängen, Normen, Milieus und Vergemeinschaftungen lösten, ihre eigene Freiheit verlangten, Autonomie sicherten, Selbstentfaltung an die Stelle von Ordnung und Disziplin stellten. Das setzte sich in den 1970er und 1980er Jahren fort, wirkte in Gestalt der Grünen gar parteibildend und verdichtete sich zu einem damals viel und hoffnungsvoll zitierten rot-grünen Generationenprojekt.

Zu den Paradoxien, welche die Geschichte von Menschen und Gesellschaften üppig bereithält, gehörte, dass das rot-grüne Projekt (1998) an die Macht kam, als die gesellschaftliche Strömung, die sie zuvor getragen hatte, bereits deutlich abebbte. Für Soziologen sind die 1990er Jahre ein Jahrzehnt des Wandels des Wertewandels.[4] Die Deutschen drängten nicht mehr nach weiteren Optionen und Freiheitsräumen, goutierten die multiplen Möglichkeitsmomente und heterogenen Rollenangebote nicht mehr rundum freudig, vermissten vielmehr nach den Jahrzehnten des Auszugs aus den Vergemeinschaftungen die Wärme von Bindungen in Familien oder anderen Assoziationen, suchten nach Ankern im permanenten Fluss der Betriebsamkeit und Herausforderungen. Die Pathologien der entstrukturierten Freiheit gerieten in den Mittelpunkt. Die Klagen über Erschöpfungen begannen in diesem Jahrzehnt. Sicherheits- und Ordnungsbedürfnisse wurden nun nicht mehr belächelt oder als borniertes Spießertum verächtlich gemacht. Besonders junge Männer, von der Sorge um das Scheitern im Beruf, Liebesleben und in der Partnerschaft geplagt, schätzten vermehrt verlässliche Haltepunkte, Konventionen und stabilisierende Routinen. Die fortschreitende Mehrung postmaterieller Einstellungen stoppte signifikant. Das Pendel des Wertewandels schien zurückzuschlagen, zumindest auszusetzen, zu pausieren.

Der Soziologe Stefan Hradil fand dafür den Begriff der Modernisierungs-»Zeitlupe«[5]. Auch die forcierte Bildungsexpansion seit den späten 1960er Jahren kam erkennbar zum Stillstand, kehrte sich für die Kinder sozial schwacher Familien gar wieder um. Die Progressivität von 1968 ff. büßte erheblich an Resonanz und fast ganz an Aura ein. Die Linkslibertät jener Jahre geriet in mehrfacher Hinsicht in eine Art Rollback, da nun auch Grüne und frühere Liberale etwa in Fragen der Sexualität, des Strafrechts, des individuellen Genusslebens auf Verboten, Kontrollen, schärferen Gesetzen insistierten. Und über alledem thronte bis in den Herbst 1998 hinein der Kanzler Helmut Kohl, der in der Rezeption leitkultureller Deuter ebenfalls nicht als Fortschrittsdynamiker, sondern als provinziell-statische Verkörperung eines dominanten gesellschaftlichen Stillstands figurierte.

Aber den *einen* Geist, die *eine* Entwicklung, das *eine* und verbindliche Signum weisen Jahrzehnte in modernen Gesellschaften nicht aus. Und die 1990er Jahre dürften ein besonders vielschichtiges, auch widersprüchliches Jahrzehnt gewesen sein. Der Wertewandel und die Bildungsreformen kamen wohl in beachtlichen Teilen zum Erliegen, aber in anderen Bereichen marschierten sie munter weiter. Der Anteil weiblicher Abiturienten und Hochschulabsolventen – den zu erhöhen einer der erklärten Ziele zu Beginn der Bildungsexpansion Mitte der 1960er Jahre gewesen war – wuchs im hier behandelten Jahrzehnt erheblich. Die grundlegenden Bildungsinstitutionen durchliefen seit den 1990er Jahren einen folgenreichen Wandel, an dessen Ende neuhumanistische Pädagogiken und Humboldt'sche Ideale von der selbstbestimmten Einheit von Forschung und Lehre in hohem Maße gerupft waren.[6] Der Bildung teilte man nun mehr und mehr die Funktion des Motors und Innovators von ökonomischer Effizienz und fortlaufender wettbewerbszentrierter Modernisierung zu. Der Einfluss staatlicher Bürokratien wurde dazu zurückgedrängt, die Macht (von niemandem legitimierter) Agenturen, Evaluationskommissionen, Qualifikationssicherern und Benchmarkingexperten stieg schlagartig an. Das Jahrzehnt endete entsprechend, mit der Unterschrift von 29 europäischen Bildungsministern unter der Erklärung von Bologna.

»Privat statt Staat«: Das avancierte zu einem zentralen Slogan all derjenigen, die nach dem Fall der Mauer und dem Verschwinden der staatssozialistischen »Systemalternative« auch das katholisch-christdemokratische/sozialdemokratische Wohlfahrtsmodell zum Anachronismus und Modernitätshemmnis erklärten und für einen ambitiösen Deregulierungsschwung plädierten. Das Bankenwesen, die Finanzwirtschaft insgesamt sollten liberalisiert werden; überdies lockten die enormen Renditepotenziale einer Vermarktlichung der Sozialsysteme. Die neuliberalen Eliten schwärmten von der Tatkraft Maggie Thatchers, die ihr Land rigide umgekrempelt hatte. So wünschte man sich das weltweit. Auch in Deutschland verbreiteten sich diese Choräle; auch hier fanden sie keineswegs wenige Zuhörer und Akklamateure. Aber der pfälzische Bundeskanzler in Bonn hielt nichts von Frau Thatcher, und er glaubte nicht an die Segnungen brachialer Veränderungen. Da die Sozialdemokraten seinerzeit noch heroischer die überlieferte Sozialstaatlichkeit verteidigten, blieben hierzulande angelsächsische Radikalkuren vorerst aus.

Dennoch identifizierten Wirtschaftshistoriker in den 1990er Jahren entscheidende Weichenänderungen in der Wirtschaft Deutschlands. In diesem Jahrzehnt vollzog sich ein Generationswechsel im Management der deutschen Unternehmen.[7] Die Deutschland AG bekam ein neues Gesicht, das immer weniger Züge des klassischen rheinischen Kapitalismus trug. Die neuen Manager kamen mehr und mehr aus der universitären betriebswirtschaftlichen Ausbildung, waren weniger mit der fachlichen Produktion ihrer Unternehmen vertraut. Durch ihre Auslandsaufenthalte brachten sie neue, angelsächsisch entlehnte Methoden der Betriebsführung mit.[8] Frühere Loyalitäten gegenüber regionalen Standorten und gegenüber Belegschaften schliffen sich ab. Statt kooperativer Aushandlungsformen bevorzugten die neuen Manager harte, kompetitive und konfrontative Wettbewerbsmethoden. Trotz des allgegenwärtigen Lamentos in der späten Kohl-Ära über die bedrückende Last eines »Reformstaus« schienen also massiv Kräfte heranzuwachsen, die dem alten bundesdeutschen Wohlfahrtsstaat den Garaus bereiten und ihn durch eine fundamentale Alternative ersetzen wollten.

Indes, eine solche kohärent entworfene Fundamentalalternative vermochten sie der deutschen Gesellschaft nicht aufzuoktroyieren. Bei den Meinungsführern in der Republik, im Grunde von links bis rechts, nährte das eine chronisch schlecht gelaunte Stimmung, welche sie wieder und wieder über mangelnde Reformen und ausgebliebene Veränderungen klagen ließ.[9] Deutschland wurde von ihnen zum »kranken Mann« Europas deklariert. Der Bundespräsident Roman Herzog äußerte sich in einer Rede im April 1997 in Berlin hochbesorgt über die »unglaubliche mentale Depression« im Land und forderte einen großen »Ruck« ein, womit er ein bis zu den Wahlen 1998 debattenprägendes Stichwort vorgegeben hatte.[10] Auch aus der Ex-Post-Perspektive blieb die Wahrnehmung eines schier bedrückenden Reformstaus lange und fest erhalten, bei Journalisten wie auch bei Politologen. Jan Ross etwa wertete das Jahrzehnt negativ als »verlorene Jahre«[11]; der Politologe Roland Czada vermisste die Leitidee, die allein Reformen hätte inspirieren und fundamentieren können, wie insbesondere die Ära der Veränderungen im Übergang von den 1960er zu den 1970er Jahren gezeigt habe.[12]

Diese Sicht hat den Widerspruch, ja geradezu den Spott von Hans-Peter Schwarz, den Biografen Konrad Adenauers und Helmut Kohls, hervorgerufen.[13] Die viel bejubelten Reformen in der Kanzlerschaft Willy Brandts hält der emeritierte Politikwissenschaftler eher für läppisch, ohne große Wirkungsbreite und -intensität, für pure Oberflächenphänomene. Wirklich richtungsweisend und dabei von tief greifendem Ausmaß ging es Schwarz zufolge nur in zwei Jahrzehnten zu: den 1950er- und eben den 1990er Jahren, in der zweiten Hälfte also der Regierungsära Kohl, die gemeinhin als besonders stagnativ verrufen ist. Nun ist der Politologe Schwarz immer auch ein außerordentlich politisch urteilender Autor, der im Streit der Meinungen beherzt Partei ergreift und dabei gewiss nicht ungern das linksliberale Justemilieu ärgern und reizen möchte.

Gleichwohl, die Lesart von Schwarz zu den 1990er Jahren ist keineswegs abwegig. Eher wirkt es in der Rückschau merkwürdig, wieso man dieses Jahrzehnt als veränderungsunwillig betrachtet. Im Osten Deutschlands war die jähe Zerschlagung aller bis dahin über Jahrzehnte tragenden Fundamente von einer historisch seltenen Rigidität und Entschlossenheit.[14] Neue Infrastrukturen, neue Verfassungsgebote, neue intermediäre Instanzen, ein neues Finanzwesen und eine neue Währung mussten eingeführt werden. Mindestens ebenso gravierend für die Bürger des vereinigten Landes, aber von ihnen zunächst kaum bewusst registriert, waren die Entscheidungen im Zuge der europäischen Integration, die Helmut Kohl fraglos zielstrebig und mit unbeirrter Entschiedenheit in Gang gesetzt und weit auf den Weg gebracht hatte, von der neuen europäischen Währung bis zu den neuen institutionellen Kooperationsgeflechten, die zu Souveränitätsverlusten der nationalen Parlamente, in Deutschland zudem und insbesondere der Landtage geführt haben. Auch die durchaus nicht marginalen Post- und Bahnreformen fielen in diese Jahre. All dies machte Deutschland – und nicht nur Deutschland – anders.

Die Stillstands-Debatte der 1990er Jahre war unzweifelhaft ein Elitendiskurs. Vor allem im Wirtschaftsbereich, bei den größeren Unternehmen, insbesondere aber im Investmentsektor und der »New Economy«, herrschte eine geradezu tolldreiste Goldgräberstimmung.[15] Der Aktienboom heizte die Gier nach rasch abgeschöpften Gewinnen noch mehr an. Denen, die so verdienten, konnte es gar nicht schnell genug gehen, die ihnen längst überlebte Industriegesellschaft zu verschrotten, den Finanzmärkten und -strömen völlig freien Lauf zu lassen, die Steuern markant zu senken, den »Sozialkitsch« samt der aufwendigen Wohlfahrtseinrichtungen eines entschieden zu »fetten Staates« im Orkus der Geschichte zu versenken.

Nur: Andere hatten keineswegs den Eindruck von einer stillgelegten und gemächlich vor sich hin dösenden Gesellschaft. Im Gegenteil, ihnen stellte sich die Realität zuweilen wie ein Albtraum von Gejagtwerden, hoffnungsloser Flucht, letztlich: Zerstörung des bisherigen Seins dar. Im Osten des neuen Deutschland war das evident, da vier Jahre nach dem Kollaps des Honecker-Regimes nur noch gut ein Viertel der früheren DDR-Bürger an dem Platz arbeiteten, den sie/er 1989 noch eingenommen hatte. Aber auch im Westen wuchs im Zuge der Vereinigungskrise bei vielen die Furcht davor, nicht mehr mithalten zu können, in das Lager der Gescheiterten, Entbehrlichen und Überflüssigen abgeschoben zu werden.[16] Die alte Industriegesellschaft, die zumindest in den konjunkturell guten Zeiten auch Ungelernten und ihren Familien über Arbeit ein einigermaßen selbstverantwortetes Leben hatte ermöglichen können, schien nun final ihren Abschied zu nehmen. 1996 war dafür ein Signaljahr: Die AEG und die Vulkanwerft gingen neben weiteren 25.000 Unternehmen in Konkurs.[17] Und im selben Jahr marschierten so viele Gewerkschaftsmitglieder – rund 350.000 – wie noch nie nach 1945 in Bonn sozialkämpferisch gegen die Sparpläne der schwarz-gelben Bundesregierung auf, was Oskar Lafontaine, seit 1995 Vorsitzender der Sozialdemokraten, sogleich aufnahm und in politische Forderungen seiner Partei bis in das Wahljahr 1998 hinein vermittelte.

Empirische Erhebungen aus dem Jahr 2008 zeigen, dass die unteren Schichten lebensgeschichtlich die schlimmste Zeit, die fatalsten Brüche in ihrer Biografie in den 1990er Jahren verorteten, als nicht nur die schon zuvor existente Arbeitslosigkeit drückte, sondern überdies die Neuen Medien, die neuen Technologien, die neue Währung, die neuen Ansprüche im Geschlechter- und Familienverhältnis, die Appelle zur fortwährenden Bildung ihnen auf den verschiedensten Ebenen zusetzten.[18] Mit einem Problem fertigzuwerden, hätte ihnen vielleicht noch gelingen mögen. Doch nun bündelten sich die Wandlungen und Zumutungen auf allen Seiten der Alltagsbewältigung.[19] Sie hatten nicht den Eindruck, in Zeiten des Stillstands zu leben, in denen man kommod innehalten und gemütlich ein schönes Päuschen genießen konnte. Im Grunde galt das auch gesamtgesellschaftlich.[20] In den 1990er Jahren überschnitten sich mehrere schwergewichtige Probleme und Krisen: Die Vereinigung in Deutschland musste gelingen. Der europäische Integrationsprozess war fortzuführen. Der Bürgerkrieg auf dem Balkan erforderte eine politische und hochkonsequente Haltung. Die mittelosteuropäischen Nachbarn durften im Transformationsprozess nicht alleingelassen werden. Im noch 1989 einigermaßen konsolidierten Staatshaushalt türmten sich nun wieder hochdimensionierte Schuldenlasten. Die Arbeitslosigkeit war immens angestiegen, die Zahl der Asylsuchenden wuchs so sehr, dass das Grundgesetz in diesem Punkt umstritten war und schließlich verändert wurde. Der Soziologe M. Rainer Lepsius hatte einmal darauf hingewiesen, dass Nationen kaum dazu in der Lage sind, mit sich überlappenden Basisherausforderungen, die sämtlich zeitgleich auftreten, auf zivile Weise fertigzuwerden. Auch ein gut funktionierendes System kann in der Regel jeweils nur ein Großproblem konstruktiv lösen, denn jede Organisation – auch ein Staat – besitzt eine beschränkte Leistungsfähigkeit. Insofern ist es in der Retrospektive verblüffend, dass am Ende des Jahrzehnts ein geordneter, demokratischer Regierungswechsel und keine turbulente Desintegration stand.

Gleichviel, ob die Menschen in der Tristesse eines so wahrgenommenen Stillstandes litten oder sich mit den ersten Burnouts infolge permanenten Veränderungsdrucks plagten: Es gab die Kompensation der Unterhaltung. Die unterhaltenden Massen- und Medienkulturen hatten nicht mit den 1990er Jahren begonnen, aber doch einen weiteren qualitativen Sprung gemacht. 1992 erfreute sich mit *RTL* erstmals ein Privatsender der Marktführerschaft bei der »werberelevanten Zielgruppe« der 14- bis 49-Jährigen,[21] da ihn die Einschaltquoten vor *ARD* und *ZDF* katapultiert hatten. Ende des Jahrzehnts konnte man sich in einem deutschen Durchschnittshaushalt in 36 Programme einschalten.[22] Das hatte nicht nur Auswirkungen auf das Alltagsverhalten. Auch das Verständnis von Kultur, schließlich gar der Politik formte sich um. Die klassische bürgerliche Hochkultur verlor zwar nicht ihre überlieferten und vom Staat großzügig subventionierten Orte; aber ihre Vorbildstellung, ihr nach unten sickernder Prägestoff gingen doch unübersehbar verloren. Die neuen Massenkulturen wurden noch ein Stück unelitärer, plebejischer, ja proletaroider. Das Privatfernsehen verschaffte sich überwiegend Aufmerksamkeit durch immer neu ausgetüftelte, artifizielle Events, operierte mit Schock- und Ekelelementen, Regelverstößen und der fortwährenden Fütterung verbreiteter Voyeurismusbedürfnisse.[23]

Das alles fand in diesem Jahrzehnt Eingang in Politik und Parteien. Besonders die frühere eher maßvoll auftretende Honoratiorenpartei FDP mutierte zum Ende des Jahrzehnts zu einer schrillen, grellen, sich lustvoll als Tabubrecher in Szene setzenden Spaß- und Protestpartei. Doch auch Sozialdemokraten und Grüne hatten zuvor bereits den Reiz und die schnelle Durchschlagskraft, in Bezug auf mediale Beachtung, des Mediums der Provokation entdeckt. Gerhard Schröder, Oskar Lafontaine, Joschka Fischer, auch Jürgen Trittin hatten sich mit dieser Methode rasch bekannt gemacht und an die Spitze ihrer Partei gebracht. Doch erst im Jahrzehnt darauf gerieten die Tücken und Menetekel einer Politik gezielter Provokationen – die notwendigerweise zu immer weiteren Zuspitzungen und Eskalationen drängen muss – in den Blick. In den 1990er Jahren trug diese zunächst allein zu einer Abkehr vom klassischen Parteientypus bei. Mitgliederorganisationen, Funktionäre, Programmelaborate büßten ihr Gewicht in der politischen Willensbildung, auch für die Rekrutierung der politischen Eliten ein. Denn als weit wichtiger erachtete man nun Medienkompetenz, besser noch: prononciertes Mediencharisma. Und statt auf prinzipientreue Aktivisten oder Theoretiker aus dem eigenen Parteienkosmos hörten die Spitzenwahlkämpfer jetzt verstärkt auf Meinungsforscher, Marketingexperten, Spindoktoren, professionelle Berater in Thinktanks.

So hatten sich die Sozialdemokraten, als sie nach 1998 in der Bundesregierung standen, von zentralen früheren politischen Positionen gelöst. Das wurde anfangs von den Medien als außerordentlich modern, unideologisch und pragmatisch gerühmt. Denn das Alte galt als Ballast, als überständiger Traditionsmüll. Doch hatten die rot-grünen Modernisierer, mit Ausnahme der ökologischen Steuerreform, nur wenig genuine Ideen, kaum ein originäres Konzept. Die Generation Schröder kam an die Macht, ohne eine eigene tragfähige wirtschaftspolitische, außenpolitische, sozialpolitische Basiskonzeption. Alles wurde 1999 schon geborgt, sei es von den Briten, sei es von Skandinaviern, rasch wieder ausgewechselt, durch neue Anleihen ersetzt. Und so wirkten die Sozialdemokraten bald, als wüssten sie nicht mehr, welche Gesellschaft sie eigentlich anstrebten. Sie schienen sich nicht sicher zu sein, ob der Sozialstaat nun ein gelungenes Sozialmodell war oder doch eher ein bürokratisches Hemmnis gegenüber eigenverantwortlicher Initiative. Sie schwankten darin, ob hohe Steuern Teufelswerk oder ein Segen für das Volk wären. Sie waren unentschieden darin, ob effektive Bürokratien wichtig für die gesellschaftliche Kohäsion seien oder eine Blockade für flotte privatwirtschaftliche Dynamik darstellten.

Der Vertrauensschwund, den die Sozialdemokraten bei etlichen früheren Anhängern erlebten, hatte hier, schon in den 1990er Jahren, in der Zeit ihres größten Triumphes bei den Bundestagswahlen 1998, seinen Anfang genommen. Die Sozialdemokraten haben in diesen Jahren des sogenannten Dritten Weges eine große historische Chance vertan, keineswegs nur in Deutschland. Denn sie verfügten zu jener Zeit in Europa weitflächig über die Regierungsmacht. Sie hätten die Finanzpolitik konzertieren, hätten harte Regeln für die Kapitalmärkte aufstellen können. Ebendas forderten schon 1999 einige prominente frühere Herolde des Neoliberalismus wie Paul Krugman, Jeffrey Sachs, George Soros.[24] Sie wussten, wovon sie redeten, erkannten klar, dass das unkontrollierte globale Finanzsystem seinem Absturz entgegensteuerte. Die Sozialdemokraten ignorierten all diese Warnungen; sie skandierten launig die neuliberalen Trinksprüche noch zu einem Zeitpunkt, als die Party längst ihren Höhepunkt überschritten hatte und der Katzenjammer sich schon andeutete. Hinzu kam, wie der kundige journalistische Beobachter Werner A. Perger über die Führungspersonen der neuen Sozialdemokratien schrieb: »Sie hatten offenkundig keine Ahnung von den Alltagssorgen der Bürger, den Veränderungen am Arbeitsplatz, den Folgen des wachsenden Leistungsdrucks auf Familien.«[25] Auch Ralf Dahrendorf urteilte, der Auftritt der europäischen Sozialdemokratien des Dritten Weges sei allein »für diejenigen attraktiv« gewesen, die sich nicht bedroht gefühlt hätten.[26] Der Graswurzelverlust der Sozialdemokraten wurde sodann zur großen Chance des Rechtspopulismus in Europa. Die populistische Rechte wuchs und gedieh mit der bei ihr nun üblichen Sozialrhetorik trefflich an den Rainen des sogenannten Dritten Weges.

Das hatte ebenfalls seinen konstituierenden Ausgang in den 1990er Jahren. Was blieb, war der Dezisionismus der politischen Tat und der apodiktische Verweis auf deren unzweifelhafte »Alternativlosigkeit«. In den 1990er Jahren hatte die Politik den Vorzug dieser Vokabel zur Immunisierung eigener politischer Entscheidungen gegenüber jedweder Kritik entdeckt. Die Wiedervereinigung war demzufolge auch in ihrer Geschwindigkeit und Ausgestaltung »alternativlos«. Die Modellierung der Europäischen Union hatte sowieso den Gütestempel der »Alternativlosigkeit« erhalten. Später stand die »Alternativlosigkeit« verlässlich in der Überschrift, um Steuern zu senken, militärische Interventionen und Sozialeingriffe zu legitimieren. Um Politik in hochkomplexen Gesellschaften mit etlichen Vetomächten Handlungsmöglichkeiten zu verschaffen, entfernten die Regenten den strittigen Diskurs aus diesem selbst geschaffenen und unmittelbar abgesperrten Raum.

Doch gilt Gerhard Schröder weithin als der energische Mann, der Deutschland vom Mehltau der unreformistischen Kohl-Jahre befreit hat. Mit seiner Sozialreform, in der Bundestagsrede zur Agenda 2010 angekündigt und in die Hartz-Gesetzgebung gegossen, habe der Aufstieg aus dem tiefen Tal der Erstarrung und dem Strukturkonservatismus in den 1990er Jahren begonnen. Dabei war das Land schon vor der Agenda längst in diese Richtung in Bewegung geraten.[27] Die Lohnkosten in Deutschland waren im EU-Vergleich schon seit den 1990er Jahren außerordentlich langsam gestiegen, genauer: um weniger als die Hälfte des OECD-Durchschnitts. Die Gewerkschaften hatten in Tarifauseinandersetzungen große Zurückhaltung gezeigt. Verlorene Arbeitstage durch Streiks gab es kaum, erheblich weniger jedenfalls als in den USA oder in Großbritannien. Die Arbeitskosten waren dadurch drastisch gesunken, auch hier: stärker als in den angelsächsischen Ländern. Die Großunternehmen fanden in der deutschen Sozialordnung flexible Voraussetzungen vor. Der Flächenvertrag hatte in weiten Bereichen seine Verbindlichkeit eingebüßt. Vor hohen Steuern mussten sich große Unternehmen in Deutschland ebenfalls nicht fürchten.

Überhaupt war der deutsche Sozialstaat seit den 1970er Jahren keineswegs expansiv in die Breite gegangen. In der sozialen Sicherung war der bundesdeutsche Wohlfahrtsstaat gemessen an anderen Ländern der Europäischen Union gar zuletzt in das untere

Mittelfeld abgerutscht; die Kosten, die in Deutschland kollektiv für Rente und Gesundheit aufgebracht wurden, lagen innerhalb des EU-Mittels. Zuletzt war auch in den Bereichen der Alters- und Krankenversicherung einiges reformiert und privatisiert worden. Grundlegend dereguliert worden war in den 1990er Jahren der Telekommunikations- und Energiemarkt. Privatisierungen waren damit einhergegangen, während zugleich der Anteil der staatlich Bediensteten Jahr für Jahr um etwa ein Prozent schrumpfte. Von einer massiven Bürokratisierung der Republik konnte also ernsthaft längst nicht mehr die Rede sein. Etliche Steuerreformen seit den 1980er Jahren hatten das unternehmerische Kapital von der Finanzierung der Gemeinschaftsaufgaben gar weitgehend dispensiert.

Lange fort währten allerdings die Probleme aus dem Management der deutschen Vereinigung.[28] In deren Folge tätigte der Westen Deutschlands vor allem über die Sozialkassen jährliche Transfers in der Größe des Bruttoinlandsprodukts von Tschechien und Ungarn. Und diese Transfers, die im Wesentlichen in die Konsumtion flossen, rissen Jahr für Jahr Lücken und Löcher in die eigentlich fälligen Infrastruktur-, Bildungs- und Integrationsinvestitionen. Dennoch lag der Westen nach wie vor ökonomisch im höheren Mittelfeld der modernen Volkswirtschaften, als es mit Hartz IV richtig losging. »Der kranke Mann«, so im Rückblick auch das Mitglied im Sachverständigenrat zur Begutachtung der gesamtwirtschaftlichen Entwicklung, Peter Bofinger, »war eine Fehldiagnose. Die Industrie war sehr wettbewerbsfähig.« Bofinger hält es »für total überzogen, dass sich Deutschland wegen der Agenda 2010 vom kranken Mann zum Superstar entwickelt hätte. Hartz IV hat für ältere Arbeitslose mit höherer Qualifikation den Druck erhöht, eine Stelle zu suchen. Das soll den deutschen Exportboom ausgelöst haben? Da tut man Gerhard Schröder zu viel der Ehre an.«[29]

Mehr noch: In der großen internationalen Finanz- und Wirtschaftskrise stand Deutschland allein deshalb so gut da, so zumindest der Befund von Guillaume Duval, weil es Schröder gerade *nicht* gelungen war, die überlieferten Strukturen des alten westdeutschen Modells komplett zu beseitigen.[30] Dazu zählte Duval den Föderalismus, die im Vergleich zu anderen europäischen Ländern nach wie vor vergleichsweise starken Verbände, nicht zuletzt die industrielle Mitbestimmung, das System institutionalisierter Kooperation, also all das, was in den Walpurgisnächten der neoliberalen Hexentänze verbrannt werden sollte, was in den 1990er Jahren des Stillstands gegen die (unfreiwillige) Allianz von Kohl und Lafontaine allerdings nicht umfassend funktioniert hatte. Es kann schon sein, dass die gewaltigen Transformationsaufgaben und die Prägekraft institutioneller Traditionen in mehreren Bereichen der deutschen Gesellschaft während der 1990er Jahre für eine Art Teil-Stau gesorgt haben, der verhinderte, dass zerschlagen wurde, was Deutschland später in der ökonomischen Krise seit 2008 stützte.

3. Nach dem Crash: Unternehmer heute

Gierig, egoistisch, ausbeuterisch und rücksichtslos? Oder doch ehrbare Kaufleute mit dem nötigen Verantwortungsbewusstsein für Belegschaft und Gesellschaft? Wie ticken, wie sind Deutschlands Unternehmer und Manager zur Mitte des zweiten Jahrzehnts im 21. Jahrhundert?[1]

Zunächst: Die deutschen Unternehmer haben aktuell von der marktradikalen Rhetorik aus der Zeit vor 2008 etwas Abstand genommen. Die wirtschaftlichen Einbrüche und schweren Turbulenzen auf den Finanzmärkten besonders in den Musterländern des Neoliberalismus scheinen zu einer zumindest moderaten, wenngleich erkennbar brüchigen Aussöhnung von Unternehmern hierzulande mit dem christ- wie sozialdemokratisch eingefärbten Sozialstaatsmodell des »Rheinischen Kapitalismus« geführt zu haben.

Die Entwicklungen der letzten Jahre erlebten Familienunternehmer nicht ohne Genugtuung. Lange galten sie als Anachronismen einer untergegangenen Epoche der Industriegesellschaft. Gegenwärtig aber werden sie dafür belobigt, dass Deutschland im Vergleich zu vielen anderen Ländern relativ komfortabel dasteht. Was wenige Jahre zuvor noch als überflüssige Folklore verspottet worden war – die patriarchalische Fürsorge, die Heimat- und Ortsverbundenheit, der Stolz auf die hoch spezialisierte Produktfertigung, die auch haushälterisch fundierte Langfristigkeit der Betriebsplanung –, war zum Aushängeschild und Stabilitätsanker der Wirtschaft in Deutschland avanciert.

Sozialdemokraten und Gewerkschafter wurden nicht mehr als bedrohliche Feinde im Lager der Unternehmer wahrgenommen. Gerhard Schröder und seine Agenda 2010 firmieren vielmehr als Vorbilder außergewöhnlichen politischen Muts. Und den Gewerkschaften bescheinigt man mittlerweile vielfach, die Bedeutung der industriellen Produktion für den gesellschaftlichen Wohlstand zu erkennen, was für viele soziale und politische Kräfte ansonsten bedauerlicherweise nicht mehr zutreffe.

Auffällig ist das verbreitete Gefühl zahlreicher Wirtschaftsbürger, politisch keine Heimat mehr in der Bundesrepublik zu besitzen. Trotz einigen Grolls über den oft unseriösen und unterkomplexen Auftritt der FDP zuvor bedauern zahlreiche Unternehmer, dass die Liberalen nach 2013 nicht mehr im Bundestag vertreten gewesen sind. Mit Argwohn verfolgen viele den »sozialdemokratischen« Kurs von CDU/CSU in der Großen Koalition. Verbreitet ist die Kritik an der politischen Unschärfe und programmatischen Indifferenz der Bundeskanzlerin Angela Merkel.

Bemerkenswert und alarmierend ist die an Schärfe kaum zu überbietende Klage des Gros der deutschen Unternehmer über die Medien im Land. Bitterkeiten über die »skandalisierende« und »pauschalisierende« Berichterstattung – die »Hetzjagden« – in den Medien bilden somit kein Spezifikum verängstigter und populistisch aufgewiegelter »Wutbürger« in von Abstiegsängsten geschüttelten Mittelschichten (des ostsächsischen Raums), sondern sind ebenso massiv im Sektor der wirtschaftlichen Eliten Deutschlands verbreitet. Auffällig ist, dass etliche Unternehmer ganz den Glauben an einen Qualitätsjournalismus verloren haben. Kaum einer der befragten Unternehmer hielt etwa privat die *FAZ* im Abonnement, auch nicht die *Welt*. Unternehmer bedienen sich des Internets für Informationen, lesen in erster Linie *Spiegel Online*, nehmen auf Flugreisen als Lektüre, was ihnen die Stewardess zusteckt, beziehen in Teilen zu Hause noch das regionale Blatt. Doch ein Leitmedium kennen und besitzen sie nicht (mehr).

Auch findet man unter den wirtschaftlichen Führungskräften ein beträchtliches Unbehagen am Prozess der Willensbildung in der parlamentarischen Demokratie. Vieles dauert ihnen zu lange, ist zu sehr auf schlechte Kompromisse ausgerichtet, zu wenig am (vermeintlichen) Optimum »sachrationaler« Erfordernisse bemessen. Doch ist dem Gros der Wirtschaftskapitäne das repräsentative System weit lieber als eine Referendumsdemokratie. Denn direktdemokratische Verfahren nähren nach Auffassung von Unternehmern die Irrationalität und Sprunghaftigkeit der in der Regel nicht hinreichend kompetenten Massen. Unternehmer stehen der Volkssouveränität als primäre Legitimationsquelle moderner demokratischer Ordnungen überwiegend mit großer Skepsis gegenüber. Wichtig dagegen ist ihnen der Rechtsstaat, da er der Wirtschaft berechenbare Grundlagen und Rahmenbedingungen garantiert.

Diktaturen bedeuten demgegenüber Willkür. Schon aus diesem Grunde sind Unternehmer, im Unterschied teilweise zu den frühen Jahrzehnten des 20. Jahrhunderts, keine Freunde solcher Systeme. Doch fürchten nicht wenige von ihnen, dass etwa China, aufgrund der autoritativen Möglichkeiten rascher und stringenter politischer

Entscheidungen, in der Konkurrenz mit den politisch eher trägen Demokratien in Zukunft die Nase vorn haben könnte. Denn in Peking würde nicht lange herumpalavert, übertolerant mit Minderheiten umgegangen, bei Bautätigkeiten auf Bürgerbegehren Rücksicht genommen. In China, vehement abgelehnt, doch auch mit Faszination beobachtet, laufe es so: »Zack, und morgen ist da 'ne Autobahn«.

Sollten nicht-demokratische Gesellschaften eine anhaltend größere wirtschaftliche Dynamik entfalten als die Demokratien im Westen, wäre eine emphatische Diskussion über einen modernen Kapitalismus mit weniger Demokratie bei allerdings stabiler und auch transnational konstituierter Rechtsstaatlichkeit erwartbar. Das hat der slowenische Philosoph Slavoj Žižek als Sorge formuliert: »Der Aufstieg des sogenannten Kapitalismus mit asiatischen Werten in den vergangenen zehn Jahren wirft jedenfalls Zweifel und Fragen auf: Was ist, wenn der autoritäre Kapitalismus nach chinesischem Modell das Zeichen dafür ist, dass die liberale Demokratie, wie wir sie verstehen, nicht mehr länger eine Bedingung und Triebfeder der wirtschaftlichen Entwicklung ist, sondern dieser im Weg steht?« Žižek selbst vermutet, »dass der moderne Kapitalismus sich in eine Richtung entwickelt, in der er ohne ausgebildete Demokratie besser funktioniert«[2].

Unternehmer, ob weiblich oder männlich, sind mehrheitlich keine Freunde von Geschlechterquoten. Eine solche Quote gilt ihnen als Beispiel für eine gegenwärtig grassierende »Regulierungswut«. Was sei als Nächstes dran, wird gefragt: »Christen, Muslime, Juden? Schwarze, Weiße, Blaue, Grüne? Dicke, Dünne? Alte, Junge?« Ebenfalls auf wenig Sympathie stößt bei ihnen die Rentenpolitik der Bundesregierung. Hingegen löst der Mindestlohn bei den Chefs großer Unternehmen keine Emotion negativer Art aus, während in kleineren Unternehmen dieses Projekt aus dem Hause von Andrea Nahles auf weniger Gegenliebe stößt.

Kein Interesse haben Unternehmer daran, ihre Anliegen selbst im politischen Raum zu vertreten. In der bundesrepublikanischen Parlamentsgeschichte ist der Anteil parteipolitisch aktiver Unternehmer mit Mandat nahezu kontinuierlich abgeschmolzen, von rund zwanzig Prozent aller Bundestagsabgeordneten während der 1950er Jahre auf weniger als acht Prozent heute. Sie fühlen sich von der Notwendigkeit mühseliger Ochsentouren und der Einvernahme durch Fraktionszwänge abgestoßen. Als Maßstab für eine

»bessere Politik« verweisen sie gerne auf die Entscheidungslogiken der Privatwirtschaft.

Die oft unterstellte Internationalität der Unternehmer ist keineswegs so stark ausgeprägt, wie sie in vielen Selbstdarstellungen propagiert wird. Bei den meisten fielen die Auslandsaufenthalte biografisch lediglich knapp limitiert, eher episodisch aus. Nicht internationale Mobilität, sondern betriebliche Verwurzelung, Treue und Loyalität begünstigen weiterhin ganz überwiegend die Karriere.

Signifikant erkennbar ist ein deutlicher Rückgang der Kirchenorientierung bei deutschen Unternehmern. Die größte Gruppe bilden mittlerweile die Konfessionslosen mit rund vierzig Prozent (Mitte der 1960er Jahre noch zehn Prozent). Diese Entwicklung wirkt sich auf die Bereitschaft zur Organisation und Mitwirkung in Verbänden aus. Katholische Kirchenzugehörigkeit von Unternehmern korreliert positiv mit Verbandsengagement, Konfessionslosigkeit deutlich negativ.

Unternehmer lieben die Selbstzuschreibung, 24 Stunden am Tag alles für die Firma zu geben. Kaum etwas fürchten wirtschaftliche Eliten mehr als Untätigkeit, Ruhe, Bewegungslosigkeit. Für sie muss es immer weitergehen, schneller laufen, höher steigen. Sie können sich regelrecht echauffieren, wenn man ihnen Probleme in der »Work-Life-Balance« attestiert, stören sich schon an dieser Begrifflichkeit, der einige mit ätzendem Hohn begegnen. Für viele ist »Work« gleich »Life«. Und sie mögen nicht einsehen, was daran schlecht sein soll.

Vorbei indes scheint die Phase der Industriegeschichte zu sein, in der ursprüngliche soziale oder kulturelle Benachteiligungen eine Schubkraft für die individuellen Anstrengungen des Aufstiegs an die Spitze von Unternehmen bildeten. Die ökonomischen Eliten heute erzählen in ihrer großen Majorität von intakten Lebensgeschichten ohne gravierende Brüche und Widerstände. Innerhalb des Lagers des deutschen Wirtschaftsbürgertums scheint das derzeit zumindest bei Teilen zu der Sorge zu führen, dass dem Führungsnachwuchs elementare Energien und auch Härten in künftigen Zeiten schroffer Konflikte fehlen mögen.

4. Postchristliche Verhältnisse? Amtskirchen in Deutschland

Individualisierung – so lautete das Zauberwort der 1980er und 1990er Jahre. Seither hat seine Aura ein wenig gelitten. Gewiss: Der gesellschaftliche Trend der Individualisierung wird sich auch fürderhin fortsetzen, die angenehmen Seiten werden gern ausgelebt. Aber der Enthusiasmus darüber hat sich erkennbar abgeschwächt. Zu Beginn des Individualisierungsprozesses haben die meisten Menschen die Lösung aus den alten Bindungen – den kontrolldurchdrungenen Verkapselungen von Gemeinschaften, Milieus und Großkollektiven – noch rundum freudig begrüßt. Verständlicherweise. Denn die Entbindung aus den hermetischen Integrationskäfigen öffnete und erweiterte den Raum für eigenes Tun, für selbstbestimmte Biografien. Allerdings barg der jähe Zuwachs an Optionen und Freiheiten auch Last und mündete in Erschöpfung. Die aus den kollektiven Bettungen und tragenden Ligaturen entlassenen Einzelnen mussten sich in jedem Moment selbst entscheiden, besaßen dabei weder den Rückhalt noch die Orientierungsgewissheit der zurückgelassenen Solidargemeinschaften. Die Emanzipation erwies sich als anstrengend, als ständiger Druck.[1] Es ist zuletzt oft beschrieben worden: Der fortwährende Zwang zur singularen Kreativität, die Bürde der eigenverantwortlich zu tragenden Irrtümer, Fehlentscheidungen, Schicksalsschläge führten etliche Menschen in die Depression oder wie man heute präferierend attestiert: in das Burn-out.[2]

So entwickelt sich wieder, was als Anachronismus schon verabschiedet gewesen zu sein schien: das Bedürfnis nach Loyalitäten, Zugehörigkeiten, auch nach der Sicherheit einer stabilen Deutungs- und Sinnperspektive. Die Moderne hat zuletzt viel von solchen Traditionsstoffen aufgezehrt. Insofern lag es nahe, dass diese nunmehr knappen Ressourcen – um es im marktwirtschaftlichen Erklärungsduktus zu formulieren – erheblich stärker nachgefragt würden. Lässt man sich gar auf das Zyklenparadigma des amerikanischen Historikers Arthur M. Schlesinger ein, dann schwingt das Pendel kultureller Orientierungen alle dreißig bis vierzig Jahre zurück. Neue Generationen, heißt das, erkennen die Schattenseiten und Defizite bislang dominierender normativer Muster; und sie bilden dann neu-alte Einstellungen und Bedürfnisse aus. Auf

Phasen des Individualismus folgen Passagen gemeinschaftssuchender Orientierung. Kurzum und zusammen: Der dominante Charakter im jeweiligen Zyklus produziert infolge rigider Einseitigkeiten regelmäßig Probleme und Defizite, auf welche die nachfolgende Ära ähnlich überschüssig, doch eben in die andere Richtung hin antwortet. Der neue Bedarf kann dann auch antipluralistische, da komplexitätsmindernde Angebote hervorbringen. Denn, so schon der Religionsphilosoph Ernst Troeltsch: »Die Sehnsucht nach dem Absoluten ist das Ergebnis eines Zeitalters des ›Relativismus‹.«[3]

Zwischenzeitlich hofften einige Vertreter aus Protestantismus oder Katholizismus, dass dies auch die klassischen Anbieter von Sinn, die christlichen Kirchen mithin, wieder zurück ins Spiel bringen möge. Schließlich waren die vorangegangenen Jahrzehnte nicht einfach gewesen für die vielfach gebeutelten katholischen und evangelischen Amtskirchen in Deutschland. Seit den APO-Jahren hatten sie scharfen Gegenwind verspürt. Zu Beginn der Republik hatten sich die Kirchen noch in Sicherheit gewogen, ja im Aufstieg gewähnt.[4] Nach dem Zweiten Weltkrieg war zunächst optimistisch von einer Rechristianisierung der Gesellschaft die Rede; das deutsche Volk lebte nach der nicht-widerstandenen nationalsozialistischen Versuchung in Katharsis und suchte daher demütig den kirchlichen Raum auf. Mindestens die Katholische Kirche fühlte sich in der anschließenden Adenauer-Gesellschaft politisch so gut aufgehoben wie noch nie zuvor in der Moderne.

Doch auf dem Katholikentag in Essen erlebte auch der Katholizismus sein »1968«.[5] Es gab offenen Aufruhr, wütenden Protest, hämische Gegnerschaft gegen den Papst, vor allem gegen dessen Enzyklika »Humanae vitae«. Seither war die Deutungsmacht der Kirche in den Fragen der Lebensführung der Christen in Deutschland gebrochen. Die kirchlichen Mitglieder kündigten ihren Gehorsam gegenüber Pastoren, Bischöfen und dem »Heiligen Vater« in Rom auf, wenn es um das partnerschaftliche Zusammenleben, die Praktizierung von Sexualität, den Gebrauch von empfängnisverhütenden Mitteln und dergleichen mehr ging. Etliche verließen die Kirchen, oft zornig und laut; nach 1967 waren es Jahr für Jahr regelmäßig mehr als 100.000 Menschen. Das »große Abschmelzen der Gemeindehausbeteiligung und der kontinuierlichen Gottesdienstteilnahme«[6] hatte begonnen.

Das war gewiss ein länderübergreifender Vorgang. Doch kaum irgendwo im westlichen, mittleren Europa wuchs die Distanz der

Mehrheit der Bürger zum institutionalisierten Christentum so gewaltig an wie in Deutschland zu Zeiten von Brandt, Schmidt und Kohl; kaum irgendwo sonst schmolz das Vertrauen in die katholische Autorität so massiv ab wie hier während des letzten Drittels des 20. Jahrhunderts. Die neuen Bundesländer, die 1990 zur alten Bundesrepublik hinzukamen, waren – mit Ausnahme des thüringischen Eichsfeldes[7] – erst recht drastisch entkirchlicht; keine andere Region in Europa jedenfalls war dermaßen konfessionsfrei wie das Terrain zwischen Usedom und dem Vogtland. Zwischen 1990 und 2010 kündigten dann rund 6,5 Millionen katholischer und evangelischer Christen ihre Kirchenmitgliedschaft auf[8] – was allein die Einwohnerzahl von Ländern wie Dänemark, Norwegen oder Finnland übertraf. Dagegen wuchs in den letzten Jahrzehnten die Zahl muslimischer Bewohner der Bundesrepublik auf gut vier Millionen an, mit steigender Tendenz und überwiegend täglich bezeugter Glaubenspraxis. In zusätzliche Bedrängnis geriet der Katholizismus ab 2010, als die Missbrauchsfälle gegenüber Kindern in seinem Bereich ruchbar wurden und monatelang ein beherrschendes Thema in den Medien bildeten.[9] Hier manifestierte sich überdies, wie Franz-Xaver Kaufmann bitter beklagte, die Unfähigkeit der Katholischen Kirche, »die eigenen pathogenen Strukturen und die Folgen ihrer klerikalen Vertuschungen zu erkennen, zu erörtern und daraus praktische Konsequenzen zu ziehen«[10].

Dahin war auch die alte politische Geborgenheit des Katholizismus früherer Jahre, da nun, in den Zeiten der Koalition Merkel-Gabriel, die klassischen Ressorts mit christdemokratischer Repräsentanz – Kanzleramt, Innen-, Verteidigungs- und Finanzministerium – in den Händen von Protestanten lagen. Nur noch 18 Prozent der Katholiken unter dreißig Jahren ordneten sich dem Lager der mindestens mittelbar Kirchenverbundenen zu – bei einem Durchschnitt von immerhin noch 55 Prozent in der katholischen Gesamtbevölkerung. Unter den Fünfzig- bis 59-Jährigen gibt es dreißig Prozent, denen die christliche Orientierung einer Partei wichtig ist, bei den 16- bis 25-Jährigen sind das weit unter zehn Prozent. Lediglich einem Viertel der Katholiken war ihre Kirche zu Beginn des Jahrzehnts noch eine vertrauenswürdige Einrichtung. Gut jeder dritte Deutsche ist mittlerweile sowieso konfessionslos.

Im europäischen Religionsvergleich lag Deutschland zum Ende des letzten Jahrzehnts ganz hinten. In Bundesländern wie Schleswig-Holstein, Mecklenburg-Vorpommern oder Sachsen-Anhalt bezeichnen sich nicht einmal mehr fünf Prozent der repräsentativ befragten Bürger als »gottesgläubig«.[11] Selbst zu Weihnachten zieht es nur ein Viertel der (hierzu repräsentativ befragten) Deutschen in den Gottesdienst.[12] »60 Prozent glauben nicht an ein ewiges Leben. Dagegen glaubt jeder vierte Deutsche, dass die Begegnung mit einer schwarzen Katze Unglück bringt. An Ufos glauben zwischen Flensburg und Oberammergau mehr Menschen als ans Jüngste Gericht. Willkommen in der Diaspora.«[13]

Indes, die schlimmste Zeit konfrontativer Schärfen gegenüber den Kirchen scheint vorbei zu sein. Die Aggressionen ihrer Gegner sind abgeflaut. Militante Kirchenfeindschaft ist auch unter dissidentischen Intellektuellen kaum mehr anzutreffen. Eher ist es Gleichgültigkeit, worauf Priester und Laien seit Jahren stoßen – was eine missionarische Religion natürlich nicht minder beunruhigen muss. Immerhin: Diesseits der großen Städte haben die beiden christlichen Kirchen ihr jahrhundertealtes Monopol auf Riten und Rituale an den freudigen oder traurigen Wendepunkten des menschlichen Lebens zwar nicht erhalten, aber doch eine Marktführerschaft behaupten können. Wenn die westdeutschen Bundesbürger heiraten, ihre Kinder in die Welt setzen, ihre Angehörigen zu Grabe tragen, bedienen sich nach wie vor viele von ihnen des kulturellen Erfahrungsreichtums der amtskirchlichen Ritenexperten, zumindest einer als weiterhin selbstverständlich angesehenen überlieferten Konvention – auch wenn Rituale und Texte für die Inszenierung dieser Ereignisse immer weniger zum abrufbaren Repertoire ihrer Konsumenten gehören: »Bei Taufen murmeln, beim Glaubensbekenntnis tuscheln sie.«[14]

Erstaunlich ist, dass keine neuen Anbieter von Passageriten den traditionellen Kirchen veritabel Konkurrenz machen konnten. Zumindest war die »New-Age-Welle« der 1980er und frühen 1990er Jahre rasch wieder verebbt, ohne markante Spuren in den spirituellen Tiefenschichten der Republik hinterlassen zu haben. Der über zwei Jahrtausende hinweg akkumulierte Reichtum an Ritenprofessionalität des Christentums wog letztendlich schwerer als Esoterik und Okkultismus. Detlef Pollack vor allem hat oft darauf hingewiesen, dass die neuen, nichtkirchlichen Spiritualitäten keineswegs Gewinner der Krisen des institutionalisierten Christentums waren. Im Gegenteil: »Mit der Kirchendistanz sinkt auch die individuelle Spiritualität. […] Wenn die Kirchen an gesellschaftlicher Bedeutung verlieren, tut dies auch die Religion. Kirchlichkeit und Religiosität sind zwar nicht identisch, weisen aber einen hohen Korrelationsgrad auf.«[15] Dem pflichtet Karl Gabriel bei: »Wo die kirchliche Religion geschwächt ist, findet auch die alternative Religiosität keinen Nährboden.«[16] Der Münchner Professor für systematische Theologie und Ethik, Friedrich W. Graf, betrachtet ebendies durch eine paradoxe Gegenentwicklung als besonders kritisch: »Nun werden die Kirchen selbst religiös immer pluraler. Viel Diffuses aus den modernen Therapiereligionen wandert in die kirchliche Alltagspraxis ein, und unter dem vielfältig changierenden Leitbegriff der ›Spiritualität‹ kann nun auch religiös Halbseidenes, von Steinheilung bis Meditationsmassage, in den Kirchen vermarktet werden.«[17]

Gleichwohl war die zähe Beständigkeit bei allen Schwundvorgängen des institutionalisierten Christentums beträchtlich. Immerhin besuchten auch zum Ende der 1990er Jahre noch mehr als 4,5 Millionen Gläubige Sonntag für Sonntag in verbindlicher Regelmäßigkeit den Gottesdienst. In den Fußballstadien und auf den deutschen Sportplätzen tummelten sich an den Wochenenden aktiv oder passiv keineswegs mehr Menschen, trotz der ungleich höheren Medienresonanz des Sports. Nicht schlecht im Ansehen, selbst bei bekennend säkularisierten Bürgern, stehen nach wie vor kirchliche Privatschulen, Kindergärten, Krankenhäuser und Altenpflegeeinrichtungen. In der Entwicklungsarbeit und bei Umweltkatastrophen genießen die Hilfswerke der beiden Großkirchen, etwa Caritas oder Misereor, trotz zwischenzeitlicher Skandalnachrichten über das Finanzgebaren eine bemerkenswert hohe Reputation. Gerade »auch diejenigen, die der Kirche distanziert gegenüberstehen, haben beachtliche Erwartungen an die Kirche. Bei ihnen ist vor allem die Erwartung, dass sich die Kirche für Alte, Kranke, Behinderte und Menschen in sozialen Notlagen einzusetzen habe, überproportional stark ausgeprägt.«[18]

Als Servicestationen für überlieferte *rites de passage* und soziale Dienstleistungen sind die Kirchen in der gesellschaftlichen Kultur also sichtbar und präsent. Aber das ist es dann auch schon. Vom missionarischen Impetus der Religion wollen die Bundesbürger mehrheitlich verschont bleiben. Seit nahezu einem halben Jahrhundert goutieren sie keine bischöflichen oder päpstlichen Belehrungen zur Lebensführung, Moral oder Sexualität mehr. Einen Wahrheitsanspruch der Kirchen lassen sie nicht gelten. Im Grunde erwarten die Bundesbürger mehrheitlich, dass die Kirchen sich nicht als Kirchen verhalten, dass das institutionelle Christentum sich seines genuin religiösen, also auch anstrengenden, zumutenden, provokativen, stacheligen, demonstrativ bekennenden und menschenfischenden Kerns entledigt, ihn jedenfalls nicht fordernd an die Öffentlichkeit richtet. Und mehr oder weniger stillschweigend haben sich die beiden christlichen Amtskirchen dieser Erwartungsmentalität der individualisierten, normativ indifferenten Gesellschaft im letzten Drittel des 20. Jahrhunderts gebeugt, schließlich anverwandelt.

In gewisser Weise haben sich die Kirchen in die ihnen zugewiesene Rolle als soziale Dienstleister gefügt und damit abgefunden. Auch kommerzielle Beratungsfirmen, die von den Kirchen nach dem Rückgang der Steuereinkünfte zum Zwecke der Effizienzsteigerung beauftragt wurden, hatten ihnen zum Ausbau der Dienstleistungsorientierung an den »zahlenden Kunden« geraten. So entwickelte sich das institutionalisierte Christentum gleichsam zum ADAC für Passageriten und Altenpflege.[19] Die Mitgliedschaft in der Kirche ist wie eine Versicherungspolice: Wer sie erwirbt, hat sich ein Anrecht auf geistlichen Beistand bei der Taufe, der Eheschließung und der Bestattung, vielleicht sogar auf Heil und ein ewiges Leben nach dem irdischen Tod erkauft. In dem Maße, in dem sich die Kirchen auf die gleichsam zivilgesellschaftliche Funktion des lebenszyklischen Ritenbegleiters und sozialen Dienstleisters beschränkten, in dem Maße schlossen auch die aggressiven Kirchenkritiker von ehedem ihren durch Indifferenz charakterisierten Frieden mit den Repräsentanten des Christentums. Dadurch ging diesem aber einiges an Substanz als öffentlich bekennende und missionarisch aktive, sendungsbewusste Religionsgemeinschaft verloren. Die Kirchen durften zwar Strukturen für Mildtätigkeiten und Barmherzigkeiten errichten, aber als Stifter, Verbreiter und Deuter von Normen, Lebensstilen, Verhaltensweisen sollten sie partout nicht in Erscheinung treten.

In gewisser Weise ähnelten die früheren Volkskirchen damit den vormaligen Volksparteien. Diese wie jene waren sich des eigenen Projekts und Zukunftsversprechens nicht mehr sicher, wirkten infolgedessen im Alltag mutlos, verzagt, ängstlich, sprachlos, müde und ermattet. Sie konnten neue Anhänger nicht gewinnen, Zweifler nicht bekehren, Abtrünnige nicht halten, da sie erkennbar von sich selbst nicht mehr überzeugt schienen. Kommen jetzt in der postindividualisierten Gesellschaft neue Heils- und Sinnbewegungen auf, dann können die selbstsäkularisierten Kirchen das erwachende Transzendenzbedürfnis weder für sich nutzen noch gar prägen.[20] Dazu fehlt ihnen die frohe Botschaft und eine lebendige Vision vom gelobten Land. Dafür mangelt es ihnen an kühnen Propheten, funkelnden Magiern und mitreißenden Predigern, sodass »hinter lauter Konferenzen, Kommissionen, Räten, Werken und Verbänden das Feuer des Glaubens kaum zu erkennen ist«[21].

Dabei konvenierten im Grunde zumindest im Katholizismus jahrhundertealte Fähigkeiten mit Attraktivitätsmustern der Medien- und Eventgesellschaft. Im Unterschied zum liturgisch, spirituell und kultisch eher spröden Protestantismus bot der Katholizismus seit jeher eine Sinnes-, Theater- und demonstrative Inszenierungsreligion. Mit dem Papst an der Spitze konnte und kann er seine Botschaft zudem weltweit personalisieren.[22] Dieses Potenzial, Bilder zu produzieren, eine charismatische Aura herzustellen, Massen zu Wallfahrten zu mobilisieren, gebraucht der Katholizismus als global organisierte und erfahrungsreiche Institution in einigen Fällen durchaus – und die Medien sekundieren zuweilen gerne dabei. Um die Welt etwa gingen die Bilder des polnischen Pontifex Johannes Paul II., der die Gläubigen volkstümlich ansprach, huldvoll segnete, der zunehmend an seiner fortschreitenden Krankheit litt und doch wie ein großer Märtyrer den Schmerzen trotzte, der noch und gerade im Sterben die katholischen Massen elektrisierte.

Selbst ein so spröder Intellektueller wie Joseph Ratzinger konnte davon in der Nachfolge anfangs profitieren. Zu einem bilderprächtigen Spektakel geriet in seinem Pontifikat der Weltjugendtag in Köln Mitte August 2005.[23] Fast 10.000 Journalisten berichteten täglich. An der Abschlussmesse mit dem neuen Papst Benedikt XVI. nahmen eine Million Jugendliche aus allen Teilen der Welt teil. Sie veranstalteten zu Ehren des Papstes La-Ola-Wellen und skandierten unaufhörlich den »Benedetto«-Ruf. Die Jugendzeitschrift *Bravo* offerierte XXL-Poster vom deutschen Papst; das Boulevardblatt *Bild* verteilte, wie gut erinnerlich, Buttons mit dem Slogan »Wir sind Papst«. Mit der Wahl des argentinischen Kardinals Jorge Mario Bergoglio 2013 zum Papst Franziskus setzte sich die mediale Wahrnehmungshausse fort: »Den ersten Auftritt von Franziskus verfolgten so viele Fernsehzuschauer, wie sich sonst nur bei Turnierspielen der deutschen Fußballnationalmannschaft vor den Bildschirmen versammeln. Und dabei blieb es nicht: Papstreisen nach Lampedusa, Rio und Assisi wurden aufmerksam verfolgt und wohlwollend kommentiert. Noch immer blicken Journalisten gebannt in Richtung Vatikan, weil Franziskus keine Woche verstreichen lässt, ohne aufs Neue für Furore zu sorgen.«[24]

Natürlich wurde dennoch wenig aus der christlichen Respiritualisierung Deutschlands und Europas, von der Mitte des letzten Jahrzehnts in nicht ganz wenigen Medienkommentaren – so plötzlich wie vorübergehend – die Rede gewesen war;[25] wenngleich in der Bevölkerung in der Tat insbesondere im Jahr 2005 ein signifikanter Anstieg religiöser Bekenntnisse zu konstatieren war.[26] *À la longue* allerdings verpuffte das Kölner Großevent ebenfalls ähnlich wirkungsarm wie all die zahlreichen deutschen Katholiken- und evangelischen Kirchentage seit den späten 1970er Jahren, die sich oft gleichermaßen jugendlich, frisch, farbig und locker präsentiert hatten. Kaum etwas vom Vitalismus dieser heiteren Treffen floss danach in das prosaische Gemeindeleben der Ortskirchen ein. Im Übrigen: Gerade die Bundesgenossenschaft mit den Medien war und ist für die Kirchen nicht ungefährlich. Politiker und Stars der Unterhaltungsbranche haben es häufig leidvoll erfahren und können davon ein trauriges Lied singen: Die Medien vermögen wohl schnell zu popularisieren, aber ebenso hurtig verschleißen sie dann, entwerten und entsorgen sie erbarmungslos die Stars von gestern. Eine Spiritualisierung der Gesellschaft als dauernd währender Medienhype ist schwerlich zu erreichen.

Doch ist die Hoffnung auf eine spirituell leidenschaftliche, dauerhaft aktive, glaubensmissionarisch umtriebige Kirche sowieso eine etwas exaltierte Erwartung. Volks- und Großkirchen in komplexen Gesellschaften können nicht so sein, dürfen es auch nicht. Als Groß- und Volkskirchen haben sie sich nicht in erster Linie, zumindest nicht ausschließlich, an den Avantgardisten des Glaubens zu orientieren, an den Ekstatikern von Heilsvisionen und Transzendenzbegehren, sondern auch an den Lauen, Zurückhaltenden, Halbdistanzierten, Passiven.

Im Übrigen kann man es zudem auch als Ausdruck von Reife und vernünftiger Nüchternheit werten, dass die bundesdeutsche Gesellschaft nicht im spirituellen Taumel liegt, nicht emotionalisiert nach dem blendenden Charismatiker ruft, dass sich der demokratische Pluralismus trotz der neuen Anfeindungen immer noch mehrheitlich gegen eine Absolutheits- und Wahrheitsapodiktik sträubt. Es bleibt ja die Crux von Ganzheitsüberzeugungen, dass ihr großes Versprechen, ihr prätentiöses Menschen- und Zukunftsbild, zwar Energien mobilisiert, Kleinmütigkeiten und Ängstlichkeiten überwindet, die pragmatische Jetztfixierung hinter sich lässt, zugleich aber auch oft Erbarmungslosigkeiten, Unduldsamkeiten, hybride Maßlosigkeiten produziert. »Jede Offenbarungsreligion hat eine immanente Tendenz zur Ausschließlichkeit, zum Fundamentalismus – und auch zur Gewalt.«[27]

Andererseits: Ohne Ziele und Sinnperspektiven fehlt so etwas wie die Grammatik des Handelns. Ziele, Sinn und Glaubensüberzeugungen orientieren, sie motivieren, assoziieren Individuen. Sie verringern Komplexität, sie ordnen und hierarchisieren das Tun; sie setzen Prioritäten. Sie geben Horizonte vor, stiften die regulative Idee, die überindividuelle Zusammenschlüsse benötigen, um sich auf Dauer zu stellen und zu begründen. Ziellosigkeit dagegen produziert Ängstlichkeit, den Leerlauf transzendenzloser Gegenwärtigkeit. Menschen mit einem aus den Fugen geratenen Wertegerüst werden von Zukunftsfurcht gequält, reagieren im besten Fall sozialadaptiv, im schlechteren Fall werden sie politische Beute hemmungsloser Populisten, Treibgut negativer Mobilisierungen gegen alles Fremdartige.[28] Wo Ziellosigkeit herrscht, wo das Wertesystem inkonsistent geworden ist, Normen erodieren, ein Vakuum an Glaubensüberzeugungen sich ausweitet, dort ist die Handlungsfähigkeit der Menschen (und der sie repräsentierenden Institutionen) gehemmt, ist der übervorsichtige Konformismus allgegenwärtig, sind ängstlicher Pessimismus oder auch episodische, ziellos enthemmte Wut der vorherrschende Zug der Zeit.[29]

Gleichwohl, als Institution werden die Kirchen überleben. Es wird das institutionelle Christentum auch dann noch existieren, wenn die nächste jugendliche oder bildungsbürgerliche Such- und Sinnbewegung sich letztlich abermals den Gegebenheiten angepasst hat und als Hoffnungsträger längst verschwunden ist. Und vielleicht ist das Beharrungsvermögen der Kirchen gar nicht wenig in einer Zeit, die durch die Destrukturierung und Erosion verlässlicher und erfahrungspraller Institutionen charakterisiert ist. Zumindest der breite Rand von Überflüssigen, Bildungsfernen und Leistungsunfähigen in der bundesdeutschen Wissens- und Humankapitalrepublik wird heilfroh sein, dass die karitativen Hilfsleistungen und Infrastrukturen der spirituell zwar verarmten, aber bürokratisch intakten Kirchen noch existieren werden.

Schließlich finden es selbst prominente Linksintellektuelle mittlerweile erfreulich, dass es den transnationalen Einfluss der katholischen Kirche, vor allem ihres Pontifex Maximus, noch gibt. Kurz vor seinem Tod im Januar 2017 bezeichnete der polnisch-britische Soziologe Zygmunt Bauman Papst Franziskus als die »wohl einzige öffentliche Figur mit weltweiter Autorität, die den Mut und die Entschlossenheit hat, nach den tiefsten Quellen der gegenwärtigen Übel, der Verwirrung und Ohnmacht zu graben und sie öffentlich zu benennen«[30].

Anmerkungen

Der historische Moment
Zur Einleitung

1 So zur »geistigen Situation«, wenn auch nur en passant, schon Jürgen Habermas in seiner Einleitung: Stichworte zur ›Geistigen Situation der Zeit‹. 1. Band: Nation und Republik, hg. von Ders., Frankfurt am Main, S. 7–35, hier S. 33.

2 Eine Ausnahme etwa Wolfgang Hardtwig, Deutschlands Weg in die Moderne. Politik, Gesellschaft und Kultur im 19. Jahrhundert, München 193, S. 10ff; siehe jetzt auch INDES. Zeitschrift für Politik und Gesellschaft; Sonderheft 2016 zu »Gleichzeitigkeit des Ungleichzeitigen« mit Beiträgen von Franziska Augstein u. a.

3 Vgl. etwa Paul Nolte, Hans-Ulrich Wehler. Historiker und Zeitgenosse, München 2015, S. 50f.

4 Ernst Bloch, Erbschaft dieser Zeit, Gesamtausgabe/Ernst Bloch; Bd. 4., Frankfurt am Main 1962.

5 Wilhelm Pinder, Das Problem der Generationen in der Kunstgeschichte Europas, München 1861, S. 41; Karl Mannheim, Das Problem der Generationen, in: Kölner Vierteljahrshefte für Soziologie, Jg. 7 (1928), H. 2, S. 157–185, hier S. 163f.

6 Sehr scharfsinnig hat das herausgearbeitet: Peter Graf Kielmansegg, Nach der Katastrophe. Eine Geschichte des geteilten Deutschland, Berlin 2000, S. 328ff.

7 Hierzu auch Heinz B. Heller, »Ungleichzeitigkeiten«. Anmerkungen zu Ernst Blochs Kritik des »Massenfaschismus« in »Erbschaft dieser Zeit«, in: Exilforschung. Ein Internationales Jahrbuch, Bd. 1 (1983), S. 342–358.

8 Vgl. Beat Dietschy, Gebrochene Gegenwart, Ernst Bloch, Ungleichzeitigkeit und das Geschichtsbild der Gegenwart, Frankfurt am Main 1988, S. 273f.

9 Reinhart Koselleck, Zeitschichten, Studien zur Historik, Frankfurt am Main 2000, S. 26.

10 Hierzu auch Helga Scholten, Wahrnehmung und Krise, in: Dies. (Hg.), Die Wahrnehmung von Krisenphänomenen. Fallbeispiele von der Antike bis in die Neuzeit, Köln u. a. 2007, S. 5–12, hier S. 5.

11 Siehe ebenfalls Volker Drehsen u. Walter Sparn, Die Moderne: Kulturkrise und Konstruktionsgeist, in: Dies. (Hg), Vom Weltbildwandel zur Weltanschauungsanalyse und Krisenbewältigung von 1900, Berlin 1996, S. 11–29, hier S. 12.

12 Hans Rosenberg, Große Depression und Bismarckzeit. Wirtschaftsablauf, Gesellschaft und Politik in Mitteleuropa, Berlin 1967, S. 62ff.

13 Etwa Gerald D. Feldman, Die Inflation und die politische Kultur der Weimarer Republik, in: Manfred Hettling u. Paul Nolte (Hg.), Nation und Gesellschaft, München 1996, S. 269–281.

14 Vgl. sehr interessant hierzu Moritz Föllmer u. Rüdiger Graf (Hg.), »Die »Krise« der Weimarer Republik. Kritik eines Deutungsmusters, Frankfurt am Main 2005.

15 Hierzu Jens Hohensee, Der erste Ölpreisschock 1973/74, Stuttgart 1996, S. 110ff.

16 Jürgen Kocka, Das lange 19. Jahrhundert. Arbeit, Nation und bürgerliche Gesellschaft, Stuttgart 2001, S. 153; Hans-Ulrich Wehler, Deutsche Gesellschaftsgeschichte 1849–1914, München 1995, S. 1294.

17 Reinhart Koselleck, Krise, in: Otto Brunner u. a. (Hg.), Geschichtliche Grundbegriffe. Historisches Lexikon zur politisch-sozialen Sprache in Deutschland, Bd. 3, Stuttgart 1982, S. 617–650, hier S. 640.

18 Den Versuch, eine derartige Situation zu skizzieren, unternahm u. a. schon William H. Friedland, For a Sociological Concept of Charisma, in: Social Forces, Jg. 43 (1964), H. 1, S. 18–26, hier S. 18.

19 Vgl. ebenfalls Almut-Barbara Renger, Meister-Jünger- und Lehrer-Verhältnisse in der Religionsgeschichte, in: Michael Stausberg (Hg.), Religionswissenschaft, Berlin u. a. 2012, S. 311–323.

20 Vgl. schon Alfred Meusel, Die Abtrünnigen, in: Kölner Vierteljahresheft für Soziologie, Jg. 3 (1923–24), S. 152 ff., hier S. 152.

21 Helmut Schelsky, Die Arbeit tun die anderen. Klassenkampf und Priesterherrschaft der Intellektuellen, Opladen 1975.

22 Zur eigentlichen Autorenschaft der Formel »J'accuse« vgl. genauer Rolf-Bernhard Essig, Der offene Brief. Geschichte und Funktion einer publizistischen Form von Isokrates bis Günter Grass, Würzburg 2000, S. 173 ff.

23 Siehe hier und auch im Folgenden Stine Marg u. a. (Hg.), Die neue Macht der Bürger. Was motiviert die Protestbewegungen?, Reinbek bei Hamburg 2013, S. 301 ff.

24 Ausführlicher bei Martin Baethge u. a., Das Führungskräfte-Dilemma. Manager und industrielle Experten zwischen Unternehmen und Lebenswelt, Frankfurt am Main u. a. 1995, S. 239.

25 Tim B. Müller, Nach dem Ersten Weltkrieg. Lebensversuche moderner Demokratien, Hamburg 2014, S. 52.

26 Tony Judt, Geschichte Europas von 1945 bis zur Gegenwart, München u. a. 2006, S. 430.

27 Hierzu ausführlicher Franz Walter, Baustelle Deutschland, Frankfurt am Main 2008, S. 79 ff.

28 Reinhart Koselleck, Begriffsgeschichten. Studien zur Semantik und Pragmatik der politischen und sozialen Sprache, Frankfurt am Main 2006, S. 178.

29 Hierzu Reinhart Koselleck, Vom Sinn und Unsinn der Geschichte, Frankfurt am Main 2010, S. 205.

30 Ulrich Linse, Die Jugendkulturbewegung, in: Klaus Vondung (Hg.), Das wilhelminische Bildungsbürgertum. Zur Sozialgeschichte seiner Ideen, Göttingen 1976, S. 119–137.

31 Zu den Lebensreformbewegungen vgl. auch Florentine Fritzen, Gesünder leben. Die Lebensreformbewegungen im 20. Jahrhundert, Stuttgart 2006; Kai Buchholz u. a. (Hg.), Die Lebensreform. Entwürfe zur Neugestaltung von Leben und Kunst um 1900, Darmstadt 2001; Eva Barlösius, Naturgemäße Lebensführung. Zur Geschichte der Lebensreform um die Jahrhundertwende, Frankfurt am Main u. a. 1996.

32 Ulrich Linse, Antiurbane Bestrebungen in der Weimarer Republik, in: Peter Alter (Hg.), Im Banne der Metropolen, Göttingen 1993, S. 314–344; auch Ders., Der Wandervogel, in: Étienne François u. Hagen Schulze (Hg.), Deutsche Erinnerungsorte, Bd. 3, München 2001, S. 531–548.

33 Vgl. Rüdiger Ahrens, Bündische Jugend. Eine neue Geschichte 1918–1933, Göttingen 2015.

34 Vgl. Dieter Langewiesche, Bildungsbürgertum und Liberalismus im 19. Jahrhundert, in: Jürgen Kocka (Hg.), Bildungsbürgertum im 19. Jahrhundert, Bd. IV: Politischer Einfluß und gesellschaftliche Formation, Stuttgart 1985, S. 95–121.

35 Thea Sternheim, Tagebücher IV, 1951–1971, Göttingen 2011, S. 369.

36 Ralf Dahrendorf, Politik im Garten

der Tabus, in: magnum, H. 36 (Juni)/1961, S. 58 u. S. 73.

37 Max Scheler, Das Ressentiment im Aufbau der Moralen, Frankfurt am Main 1978, S. 34 ff.

38 Rainer Paris, Der Wille des Einen ist das Tun des Anderen. Aufsätze zur Machttheorie, Velbrück 2015, S. 49 ff.

Rebellische Jugend und ihre Vordenker

1. Der große Aufbruch im Jahr 1913

1 Jürgen Reulecke, Hoher Meißner 1913–2013: zum Umgang mit einem Jubiläum, in: Jahrbuch des Archivs der deutschen Jugendbewegung, Bd. 5 (2008), S. 190–212.

2 Wolfgang Saur, 100 Jahre Wandervogel: Geschichte – Deutung – Wirkung, in: Zeitschrift für Religions- und Geistesgeschichte, Bd. 54 (2002), H. 2, S. 171 ff., hier S. 171.

3 Ulrich Grober, Packt euren Rucksack leicht!, in: Die Zeit, 31.10.2001.

4 Vgl. Heinrich Ahrens, Die deutsche Wandervogelbewegung von den Anfängen bis zum Weltkrieg, Hamburg 1939, S. 13 ff.

5 Gerhard Ille u. Günter Kohler, Der Wandervogel – Es begann in Steglitz, Berlin 1987.

6 Helmut Henne, Zur Sprache der Jugend im Wandervogel, in: Zeitschrift für germanistische Linguistik, Jg. 8 (1981), S. 20–33, hier S. 22.

7 Gerhard Ziemer u. Hans Wolf, Wandervogel und Freideutsche Jugend, Bad Godesberg 1961, S. 7.

8 Rudolf Kneip, Wandervogel ohne Legenden. Die Geschichte eines pädagogischen Phänomens, Heidenheim 1983, S. 54 f.

9 Siehe Winfried Mogge, »Ihr Wandervögel in der Luft …«. Fundstücke zur Wanderung eines romantischen Bildes und zur Selbstinszenierung einer Jugendbewegung, Würzburg 2009, S. 123.

10 Sigrid Bias-Engels, Zwischen Wandervogel und Wissenschaft. Zur Geschichte von Jugendbewegung und Studentschaft 1896–1920, Pfaffenweiler 1990, S. 18.

11 Winfried Mogge, Der Freideutsche Jugendtag 1913: Vorgeschichte, Verlauf, Wirkungen, in: Ders. u. Jürgen Reulecke (Hg.), Hoher Meißner 1913. Der erste Freideutsche Jugendtag in Dokumenten, Deutungen und Bildern, Köln 1988, S. 33–62, hier S. 42.

12 Walter Laqueur, Die deutsche Jugendbewegung. Eine historische Studie, Köln 1983, S. 47.

13 Vgl. Peter Dudek, »Versuchsacker für eine neue Jugend«. Die Freie Schulgemeinde Wickersdorf 1906–1945, Bad Heilbrunn 2009, S. 55 ff.

14 Heinrich Kupffer, Gustav Wyneken, Stuttgart 1970, S. 85 ff.

15 Dokumentiert in: Freideutsche Jugend. Zur Jahrhundertfeier auf dem Hohen Meißner 1913, hg. von Arthur Kracke, Jena 1913 S. 4 f.

16 Mogge, Der Freideutsche Jugendtag, S. 45 ff.; Ders., Naturverständnis und Kulturkritik. Der Hohe Meißner als Symbol der Jugendbewegung, in: Jahrbuch des Archivs der Deutschen Jugendbewegung, Bd. 15 (1984), S. 171–200.

17 Hans Bohnenkamp, Zum Selbstverständnis der Meißnerjugend, in: Göttinger Sammlung. Göttinger Blätter zur Kultur und Erziehung, Jg. 3 (1963), H. 3, S. 25 ff.

18 Auch Fritz Borinski u. Werner Milch, Jugendbewegung. Die Geschichte der deutschen Jugend 1896–1933, Frankfurt am Main 1982, S. 35.

19 Hans-Ulrich Thamer, Das Meißner-Fest der Freideutschen Jugend 1913 als Erinnerungsort der deutschen Jugendbewegung, in: Jahrbuch des Archivs der deutschen Jugendbewegung, Bd. 5 (2008), S. 169–190, hier S. 175 f.

20 Dokumentiert und einsehbar auf URL: http://www.archive.org/stream/derkampffrdiejwyne/derkampffrdiejwyne_djvu.txt [eingesehen am 27.02.2017].

21 Schulz, S. 145 u. S. 161.

22 Kneip, S. 102 f.

23 Karsten Schulz, Beschreibung und Verortung zweier überverbandlicher Jugendtreffen junger Jugendbewegungen, Kassel 2009, S. 171.

24 Schon Theodor Wilhelm, Der geschichtliche Ort der deutschen Jugendbewegung, in: Werner Kindt (Hg.), Grundschriften der deutschen Jugendbewegung, Düsseldorf 1963, S. 7–29, hier S. 9 ff.

25 Herbert Schierer, Der Wandervogel und die Bündischen, in: Die Zeit, 08.09.1949.

2. Die verlorene Generation und ihr heroisches Idol

1 Hierzu und im Folgenden Ute Kopshoff, Eberhard Köbel und die dj.1.11. Im Spannungsfeld der politischen Ideologien der späten Weimarer Republik, Münster 2000, S. 20 ff.

2 Zur Biografie und Charakterisierung Koebels vgl. hier und insgesamt die kluge Studie von Gudrun Schneider-Nehls, Grenzgänger in Deutschland. Untersuchung einer intellektuellen Verhaltensmöglichkeit in unserem Jahrhundert, Potsdam 1997, S. 210 ff.

3 Hans Graul, Der Jungenschafter ohne Fortune, Frankfurt am Main 1985, S. 15.

4 Hans-Christian Brandenburg, Der junge Eberhard Koebel, in: Jahrbuch des Archivs der deutschen Jugendbewegung, Bd. 15 (1984–1985), S. 325–352, hier S. 329 u. S. 333.

5 Brandenburg, S. 351.

6 Zit. nach Kopshoff, S. 47.

7 Erich Meier, »Mir war wie einem Springbrunnen …«, in: Fritz Schmidt (Hg.), tusk. Versuche über Eberhard Koebel, S. 11–62, hier S. 29.

8 Alexej Stachowitsch, Inhalt und Form bündischer Ausdrucksweisen, URL: http://www.buendische-blaue-blume.de/index-Dateien/Stachowitsch,%20Inhalt%20und%20Form%20buendischer%20Ausdrucksweisen%20Okt%202004.pdf [eingesehen am 27.02.2017].

9 100 Jahre tusk, »denkMal« der Jugendbewegung. rot-graue Blätter, internetzeitschrift der pfadfinderschaft grauer reiter 2007, S. 9.

10 Walter Laqueur, Die deutsche Jugendbewegung. Eine historische Studie, Köln 1978, S. 186.

11 Zu diesem zeitgeistigen Diskurs auch Antonia Grunenberg, Hannah Arendt und Martin Heidegger, München 2008, S. 198 ff.

12 Fritz Schmidt, Ein Mann zwischen zwei Welten. Eberhard Koebels politische Entwicklung, seine ersten Jahre in der Emigration und seine Wirkung auf die illegale dj 1.11., Edermünde 1997, S. 11.

13 Zit. nach Heidrun Holzbach-Linsenmaier, tusk – der Deutsche, in: Die Zeit, 21.02.1997.

14 Fritz Schmidt, Der ›politische‹ Eberhard Koebel, illegale dj.1.11 und deutsche Jungenschaft, in: Schmidt, tusk, S. 83–119, hier S. 87.

15 Sehr präzise bei Schneider-Nehls, S. 265.

16 Zit. nach Kopshoff, S. 92.

17 Schmidt, Ein Mann, S. 54 ff.

18 Eberhard Köbel, Die Heldenfibel, Plauen 1933, S. 151.

19 Bodo Mrozek, Nicolaus Sombart, in: Barbara Stambolis (Hg.), Jugendbewegt geprägt, Göttingen 2013, S. 667–682, hier S. 673–675.

20 Helmut Grau, Eberhard Köbeltusk in Gestapo-Haft und auf dem Weg in die Emigration, in: Archiv der Deutschen Jugendbewegung, Jg. 7 (1975), S. 145–148.

21 Eckard Holler, Der spätere Lebensweg von Eberhard Koebel-tusk, in: Schmidt, tusk, S. 143 ff.

22 Susanne Rappe-Weber, »komm zu uns …« – ein Briefwechsel um die Wiederbelebung der *Deutschen Jungenschaft* im Jahr 1974, in: Botho Brachmann u. a. (Hg.), Die Kunst des Vernetzens, Berlin-Brandenburg 2006, S. 66–68.

23 Siehe Arno Klönne u. a. (Hg.), Eberhard Koebel – tusk, Werkausgabe. 12. Bände, Edermünde 2005.

3. Abschied von den Gurus?

1 Vgl. Almut-Barbara Renger, Der »Meister«: Begriff, Akteur, Narrativ. Grenzgänge zwischen Religion, Kunst und Wissenschaft: in: Dies. (Hg.), Meister und Schüler in Geschichte und Gegenwart. Von Religionen der Antike bis zur modernen Esoterik, Göttingen 2012, S. 19–49.

2 Reinhard Hummel, Gurus, Meister, Scharlatane. Zwischen Faszination und Gefahr, Freiburg im Breisgau u. a. 1996, S. 11.

3 Etwa Renger, S. 39.

4 Vgl. Joachim Wach, Meister und Jünger: Zwei religionssoziologische Betrachtungen, Leipzig 1925, S. 23.

5 Miriam Gebhardt, Rudolf Steiner. Ein moderner Prophet, München 2011, S. 166.

6 Peter Dudeck, »Versuchsacker für eine neue Jugend«, Bad Heilbrunn 2009, S. 41.

7 Ulrich Raulff, Kreis ohne Meister. Stefan Georges Nachleben, München 2012, S. 30.

8 Gebhardt, S. 167; Holger Franke, Leonard Nelson, Ammersbek bei Hamburg 1991, S. 104.

9 Ignaz Wrobel, Rudolf Steiner in Paris, in: Die Weltbühne, 03.07.1924, S. 26.

10 Erich Mühsam, Tagebücher. Band 1. 1910–1911, hg. von Chris Hirte u. Conrad Piens, Berlin 2011, S. 52.

11 Auch Walther Müller-Jentsch, Die Kunst in der Gesellschaft, Wiesbaden 2011, S. 111 u. S. 152.

12 Auch Hummel, S. 45.

13 Franz Walter, »Republik, das ist nicht viel«. Partei und Jugend in der Krise des Weimarer Sozialismus, Bielefeld 2011, S. 125 ff.

14 Georg Steiner, Der Meister und seine Schüler, München u. a. 2004, S. 40 ff.

15 Thomas Karlauf, Stefan George, die Entdeckung des Charismas, München 2008, S. 401.

16 Hierzu Jürgen Oelkers, Eros und Herrschaft, Weinheim u. a. 2011; Magdelena Klinger, Pädagogischer Eros, Berlin 2011.

17 Siehe etwa: Päderastie aus dem Geist von Stefan George?, Gespräch von Julia Encke mit Thomas Karlauf, in: Frankfurter Allgemeine Zeitung, 05.04.2010.

18 Raulff, S. II.

19 Vgl. Jürgen Oelkers, ›Pädagogischer Eros‹ in deutschen Landerziehungsheimen, in: Werner Thole u. a. (Hg.), Sexualisierte Gewalt. Macht und Pädagogik, Opladen u. a. 2012, S. 27–44.

20 Gustav Wyneken, Eros, Lauenburg an der Elbe 1921.

21 Siehe die Pressesammlung dazu in: Nachlaß Gustav Wyneken, Mappe 1180, Archiv der deutschen Jugendbewegung Witzenhausen.

22 Wach, S. 14.

23 Steiner, S. 49.

24 Siehe Franz Walter, Edmund Husserl. »Geben Sie Kleingeld!«, in: Stine Marg u. Franz Walter (Hg.), Göttinger Köpfe und ihr Wirken in die Welt, Göttingen 2012, S. 133–141.

25 Übernommen aus: John Welwood, Über echte und falsche Spiritualität, in: Ken Wilber u. a., Meister, Gurus, Menschenfänger, Frankfurt am Main, 1998, S. 39–62, hier S. 49.

26 Der Stefan-George-Biograf Thomas Karlauf reklamierte Gleiches für seinen Meister, da dessen Jünger Claus Schenk Graf von Stauffenberg das fehlgeschlagene Attentat auf Hitler am 20. Juli 1944 verübt hatte; siehe Thomas Karlauf, Stauffenberg. Eine Motivsuche, in: Sinn und Forum, Jg. 62 (2012), S. 5–17.

27 Franz Walter u. Stine Marg, Von der Emanzipation zur Meritokratie, Göttingen 2013, S. 89 ff.

28 Gebhardt, S. 291.

29 Heinz Buddemeier u. Peter Schneider, Waldorfpädagogik und staatliche Schule, Stuttgart u.a. 2006; Fanny Jiménez, Namen tanzen, fit in Mathe – Waldorf im Vorteil, in: Die Welt, 26.09.2012.

30 Siehe URL: http://www.waldorfschule.de/service/schulen/schulverzeichnisse/ [eingesehen am 28.02.2017].

31 Winfried Böhm, Die Reformpädagogik. Montessori, Waldorf und andere Lehren, München 2012, S. 53.

32 Steiner, S. 43 f.

33 Hierzu Stefan Rademacher, »Meister« und »Schüler« in der gegenwärtigen Esoterik-Kultur – Chiffren sich verändernder sozialer Konstellationen im alternativreligiösen Feld, in: Renger, S. 425–442, hier S. 428.

34 Etwa Jörg Felfe, Charisma, Transformationale Führung und Commitment, Köln 2005, S. 19.

35 Siehe Jutta Menzenbach, Visionäre Unternehmensführung, Wiesbaden 2012, S. 43 ff.

4. Hermann Heller – der gute Lehrmeister?

1 Als Erster deutete in der Bundesrepublik Wolfgang Abendroth ihn so: vgl. Wolfgang Abendroth, Die Funktion des Politikwissenschaftlers und Staatsrechtlers Hermann Heller in der Weimarer Republik und in der Bundesrepublik Deutschland, in: Christoph Müller u. Ilse Staff (Hg.), Staatslehre in der Weimarer Republik, Hermann Heller zu Ehren, Frankfurt am Main 1985, S. 213–234.

2 Vgl. Ilse Staff, Zur Rezeption Hermann Hellers in der Bundesrepublik Deutschland, in: Zeitschrift für Rechtspolitik, Jg. 26 (1993), H. 9, S. 337–339.

3 Hans Mommsen, Zum Verhältnis von politischer Wissenschaft und Geschichtswissenschaft in Deutschland, in: Vierteljahrshefte für Zeitgeschichte, Jg. 10 (1962), H. 4, S. 341–372, hier S. 350.

4 Dieter Langewiesche, Erwachsenenbildung, in Handbuch der deutschen Bildungsgeschichte Bd. 5 1918–1945: Die Weimarer Republik und die nationalsozialistische Diktatur, hg. v. Ders. u. Hein-Elmar Tenorth, München 1989, S. 337–370.

5 Vgl. Wilfried Fiedler, die Wirklichkeit des Staates als menschliche Wirksamkeit. Über Hermann Heller (Teschen 1891–Madrid 1933), in: Oberschlesisches Jahrbuch, Bd. 11 (1995), S. 149–167; Christoph Müller, Hermann Heller (1891–1933). Vom liberalen zum sozialistischen Rechtsstaat, in: Streitbare Juristen, Eine andere Tradition, hg. v. Streitbare Juristen, Baden-Baden 1988, S. 268–281, hier S. 270 ff.; Wolfgang Schluchter, Ein wissenschaftliches und politisches Porträt, in: Staatslehre in der Weimarer Republik, Hermann Heller zu Ehren, hg. v. Christoph Müller u. Ilse Staff, Frankfurt am Main 1985, S. 24–42, hier S. 26 f.; Wilhelm Bleek, Geschichte der Politikwissenschaft, München 2001, S. 216 f.

6 Rainer Wolf, Hermann Heller, in: Kritische Justiz, Jg. 26 (1993), S. 500–507, hier S. 501.

7 Zit. nach Uwe Danker, Gustav Radbruch in Kiel. Eine vorsichtige Annäherung an den »Politiker«, in: Demokratische Geschichte, Jg. 20 (2009), S. 77–100, hier S. 87.

8 Vgl. Kathrin Groh, Demokratische Staatsrechtslehrer in der Weimarer Republik. Von der konstitutionellen Staatslehre zur Theorie des modernen demokratischen Verfassungsstaats, Tübingen 2010, S. 142.

9 Wilhelm Hennis, Integration durch Verfassung? Rudolf Smend und die Zugänge zum Verfassungsproblem nach 50 Jahren unter dem Grundgesetz, in: Juristenzeitung, Jg. 54 (1999), S. 485–495, hier S. 486.

10 Robert van Ooyen, Die Integrationslehre von Rudolf Smend und das Geheimnis ihres Erfolges in Staatslehre und politische Kunst nach 1945, in: Journal der Juristischen Zeitgeschichte, H. 2/2008, S. 52–57, hier S. 55.

11 Zit. nach Claudio Franzius, Hermann Heller: Einstehen für den Staat, in: Stefan Grundmann u. a. (Hg.), Festschrift 200 Jahre Juristische Fakultät der Humboldt-Universität zu Berlin, Berlin u. a. 2010, S. 637–654, hier S. 646.

12 Vgl. Hartwig Spenkuch, Republikanische Wissenschaftspolitik im Freistaat Preußen: Problemlagen, Professorenberufungen, Leistungen, in: Acta Borussica. Neue Folge. 2. Reihe: Preußen als Kulturstaat, hg. von der Berlin-Brandenburgischen Akademie der Wissenschaften unter der Leitung von Wolfgang Neugebauer, Berlin u. a. 2016, S. 1–186, hier S. 53 f.

13 Vgl. Elfriede Üner, Soziologie als »geistige Bewegung«. Hans Freyers System der Soziologie und die »Leipziger Schule«, Weinheim 1992, S. 14.

14 Siehe auch Gustav Radbruch, Gertrud Hermes (1872–1942), in: Die Frau, Jg. 50 (1942/43), S. 53–54.

15 Dorothea Flaig, Gertrud Hermes: Leben und Werk einer Erwachsenenbildnerin, Oldenburg 1998, URL: http://oops.uni-oldenburg.de/587/1/620.pdf [eingesehen am 28.02.2017].

16 Zit. nach Florian Oberhuber, Hermann Heller: Politische Theorie und wissenschaftliche Weltanschauung, in: Karl Acham (Hg.), Rechts-, Sozial und Wirtschaftswissenschaften aus Graz. Zwischen empirischer analyse und normativer Handlungsanweisung, Wien u. a. 2011, S. 343–355, hier S. 347.

17 Hans Rädle, Erwachsenenbildung und staatsbürgerliche Erziehung – Die volksbildnerischen Schriften Hermann Hellers, in: Paedagogica Historica, Jg. 9 (1969), S. 425–451.

18 Vgl. ebd., S. 441 ff.

19 Hierzu Peter Faulstich u. Christian Zeuner, Erwachsenenbildung und soziales Engagement. Historisch-biographische Zugänge, Bielefeld 2001, S. 111 ff.

20 Hier und im Folgenden Josef Olbrich, Geschichte der Erwachsenenbildung in Deutschland, Bonn 2001, S. 172 ff.

21 Vgl. Carl-Urs Mösenfechtel, Arbeiterbildung als soziale Emanzipation und gesellschaftliche Integration: Fritz Borinski und das Volkshochschulheim für Jungarbeiter, in: Jörg Knoll u.a. (Hg.), Gestalt und Ziel. Beiträge zur Geschichte der Leipziger Erwachsenenbildung, Leipzig 2007, S. 68–81, hier S. 76.

22 URL: http://www.hamburg.de/clp/frauenbiografien-suche/clp1/hamburgde/onepage.php?BIOID=4048&qN=gertrud%20falke [eingesehen am 28.02.2017].

23 Vgl. Klaus Meyer, Arbeiterbildung in der Volkshochschule. Die »Leipziger Richtung«: Ein Beitrag zur deutschen Volksbildung in den Jahren 1922–1933, Stuttgart 1969, S. 133 ff.

24 Michael Henkel, Hermann Hellers Begründung der Politikwissenschaft, in: Souveräne Demokratie und soziale Homogenität. Das politische Denken Hermann Hellers, hg. v. Marcus Llanque, Baden-Baden 2010, S. 208–237; auch Ders., Die Geburt der Politikwissenschaft aus dem Geiste der Soziologie. Hermann Hellers Theorie der Politik und des Staates, Jena 2009.

25 Arno Waschkuhn, »Vielleicht bewirkt« und »einheitlich wirkend«. Der Staat als Kulturprodukt und Metainstitution in den Konzeptionen von Hermann Heller, in: Politisch-kulturelle Zugänge zur Weimarer Staatsdiskussion, hg. v. Alexander Thumfart, Baden-Baden 2002, S. 7–21.

26 Vgl. auch Albrecht Dehnhard, Dimensionen staatlichen Handelns. Staatstheorie in der Tradition Hermann Hellers, Tübingen 1996, S. 22.

27 Heller, Hermann, Politische Demokratie und soziale Homogenität, in: Gesammelte Werke, Bd. 2: Recht, Staat und Macht, hg. v. Christoph Müller, Leiden 1971, S. 421–423 [zuerst erschienen in: Probleme der Demokratie, Berlin 1928, S. 35–47], hier S. 431.

28 Siehe hierzu Lukas Oberndorfer, Die Renaissance des autoritären Liberalismus?, in: PROKLA, Jg. 42 (2012), H. 168, S. 413–431, hier S. 413.

29 Hier und im Folgenden Gérad Raulet, Staatslehre als Wirklichkeitswissenschaft. Zu Hermann Hellers Auffassung der Demokratie, in: Souveräne Demokratie und soziale Homogenität. Das Politische Denken Hermann Hellers, hg. v. Manfred Gangl, Frankfurt am Main 2003, S. 188–216.

30 Hubertus Buchstein, Von Max Adler zu Ernst Fraenkel. Demokratie und pluralistische Gesellschaft in der sozialistischen Demokratielehre der Weimarer Republik, in: Christoph Gusy (Hg.), Demokratisches Denken in der Weimarer Republik, Baden-Baden 2000, S. 534–606, hier S. 571.

31 Zit. nach Riccardo Bavaj, Kirchheimers Parlamentarismuskritik in der Weimarer Republik. Ein Fall von »Linksschmittianismus«?, in: Vierteljahrshefte für Zeitgeschichte, Jg. 55 (2007), H. 1, S. 33–51, hier S. 44.

32 Vgl. auch Marcus Llanque, Die Theorie politischer Einheitsbildung in Weimar und die Logik von Einheit und Vielheit (Rudolf Smend, Carl Schmitt, Hermann Heller), in: Andreas Göbel u. a. (Hg.), Metamorphosen des Politischen – Grundfragen politischer Einheitsbildung seit den 20er Jahren, Berlin 1995, S. 157–176.

33 Hermann Heller, Politische Demokratie und soziale Homogenität, in: Gesammelte Werke, Bd. 2: Recht, Staat und Macht, hg. v. Christoph Müller, Leiden 1971, S. 421–423, [zuerst erschienen in: Probleme der Demokratie, Berlin 1928, S. 35–47], hier S. 429.

34 Heller, S. 427.

35 Wolf, S. 504.

36 Heller, S. 428.

37 Buchstein, S. 568 f.

38 Waschkuhn, S. 7–21.

39 Schluchter, S. 37.

40 Raulet, S. 211.

41 Heller, S. 425.

42 Ebd., S. 415.

43 Zit. nach Raulet, S. 202.

44 Zit. nach Fritz Borininski, Die Bildung aktiver Minderheiten als Ziel demokratischer Erziehung, in: Jürgen Fijalkowski (Hg.), Politologie und Soziologie. Otto Stammer zum 65. Geburtstag, Köln u. a. 1965, S. 126–140, hier S. 137.

45 Hans Tietgens, Geschichte der Erwachsenenbildung, in: Handbuch Erwachsenenbildung/Weiterbildung, hg. v. Rudolf Tippelt u. Aiga von Hippel, Wiesbaden 2010, S. 25–42, hier S. 37.

46 Langewiesche, S. 357.

47 Hansjörg Tuguntke, Demokratie und Bildung, Erwachsenenbildung am Ausgang der Weimarer Republik, Frankfurt am Main 1988, S. 37; Olbrich, S. 171.

48 Zu diesem Konzept auch Martha Friedenthal-Haase, Die Wenigen und die Vielen. Zu Orientierungsfragen der politischen Erwachsenenbildung in der Demokratie, in: Bildung und Erziehung, Jg. 60 (2007), H. 2, S. 209–226.

49 Zu den im Folgenden beschriebenen Vorgängen bei den Jungsozialisten der Weimarer Republik mit Belegen im Einzelnen vgl. Franz Walter, »Republik, das ist nicht viel«. Partei und Jugend in der Krise des Weimarer Sozialismus, Bielefeld 2011, S. 47–57, S. 93–107 u. S. 143–152.

50 Die beiden Referate sind neuerdings auch nachzulesen in: Zwischen Reformismus und Radikalismus. Jungsozialistische Programmatik in Dokumenten und Beschlüssen, hg. u. eingeleitet von Thilo Scholle u. a., Bonn 2014, S. 77–91.

51 Vgl. dazu und im Folgenden Dritte Reichskonferenz der Jungsozialisten in Jena (Protokoll), Berlin 1925.

52 Siehe auch Rudolf Kriechbaumer, Die großen Erzählungen der Politik. Politische Kultur und Parteien in Österreich von der Jahrhundertwende bis 1945, Wien u. a. 2001, S. 85 ff.

53 Dritte Reichskonferenz, S. 22.

54 Zit. nach Volker Ott, Hermann Heller und die Leipziger Erwachsenenbildung zwischen Individuum, Gesellschaft und Staat, in: Knoll u. a., S. 11–31, hier S. 20.

55 Hildegard Feidel-Mertz, Zur Ideologie der Arbeiterbildung, Frankfurt am Main 1972, S. 70.

56 Schmitt habe aber, schreibt sein Biograf, »die Erwartungen erfüllt« und sei in der Folge »als Verfassungsberater weiter gefragt« gewesen; Reinhard Mehring, Carl Schmitt. Aufstieg und Fall. Eine Biographie, München 2009, S. 294.

57 Siehe die Eintragungen bei Carl Schmitt, Tagebücher 1930 bis 1934, hg. von Wolfgang Schuller in Zusammenarbeit mit Gerd Giesler, Berlin 2010, S. 224–227 u. S. 424.

58 Insgesamt zu dieser Aktion siehe Stefan Höpel, Die »Säuberung« der deutschen Rechtswissenschaft – Ausmaß und Dimension der Vertreibung nach 1933, in: Kritische Justiz, Jg. 26 (1993), H. 4, S. 438–460.

59 Zit. nach Udo Winkel, Carl Schmitt und die Juden, URL: http://www.exit-online.org/textanz1.php?tabelle=schwerpunkte&index=13&posnr=185&backtext1=text1.php [eingesehen am 28.02.2017].

5. Die neue Linke entdeckte den alten Künder der Revolte: Herbert Marcuse

1 Michael Schmidtke, Der Aufbruch der jungen Intelligenz. Die 68er Jahre in der Bundesrepublik und den USA, Frankfurt am Main 2003, S. 98.

2 Herbert Marcuse, One-Dimensional Man: Studies in the Ideology of Advanced Industrial Society, Boston 1964; auf Deutsch: Der Eindimensionale Mensch. Studie zur Ideologie der fortgeschrittenen Industriegesellschaft, Neuwied 1967; neuerdings wieder herausgegeben von Peter-Erwin Jansen im zu Klampen! Verlag, Hamburg 2014.

3 Das galt offenkundig nicht nur für Deutschland: »Marcuse war sich aber auch bewusst, dass viele der jungen Rebellen, die über seine Ideen sprachen, ihn niemals gelesen hatten, da sein Werk nicht gerade leicht zu verstehen war. Luis Gonzales de Alba, ein Studentenführer aus Mexiko, beschrieb, wie er sich endlich einmal daran gemacht hatte, etwas von Marcuse zu lesen, und zwar schlichtweg deshalb, weil der Präsident Gustavo Díaz Ordaz seiner Bewegung vorgeworfen hatte, sie stehe unter dem Einfluss dieses Philosophen: ›Ich schlug *Der eindimensionale Mensch* auf und kam bis Seite fünf. Schon *Eros und Zivilisation* war todlangweilig gewesen. Und jetzt müsste ich noch ein Buch von Marcuse lesen, nur weil Díaz Ordaz die ›Philosophen der Zerstörung‹ erwähnt hatte.‹«; Mark Kurlansky, 1968. Das Jahr, das die Welt veränderte, Köln 2005, S. 133.

4 Vgl. auch George Steiner, Ein langer Samstag. Ein Gespräch mit Laure Adler, Hamburg 2016, S. 88 f.

5 Siehe hierzu Robert Lorenz u. Franz Walter (Hg.), 1964. Das Jahr mit dem »68« begann, Bielefeld 2014. Hierin auch die erste Version des vorliegenden Aufsatzes unter dem Titel: Weigerung und Eschatologie. Die Neue Linke entdeckt den alten Herbert Marcuse, S. 149–168.

6 Lutz Köllner, Immer noch fortwährend. Mittelpunkt der Soziologie: Max Weber, in: Die Zeit, 05.11.1965.

7 Martin Endreß, Soziologische Theorien kompakt, München 2012, S. 67.

8 Zum Verlauf siehe Otto Stammer (Hg.), Max Weber und die Soziologie heute, Tübingen 1965.

9 M. Rainer Lepsius, Soziologie als Profession. Autobiographische Skizzen, in: Adalbert Hepp u. Martina Löwe (Hg.), M. Rainer Lepsius, Frankfurt am Main 2008, S. 83–150, hier S. 119.

10 Wolfgang J. Mommsen, Max Weber und die deutsche Politik 1890–1920, Tübingen 2004, S. 444.

11 Günter C. Bermann, Die Theorie, das Institut, die Zeitschrift und das Buch: Zur Publikations- und Wirkungsgeschichte der Kritischen Theorie 1945–1965, in: Clemens Albrecht u.a., Die intellektuelle Gründung der Bundesrepublik. Eine Wirkungsgeschichte der Frankfurter Schule, Frankfurt am Main u.a. 1999, S. 247–311, hier S. 304.

12 Jürgen Habermas, Grossherzige Remigranten, in: Neue Zürcher Zeitung, 02.07.2011.

13 Siehe auch Margherita von Brentano, Die unbescheidene Philosophie, in: Das Argument, Jg. 9 (1967), H. 43, S. 102–116, hier S. 104.

14 Hans Albert, Weltauffassung, Wissenschaft und Praxis. Bemerkungen zur Wissenschafts- und Wertlehre Max Webers, in: Hans Albert u.a. (Hg.), Das Weber-Paradigma, Tübingen 2003, S. 77–96, hier S. 77.

15 Rolf Wiggershaus, Die Frankfurter Schule, München 1988, S. 518.

16 Zur Biografie und zum Werk Marcuses hier und im Folgenden Gert Schäfer, Wider die Paralyse der Kritik – Herbert Marcuse, in: Michael Buchmiller (Hg.), Judentum und politische Existenz, Hannover 2000, S. 191–212; Detlev Claussen, Herbert Marcuse (1898–1979), in: Walter Euchner (Hg.), Klassiker des Sozialismus, München 1991, S. 268 ff.

17 Karl Löwith, Mein Leben in Deutschland vor und nach 1933, Neuausgabe, Stuttgart 2007, S. 28; Hans Jonas, Erinnerungen, Frankfurt am Main 2005, S. 80.

18 Vgl. hierzu Andrew Feenberg, Heidegger and Marcuse, New York 2005; Richard Wolin Heidegger's Children: Hannah Arendt, Karl Löwith, Jans Jonas, and Herbert Marcuse, Princeton 2001.

19 Vgl. Christoph J. Bauer, Mit Hegel gegen den ›Positivismus‹ – mit Hegel zum ›Wesen des Menschen‹. Herbert Marcuses Interpretation der Hegelschen Urteilslehre, in: Thomas Wyrwich (Hg.), Hegel in der neueren Philosophie, Hamburg 2011, S. 317–348, hier S. 339.

20 Alfred Schmidt, Herbert Marcuse – Versuch einer Vergegenwärtigung seiner sozialphilosophischen und politischen Ideen, in: Kritik und Utopie im Werk von Herbert Marcuse, hg. vom Institut für Sozialforschung, Frankfurt am Main 1992, S. 11–50, hier S. 16.

21 Siehe Peter-Erwin Jansen, Deutsche Emigranten in amerikanischen Regierungsinstitutionen, in: Peter Erwin Jansen u. Redaktion Perspektiven

(Hg.), Zwischen Hoffnung und Notwendigkeit. Texte zu Herbert Marcuse, Frankfurt am Main 1999, S. 39–59.

22 Auch Ingrid Gilcher-Holtey, Primat der Theorie oder Primat der Praxis. Kritische Theorie und Neue Linke, in: Dies., Eingreifendes Denken. Die Wirkungschancen von Intellektuellen, Velbrück 2007, S. 163–183, S. 182 f.

23 Vgl. hierzu auch Klaus Laermann, Narziß gegen Ödipus, in: Die Zeit, 19.03.1993.

24 So aktuell auch Žižek, für den der erste kritische Schritt »der Rückzug in die Passivität, die Verweigerung der Partizipation« sei; Slavoj Žižek, Gehen Sie eigentlich noch ins Kino?, in: Frankfurter Allgemeine Sonntagszeitung, 12.02.2017.

25 Emil Walter-Busch, Geschichte der Frankfurter Schule. Kritische Theorie und Politik, München 2010, S. 195.

26 Ralf Dahrendorf, Versuchungen der Unfreiheit. Die Intellektuellen in Zeiten der Prüfung, München 2006, S. 123.

27 Vgl. Douglas Kellner, Herbert Marcuse and the Crisis of Marxism, Berkeley u. a. 1984, S. 276 ff.

28 »Dann ist der Pessimismus eben realistisch« … 13 Jahre später, in: Das Ende der Utopie. Herbert Marcuse. Vorträge und Diskussionen in Berlin 1967, Frankfurt am Main 1980, S. 121–142, hier S. 166 f.

29 Oskar Negt, Marcuses dialektisches Verständnis von Demokratie, in: Peter-Erwin Jansen (Hg.), Herbert Marcuse. Nachgelassene Schriften, Bd. 1, Lüneburg 1999, S. 12 ff., hier S. 15.

30 Vgl. hierzu auch Peter Hamm, Konsumterror – der neue Faschismus?, in: Die Zeit, 05.01.1979.

31 Herbert Marcuse, 33 Thesen, in: Jansen, S. 126–139.

32 Detlev Claussen, Kopf der Leidenschaft. Herber Marcuses Deutschlandanalysen, in: Jansen, S. 11–21, hier 15 ff.

33 Marcuse, 33 Thesen, S. 130 f.

34 Zu dieser Bildungsbürgerlichkeit Marcuses treffend schon Hans-Friedrich Bartig, Herbert Marcuses utopische Wirkung, Hannover 1971, S. 40 ff.

35 Herbert Marcuse, Die Analyse eines Exempels. Hauptreferat auf dem Kongreß »Vietnam – Analyse eines Exempels«, in: neue kritik, H. 36–37/1966, S. 35.

36 Vgl. auch Jörg Bopp, Geliebt und doch gehaßt. Über den Umgang der Studentenbewegung mit Theorie, in: Kursbuch 20 (1984), H. 78, S. 121–142, hier S. 125 f.

37 Ebenfalls Klaus von Beyme, Adorno und die kritische Aufklärung in der Bundesrepublik Deutschland, in: Markus Gloe u. Volker Reinhardt (Hg.), Politikwissenschaft und Politische Bildung. Nationale und internationale Perspektiven, Wiesbaden 2010, S. 15–32, hier S. 21.

38 Vgl. Wolfgang Lipp, Apparat und Gewalt. Über Herbert Marcuse, in: Soziale Welt, Jg. 20 (1969), H. 3, S. 274–303, hier S. 281.

39 Auch Hauke Brunkhorst u. Gertrud Koch, Herbert Marcuse. Eine Einführung, Wiesbaden 2004, S. 9.

40 Siehe Antonia Grunenberg, Die Macht des Ganzen über das Individuum, in: Die Zeit, 11.12.1992.

41 Gaston Salvatore, Träumen entsprang ein Augenblick Geschichte, in: Der Spiegel, 06.08.1979.

42 Kritisch zum Vorwurf der Romantik hingegen Gerhard Schweppenhäuser, Die Fluchtbahn des Subjekts. Beiträge zur Ästhetik und Kulturphilosophie, Münster 2001, S. 158 ff.

43 Ähnlich die Kritik von Eckhard Jesse, Die Totalitarismuskonzeption von Herbert Marcuse, in: Mike Schmeitzner (Hg.), Totalitarismuskritik von links. Deutsche Diskurse im 20. Jahrhundert, Göttingen 2007, S. 355–376, hier S. 368. Schon früh ebenfalls, wenngleich freundlicher: Fritz J. Raddatz, Der Bruch, der Sprung – wie und wohin?, in: Die Zeit, 01.06.1973.

44 Revolution aus Ekel. Spiegel-Gespräch mit dem Philosophen Herbert Marcuse, in: Der Spiegel, 28.07.1969.

45 Professoren als Staats-Regenten. Spiegel-Gespräch mit dem Philosophen Herbert Marcuse, in: Der Spiegel, 21.08.1967.

46 Herbert Marcuse, Mord darf keine Waffe der Politik sein, in: Die Zeit, 23.09.1977.

47 Revolution aus Ekel. Spiegel-Gespräch mit dem Philosophen Herbert Marcuse, in: Der Spiegel, 28.07.1969.

48 Helmut Dubiel, Demokratie und Kapitalismus bei Herbert Marcuse, in: Kritik und Utopie im Werk von Herbert Marcuse, hg. vom Institut für Sozialforschung, Frankfurt am Main 1992, S. 61–73, hier S. 61.

49 Siehe Wolfgang Kraushaar, Achtundsechzig. Eine Bilanz, Berlin 2008, S. 264.

50 Zur Bedeutung für die Studentenbewegung vgl. Ingrid Gilcher-Holtey, Der Tod des Benno Ohnesorg – Ikone der Studentenbewegung, in: Bilder im Kopf, Ikonen der Zeitgeschichte, hg. von der Stiftung Haus der Geschichte der Bundesrepublik Deutschland, Köln 2009, S. 120–129.

51 Matthias Greffrath, Der Sommer, in dem unser 68 begann, in: Die Zeit, 16.05.2007.

52 Ingrid Gilcher-Holtey, Kritische Theorie und Neue Linke, in: Dies. (Hg.), 1968 – Vom Ereignis zum Gegenstand der Geschichtswissenschaft, Geschichte und Gesellschaft: Sonderheft 17, Göttingen 1998, S. 168–187.

53 Zit. nach Ingrid Gilcher-Holtey, Krach in der Familie, in: Die Zeit, 20.06.1997.

54 Die Zitate in: Hanning Voigts, Entkorkte Flaschenpost. Herbert Marcuse, Theodor W.A. Adorno und der Streit um die Neue Linke, Berlin, S. 58 ff.

55 So die spöttische Bemerkung von Dolf Sternberger über Adorno, referiert bei Joachim Fest, Begegnungen. Über nahe und ferne Freunde, Reinbek bei Hamburg 2004, S. 106.

56 Hierzu Michael Schwandt, Kritische Theorie, Stuttgart 2010, S. 182.

57 Zur Frage, wer warum beteiligt war, sehr interessant die Reportage von Tanja Stelzer, in: Der Tagesspiegel, 07.12.2003; zur politisch-ästhetischen Bedeutung vgl. auch Ulrike Traub, Theater der Nacktheit, Bielefeld 2010, S. 186.

58 Auch Anne Lehmhöfer, Busenattentat im Raum der Ideen, in: Frankfurter Rundschau, 30.04.2008.

59 Siehe ebenfalls Wolfgang Kraushaar, Herbert Marcuse und das lebensweltliche Apriori der Revolte, in: Ders. (Hg.), Frankfurter Schule und die Studentenbewegung. Von der Flaschenpost zum Molotowcocktail 1946–1995, Bd. 1–3, Bd. 3. Hamburg 2003, S. 195 f.

60 Insgesamt hierzu Tim B. Müller, Krieger und Gelehrte. Herbert Marcuse und die Denksysteme im Kalten Krieg, Hamburg 2010.

61 Etwa Robert Steigerwald, Herbert Marcuses »dritter Weg«, Köln 1969.

62 Zu 1968 vgl. auch David Bebnowski, Generation und Geltung. Von den »45ern« zur »Generation Praktikum« – übersehene und etablierte Generationen im Vergleich, Bielefeld 2012, S. 79 ff.

6. Der undogmatische Frühling im Herbst studentischer Mescaleros

1 Siehe hierzu Gerd Koenen, Das rote Jahrzehnt. Unsere kleine deutsche Kulturrevolution 1967–1977, Köln 2001; anders: Massimiliano Livi, Daniel Schmidt, Michael Sturm (Hg.), Die

1970er Jahre als schwarzes Jahrzehnt. Politisierung und Mobilisierung zwischen christlicher Demokratie und extremer Rechter, Frankfurt am Main u. a. 2010.

2 Mit einem Faksimile des Artikels siehe Dokumentation: Nachruf mit klammheimlicher Freude, in: Frankfurter Allgemeine Zeitung, URL: http://www.faz.net/aktuell/politik/terrorismus-dokumentation-nachruf-mit-klammheimlicher-freude-114635.html [eingesehen am 28.02.2017].

3 Gunnar Hinck, Wir waren wie Maschinen. Die bundesdeutsche Linke der siebziger Jahre, Berlin 2012, S. 330.

4 Ebd., S. 62 ff.

5 Siehe etwa Johann Bauer, Eein weltweiter aufbrauch! Gespräch über den gewaltfreien Anarchismus der Siebzigerjahre, Nettersheim 2009, S. 39 ff.

6 Reimar Paul, 68er Debatte: Streit der Häuptlinge, in: Der Tagesspiegel, 30.01.2001.

7 Klaus Hülbrock im Gespräch mit Annette Rogalla, »Ich bleibe ein Indianer«, in: die tageszeitung, 10.02.2001.

8 Vgl. Peter Brückner, Die Mescalero-Affäre. Ein Lehrstück für Aufklärung und politische Kultur, Hannover 1978, S. 10 f.

9 Vgl. Michael März, Linker Protest nach dem Deutschen Herbst. Eine Geschichte des linken Spektrums im Schatten des »starken Staates«. 1977–1979, Bielefeld 2012, S. 214.

10 Etwa Theo Sommer, Wie im »Stürmer«, in: Die Zeit, 13.05.1977.

11 Siehe Stefan Spiller, Der Sympathisant als Staatsfeind. Die Mescalero-Affäre, in: Wolfgang Kraushaar (Hg.), Die RAF und der linke Terrorismus, Bd. 2, Hamburg 2006, S. 1227–1259, hier S. 1236.

12 Siehe auch Spiller, S. 1232–1235.

13 Gerhard Bliersbach, »Schadenfreude ist die schönste Freude«. Die psychosoziale Kontroverse um den Göttinger »Mescalero«-Text »Buback – ein Nachruf von 1977, in: Gruppendynamik. Zeitschrift für angewandte Sozialpsychologie, Jg. 10 (1979), S. 67–78, hier S. 69.

14 Wilfried Gottschalch, Gutachterliche Äußerungen zum Beweis dafür, daß …, in: Dieter Hoffmann-Axthelm u. a. (Hg.), Zwei Kulturen? TUNIX, Mescalero und die Folgen, Berlin 1978, S. 212–223, hier S. 217.

15 Hierzu ebenfalls Günter Schreiner, Die Göttinger Mescalero-Affäre als Lehrstück für politische Kommunikation, in: Gruppendynamik. Zeitschrift für angewandte Sozialpsychologie, Jg. 10 (1979), S. 79–86, hier S. 84.

16 Siehe auch die berechtigte zeitgenössische Kritik in: Gewaltfreie Aktion, Feldzüge für ein sauberes Deutschland. Politische Erklärung gewaltfreier Aktionsgruppen in der BRD zu Terrorismus und Repression am Beispiel der Mescalero-Affäre, Göttingen 1977, S. 16.

17 Peter Glotz, Von Heimat zu Heimat. Erinnerungen eines Grenzgängers, Berlin 2005, S. 153.

18 Etwa: Johannes Agnoli u. a., »… da ist nur freizusprechen!« Die Verteidigungsreden im Berliner Mescalero-Prozeß, Hamburg 1979; Thomas Blanke u. a., Der Oldenburger Buback-Prozeß, Berlin 1979.

19 Jürgen Habermas, Der Fall Brückner ist ein Fall Albrecht, in: Alfred Krovoza u. a. (Hg.), Zum Beispiel Peter Brückner. Treue zum Staat und kritische Wissenschaft, Frankfurt am Main 1981, S. 13–14; Barbara Sichtermann, Wie es wirklich war oder: Bericht aus dem Innern eines Falles, in: ebd., S. 52–74.

20 Jürgen Gückel, Als der Mescalero-Nachruf Wohnungen unsicher machte, in: Göttinger Tageblatt, 08.05.2009.

21 Andrea Gabler, Sturm im Elfenbeinturm. Positionen und Aktionsformen des Göttinger AStA zu Wissenschaftsbetrieb und politischen Mandat von 1967 bis 1987, Göttingen 1993, S. 110 f.

22 Siehe o. V., »Jeder fünfte denkt etwa so wie Mescalero«. Berlins Wissenschaftssenator Peter Glotz über Sympathisanten und die Situation an den Hochschulen, in: Der Spiegel, 03.10.1977.

23 Beispiele hierfür referiert und analysiert Hinck, S. 324–326 u. S. 335–337.

24 Philipp Felsch, Der lange Sommer der Theorie. Geschichte einer Revolte. 1960–1990, München 2015, S. 148.

25 Klaus Hülbrock, Noch bleibt der Sohn auf dem Hof der Mutter. Doch Chinas letztes Matriarchat zerfällt allmählich, in: Frankfurter Allgemeine Zeitung, 07.04.1994.

26 Klaus Hülbrock im Gespräch mit Annette Rogalla, »Ich bleibe ein Indianer«, in: die tageszeitung, 10.02.2001.

27 Zit. nach Hinck, S. 372 f.

28 Vgl. Michael Buback, der zweite Tod meines Vaters, München 2009, S. 40 f.

29 Siehe o.V., Eine Begegnung mit Klaus Hülbrock, in: die tageszeitung, 10.02.2001.

30 Siehe o.V., Dokumentation. »Mescaleros« Brief an Buback-Sohn, in: URL: http://www.netzwerk-regenbogen.de/mescalero240101.html [eingesehen am 28.02.2017].

7. Friedensbewegt – und kommunistisch gesteuert?

1 Auch Franz Walter, Manifest der Friedensbewegung im Herbst der Kanzlerschaft Schmidt. Der »Krefelder Appell« von 1980, in: Johanna Klatt u. Robert Lorenz (Hg.), Manifeste. Geschichte und Gegenwart des politischen Appells, Bielefeld 2011, S. 255–284.

2 Vgl. Wolfgang Rudzio, Die Erosion der Abgrenzung. Zum Verhältnis zwischen der demokratischen Linken und Kommunisten in der Bundesrepublik Deutschland, Opladen 1983, S. 161.

3 Vgl. Rudolf van Hüllen, Der »Krefelder Appell«, in: Jürgen Maruhn u. Manfred Wilke (Hg.), Raketenpoker um Europa. Das sowjetische SS 20-Abenteuer und Friedensbewegung, München 2001, S. 216–253.

4 Vgl. Claus Peter Ortlieb, Die Zahlen als Medium und Fetisch, in: J. Schröter u. a. (Hg.), Media Marx. Ein Handbuch, Bielefeld 2006, S. 153–167.

5 Hierzu und im Folgenden: Babette Gross, Willi Münzenberg. Eine politische Biographie, Stuttgart 1967, S. 125 ff.; auch Rolf Surmann, Die Münzenberg-Legende: Zur Publizistik der revolutionären Arbeiterbewegung 1921–1933, Köln 1982.

6 Bruno Frei, Der Papiersäbel, Frankfurt am Main 1972, S. 175.

7 Siehe Fritz J. Raddatz, Erfolg oder Wirkung. Schicksale politischer Publizisten in Deutschland, München 1972, S. 88.

8 Auch Riccardo Bavaj, »Revolutionierung der Augen«: Politische Massenmobilisierung in der Weimarer Republik und der Münzenberg-Konzern, in: Ute Daniel u. a. (Hg.), Politische Kultur und Medienwirklichkeiten in den 1920er Jahren, München 2010, S. 81–100.

9 Gilles Perrault, Münzenberg, die Legende – gesehen mit den Augen zeitgenössischer Autoren, in: Tania Schlie u. Simone Roche (Hg.), Willi Münzenberg (1889–1940). Ein deutscher Kommunist im Spannungsfeld zwischen Stalinismus und Antifaschismus, Frankfurt am Main 1995, S. 55–65, hier S. 61.

10 Vgl. Helga Haftendorn, Sicherheit und Stabilität. Außenbeziehungen der Bundesrepublik zwischen Ölkrise und Nato-Doppelbeschluss, München 1986, S. 92 ff.

11 Siehe Dieter Lattmann, Krefelder Initiative. Der Atomtod bedroht uns alle – keine Atomraketen in Europa o. O. o. J. [1981], S. 22.
12 Siehe auch Brigitte Veiz, Das Oktoberfest – Masse, Rausch und Ritual. Sozialpsychologische Betrachtungen eines Phänomens, Gießen 2006, S. 39.
13 Vgl. Hans-Gerhard Klatt, Evangelische Kirche und Friedensbewegung, in: Hans A. Pestalozzi u. a. (Hg.), Frieden in Deutschland. Die Friedensbewegung: Wie sie wurde, was sie ist, was sie werden kann, München 1982, S. 20–24.
14 Siehe Astrid Hölscher, Von Ent-Rüstung zur Ernüchterung, in: Rüdiger Runge u. Margot Käßmann (Hg.), Kirche in Bewegung: 50 Jahre Deutscher Evangelischer Kirchentag, Gütersloh 1999, S. 153–182, hier S. 161.
15 Vgl. Lattmann, S. 25.
16 Herbert Rauch, Das Prinzip der Herausforderung – in Gruppe, Masse, Organisation und Gesellschaft, Frankfurt am Main u. a. 1985, S. 274.
17 Vgl. den ausführlichen Veranstaltungsbericht von Rüdiger von Woikowsky, Ziel und Taktik des Krefelder Appells, in: Die Welt, 04.12.1981.
18 Siehe o.V., Wechselbäder für den Frieden, in: Der Spiegel, 20.09.1982; Stefan Horn, Nicht nur die Stones füllen die Stadien, in: die tageszeitung, 13.09.1982.
19 Ingrid Kolb, Können Schlager Raketen schlagen?, in: Der Stern, 09.09.1982.
20 Siehe Anzeige in: Die Neue, 03.09. 1982.
21 Vgl. »Künstler für den Frieden« – Großveranstaltung am 11. September in Bochum, in: Unsere Zeit, 15.06.1982.
22 Auch Malte Rolf, Die Feste der Macht und die Macht der Feste, in: Dietrich Beyrau u. a. (Hg.), Journal of Modern European History, Jg. 4 (2006), H. 1, Dictatorship and Festivals, München 2006, S. 39–59.
23 Werner Otto, Das Bekenntnis der Künstler: Jetzt für den Frieden aktiv sein, in: Neues Deutschland, 13.09.1982.
24 Vgl. Walter Hagemann, Vom Mythos der Masse, Heidelberg 1951, S. 180.
25 Vgl. auch Gottfried Linn, Die Friedensbewegung in der Bundesrepublik Deutschland, in: Günther Wagenlehner (Hg.), Die Kampagne gegen den NATO-Doppelbeschluss. Eine Bilanz, Koblenz 1985, S. 131–146, hier S. 144.
26 Gottfried Linn, Die Kampagne gegen die NATO-Nachrüstung. Zur Rolle der DKP, Bonn 1983, S. 37 ff.
27 Georg Stieler, Person und Masse, Leipzig 1929, S. 192.
28 Hierzu Saskia Richter, Die Aktivistin. Das Leben der Petra Kelly, München 2012, S. 154 ff.
29 Vgl. hierzu Erhart Neubert, Geschichte der Opposition in der DDR. 1949–1989, Berlin 1998, S. 408 ff.
30 Auch Baron, S. 214.
31 Siehe Baron, S. 208; ebenfalls Linn, S. 142 f.
32 Vgl. hierzu und im Folgenden Christian Klemm, Gespalten, zerstritten und fast bankrott, in: Neues Deutschland, 26.10.2009.

8. Vor einer Renaissance sozialer Jugendrevolten?

1 Sebastian Schoepp, Generation Aufstand, in: Süddeutsche Zeitung, 20.06.2013; auch Josef Oehrlein, Der Weg ist die Suche nach dem nächsten Ziel, in: Frankfurter Allegmeine Zeitung, 22.06.2013.
2 Allain Brossat, Plebs Invicta, Berlin 2012, S. 18.
3 Loïc Wacquant, Territoriale Stigmatisierung im Zeitalter fortgeschrittener Marginalität, in: Das Argument, Jg. 49 (2007), H. 271, S. 399–409: »In jeder Metropole der Ersten Welt sind ein oder mehrere Orte, Viertel oder Ballungen von Sozialwohnungen als

städtische Hölle öffentlich bekannt und anerkannt, wo die Gefahr, das Laster und der Verfall zur Ordnung der Dinge gehören« (S. 400).

4 Francois Dubet, Die Logik der Jugendgewalt, in: Trutz von Trotha (Hg.), Soziologie der Gewalt, Opladen 1997, S. 220–234, hier S. 226.

5 Vgl. o.V., Gauche: quelle majorité électorale pour 2012?, in: terra nova. La Fondation Progressiste, URL: http://www.tnova.fr/essai/gauche-quelle-majorit-lectorale-pour-2012 [eingesehen am 15.11.2013].

6 Francois Dubet u. Didier Lapeyronnie, Im Aus der Vorstädte. Der Zerfall der demokratischen Gesellschaft, Stuttgart 194, S. 114 f.

7 Zu deren Bedeutung siehe Ekkart Zimmermann, Rechtsextremismus und Fremdenfeindlichkeit in Deutschland: Entwicklungen und theoretische Erklärungsdefizite, in: Deutschland-Archiv, Jg. 35 (2002), H. 3, S. 385–400, hier S. 397.

8 Vgl. Roland Eckert, Deprivation, Kultur oder Konflikt, in: Leviathan, Jg. 22 (2005), H. 1, S. 124–133.

9 Vgl. Wolfgang Kraushaar, Der Aufstand der Ausgebildeten. Vom arabischen Frühling zur Occupy-Bewegung, Hamburg 2012.

10 Ingrid Glomp, Was macht junge Männer zu Terroristen?, in: Psychologie Heute, H. 8/2011, S. 30–35, hier S. 30.

11 Diego Gambetta u. Steffen Hertog, Engineers of Jihad: The Curios Connection between Violent Extremism and Education, Princeton 2016.

12 Nikos Tzermias, Alles andere als Egalité, in: Neue Zürcher Zeitung, 02.03.2015; eine Umfrage der Nationalen Beobachtungsstelle für Stadtpolitik ermittelte achtzig Prozent der Banlieue-Bewohner, deren Eltern aus Subsahara-Afrika, Marokko und Algerien stammten, die sich wohl »als Franzosen fühlten«, aber nur vierzig Prozent, die zugleich das Gefühl hatten, »als Franzosen wahrgenommen zu werden«; siehe Nadia Pantel, Polizeigewalt in Frankreich, in: Süddeutsche Zeitung, 10.02.2017.

13 Steffen Angenendt, Französische Flammenschrift, in: Internationale Politik, H. 12/2005, S. 84–90, hier S. 85; zu neuerlichen Ausschreitungen in einem Pariser Banlieue vgl. Michaela Wiegel, Spirale der Gewalt, in: Frankfurter Allgemeine Zeitung, 13.02.2017.

14 Franziska Brüning, Aufprall der Vorurteile, in: Süddeutsche Zeitung, 21.01.2008.

15 Lisa Nienhaus, Eine verlorene Generation, in: Frankfurter Allgemeine Sonntagszeitung, 25.01.2015.

16 Monique Dagnaud, Vers un conflit de générations?, in: Le Monde, 15.07.2014.

17 Dirk Schümer, Marsch der Mistgabeln auf Rom, in: Frankfurter Allgemeine Zeitung, 20.12.2013.

18 Gila Lustiger, Erschütterung. Über den Terror, Berlin 2016, S. 104 f.

19 Zit. nach Adrien de Tricornot, Cours alternatifs et débats à Paris-VIII, in: Le Monde, 05.04.2016.

20 Siehe hierzu ausführlich Mattea Battaglia u. Benoît Floc'h, Etudiants et lycéens se mobilisent contre le projet de loi travail, in: Le Monde, 03.03.2016; Adrien de Tricornot, »Loi travail«: les étudiants font mon-ter la pression, in: Le Monde, 13./14.03.2016; Mattea Battaglia u. a., Face à l'emploi, »une génération morose«, in: Le Monde, 15.03.2016; Benoît Floc'h, Une »priorité jeunesse« en trompe-l'oeil pour les étudiants, in: Le Monde, 16.03.2016; Claudia Courtois u. a., »Loi travail«: les étudiants toujours mobilisés, in: Le Monde, 17.03.2016.

21 Dominique Méda, L'absence d'espoir déchaîne la colère sociale en France, in: Le Monde, 29./39.05.2016.

22 Vgl. Raphaëlle Besse Desmoulières, Nuit debout, histoire d'un ovni politique, in: Le Monde, 07.04.2016.

23 Elvire Camus u. Sylvia Zappi, Les Nuits debout restent balbutiantes en banlieues, in: Le Monde, 15.04.2016.

24 Zu Occupy vgl. Lars Geiges, Occupy in Deutschland. Die Protestbewegung und ihre Akteure, Bielefeld 2014.

25 Raphaëlle Besse Desmoulières u. Violaine Morin, Trêve générale à Nuit debout, in: Le Monde, 09.07.2016.

26 Jean-Baptiste de Montvalon, Le mirage de la »politique autrement«, in: Le Monde, 27.10.2016.

27 Pascale Krémer, Frustrée, la jeunesse française rêve d'en découdre, in: Le Monde, 26.02.2014 (hier auch die Zitate von Cécile Van de Velde und Camille Peugny); Dies., Les coulisses du succès de l'opération ›Génération quoi?‹, in: Le Monde, 26.02.2014.

28 Nicolas Truong, Un désir de soulèvement, in: Le Monde, 05.12.2014.

29 Vgl. auch Aurélie Collas u. Éric Nunès, Des jeunes prêts à »donner une chance« au FN, in: Le Monde, 16.12.2015.

30 Ludivine Bantigny, En Mai 68 et 2014, une même colère contre la violence policière, in: Le Monde, 05.12.2014.

31 Samuel Bouron, Les ›identitaires‹ se mobilisent pour moderniser la lutte des races, in: Le Monde, 26.11.2014.

32 Anne Muxel, Une protestation antisystème, in: Le Monde, 26.11.2014.

33 Vgl. Axel Gehring, Zur Theorie der Revolution, in: Kölner Zeitschrift für Soziologie und Sozialpsychologie, Jg. 23 (1971), S. 673 ff.

34 Vgl. Ted R. Gurr, Rebellion. Eine Motivationsanalyse von Aufruhr, Kooperation und innerem Krieg, Wien 1972, S. 343 ff.

35 Vgl. Janken Myrdal, Mittelalterliche Bauernerhebungen und Bauernkriege in Europa, in: Axel Lubinski (Hg.), Historie und Eigen-Sinn, Weimar 1997, S. 273–295.

36 Glomp, S. 31.

37 Hierzu generell Eric Hoffer, Der Fanatiker und andere Schriften, Frankfurt am Main 1999.

Radikaldemokratie, Tabubrüche und Abwege des Liberalismus

1. Die seltsamen Pfade der Jugend im Liberalismus

1 So etwa Günter Verheugen, Der Ausverkauf Macht und Verfall der FDP, Reinbek bei Hamburg 1984, S. 81.

2 Hierzu auch Wolfgang R. Krabbe, Parteijugend in Deutschland, Wiesbaden 2002, S. 62 ff.; Ders., Kritische Anhänger – Unbequeme Störer. Studien zur Politisierung deutscher Jugendlicher im 20. Jahrhundert, Berlin 2010, S. 164 ff.

3 Paul Ackermann, Die Jugendorganisationen der politischen Parteien, in: Gerhard Lehmbruch u. a. (Hg.), Demokratisches System und politische Praxis der Bundesrepublik, München 1971, S. 298–515, hier S. 311.

4 O. V., Großer Bruch, in: Der Spiegel, 25.08.1969.

5 Zum LSD etwa Thilo von Uslar, Die FDP wird den Ärger mit den Studenten nicht los, in: Frankfurter Rundschau, 10.03.1966; Fritz Mörschbach, Kontroverse innerhalb des LSD, in: Frankfurter Rundschau, 15.03.1968; Anton-Andreas Guha, Liberale Studenten denken marxistisch, in: Frankfurter Rundschau, 08.07.1968.

6 Vgl. Rudolf Bischof, »Schlagt der FDP den Deutschlandplan um die Ohren«, in: Frankfurter Rundschau, 20.06.1963; Rolf Zundel, Die zornigen jungen Männer der FDP, in: Die Zeit, 21.06.1963.

7 Rudolf Bischof, »Schlagt der FDP den Deutschlandplan um die Ohren«, in: Frankfurter Rundschau, 20.06.1963.

8 Siehe Georg Wrobel, Die Liberalen

und die Gewerkschaften, in: Frankfurter Rundschau, 04.05.1964.

9 Günter Gaus, Jungdemokraten träumen von Volkspartei, in: Süddeutsche Zeitung, 16.12.1961; Karl Ludwig Kelber, Jungdemokraten für Kontakte mit dem Osten, in: Süddeutsche Zeitung, 04.05.1964.

10 Günter Zander, Sturmlauf gegen das »muffige Bürgerblockdenken«, in: Frankfurter Rundschau, 23.02.1965.

11 Ulrich Planitz, Sie sind kein Vortrupp, in: Christ und Welt, 12.03.1965.

12 Manfred Bissinger, Abschied vom Exil, in: Der Stern, H. 5/1968.

13 Oskar Fehrenbach, Die Freien Demokraten küren einen neuen Star, in: Stuttgarter Zeitung, 31.01.1968.

14 Hans Ulrich Kempski, »Dieser Mann hat Ellbogen aus Eisen«, in: Süddeutsche Zeitung, 01.02.1968; auch Maria Stein, Kaltes Wasser nach durchzechten Nächten, in: Christ und Welt, 02.02.1968.

15 Rolf Zundel, Lustgewinn aus Widerspruch, in: Die Zeit, 28.05.1971; o. V., Hose runter, in: Der Spiegel, 31.05.1971.

16 Hektographierte Erklärung des Liberalen Studentenbundes zum Parteitag der FDP 1969 in Nürnberg, in: Zeitungsausschnittsammlung AsD II, DW 2-2b3b3 1969.

17 So jedenfalls stand es in der Lokalzeitung; siehe o.V., FDP schloß vier Mitglieder aus, in: Bremer Nachrichten, 10.09.1969. Jürgen Reents, später leitender Funktionär beim KB, bei den Grünen und in der PDS, gehörte ebenfalls dieser renitenten Bremerhavener Judo-Gruppe an, während er sich, wie es im selben Artikel hieß, zum Rätesystem und zum Anarchismus bekannte.

18 Vgl. o.V., Hausstreit in Hamburgs FDP schwelt, in: Frankfurter Rundschau, 12.11.1969.

19 Vgl. Friedrich Kassebeer, »Scheel und Lüder – Kapitalistenbrüder?«, in: Süddeutsche Zeitung, 17.05.1969.

20 Jürgen Kunze, Die Jungdemokraten zwischen Liberalismus und Sozialismus, in: Jürgen Dittberner u. Rolf Ebbighausen (Hg.), Parteiensystem in der Legitimationskrise, Opladen 1973, S. 307–326, hier S. 310.

21 Siehe Manifest für eine liberale Politik (Leverkusener Manifest) Deutsche Jungdemokraten, Bonn 1980, S. 22.

22 Klaus Rudolf Dreher, Rettet Flach die FDP über das Hochseil?, in: Süddeutsche Zeitung, 27.10.1971.

23 So der damalige FDP-Chef in Bayern, Dietrich Bahner; vgl. o. V., Was ihr wollt, in: Der Spiegel 29.06.1970.

24 Rolf Zundel, Lustgewinn aus Widerspruch, in: Die Zeit, 28.05.1971.

25 So die Eloge bei Olaf Ihlau, Krimis und harte Politik, in: Süddeutsche Zeitung, 26.06.1972.

26 Gerhard Ziegler, Die Jungdemokraten sind keine Hilfe für die Mutterpartei, in: Frankfurter Rundschau, 29.01.1973.

27 O. V., Friedrich Neunhöffer aus Stuttgart neuer Judo-Vorsitzender, in: Stuttgarter Zeitung, 29.01.1973.

28 Peter Christian Müller, Jungdemokraten wollen für FDP unentbehrlich werden, in: Handelsblatt, 25.05.1971.

29 Siehe o.V., Wilder haufen, in: Der Spiegel, 09.11.1970.

30 Rolf Zundel, Traurige Jusos, in: Die Zeit, 02.07.1973.

31 Gunter Hofmann, Die junge FDP will nicht »Junge FDP« sein, in: Stuttgarter Zeitung, 29.01.1973.

32 Hartmut Palmer, Judos: Parität nicht unterlaufen, in: Kölner Stadt-Anzeiger, 11.02.1974; Michael H. Spreng, Judos bieten keine Alternative zu den Jusos, in: Die Welt, 11.02.1974.

33 Siehe o.V. Jungdemokraten werben für »Grüne Listen«, in: Stuttgarter Zeitung, 26.05.1978.

34 Siehe o.V., Schwenken die Judos aus?, in: Die Welt, 15.10.1979; o.V., Jungdemokraten gehen auf Distanz zur FDP-Spitze, in: ppp, 19.12.1979.

35 Vorwort von: Jungdemokraten. Strategie 1980. 90 Forderungen, o.O. o.J. [Bonn 1979]; Ulrich Lüke, Die Judos sehen in der FDP das geringste Übel, in: Die Welt, 20.12.1979.

36 Vgl. Peter Meier-Bergfeld, Der »Flohzirkus« der FDP, in: Rheinischer Merkur/Christ und Welt, 11.04.1980.

37 Siehe Interview mit Günter Verheugen in: WDR 2, Mittagsmagazin, 13.07.1982; von zwei Millionen Mark schrieb hingegen Hans Peter Schütz, »Canaler« wollen Judos trocken legen, in: Stuttgarter Nachrichten, 14.07.1982.

38 Vgl. etwa Klumpp: Die Judos von der FDP abkoppeln, in: Die Welt, 24.11.1980.

39 Ulrich Lüke, »Diese Marxisten untergraben alles«, in: Die Welt, 08.12.1980.

40 Interview WDR 2, Morgenmagazin, 07.03.1981.

41 Zit. nach o.V., Starke Gedanken, in: Der Spiegel, 05.02.1973.

42 Hans Ulrich Kempski, Es knistert in der Bayernhalle, in: Süddeutsche Zeitung, 08.12.1980.

43 Hierzu aus Sicht von Beteiligten Detmar Doering, Lieselotte Stockhausen-Doering, Kräfte des Wandels. Liberale Jugendorganisationen von der sozialliberalen Koalition bis heute, Sankt Augustin 1980, S. 153ff.

44 O.V., Julis – gibt's die?, in: Avanti, H. 8–9/1979.

45 Vgl. dpa-Inf. 8/10.01.1975; o.V. Konkurrenzgruppe zu den Jungdemokraten gegründet, in: Die Welt, 08.01. 1975.

46 O.V., Berliner ›Junge Liberale‹ attackieren Jungdemokraten, in: Die Welt, 19.06.1978.

47 O.V., Tamtam im Flohzirkus, in: Der Spiegel, 02.06.1980.

48 Majid Sattar, »... und das bin ich!« Guido Westerwelle. Eine politische Biographie, München 2009, S. 34f.; Thomas Gutschker, Avatar, in: Frankfurter Allgemeine Zeitung, 05.05.2012.

49 Ulrich Lüke, Zum Kampf gegen die Judos ziehen die Julis im Oktober ihren Knüppel, in: Die Welt, 22.10.1980.

50 Peter Meier-Bergfeld, Der ›Flohzirkus‹ der FDP, in: Rheinischer Merkur/Christ und Welt, 11.04.1980.

51 Zit. nach o.V., Jungdemokraten nehmen Abschied von der FDP, in: Kieler Nachrichten, 15.11.1982.

52 Hans Peter Schütz, ›Julis‹ jetzt von der FDP voll anerkannt, in: Stuttgarter Nachrichten, 30.11.1982.

53 Siehe hierzu Axel Hacke, Sehr jung, sehr flott und etwas oberflächlich, in: Süddeutsche Zeitung, 08.06.1985.

54 Vgl. Markus Klein: Gibt es die Generation Golf? Eine empirische Inspektion, in: Kölner Zeitschrift für Soziologie und Sozialpsychologie, H. 1/2003, S. 99–115.

55 Viola Neu, Bundestagswahl in Deutschland am 27. September 2009, Wahlanalyse Berlin, Dezember 2009. Onlinepublikation hg. von der Konrad-Adenauer-Stiftung, URL: http://www.kas.de/wf/doc/kas_18443-544-1-30.pdf?100809103242 [eingesehen am 28.02.2017].

56 Guido Westerwelle, Der Eigeninitiative eine Chance, in: Neue Bonner Depesche 1982, Nr. 11, S. 11.

57 Vgl. Giovanni di Lorenzo, »Wir sind die Yuppies mit dem sozialen Gewissen«, in: Süddeutsche Zeitung, 28.11.1987.

58 Andrea Jocham, Die Freien Demokraten dürfen nicht nur Steuersenkungspartei sein, in: Handelsblatt, 23.12.1985.

59 O.V., Inhaltliche Verarmung, in: Der Spiegel, 28.11.1988.

60 Vgl. Helmut Breuer, ›Kirchenglocken‹ einschmelzen, in: Die Welt, 31.12.1991.

2. Sozialliberale und Radikaldemokraten

1 Siehe Peter Theiner, Sozialer Liberalismus und deutsche Weltpolitik. Friedrich Naumann im Wilhelminischen Deutschland (1860–199), Baden-Baden 1983.

2 Gustav Schmoller, Charakterbilder, München u. a. 1913, S. 294.

3 Friedrich Naumann, Wer war Bismarck?, in: Ders., Werke 5, Köln 1964, S. 533–543, hier S. 533.

4 Schmoller, S. 295.

5 Vgl. Hans-Walter Schmuhl, Friedrich Naumann und die Armenische Frage, in: Hans-Lukas Kieser u. Dominik J. Schaller (Hg.), Der Völkermord an den Armeniern und die Shoa, Zürich 2002, S. 503–515.

6 Vgl. auch Stefan Rebenich, Theodor Mommsen und Adolf Harnack. Wissenschaft und Politik im Berlin des ausgehenden 19. Jahrhunderts, Berlin 1997, S. 473 f.

7 Zit. nach Joachim Radkau, Theodor Heuss, München 2013, S. 41.

8 So das Urteil von Barthold C. Witte, Sein Leben, sein Werk, seine Wirkung, in: Friedrich-Naumann-Stiftung, »Daß wir selber frei zu werden suchen, soviel und immer möglich ist.«, Berlin o. J., URL: https://www.freiheit.org/sites/default/files/uploads/2015/09/04/dnaumannchronik2010a5internet.pdf [eingesehen am 28.02.2017].

9 Vgl. hierzu Wolfgang Hardtwig, Friedrich Naumann in der deutschen Geschichte, in: Jahrbuch zur Liberalismus-Forschung, Jg. 23(2011), S. 9–28, hier S. 26 f.

10 Vgl. Burkhard Gutleben, Linksliberale Splitterparteien im 20. Jahrhundert. Eine Skizze, in: Jahrbuch zur Liberalismus-Forschung, Jg. 4 (1992), S. 217–228.

11 Vgl. Hans-Georg Fleck, Aufbruch – zu konträren Ufern. Ein Briefwechsel des jungen Karl-Hermann Flach, in: Jahrbuch zur Liberalismus-Forschung, Jg. 22 (2010), S. 215–250, hier S. 219.

12 Vgl. Jutta Roitsch, Zwischen FDP und FR. Wirken und Wirkung des Politikers und Publizisten Karl-Hermann Flach, in: Vorgänge, H. 3/2006, S. 140–147.

13 Siehe Karl-Hermann Flach, Kurs ohne Kompass, in: Die Zeit, 01.01.1965; Ders., Im Hintergrund geht es um die nächste Koalition, in: Frankfurter Rundschau, 05.04.1967; Ders., FDP blockiert ihre Chancen, in: Frankfurter Rundschau, 24.01.1968.

14 Karl-Hermann Flach, Kein Platz in der Mitte, in: Frankfurter Rundschau, 25.02.1967.

15 Siehe etwa Klaus Rudolf Dreher, Rettet Flach die FDP über das Hochseil?, in: Süddeutsche Zeitung, 27.10.1971.

16 Günter Verheugen, Der Ausverkauf. Macht und Verfall der FDP, Reinbek bei Hamburg 1984, S. 62.

17 Rolf Zundel, Wie sozial – wie gerecht, in: Die Zeit, 30.07.1971; Dirk Schubert, Zu neuen Ufern, in: Deutsche Zeitung/Christ und Welt, 16.07.1971.

18 Vgl. Alexander Fritsch, Ersatzbibel, veraltete Auflage, in: liberal, Jg. 33 (1991), H. 4, S. 66–72.

19 Etwa Uwe-Karsten Heye, Ein Professor lernt seine Lektion, in: Süddeutsche Zeitung, 31.08.1973.

20 Siehe etwa Gunter Hofmann, Ein liberaler Preuße glättet Sorgenfalten, in: Stuttgarter Zeitung, 27.10.1971.

21 Hierzu Frauke Nicola Schulz, »Im Zweifel für die Freiheit«. Aufstieg und Fall des Seiteneinsteigers Werner Maihofer in der FDP, Stuttgart 2011, S. 25 ff.

22 Siehe etwa Werner Maihofer, Liberale Perspektiven verdeutlichen, in: liberal, H. 4/1976, S. 242–245; auch: Egbardt Möritz, Maihofer widerspricht Scheel, in: Frankfurter Rundschau, 22.03.1976.

23 Im Aufwind der Geschichte. Gespräch mit Bundesminister Prof. Dr. Werner Maihofer, in: Evangelische Kommentare, H. 1/1974, S. 31–34, hier S. 33.

24 Vgl. Steffen Kalitz, Werner Maihofer, in: Udo Kempf u. Hans-Georg Merz (Hg.), Kanzler und Minister 1949–1998, Wiesbaden 2001, S. 462–465, hier S. 464.

3. Die Jahre der gezielten Tabubrüche

1 Oliver Geden, Diskursstrategien im Rechtpopulismus, Wiesbaden 2006.

2 Richard Herzinger, Am Rande der Egalität, in: Der Tagesspiegel, 22.10.2002.

3 Torben Lütjen u. Franz Walter, Medienkarriere in der Spaßgesellschaft? Guido Westerwelle und Jürgen W. Möllemann, in: Ulrich von Alemann u. Stefan Marschall (Hg.), Parteien in der Mediendemokratie, Wiesbaden 2002, S. 390–419.

4 Fritz Goergen, Projekt 18, in: Frankfurter Allgemeine Zeitung, 12.11.2007.

5 Rainer Paris, Stachel und Speer. Machtstudien, Frankfurt am Main 1998, S. 57 ff.

6 Peter Carstens, Das Ende einer politischen Allianz, in: Frankfurter Allgemeine Zeitung, 05.10.2002.

7 Zit. nach Monika Hinner, Totel normal, in: ravensbrückblätter, Jg. 29 (2003), H. 114, URL http://www.ravensbrueckblaetter.de/alt/archiv/114/3_114.html [eingesehen am 28.02.2017].

8 Hierzu auch Samuel Salzborn, Anti-Jewish Guilt Deflection and National Self-Victimization: Antisemitism in Germany, in: Lars Rensmann u. Julius H. Schoeps (Hg.), Politics and Resentment. Antisemitism and Counter-Cosmopolitanism in the European Union, Leiden u.a. 2011, S. 397–424, hier S. 406 ff.

9 Auch, wenngleich wenig nuanciert: Hajo Funke u. Lars Rensmann, Wir sind so frei. Zum rechtspopulistischen Kurswechsel der FDP, in: Blätter für deutsche und internationale Politik, H. 7/2002, S. 822–828.

10 Zit. nach Thomas Mittmann, Vom »Historikerstreit« zum »Fall Hohmann«. Kontroverse Diskussionen um Political Correctness, in: Lucian Hölscher (Hg.), Political Correctness. Der sprachpolitische Streit um die nationalsozialistischen Verbrechen, Göttingen 2008, S. 60–105, hier S. 90.

11 Siehe URL: http://www.wahlrecht.de/umfragen/forsa/2002.htm [eingesehen am 28.02.2017].

12 Interview mit Jürgen Möllemann: »Ich würde mich auch wehren«, in: die tageszeitung, 04.04.2002.

13 Zit. nach Corinna Emundts, FDP beharrt darauf, Israel freimütig zu kritisieren, in: Frankfurter Rundschau, 10.04.2002.

14 Zit. nach o.V., Klare Worte Karslis, in: die tageszeitung, 17.05.2002.

15 Thomas Hanke, Zynische Profilierung, in: Financial Times Deutschland, 18.04.2002.

16 Peter Pagral, Nicht ohne Möllemann, in: Berliner Zeitung, 01.06.2002; Bettina Gaus, Ein Schwatz an der Sonne, in: die tageszeitung, 23.07.2002.

17 Marianne Heuwagen, Die nachtschwarze Seite des Provokateurs, in Süddeutsche Zeitung, 31.05.2002.

18 Karen Adresen u.a., Projekt Größenwahn, in: Der Spiegel, 04.11.2002.

19 Ebd.

20 Vgl. Eckhard Jesse, Junge Frauen wählen lieber SPD, in: Die Welt, 19.11.2003.

21 Vgl. o.V., FDP profitiert deutlich von rechten Wählern, in: Handelsblatt, 11.10.2002.

22 Vgl. auch Manfred Güllner, Die FDP: Zwischen Renaissance des Liberalen und rechtspopulistischen Anfeindungen, in: Forschungsjournal NSB, Jg. 16 (2003), H. 1, S. 93–96, hier S. 94.

23 Jan Ross, Das liberale Finale. Guido Westerwelle und Jürgen Möllemann im Vergleichstest, in: Die Zeit, 26.04.2001.

24 Rainer Paris, Stachel und Speer. Machtstudien, Frankfurt am Main 1998, S. 57 ff.

25 Thomas Maron, Westerwelle will jetzt klare Kante zeigen, in: Stuttgarter Zeitung, 12.02.2010.

26 Sigrid Averesch, Ganz schnell nach oben, in: Berliner Zeitung, 14.12.2009.

4. Grüne Pädophiliedebatte im Schatten des Liberalismus

1 Äußerungen von Daniel Cohn-Bendit aus den 1970er Jahren, die im Zusammenhang mit der Verleihung des Theodor-Heuss-Preises an ihn nochmals zur Sprache kamen, waren bereits 2001 Anlass für eine längere Debatte über dessen Verhältnis zu Pädophilie. Damals hielt Klaus Kinkel, sekundiert von Alice Schwarzer, Cohn-Bendit dessen Aussagen im Buch »Der große Basar« vor, Schreiben Klaus Kinkel an Daniel Marc Cohn-Bendit, 30.1.2001, AGG, A Cohn-Bendit, 17; Alice Schwarzer, Alice im Wunderland, Eine Zwischenbilanz, Köln 2002, hier: S. 136; Sabine Stamer, Cohn-Bendit, Die Biographie, Hamburg/Wien 2001, hier S. 132–137.

2 Hierzu und insgesamt Franz Walter u. a. (Hg.), Die Grünen und die Pädosexualität. Eine bundesdeutsche Geschichte, Göttingen 2015.

3 Christian Füller, Der Tabubrecher, in: die tageszeitung, 19.04.2013.

4 Vgl. dazu beispielsweise Sabine Stahmer, Cohn-Bendit, Die Biografie, Hamburg/Wien 2001, Kapitel 4; Klaus-Peter Schmid, Das Rumpelstilzchen erinnert sich, Daniel Cohn-Bendit schildert seine Rolle im Pariser Mai 1968, in: Die Zeit, 25.06.1975.

5 URL: https://www.youtube.com/watch?v=NXLXRVHej6s (31.8.2013).

6 Jean-Louis Barrault beschreibt Cohn-Bendit in seinen Memoiren als einen kleinen Rotschopf, von dem er sich während der Besetzung des Odéon über eine Stunde lang in einem frech ironischen Ton habe beleidigen lassen müssen, vgl. Jean-Louis Barrault, Erinnerungen für morgen, Frankfurt am Main 1973, S. 368–369.

7 Darauf hat jüngst auch Rupert von Plottnitz in einem Gespräch mit der *Frankfurter Allgemeinen Zeitung* hingewiesen: Cornelia von Wrangel, Der aus der Reihe tanzt, in: Frankfurter Allgemeine Zeitung, 03.11.2013, URL: http://www.faz.net/aktuell/rhein-main/rupert-von-plottnitz-der-aus-der-reihe-tanzt-12646197.html, [eingesehen am 03.12.2013].

8 Daniel Cohn-Bendit, Der große Basar, Gespräche mit Michel Lèvy, Jean-Marc Salmon, Maren Sell, München 1975, S. 143. Cohn-Bendit habe seine Aussage später, so Thomas Schmid, »in den Bereich der angeberischen Fiktion verwiesen. Weil ich ihn gut kenne, glaube ich ihm das. Die Buchstellen stammen aus einer Zeit, in der der Begriff Kindesmissbrauch noch nicht so präsent war, wie er heute gottlob ist. Die Vorstellung von einer kindlichen Sexualität schien einigen interessant, nicht weil sie hätten übergreifen wollen, sondern schlicht, weil es um ein Tabu ging, über das zu reden, schon eine Provokation darstellte. Mit Pädophilie hatte das nichts zu tun.« Thomas Schmid, Cohn-Bendit irrte – doch war er kein Pädophiler, in: Die Welt, 19.05.2013.

9 Pierre Georges: »Autre temps…«, in: Le Monde, 23.02.2001.

10 Anne-Claude Ambroise-Rendu: »Un siècle de pédophilie dans la presse (1880–2000): accusation, plaidoirie, condamnation«, in: Le Temps des médias, Nr. 1 (Herbst 2003), S. 31–41, URL: http://www.histoiredesmedias.com/

Un-siecle-de-pedophilie-dans-la.html [eingesehen am 26. 07.2013].

11 Daniel Cohn-Bendit, Die Entbehrlichkeit der Heimat, in: Berhard Pörksen u. Wolfgang Krischke (Hg.), Die gehetzte Politik. Die neue Macht der Medien und Märkte, Köln 2013, S. 67 f.: »Ich denke, man kann so etwas nur aussitzen.«

12 Daniel Cohn-Bendit, zit. nach Jan Fleischhauer u. René Pfister, »Die sind alle meschugge«, in: Der Spiegel, 13.05.2013.

13 Hierzu und im Folgenden auch Christian Füller, Die Revolution missbraucht ihre Kinder. Sexuelle Gewalt in deutschen Protestbewegungen, München 2015, S. 84–100 u. S. 131–199.

14 So zitiert bei Nina Apin, Man wollte offen für alle sein, in: die tageszeitung, 18.05.2013; siehe auch ein ähnliches Zitat bei Matthias Kamann, Schatten auf dem grünen Zeitgeist, in: Die Welt, 15.05.2013.

15 Alternativ-Entwurf eines Strafgesetzbuches. Besonderer Teil Sexualdelikte, Straftaten gegen Ehe, Familie und Personenstand. Straftaten gegen den religiösen Frieden und die Totenruhe, vorgelegt von Jürgen Baumann u. a., Tübingen 1968, S. 19.

16 Erwin Lausch, Krankhaft oder nur verworfen, in: Die Zeit, 12.06.1964.

17 Siehe auch Rudolf Walter Leonhardt, Auch Novalis war ein Sexualdelinquent, in: Die Zeit, 12.09.1969. Ähnlich, wenngleich weit zurückhaltender, argumentierte 1995 in der *Zeit* auch der Sexualforscher Wolfgang Berner, Die Seele des Peter Pan, in: Die Zeit, 02.06.1995.

18 Theo Sommer, Irrungen und Wirrungen der Zeit, in: Die Zeit, 03.10.2013.

19 Die Bedeutung des Nationalsozialismus als Legitimationsquelle für die »sexuelle Revolution« sehr dicht begründet bei Dagmar Herzog, die Politisierung der Lust. Sexualität in der deutschen Geschichte des 20. Jahrhunderts, München 2005.

20 Sven Reichardt, Authentizität und Gemeinschaft, Linksalternatives Leben in den siebziger und frühen achtziger Jahren, Berlin 2014, S. 657.

21 Vgl. Jürgen Oelkers, ›Pädagogischer Eros‹ in deutschen Landerziehungsheimen, in: Werner Thole u. a. (Hg.), Sexualisierte Gewalt, Macht und Pädagogik, Opladen u. a. 2012, S. 27–44.

22 Siehe die Pressesammlung dazu in: Nachlaß Gustav Wyneken, Mappe 1180, Archiv der deutschen Jugendbewegung Witzenhausen.

23 Generell hierzu Detlef Gaus u. Reinhard Uhle, Pädagogischer Eros, in: Wolfgang Kein u. Ulrich Schwerdt (Hg.), Handbuch der Reformpädagogik in Deutschland (1890–1933), Bd. 1, Frankfurt am Main 2013, S. 559–575.

24 Der Deutsche Bundestag, 6. Wahlperiode, Stenographischer Dienst: 28., 29. und 30. Sitzung des Sonderausschusses für Strafrechtsreform, Bonn 23., 24. und 25. November 1970, S. 1029 ff.

25 Früh hatte das schon Reimut Reiche antizipiert: Reimut Reiche, Kritik der gegenwärtigen Sexualwissenschaft, in: Gunter Schmidt u. a. (Hg.), Tendenzen der Sexualforschung, Stuttgart 1970, S. 1–9, hier S. 5.

26 Vgl. Joachim Fischer, Wie sich das Bürgertum in Form hält, Springe 2012, S. 44.

27 Nancy Fraser, Feminismus, Kapitalismus und die List der Geschichte, in: Blätter für deutsche und internationale Politik H8/2009, S. 43-57, hier S. 50.

28 Dies., Contradictions of Capital and Care, in: New Left Review 100, July Aug 2016, S. 99–117, hier: S. 113.

29 Dies., Vom Regen des progressiven Neoliberalismus in die Traufe des reaktionären Populismus, in: Heinrich Geiselberger (Hg.) Die große Regression. Eine internationale Debatte über

die geistige Situation der Zeit, Berlin 2017, S. 77-92, hier: S. 78.

30 Florian Gathmann u. a., Das Tabu durchbrochen!, in: Der Spiegel, 02.09.2013.

31 Ebd.

32 Interview Gerald Jörns mit Helmut Kentler, in: Solidarität + Erotik, hg. von Deutsche Jungdemokraten unter Verantwortung von Dagmar Abramowski und Rüdiger Pieper, Bonn o. J., S. 12–16, hier S. 16.

33 Vgl. hierzu ausführlich Institut für Demokratieforschung, Die Unterstützung pädosexueller bzw. päderastischer Interessen durch die Berliner Senatsverwaltung. Am Beispiel eines Experiments von Helmut Kentler, Studie im Auftrag der Berliner Senatsverwaltung für Bildung, Jugend und Wissenschaft, Göttingen 2016 (Hauptbearbeiterin war Dr. Teresa Nentwig).

34 So dokumentiert in: Gay Journal, H. 8/1980.

35 Vgl. Jürgen Hofmann, Die Humanistische Union. Eine Untersuchung über Struktur und Funktion einer neuen kulturpolitischen Vereinigung, München 1967, S. 5 ff.

36 Arbeitskreise »Erziehung zur Erziehung« der »Humanistischen Union«, Thema: Zärtlichkeit, Zärtlichkeit, Zärtlichkeit, in: Vorgänge, H. 5/1973, S. 80–90, hier S. 85.

37 Arbeitskreis, Die Lustfeindlichkeit pädagogischer Institutionen, in: Vorgänge, H. 1/1974, S. 132.

38 Hierzu ausführlich: Göttinger Institut für Demokratieforschung, Umfang, Kontext und Auswirkungen pädophiler Forderungen innerhalb des Deutschen Kinderschutzbundes, Göttingen 2015 (Hauptbearbeiterin des vom DKSB in Auftrag gegebenen und geförderten Forschungsberichts war Katharina Trittel).

39 Hierzu sehr dicht belegt: Stephan Klecha, Niemand soll ausgegrenzt werden. Die Kontroverse um die Pädosexualität bei den frühen Grünen, in: Walter u. a., S 160–227.

Konservative Porträts

1. Der einsame politische Asket: Heinrich Brüning

1 Zur Persönlichkeit und Biografie Brünings konstitutiv für den gesamten Beitrag vgl. Herbert Hömig, Brüning. Kanzler in der Krise der Republik, Paderborn 2000; Rudolf Morsey, Heinrich Brüning (1885–1970), in: Westfälische Lebensbilder, Bd. 11, Münster 1975, S. 27–48.

2 Hierzu und im Folgenden des Beitrags Astrid Luise Mannes, Heinrich Brüning. Leben – Wirken – Schicksal, München 1999, S. 25 ff.

3 Kurt Tucholsky, Gesammelte Werke, Bd. 9 1931, Reinbek bei Hamburg 1975, S. 104.

4 Heinz Höhne, Warten auf Hitler, in: Der Spiegel, 03.01.1983.

5 Siehe Arnold Brecht, Mit der Kraft des Geistes. Lebenserinnerungen 1927–1967, Stuttgart 1967, S. 122.

6 Siehe Wilhelm Vernekohl, Ein Staatsmann aus Westfalen, in: Ders., Heinrich Brüning. Ein deutscher Staatsmann im Urteil der Zeit, Münster u. a. 1961, S. 121–142, hier S. 131.

7 Rudolf Morsey, Brüning und Adenauer. Zwei deutsche Staatsmänner, Düsseldorf 1972, S. 24 u. S. 26.

8 Siehe Volkmar von Zühlsdorff, Reichskanzler Brüning 70 Jahre, in: Die Zeit, 24.11.1955.

9 Ursula Büttner, Die überforderte Republik 1918–1933, Stuttgart 2008, S. 399 ff.

10 Vgl. Gotthard Jasper, Die gescheiterte Zähmung. Wege zur Machtergreifung Hitlers 1930–1934, Frankfurt am Main 1986, S. 38 ff.

11 Wehler, S. 520.

12 Vgl. Brecht, S. 128 f.

13 Schön zusammengefasst hat diese Mentalität und Einstellung Golo Mann, Deutsche Geschichte des 19. und 20. Jahrhunderts, Frankfurt am Main 1958, S. 757; siehe auch Fritz Blaich, Der schwarze Freitag. Inflation und Wirtschaftskrise, München 1985, S. 101.
14 Siehe Büttner, S. 45 ff.
15 Vgl. William Smaldone, Rudolf Hilferding. Tragödie eines deutschen Sozialdemokraten, Bonn 2000, S. 207.
16 So bekanntlich auch unter den Historikern; vgl. Knut Borchardt, Zwangslagen und Handlungsspielräume in der großen Weltwirtschaftskrise der frühen dreißiger Jahre: Zur Revision des überlieferten Geschichtsbildes, Jahrbuch der Bayerischen Akademie der Wissenschaften, 1979, S. 85–132; hart dagegen hält allerdings Hans-Ulrich Wehler, Deutsche Gesellschaftsgeschichte 1914–1949, München 2003, S. 522 ff.
17 Vgl. Heinrich August Winkler, Der lange Weg nach Westen. Deutsche Geschichte vom Ende des Alten Reiches bis zum Untergang der Weimarer Republik, München 2000, S. 508 f.
18 Harry Graf Kessler, Tagebücher 1918–1937, Frankfurt am Main u. a. 1996, S. 710.
19 Thea Sternheim, Tagebücher II, 1925–1936, Göttingen 2011, S. 409.
20 Vgl. Wolfram Pyta, Hindenburg. Herrschaft zwishen Hohenzollern und Hitler, München 2007, S. 575.
21 Vgl. hierzu die Angaben bei Büttner, S. 422; Karl Dietrich Bracher, Die Auflösung der Weimarer Republik, Düsseldorf 1978, S. 373.
22 Hierzu schon Bracher, S. 300.
23 Hierzu das prägnante Urteil bei Heinrich August Winkler, Mußte Weimar scheitern? Das Ende der ersten Republik und die Kontinuität der deutschen Geschichte, München 1991, S. 19.
24 Hinweis auf Cäsar bei Brecht, S. 124 f.
25 Hierzu und im Folgenden Herbert Hömig, Brüning. Politiker ohne Auftrag. Zwischen Weimarer und Bonner Republik, Paderborn u. a. 2005, S. 427 ff.
26 Siehe o.V., Wilder Mann, in: Der Spiegel, 14.06.1971; Karl Heinz Janzen, Kein Machiavellist, in: Die Zeit, 03.04.1970.
27 Siehe o.V., Dürrer Halm, in: Der Spiegel, 31.03.1969.

2. Mann der Heimat: Heinrich Hellwege

1 Siehe auch die erste Version des Textes: Heinrich Hellwege: Der konservative Cuncator, in: Teresa Nentwig u. a. (Hg.), Die Ministerpräsidenten des Landes Niedersachsen: Landesväter und Landesmanager, Hannover 2012, S. 66–93.
2 Vgl. Dietmar von Reeken, Die Gründung des Landes Niedersachsen und die Regierung Kopf (1945–1955), in: Geschichte Niedersachsens, Bd. 5: Von der Weimarer Republik bis zur Wiedervereinigung, hg. von Gerd Steinwascher in Zusammenarbeit mit Detlef Schmiechen-Ackermann und Karl-Heinz Schneider, Hannover 2010, S. 625–681, hier S. 646.
3 Zur Geschichte der Heimatbewegung siehe Frank Bösch, Das konservative Milieu. Vereinskultur und lokale Sammlungspolitik in ost- und westdeutschen Regionen (1900–1960), Göttingen 2002, S. 58–66.
4 Vgl. Heinrich August Winkler, Der lange Weg nach Westen. Deutsche Geschichte 1806–1933, Bonn 2002, S. 177; Thomas Nipperdey, Deutsche Geschichte 1800–1866. Bürgerwelt und starker Staat, München 1983, S. 794.
5 Vgl. Hans-Georg Aschoff, Die Deutsche Partei. Aufstieg und Niedergang einer Regionalpartei, in: Herbert Obenaus u. Hans-Dieter Schmid (Hg.),

Nachkriegszeit in Niedersachsen. Beiträge zu den Anfängen eines Bundeslandes, Bielefeld 1999, S. 73–85, hier S. 73 ff.

6 Vgl. Herrmann Meyn, Die Deutsche Partei. Entwicklung und Problematik einer national-konservativen Rechtspartei nach 1945, Düsseldorf 1965, S. 11.

7 Zur massenhaften Konversion zur NSDAP auch Achim Suckow, Lokale Parteiorganisationen – angesiedelt zwischen Bundespartei und lokaler Gesellschaft. Ein Beitrag zum Organisationsproblem politischer Parteien und zur politischen Kultur der Bundesrepublik, Oldenburg 1989, S. 219.

8 Zur Rolle des protestantisch geprägten Konservatismus während des Aufstiegs der NSDAP siehe Bösch, Das konservative Milieu, S. 221–225.

9 Hierzu auch Günter J. Trittel, Die ›verzögerte Normalisierung‹: Zur Entwicklung des niedersächsischen Parteiensystems in der Nachkriegszeit, in: Bernd Ulrich Hucker u.a. (Hg.), Niedersächsische Geschichte, Göttingen 1997, S. 635–650, hier S. 639 ff.

10 Barbara Köster, »Die Junge Garde des Proletariats«. Untersuchungen zum Kommunistischen Jugendverband Deutschlands in der Weimarer Republik, Bielefeld 2005, S. 190, URL: http://bieson.ub.uni-bielefeld.de/volltexte/2005/793/index.html [eingesehen am 15.10.2011].

11 Vgl. Franz Walter, »Republik, das ist nicht viel«. Partei und Jugend in der Krise des Weimarer Sozialismus, Bielefeld 2011, S. 156 ff.

12 Siehe Claudius Schmidt, Heinrich Hellwege – der vergessene Gründervater. Ein politisches Lebensbild. Mit einem Vorwort von Arnulf Baring, Stade 1991, S. 25.

13 Vgl. Helmut Beyer u. Klaus Müller, Der Niedersächsische Landtag in den fünfziger Jahren. Voraussetzungen, Ablauf, Ergebnisse und Folgen der Landtagswahl 1955, Düsseldorf 1988, S. 162.

14 Vgl. Schmidt, Hellwege, S. 29.

15 Vgl. ebd., S. 35.

16 Vgl. Heide Barmeyer, Von der Niedersachsenbewegung zur Gründung des Landes Niedersachsen, in: Obenaus u. Schmid, Nachkriegszeit in Niedersachsen, S. 13–29, hier S. 26.

17 Vgl. Schmidt, Hellwege, S. 58.

18 Vgl. Matthias Fredrichs, Niedersachsen unter dem Ministerpräsidenten Heinrich Hellwege (1955–1959), Hannover 2010, S. 16.

19 Vgl. Aschoff, S. 82.

20 Vgl. Schmidt, Hellwege, S. 98.

21 Hierzu auch Michael Schlieben, Missglückte politische Führung. Die gescheiteterten Nachkriegsparteien, in: Daniela Forkmann u. Michael Schlieben (Hg.), Die Parteivorsitzenden in der Bundesrepublik Deutschland 1949–2005, Wiesbaden 2005, S. 303–348, hier S. 333.

22 Vgl. ebd., S. 106; Beyer u. Müller, S. 168; Emil Ehrich, Heinrich Hellwege. Ein konservativer Demokrat, Hannover 1977, S. 76.

23 Hierzu ausführlich Ingo Nathusius, Am rechten Rande der Union. Der Weg der Deutschen Partei bis 1953, Mainz 1992, S. 259 ff.

24 Zu den Urteilen von Morsey und Schmid siehe ebd., S. 271 f.

25 Vgl. ebd., S. 535.

26 Vgl. o.V., Wenn man eine Firma fragt, in: Der Spiegel, 24.08.1953.

27 Vgl. auch Nathusius, S. 93.

28 Vgl. auch Schmidt, Hellwege, S. 86.

29 Vgl. ebenfalls Nathusius, S. 298 ff.

30 Vgl. o.V., Der Abfall, in: Der Spiegel, 13.07.1960.

31 Vgl. hierzu Walter Henkels, Der neue Kopf von Niedersachsen, in: Frankfurter Allgemeine Zeitung, 17.05.1955.

32 Siehe o.V., Der Abfall, in: Der Spiegel, 13.07.1960.

33 Siehe W. F., Heinrich Hellwege, in: Die Zeit, 11.06.1953.
34 Vgl. Nathusius, S. 307.
35 Auch ebd., S. 290.
36 Vgl. hierzu und im Folgenden Meyn, S. 14 ff.
37 Vgl. hierzu von Reeken, S. 644.
38 Vgl. dazu ausführlich Nathusius, S. 145–155; auch: Helga Grebing, Politischer Radikalismus und Parteiensystem. Die Flüchtlinge in der niedersächsischen Nachkriegspolitik, in: Bernd Weisbrod (Hg.), Rechtsradikalismus in der politischen Kultur der Nachkriegszeit. Die verzögerte Normalisierung in Niedersachsen, Hannover 1995, S. 259–268, hier S. 260 u. S. 264–266; o.V., Umworbene Flüchtlinge, in: Der Spiegel, 12.04.1947.
39 Vgl. Aschoff, S. 80.
40 Zit. nach Meyn, S. 21.
41 Zit. nach Dieter Brosius, Zwischen Staatenbund und Einheitsstaat. Die Föderalismus-Vorstellungen von Hinrich Wilhelm Kopf und Heinrich Hellwege in den ersten Nachkriegsjahren, in: Ders. u. a. (Hg.), Geschichte in der Region. Zum 65. Geburtstag von Heinrich Schmidt, Hannover 1993, S. 471–482, hier S. 481.
42 Zit. nach Meyn, S. 32.
43 Vgl. auch Fredetichs, S. 35.
44 Vgl. Meyn, S. 136 f.
45 Auch Schmidt, Hellwege, S. 118 f.
46 Zit. nach o.V., Wenn Seebohm redet, in: Der Spiegel, 21.03.1956.
47 Zit. nach o.V., An der Gurgel oder zu Füßen, in: Der Spiegel, 17.10.1966; auch Karl Heinz Rupp, Politik nach Auschwitz, Münster 2005, S. 149.
48 Christopher Kopper, Die Bahn im Wirtschaftswunder. Deutsche Bundesbahn und Verkehrspolitik in der Nachkriegsgesellschaft, Frankfurt am Main 2007, S. 156.
49 Vgl. auch Nathusius, S. 538 f.
50 Vgl. Ehrich, S. 94; Schmidt, Hellwege, S. 123.
51 Vgl. Meyn, S. 35 f.; Nathusius, S. 528.
52 Vgl. Schmidt, Hellwege, S. 124.
53 Vgl. Suckow, S. 214 u. S. 228.
54 Vgl. Ehrich, S. 96.
55 Siehe Peter Lösche, u. Franz Walter, Die FDP. Richtungsstreit und Zukunftszweifel, Darmstadt 1996, S. 35 f.
56 Vgl. zu dieser Debatte Meyn, S. 117 ff.
57 Referiert bei ebd., S. 45 f.
58 Vgl. auch Hellweges Rechenschafts- und Lagebericht unter dem Titel »Konservative Politik ist zeitnah« (1955), in: Deutsche Partei (Hg.), Heinrich Hellwege 1908–1958. Reden und Schriften. Festschrift zum 50. Geburtstag Heinrich Hellweges, Braunschweig 1958, S. 117 ff.; hierzu auch Frederichs, S. 36.
59 Vgl. auch die Rede von Hellwege auf dem Bundesparteitag der DP in Hamburg am 30.05.1953, abgedruckt in: Deutsche Partei, Festschrift, S. 84.
60 Etwa Heinrich Hellwege, Das Menschliche in der Politik (1953), abgedruckt in: Deutsche Partei, Festschrift, S. 68 f.
61 So Hellwege in seiner Rede auf dem Hamburger Parteitag, in: Deutsche Partei, Festschrift, S. 87.
62 Vgl. Heinrich Hellwege, Die föderalistische Lebensordnung (1953), in: Deutsche Partei, Festschrift, S. 75.
63 Festschrift, S. 12.
64 Vgl. ebd., S. 21.
65 Bernd Weisbrod, Das 20. Jahrhundert in Niedersachsen, in: Bernd Ulrich Hucker u. a. (Hg.), Niedersächsische Geschichte, Göttingen 1997, S. 497–510, hier S. 506.
66 Ebd., S. 49.
67 Ebd., S. 98.
68 Ebd., S. 123.
69 Vgl. Bösch, Das konservative Milieu, S. 206 f.
70 Hierzu insgesamt auch Michael Koß u. Tim Spier, Das Parteiensystem Niedersachsens, in: Uwe Jun u. a. (Hg.), Parteien und Parteinsysteme in den

deutschen Ländern, Wiesbaden 2008, S. 291–314.

71 Vgl. auch Frederichs, S. 47.

72 Vgl. ebd., S. 39.

73 Vgl. ebd., S. 27. Ausführlich zu der Flüchtlings- und Vertriebenenfrage in Niedersachsen vgl. auch Helga Grebing, Flüchtlinge und Parteien in Niedersachsen. Eine Untersuchung der politischen Meinungs- und Willensbildungsprozesse während der ersten Nachkriegszeit 1945–1952/53, Hannover 1990; Doris von der Brelie-Lewien u. Helga Grebing, Flüchtlinge in Niedersachsen, in: Bernd Ulrich Hucker u. a. (Hg.), Niedersächsische Geschichte, Göttingen 1997, S. 619–634.

74 Vgl. Bösch, Das konservative Milieu, S. 189 f.

75 Vgl. von Reeken, S. 673.

76 Vgl. Frederichs, S. 51; Nathusius, S. 418; von Reeken, S. 667.

77 Vgl. Bundeswahlleiter (Hg.), Wahl zum 17. Deutschen Bundestag am 27. September 2009, Wiesbaden 2009, S. 114.

78 Ebd.

79 Bernd Weisbrod, Das 20. Jahrhundert in Niedersachsen, in: Bernd Ulrich Hucker u. a. (Hg.), Niedersächsische Geschichte, Göttingen 1997, S. 497–510, hier S. 500.

80 Hierzu auch von Reeken, S. 669 u. S. 671; Henning Hansen, Die Sozialistische Reichspartei (SRP). Beiträge zur Geschichte des Parlamentarismus und der politischen Parteien, Düsseldorf 2007, S. 153.

81 Zu Kopf siehe die große Biografie von Teresa Nentwig, Hinrich Wilhelm Kopf. Ein konservativer Sozialdemokrat, Hannover 2013.

82 Vgl. Nathusius, S. 146 ff.

83 Vgl. Bundeswahlleiter, S. 114.

84 Vgl. Bösch, Das konservative Milieu, S. 209.

85 Vgl. Helmut R. Kollai, Die Eingliederung der Vertriebenen und Zuwanderer in Niedersachsen, Berlin 1959, S. 111 f.

86 Vgl. hierzu und insgesamt zur Regierungsbildung 1955 wie zu den nachfolgenden Affären Beyer u. Müller, S. 566 ff.; auch Schmidt, Hellwege, S. 156 ff.

87 Vgl. Frederichs, S. 75.

88 Vgl. Daniela Münkel, Von Hellwege bis Kubel. Niedersachsens politische Geschichte von 1955 bis 1976, in: Steinwascher, Geschichte Niedersachsens, S. 685–734, hier S. 690.

89 Hierzu: o.V.: Beachtlicher Erfolg des Blocks in Hannover, in: Frankfurter Allgemeine Zeitung, 14.05.1955.

90 Schmidt, Hellwege, S. 146.

91 Vgl. Meyn, S. 90.

92 Vgl. o.V., Ein Feuer soll lodern, in: Der Spiegel, 15.06.1955.

93 Zu Schlüter vgl. Münkel, S. 693 ff.; zur Affäre insgesamt siehe Heinz-Georg Marten, Der niedersächsische Ministersturz. Protest und Widerstand der Georg-August-Universität Göttingen gegen den Kultusminister Schlüter im Jahre 1955, Göttingen 1987; auch Schmidt, Hellwege, S. 151 ff.; Frederichs, S. 81 ff.

94 Zit. nach Beyer u. Müller, S. 580.

95 Zit. nach Frederichs, S. 91.

96 Vgl. hierzu Heinz-Georg Marten, Die unterwanderte FDP. Politischer Liberalismus in Niedersachsen – Aufbau und Entwicklung der Freien Demokratischen Partei 1945–1955, Göttingen 1978.

97 Zit. nach Frederichs, S. 56.

98 Hierzu auch Meyn, S. 92 f.

99 Vgl. Ehrich, S. 113.

100 Siehe Beyer u. Müller, S. 170.

101 Vgl. ebd., S. 598.

102 Vgl. hierzu und im Folgenden Beyer u. Müller, S. 606 ff.

103 Zur Geschichte von DRP und Rechtsradikalismus nach 1945 in Niedersachsen siehe Oliver Sowinski, Die Deutsche Reichspartei 1950–1965. Organisation und Ideologie einer rechtsradikalen Partei, Frankfurt am Main 1998, S. 51–66.

104 Vgl. Schmidt, Hellwege, S. 145.
105 Vgl. ebd., S. 169; Beyer u. Müller, S. 166.
106 Vgl. Schmidt, Hellwege, S. 173; Frederichs, S. 113.
107 Hierzu die Zahlen bei Frederichs, S. 119.
108 Vgl. ebd., S. 126.
109 Siehe Münkel, S. 704; Frederichs, S. 124.
110 Vgl. Schmidt, Hellwege, S. 176.
111 Hans-Peter Schwarz, Adenauer. Der Staatsmann: 1952–1967, Stuttgart 1991, S. 350.
112 Vgl. Schmidt, Hellwege, S. 151.
113 Vgl. Münkel, S. 707.
114 Siehe Suckow, S. 220 f.
115 Vgl. Schmidt, Hellwege, S. 206.
116 Auch: Meyn, S. 95.
117 Ebenfalls Frederichs, S. 225.

3. Bundespräsident der Gegenreform? Karl Carstens

1 Zur politischen Biografie von Carstens insgesamt Tim Szatkowski, Carl Carstens, Köln u. a. 2007.
2 Auch Jürgen Leinemann, »Ja, mein Gott, dann muß ich wohl«, in: Der Spiegel, 21.05.1979.
3 Zit. nach Sibylle Krause-Burger, Wer uns jetzt regiert. Die Bonner Szene nach der Wende, Stuttgart 1984, S. 227.
4 Vgl. Friedrich Karl Fromme, Ein Herr aus Bremen, in: Frankfurter Allgemeine Zeitung, 23.02.1974.
5 Vgl. o.V., Politik und Polemik, in: General-Anzeiger (Bonn), 15.06.1975.
6 Vgl. etwa Robert Weniger, Streitbare Literaten. Kontroversen und Eklats in der deutschen Literatur von Adorno bis Walser, München 2004, S. 101.
7 Vgl. Rolf Zundel, Ein bisschen Machtwechsel?, in: Die Zeit, 02.02.1979.
8 Siehe hierzu auch Eghard Mörbitz, Eine Brautwerbung mit leeren Händen, in: Frankfurter Rundschau, 03.03.1979.
9 Vgl. Heinz Schweden, Die Zeichen stehen schlecht für Walter Scheel, in: Rheinische Post, 19.01.1979.
10 Siehe etwa Sten Martenson, Das Spiel mit der Präsidentschaftskandidatur, in: Stuttgarter Zeitung, 18.01.1979.
11 Siehe Hilde Purwien, Scheel-Nachfolge: Annemarie Renger gegen Karl Carstens?, in: Neue Ruhr Zeitung, 27.01.1979.
12 Zit. nach Manfred Schell, Kohl: Kampagne gegen Carstens ist so einmalig wie abstoßend, in: Die Welt, 25.01.1979.
13 Zit. nach Frankfurter Rundschau, 23.01.1979.
14 Zit. nach o. V., Carstens glaubt fest an seine Wahl, in: Kieler Nachrichten, 07.02.1979.
15 O. V., Wirbel um Auskunft des Kanzleramts, in: Süddeutsche Zeitung, 22.02.1979.
16 Siehe o. V., Fall Carstens: Wer glaubt ihm noch?, in: Der Spiegel, 26.02.1979; Heiner Bremer u. Werner Heilemann, Die Gedächtnislücken des Dr. Karl C., in: stern, 22.02.1979.
17 Vgl. o. V., Attacke Schmidts gegen Carstens, in: Neue Zürcher Zeitung, 14.02.1973.
18 Zit. nach Jürgen Lorenz, »Spekulationen um Unions-Abweichler nicht seriös«, in: Badische Neueste Nachrichten, 07.02.1979.
19 Insgesamt zu den gegenseitigen Vorwürfen: o. V., Union: Rufmordkampage gegen Carstens, in: Süddeutsche Zeitung, 12.02.1979.
20 Siehe Gunter Hofmann, Der ungeliebte Bewerber, in: Die Zeit, 02.03.1979; Oskar Fehrenbach, Poker um das Präsidentenamt, in: Stuttgarter Zeitung, 01.03.1979; Ludger Stein-Ruegenberg, Scheel mit Schaden, in: Deutsche Zeitung, 16.02.1979.
21 Auch: Friedrich Karl Fromme, Alles nur Politik, in: Frankfurter Allgemeine Zeitung, 21.02.1979.

22 O. V., Carstens wird heute gewählt, in: Hamburger Abendblatt, 23.05.1979.

23 Karl Carstens, Politische Führung: Erfahrungen im Dienst der Bundesregierung, Stuttgart 1971, S. 103 f.

24 Hierzu Gerd Strohmeier, Der Bundespräsident: Was er kann, darf und muss bzw. könnte, dürfte und müsste, in: Zeitschrift für Politik, Jg. 55 (2008), H. 2, S. 175–198.

25 Zu dieser Auffassung unter Juristen vgl. Daniel Herbe, Hermann Weinkauff (1894–1981). Der erste Präsident des Bundesgerichtshofs, Tübingen 2008, S. 105–243.

26 Vgl. etwa E. Nitschke, In der »Sonne« plädiert Carstens für Fleiß, Ordnung und Freiheit, in: Die Welt, 02.03.1979.

27 Hubert Kleinert, Carstens hinter seiner Zeit, in: Neue Gesellschaft/Frankfurter Hefte, Jg. 41 (1984), H. 4, S. 340–344.

28 Siehe Karl Carstens, Familie – Schwerpunkt der Politik, in: Katholische Nachrichten-Agentur, 23.06.1977, S. 41–46.

29 Etwa: Thomas Meyer, Ein Präsident, der wandernd auf das Volk zuging, in: Kölner Stadt-Anzeiger, 01.06.1992.

30 So die Charakterisierung von Robert Leicht, Beamter, Politiker und Präsident, in: Die Zeit, 05.06.1992.

4. Konservatismus als politische Technik und sonst nichts? Von Adenauer bis Merkel

1 Renate Köcher, Politik in der pragmatischen Gesellschaft, in: Frankfurter Allgemeine Zeitung, 24.02.2010.

2 Philipp Blom, Der taumelnde Kontinent, München 2009, S. 228 ff.

3 »Die *Reflections*, von denen man gesagt hat, daß sie für den Konservatismus dasselbe seien wie das *Kommunistische Manifest* für den Sozialismus«, so Heinz-Joachim Müllenbrock, Edmund Burke (1729–1797), in: Bernd Heidenreich (Hg.), Politische Theorien des 19. Jahrhunderts, Berlin 2002, S. 71–80, hier S. 72.

4 Andreas Rödder, Eine Frage der Haltung. Wie konservativ kann und soll die Union sein?, in Volker Kronenberg u. Tilmann Mayer (Hg.), Volksparteien: Erfolgsmodell für die Zukunft?, Freiburg 2009, S. 84–100, hier S. 86.

5 Vgl. besonders Arnold Gehlen, Urmensch und Spätkultur. Philosophische Ergebnisse und Aussagen, Bonn 1956, S. 99 ff.

6 Johannes Gross, Phönix in Asche, Stuttgart 1989, S. 109.

7 Alexander Gauland, Wer verändern will, trägt die Beweislast, in: Rheinischer Merkur, 16.03.2006.

8 Vgl. Peter Fritzsche, Rehearsals for Fascism. Populism and Political Mobilization in Weimarer Republik, Oxford 1990.

9 Immer noch das vorzüglichste Werk hierzu: Frank Bösch, Die Adenauer-CDU, Stuttgart 2001.

10 Hans Maier, Böse Jahre, gute Jahre. Ein Leben 1931 ff., München 2011, S. 58 u. S. 60.

11 Vgl. Hermann Meyn, Die Deutsche Partei. Entwicklung und Problematik einer national-konservativen Rechtspartei nach 1945, Düsseldorf 1965, S. 127.

12 Paul-Hermann Gruner, Die inszenierte Polarisierung. Die Wahlkampfsprache der Parteien in den Bundestagswahlkämpfen 1957 und 1987, Frankfurt am Main u. a. 1990, S. 14.

13 Judy Dempsey, Das Phänomen Merkel. Deutschlands macht und Möglichkeiten, Hamburg 2013, S. 188.

14 Hubert Kleinert, Carsten hinter seiner Zeit, in: Neue Gesellschaft/Frankfurter Hefte, Jg. 41 (1994), H. 4, S. 340–344, hier S. 343.

15 Klaus Dreher, Machtverfall der

Unions-Fraktion, in: Süddeutsche zeitung, 10.08.1988.

16 Günter Müchler, Ein Abgeschriebener gewinnt neue Statur, in: Augsburger Allgemeine, 27.11.1984.

17 Maier, S. 261.

18 Zit. nach Adenauer: »Stetigkeit in der Politik«. Die Protokoll des CDU-Bundesvorstands 1961–1965. Bearbeitet von Günter Buchstab, Düsseldorf 1998, S. 939.

19 So etwa Ulrich Reitz: »Nur Merkel ist eben nicht konservativ [...], sondern: liberal«; Ders., Konservative tragen kein blau-gelbes-Hemd, in: Westdeutsche Allgemeine Zeitung, 01.08.2005.

20 Auch Matthias Micus, Fremdherrschaft. Wie Angela Merkel die CDU führt, in: Neue Gesellschaft/Frankfurter Hefte, Jg. 60 (2013), H. 7–8, S. 57–60.

21 Emmanuel Terray, Penser à droite, Paris 2012, S. 35.

22 Siehe Daniela Kallinich u. Frauke Schulz (Hg.), Halbzeitbilanz. Parteien, Politik und Zeitgeist in der schwarz-gelben Koalition 2009–2011, Stuttgart 2011.

23 Arnulf Baring, Der Unbequeme. Autobiografische Notizen, Wien u. a. 2013, S. 317 f.

5. Blick in die Schweiz. Der plebiszitäre Tribun: Christoph Blocher

1 Insgesamt hierzu Oliver Geden, Diskursstrategien im Rechtspopulismus. Freiheitliche Partei Österreichs und Schweizerische Volkspartei zwischen Opposition und Regierungsbeteiligung, Wiesbaden 2006.

2 Oliver Geden, Rechtspopulismus in der Schweiz. Das dunkle Herz Europas, in: Süddeutsche Zeitung, 17.09.2007.

3 Zur Geschichte siehe vor allem Gianni D'Amato u. Damir Skendervic, Mit dem Fremden politisieren. Rechtspopulistische Parteien und Migrationspolitik in der Schweiz seit den 1960er Jahren. Zürich 2008; Damir Skenderovic, The Radical Right in Switzerland. Continuity and Change, 1945–2000, Oxford 2009.

4 Zu dieser Zeit siehe Damir Skenderovic u. Christina Späti, Die 68er-Jahre in der Schweiz. Aufbruch in Politik und Kultur, Baden 2012.

5 Siehe das Porträt von Constantin Selbt, Christoph Blocher – das Ende einer Machtmaschine, in: Tages-Anzeiger (Zürich), 22.11.2008.

6 Freddy Gsteiger, Die Gemütswurst, in: Die Zeit, 23.10.2003.

7 Vgl. Marcus Knoll, Blocher als Rhetoriker und Volkstribun, URL: http://www.rhetorik.ch/Blocheranalyse/Blocheranalyse.html [eingesehen am 28.02.2017].

8 Elisalex Henckel, Der lustvolle Spalter aus der Schweiz, in: Die Welt, 16.02.2014.

9 Werner Seitz, Nur wer polarisiert, hat die Nase vorn, in: Berner Zeitung, 29.04.2000.

10 Thomas Milic u. Ulrich Klöti, UNIVOX II A Staat 2004/2005, URL: http://www.gfs-zh.ch/?pid=98 [eingesehen am 15.02.2014].

11 Vgl. hierzu Michael Brändle, Strukturen der Parteiorganisationen, in: Andres Ladner u. Michael Brändle (Hg.), Die Schweizer Parteien im Wandel. Von Mitgliederparteien zu professionalisierten Mitgliederorganisationen, Zürich 2001, S. 45–72.

12 Hans Geser, Wachsende überlokale Einbindung der Ortssektionen. Soziologisches Institut der Universität Zürich, 2003 (URL: http://socio.ch/par/ges_05.html [eingesehen am 28.02.2017]).

13 Oliver Geden, Blochers Schweiz, in: Blätter für deutsche und internationale Politik, H. 4/2005, S. 404–406, hier S. 404.

14 Als Beispiel etwa Roger de Weck, Tribun ohne Volk, in: Die Zeit, 05.06. 2008.

15 Differenzierte Analyse von: Michael Hug, Umschwung in der Agglomeration, Berner Zeitung, 18.03.2014.

16 Siehe URL: https://www.bfs.admin.ch/bfs/de/home/statistiken/politik/wahlen/nationalratswahlen.html [eingesehen am 28.02.2017].

17 Claudia Blumer, Einbürgerungen: Das sind alle Resultat, in: Tages-Anzeiger (Zürich), 12.02.2017, URL: http://www.tagesanzeiger.ch/schweiz/standard/scheitert-die-erleichterte-einbuergerung-am-staendemehr/story/23568013 [eingesehen am 28.02.2017].

18 Siehe das Parteienporträt zur Schweizer Volkspartei auf URL: https://www.smartvote.ch/downloads/edu/sv_edu_parteienportraet_svp_de_CH.pdf [eingesehen am 28.02.2017].

19 Georg Lutz, Eidgenössische Wahlen 2015. Wahlteilnahme und Wahlentscheid, Luzern 2016, S. 12.

Aufstieg und Bruch des demokratischen Sozialismus

1. Bebel-Ebert-Brandt im sozialdemokratischen Schicksalsjahr 1913

1 Ernst Schraepler, August Bebel. Sozialdemokrat im Kaiserreich, Göttingen u. a. 1966, S. 12 ff.

2 Felix Butzlaff, Vom Liberalismus zum »Kladderadatsch« – August Bebel und die Wiege der deutschen Sozialdemokratie, in: Franz Walter u. Felix Butzlaff (Hg.), Mythen, Ikonen, Märtyrer, Berlin 2013, S. 26–35.

3 Hierzu und insgesamt zu Bebel: Brigitte Seebacher-Brandt, Bebel. Künder und Kärrner im Kaiserreich, Berlin u. a. 1988, S. 15 ff.

4 Vgl. Hellmut von Gerlach, August Bebel. Ein historischer Essay, München 1909, S. 56.

5 Robert Michels, August Bebel, in: Archiv für Sozialwissenschaft und Sozialpolitik, Bd. 37 (1913), S. 671–700, hier S. 677.

6 Heinz Kühn, Auf den Barrikaden des mutigen Wortes, Bonn 1986, S. 51.

7 Hans-Peter Goldberg, Bismarck und seine Gegner. Die politische Rhetorik im kaiserlichen Reichstag, Düsseldorf 1998, S. 99 ff.

8 Dieter Langewiesche, August Bebel – Repräsentant der deutschen Arbeiterbewegung, in: Kleine Schriften Stiftung Reichspräsident Friedrich-Ebert-Gedenkstätte, Nr. 7, Heidelberg 1991, S. 11 ff.

9 Edmund Rebmann, Politik vom nationalliberalen Standpunkt, in: Das Jahr 1913. Ein Gesamtbild der Kulturentwicklung, hg. von Dr. D. Samson, Leipzig u. a. 1913, S. 30.

10 Siehe Eduard Bernstein, Politik: Vom sozialdemokratischen Standpunkte, in: ebd., S. 8.

11 Als aktuellere Variante dieser Lesart siehe Horst Möller, Folgen und Lasten des verlorenen Krieges – Ebert, die Sozialdemokratie und der nationale Konsens, Heidelberg 1991, S. 35 f.

12 Hierzu Bernd Braun, Die »Generation Ebert«, in: Klaus Schönhoven u. Bernd Braun (Hg.), Generationen in der Arbeiterbewegung, München 2005, S. 69–86.

13 Dieter K. Buse, Friedrich Eberts Aufstieg in der Sozialdemokratie des Deutschen Kaiserreichs, in: Rudolf König u. a. (Hg.), Friedrich Ebert und seine Zeit, München 1991, S. 35–53, hier S. 41.

14 Helga Grebing, Friedrich Ebert: Von der Verantwortung für die Demokratie in Deutschland, Heidelberg 1996, S. 13.

15 Walter Mühlhausen, Friedrich Ebert (1871–1925), in: Michael Fröhlich

(Hg.), Die Weimarer Republik. Porträt einer Epoche in Biographien, Darmstadt 2002, S. 139–152.

16 Reinhard Rürup, Friedrich Ebert und das Problem der handlungsspielräume in der deutschen Revolution 1918/19, in: Rudolf König u. a. (Hg.), Friedrich Ebert und seine Zeit, München 1991, S. 69–87, hier S. 84 ff.

17 Wolfram Pyta, Die Präsidialgewalt in der Weimarer Republik, in: Marie-Luise Recker (Hg.), Parlamentarismus in Europa, München 2004, S. 65–95, hier S. 71.

18 Heinrich August Winkler, Der Schein der Normalität. Arbeiter und Arbeiterbewegung in der Weimarer Republik 1924–1930, Berlin u. a. 1985, S. 234.

19 Hans Mommsen, Arbeiterbewegung und nationale Frage, Göttingen 1979, S. 311.

20 Auch Klaus Megerle, Friedrich Ebert, die deutsche Sozialdemokratie und die Koalitionsfrage 1919–1925, in: Rudolf König u. a. (Hg.), Friedrich Ebert und seine Zeit, München 1991, S. 131–145, hier S. 135.

21 Zur Kindheit und Jugend siehe Martin Wein, Willy Brandt. Das Werden eines Staatsmannes, Berlin 2003, S. 9 ff.

22 Auch Brigitte Seebacher, Willy Brandt, München 2004, S. 119.

23 Einhart Lorenz, Möglichkeiten und Grenzen des Exils in Norwegen, in: Exilforschung: Ein internationales Jahrbuch, Bd. 8 (1990), S. 174–184, S. 178 ff.

24 Etwas überspitzt, aber im Kern einleuchtend: Klaus von Dohnanyi, Gegen die Anrüchigkeit des Erfolgs, in: Neue Gesellschaft/Frankfurter Hefte, Jg. 49 (2009), H. 3, S. 183–187.

2. Die Tragödie der Generation Scheidemann, Müller und Wels

1 Hierzu Bernd Braun, Die ›Generation Ebert‹, in: Klaus Schönhoven u. Bernd Braun (Hg.), Generationen in der Arbeiterbewegung, München 2005, S. 69–86. Für ihn sind das die Geburtsjahrgänge 1861–1884.

2 Philipp Scheidemann, Memoiren eines Sozialdemokraten. Bd. 1, Dresden 1928, S. 12.

3 Siehe auch Bernd Braun, Die Reichskanzler der Weimarer Republik. Von Scheidemann bis Schleicher, Stuttgart 2013, S. 47.

4 Hierzu Klaus Tenfelde, Historische Milieus – Erblichkeit und Konkurrenz, in: Manfred Hettling u. Paul Nolte (Hg.), Nation und Gesellschaft in Deutschland, München 1996, S. 247–268, hier S. 258.

5 Hierzu und insgesamt für diesen Beitrag Helmut Schmersal, Philipp Scheidemann 1865–1939. Ein vergessener Sozialdemokrat, Frankfurt am Main u. a. 1999, S. 22 ff.

6 Scheidemann, Memoiren, Bd. 1, S. 101.

7 Wilhelm Ribhegge, Diese Hand mußte nicht verdorren, in: Die Zeit, 10.02.1989.

8 Auch Chrisitan Gellinek, Philipp Scheidemann. Eine biographische Skizze, Köln u. a. 1994, S. 21 f.

9 URL: http://www.reichstagsprotokolle.de/Blatt_k11_bsb00002807_00781.html [eingesehen am 28.02.2017].

10 Harry Graf Kessler, Tagebücher 1918–1937, Frankfurt am Main u. a. 1996, S. 144.

11 Braun, S. 56.

12 Vgl. Carl E. Schorske, Die Große Spaltung. Die deutsche Sozialdemokratie 1905–1917, Berlin 1981, S. 369 ff.

13 Golo Mann, Philipp Scheidemann. Gedenkrede gehalten am 26. Juli 1965. Im Auftrag der Stadt Kassel gesetzt und gedruckt o. S.

14 Jetzt auch Lothar Machtan, Prinz Max von Baden. Der letzte Kanzler des Kaisers. Eine Biographie, Berlin 2013, S. 457 ff.

15 Auch schon Arthur Rosenberg, Geschichte der Weimarer Republik, Hamburg 1991, S. 14.

16 Hierzu Susanne Miller, Burgfrieden und Klassenkampf: Die Deutsche Sozialdemokratie im Ersten Weltkrieg, Düsseldorf 1974, S. 320 f.

17 URL: http://www.swr.de/swr2/wissen/archivradio/archivradio-1917-rede-scheidemann/-/id=2847740/did=13056082/nid=2847740/1yx09b0/index.html [eingesehen am 28.02.2017].

18 Zit. nach Golo Mann, Philipp Scheidemann, o. S.

19 URL: http://www.youtube.com/watch?v=orRulypbmHo [eingesehen am 05.08.2014].

20 Scheidemann, Memoiren, Bd. 2, S. 310–313.

21 Sigmund Neumann, Die Parteien der Weimarer Republik, Stuttgart 1965, S. 31.

22 Hierzu die frischen Erinnerungen an jene Tage von Philipp Scheidemann, Der Zusammenbruch, Berlin 1921, S. 214–219, S. 230, S. 232 u. S. 236 ff.

23 URL: http://novertis.com/wpress/wp-content/uploads/2013/11/Rede-von-Scheidemann-zum-Versailler-Vertrag.pdf [eingesehen am 05.08.2014].

24 Heinrich August Winkler, Von der Revolution zur Stabilisierung. Arbeiter und Arbeiterbewegung in der Weimarer Republik 1918–1924, Berlin u. a. 1984, S. 220.

25 Darin hatte er ihn als »gescheiten« und »energischen Politiker« bezeichnet; siehe Scheidemann, Memoiren, Bd. 2, S. 358.

26 Philipp Scheidemann, Das historische Versagen der SPD. Schriften aus dem Exil, Lüneburg 2002, S. 107.

27 Ebd., S. 112.

28 Hierzu und im Folgenden Thomas Baum, Phillip Scheidemanns Wahl zum Oberbürgermeister von Kassel, in: Zeitschrift des Vereins für hessische Geschichte, Bd. 105 (2000), S. 221–235.

29 Zit. nach Scheidemann, Memoiren, Bd. 1, S. 156.

30 Zit. nach Baum, S. 234.

31 O. V., Das Gedächtnis Philipp Scheidemanns, in: Neuer Vorwärts, H. 338/1939, S. 3.

32 Gellinek, S. 69 ff.

33 W. Wilfried Schumacher, Ein deutscher Emigrant. Philipp Scheidemann (Kassel 1865–1939), in: Stadtarchiv Kassel, Signatur: S 1 Nr. 605/1.

34 Siehe Gellineck, S. 73 f.

35 Fritz Heine, Otto Wels zum Gedächtnis, in: SPD-Pressedienst, 12.09.1963, S. 6.

36 Hierzu und insgesamt im Folgenden zu Wels: Hans J. L. Adolph, Otto Wels und die Politik der deutschen Sozialdemokratie 1894–1939, Berlin 1971, S. 4 ff.

37 Helga Gotschlich, Otto Wels. Politischer Selbstmord, in: Helmut Bock (Hg.), Sturz ins Dritte Reich. Historische Miniaturen und Porträts 1933/35, Leipzig u. a. 1985, S. 165–171.

38 Roland Hiemann, »Auf jede Gefahr hin werde ich es tun!« – Otto Wels' Krolloper-Rede am 23. März 1933, in: Felix Butzlaff u. Franz Walter (Hg.) Mythen, Ikonen, Märtyrer, Berlin 2013, S. 59–67, hier S. 64.

39 Heinrich-August Winkler, Die Ehre der deutschen Republik. Zum 8. Jahrestag der Rede von Otto Wels gegen das Ermächtigungsgesetz, Bonn 2013, S. 22 f.

40 URL: http://www.spd.de/linkableblob/5698/data/geschichte_rede_otto_wels.pdf; http://www.fes.de/archiv/adsd_neu/inhalt/downloads/img/weimar/ton/wels333.wav [eingesehen am 28.02.2017].

41 Siehe etwa Christian Hanke, Selbstverwaltung und Sozialismus. Carl Herz, ein Sozialdemokrat, Hamburg 2006, S. 315.

42 Siehe Iring Fetscher, Zivilcourage eines aufrechten Demokratie, in: Otto Wels u. Ders., Rede zur Begründung

der Ablehnung des ›Ermächtigungsgesetzes‹ durch die Sozialdemokratische Fraktion in der Reichstagssitzung vom 23. März 1933 in der Berliner Krolloper, Hamburg 1993, S. 35.

43 Siegfried Heimann, »... die Ehre nicht«, in: Berliner Stimme, 15.03.2008, S. 11.

44 Hierzu Franz Walter, Die SPD. Biographie einer Partei, Reinbek bei Hamburg 2009, S. 91.

45 Zur Biografie von Müller hier und insgesamt: Andrea Hoffend, »Mut zur Verantwortung« – Hermann Müller. Verlagsbüro von Brandt, Mannheim 2001; Martin Vogt, Hermann Müller, in: Wilhelm von Sternburg (Hg.), Die deutschen Kanzler. Von Bismarck bis Kohl, Berlin 1998, S.191–206.

46 Harry Graf Kessler, Tagebücher 1918 bis 1937, Frankfurt am Main u.a. 1996, S. 206.

47 Ebd., S. 194.

48 William Smaldone, Rudolf Hilferding. Tragödie eines deutschen Sozialdemokraten, Bonn 2000, S. 193.

49 Kessler, S. 631.

50 Hagen Schulze, Otto Braun oder Preußens demokratische Sendung, Frankfurt am Main u.a. 1977, S. 404.

51 Hierzu ebd., S. 539 ff.

52 Zu den Grenzen von Braun vgl. auch Golo Mann, Zeiten und Figuren, Frankfurt am Main 2007, S. 32 ff.

53 Werner Blumenberg, Kämpfer für die Freiheit, Berlin u.a. 1977, S. 134 ff.

54 Susanne Miller, Primat der Partei, in: Die Zeit, 02.07.1971.

55 Friedrich Stampfer, Die Vierzehn Jahre der ersten deutschen Republik, Hamburg 1947, S. 176.

56 Protokoll über die Verhandlungen des Parteitages der Sozialdemokratischen Partei Deutschlands, Magdeburg, 29.–31. März, Berlin 1929, S. 14. Carl von Ossietzky machte den Delegierten danach den Vorwurf: »Keiner entlarvte das als die großmäulige Phrase eines wattierten Jahrmarktsathleten.« Carl von Ossietzky: ... als Gast Herr Dr. Paul Levi, in: Die Weltbühne, H. 23/1929, S. 844.

3. Politische Spaltung der Sozialdemokratie, soziale Spaltung der Arbeitnehmerschaft: Von der USPD bis zur Agenda 2010

1 Siehe: Die revolutionäre Illusion. Zur Geschichte des linken Flügels der USPD. Erinnerungen von Curt Geyer, hg. von Wolfgang Benz und Hermann Graml, Stuttgart 1976, S. 56.

2 Zur Geschichte dieser Partei vgl. Dieter Engelmann u. Horst Naumann, Zwischen Spaltung und Vereinigung. Die Unabhängige sozialdemokratische Partei Deutschlands in den Jahren 1917–1922, Berlin 1993; Hartfrid Krause, USPD – zur Geschichte der Unabhängigen Sozialdemokratischen Partei Deutschlands, Frankfurt am Main 1975.

3 Vgl. die Einleitung von Eva Bettina Görtz (Hg.), Eduard Bernsteins Briefwechsel mit Karl Kautsky (1912–1932), Frankfurt u.a. 2011, S. XV.

4 Hierzu Gerhard A. Ritter, Die Sozialdemokratie im Deutschen Kaiserreich in sozialgeschichtlicher Perspektive, in: Historische Zeitschrift, H. 249 (1989), S. 295–362.

5 Jürgen Kocka, Lohnarbeit und Klassenbildung, Berlin u.a. 1983, S. 179 ff.

6 Thomas Welskopp, Das Banner der Brüderlichkeit. Die deutsche Sozialdemokratie zwischen Vormärz und Sozialistengesetz, Bonn 2000.

7 Hierzu schon Franz Walter, Die SPD. Biographie einer Partei, Reinbek bei Hamburg 2009, S. 47 ff.

8 Klaus Schönhoven, Reformismus und Radikalismus. Gespaltene Arbeiterbewegung im Weimarer Sozialstaat, München 1989, S. 60 ff.

9 Heinrich August Winkler, Von der Revolution zur Stabilisierung. Arbeiter und Arbeiterbewegung in der Weimarer Republik 1918 bis 1924, Berlin 1984, S. 250 ff.
10 Dieter Engelmann, Vor 75 Jahren: Annäherung und Wiedervereinigung von SPD und USPD 1920–1922, in: Beitrage zur Geschichte der Arbeiterbewegung, Jg. 39 (1997), H. 3, S. 28–42.
11 Vgl. F. Bieligk, Drei Jahre Sozialistische Proletarierjugend, Leipzig 1923, S. 8 f.
12 Ebd., S. 10.
13 Die Freiheit (Berlin), 11.12. u. 18.12.1919; Die Freiheit (Königsberg), 28.11.1919.
14 Robert F. Wheeler, Die »21 Bedingungen« und die Spaltung der USPD im Herbst 1920. Zur Meinungsbildung der Basis, in: Vierteljahrshefte für Zeitgeschichte, Jg. 23 (1975), H. 2, S. 117–154, hier S. 120 f.
15 Vgl. Robert F. Wheeler, USPD und Internationale, Berlin 1975, S. 260; H. Krause, USPD. Zur Geschichte der Unabhängigen Sozialdemokratischen Partei Deutschlands, Frankfurt am Main 1975, S. 212.
16 Klaus-Michael Mallmann, Milieu, Radikalismus und lokale Gesellschaft. Zur Sozialgeschichte des Kommunismus in der Weimarer Republik, in: Geschichte und Gesellschaft, Jg. 21 (1995), H. 1, S. 5–31.
17 Sigrid Koch-Baumgarten, Eine Wende in der Geschichtsschreibung zur KPD in der Weimarer Republik, in: Internationale wissenschaftliche Korrespondenz zur Geschichte der Arbeiterbewegung, Jg. 34 (1998), H. 1, S. 82–90.
18 Klaus Schönhoven, Strategie des Nichtstuns? Sozialdemokratischer Legalismus und kommunistischer Attentismus in der Ära der Präsidialkabinette, in: Heinrich August Winkler, Die deutsche Staatskrise 1930–1933. Handlungsspielräume und Alternativen, München 1992, S. 59–108.
19 Klaus-Michael Mallmann, Gehorsame Parteisoldaten oder eigensinnige Akteure? Die Weimarer Kommunisten in der Kontroverse, in: Vierteljahrshefte für Zeitgeschichte, Jg. 47 (1999), H. 3, S. 401–415, hier S. 407.
20 Jüngst etwa Michael Grüttner, Brandstifter und Biedermänner. Deutschland 1933–1939, Stuttgart 2015, S. 283 ff.
21 Stephan Hradil, Die Sozialstruktur Deutschlands im internationalen Vergleich, Wiesbaden 2006, S. 204 ff.
22 Vgl. etwa Anselm Doering-Manteuffel, Nach dem Boom. Brüche und Kontinuitäten der Industriemoderne seit 1970, in: Vierteljahrshefte für Zeitgeschichte, Jg. 55 (2007), H. 4, S. 559–581.
23 Schon Franz Walter, Vorwärts oder abwärts? Zur Transformation der Sozialdemokratie, Berlin 2010, S. 12 ff.
24 Vgl. ebenfalls Wolfgang Hinrichs u. a., Der lange Abschied vom Malocher. Sozialer Umbruch und die Rolle der Betriebsräte von 1960 bis in die neunziger Jahre, Essen 2000.
25 Vgl. Josef Mooser, Arbeiterleben in Deutschland 1900–1970, Frankfurt am Main 1984, S. 224 ff.
26 Siehe auch Christoph Egle u. Christian Henkes, Später Sieg der Modernisierer über die Traditionalisten?, in: Christoph Egle u. a. (Hg.), Das rot-grüne Pürojekt, Wiesbaden 2003, S. 67–92, hier S. 72; Peter Lösche, Ende der Volksparteien, in: Aus Politik und Zeitgeschichte, H. 51/2009 (14.12.2009), S. 6–12.
27 Siehe Gerd Koenen, Das rote Jahrzehnt. Unsere kleine deutsche Kulturrevolution 1967–1977, Köln 2001; Bernd Faulenbach, Die Siebzigerjahre – ein sozialdemokratisches Jahrzehnt?, in: Archiv für Sozialgeschichte, Bd. XLIV/ 2004, S. 1–37.

28 Vgl. auch Stefan Schwarzkopf, Die »Neue Mitte«. Oder: Wahlkampf als Produkteinführung. Die Bedeutung der Begriffsarbeit für den sozialdemokratischen Machtwechsel in Deutschland 1998, in: Rainer Gries u. Wolfgang Schmale (Hg.), Kultur der Propaganda, Bochum 2005, S. 211–250; Tobias Dürr, Was ist und wem gehört die »Neue Mitte«? Überlegungen zum Parteienstreit um einen strategischen Begriff, in: Tilman Mayer u. Reinhard C. Meyer-Walser (Hg.), Der Kampf um die politische Mitte. Politische Kultur und Parteiensystem seit 1998, München 2002, S. 20–42.

29 Vgl. auch Knut Bergmann, Der Bundestagswahlkampf 1998: Vorgeschichte, Strategien, Ergebnisse, Wiesbaden 2002, S. 18 ff.; auch Wolfgang Merkel u. a., Die Reformfähigkeit der Sozialdemokratie. Herausforderungen und Bilanz der Regierungspolitik in Westeuropa, Wiesbaden 2006, S. 160 f.; Franz Walter, Vom Betriebsrat der Nation zum Kanzlerwahlverein? Die SPD, in: Gerd Pickel u. a. (Hg.), Deutschland nach den Wahlen, Opladen 1999, S. 227 ff.

30 Christoph Strünck, Die SPD unter Kurt Beck, in: Ralf Thomas Baus (Hg.), Zur Zukunft der Volksparteien, St. Augustin u. a. 2009, S. 33–44, hier S. 37.

31 Akribisch hierzu und im Folgenden Peter Lohauß, Die Rückkehr der Klassengesellschaft, in: Kommune, H. 5/2009, S. 6 ff.

32 Interview mit Norbert Blüm: »Hartz ist Pfusch«, in; Süddeutsche.de, 13.09.2009, URL: http://www.sueddeutsche.de/politik/378/483820/text/.

33 Vgl. Christine Trampusch, Sozialpolitik: Vorwärts- und Rückwärtsreformen und Neuvermessung von Solidarität, in: WSI-Mitteilungen, H. 7/2008, S. 365–371.

34 Vgl. Klaus-Peter Schöppner, »Wirtschaftspolitik« ist wahlschädlich, in: Cicero, H. 9/2007, URL: http://www.cicero.de/97.php?ress_id=10&item=2097; etwas anders die Zahlen des Autors in: Klaus-Peter Schöppner, Therapie für die Sozialdemokratie, in: Neue Gesellschaft/Frankfurter Hefte, Jg. 55 (2008), H. 11, S. 44.

35 Vgl. Thomas Petersen, Aus den Fugen, in: FAZ, 26.01.2017.

36 Siehe URL: http://www.kas.de/upload/wahlen/BTW2009-komplett.pdf [eingesehen am 28.02.2017].

37 Die Studie kann abgerufen werden unter URL: http://www.fes.de/inhalt/Dokumente/061017_Gesellschaft_im_Reformprozess_komplett.pdf.

38 Etwa Renate Köcher, Die Chancen der SPD, in: Frankfurter Allgemeine Zeitung, 28.10.2009.

39 Henri Weber, Socialisme: La troisième réfondation, in: Le Monde, 25.08.2009.

4. Eine andere Zerfallsgeschichte: In der früheren sächsischen Hochburg

1 Geschrieben von Michel Friedman, in: Bild, 02.08.2015.

2 Zit. nach Doreen Reinhard, Freital: Rassismus als Happening, in: Zeit-Online, 25.06.2015, URL: http://www.zeit.de/politik/deutschland/2015-06/freital-fluechtlingsheim-proteste-stellungskrieg [eingesehen am 28.02.2017].

3 Zum Ergebnis der Bürgermeisterwahl in Freital siehe URL: http://www.statistik.sachsen.de/wpr_neu/pkg_s10_bmlr.prc_erg_bm?p_bz_bzid=BM151&p_ebene=GE&p_ort=14628110 [eingesehen am 28.02.2017].

4 Vgl. Hellmut Heinz, Vierzig Jahre Freital, in: Kulturleben Kreis Freital, H. 10/1961, S. 1; Karl Prager, Freital, Sachsens jüngste Stadt, in: Sächsischer Volkskalender, Jg. 48 (1925), S. 57 ff.

5 Siehe hierzu Franz Walter, Das »rote Sachsen«. Der gebrochene Mythos, in: Ders. u. Felix Butzlaff (Hg.), Mythen, Ikonen, Märtyrer, Berlin 2013, S. 105–117.

6 Siehe etwa Statistisches Jahrbuch für den Freistaat Sachsen, Bd. 48 (1929), S. 334 f.; Statistik des Deutschen Reichs, Bd. 315, H. 4, S. 59.

7 Vgl. Freitaler Volkszeitung, 14.01. 1930 u. 17.02.1932.

8 Siehe etwa den Artikel des Freitaler Oberbürgermeisters Gustav Klimpel, Städtische Wäschereien, ein neues Gebiet für die Gemeinwirtschaft, in: Die Gemeinde, Jg. 5 (1928), H. 15. S. 678–682.

9 H. Zimmermann, Über das Freitaler Gesundheitswesen der zwanziger Jahre, in: Sächsische Heimatblätter, Jg. 5 (1959), S. 292–295.

10 Zum Kampf ums Rathaus 1929, o. O. o. J. [Freital 1929], S. 20; Wrede, Eine sächsische Versuchssiedlung, in: Deutsche Bauhütte, Jg. 35 (1931), S. 377–379.

11 Vgl. Festprogramm zur 100 Jahrfeier der Sparte »Volksgesundheit am Windberg« Freital, o. O. o. J. [1987], S. 8.

12 Vgl. Statistik des Deutschen Reichs, Bd. 434, S. 224.

13 Mitgliederstatistik, in: Haus der Heimat (Freital).

14 Zur Konstituierungsphase der SED in Sachsen: Stephan Doth, Zur Gründung der SED in Sachsen, URL: http://www.kas.de/upload/ACDP/HPM/HPM_03_96/HPM_03_96_5.pdf [eingesehen am 28.02.2017]; auch: Ders. u. Mike Schmeitzner, Die Partei der Diktaturdurchsetzung. KPD/SED in Sachsen 1945–1952, Köln u. a. 2002.

15 Vgl. Stadtarchiv Freital, Signatur: 4766.

16 Lebenslauf von Wenk, in: Landesparteiarchiv der PDS-Sachsen, nun Sächsisches Hauptstaatsarchiv Dresden/HStA (künftig: LPA), Signatur: IV/405 089; auch Sächsische Volkszeitung, 09.08.1946.

17 Vgl. allgemein hierzu Andreas Malycha, Partei von Stalins Gnaden? Die Entwicklung der SED zur Partei neuen Typus in den Jahren 1946 bis 1950, Berlin 1996.

18 Auch Ralph Jessen, Partei, Staat und »Bündnispartner«: Die Herrschaftsmechanismen der SED-Diktatur, in: Matthias Judt, DDR-Geschichte in Dokumenten: Beschlüsse, Berichte, interne Materialien und Alltagszeugnisse, Berlin 1998, S. 27–86, hier S. 30 f.

19 Vgl. hierzu und im Folgenden Situationsbericht über die personelle Besetzung des Ortsgruppenvorstandes bzw. der Arbeitsgebietsleitung Freital, 16.03.1949 und PPA-Bericht über das Arbeitsgebiet Freital, 30.07.1949, in: LPA, Signatur IV/5.01.201, Bd. 22.

20 Zur Bedeutung der HJ-Generation vgl. schon Lutz Niethammer, Volkspartei neuen Typs? Sozialbiographische Voraussetzungen der SED in der Industrieprovinz, in: Prokla, Jg. 20 (1990), H. 80, S. 40–70.

21 Vgl. die Unterlagen in: Institut für Geschichte der Arbeiterbewegung/Zentrales Parteiarchiv (künftig IfGA, ZPA), IV 2/5/1177 u. IV 2/5/227.

22 Vgl. Entschließung zur Verbesserung der ideologischen Arbeit im Arbeitsgebiet Freital, in: LPA, Signatur IV/5.01.201 und Situationsbericht über den ideologischen Zustand in Freital, 27.07.1949, in: ebd.

23 Analyse über opportunistische und revisionistische Erscheinungen sowie Feindesarbeit im Kreis Freital, in: LPA, Signatur IV/2/4/056.

24 Vgl. hierzu Bericht über die Durchführung der Mitgliederversammlungen zum Umtausch der Parteidokumente und Überprüfung der Mitglieder und Kandidaten, in: LPA, Signatur: IV/4.05.1120.

25 Franz Walter u. Tobias Dürr, Die Heimatlosigkeit der Macht. Wie die Politik in Deutschland ihren Boden verlor, Berlin 2000, S. 76 f.
26 Statistik der Stadt Freital, Meldung vom 31.01.1947, in: Stadtarchiv Freital, Signatur: 5236.
27 Vgl. Jahresberichte der Stadtverordnetenversammlung, in: Stadtarchiv Freital, Signatur: 1949.
28 Vgl. hierzu die Unterlagen über die Geschichte der Arbeiterbewegung im Plauenschen Grund in: LPA, Signatur: IV/4.05–136.
29 Hierzu u. a. Armin Owzar, Konfliktscheu und beredtes Schweigen. Die Kneipe als Kommunikationsraum im deutschen Kaiserreich, in: Mitteilungsblatt des Instituts für soziale Bewegungen, H. 31 (2004), S. 43–58, hier S. 43 f. u. S. 48.
30 URL: http://www.statistik.sachsen.de/wpr_neu/pkg_s10_erg.prc_erg_gr?p_bz_bzid=GR14&p_ebene=GE&p_ort=14628110 [eingesehen am 28.02.2017].

Weichenstellende Zeiten

1. 1979: Das ungleichzeitige Jahr

1 Francis Fukuyama, The End of History?, URL: http://www.wesjones.com/eoh.htm [eingesehen am 28.02.2017].
2 Siehe o.V., Kardinal Ratzinger fragen, in: Der Spiegel, 27.08.1979.
3 Siehe o.V., Wahre Quellen, in: Der Spiegel, 31.12.1979.
4 Marion Gräfin Dönhoff, Völkerwanderung des zwanzigsten Jahrhunderts, in: Die Zeit, 27.07.1979.
5 Vgl. Marin Paschke u. Petra Ebel-Skvarilova, Die Erweiterung der Europäischen Union bis zur sogenannten Osterweiterung, in: Marian Paschke u. Constantin Iliopolus, Die Osterweiterung der Europäischen Union. Zur Anpassung des Zivil- und Wirtschaftsrechts in ausgewählten MOE-Staaten an das Recht der EU, Hamburg 2006, S. 11–70, hier S. 30 f.
6 Rolf Zundel, Signal für Bonn? Bremens Grüne und die Bundesrepublik, in: Die Zeit, 12.10.1979.
7 Früh schon scharf definiert von Claus Offe, Zwischen Bewegung und Partei, in: Otto Kallscheuer (Hg.), Die Grünen – letzte Wahl?, Berlin 1986, S. 44.
8 Theo Sommer, Bewahren, um erneuern zu können, in: Die Zeit, 25.05.1979; für die Gegenwart argumentiert ähnlich Claus Leggewie, Der Weg in den Angststaat, in: Frankfurter Allgemeine Zeitung, 06.01.2016.
9 Vgl. Franz Walter, Führung in der Politik. Am Beispiel sozialdemokratischer Parteivorsitzender, in: Zeitschrift für Politikwissenschaft, Jg. 7 (1997), H. 4, S. 1287–1336, hier S. 1311.
10 Siehe o.V., Still verdunsten, in: Der Spiegel, 20.08.1979.
11 Hierzu sehr scharfsinnig: Rolf Zundel, Strauß und die Neue Rechte, in: Die Zeit, 23.11.1979.
12 Ralf Dahrendorf, Lebenschancen, Frankfurt am Main 1979.
13 Hierzu auch Andreas Rödder, Die Bundesrepublik Deutschland 1969–1990, München 2004, S. 64 ff.
14 Siehe o. V., Heimat – unter grüner Flagge, in: Der Spiegel, 23.07.1979.
15 Hans-Joachim Veen, Die grünen als Milieupartei, in: Hans Maier u. a. (Hg.), Politik, Philosophie, Praxis, Stuttgart 1988, S. 454 ff.
16 Zum Begriff der Mitte generell: Stine Marg, Mitte in Deutschland. Zur Vermessung eines politischen Ortes, Bielefeld 2014, S. 32 ff.
17 Siehe o. V., Rot einfärben, in: Der Spiegel, 12.11.1979; o. V., Grüne nach Bonn?, in: Der Spiegel, 15.10.1979.
18 Hierfür viele Beispiele in: Klaus Harpprecht, Schräges Licht. Erinnerungen ans Überleben und Leben, Frankfurt am Main 2014, S. 416 ff.

19 Vgl. überzeugend Erhard Eppler, Links leben. Erinnerungen eines Wertkonservativen, Berlin 2015, S. 174.

20 Zit. nach o. V., Privat-TV: »Gefährlicher als Kernenergie«, in: Der Spiegel, 01.10.1979; auch: o. V., Fast wie Gorleben, in: Der Spiegel, 09.07.1979.

21 Vgl. o. V., Telephon: »Milliarden sinnlos verpulvert«, in: Der Spiegel, 10.09.1979.

22 Hierzu auch Axel Schildt u. Detlef Siegfried, Deutsche Kulturgeschichte. Die Bundesrepublik – 1945 bis zur Gegenwart, München 2009, S. 333.

23 Hierzu und im Folgenden Fritz W. Scharpf, Sozialdemokratische Krisenpolitik in Europa, Frankfurt am Mai 1987, S. 184 f.

24 Vgl. Gerhard Leibholz, Das Wesen der Repräsentation unter besonderer Berücksichtigung des Repräsentativsystems, Berlin u. a. 1929.

25 Vgl. Gerhard Leibholz, Der Parteienstaat des Bonner Grundgesetzes, in: Recht, Staat, Wirtschaft, Jg. 3 (1951), S. 99 ff.

26 Vgl. Gerhard Leibholz, Die freiheitliche und egalitäre Komponente im modernen Parteienstaat, in: Führung und Bildung in der heutigen Welt, Stuttgart 1964, S. 247 ff.

27 Vgl. hierzu Gerhard Leibholz, Das Wesen der Repräsentation und der Gestaltwandel der Demokratie im 20. Jahrhundert, Berlin 1966, S. 211.

28 Hierzu: Ulrich Herbert, Geschichte Deutschlands im 20. Jahrhundert, München 2014, S. 936 ff.

29 Vgl. Bernd Stöver, Der Kalte Krieg 1947–1991. Geschichte eines radikalen Zeitalters, München 2007, S. 410 ff.

30 Vgl. Bernd Georg Thamm, Fundamentalismus. Gotteskrieger tragen Terror nach Europa, URL: https://www.gdp.de/gdp/gdp.nsf/id/dp0901/$file/0109_01.pdf [eingesehen am 28.02.2017].

2. Die 1990er Jahre: Veränderung und Stillstand

1 Patrik Schwarz, Stolz und Vorurteil, in: Die Zeit, 11.12.2014.

2 Vgl. Lars Geiges u. a., Pegida. Die schmutzige Seite der Zivilgesellschaft?, Bielfeld 2015, S. 186 ff.

3 Jürgen Kocka, Sozialgeschichte der neunziger Jahre, in: Neue Gesellschaft/Frankfurter Hefte, Jg. 40 (1993), H. 12, S. 1125–1129, hier S. 1127.

4 Stefan Hradil, Vom Wandel des Wertewandels. Die Individualisierung und einer ihrer Gegenbewegungen, in: Wolfgang Glatzer u. a. (Hg.), Sozialer Wandel und gesellschaftliche Dauerbeobachtung, Opladen 2002, S. 31 ff.

5 Stefan Hradil, Zur Sozialstrukturentwicklung in den neunziger Jahren, in: Werner Süß (Hg.), Deutschland in den neunziger Jahren. Politik und Gesellschaft zwischen Wiedervereinigung und Globalisierung, Opladen 2002, S. 227–250, hier S. 249.

6 Hierzu Detlef Gau, Das Bildungssystem in den 1990er Jahren. Am Beginn einer Zeitenwende, in: Werner Faulstich (Hg.), Die Kultur der 90er Jahre, München 2010, S. 149–162.

7 Lu Seegers, Manager-Bilder. Leitvorstellungen und Wirtschaftshandeln in der Bundesrepublik Deutschland (1970–2000), in: Miriam Gebhardt u. a. (Hg.), Das integrative Potential von Elitenkulturen, Stuttgart 2013, S. 177–189, hier S. 187 f.

8 Saskia Freye, Führungswechsel. Die Wirtschaftselite und das Ende der Deutschland AG, Frankfurt am Main, 2009, S. 115 ff.

9 Beispielhaft: Hans Werner Sinn, Ist Deutschland noch zu retten?, Berlin 2004.

10 URL: http://www.bundespraesident.de/SharedDocs/Reden/DE/Roman-Herzog/Reden/1997/04/19970426_Rede.html [eingesehen am 28.02.2017].

11 Jan Ross, Die verlorene Zeit. Ein kurzer Rückblick auf die langen neunziger Jahre, in: Merkur, Jg. 56 (2002), H. 7, S. 555–565.

12 Roland Czada, Zwischen Stagnation und Umbruch, Die politisch-ökonomische Entwicklung nach 1989, in: Werner Süß (Hrsg.), Deutschland in den neunziger Jahren. Politik und Gesellschaft zwischen Wiedervereinigung und Globalisierung, Opladen 2002, S. 203–225, hier S. 223.

13 Hans-Peter Schwarz, Reformimpulse in den neunziger Jahren. Der Reformer Helmut Kohl, in: Günter Buchstab u. a. (Hg.), Die Ära Kohl im Gespräch, Berlin 2010, S. 557–578.

14 Ulrich Herbert, Geschichte Deutschlands im 20. Jahrhundert, München 2014, S. 1147–1153.

15 Auch Wolfram Weimer, Wer zu hoch fliegt, dem droht das Abseits, in: Frankfurter Allgemeine Zeitung, 18.04.1992.

16 Siehe hierzu u. a. Martin Kronauer, Exklusion. Die Gefährdung des Sozialen im hoch entwickelten Kapitalismus, Frankfurt am Main 2002.

17 Werner Faulstich, Einleitung – zu den politischen, wirtschaftlichen und sozialen Konturen, in: Ders. (Hg.), Die Kultur der 90er Jahre, München 2010, S. 7–20, hier S. 11.

18 Siehe Franz Walter, Vom Milieu zum Parteienstaat. Lebenswelten, Leitfiguren und Politik im historischen Wandel, Wiesbaden 2010, S. 203 ff.

19 Auch Heinz Bude, Schicksal, in: Ders. (Hg.), Deutschland spricht. Schicksale der Neunziger, Berlin 1995, S. 7–12.

20 Vgl. Herbert, S. 1158 ff.

21 Rüdiger Heimlich, Der Wurm ist in der Mitte angekommen, in: Frankfurter Rundschau, 09.01.2009.

22 Karin Knop, Zwischen Schock- und Onlinewerbung – Die Werbelandschaft in den 1990er Jahren, in: Werner Faulstich (Hg.), Die Kultur der 90er Jahre, München 2010, S. 215–234, hier S. 228.

23 URL: http://kurier.at/kultur/medien/erinnern-sie-sich-an-die-spielshows-der-90er/15.060.348/slideshow#15060348,14972718 [eingesehen am 28.02.2017].

24 Vgl. hierzu Eric Hobsbawm, Der Tod des Neoliberalismus, in: Stuart Hall u. a., Tod des Neoliberalismus – Es lebe die Sozialdemokratie?, Supplement der Zeitschrift Sozialismus, H. 1/1999, Hamburg 1999, S. 8 ff.; Paul Krugman, Die Große Rezession. Was zu tun ist, damit die Weltwirtschaft nicht kippt, Frankfurt am Main 2001; Georg Soros, Die offene Gesellschaft. Für eine Reform des globalen Kapitalismus, Berlin 2001.

25 Werner A. Perger, Besserwisser habens schwer, in: Die Zeit, 14.10.2004.

26 Ralf Dahrendorf, New Labour und Old Liberty – Kommentare zum Dritten Weg, in: Neue Zürcher Zeitung, 14.07.1999.

27 O. V., Germany's economy – ready to motor?, in: The Economist, 20.08.2005, S. 54–56.

28 Heiner Gassmann: 30 Jahre Massenarbeitslosigkeit in der Bundesrepublik – ein deutscher Sonderweg, in: Leviathan, Jg. 32 (2004), H. 2, S. 164 ff.

29 Beter Bofinger im Interview mit Alexander Hagelüken, »Manche Ökonomen sind einfach schlechte Verlierer«, in: Süddeutsche Zeitung, 12.12.2016.

30 Guillaume Duval, Made in Germany. Le monde allemande au-delà des mythes, Paris 2013.

3. Nach dem Crash: Unternehmer heute

1 Um Antworten auf diese Fragen zu bekommen, hat das Göttinger Institut für Demokratieforschung zwischen September 2013 und August 2014 in ca. 250 Gesprächsstunden rund

160 Manager, Gesellschafter, Vorstandsvorsitzende, Betriebsdirektoren, Geschäftsführer und Unternehmer zu ihrem Politik- und Gesellschaftsbild, ihrer persönlichen Biografie, ihren Wertvorstellungen und einigem mehr befragt; vgl. Franz Walter u. Stine Marg (Hg.), Sprachlose Elite? Wie Unternehmer Politik und Gesellschaft sehen, Reinbek bei Hamburg 2015.

2 Spiegel-Gespräch mit Slavoj Žižek, »Unsere Trägheit ist die größte Gefahr«, in: Der Spiegel, 14.03.2015.

4. Postchristliche Verhältnisse? Amtskirchen in Deutschland

1 Barry Schwartz, Self-Determination, The Tyranny of Freedom, in: American Psychologist, Jg. 55 (2000), H. 1, S. 79–88.

2 Alain Ehrenberg, Das erschöpfte Selbst. Depression und Gesellschaft in der Gegenwart, Frankfurt am Main 2004.

3 Ernst Troeltsch, Das Neunzehnte Jahrhundert, in: Ders., Aufsätze zur Geistesgeschichte und Religionssoziologie. Gesammelte Schriften, Bd. 4, Tübingen 1925, S. 614 ff.

4 Zur Nachkriegsgeschichte vgl. Thoma Großbölting, Der verlorene Himmel. Glauben in Deutschland seit 1945, Göttingen 2013.

5 Vgl. Franz Walter, Katholizismus in der Bundesrepublik, in: Blätter für deutsche und internationale Politik, Jg. 41 (1996), H. 9, S. 1102–1110, hier S. 1105 f.

6 Rudolf Rosen, Die Kirchengemeinde. Sozialsystem im Wandel, Berlin New York, S. 461.

7 Dietmar Klenke, Das Eichsfeld unter den deutschen Diktaturen, Duderstadt 2003.

8 Vgl. auch Friedrich Wilhelm Graf, Was wird aus den Kirchen, in: Frankfurter Allgemeine Zeitung, 01.04.2010.

9 Etwa: Claudia Keller, Der Zorn der Gläubigen. Als Folge des Missbrauchskandals haben Zehntausende die Kirchen verlassen, in: Der Tagesspiegel, 27.12.2010.

10 Franz-Xaver Kaufmann, Moralische Lethargie in der Kirche, Frankfurter Allgemeine Zeitung, 26.04.2010.

11 Siehe URL: http://www.stiftungfuerzukunftsfragen.de/uploads/media/209_WasDenDeutschenHeiligIst.pdf [eingesehen am 28.02.2012].

12 Vgl. o.V., Nur wenige Deutsche gehen Weihnachten in die Kirche, in: Frankfurter Allgemeine Zeitung, 19.12.2015.

13 Markus Günther, Diaspora, in: Frankfurter Allgemeine Sonntagszeitung, 28.12.2014.

14 Hannes Hintermeier, Im Land der Mutlosen, in: Frankfurter Allgemeine Zeitung, 07.08.2010.

15 Detlef Pollack, Individualisierung statt Säkularisierung? Zur Diskussion eines neuen Paradigmas in der Religionssoziologie, in: Karl Gabriel (Hg.), Religiöse Individualisierung – Biographie und Gruppe als Bezugspunkte moderner Religiosität, Gütersloh 1996, S. 78.

16 Karl Gabriel, Jenseits von Säkularisierung und Wiederkehr der Götter, in: Aus Politik und Zeitgeschichte, H. 52/2008, S. 9–15, hier S. 14.

17 Friedrich W. Graf, Kein steiles Zeugnis, in: Frankfurter Allgemeine Sonntagszeitung, 17.10.2010.

18 Detlef Pollack, Rückkehr des Religiösen, Tübingen 2009, S. 193.

19 Die als »erzkatholisch« geltende Fürstin Gloria von Thurn und Taxis bekennt sich zu dieser Funktion: Für sie ist die Kirche »quasi der ADAC, der Pannendienst auf einem langen, steinigen Weg durchs Leben«; zit. nach o.V., Fürstin Gloria: »Kirche ist der ADAC des Lebens«, in: tz (München), 31.05.2015.

20 Auch Franz-Xaver Kaufmann, Kirchenkrise. Wie überlebt das Christentum?, Freiburg 2011.
21 Daniel Deckers, Offene Kirche, in: Frankfurter Allgemeine Zeitung, 15.04.2006.
22 Roland Tichy, Die Macht der Bilder stärkt die Kirche, in: Handelsblatt, 03.05.2005.
23 Matthias Drobinski u. Johannes Nitschmann, Papst: Weltjugendtag zeigt Vitalität der Kirche, in: Süddeutsche Zeitung, 19.08.2005; Peter Fuchs, Die sakrosankte Ekstase, in: Frankfurter Rundschau, 19.08.2005.
24 Christian Klenk, Der »Medien-Papst«, in: katholisch.de, 07.10.2013, URL: http://www.katholisch.de/aktuelles/aktuelle-artikel/der-medien-papst [eingesehen am 28.02.2017].
25 Doch nicht nur in den Medien, auch in der universitären Soziologie – siehe etwa Karl Otto Hondrich, Die Divisionen des Papstes, in: Frankfurter Allgemeine Zeitung, 16.04.2005.
26 Siehe Renate Köcher, Die neue Anziehungskraft der Religion, in: Frankfurter Allgemeine Zeitung, 12.04.2006.
27 Matthias Drobinski, Die dunkle Seite Gottes, in: Süddeutsche Zeitung, 11.02.2006.
28 Vgl. zur Begrifflichkeit Lev Gudkov, Russlands Systemkrise. Negative Mobilisierung und kollektiver Zynismus, in: Osteuropa, Jg. 57 (2007), H. 1, S. 3–13.
29 Vgl. Sigrid Roßteuscher, Von Realisten und Konformisten, in: Kölner Zeitschrift für Soziologie und Sozialpsychologie, Jg. 56 (2004), H. 3, S. 407–431.
30 Zygmunt Bauman, Symptome auf der Suche nach ihrem Namen und Ursprung, in: Heinrich Geiselberger (Hg.), Die große Regression. Eine internationale Debatte über die geistige Situation der Zeit, Berlin 2017, S. 37–56, hier S. 54.